A CASA DOS MORTOS

DANIEL BEER

A casa dos mortos
O exílio na Sibéria sob os Románov

Tradução
Donaldson M. Garschagen e
Renata Guerra

Copyright © 2016 by Daniel Beer
Proibida a venda em Portugal

Grafia atualizada segundo o Acordo Ortográfico da Língua Portuguesa de 1990, que entrou em vigor no Brasil em 2009.

Título original
The House of the Dead: Siberian Exile Under the Tsars

Capa
André Kavakama

Foto de capa
Grupo de russos condenados a trabalho forçado, Sibéria, *c.* 1885. Granger/ Bridgeman Images/ Fotoarena

Preparação
Cacilda Guerra

Índice remissivo
Luciano Marchiori

Revisão
Angela das Neves
Renata Lopes Del Nero

Dados Internacionais de Catalogação na Publicação (CIP)
(Câmara Brasileira do Livro, SP, Brasil)

Beer, Daniel
 A casa dos mortos : O exílio na Sibéria sob os Románov / Daniel Beer ; tradução Donaldson M. Garschagen e Renata Guerra. — 1ª ed. — São Paulo : Companhia das Letras, 2018.

 Título original : The House of Dead : Siberian Exile Under the Tsars.

 ISBN 978-85-359-3049-8

 1. Colônias penais – Rússia (Federação) – Sibéria – História 2. Exílio – Rússia – História 3. Exílio – Rússia (Federação) – Sibéria – História 4. Prisioneiros políticos – Rússia (Federação) – Sibéria – História 5. Revolucionários – Rússia (Federação) – Sibéria – História 6. Rússia – Condições sociais – 1801-1917 7. Sibéria (Rússia) – História do Século 19 8. Sibéria (Rússia) – História – Século 20 I. Título.

17-11190   CDD-957

Índice para catálogo sistemático:
1. Sibéria : Rússia : História   957

[2018]
Todos os direitos desta edição reservados à
EDITORA SCHWARCZ S.A.
Rua Bandeira Paulista, 702, cj. 32
04532-002 — São Paulo — SP
Telefone: (11) 3707-3500
www.companhiadasletras.com.br
www.blogdacompanhia.com.br
facebook.com/ companhiadasletras
instagram.com/ companhiadasletras
twitter.com/ cialetras

Para Gusztáv

Sumário

Lista de ilustrações	9
Lista de mapas	13
Nota do autor	21
Prólogo: O sino de Uglitch	25
1. Origens do exílio	33
2. O posto de fronteira	52
3. Espadas partidas	75
4. As minas de Nertchinsk	103
5. A república dezembrista	124
6. Os *sybiracy*	154
7. A fortaleza penal	180
8. "Em nome da liberdade!"	209
9. O exército do general Cuco	235
10. A ilha Sacalina	259
11. O látego	287
12. "Ai dos vencidos!"	310
13. O continente encolhe	342
14. O crisol	366

Epílogo: Sibéria Vermelha 396

Lista de abreviaturas 400
Notas 403
Agradecimentos 453
Fontes 455
Índice remissivo 457

Lista de ilustrações

1. *O último dos exilados*, 1900, de Frédéric de Haenen (Copyright © Look and Learn Illustrated Papers Collection/ Bridgeman Images)

2. *Vladimirka*, 1892, de Isaak Iliitch (Copyright © Galeria Tretiakov, Moscou/ Bridgeman Images)

3. *Adeus à Europa*, 1894, de Aleksander Sochaczewski (Copyright © Museu de Varsóvia)

4. *Prisioneiros doentes*, tirada de George Kennan, *Siberia and the Exile System* (1891), vol. 1 (reproduzida por cortesia dos delegados da Biblioteca da Universidade de Cambridge)

5. *Civilização russa*, tirada da revista *Judy* (Londres, Inglaterra), quarta-feira, 3 de março de 1880, p. 100

6. *Família Kámera na prisão de encaminhamento de Tomsk*, tirada de George Kennan, *Siberia and the Exile System* (1891), vol. 1 (reproduzida por cortesia dos delegados da Biblioteca da Universidade de Cambridge)

7. *Chamada*, de Lev Deutsch, *16 Years in Siberia* (1905) (reproduzida por cortesia dos delegados da Biblioteca da Universidade de Cambridge)

8. *O posto fronteiriço da Sibéria*, tirada de George Kennan, *Siberia and the Exile System* (1891), vol. 1 (reproduzida por cortesia dos delegados da Biblioteca da Universidade de Cambridge)

9. *Condenados russos presos na Sibéria*, de Julius Mandes Price, ilustração para o *Illustrated London News*, 6 de junho de 1891 (Copyright © Look and Learn Illustrated Papers Collection/ Bridgeman Images)

10. *O retorno inesperado*, 1884, de Ilia Efimovitch Repin (Copyright © Galeria Tretiakov, Moscou/ Bridgeman Images)

11. Retrato de Serguei Volkonski, de autoria de Vassíli Tropinin (Copyright © Coleção do Museu Estatal do Hermitage, Leningrado/ Bridgeman Images)

12. Retrato de Maria Volkonskaia (Copyright © Museu Central Púchkin/ Bridgeman Images)

13. Retrato de Mikhail Lunin (coleção particular do crítico de arte Ilia Silberstein/ Bridgeman Images)

14. Retrato de Fiódor Dostoiévski, de autoria de Konstantin Trutovski (Copyright AKG Images/ Sputnik)

15. *A vida está em toda parte*, 1888, de Nikolai Aleksandrovitch Iarochenko (Copyright © Galeria Tretiakov, Moscou/ Sputnik/ Bridgeman Images)

16. *Um intervalo para a liberdade*, tirada de George Kennan, *Siberia and the Exile System* (1891), vol. 1 (reproduzida por cortesia dos delegados da Biblioteca da Universidade de Cambridge)

17. Condenados na Sibéria (Copyright © Coleção Stapleton/ Bridgeman Images)

18. *A barcaça-presídio do Irtich*, tirada de Harry de Windt, *Siberia As It Is* (1891) (reproduzida por cortesia dos delegados da Biblioteca da Universidade de Cambridge)

19. *Grupo de condenados no Iaroslavl*, de Harry de Windt, *The New Siberia* (1896) (reproduzida por cortesia dos delegados da Biblioteca da Universidade de Cambridge)

20. *Presos idosos em Kara*, ilustração para *The Graphic*, 13 de agosto de 1898 (Copyright © Look and Learn Illustrated Papers Collection/ Bridgeman Images)

21-23. *Presos comuns idosos em Kara*, tirada de Lev Deutsch, *16 Years in Siberia* (1905) (reproduzida por cortesia dos delegados da Biblioteca da Universidade de Cambridge)

24. *A penitenciária, Tobolsk*, tirada de George Kennan, *Siberia and the Exile System* (1891), vol. 2 (reproduzida por cortesia dos delegados da Biblioteca da Universidade de Cambridge)

25. *Presos marchando pelas ruas de Odessa*, tirada de Lev Deutsch, *16 Years in Siberia* (1905) (reproduzida por cortesia dos delegados da Biblioteca da Universidade de Cambridge)

26. Jarosław Dąbrowski (Copyright © AKG-images/ Interfoto)

27. Um exilado político na Sibéria (Copyright © Coleção Stapleton/ Bridgeman Images)

28. Ielizaveta Kovalskaia, tirada de George Kennan, *Siberia and the Exile System* (1891), vol. 2 (reproduzida por cortesia dos delegados da Biblioteca da Universidade de Cambridge)

29. *Condenado marcado S. K. A.*, tirada de James Young Simpson, *Sidelights on Siberia: Some Account of the Great Siberian Railroad, the Prisons and Exile System* (1898) (reproduzida por cortesia dos delegados da Biblioteca da Universidade de Cambridge)

30. *Brodiagis, ou condenados foragidos*, tirada de George Kennan, *Siberia and the Exile System* (1891), vol. 1 (reproduzida por cortesia dos delegados da Biblioteca da Universidade de Cambridge)

Lista de mapas

1. Império Russo *c.* 1875, pp. 14-5
2. Sibéria *c.* 1910, pp. 16-7
3. Região Mineradora de Nertchinsk *c.* 1870, p. 18
4. Ilha Sacalina *c.* 1890, p. 19

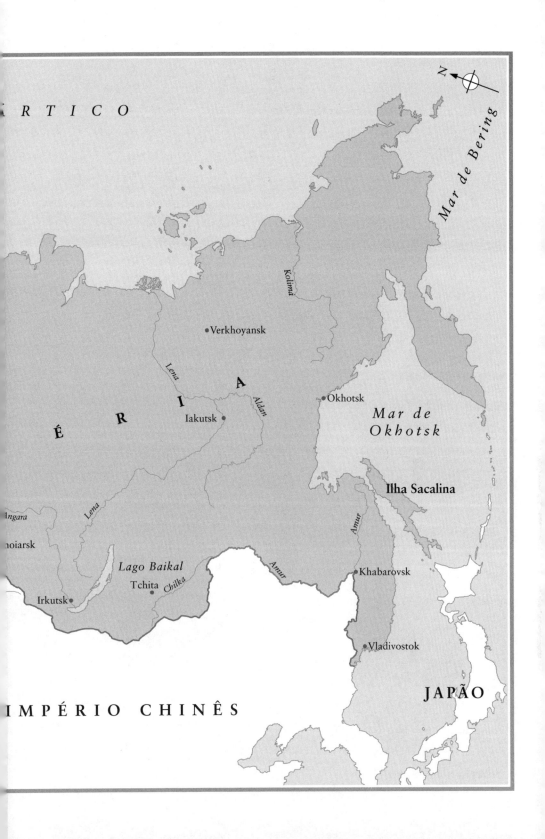

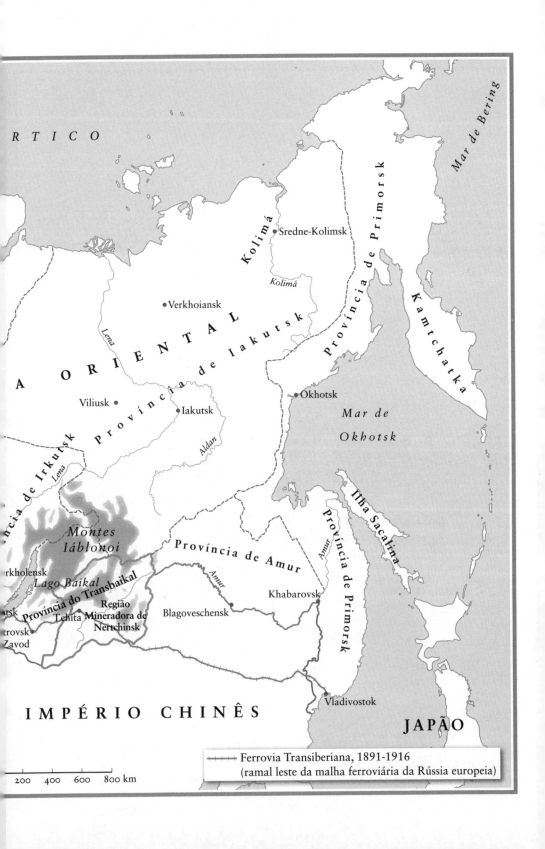

Região Mineradora de Nertchinsk c. 1870

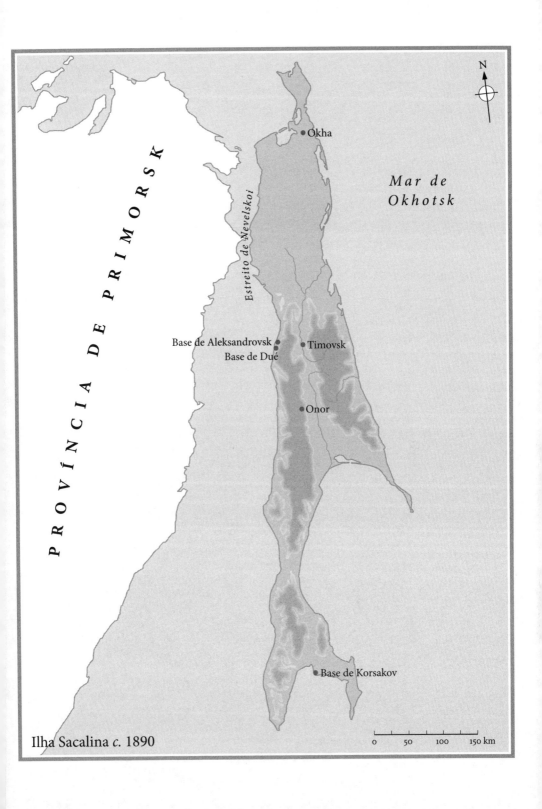

Nota do autor

Sempre que possível, os nomes não russos (em geral poloneses) foram resta-belecidos em sua forma latinizada original. Como nem sempre foi possível inferir nomes originais de fontes em línguas não russas, esses nomes às vezes aparecem na forma russificada. Peço desculpas por qualquer erro nesse processo.

De modo que permita aos leitores consultar as fontes originais, o livro cita sempre que possível traduções encontradas com facilidade dos principais textos em russo. Todas as demais traduções do russo são do autor. Todos os pesos e medidas foram convertidos do sistema imperial russo para o sistema métrico, tanto nas fontes originais russas quanto nas traduções para o inglês citadas. As modificações feitas em traduções para o inglês foram indicadas. De 1700 a feverei-ro de 1918, a Rússia empregou o calendário juliano, que tem um atraso entre onze e treze dias em relação ao calendário gregoriano. As datas são dadas de acordo com o calendário juliano.

A ADMINISTRAÇÃO DA SIBÉRIA

Entre 1803 e 1822, toda a Sibéria esteve sob a autoridade de um único go-vernador-geral com base em Irkutsk. Em 1822, a Sibéria foi dividida em dois territórios administrativos principais: o governo-geral da Sibéria Ocidental, sediado em Omsk, e o governo-geral da Sibéria Oriental, sediado em Irkutsk. Cada um desses governos-gerais era encabeçado por um governador-geral, que se reportava a São Petersburgo e supervisionava as administrações provinciais. O governo--geral da Sibéria Ocidental compreendia as províncias de Tobolsk, Tomsk e Omsk (esta última foi mais tarde dissolvida, sendo parte dela anexada à província de Tobolsk e parte subdividida para formar duas novas províncias, a de Semipalatinsk e a de Akmolinsk); o governo-geral da Sibéria Oriental compreendia as províncias de Irkutsk, Ienissei, Iakutsk e Transbaikal. Cada província (*guberniia* ou *oblast*) tinha uma capital administrativa e era integrada por certo número de distritos (*uezd*), e cada distrito compreendia certo número de cantões (*volost*). Algumas regiões (*okrug*), como a Região Mineradora de Nertchinsk, ficavam de fora dessa hierarquia, sendo governadas por uma autoridade que respondia direto ao tsar. Em 1882, o governo-geral da Sibéria Ocidental foi abolido, as províncias de Tomsk e Tobolsk foram postas sob controle central direto e as de Semipalatinsk e Akmolinsk passaram a constituir o novo governo-geral de Steppe. O governo-geral da Sibéria Oriental foi mais tarde subdividido em dois novos governos-gerais: Priamursk, em 1884, e Irkutsk, em 1887. Priamursk administrava as províncias do Transbaikal e Primorsk, o rio Amur e a ilha Sacalina; Irkutsk administrava as províncias de Ienissei, Irkutsk e Iakutsk. Exceto por pequenas mudanças posteriores, essas unidades administrativas foram mantidas até 1917.

Havia aqui um mundo próprio, diferente de qualquer outro. Havia leis próprias, maneiras de vestir, modos e hábitos próprios; uma casa para mortos- -vivos; uma vida diferente de qualquer outra, com pessoas diferentes de quaisquer outras. É este canto tão distinto da vida que me proponho descrever.

Fiódor Dostoiévski, *Recordações da casa dos mortos* (1862)[1]

Prólogo: O sino de Uglitch

Em 1891, um grupo de mercadores russos foi autorizado pelo tsar Alexandre III a transportar um sino de cobre de trezentos quilos da cidade siberiana de Tobolsk até a sua cidade natal, Uglitch, 2200 quilômetros a oeste de Tobolsk. O sino viajou rio acima pelo Volga no fim da primavera de 1892 e chegou, num barco a vapor, a um molhe erigido diante da catedral de Uglitch. Exatos três séculos depois de ter sido exilado para a Sibéria, foi solenemente recebido em sua volta para casa.[1]

O destino do sino tinha sido selado na primavera de 1591, quando o filho e herdeiro de Ivan, o Terrível, o tsarevitch Dmitri, de nove anos, foi encontrado em Uglitch com o pescoço cortado. A mãe de Dmitri e sua família acreditaram que o tsarevitch tinha sido assassinado por ordem de um potencial rival ao trono, o regente Boris Godunov. Tocaram o sino de Uglitch para convocar uma rebelião. Os habitantes da cidade, reunidos numa multidão em tumulto, mataram os dois supostos assassinos e um funcionário de Moscou. O distúrbio despertou a ira do Kremlin. Godunov enviou tropas a Uglitch para reprimir a rebelião, e na primavera seguinte distribuiu justiça. Mandou executar cerca de duzentos habitantes de Uglitch e prender outros tantos; umas cem pessoas foram açoitadas e tiveram as narinas rasgadas; os mais eloquentes perderam também a língua. Lanhados e mutilados, os rebeldes foram banidos para a Sibéria.

Além do castigo que infligiu aos rebeldes, Godunov puniu o símbolo de sua unidade política. Fez descer o sino, preso a doze cabos, libertou-o de sua "língua" e exilou-o na Sibéria. Os moradores de Uglitch foram obrigados a arrastar o rebelde artefato através dos Urais para, por fim, deixá-lo a descansar em Tobolsk, onde o governador militar da cidade registrou o caso como "o do primeiro exilado inanimado". Silenciado e banido, o sino tornou-se testemunho do poder dos governantes russos, tanto para conduzir seus súditos turbulentos para além dos Urais quanto para emudecê-los.[2]

Contudo, nos séculos seguintes, ele se tornou também um ponto de convergência para opositores da autocracia que viam a punição dos moradores de Uglitch por Godunov como o ato cruel de um usurpador. Em 1862, um nobre exilado em Tobolsk, Ippolit Zavalichin, viu no sino de Uglitch "um acusador subjugado que carrega o eloquente testemunho [...] do castigo de toda uma cidade inocente!".[3] Em meados do século XIX, portanto, ele tinha chegado a simbolizar não apenas a autoridade suprema do soberano, mas também o poder vingativo daqueles em quem se apoiava.

Tobolsk desempenhou um papel central no desenvolvimento do exílio siberiano nos séculos que se seguiram ao banimento do sino de Uglitch. Esse legado ainda é visível hoje em dia, na mistura de casas de madeira deterioradas e edifícios neoclássicos que constituem a cidade velha. A praça central de Tobolsk fica no topo de um planalto que se eleva cinquenta metros acima das águas barrentas do grande rio Irtich e da cidade baixa, que se estende para o sul. Dela se avistam, à distância, as áreas rurais circundantes e as barcaças abrindo caminho com lentidão contra a corrente. Dois grandes edifícios ladeiam a praça. Um deles é o kremlin de pedra, um complexo fortificado que projetava o poder e o esplendor do Estado imperial. Suas pesadas paredes brancas, acima das quais pairam as cúpulas em azul e dourado da catedral de Santa Sofia, foram erguidas por exilados: soldados suecos capturados em 1709 por Pedro, o Grande, numa das decisivas batalhas da Grande Guerra do Norte (1700-21). O segundo edifício, cuja imponente fachada neoclássica ocupa todo o comprimento do lado ocidental da praça, é a Prisão Central de Trabalho Penal de Tobolsk. Construída no começo da década de 1850, a prisão, a segunda desse tipo na cidade, veio preencher a necessidade de maior capacidade, não atendida pela cadeia anterior, que caía aos pedaços. Caravanas formadas por centenas de exilados chegavam marchando pela cidade, cruzavam a praça e passavam por seus portões, para serem mantidas ali enquanto o Departamento de Exílio de Tobolsk, centro administrativo de todo o sistema de degredo, determinava seu destino final. Distribuídos em novas caravanas, os exilados eram mandados então para as estradas e cursos d'água da Sibéria, a caminho de vilarejos remotos e de assentamentos penais. Tobolsk era o portão de entrada de uma prisão continental.[4]

O sistema de exílio desempenhou papel fundamental na colonização da Sibéria. As cidades cresciam em torno das fortalezas e colônias penais, para abrigar seus funcionários e militares. Foram raras as aldeias siberianas deixadas intactas pelos exilados, que colonizaram em caráter oficial cada distrito de cada província siberiana ou, extraoficialmente, perambulavam entre elas na condição de trabalhadores itinerantes, ladrões e pedintes. As estradas da Sibéria eram pontuadas de estações de parada acanhadas e de cor terrosa, onde as caravanas de deportados em marcha pernoitavam em sua longa e extenuante viagem. As prisões de encaminhamento, cadeias das cidades, minas, empreendimentos industriais e assentamentos de exilados para onde eles eram enviados refletiam o vigor do poder do Estado que emanava de São Petersburgo para o leste. Em 1879, quando um incêndio devastador consumiu três quartos do centro de Irkutsk — na época uma próspera cidade de 30 mil habitantes —, um dos poucos edifícios de pedra que sobreviveram às chamas foi a prisão central. Seu significado como importante ponto de trânsito de exilados foi revelado quando ela de repente se destacou entre as ruínas da cidade.[5]

A Prisão Central de Trabalho Penal de Tobolsk serviu como instituição penal até 1989, quando por fim foi fechada pelas autoridades. Como muitas das prisões da era tsarista, tinha sido remodelada depois de 1917 e acabou fazendo parte daquilo que Aleksandr Soljenítsin chamaria de "arquipélago" de instituições penais que constituíram o gulag stalinista. Tanto na Rússia quanto no exterior, o gulag se sobrepôs às lembranças do uso que os tsares faziam da Sibéria como lugar de castigo. No entanto, muito antes que o Estado soviético erigisse seus campos de prisioneiros, a Sibéria já era uma imensa prisão a céu aberto com uma história que abrangia mais de três séculos.[6]

A Sibéria — o nome russo Сибирь pronuncia-se *sibir* — torna pequena a Rússia europeia. Com 15,5 milhões de quilômetros quadrados, corresponde a uma vez e meia o continente europeu. A região nunca teve existência política independente; seus limites não são claros nem ela tem uma identidade étnica dominante. Sua história moderna é inseparável da história russa. Os montes Urais, transponíveis com facilidade, funcionaram menos como um delimitador físico do que como fronteira imaginária e política de uma Rússia europeia além da qual se estende uma gigantesca colônia asiática e um reino punitivo em expansão. A Sibéria foi, ao mesmo tempo, o núcleo do obscurantismo russo e um mundo de oportunidades e prosperidade. O presente sombrio e impiedoso do continente devia dar espaço a um futuro brilhante, e seus exilados desempenhariam papel fundamental nessa tão apregoada transição.[7]

Porque o Estado imperial pretendia mais do que enjaular a desordem social e política em sua prisão continental. Eliminando o velho mundo dos indesejáveis, ela também povoaria o novo mundo. O sistema de exílio prometia atrelar um crescente exército de exilados ao projeto maior de colonizar a Sibéria. Em tese, os criminosos russos trabalhariam duríssimo para colher suas riquezas naturais e colonizar seus territórios remotos e, assim, descobririam as virtudes de contar apenas consigo mesmos, da abstinência e do trabalho pesado. Na prática, no entanto, o sistema de exílio enviou ao interior siberiano um exército não de colonizadores empreendedores, e sim de miseráveis e vagabundos irrecuperáveis. Eles sobreviviam não do próprio trabalho, mas mendigando e roubando dos verdadeiros colonizadores, os camponeses siberianos. As tensões implícitas nessa dupla condição de "prisão-colônia" nunca se acalmaram durante os mais de três séculos que separaram o banimento dos rebeldes de Uglitch e a implosão do império tsarista em 1917. Ao contrário do que ambicionavam os governantes da Rússia, a colonização penal nunca se tornou uma força motriz no desenvolvimento da Sibéria. Pelo contrário, à medida que aumentava o número de exilados, aumentavam os obstáculos ao seu progresso.

Ao longo do século XIX, a escala e a intensidade do exílio siberiano cresceram tanto que ele ultrapassou com facilidade os sistemas de exílio dos impérios britânico e francês. Os britânicos enviaram cerca de 160 mil condenados à Austrália nas oito décadas transcorridas entre 1787 e 1868; o Estado francês, enquanto isso, tinha uma população carcerária de cerca de 5500 pessoas em suas colônias de além-mar entre 1860 e 1900. Em comparação, entre 1801 e 1917, mais de 1 milhão de súditos do tsar foram banidos para a Sibéria.[8]

Entre esses exilados havia gerações de revolucionários de grandes e pequenas cidades da Rússia europeia e da Polônia. Alguns deles lutavam por uma Constituição liberal, outros pela independência nacional, outros ainda por uma utopia socialista. A Sibéria tornou-se uma desolada passagem obrigatória na história do republicanismo europeu e do movimento revolucionário russo. No fim do século XIX, o governo tsarista estava deportando milhares de revolucionários para as prisões, minas e colônias remotas da Sibéria. Com todo o isolamento e a claustrofobia, eles debatiam, planejavam e publicavam tratados para entusiasmar e coordenar os revolucionários que atuavam na clandestinidade nas grandes cidades da Rússia. Seus sonhos de uma revolução iminente, não dissolvidos pelas concessões da prática política, enchiam os imensos céus. A Sibéria tinha se tornado um gigantesco laboratório da revolução, e o exílio, um rito de passagem para homens e mulheres que um dia governariam a Rússia. Quando a revolução por fim eclodiu, em 1905, esses radicais exilados transformaram as cidades e vilas siberianas em cadinhos de luta violenta contra a autocracia. Ergueram-se patíbulos nos pátios das prisões enquanto, além de seus muros, guardas penitenciários eram assassinados nas ruas. De lugar de quarentena contra o contágio da revolução, a Sibéria tornou-se a fonte mesma da infecção.

As biografias e os escritos de uns poucos luminares dominam a memória histórica do exílio siberiano antes da Revolução Russa. Alguns deles, como Fiódor Dostoiévski e Vladímir Lênin, eram eles próprios exilados; outros, como Anton Tchékhov e Liev Tolstói, desenharam retratos vívidos da vida dos condenados na Sibéria em suas reportagens e em textos ficcionais. Em 1861-2, durante o "degelo" das Grandes Reformas de Alexandre II, Dostoiévski publicou seu romance semiautobiográfico *Recordações da casa dos mortos*, embora o original russo talvez se traduzisse com mais exatidão como *Memórias da casa da morte*, destacando a convicção de Dostoiévski de que, fossem quais fossem seus crimes, os exilados acabavam sendo vítimas de um sistema prisional brutal e desumano: uma casa de morte.

Daí em diante, o fluxo anual de artigos, memórias e obras de ficção sobre o sistema de exílio transformou-se numa enxurrada que avançou sem amainar durante as últimas décadas da era tsarista. A imprensa russa publicava angustiantes discussões sobre os horrores do sistema de exílio e suas consequências desastrosas para a própria Sibéria. Outros celebrados escritores e artistas seguiram os passos de Dostoiévski. No conto "No exílio" (1892), Tchékhov narra os longos anos de banimento na Sibéria que destituíram um velho ferroviário de qualquer sentimento de compaixão, esperança e desejo. O antigo exilado, exclama seu jovem companheiro, "já não é um ser vivo, é uma pedra, argila".[9] Em 1884, Ilia Repin pintou o *Retorno inesperado*, o olhar escaveirado de um jovem esquelético que entra na sala de jantar de sua família, e a reação confusa e chocada de seus parentes dispensa explicação. Todos e cada um dos contemporâneos de Repin entenderam a cena da volta ao lar de um exilado político. A pintura de Repin pertence a uma tendência geral *imaginativa* do banimento, da crueldade e do sofrimento associados à Sibéria de maneira indelével. Em 1892, quando Alexandre III afinal autorizou a volta do sino de Uglitch a sua cidade natal, a imprensa russa saudou o gesto como uma expressão da magnanimidade do monarca. Mas à luz da crescente repulsa popular quanto à desastrosa colonização penal de um continente, o retorno do sino mais pareceu o reconhecimento do fracasso ou mesmo uma derrota.[10]

No exterior também o exílio estava manchando o nome da autocracia. Em 1880, a revista satírica britânica *Judy* publicou uma tirinha que resumia de maneira clara a opinião de muitos observadores ocidentais. Mostrava um urso russo vestido de gendarme, carregando uma "tocha de civilização" e conduzindo uma aparentemente interminável fileira de prisioneiros acorrentados para a Sibéria. O drama dos presos políticos russos e poloneses no exílio suscitou a simpatia e a indignação do público na Europa e nos Estados Unidos, que denunciou a tirania da autocracia. O mais eloquente e bem informado porta-voz estrangeiro dos presos políticos do império foi o jornalista e explorador americano George Kennan. Tendo no início simpatizado com a luta do governo russo contra o que ele pensava serem fanáticos perigosos, Kennan foi autorizado pelo Ministério do Interior, no fim da década de 1880, a viajar pela Sibéria e relatar o que tinha encontrado. O que descobriu foram milhares de homens e mulheres que não eram, segundo ele, radicais perturbados e perigosos, mas mártires da causa da liberdade. Em todo o mundo, a Sibéria estava se tornando sinônimo do despotismo dos tsares.[11]

Embora a sorte de escritores e revolucionários na Sibéria tenha se tornado bastante conhecida tanto na Rússia quanto no estrangeiro, o mesmo não poderia ser dito da imensa maioria dos exilados ali. Para cada radical banido, milhares de criminosos comuns e suas famílias foram expulsos para a Sibéria e para o esquecimento. A maior parte deles era de analfabetos e carentes dos recursos necessários para registrar suas experiências para a posteridade. Sua sorte só sobrevive em relatórios policiais, petições, atas de julgamentos e correspondência oficial que foram compilados e retidos pelo Estado policial cada vez mais desenvolvido e sofisticado. Esses documentos, atados em maços e arquivados em grosseiras pastas de papelão nas empoeiradas e deterioradas coleções dos ministérios tsaristas, encontram-se hoje em dia em arquivos de Moscou, São Petersburgo e em diversas cidades siberianas.[12]

Foi desse conjunto de provas de arquivo e da massa de memórias e diários publicados que este livro recuperou as experiências de revolucionários e criminosos comuns na Sibéria, desde a coroação de Alexandre I, em 1801, à abdicação de Nicolau II, em 1917. Suas vozes contam a história da luta da Rússia para governar seu império prisional quando o regime tsarista colidia de maneira violenta com as forças políticas do mundo moderno.

1. Origens do exílio

No fim do século XVI, o Principado de Moscou, ou Moscóvia, empenhou-se num projeto de conquista que se tornou conhecido como "coleta das terras". Essa expansão territorial emergiu no vácuo de poder resultante do declínio da Horda Dourada mongol, uma confederação de tribos nômades e seminômades que desde o século XIII vinha dominando o território que se estende da Sibéria Ocidental a Moscou, mais recentemente fragmentado em canados. Em 1582, um aventureiro cossaco chamado Iermak Timofeievitch atravessou os Urais com um exército de centenas de homens num ataque audacioso ao poder em declínio do líder mongol siberiano Kuchum Khan. Depois de uma batalha vitoriosa na Sibéria Ocidental, Iermak instituiu um ponto de apoio a leste dos Urais e reclamou essas terras em nome de Ivan, o Terrível. Embora sua vitória tenha durado pouco (o líder cossaco morreu afogado apenas três anos depois, ao tentar escapar de uma emboscada tártara), as portas para a Sibéria abertas por ele nunca se fechariam. Os russos continuaram seus ataques através dos Urais, Kuchum Khan morreu em combate na batalha pelo rio Obi, em 1598, e o canado siberiano ruiu.[1]

Daí em diante, o avanço russo sobre a Sibéria foi implacável. Um bizarro amontoado de emissários moscovitas, soldados do Exército regular, mercenários estrangeiros, mercadores e cossacos emigrados das regiões do Don e do Dnieper, no sudoeste da Rússia, empurravam a fronteira cada vez mais para leste, ao longo dos rios Irtich e Obi e seus afluentes. Fundaram fortes que serviam como pontos axiais para a projeção do poder militar e da coleta de tributos das tribos nativas da Sibéria. A cidade de Tiumen foi fundada em 1586, e Tobolsk, no ano seguinte. Em 1600, as forças da Moscóvia já controlavam todo o território situado entre os Urais e o rio Obi, e continuavam avançando para leste, em direção ao maior rio siberiano mais próximo, o Ienissei, a 1,6 mil quilômetros de distância. Seguiram-se mais conquistas: Mangazeia foi fundada em 1601; Tomsk, em 1604. Em 1630, havia cerca de cinquenta cidades fortificadas na Sibéria Ocidental, e os russos tinham erigido postos avançados em Ienisseisk e Krasnoiarsk, nas margens do Ienissei. Doze anos depois, cruzaram o último dos grandes rios norte-sul da Sibéria, o Lena, e se estabeleceram em Iakutsk, que lhes proporcionaria enfim acesso aos desolados assentamentos de exilados no círculo polar ártico. Em 1649, chegaram à beira do Pacífico Norte e fundaram o porto de Okhotsk. Nove anos mais tarde, estavam mais 2 mil quilômetros à frente, à beira do estreito de Bering, a menos de 160 quilômetros do cabo Príncipe de Gales, no Alasca.[2]

É na conquista e na colonização do leste do continente pela Rússia que se encontram as origens do sistema de exílio. A rápida expansão russa foi conduzida pelas crescentes Forças Armadas de Moscou, por sua capacidade logística e seu refinamento administrativo, mas criou também uma persistente escassez de trabalhadores, agricultores e comerciantes nos territórios vastos e remotos da Sibéria. Desde os primórdios do exílio de que se tem registro, o sistema permitiu não só que os tsares banissem da Rússia europeia seus súditos insubordinados como também que os pressionassem a servir de colonos e trabalhadores penais em vários pontos estratégicos da Sibéria. O exílio surgiu sob os auspícios desse projeto expansionista maior; castigo e colonização chegaram entrelaçados.

O continente conquistado pelos russos se estende ao longo de 8 mil quilômetros, dos Urais ao Pacífico, e de 3,2 mil quilômetros do círculo polar ártico à fronteira da Mongólia. O rio Ienissei forma uma divisa natural entre a Sibéria Ocidental e a Oriental, que apresentam topografias bem diversas. Com exceção do maciço Altaico, a Sibéria Ocidental tem poucas montanhas e grandes planícies. Numerosos rios cortam seu solo poroso, formando pântanos que se inundam na primavera. A Sibéria Oriental e o extremo oriente da Rússia são muito diferentes: uma combinação de picos montanhosos irregulares, desfiladeiros profundos, densas florestas e planícies de inundação. No centro da Sibéria Oriental, o solo mergulha no Baikal, o maior e mais profundo lago de água doce do mundo. Sua superfície, que congela a cada inverno, se estende por 32 mil quilômetros quadrados.

Ao contrário do que se acredita, a Sibéria não fica imersa em neve e gelo o ano inteiro. A paisagem de permafrost coberta de tundra só existe acima do paralelo 60, uma latitude que passa pela Suécia e pelo Alasca. Na verdade, a maior parte da Sibéria é coberta pela taiga, um denso cinturão de coníferas e florestas decíduas de mil a 2 mil quilômetros de largura. Ao sul da taiga encontra-se a estepe, território plano sem árvores, coberto de gramíneas ou desértico. A maioria dos siberianos vive abaixo do paralelo 60, em climas semelhantes aos dos lugares onde vivem os europeus. No verão, a temperatura na maior parte das cidades siberianas (que hoje em dia ficam mais ao sul que Moscou) pode chegar com facilidade aos trinta graus Celsius. Os invernos nesses climas continentais, no entanto, são rigorosos. As temperaturas caem com frequência a menos de zero em setembro e chegam a vinte graus negativos em dezembro, embora as marcas gélidas de trinta a quarenta graus negativos não sejam raras. Só no fim da primavera elas chegam acima de zero.[3]

No fim do século XVI, a Sibéria era coberta pela mais fina das membranas humanas. Havia nela um total de 230 mil indígenas, que falavam não menos que 120 línguas. Entre eles estavam os pastores de renas na tundra do norte, caçadores nas densas florestas de taiga e nômades nas estepes do sul. Entre as primeiras tribos que conheceram os russos estava a dos ostiaks, da Sibéria Ocidental, que criavam renas, caçavam, usavam armadilhas e pescavam nas águas dos rios Obi e Irtich. As regiões do centro-sul da Sibéria eram dominadas pelos povos turcomanos seminômades, tártaros e quirguizes, que pastoreavam seus próprios rebanhos, cultivavam trigo, extraíam minério de ferro e comerciavam sedas. Os tungues perambulavam pela taiga, tanto na Sibéria Oriental quanto na Ocidental, caçando e pastoreando renas. O meio de vida dos iacutos estava centrado na criação de gado e cavalos, no vale do Lena. Embora tenham adotado aos poucos muitos costumes russos, continuaram vivendo em iurtas feitas de couro de animais e troncos de bétula, no verão, e de argila, bétula e esterco de gado no inverno. Os belicosos buriatas espalhavam seus rebanhos nas terras inóspitas do Transbaikal (região que fica além do lago Baikal, na Sibéria Oriental) e, no século XVII, começaram a negociar peles e couros com chineses, ao sul. Mais para sudeste, na bacia do rio Amur, viviam os giliaks — agricultores e pescadores que se vestiam com couro de peixe e pele de cachorro. No extremo nordeste, no clima mais inóspito de toda a Eurásia, estavam os tchuktchis e os coriacos, pescadores e caçadores hostis, que se alimentavam da carne de rena, baleia e foca. A maior parte dos nativos da Sibéria se comunicava com seus deuses por intermédio de xamãs e venerava os animais que caçava e arrebanhava. Alguns, como os iacutos, converteram-se ao cristianismo no século XVII; outros, como os buriatas, substituíram seus xamãs tribais por monges budistas.[4]

Numa terra em que ainda não tinham sido descobertos depósitos importantes de metais preciosos, o que atraía os russos para o leste eram as peles. A demanda generalizada por elas, tanto na Europa quanto na Ásia, transformou a vastidão siberiana num tesouro que parecia inesgotável. Cossacos, soldados, funcionários públicos e comerciantes de peles independentes, conhecidos como *promichlenniki*, atravessavam os Urais seguindo a rede hidrográfica continental, carregando seus barcos pelos trechos de terra, penetrando cada vez mais no interior da Sibéria. Trabalhando em pequenos grupos de dois ou três homens, ou em bandos de sessenta ou mais, quase sempre financiados pelos governadores siberianos sediados nas cidades e assentamentos fortificados da Moscóvia, eles embarcavam em expedições em busca de peles. Em geral, uma viagem de ida e volta entre a Rússia e as cidades e fortificações da Sibéria Ocidental levava um inverno e dois verões; viagens a localidades mais distantes, como Iakutsk e o Transbaikal, poderiam levar três vezes isso. A viagem era cercada de todo tipo de perigo. Distâncias de centenas de quilômetros separavam um assentamento de outro, ferimentos ou surtos de doenças em geral pouco importantes poderiam com facilidade se tornar fatais nas florestas, pântanos e montanhas inclementes. Mas numa economia que de outra forma seria rural e pobre, as recompensas eram assombrosas. As peles de esquilo, raposa, arminho, marta e a mais valiosa de todas, a zibelina, compradas pelos *promichlenniki*, alcançavam preços astronômicos na Rússia e alhures. Uma única pele de raposa negra do Ártico era o quanto bastava para comprar uma propriedade rural de bom tamanho, com cavalos, gado bovino, ovelhas e aves.[5]

Em seu avanço para o leste, os russos usavam uma mistura de incentivos e violência para extrair tributos dos povos indígenas da Sibéria. Os que colaboravam com os *promichlenniki* podiam esperar pagamento e proteção; os que não o fizessem, e os suspeitos de esconder suas riquezas, pagavam um preço terrível. Tortura, sequestro e assassinato eram comuns; aldeias inteiras eram açoitadas. Algumas tribos, como a dos ostiaks, estavam habituadas a pagar tributos a seus antigos governantes mongóis e tentaram chegar a um acordo com os russos que avançavam, mas ficaram impressionadas com a ganância de seus novos senhores. Outros, como os buriatas, resistiram à invasão desde o início. Porém, mesmo nas raras vezes em que se mostravam capazes de se unir para uma defesa coordenada de suas terras, as tribos siberianas só ofereciam uma resistência dispersa. Nenhuma delas se equiparava às forças russas em poder de fogo, e dezenas de milhares de indígenas sucumbiram às doenças que os invasores trouxeram consigo. Só os confins de Tchukotka, soterrados pela neve no extremo nordeste, ofereceram obstáculos naturais de monta e poucos ganhos em peles para deter o avanço russo.[6]

Com o tempo, o uso combinado de coerção e incentivos chegou aos resultados desejados: os povos nativos da Sibéria aderiram ou se submeteram ao novo império comercial, buscaram a paz com seus novos senhores e passaram a pagar tributos. Os *promichlenniki* obtiveram quantidades astronômicas de peles naquela que se revelou uma conquista de territórios muitíssimo bem-sucedida, conduzida pelo Estado. No verão de 1630, eles transportaram 34 mil unidades de pele de zibelina através de Mangazeia; no verão de 1641, não menos de 75 mil peles do mesmo animal passaram pela alfândega do tsar em Iakutsk. O Estado russo em expansão foi tão implacável na supervisão dessa coleta de peles siberianas que em 1700 as fontes do "ouro macio" estavam secando.[7]

De maneira gradativa, o governo russo se firmou nesse mundo de novas fronteiras, construindo um complexo conjunto de relações — muitas vezes reciprocamente benéficas, mas às vezes antagonistas — entre comerciantes, caçadores e cossacos, de um lado, e os primeiros governadores que o tsar incumbiu dos assentamentos siberianos, de outro. A expansão da Moscóvia para o leste, sem dinheiro, teve de se autofinanciar, e assim os governadores e seus subordinados foram autorizados a se manter com o comércio de peles, bebidas e mulheres dedicadas a uma prática conhecida como "alimentação", com a condição de pagar uma parte determinada ao Estado. Alguns reuniram somas extraordinárias. Para garantir que eles não se excederiam na extorsão e nos confiscos, o governo montou postos de vigilância nas principais estradas que levavam de volta à Rússia europeia para revistar os governadores que voltavam e confiscar-lhes o excesso de saque. Embora tolerada, a prática da "alimentação" estabelecia um padrão de irresponsabilidade, para não dizer de impunidade, entre os oficiais da Sibéria que assolaria São Petersburgo já bem adiantado o século XIX. Roubalheira, fraude e suborno floresciam em todos os níveis da administração, desde os governadores provinciais da Sibéria até o mais humilde escrevente. Apesar dessas asperezas e de suas estruturas de poder informais e improvisadas, a iniciativa da Rússia imperial provou ser de uma eficiência notável, não só na coleta da produção de peles siberianas como também na conquista, manutenção e administração de vastas extensões territoriais. A conquista da Sibéria modificou a Moscóvia, que se transformou de um principado de segunda ordem, situado num canto remoto da Europa, no maior império continental do mundo.[8]

Os russos chegaram à Sibéria primeiro como guerreiros, caçadores e mercadores, mas durante o século XVII passaram das peles para a agricultura, e da coleta de impostos aos assentamentos. Em 1622, havia 23 mil russos e estrangeiros diversos vivendo a leste dos Urais; em 1709, eles eram 227 mil, e seu número continuava aumentando. As fortificações fronteiriças dos primeiros dias da corrida das peles tornaram-se cidades mais estruturadas e centros de comércio. Na segunda metade do século XVII, Tobolsk emergiu como sede do governo russo, da religião e do comércio na Sibéria Ocidental. Em 1700, Tomsk desempenhava papel similar no centro-sul da região, enquanto Ienisseisk, ponto de trânsito de todo o comércio com Iakutsk e o Extremo Oriente, ocupava a mesma posição no norte. Fundada em 1652, Irkutsk também cresceu rápido, primeiro como centro de arrecadação dos tributos sobre as peles cobrados aos buriatas do Transbaikal e, mais tarde, como centro de comércio de bens negociados entre a China e o Império Russo.[9]

Nas últimas décadas do século XVII, novas levas de migrantes somaram-se à população europeia radicada na Sibéria. Vinham camponeses das regiões empobrecidas da Rússia europeia. Alguns deles eram colonizadores pagos pelo governo; outros eram servos fugitivos que sabiam que seus senhores tinham pouca chance de rastreá-los para além dos Urais. Já em 1670, havia cerca de 34 mil camponeses só na região de Tobolsk. Funcionários do governo, cossacos, outros soldados e prisioneiros de guerra formavam uma parcela importante dos que viviam em pequenas cidades e assentamentos da Sibéria, emprestando à região um caráter marcadamente militar. Milhares de dissidentes religiosos fugiram da perseguição na Rússia europeia para o leste, onde fundaram colônias em que podiam professar seus credos sem ser incomodados pelas autoridades.[10] Na virada para o século XVIII, a Sibéria tinha uma população nativa de cerca de 200 mil pessoas e uma população russa e europeia de cerca de 150 mil homens e 76 mil mulheres. Integrantes desses diversos grupos se casavam e procriavam entre si. Muitos colonos russos tomavam (às vezes literalmente) mulheres nativas como esposas e tinham filhos com elas. Um século depois que Iermak cruzou os Urais, começava a tomar forma um modo de vida siberiano. Soldados russos, artesãos e camponeses misturaram-se a siberianos indígenas e, com o tempo, formaram uma população de colonos conhecida pelo nome de *sibiriaki* ou *starojili* (velhos siberianos).[11]

Com efeito, vivendo ao lado de velhos siberianos encontravam-se homens e mulheres que não tinham escolhido ir para a Sibéria: haviam sido erradicados à força de suas regiões de origem e lançados no que ficou conhecido como "a vasta prisão sem teto". A Sibéria era ao mesmo tempo uma terra de oportunidades e um reino penal, uma terra de imigrantes livres e de exilados não livres. Nos governos dos tsares, tornou-se claro que existia uma contradição fundamental entre esses dois papéis — contradição que dominaria a Sibéria e o sistema de exílio nos séculos seguintes.[12]

O exílio era um ato de expulsão. Em 1708, o bispo de Tobolsk e da Sibéria, Ioann Maksimovitch, declarou: "Da mesma forma como temos de remover agentes perniciosos do corpo para que este não expire, temos de proceder com a comunidade de cidadãos: todos os saudáveis e não prejudiciais podem permanecer em seu interior, mas os prejudiciais devem ser cortados".[13] Ideólogos imperiais voltavam repetidas vezes à imagem da Sibéria como um mundo além das fronteiras imaginárias do Estado, no qual o soberano podia purgar as impurezas e assim proteger a saúde do corpo político e social. As metáforas mudavam com o tempo, mas a convicção básica de que a Sibéria era um receptáculo das desordens do próprio império permanecia.

A expulsão dos malfeitores da sociedade russa era encenada em público numa cerimônia brutal que ao mesmo tempo destacava a gravidade do crime e o poder do soberano. Os culpados de crimes mais graves eram açoitados em praça pública; os do sexo masculino tinham também o rosto marcado a ferro e as narinas rasgadas. Em suas viagens pelo Império Russo na década de 1770, o historiador inglês William Coxe presenciou um desses açoitamentos, aplicado a um condenado por assassinato no mercado central de São Petersburgo. Abrindo caminho entre a multidão, Coxe subiu de maneira desajeitada ao telhado de um chalé diante da praça e, de seu ponto de vista privilegiado, assistiu a todo o procedimento. O carrasco brandia o mais terrível dos instrumentos de castigo corporal, o cnute. Consistia em uma tira rígida de couro cru, de cerca de quatro centímetros de diâmetro, presa por um anel de bronze a um chicote de couro trançado, de cerca de um metro de comprimento, que por sua vez era atado a um longo bastão de madeira empunhado pelo carrasco:

> O carrasco, antes de cada chicotada, recuava alguns passos, erguia para trás a mão que segurava o cnute e depois, inclinando-se para a frente, aplicava o extremo achatado da tira com toda a força nas costas nuas do criminoso, alcançando quinze ou vinte centímetros do pescoço à cintura. Começou golpeando o ombro direito, e continuou com golpes paralelos até o ombro esquerdo; não parou até ter infligido 333 chicotadas, o número prescrito pela sentença. Ao fim dessa terrível operação, as narinas do criminoso foram rasgadas com uma tenaz e o rosto, marcado com ferro em brasa; e ele foi devolvido à prisão, de onde seria levado às minas de Nertchinsk, na Sibéria.[14]

Esse castigo brutal era na verdade uma mostra da clemência imperial. Desde o reinado de Pedro, o Grande (1696-1725), os rituais de "execução civil" ou "morte política" despojavam o condenado de seus títulos e direitos jurídicos e confiscavam suas terras e suas riquezas numa assustadora demonstração do poder do Estado russo. Depois, em 1753, a imperatriz Elisabete (1741-62) substituiu em caráter oficial o patíbulo pelos trabalhos forçados na Sibéria. Uma determinação do Senado do Estado esclarecia que os responsáveis por crimes capitais seriam dali em diante submetidos à "morte política" e ao exílio "para trabalhos forçados perpétuos". Desde aquele tempo, os condenados por crimes capitais tiveram decretada sua "morte civil" e foram açoitados em público no mercado por um carrasco. Em geral, o julgamento de um criminoso no século XVIII ocorria da seguinte forma:

> Condená-lo à morte, levá-lo ao patíbulo, ordenar-lhe que se ponha sobre o bloco de execução e depois tirá-lo dali, dizendo Nós, o Grande Soberano, mostramos misericórdia, lhe damos a vida em vez da morte. Não ordenamos que seja executado, mas que [...] por seu roubo, suas narinas sejam rasgadas sem piedade, de modo que outras pessoas que olhem não tenham vontade de roubar ou dizer coisas ruins sobre nós, o Grande Soberano.[15]

As execuções civis eram, portanto, destinadas a ser experiências traumáticas e humilhantes. A partir de 1785, a nobreza russa foi liberada de castigos corporais, já que se acreditava que a vergonha e a desonra eram por si sós uma terrível força punitiva para as ordens superiores. Mas para as ordens inferiores, consideradas insensíveis a emoções elevadas, não havia nada de cerimonial nos rituais que marcavam sua expulsão da sociedade imperial.[16]

Coxe observou com sagacidade que, qualquer que fosse a clemência monárquica exibida nesses rituais, "num cálculo geral, talvez se conclua que, não obstante a aparente brandura do código penal, não foram mortos na Rússia menos malfeitores do que em países em que esse método de punição é contemplado pela lei".[17] As realidades letais que os espreitavam apesar da abolição da pena capital significam que os condenados a trabalhos forçados deviam ao tsar não só o castigo como a própria vida. O poder do soberano, de não apenas tirar a vida mas de concedê-la, continuou sendo uma pedra angular do sistema de exílio nos séculos seguintes.

Para além da encenação do poder autocrático, o exílio para a Sibéria, nos séculos XVII e XVIII, vinha também ao encontro de objetivos econômicos. À medida que o Estado russo se expandia e seu apetite por territórios e recursos naturais aumentava, o banimento *de* (*vissilka iz*, em russo) foi substituído por exílio *para* (*ssilka v*). Na sequência do banimento dos insurgentes de Uglitch em 1592, o Estado continuou enviando criminosos, desertores, prostitutas e populações rebeldes para a Sibéria, muitas vezes para regiões que tinham deixado de atrair o número necessário de migrantes voluntários. Estima-se que um total de 19,9 mil homens e 8,8 mil mulheres foram exilados na Sibéria entre 1662 e 1709.[18] No reinado de Pedro, o Grande, o envio de condenados para executar trabalhos forçados em grandes projetos em São Petersburgo, ao longo da costa báltica e em torno do mar de Azov expandiu-se e incluiu locais na Sibéria. Cerca de 20 mil prisioneiros de guerra suecos (entre eles os que construíram o kremlin de Tobolsk) marcharam agrilhoados através de cidades da região, e a eles mais tarde se juntariam adversários políticos do monarca e um pequeno número de servos fugidos. O uso que Pedro fez de prisioneiros para a extração de material bruto em sítios de trabalho siberianos expandiu-se muito, já que o Estado visava não só a explorar os recursos naturais da região, mas povoar e colonizar a terra.[19]

A construção de uma infraestrutura rudimentar no decorrer do século XVIII foi uma mudança radical nesse esforço de colonização. Abriram-se estradas primitivas para complementar a rede hidrográfica siberiana, meio preferencial de transporte, facilitando e tornando mais rápidas as viagens. A baixa densidade populacional da Sibéria e as enormes distâncias que separavam os assentamentos levaram o governo a se amparar na população local para transporte e comunicação. As estradas de terra eram mantidas por grupos de camponeses e nativos, que, no reinado de Catarina, a Grande (1762-96), foram recompensados por seu trabalho com a isenção de tributos. Em 1725, havia já cerca de 7 mil cocheiros empregados nas estradas principais. Na década de 1740, fez-se uma tentativa de ligar as diversas fortificações siberianas por meio de pousadas, cada uma delas gerida por um cocheiro e guarnecida de cavalos descansados. A viagem era tão penosa que as pousadas foram construídas mais ou menos próximas umas das outras (em 1745, havia vinte delas entre Tara e Tobolsk, uma distância de apenas 380 quilômetros). A construção da Grande Estrada Postal Siberiana entre Moscou e Iakutsk começou na década de 1760. A estrada cobrou um alto preço, tanto em rublos quanto em vidas de condenados e servos, mas afinal permitiu um bom trânsito de veículos de rodas.[20]

Não obstante, a travessia da Sibéria continuou sendo uma provação. Percorrer as estradas a pé ou de carroça variava, segundo a estação do ano, entre o apenas penoso e o impossível. Na primavera e no outono, a lama chegava ao eixo das rodas dos veículos. O termo russo para designar esse período é *rasputitsa*; ao pé da letra, "tempo sem estradas". As carroças puxadas por cavalos atolavam com frequência; rodas e eixos se quebravam ao passar chacoalhando sobre pedras e troncos. No verão, nuvens de poeira sufocavam os viajantes, enquanto as águas dos lagos e riachos ao longo do caminho ficavam escuras e salobras com o calor, liberando enxames ferozes de mosquitos e moscardos. "Descansei um pouco", escreveu em seu diário o explorador americano John Ledyard quando afinal chegou a Irkutsk, em 1787,

> depois de uma jornada exaustiva — cercado de diversas circunstâncias muito desagradáveis — viajava com o Courier, transportado por cavalos tártaros selvagens à maior velocidade possível num Campo selvagem e acidentado — quebrando e derrubando diversos [vagões cobertos] — atacado por enxames de mosquitos — chovendo a cântaros o tempo inteiro e quando cheguei a Irkutsk estava, e assim tinha estado durante as últimas 48 horas, todo molhado e feito uma massa de lama.

Só no inverno, quando a neve cobria a poeira e as temperaturas baixíssimas congelavam a lama, a Grande Estrada Postal Siberiana podia ser percorrida com mais facilidade. Mesmo assim, as viagens podiam levar meses, e até anos. Já na década de 1830, a estrada para Okhotsk, à beira do Pacífico, estava cheia de carcaças e esqueletos de cavalos que não tinham sobrevivido à viagem.[21]

À medida que as estradas aos poucos se multiplicavam e melhoravam, as distâncias entre a Sibéria e a Rússia diminuíam. No fim do século XVIII, um mensageiro do governo conseguia percorrer a cavalo os 10,5 mil quilômetros de São Petersburgo a Okhotsk em menos de dezoito semanas; Nertchinsk, no Transbaikal, podia ser alcançada em 75 dias. Iakutsk, no nordeste da Sibéria, ficava a cem dias de viagem da capital, e as cidades da Sibéria Ocidental e central estavam bem mais próximas que isso. Tornara-se possível esperar que uma ordem do imperador russo dada no palácio de Inverno chegasse às mãos do funcionário siberiano a quem se destinava em questão de meses.[22]

No entanto, para os migrantes que cruzavam os Urais, as distâncias entre a Rússia europeia e as cidades siberianas continuavam imensas. Muitos dos camponeses russos que faziam a viagem na condição de colonos ou exilados nunca tinham se aventurado a uma distância superior a algumas dezenas de quilômetros da aldeia em que haviam nascido. Partes da Sibéria continuavam fisicamente inacessíveis e psicologicamente tão distantes de São Petersburgo e Moscou quanto Botany Bay estava de Londres na década de 1790.[23]

Mesmo assim, migrantes continuavam chegando, e em quantidade ainda maior, ao avançar o século XVIII. Em 1762, mais de 350 mil camponeses do sexo masculino estavam assentados na Sibéria; em 1811, esse número tinha saltado para 600 mil. O desenvolvimento do comércio e da agricultura transformou aos poucos os longínquos assentamentos siberianos em cidades movimentadas. Cercada de terras férteis e agriculturáveis, Tobolsk floresceu como centro de comércio. Em 1782, 348 mercadores e 2761 artesãos constituíam mais da metade dos habitantes da cidade, além de 725 exilados, 487 cocheiros, 151 indígenas convertidos ao cristianismo e trezentos militares da reserva. Em 1790, Tobolsk se orgulhava de seus doze pintores de ícones, dezoito prateiros, 35 armeiros, 45 ferreiros, um relojoeiro e uma grande quantidade de outros artesãos, entre alfaiates, costureiros e sapateiros.[24] Quando o explorador escocês capitão John Dundas Cochrane visitou a cidade, no começo da década de 1820, achou que

> ela tem muitas e belas igrejas [...] as ruas são pavimentadas com madeira e em geral as edificações são do mesmo material. Os mercados e feiras são regulamentados, e a

cidade em geral é bem limpa [...]. Podem-se ver numerosas cabeças de gado nos arredores de Tobolsk: os mantimentos são baratos e abundantes [...]. Mas talvez o mais notável seja o fato de que se desfruta aqui de uma boa sociedade, e os mais fortes indícios de contentamento estão à vista nesta até agora suposta metrópole de barbárie e crueldade.[25]

Depois que Catarina, a Grande, dividiu administrativamente a região em Sibéria Ocidental e Sibéria Oriental, em 1775, Irkutsk tornou-se, como Tobolsk, uma capital regional. Na década de 1790, circulavam por Irkutsk nada menos de 7 milhões de rublos em mercadorias por ano, e 10 mil trenós ali se reuniam todos os invernos a fim de transportar para o oeste cargas vindas da China. O poder administrativo e o comércio florescente produziram riquezas. Formou-se uma classe de mercadores siberianos cujos membros se casavam com jovens de famílias de funcionários russos, e esse foi o início de uma sociedade provinciana refinada. A primeira biblioteca pública de Irkutsk foi aberta em 1782; no fim do século XVIII, a cidade tinha também um teatro amador e uma orquestra de quarenta músicos. Cochrane escreveu sobre Irkutsk que "as ruas são largas e formam ângulos retos [...]. A maior parte das casas é de madeira, mas muitas são feitas de tijolos e num estilo arquitetônico superior".[26]

Com tudo isso, no começo do século XIX, apenas três cidades siberianas — Tobolsk, Tomsk e Irkutsk — tinham uma população de mais de 10 mil habitantes; nenhuma delas chegava a 15 mil, e a maior parte tinha menos de 5 mil. A população total da Sibéria, já na época uma mistura de povos nativos, colonos russos e exilados, chegava a apenas 1 milhão de pessoas, concentradas nas cidades da Sibéria Ocidental e nuns poucos centros a leste do rio Ienissei. A maioria das cidades siberianas consistia de fato em pouco mais que grandes aldeias, separadas entre si por vastas faixas de tundra, taiga e estepe, salpicadas de minúsculos assentamentos cujos habitantes praticavam a agricultura, o comércio e o artesanato. Apesar das diferenças entre as categorias a eles atribuídas pelo Estado, cossacos, soldados da reserva, camponeses e colonos exilados viviam lado a lado e suportavam juntos os infindáveis desafios do clima adverso e do terreno em muitos casos inóspito. A maior parte das aldeias estava espalhada ao longo dos cursos d'água, estradas postais e rotas de comércio; algumas ficavam perto de minas, salinas e destilarias. Inúmeros migrantes involuntários trabalhavam de maneira exaustiva nessas indústrias, que pertenciam à Coroa ou a latifundiários. Alguns estavam condenados a trabalhos forçados (*katorga*); outros eram desertores do Exército e servos fugitivos; outros, ainda, eram servos do Estado ou de particulares que tinham sido transferidos à força por seus senhores da Rússia europeia para a Sibéria.[27]

Enquanto centralizava seu poder, no século XVIII, o Estado forçava uma maior regulamentação. Certas atividades até então toleradas — derrubada de carvalhos, coleta de sal, vadiagem, invasão de propriedade, mendicância e outras — foram criminalizadas e passaram a ser punidas com o exílio na Sibéria. Durante o reinado das imperatrizes Ana (1730-40) e Elisabete, a colonização como castigo se institucionalizou de um modo singular dentro de um emaranhado de leis que agregava endividados, dissidentes religiosos e condenados às fileiras dos recrutas involuntários para a Sibéria. O império testemunhou também, ou pelo menos passou a registrar, um aumento aparente tanto nos crimes leves quanto no banditismo organizado. A luta contra eles forneceu novos recrutas para os empreendimentos penais siberianos. De tempos em tempos, prostitutas, ladrões, bêbados e pedintes eram reunidos nas cidades russas e encaminhados para a Sibéria.[28]

À medida que a instituição da servidão apertava suas garras sobre o campesinato russo, produziram-se choques violentos entre o Estado e a população, que relutava em abrir mão de sua liberdade. No século XVIII, o império foi sacudido por rebeliões violentas: a Revolta Bulavina de 1707-8 e, ainda mais espetacular, a rebelião dos cossacos e camponeses de 1773-5, liderada por Iemelian Pugatchev. Os rebeldes derrotados que escaparam do massacre e do patíbulo foram acorrentados em grupos e postos em marcha para a Sibéria.[29] Outras dezenas de milhares não participaram de revoltas, apenas fugiram do peso da servidão e do serviço militar de 25 anos, desaparecendo no campo russo. Trabalhadores itinerantes e pedintes sem condições de obter documentos eram (às vezes com razão) tomados por servos foragidos ou desertores, açoitados e exilados. Essas tentativas de corrigir e disciplinar a população culminaram com a criminalização da vadiagem em 1823, o que fez disparar o número de exilados para a Sibéria. Entre 1819-22, mais de 4 mil pessoas por ano foram mandadas para lá; em 1823, esse número passou para quase 7 mil e, no ano seguinte, quase dobrou. No período entre 1826 e 1846, 48,5 mil dos 160 mil homens e mulheres exilados para a Sibéria tinham sido condenados por vadiagem.[30]

O fim do século XVIII assistiu também aos primeiros movimentos de oposição ideológica ao Estado. Quase dois séculos depois que os insurgentes de Uglitch foram banidos para Tobolsk, a autocracia ainda via a Sibéria como um conveniente campo de despejo para dissidentes e subversivos. Diversos tsares em sucessão viram a religião como um baluarte ideológico de legitimidade política. Catarina, a Grande, exilou milhares de velhos crentes (cristãos ortodoxos que rejeitaram as reformas litúrgicas implantadas na década de 1660) e os membros de seitas utópicas como a dos flagelantes e dos bebedores de leite. Essas deportações estabeleceram um padrão para a perseguição e exílio de dissidentes religiosos que prosseguiria até o começo do século xx.[31]

Na sequência da Revolução Francesa, até Catarina, a mais esclarecida dos déspotas, admiradora de Montesquieu e correspondente de Voltaire e Diderot, estava propensa a ver toda e qualquer crítica a seu domínio como revolucionária, tanto em significado quanto em objetivo. O escritor Aleksandr Radischev foi banido para a Sibéria por uma crítica avassaladora à depravação política, social e moral do Império Russo que fez em sua *Viagem de São Petersburgo a Moscou* (1790). Apesar dos avisos decididamente contrarrevolucionários (e proféticos) sobre as violentas consequências que viriam se o Estado não conseguisse deter os males representados pela servidão e pela pobreza rural, Catarina ficou indignada. Denunciou Radischev como "um homem pior que Pugatchev" e fez com que fosse julgado por sedição e lesa-majestade. O escritor foi declarado culpado e condenado à morte, sentença que a soberana comutou em dez anos de exílio no remoto assentamento fortificado de Ilimsk, na Sibéria Oriental. Radischev cumpriu apenas cinco anos de sua sentença, pois foi chamado a São Petersburgo por Paulo i (1796-1801), que se deliciava revogando as decisões da mãe. Radischev foi apenas um exilado solitário na Sibéria no fim do século xviii, mas, visto a partir do fim do século xix, apareceria como precursor de gerações posteriores de rebeldes ideológicos que usariam a pena e mais tarde as armas contra a autocracia.[32]

O regime tsarista continuaria usando mecanismos jurídicos e extrajurídicos para banir súditos cujo comportamento, religião e crenças políticas fossem considerados nocivos ao bem público. O sistema de "exílio administrativo" permitia ao regime passar por cima de sutilezas legais e rituais públicos. As pessoas eram presas sem alarde e, sem direito a apelação, alijadas da sociedade russa. Um escrevente da província de Kazan, que em 1821 fez acusações de corrupção contra o governador, foi denunciado como "suspeito" e banido para a cidade de Tomsk, na Sibéria Ocidental. Incompetência burocrática, venalidade e indiferença criaram um labirinto de regulamentações absurdas, acusações nebulosas e detenções secretas.[33]

Apesar do aumento no número de exilados no século XVIII, os empreendimentos penais do Estado na Sibéria enfrentavam escassez crônica de mão de obra. O governo procurou resolver em parte essa deficiência de recrutamento atribuindo a autoridades sociais e institucionais de todo o império o poder de condenar ao exílio administrativo. Em 1736, os proprietários privados de fábricas, minas e fundições, além dos gerentes de fábricas de propriedade do Estado, ganharam o direito de exilar trabalhadores "que se revelassem descomedidos". Observando que "na Sibéria, na província de Irkutsk e no distrito de Nertchinsk existem muitas áreas adequadas para assentamentos e agricultura", o Senado Imperial promulgou, em 1760, um decreto permitindo que proprietários de terras e mosteiros transferissem seus servos para o Estado. Os senhores de terras podiam agora recorrer a listas em geral preparadas pelos anciães das aldeias e nelas escolher para despachar para a Sibéria homens e mulheres rotulados como "indecentes", "obscenos" ou culpados de "conduta imoral". Como incentivo adicional, rapazes de mais de quinze anos que estivessem nessa lista podiam ser aceitos como substitutos dos recrutas para as Forças Armadas que os senhores de servos tinham de ceder ao Estado. A legislação procurava livrar a Rússia europeia de camponeses problemáticos enquanto provia as áreas industriais em expansão da Sibéria Oriental com um contingente de força de trabalho barata.

O exílio administrativo permitia também que os senhores se livrassem de servos desobedientes, ineficientes ou daqueles de quem eles simplesmente não gostavam. Em seu romance autobiográfico *Punin e Baburin*, de 1874, Ivan Turguêniev narra o tratamento despótico que sua própria família dispensava aos servos de sua propriedade. A avó do narrador (personagem inspirada na mãe de Turguêniev) escolhe para enviar à Sibéria um jovem servo, que ela acusa de ter-lhe demonstrado pouca deferência, dispensando-o "com um aceno de seu lenço na direção da janela, como quem afugenta uma mosca importuna".[34]

No entanto, os camponeses russos não eram apenas vítimas passivas de seus despóticos senhores; eles também usavam o exílio como instrumento de controle e limpeza social. Comunidades camponesas combinavam com senhores de servos o exílio administrativo de deficientes e doentes mentais. Tanto servos quanto senhores tinham interesse reconhecido em se livrar daqueles que significassem um peso econômico para a aldeia, ainda que seu único crime fosse a incapacidade ou a inépcia.[35] Dos 97 mil criminosos exilados na Sibéria no começo de 1835, 28,5 mil eram tachados de "incapazes". Além disso, de acordo com uma legislação datada de 1669, comunidades camponesas e de mercadores — elas próprias instituições constituídas em termos legais — podiam, como faziam os senhores, se recusar a receber de volta homens e mulheres que já tivessem cumprido sua pena. Um criminoso podia ser declarado culpado, açoitado e sentenciado a um período de prisão e descobrir, depois de afinal posto em liberdade, que sua antiga comunidade não aceitaria seu retorno. Nesses casos, do ponto de vista administrativo o criminoso poderia ser exilado para a Sibéria mesmo que o castigo previsto para seu crime não fosse o exílio. Um caso entre dezenas de milhares foi o de Aleksei Lebedev, filho de um mercador de Moscou condenado em 1846 por um pequeno roubo. Depois de açoitado e submetido a um breve período de custódia, Lebedev, rejeitado por sua comunidade, que se recusou a tê-lo de volta, foi exilado para a Sibéria.[36]

Comunidades de camponeses e mercadores tinham algo além do direito de rejeitar condenados que retornavam. Um decreto de 1763 lhes dava o poder de sentenciar seus próprios membros a exílio administrativo na Sibéria, mesmo que a culpa deles não fosse comprovada, mas apenas por estarem sob suspeita. Na ausência de uma força policial rural eficiente, o Estado tsarista se afirmava delegando essas práticas punitivas para manter a lei e a ordem na Rússia europeia. Em 1857, na província de Iaroslavl, na Rússia central, com um território que chegava a 36 mil quilômetros quadrados e uma população de 950 mil pessoas, o Ministério do Interior dispunha de apenas 244 policiais para manter a paz. Em 1900, por todo o império, o governo empregava um total de apenas 1,6 mil agentes e 6,9 mil comissários para policiar uma população bastante dispersa de quase 90 milhões de habitantes. Incapaz de incumbir suas próprias instituições de manter a ordem, na prática o Estado tsarista arrendava a uma quantidade de comunas, guildas e outras instituições a responsabilidade legal pela investigação de crimes, apreensão de malfeitores e determinação de culpa. Pessoas infelicitadas se viam condenadas de maneira sumária e entregues às autoridades para deportação. O exílio nunca foi apenas instrumento de um governo repressivo, mas também uma punição imposta por comunidades de camponeses e mercadores a seus próprios membros.[37]

Para senhores de servos, donos de fábricas, assembleias das aldeias e guildas de mercadores, o exílio administrativo proporcionava, portanto, um instrumento útil tanto para o policiamento quanto para o afastamento de encrenqueiros e improdutivos. O espaço para abusos era quase ilimitado. Qualquer um, de ladrões, assassinos e estupradores até vítimas de calúnia, superstições e do abjeto caldeirão da política aldeã, podia se achar acorrentado numa caravana em marcha para o leste. O uso e o abuso do exílio administrativo causaram um enorme crescimento no número de exilados na primeira metade do século XIX. Da década de 1830 em diante, mais da metade dos enviados à Sibéria nunca estivera numa sala de audiência nem ouvira um veredicto. Muitos dos sentenciados à deportação para as colônias na Inglaterra georgiana eram culpados de crimes insignificantes, mas pelo menos tinham sido condenados por um magistrado, ou por um júri constituído por seus pares. A exclusão da esmagadora maioria da população de camponeses e mercadores do Império Russo de qualquer proteção legal proporcionava um fluxo constante de recrutas para os assentamentos de exilados e colônias penais da Sibéria.[38]

No fim do século XVIII, o regime absolutista de Catarina, a Grande, tinha transformado o exílio num amplo projeto do Estado para a colonização do território siberiano.[39] As duas primeiras décadas do reinado de Catarina viram a deportação de 60 mil rebeldes, dissidentes religiosos e presos políticos, ao lado do habitual conjunto sortido de criminosos, prostitutas, exilados administrativos e suas famílias. A preocupação da imperatriz com a produtividade de seus colonos involuntários a levou a uma tentativa de reforma do sistema de exílio. Estipulou-se que os castigos corporais que com frequência eram distribuídos para os exilados na Sibéria não fossem brutais a ponto de incapacitar as vítimas para o trabalho. Pela mesma razão, Catarina tentou bloquear a deportação de velhos e doentes, mas, em razão do limitado poder que ela podia exercer em territórios a milhares de quilômetros de São Petersburgo, suas instruções deram pouco resultado. O direito de mandar para o exílio, concedido a senhores, camponeses e mercadores, ainda fazia com que a seleção dos recrutas para a Sibéria não se desse em virtude de sua produtividade, mas precisamente por falta dela.[40]

Embora a colonização tenha dado um objetivo mais amplo à política imperial para a Sibéria, o exílio continuou caótico, comandado pelo acúmulo de editos, leis e regras casuísticas temporárias. Ele foi racionalizado pela primeira vez graças à energia renovadora do grande estadista do século XIX Mikhail Speranski (1772--1839). Indicado governador-geral da Sibéria por Alexandre I em 1819, Speranski dedicou-se a aperfeiçoar o sistema de exílio. Em 1822, implementou um pacote de reformas que marcou o começo da busca coordenada e sustentada da colonização penal da Sibéria pelo Estado imperial. Daí em diante, exilados condenados por crimes graves passaram a ser sentenciados a diversas circunstâncias de trabalho penal, seguido do exílio para um assentamento (*ssilka na poselenie*) em algum distrito determinado da Sibéria. Culpados de crimes mais leves eram sentenciados de forma direta a períodos de exílio, que variavam de poucos anos à vida inteira, num assentamento (ainda dentro de um distrito determinado). Depois de cumprir pena, os exilados podiam deixar o distrito para o qual tinham sido designados pelas autoridades e residir em qualquer parte da Sibéria. Assim, os dois tipos de punição buscavam a integração dos exilados às filas do campesinato siberiano. Os exilados só poderiam voltar à Rússia europeia com autorização expressa das autoridades e um passaporte interno. Eram obrigados a garantir o consentimento de sua própria comunidade camponesa ou mercantil, o que em muitos casos era pouco provável, e tinham de pagar de seu bolso pela viagem de volta. Embora com frequência ignoradas pelas autoridades locais, que agiam de iniciativa própria, mesmo assim essas leis constituíram o fundamento do sistema de exílio. As barreiras legais ao retorno dos exilados a suas regiões de origem depois de cumprir sentença foram calculadas de modo deliberado para garantir que a maior parte deles permanecesse na Sibéria. As reformas administrativas, penais e logísticas implantadas por Speranski deram forma ao sistema de exílio pelo que restava do século.[41]

A ambição maior de colonização agora exigia que os criminosos fossem disciplinados e mesmo reabilitados. Em termos ideais, prestadores de trabalhos forçados e exilados deviam ser transferidos para as regiões pouco habitadas das províncias de Irkutsk e Ienisseisk e radicados em locais e minas determinados para essa finalidade, como Aleksandrovsk, Nertchinsk e Kara. Da mesma forma que o sistema de exílio purgava a Rússia de seus criminosos, os rigores do exílio na Sibéria purgava os criminosos de seus vícios. O desequilíbrio de gênero entre os exilados na Sibéria fez com que em meados do século XVIII as autoridades já estivessem preocupadas com a impossibilidade de uma população estável de colonos penais devido à falta de mulheres. Por isso, o Estado incentivava as mulheres a acompanhar seus maridos através dos Urais, acreditando que sua presença exerceria um efeito apaziguador e reabilitante sobre os homens. O governo chegou até a aprovar novas leis que obrigavam as esposas de exilados administrativos e seus filhos, com o consentimento de seu senhor, a seguir os passos do marido e pai para a Sibéria, e depois compensava o senhor pela perda de suas possessões humanas. Com o estabelecimento de unidades familiares estáveis e produtivas, o objetivo da recuperação individual se encaixava de forma clara com a agenda colonial do Estado.[42]

No entanto, existia um abismo persistente entre os desígnios do Estado e sua capacidade de implementá-los nas regiões remotas da Sibéria, pouquíssimo povoadas e administradas de maneira difusa. Na prática, colonização e castigo não combinavam em nada. Com uma carência crônica de recursos, desesperadamente descuidados e embrutecidos pelas condições de cativeiro, os exilados não tinham incentivo, competência nem meios financeiros e organizacionais para se estabelecerem como agricultores ou mercadores independentes no clima e na paisagem ásperos da Sibéria. Embora as contradições entre punição e colonização já estivessem claras no reinado de Alexandre I, o Estado insistiu com obstinação no exílio como seu principal instrumento de castigo até o começo do século XX.

Na falta de estatísticas precisas, as melhores estimativas sobre o número de exilados na Sibéria no fim do século XVIII indicam umas poucas dezenas de milhares, com um total de 35 mil homens exilados entre 1761 e 1781. Na época em que Alexandre subiu ao trono, em 1801, esses exilados se encontravam dispersos entre 360 mil nativos e cerca de 575 mil migrantes russos e europeus, e constituíam, portanto, menos de 5% da população total da Sibéria. Ao longo do século XIX, os exilados raras vezes passaram de 10% da população do continente. No entanto, a distribuição de exilados e prestadores de trabalhos forçados era desigual, e por isso eles podiam constituir parte importante dos habitantes de algumas cidades ou regiões. Em 1840, eles representavam apenas 4% dos habitantes do distrito de Ialutorovsk, na Sibéria Ocidental, mas 31% da população do distrito de Kainsk, na Sibéria central, e não menos de 38% dos que viviam no distrito de Marinsk, mais a leste.[43]

Com o aumento da criminalidade, do desassossego social, da dissidência religiosa e da sedição ao longo do século XIX, a quantidade de exilados deu um salto. Durante a década de 1830, 78 mil exilados atravessaram os Urais; na de 1870, esse número subiu para quase 167 mil. O efeito cumulativo dessa migração penal fez com que à época do censo geral do império de 1897 houvesse 300 mil exilados entre a população siberiana total, de 5,76 milhões de pessoas. Embora ainda faltassem vinte anos para a Revolução Russa, essa população crescente de proscritos e as tensões por ela causadas já prenunciavam o aprofundamento do conflito social e político. A Rússia Imperial lutava para desterrar as desordens sociais e políticas para além dos Urais, mas no fim do século XIX ela começara a se mostrar como uma sociedade que destrói a si mesma.[44]

2. O posto de fronteira

Ao longo do século XIX, as caravanas de prisioneiros em marcha para o exílio através dos montes Urais passavam por uma simples coluna de 3,5 metros de altura, feita de tijolos e argamassa. Instalada numa clareira da floresta, cerca de 2,5 mil quilômetros a leste de São Petersburgo, ela mostrava, de um lado, a cota de armas da província de Perm e a palavra "Europa"; do outro, a cota da província de Tobolsk e a palavra "Ásia". A simplicidade do posto fronteiriço entre a Rússia e a Sibéria dava uma falsa impressão sobre seu significado como separação lancinante de sua terra imposta aos exilados. O príncipe Peter Kropotkin, anarquista exilado, observou com frieza que "a inscrição do inferno de Dante teria sido mais apropriada para a coluna na fronteira da Sibéria do que essas duas palavras que pretendem delimitar dois continentes".[1] O americano George Kennan testemunhou cenas passadas no posto fronteiriço quando viajou pela Sibéria em 1888:

> Nenhum outro ponto entre São Petersburgo e o Pacífico é mais cheio de sugestões dolorosas, e nenhum deles tem para o viajante um interesse mais melancólico que a pequena clareira da floresta onde se ergue esse pilar consagrado à tristeza. Aqui, centenas de milhares de seres humanos exilados — homens, mulheres e crianças; príncipes, nobres e camponeses — deram adeus para sempre a amigos, ao país, ao lar [...]. O camponês russo, mesmo quando criminoso, tem uma profunda ligação

com sua terra natal; e cenas de cortar o coração foram testemunhadas junto do pilar fronteiriço [...]. Alguns davam livre curso à tristeza; outros confortavam os que choravam; outros, ainda, se ajoelhavam e pressionavam o rosto contra o solo amado do país natal e recolhiam um punhado de terra para levar consigo para o exílio [...].[2]

Exilados que passavam pelo posto às vezes rabiscavam nele as últimas mensagens de despedida: "Adeus, Macha!", dizia uma inscrição; "Adeus, vida!", dizia outra. Alguns havia que, na tentativa de adiar o ostracismo que por eles sem dúvida esperava, gravavam seus nomes na argamassa. O posto de fronteira já não existe (embora uma réplica sua tenha sido construída), mas, enquanto esteve lá, essa marca modesta de um limite administrativo se agigantava na imaginação popular como um monumento aos tormentos dos exilados na Sibéria.[3]

As cenas de tristeza e dor que se desenrolavam vezes sem conta nesse posto davam uma medida do poder dos tsares de deslocar seus súditos pelos vastos territórios do império, como estipulava o Código Penal de 1649, "para onde quer que o soberano ordene".[4] A viagem para o exílio era, portanto, uma medida da autoridade autocrática, sendo cada passo em direção ao Oriente um preito ao governante. No fim do século XVIII, o deslocamento forçado de criminosos e suas famílias chegou também a preencher uma função central para as ambições coloniais de São Petersburgo quanto às terras para lá dos Urais.

Todos os impérios europeus enfrentaram os formidáveis problemas logísticos da migração penal. O transporte dos britânicos para suas colônias penais na Austrália no fim do século XVIII significava provações assustadoras para os condenados. Os prisioneiros definhavam nos porões dos navios, "gelados até os ossos em camas ensopadas, sem fazer exercícios, cobertos de uma crosta de sal, merda e vômito, infectados com escorbuto e furúnculos". Dos 1006 condenados que embarcaram na Segunda Frota em 1790, 267 morreram no mar e pelo menos outros 150, depois da chegada.[5] O governo britânico tomou uma atitude rápida e decisiva para coibir os excessos mortíferos no transporte, já que uma transferência organizada e eficiente de presos saudáveis era vista como necessária para o amplo projeto de colonização penal. Bombardeou os fornecedores privados desse serviço com exigências de melhora nas condições, e adiou o pagamento para depois que o condenado desembarcasse em condições decentes de saúde. Um médico foi posto a bordo de cada navio, respondendo direto ao governo, não aos fornecedores. A negligência e o abuso continuaram existindo em alguns navios, mas em 1815 a taxa de mortalidade durante as viagens tinha se reduzido a um para 85. No fim do transporte, em 1868, era de apenas um para 180.[6]

A deportação de condenados para a Sibéria apresentava dificuldades logísticas não menos assustadoras (talvez mais) que as águas turbulentas do Atlântico e do Índico. A deportação anual de milhares de condenados rebeldes e às vezes violentos através de milhares de quilômetros de um território inóspito teria esgotado os recursos de qualquer Estado europeu da época. O continente siberiano contava apenas com uma rede de estradas precária, e seus rios corriam em vão do sul para o norte e do norte para o sul, em vez de ir de oeste para leste, e transformavam cada inverno num perigoso oceano de neve.

Comparado a suas rivais europeias, a máquina estatal do império tsarista era primitiva e já cedia sob o peso de sua carga administrativa. A autoridade de São Petersburgo não ia tão fundo quanto a de Londres ou Paris. Mesmo dentro da Rússia europeia, o Estado tinha pouco contato com sua população. Delegava o governo à nobreza rural, à Igreja, às guildas de mercadores e às assembleias municipais. O Exército Imperial representava a única entidade do poder estatal com que a maioria dos súditos russos se defrontava de maneira direta e com frequência. As enormes distâncias que separavam os administradores da Sibéria de seus chefes na capital agravavam as consequências dessa debilidade burocrática. Sem os recursos necessários e na prática sem possibilidade de prestar contas, os funcionários manobravam o sistema de deportação em benefício próprio, negligenciando, explorando e roubando os condenados sob sua responsabilidade.

Depois de muitos meses, às vezes anos, a caminho, os condenados que tinham saído sãos e salvos da Rússia europeia chegavam por fim a seu destino na Sibéria Oriental como simulacros extenuados, doentios e meio mortos de fome dos robustos colonos imaginados pelas autoridades de São Petersburgo. O próprio processo de deportação frustrava as grandes ambições estratégicas do Estado para a colonização penal da Sibéria. As figuras desconsoladas e desesperadas que marchavam a duras penas para o Oriente em caravanas eram a própria denúncia da debilidade e da incompetência estatais. O posto de fronteira não era tanto um símbolo do poder do soberano quanto era um indicador de suas limitações.

No começo do século XIX, quase todos os exilados faziam a pé a viagem para a Sibéria. Eram despachados de uma dentre cinco cidades do império: São Petersburgo; Białystok, no Reino da Polônia; Kamenets-Podolsk e Kherson, na Ucrânia; e Tbilisi, na Geórgia. Muitos deles passavam por uma triagem na Prisão Central de Encaminhamento em Moscou, de onde partiam com suas famílias para a cidade de Vladímir, que deu nome à estrada que serpenteava para o leste. Sinônimo de exílio siberiano, a *Vladimirka* ficou tão famosa durante o século XIX quanto a paisagem de mesmo nome pintada por Isaak Levitan em 1892, hoje na Galeria Tretiakov, de Moscou, que parecia ecoar os passos dos exilados na marcha para o leste.

Saindo da Rússia através de Kazan e Perm, a *Vladimirka* cruzava os Urais e se unia à Grande Estrada Postal Siberiana. Essa via serpenteava através das planícies da Sibéria Ocidental, passando pelas cidades de Tiumen, Tobolsk e Tomsk antes de mergulhar nas densas florestas pantanosas da Sibéria Oriental, passar pelas cidades de Atchinsk e Krasnoiarsk para desembocar por fim na capital regional, Irkutsk. Anton Tchékhov dizia que a estrada era "a mais longa e, quero crer, a mais horrenda [...] da terra". Com efeito, a Grande Estrada Postal Siberiana não passava de uma trilha estreita e poeirenta. As caravanas de deportados eram uma imagem comum na estrada. O explorador inglês William Spottiswoode acordou ao lado dela numa manhã de 1856:

> A manhã gelada e cinzenta chegava, e, sob a dupla aleia de bétulas que pareciam se inclinar para proteger os que passavam, via-se uma longa fila de figuras em roupas desbotadas marchando na mesma direção que nós. Percebemos na mesma hora do que se tratava, mas eu mal podia acreditar que uma história tão triste, tão estranha, tão distante estivesse se desenrolando diante dos nossos olhos.[7]

As caravanas de exilados em marcha usavam a vestimenta regulamentar: bata cinza grosseira, com um retalho de pano colorido, em forma de losango, pregado às costas para facilitar a identificação (os homens que chegavam à Sibéria tinham um lado da cabeça raspado). Com a proximidade do inverno e a queda da temperatura, os grupos de condenados extenuados recebiam também casacos de pele de ovelha. Os casacos e botas padronizados eram, como notou um observador, "de tão má qualidade e costurados com tanto desmazelo que, entregues aos condenados em Tobolsk, não duravam sequer até a chegada à próxima [...] cidade do distrito". Os exilados eram então obrigados a substituir esses artigos por sua conta, comprando-os de habitantes locais que exploravam com entusiasmo seu mercado cativo. Os que não tinham dinheiro para substituir roupas e sapatos caminhavam descalços e em andrajos. Quanto mais avançavam para o leste, mais as caravanas se pareciam não com fileiras de prisioneiros organizados, mas de refugiados esfarrapados.[8]

Os condenados caminhavam durante o ano inteiro. No forte calor do verão, os que estavam atrás sufocavam com as nuvens de poeira levantadas por centenas de pés em marcha. Na estepe desolada, o horizonte sem árvores e o céu sem nuvens não ofereciam nada com que se proteger do sol ardente. A desidratação e a insolação faziam com que muitos desmaiassem durante a marcha. As chuvas do outono traziam um alívio apenas temporário do calor, até transformarem a estrada num lamaçal revolto no qual os condenados chafurdavam afundados até os joelhos. O fim de setembro já trazia as primeiras geadas do inverno. A vinte graus abaixo de zero, o hálito congela na barba dos homens, formando pedaços de gelo; a trinta graus abaixo de zero, o frio queima os pulmões. Em janeiro de 1828, uma jovem que cruzava a Sibéria em carroça para encontrar-se com o noivo exilado viu uma caravana marchando a temperaturas de 46 graus negativos:

> Ouvi um ruído, ainda estranho para mim naquele tempo, mas que depois se tornou familiar. Era o ruído dos grilhões [...] um grupo de pessoas estava acorrentado — algumas delas até acorrentadas a uma vara de metal. Esses desafortunados eram uma visão terrível. Para proteger o rosto do frio, eles o traziam coberto com uns trapos sujos nos quais tinham feito buracos para os olhos.[9]

Era frequente que as temperaturas baixíssimas, as nevascas impenetráveis e as profundas camadas de neve transformassem a marcha das caravanas numa provação mortal.

Inspetores do governo relatavam que muitos dos exilados não tinham dinheiro ou roupas apropriadas ao sair de suas províncias na Rússia europeia; outros tiveram seu dinheiro roubado por funcionários ao longo do caminho. Outros, ainda, embora providos de maneira adequada pelos funcionários de suas localidades, "haviam, por descuido e irresponsabilidade, dissipado seus pertences antes de chegar à metade da viagem". Grande número de exilados em marcha acabava sendo obrigado a vender seus casacos; eles sofriam com a falta de alimento e roupas, com o cansaço, dependendo, para comer, da esmola dos aldeães em cujas choupanas eram postos para passar a noite. O registro dos fatos ficou em estado lastimável, com diferentes grupos de condenados confundidos e documentos perdidos e alterados. Em 1806, Alexandre I admitiu num decreto que as autoridades siberianas "não conheciam ao certo o sexo ou a quantidade de pessoas enviadas a eles para colonização". Para lidar com essas carências, o governo propôs o estabelecimento de funcionários no assentamento mais próximo da fronteira de cada província pelo qual passassem os exilados. Seria incumbência deles manter listas com o número exato de exilados que chegavam, suas condições e seu destino. Mas essas medidas foram insuficientes, e os registros dentro do sistema continuaram aleatórios e incompletos. Uma combinação de fugas, mortes e emboscadas nas províncias pelas quais passavam desafiava a produção de estatísticas confiáveis sobre o número e a localização dos exilados.[10]

Numa prática que contrariava de maneira direta as iniciativas do Estado no sentido de prover seus empreendimentos industriais de trabalhadores, as autoridades das localidades que ficavam no caminho dos exilados também escolhiam aqueles que eram mais saudáveis e em boas condições físicas para trabalhar em suas próprias regiões, deixando apenas os doentes e fracos prosseguirem. Já em 1786, o chefe da Região Mineradora de Nertchinsk, no Transbaikal, escreveu a São Petersburgo reclamando que estava recebendo apenas exilados jovens demais e doentes, incapazes para o trabalho nas minas. Cerca de um quinto dos 970 exilados destinados às minas e fábricas eram jovens, doentes ou fracos demais para executar trabalho braçal. Mais da metade dos que estavam trabalhando tinha mais de cinquenta anos, sendo considerados, portanto, como "sem perspectivas para o futuro próximo". São Petersburgo reconheceu que os exilados mais saudáveis estavam de fato sendo retidos nas províncias pelas quais passavam e ordenou que se acabasse com isso.[11]

Nas décadas seguintes, no entanto, não houve sinal de que isso estivesse acontecendo. Em 1813, o ministro do Interior, Osip Kozodavlev, escreveu uma carta furiosa ao governador-geral da Sibéria, Ivan Pestel, reclamando que, dos 1,1 mil homens destinados à província de Irkutsk entre 1809 e 1811, só 625 tinham chegado ao destino. Quatrocentos e noventa tinham ficado na província de Tomsk, 180 deles em assentamentos, 220 porque pareciam estar muito doentes para viajar e os demais porque tinham sido postos a trabalhar em fábricas locais. Embora admitindo que os doentes deviam de fato permanecer na província de Tomsk para receber cuidados das comunidades locais, o ministro observou que "com esse pretexto, gente capaz está sendo retida". Cinco anos depois, menos da metade do número designado de exilados estava chegando à Sibéria Oriental. As investigações mostraram que "as melhores pessoas em termos de idade e capacidade" estavam ficando em muitas províncias russas e siberianas para serem usadas como trabalhadores. Eram enviadas a Irkutsk só quando períodos de mais de dez anos de trabalhos forçados já tinham destruído sua saúde.[12]

A maior parte dos prisioneiros vinha de províncias russas longínquas e levaria dois anos para chegar ao lugar para onde tinha sido designada. No entanto, se eles ficassem doentes e fossem hospitalizados, a viagem poderia demorar três anos, e, em alguns casos, quatro ou cinco. As autoridades acreditavam que, se a servidão penal começasse a partir do momento da condenação, os sentenciados poderiam demorar-se de propósito na marcha e procurar passar parte da pena em hospitais ao longo do caminho, adiando assim a chegada às minas ou fábricas. Decidiu-se, portanto, que o cumprimento dela só começaria quando o condenado estivesse em seu destino final na Sibéria. Um deles chegou a Irkutsk depois de oito anos, e só quando entrou na fábrica prisional teve início a contagem de sua sentença de oito anos.[13]

Não surpreende que as condições da marcha corroessem a saúde dos condenados e suas famílias. Em 1802, um inspetor relatou que os doentes e algumas grávidas estavam sendo tratados com "negligência", já que seguiam o grupo de condenados em *telegi* — carroças de madeira sem molas — "nas mais penosas e perigosas condições. Alguns morriam pelo caminho, e as mulheres davam à luz nas carroças". Uma série de males afligia os exilados que se arrastavam pela Grande Estrada Postal Siberiana: febre, catarro, crises reumáticas, pneumonia e tuberculose, feridas provocadas pelos grilhões, erupções na pele por causa da sujeira e tifo decorrente da superlotação nos abrigos. Segundo algumas estimativas, um terço de todos os exilados que percorreram os 5 mil quilômetros até a Sibéria Oriental precisou de tratamento e convalescença nos hospitais de campanha e postos médicos que havia pelo caminho. Um repórter observou que "eles chegavam exaustos, prematuramente depauperados, acometidos de males incuráveis, esquecidos de suas capacidades e bastante desacostumados do trabalho [...]".[14]

Num hábito que se implantou durante os séculos XVII e XVIII, as caravanas pernoitavam nas aldeias pelas quais passavam. Grupos menores podiam ser acomodados em choupanas e celeiros dos camponeses, mas os maiores às vezes eram obrigados a dormir ao relento. As comunidades camponesas locais eram incumbidas tanto de fornecer guardas para as caravanas quanto de manter as estradas e pontes do caminho. Em 1804, o governador-geral da Sibéria, Ivan Selifontov, destacou, num relatório enviado à capital, como era onerosa para a população siberiana a responsabilidade de transferir exilados "pelas vastas e pouco povoadas províncias da Sibéria". Esse indesejável desvio do trabalho no campo era fonte de muito rancor.[15] Embora os aldeães fossem responsabilizados pela fuga de exilados postos sob sua vigilância, muitos deles eram também antigos prisioneiros e não tinham nenhum entusiasmo em arriscar a vida para garantir a segurança das caravanas. As fugas eram comuns, e os fugitivos se organizavam em bandos nômades que atacavam caravanas inteiras de mercadores em viagem pelas estradas desertas. Selifontov pediu o estabelecimento de unidades militares de cossacos montados ao longo das principais vias siberianas, "não só para pôr fim aos atos de banditismo e ladroeira, mas também para eliminar o perigo que ameaça residentes e viajantes". Ele calculava que seriam necessários 2,88 mil soldados, baseados em agências postais ao longo das vias principais, para fazer com êxito o transporte de prisioneiros. Entendia, no entanto, que seria difícil chegar a esse número sem prejudicar os deveres militares em outros lugares, de modo que limitou seu pedido a 1825 homens. Alexandre aprovou essa requisição e a Vigilância Interna foi por fim estabelecida em 1816. Os cossacos que assumiram a tarefa, porém, não se mostraram mais confiáveis que os camponeses que vieram substituir. Os funcionários lamentavam-se de que eles muitas vezes libertavam os condenados em troca de pagamento. A natureza endêmica das fugas e a onda de crimes desencadeada pelos fugitivos nas províncias siberianas de Tobolsk e Tomsk foram uma preocupação sem fim para as autoridades.[16]

Superpunha-se a esses problemas administrativos, antes das amplas reformas do sistema de exílio de 1822, o número cada vez maior de exilados que iam para a Sibéria. Entre 1807 e 1813, a média anual ficou em 1,6 mil, mas no período de 1814 a 1818 saltou para 2,5 mil e de 1819 a 1823 subiu outra vez para 4,6 mil. O uso cada vez mais frequente do exílio administrativo, tanto pelos senhores de terras quanto pelas comunidades camponesas, junto aos crescentes conflitos entre camponeses e seus senhores sob o impacto das Guerras Napoleônicas, alimentou esse crescimento. No fim da segunda década do século XIX, o sistema estava à beira do colapso. A responsabilidade de estabilizá-lo e repará-lo foi confiada ao novo governador-geral da Sibéria, Mikhail Speranski.[17]

Speranski alimentava a esperança de uma integração final da Sibéria ao Império Russo e acreditava que energia moral e reformas administrativas poderiam resolver os problemas do sistema de exílio. Tratava a tarefa de deportar condenados para a Sibéria como um projeto puramente logístico. Seus "Estatutos da Transferência de Exilados para as Províncias Siberianas" eram parte dos mais gerais "Estatutos de Exilados", publicados em 1822, com treze artigos e 199 cláusulas. A construção de estações intermediárias ou *étapes* ao longo da Grande Estrada Postal Siberiana já tinha começado em 1819. Os "Estatutos" de Speranski aceleraram e expandiram o processo, traçando uma nova rota pontuada por uma sucessão de *étapes*. Cada uma delas se encontrava a um dia de caminhada de uma semiestação (*poluetap*) e a mais um dia da próxima *étape*. As semiestações foram projetadas para acomodar as caravanas por uma única noite; as *étapes*, por duas noites e um dia de descanso. Speranski ordenou que se construíssem quarenta desses alojamentos na Sibéria Ocidental e 21 na Sibéria Oriental. Cada um tinha seu próprio comando, tirado da Vigilância Interna, que respondia ao ministro da Guerra, responsável pelo controle das caravanas por meio de guardas armados ao longo da rota. As caravanas em geral eram comandadas por um oficial, um suboficial e um tamborileiro, flanqueados de ambos os lados por soldados armados, com cossacos montados na frente e atrás.[18]

As caravanas eram procissões de desventuras. À frente marchavam os condenados a trabalhos forçados. Esses condenados não só ao exílio como ao trabalho eram considerados (em geral com bons motivos) os mais perigosos e mais propensos a tentar escapar. Iam algemados e usavam pesados grilhões nas pernas, ligados por uma corrente presa a um anel unido a um cinto. Depois eram algemados aos pares a uma vara, mais tarde substituída por uma corrente, para evitar fugas. Quando um se exauria, todos tinham de parar; quando um tinha de defecar, todos precisavam esperar. Um contemporâneo observou que

> os pesados grilhões, ainda que forrados de couro, feriam as pernas exaustas da caminhada; mas o mais insuportável de tudo para esses infelizes era estarem algemados aos pares: cada condenado sofria com cada movimento brusco do parceiro através das algemas, sobretudo se sua compleição e peso fossem diferentes.

Se não houvesse grilhões suficientes, os condenados podiam ser algemados uns aos outros num único grupo. Depois desses condenados, caminhavam os exilados destinados a assentamentos, usando grilhões apenas nas pernas. A seguir vinham os exilados administrativos, que não eram agrilhoados. O grupo final se compunha de membros da família que acompanhavam por vontade própria seus parentes ao exílio. Atrás da fileira vinham quatro carroças barulhentas, cada uma delas puxada por um só cavalo. Levavam os pertences dos exilados (a vida deles era comprimida num peso máximo de doze quilos). Se houvesse espaço, os velhos, os jovens e os doentes tinham permissão para viajar junto da bagagem; caso contrário, podiam contratar por sua conta outras carroças de aldeães locais. Se não tivessem dinheiro, tinham de caminhar.[19]

Na visão tecnocrática de Speranski, o projeto do sistema de *étapes* permitiria a mobilização ordeira dos exilados ao destino para eles determinado, e obrigaria a que fossem prestadas contas de sua transferência. O grande reformador era meticuloso no detalhamento da rota e do calendário a cumprir pelas caravanas: os exilados começariam a viagem no Comando da Primeira *Étape* na aldeia de Tiguloie, no limite ocidental da província de Tobolsk, caminhariam dois dias através de uma semiestação até a próxima estação completa em Perevalovo, de onde seriam encaminhados ao Comando da Segunda *Étape*. Nessa estação, teriam um dia de descanso e poderiam tomar banho. O comando da caravana encaminhava então os prisioneiros a Tiumen, onde eram transferidos para o Comando Inválido de Tiumen, responsável por levá-los a Tobolsk, a 280 quilômetros.[20]

Foi em Tobolsk que as reformas de Speranski estabeleceram o quartel-general do Departamento de Exílio Siberiano, transformando a cidade no centro nevrálgico da administração do exílio. Saindo de Tobolsk, os exilados primeiro caminhariam assombrosos 1560 quilômetros até a cidade de Tomsk, num período de doze semanas sem um único dia de descanso em alguma parada. Outros 590 quilômetros separavam Tomsk de Krasnoiarsk, no rio Ienissei, na divisa entre a Sibéria Ocidental e a Oriental, onde os prisioneiros podiam descansar durante uma semana. Depois de mais 1050 quilômetros de marcha, de novo sem um só dia de descanso, a caravana enfim chegaria a Irkutsk e a uns poucos dias de alívio precioso. O último trecho não era menos árduo: os trabalhadores destinados às minas de prata de Nertchinsk tinham ainda 1,6 mil quilômetros de marcha. Segundo os cálculos de Speranski, ao chegar a Irkutsk, um exilado teria percorrido 3570 quilômetros (a distância terrestre aproximada entre Madri e São Petersburgo, ou de Washington DC a Salt Lake City, Utah) em 29 semanas e meia, a uma média de dezessete* quilômetros percorridos por dia.[21]

---

* Essa distância equivale à que há entre as cidades do Rio de Janeiro e Porto Velho (RO). (N. T.)

O documento de Speranski intitulado Estatutos de Transferência de Exilados era de uma arrogância imperial. Do alto dos ministérios em São Petersburgo, montava um mundo virtual de partidas e chegadas organizadas e pontuais, comandos de caravanas eficientes, trabalhando numa harmonia sincronizada para entregar sua carga ao destino siberiano ao longo de um caminho planejado em detalhes. Nessa altitude, planejar a migração forçada de pessoas era uma questão de ordenar números numa sequência coerente: rublos por condenado, condenados por caravana, *étapes* por centena de quilômetros e assim por diante. No entanto, a remota e recalcitrante realidade da Sibéria subverteu as ambições imperiais de Speranski, atrapalhando as tentativas do reformador no sentido de controlar em detalhe aquele tráfico de seres humanos.

Os planos de Speranski para a transferência organizada de exilados naufragaram sobretudo devido à explosão do número anual de banidos para além dos Urais. O governador-geral parecia convencido de que os totais anuais permaneceriam inalterados, mas na verdade eles mais que dobraram ao longo da década de 1820 (em grande parte por causa da criminalização da vadiagem, em 1823). De uma média anual de 4,6 mil entre 1819 e 1823, passaram a 11,1 mil anuais nos três anos seguintes. Em 1825, um funcionário constatou com tristeza que até 1822 o Estado exilara entre sessenta e setenta pessoas por semana, e agora deportava mais de duzentas. Entre 1823 e 1831, 11 mil condenados a trabalhos forçados e 68,6 mil exilados (79,6 mil pessoas, das quais 9,2 mil eram mulheres) passaram pelo Departamento de Exílio de Tobolsk.[22]

Tentando reduzir o número de fugas de exilados em marcha para o leste nos meses de verão, os "Estatutos sobre a Transferência de Exilados" fixaram um limite de sessenta exilados para cada caravana de deportados durante o verão, e um máximo de cem no inverno, época em que o frio rigoroso na verdade dissuadia toda tentativa de evasão. Os condenados a trabalhos forçados, tidos como mais perigosos que os exilados, deveriam chegar a não mais que dez em cada grupo. Speranski acrescentou que não mais de um grupo por semana devia sair do ponto de reunião em Tiguloie. Com o aumento do número de exilados na década de 1820, no entanto, os encarregados foram obrigados a ignorar esses limites, comprometendo a segurança das caravanas. No começo da década de 1820, elas passaram a ter quatrocentos exilados. Tentativas posteriores de restringir essa quantidade foram derrotadas pelo peso das cifras que inundavam o sistema de exílio. Em 1835, inspetores graduados do governo observaram que o grande e nunca visto aumento no número de exilados "dificultava ao extremo, para não dizer que inviabilizava, o cumprimento do dever para os funcionários locais segundo as regras dispostas pelos 'Estatutos sobre a Transferência de Exilados'". Eles notaram que, em geral, as caravanas se compunham de mais de 250 almas. Como alternativa, as autoridades eram obrigadas a reter nas cidades ao longo do caminho os exilados que excedessem o montante determinado, atrasando sua chegada ao destino oficial.[23]

As *étapes* para além da fronteira siberiana foram construídas segundo prescrições especificadas nos estatutos de Speranski, e em geral tomavam a forma de paliçadas em torno de um pátio. Continham três alojamentos térreos pintados com a cor ocre regulamentar, um deles para abrigar o comando da caravana e os outros dois para soldados e exilados. Dentro do alojamento dos exilados havia três ou quatro grandes celas, cada uma delas com um aquecedor russo e fileiras de tábuas fixadas a diversas alturas que ocupavam todo o comprimento das paredes, onde os condenados poderiam sentar-se, dormir e guardar seus pertences. As semiestações eram ainda mais primitivas: a paliçada de madeira continha duas choupanas, uma para o oficial e os soldados e outra para os exilados. A responsabilidade por sua manutenção cabia à população local, que nada ganhava em troca de investir nas prisões do Estado. Apenas uma década ou pouco mais depois que a maior parte delas foi construída, um inspetor do governo relatou a São Petersburgo que quase todos os edifícios prisionais da província de Tobolsk "estavam em péssimo estado, apinhados e mal projetados". As instruções de melhorar a construção das *étapes* usando pedras foi ignorada pelas autoridades locais. Até 1848, a própria Prisão Central de Encaminhamento de Tobolsk ainda era de madeira.[24]

Em muitas estações e semiestações de parada, as celas eram mal aquecidas e ventiladas; os exilados disputavam espaço nos bancos; criminosos agressivos e brutos ocupavam os melhores lugares, perto do aquecedor no inverno e ao lado das janelas no verão. Os fracos e doentes eram obrigados a dormir debaixo dos bancos, no piso encardido de sujeira. Um condenado anônimo registrou na época que

a cabana dos condenados se dividia em celas que, juntas, tinham capacidade de acomodar de trinta a quarenta pessoas, mas, como grupos de cem e às vezes duzentos ou mais condenados passavam ali meio dia e uma noite, eles dormiam nos bancos, debaixo deles, no chão perto da porta, nos corredores e até ao relento, no pátio, quaisquer que fossem as condições do tempo.

As *étapes* eram infestadas de enorme quantidade de insetos vorazes. Na parede, acima dos bancos das celas, estendia-se uma faixa vermelha do sangue de mosquitos esmagados por exilados que tentavam dar fim ao tormento causado por eles.[25]

O congestionamento e a sordidez das estações de parada na prática reduziam os condenados à condição de gado. "Os bancos ficavam tão cheios", recorda um nobre exilado,

> que mal era possível virar-se; alguns abriam espaço para si aos pés de outros, na beira do banco; os demais no chão e debaixo dos bancos. Pode-se imaginar como aquilo fedia, sobretudo no mau tempo, quando todos chegavam com os trapos ensopados. E havia também as *parachas*, tanques de madeira onde os presos faziam as necessidades durante a noite. O fedor das *parachas* era insuportável [...].

O vazamento desses tanques de excremento e a terrível ventilação faziam das *étapes* incubadoras de tifo, disenteria, cólera e tuberculose.[26]

Por muito que o governo alardeasse a intenção de entregar os exilados com saúde e produtivos a seus postos de trabalhos forçados, a Grande Estrada Postal Siberiana não era um bom lugar para adoecer. Cada estação de parada tinha apenas uma pequena enfermaria com seis leitos, insuficientes para o número de exilados que adoeciam durante a marcha. Em 1845, o governo ordenou que os doentes fossem transportados sem demora por *telegi* às instalações médicas do distrito urbano mais próximo que houvesse no caminho. Na Sibéria Ocidental, no entanto, havia apenas seis desses distritos ao longo de quase 2 mil quilômetros. Os que precisavam de atendimento médico tinham de suportar até duzentos quilômetros ou mais de sacolejo pelas estradas esburacadas — viagem que às vezes levava mais de duas semanas. Já em 1880, havia apenas três instalações médicas nos 590 quilômetros que separam Tomsk de Krasnoiarsk. Kennan testemunhou o sofrimento de exilados depauperados nessas carroças abertas:

> Quando um prisioneiro está acometido de alguma afecção do sistema respiratório, tão comum na vida das *étapes*, é uma verdadeira tortura passar de seis a oito horas

viajando dobrado numa *telega* aberta, aspirando a poeira levantada pelos pés de 350 homens marchando em fileira.

Os mais afortunados ou resistentes que conseguiam sobreviver à viagem quase sempre descobriam que as instalações médicas das cidades siberianas proporcionavam pouco alívio. Algumas delas só atendiam doentes que pudessem pagar; outras sequer tinham médico habilitado. A superlotação era, como sempre, uma ameaça constante: em 1868, como resultado da "aguda superlotação", declarou-se um surto de tifo na prisão de Krasnoiarsk, onde se amontoavam mais de 1,5 mil condenados. Projetado para oitenta leitos, o hospital prisional lutou para tratar de 250 pacientes.[27]

As caravanas reservavam tormentos especiais para as mulheres. Embora a maior parte delas não tivesse antecedentes, as autoridades partiam do princípio de que todas as condenadas haviam sido prostitutas antes de integrar as caravanas. Em 1839, um exilado polonês, Justynian Ruciński, pôde observar e registrar que toda exilada era obrigada a aceitar um amante da caravana. A escolha do parceiro não era dela, mas dos condenados, que leiloavam as mulheres e as concediam ao "pretendente" que desse o maior lance. Se rejeitasse a união, a mulher "era submetida a terríveis represálias". Em diversas ocasiões, Ruciński "presenciou horríveis estupros à luz do dia". A impossibilidade de separar o pequeno número de mulheres dos grandes grupos de homens criou um redemoinho incendiário de paixões, luxúria e ciúme que desembocava em violência. Outro exilado, numa caravana de trezentos homens e umas poucas mulheres, observou que "ocorria todo tipo de caso romântico, e uma bela jovem acabou com a barriga aberta a faca numa das estações de parada". Com a censura mais relaxada no reinado de Alexandre II, escritores russos começaram a narrar o destino das mulheres a caminho do exílio na Sibéria. Nikolai Leskov, que escreveu *Lady Macbeth de Mtsensk* (1865), pintou um retrato sombrio das mulheres integrantes das caravanas competindo pela oferta de favores sexuais em troca de proteção e assistência material.[28]

Havia muito que as autoridades se incomodavam com esse tráfico de corpos femininos, mas viam as mulheres que se vendiam mais como depravadas do que como desesperadas. Estavam menos preocupados em protegê-las do que com evitar a ameaça à saúde dos exilados das caravanas de deportados representada por doenças venéreas. Em 1826, as autoridades determinaram que mulheres e crianças deviam seguir os homens com intervalos de dois dias, em caravanas separadas, mas condenados de ambos os sexos continuaram sendo transportados juntos, já que os funcionários encarregados do deslocamento não tinham recursos nem incentivo para separá-los. Além disso, os próprios soldados da caravana com frequência superavam os condenados como predadores sexuais e não faziam nenhum esforço para poupar a honra e a dignidade das exiladas. Muitos viam os favores sexuais extraídos das mulheres por quem eram responsáveis como uma das compensações de seu trabalho e se aproveitavam da compra e venda dos corpos delas.[29]

Quando questionados por São Petersburgo a respeito do estado crítico dos assuntos tratados pela administração de exilados, os funcionários costumavam culpar "a escassez de recursos humanos necessários para lidar com o crescente número de casos, em decorrência dos editos de 1823 sobre a vadiagem". Nesse aspecto, sua alegação era verdadeira. Em 1856, o pessoal do Departamento de Exílio de Tobolsk, encarregado de equipar, processar e distribuir quase todos os exilados que chegavam à Sibéria, se resumia a sete funcionários: um diretor, dois assessores, dois guarda-livros e dois secretários. Em 1873, esse número subiu para nove.[30]

Se a crônica escassez de verbas e o grande aumento da quantidade de exilados frustraram os planos de deportação de exilados, as ilicitudes cometidas pelas autoridades siberianas também desempenharam um papel decisivo nisso. Era pouco provável que empregos públicos nas cidadezinhas, estações de parada e longínquas colônias penais na Sibéria estivessem entre os mais cobiçados do império, e funcionários administrativos de todos os níveis gostavam de compensar a monotonia e a rudeza da vida cotidiana com fraudes. Speranski tinha imaginado o Departamento de Exílio de Tobolsk como o eficiente quartel-general do sistema de exílio. Na verdade, era um antro de corrupção. Relatórios e mais relatórios davam conta de casos de desvio, roubo de pertences de exilados e um próspero comércio ilícito em zonas de banimento. Uma ampla investigação feita na década de 1830 descobriu que funcionários do Departamento de Exílio tinham vendido a mais de 2 mil exilados destinados à Sibéria Oriental autorização para ficar na província de Tobolsk e, em alguns casos, para retornar às províncias das quais tinham sido banidos. Também reduziram de modo arbitrário as sentenças dos que podiam pagar por clemência.[31]

A corrupção continuava tão difícil de erradicar em parte porque mesmo os mais altos funcionários estavam envolvidos até o pescoço em esquemas de desfalques e suborno. Entre 1822 e 1852, cinco dos onze governadores de Tobolsk foram demitidos por corrupção. Em 1847, o governador-geral da Sibéria Ocidental, Vilgelm Rupert, foi obrigado a renunciar depois de declarado culpado de um vasto espectro de abusos, inclusive o trabalho de condenados em sua residência privada. Essa corrupção generalizada minimizava as infrações cometidas por funcionários de escalão inferior em troca de uns poucos rublos aqui e acolá, mas mesmo pequenos roubos e subornos minavam a eficiência das deportações.[32]

O desvio das verbas destinadas ao Departamento de Exílio de Tobolsk para a compra de agasalhos deixava os exilados muitíssimo vulneráveis à fúria do inverno siberiano. Um funcionário relatou, em 1864, que os exilados estavam sendo enviados de Tobolsk com roupas de tão má qualidade que, "se não tivessem suas próprias roupas, não seriam capazes de fazer a viagem". Alguns deles chegavam a Tomsk com graves necroses produzidas por congelamento, tendo perdido dedos das mãos e dos pés.[33]

Mal equipados no início da viagem, os exilados ficavam à mercê do comando das caravanas. Os comandantes dos navios de transporte de condenados britânicos que saíam da Inglaterra para Nova Gales do Sul eram os mesmos que entregavam seu carregamento às autoridades coloniais seis meses depois. Acompanhados de médicos que respondiam à Coroa sem intermediários, eles eram responsáveis pelas condições dos condenados que levavam a bordo. O abuso flagrante dos condenados devia ser detectado e punido, se não pela lei, pelo menos pela retenção do pagamento. Sendo unidades isoladas, os navios de transporte, cercados de vastas porções de mar, tornavam a negligência referente às responsabilidades dos oficiais tão difícil quanto a fuga. Em comparação, ao longo dos 7 mil quilômetros que separavam São Petersburgo de Nertchinsk, os condenados passavam por cem diversos comandos de caravana. Cada um deles se compunha de soldados e oficiais que, se quisessem, podiam negligenciar, roubar e maltratar sua carga praticamente sem punição e logo passá-la ao próximo comando para dirigir sua cobiça para o grupo seguinte de condenados entregues a sua custódia. Nem todos eram corruptos e gananciosos, mas muitos eram. Os prisioneiros às vezes se viam obrigados a vender suas roupas para complementar as magras rações fornecidas pelo

Estado. Os responsáveis pela caravana deviam oferecer uma dotação diária, ou apenas entregar uma certa quantia quando a caravana chegasse a certo ponto do caminho. Essa verba era quase sempre insuficiente para comprar víveres aos aldeães das localidades por onde passava a caravana. Os soldados da caravana e suas famílias então cobravam preços extorsivos pelo pão e mantimentos nas estações e semiestações, nas quais praticavam monopólio.[34]

Alguns comandantes de caravana combinavam a corrupção com um sadismo sem limites. Em 1857, um condenado anônimo registrou em seu diário o tratamento dispensado a seu grupo nas mãos de um certo comando:

> Quando se chega às estações de parada, mesmo que as temperaturas estejam bem abaixo do ponto de congelamento, eles nos revistam e tiram tudo o que possa estar debaixo da camisa. Em [uma aldeia], fazia tanto frio que era impossível ficar três minutos sem luvas e, ao chegar à estação, o comandante da caravana nos sujeitou a uma revista como essa. Ele é mais selvagem que uma fera terrível, liberta de sua jaula, e muito mais gentil para com seu cavalo e seus cães do que para com as pessoas [...]. Alimentar as pessoas com comida estragada era lucrativo para ele, e segundo essa regra a comida que ele nos dava era tão ruim que muitos em nosso grupo ficaram doentes.[35]

A ganância dos soldados da caravana muitas vezes acabava sendo letal. Em 10 de fevereiro de 1858, um exilado anônimo escreveu em seu diário, depois de sair de Perm, que "dois integrantes de nosso grupo morreram hoje, um velho e um bebezinho. Ambos ficaram congelados nas carroças". Em outubro de 1852, quatro condenados morreram congelados numa caravana que marchava pela Região Mineradora de Nertchinsk. Eles não apenas careciam das roupas quentes necessárias como também estavam na verdade inanes quando sobreveio a tempestade de neve, já que não tinham podido comprar uma quantidade maior de pão aos cossacos das estações de parada porque o preço cobrado pelo alimento era maior que sua diária.[36]

O ministro do Interior, Aleksandr Timachev, escreveu ao governador-geral da Sibéria Oriental, Nikolai Muraviov (depois Muraviov-Amurski), a respeito do caso, observando que "se o que foi relatado pode acontecer debaixo do nariz das autoridades provinciais de Ienissei, imagina-se o que ocorre em localidades distantes dessa supervisão". Não foi a primeira vez que Timachev chamou a atenção dos governadores de províncias para os riscos implicados na permissão concedida a soldados e suas famílias para exercer o monopólio da venda de provisões às caravanas que passavam. Exigiu "a mais rigorosa punição aos culpados de tais abusos". Também nesse caso o governo foi incapaz de impor sua vontade aos comandantes de caravanas situadas em *étapes* a milhares de quilômetros de São Petersburgo. Durante todo o século XIX, nas caravanas em marcha, exilados morreram de frio, fome e doenças em números tão elevados que chegavam a suscitar protestos dos camponeses locais encarregados de dar fim aos cadáveres. Em 1844, São Petersburgo foi obrigado a esclarecer que as autoridades locais precisavam dispor de verbas para os sepultamentos.[37]

Os condenados reagiam a esse tratamento brutal organizando-se em *arteli*, ou associações de prisioneiros, enquanto durasse a viagem para o exílio. Na concepção lírica do etnógrafo Serguei Maksimov, "os prisioneiros amavam seu próprio *artel*; sem eles, a viagem através das *étapes* e a vida nas prisões seriam impossíveis. O *artel* é fonte de vida e alegria para a família do prisioneiro — seu consolo e sua paz". Paz e alegria verdadeiras estavam além do propósito do *artel*, mas ele dava aos condenados uma forma básica de organização e proteção coletiva. Integrada por representantes de grupos de mais ou menos dez prisioneiros em cada caravana, essa comunidade extraoficial, porém poderosa, era na verdade uma duplicação das tradições comunais da aldeia camponesa. Tinha jurisdição sobre todos os aspectos da vida dos condenados na caravana. Sua função principal era a defesa coletiva de seus membros em relação às autoridades. Encabeçadas por um funcionário eleito — o líder —, as operações do *artel* eram regidas pelas tradições que englobavam a atividade comercial, um tesouro central e códigos draconianos de disciplina e castigo.[38]

Ao sair das cidades da Rússia europeia, a caravana devia eleger seu líder para o tempo que durasse a viagem a Tobolsk. Os condenados costumavam escolher alguém que conhecesse bem a Sibéria de períodos anteriores de exílio, quase sempre um vagabundo que havia escapado e sido recapturado e que tivesse habilidades e dotes úteis. Depois que as autoridades confirmavam a eleição, ele não podia ser destituído por nenhum oficial de caravana ou guardas de *étapes* sem o consentimento de todo o *artel*. Ao chegar a Tobolsk, os *arteli* se dissolviam e eram reformulados dentro das novas caravanas organizadas pelo Departamento de Exílio de Tobolsk.[39]

Embora o *artel* não fosse uma instituição oficial, a administração do exílio reconhecia sua existência e, até certo ponto, a necessidade dele. As autoridades não apenas faziam vista grossa a muitas de suas práticas ilegais como também se valiam de sua boa vontade para administrar o funcionamento da caravana. Os condenados, por sua vez, davam valor à confiança dos comandantes e tratavam de facilitar seu trabalho obedecendo às instruções e honrando os compromissos assumidos. Numa ocasião, os exilados chegaram a ajudar os soldados a apagar um incêndio que se deflagrara numa das estações de parada. Nenhum deles tentou fugir.[40]

No início da viagem, o *artel* estabelecia um fundo comunitário, controlado pelo líder, para o qual cada condenado dava uma contribuição. O dinheiro era usado sobretudo para subornos com os quais se obtinham diversas concessões dos soldados da caravana e dos comandantes das *étapes*. Essa forma de negociação coletiva podia ser usada para obter licença para pedir esmolas nas aldeias pelas quais passava a caravana. Apelando para a afamada generosidade dos camponeses e mercadores siberianos, os condenados cantavam sua desgraça:

> *Tenham piedade de nós, ó pais!*
> *Tenham piedade de nós, ó mães!*
> *Tenham piedade de nós, pobres condenados, pelo amor de Cristo!*
> *Somos cativos!*
> *Cativos em prisões de pedra,*
> *Atrás de barras de ferro,*
> *Atrás de portas de carvalho,*
> *Atrás de pesados cadeados,*
> *Demos adeus a nossos pais e a nossas mães*
> *A todos os nossos parentes — a nossa gente!*[41]

O *artel* também barganhava com os oficiais da caravana. Violando os Estatutos da Transferência de Exilados de Speranski, ele conseguia que fossem removidos os detestados grilhões das pernas sempre que a caravana estivesse fora das cidades e das aldeias em troca da promessa de que não haveria tentativa de fuga. O *artel* respondia coletivamente pela conduta de seus membros. Se algum dos condenados violasse os termos de um acordo, seria perseguido não apenas pelos soldados, mas também por outros exilados. Três exilados fugiram de uma caravana de trezentos homens perto da cidade de Tiumen, cujo *artel* acabava de negociar com o comandante um dia extra de descanso. Indignado com essa violação do acordo coletivo e temendo que ela pudesse ameaçar as concessões obtidas, o *artel* mandou que um grupo de exilados saísse em busca dos fugitivos. Pela manhã, o grupo encontrou sua presa e arrastou os três homens até o comandante, que ordenou que cada um deles recebesse cem chibatadas. Achando insuficiente a punição, o *artel* administrou-lhes por sua conta mais quinhentas chibatadas, com tanta energia que sua crueldade impressionou até o comandante.[42]

Outra das principais atribuições do *artel* era assegurar o cumprimento dos contratos celebrados entre seus membros, fossem eles financeiros ou pessoais. Com respaldo na ameaça de violência, o *artel* supervisionava o constante escambo de bens e serviços entre os condenados. Desde o conserto de botas à compra de vodca, o *artel* garantia que os compromissos assumidos em troca de pagamento fossem honrados. Alguns tinham apenas o nome — e sua sorte — para vender. Para cada condenado ao exílio ou a trabalhos forçados, emitia-se uma ficha com seu nome, posição social, origem, crime, sentença e uma breve descrição física. Esse documento muitas vezes continha erros cometidos pelos escreventes — grafias de nomes, ou destinos trocados —, o que resultava em pessoas que marchavam milhares de quilômetros para lugares errados. Retificar esses erros podia levar vários meses. O nome de um exilado inconformado, Iusef Novitski, desapareceu da lista dos que estavam numa caravana que ia de Tobolsk a Irkutsk em 1848. Com outro nome, ele apareceu mais tarde em outra caravana de deportados destinada à cidade de Ichim, na Sibéria Ocidental, um lugar mais suportável que a remota Irkutsk. Depois que o erro foi descoberto, Novitski acabou flagrado e confessou que, junto com outros exilados, tinha subornado o escrevente de uma das *étapes* para que incluísse os nomes deles na lista de deportados para Ichim.[43]

Os próprios exilados tinham plena consciência de que os papéis em que se registravam sua identidade, seus crimes e as respectivas sentenças determinariam sua sorte. Os guardas das caravanas em marcha zelavam para chegar a seu destino com todos os exilados postos sob sua custódia, mas se preocupavam mais com nomes do que com rostos. Na realidade, era impossível que os comandantes de caravanas se lembrassem de cada pessoa e, na transferência de um estágio de comando a outro, contava-se apenas o número total de indivíduos, sem se proceder à chamada. Essa negligência dava uma oportunidade a alguns exilados inescrupulosos. Os meses, às vezes anos, transcorridos em caravanas em marcha davam oportunidade não apenas a novas amizades, mas também para laços mais sinistros e exploradores. Fiódor Dostoiévski explica a prática da troca de nomes em *Recordações da casa dos mortos*:

Uma fileira de deportados sob escolta está em marcha para a Sibéria. Há nela todo tipo de criminoso; alguns estão indo para a prisão, alguns para fábricas penais, outros para assentamentos, todos marchando juntos. De repente, em algum ponto do caminho, digamos que na província de Perm, um dos condenados decide trocar de nome com outro. Um Mikhailov qualquer ou outro, um homem que cometeu assassinato ou outro crime capital, considera que não seria nada vantajoso passar anos no presídio [...]. Enfim, acaba por descobrir um Suchilov. Suchilov, servo de nascimento, foi condenado apenas à deportação. Já caminhou mil e seiscentos quilômetros sem um copeque no bolso, porque é claro que os Suchilov jamais trazem consigo um vintém. Caminha depauperado, exausto, alimentado apenas com a ração do governo, sem um bocado com um pouco de sabor, vestido com as roupas da prisão, pronto a qualquer coisa em troca de alguns tostões. Mikhailov começa a falar, insinua-se, conquista-lhe a amizade, e, afinal, na parada, paga-lhe uma vodca. E então pergunta a Suchilov se quer trocar de nome com ele [...]. Suchilov, um pouco bêbado, uma alma simples, cheio de gratidão para com o novo amigo, não se atreveria a recusar [...]. E eles chegam a um acordo: o inescrupuloso Mikhailov, aproveitando-se da extraordinária simplicidade de Suchilov, compra-lhe o nome pagando com uma camisa vermelha e um rublo de prata, que lhe entrega sob as vistas de testemunhas. No dia seguinte, a bebedeira de Suchilov já passou, mas ele recebe mais vodca para beber, e percebe que não pode voltar atrás em sua palavra: já gastou o rublo de prata em vodca, e pouco depois a camisa vermelha. Se não quer mais, que devolva o dinheiro. Mas de onde Suchilov vai tirar um rublo de prata? E se não devolvê-lo, o *artel* vai obrigá-lo a isso [...]. Se não, cai em cima dele. Vão espancá-lo, talvez matá-lo [...]. Enfim, Suchilov percebe que não adianta reclamar, e decide cumprir o acordo [...]. O resultado de tudo é que Suchilov vai para a [...] [prisão] em troca de um rublo de prata e uma camisa vermelha.[44]

Qualquer um que tentasse voltar atrás em acordos como esse incorreria na cólera do *artel* e poderia, nas palavras de Kennan, "ser condenado à morte por esse impiedoso Vehmgericht* siberiano". Sobre a cabeça de traidores como esses "pende uma invisível espada de Dâmocles, e mais cedo ou mais tarde, num lugar ou outro, ela sem dúvida cairá".[45]

No começo do século XIX, grande número de exilados trocava de nome a caminho da Sibéria. A prática se generalizou com o aumento de tamanho das caravanas na década de 1820. Em 1828, o governo aprovou uma lei que punia com cinco anos de trabalhos forçados aquele que, exilado para um assentamento, trocasse de nome com um forçado. Já forçados que fossem pilhados traficando identidades seriam punidos com cem chibatadas e pelo menos 25 anos de trabalho no lugar de exílio original. Seguiram-se leis mais draconianas, mas o tráfico de identidades continuou impossível de erradicar. Casos de pessoas que tinham trocado de nome e, portanto, foram levadas ao destino errado para cumprir penas erradas atravancavam os tribunais locais.[46] Nas décadas seguintes, os oficiais continuavam reclamando que o hábito de troca de nomes era tão generalizado que chegava a comprometer as próprias bases do sistema de exílio.

Muitos condenados recordam a viagem à Sibéria como a parte mais sofrida de seu exílio. Arrancados a suas cidades ou aldeias, a seus amigos e à família, eles se viam lançados a um mundo desconhecido e assustador de extenuantes marchas forçadas, *étapes* superlotadas, doenças, penúria e a onipresente ameaça de violência. Esses tormentos e privações eram consequência tanto da incapacidade do Estado de pôr em prática suas próprias decisões quanto de uma política de sadismo deliberado emanada de São Petersburgo. A autocracia mostrou-se incapaz de financiar e administrar com eficiência a complexa operação logística que consistia em deslocar centenas de milhares de cativos sob guarda armada através de um continente.

Funcionários enviados a investigar a situação do sistema siberiano de exílio sabiam muito bem que as ambições colonizadoras do Estado estavam virando cinzas nas caravanas de deportação. Os condenados, ao chegar afinal a seu destino, doentes e exaustos, tinham perdido todo e qualquer apetite pelo trabalho árduo, substituído pela disposição de mendigar, roubar e assassinar. O relatório de 1835 de um inspetor siberiano capta com perfeição a natureza derrotista das tra-

---

* Tribunal franco da Alemanha medieval.

palhadas cometidas pelo Estado na deportação de exilados para a Sibéria, com um espírito crítico que em nada perdeu sua acuidade ao longo das décadas que se seguiram:

> A longa viagem para o exílio, sempre em companhia de criminosos embrutecidos [...] e passada em prisões dentro de cujas paredes eles mal podiam se espremer, exerce uma influência deletéria sobre o que lhes resta de moral. Tendo passado por essa escola de corrupção, uma pessoa que apenas se iniciava no caminho do vício chega à Sibéria pronta para cometer todo tipo de crime.[47]

Para os condenados, passar pelo posto de fronteira e atravessar a divisa era como entrar num mundo escuro em que os fracos e vulneráveis ficavam entregues a cínicos, impiedosos e corruptos. O posto dava um testemunho silencioso tanto das fragilidades do poder do Estado quanto dos tormentos de homens, mulheres e crianças caminhando a duras penas para o exílio.

3. Espadas partidas

Às três horas da madrugada de 13 de julho de 1826, os guardas destrancaram as apertadas celas sepultadas por trás das grades bolorentas da fortaleza de São Pedro e São Paulo, no coração de São Petersburgo. As pesadas portas de carvalho se abriram, e trinta e poucos jovens oficiais saíram de suas celas. A escuridão faz apenas visitas fugidias aos céus da capital norte da Rússia em julho, e a aurora despontava quando os presos foram levados ao pátio. Reunidos diante deles estavam soldados vindos dos regimentos da cidade e dezenas de oficiais e dignitários. Mais ao longe, para lá da entrada norte da fortaleza, os prisioneiros podiam ver os patíbulos que tinham sido erigidos para a execução de seus líderes. A Suprema Corte do Império Russo tinha condenado aqueles homens, que ficariam conhecidos na posteridade como "dezembristas", por uma tentativa de deposição do tsar Nicolau I. Eles tinham liderado uma revolta breve mas violenta que começou em 14 de dezembro de 1825 na praça do Senado, na capital, e terminou duas semanas depois com a fatídica rebelião do Regimento Tchernigov, na periferia de Kiev. Símbolo da autocracia russa emergindo das águas do Neva, diante do palácio de Inverno, sede de poder imperial, a fortaleza de São Pedro e São Paulo seria o lugar da punição imposta pelo Estado.

Os dezembristas foram reunidos em filas e levados um após outro a um braseiro crepitante. Suas sentenças foram lidas uma por vez: execução civil seguida de exílio com trabalhos forçados nas minas da Sibéria Oriental. Suas insígnias foram arrancadas dos ombros e lançadas ao fogo, junto com seus sobretudos militares. Cada um dos oficiais foi obrigado a se ajoelhar, e um carrasco, tomando uma espada cuja lâmina tinha sido cerceada bem no meio de seu comprimento, quebrava-a sobre a cabeça do prisioneiro. Os oficiais foram vestidos com as grosseiras batas cinzentas dos condenados e declarados "civilmente mortos". A cerimônia representava sua expulsão da sociedade russa e reafirmava o caráter sagrado das leis que eles tinham violado. A morte civil também acarretava a aniquilação daqueles homens como súditos do tsar e "a perda de todos os direitos e privilégios de sua condição". As mulheres dos dezembristas ficavam livres para voltar a casar, e seus filhos herdavam suas propriedades. O exílio para trabalhos forçados na Sibéria era uma sentença de morte suspensa. Depois da cerimônia, um dos dezembristas, o intelectual Aleksandr Muraviov, chegou a escrever a Nicolau I agradecendo-lhe por "poupar-me a vida!".[1]

Os próprios dezembristas entendiam sua sentença como um pronunciamento de aniquilação absoluta. Depois da cerimônia, Nikolai Bassarguin, de 26 anos, voltou a sua cela na fortaleza

> convencido de que todas as minhas relações com o mundo e minhas obrigações para com ele estavam encerradas, e que eu passaria o resto da vida numa região remota e nebulosa [...] em sofrimento constante e submetido a todo tipo de privação. Eu já não me considerava um habitante deste mundo.[2]

Os condenados trocariam suas riquezas, seus privilégios e sua influência pela pobreza e pelo esquecimento; suas brilhantes carreiras no Exército e no serviço público pelo trabalho braçal entre criminosos comuns nas minas de prata da Sibéria. O exílio protegeria o poder autocrático inexpugnável e garantiria o aniquilamento de seus inimigos. Esse era o projeto subjacente às sentenças lidas no pátio da fortaleza de São Pedro e São Paulo naquela manhã de julho, mas o tiro saiu pela culatra. Isso porque na Sibéria os dezembristas não encontraram o ostracismo político, e sim um renascimento. Exilados como líderes derrotados de uma rebelião massacrada, eles ganhariam uma nova autoridade moral como mártires da causa da liberdade e das reformas. A história deles é a primeira parte de como a Sibéria se transformou de um deserto político no palco central do desenvolvimento do republicanismo europeu e do movimento revolucionário russo.

***

O levante da praça do Senado tinha raízes intelectuais que remetiam ao Iluminismo e ao Romantismo europeus, mas o movimento dezembrista tinha tomado forma uma década antes no Exército Imperial. Os futuros dezembristas tinham descoberto a nação russa ao lutar contra Napoleão e a invasão francesa de 1812. O conflito forjou novos laços de fraternidade e lealdade entre os oficiais e seus homens. Os camponeses russos, muitos deles servos, tinham se mostrado capazes de lealdade, confiança e devoção à mãe-pátria. Ao voltar à Rússia depois do conflito, os jovens nobres lutaram para assimilar suas experiências inspiradoras de lutar lado a lado com homens que, em termos legais, continuavam sendo de sua propriedade na condição de servos. A instituição servil tornou-se para eles um lembrete vergonhoso do atraso do império e do profundo abismo entre a elite rica e educada e o campesinato paupérrimo. Forjada no cadinho de 1812, a lealdade patriótica ao povo russo começou a eclipsar a lealdade dinástica ao tsar.[3]

Muitos oficiais russos voltaram das Guerras Napoleônicas com a cabeça cheia de novas ideias políticas. Um deles observou que, "se tomamos a França pela força das armas, ela nos conquistou com seus costumes". Vários líderes do movimento dezembrista, como Serguei Volkonski, Ivan Iakuchkin e Mikhail Fonvizin, tinham regressado triunfantes em 1815 apenas para se decepcionar com a estrita hierarquia e a opressiva disciplina da vida militar. Depois de combater o "despotismo napoleônico" na Europa, eles lutavam para se reconciliar com uma Rússia que continuava sendo, em essência, o feudo pessoal do tsar.[4] Nikolai Bestujev tentou explicar sua participação na rebelião numa carta dirigida a Nicolau I depois de sua prisão:

> Libertamos nossa pátria da tirania, mas uma vez mais somos tiranizados por nosso próprio soberano [...]. Libertamos a Europa só para sermos postos em cadeias por nós mesmos? Asseguramos uma Constituição para a França só para não nos atrevermos a falar de uma Constituição para nós? Pagamos com nosso sangue pela primazia entre as nações só para sermos oprimidos em nossa casa?[5]

Outros, como Mikhail Bestujev e Dmitri Zavalichin, embora jovens demais para terem lutado contra Napoleão, eram, no entanto, mobilizados pelas ideias de Voltaire, Adam Smith, Condorcet e Rousseau. Na sequência da vitória russa sobre

Napoleão, eles encontraram inspiração nas rebeliões comandadas por oficiais liberais em outros países, que exigiam constitucionalismo e independência.[6]

A partir de 1816, esses jovens patriotas idealistas começaram a se reunir em grupos informais e em "sociedades secretas" para discutir reformas. Ao longo da década seguinte, suas reuniões assumiram um tom cada vez mais conspiratório e evoluíram de maneira gradual para dois aglomerados: a Sociedade do Norte, com base em São Petersburgo, sob a liderança do coronel Serguei Trubetskoi, do capitão da Guarda Nikolai Muraviov e do poeta Kondrati Rileiev; e a Sociedade do Sul, com base na Ucrânia, comandada pelos coronéis Pavel Pestel e Serguei Muraviov-Apostol. Havia um estreito contato entre as sociedades secretas dos dezembristas e a Sociedade Patriótica Polonesa, que acabaria contribuindo com um substancial contingente de poloneses para a população de exilados na Sibéria. No entanto, a morte súbita de Alexandre I em 1825 precipitou a revolta dezembrista antes que se firmasse uma aliança sólida com os poloneses. Estes, no início da década de 1820, com suas ideias mais conservadoras, estavam preocupados sobretudo com sua própria independência e com a devolução de suas províncias perdidas, e se afastaram das propostas republicanas mais radicais dos dezembristas.[7]

As autoridades sabiam da existência dessas sociedades secretas e conheciam os documentos que os conspiradores escreviam e discutiam. De início, trataram-nos com alguma indulgência e não tomaram nenhuma atitude decisiva para impedir as reuniões, muito menos para prender seus participantes. Quando passou em revista o regimento do major-general Serguei Volkonski em 1823, Alexandre notificou seu oficial: "É melhor continuar trabalhando com seus soldados, sem se preocupar com o governo de meu império, o qual, sinto dizer-lhe, não é da sua conta".[8] Volkonski ignorou o aviso.

No outono de 1825, os dezembristas traçavam planos para uma rebelião no verão seguinte. Mas em 19 de novembro, enquanto viajava pelo sul da Rússia, Alexandre morreu de repente, sem deixar descendência. Seu irmão Constantino se recusou a subir ao trono, e os conspiradores acharam que era chegado o momento. No vácuo temporário de poder, enquanto se faziam os preparativos para a coroação de Nicolau, o mais novo dos irmãos de Alexandre, os dezembristas planejaram às pressas uma rebelião armada. Em 14 de dezembro, num momento em que as guarnições deviam se reunir na capital para jurar lealdade ao novo tsar, eles marchariam com suas tropas sobre a praça do Senado. Ali, eles se recusariam ao juramento, exigiriam a deposição da autocracia e proclamariam uma Constituição. Apoiados em soldados que ignoravam os objetivos da rebelião, os dezembristas careciam de uma liderança unificadora e de uma visão estratégica clara. Os soldados comandados por eles poderiam tê-los apoiado no âmbito pessoal, mas mal tinham ideia de suas ambições políticas. O resultado foi menos uma rebelião séria que uma mal interpretada peça de teatro político em que muitos esqueceram suas falas.

Na manhã de 14 de dezembro, os oficiais rebeldes levaram cerca de 3 mil soldados à praça do Senado, coberta de neve. Os soldados reuniram-se em torno da estátua ameaçadora de Pedro, o Grande, de Falconet, que mostra o imperador montado em seu cavalo empinado esmagando uma serpente sueca com os cascos. Esse monumento a um implacável soberano imperial dispersando seus inimigos parecia comandar a peça que ia sendo encenada diante dele. Mal planejada e caótica, a rebelião estava condenada antes de começar. Trubetskoi, líder indicado pelos dezembristas e "ditador" interino da nova República Russa, não apareceu na praça. Tinha abandonado seus camaradas, jurado lealdade ao novo tsar e procurado refúgio na embaixada da Áustria. Os rebeldes tocaram seus tambores, desfraldaram suas bandeiras regimentais e bradaram por uma Constituição, mas só conseguiram demonstrar seu isolamento e sua impotência.

As forças leais ao tsar logo cercaram os rebeldes, e, enquanto o dia avançava e a paciência de Nicolau se esgotava, eles encontraram-se sozinhos e desorientados. Depois que as tentativas de negociar a deposição da autocracia falharam, o que não foi surpresa, declararam-se algumas escaramuças. Tropas do governo dispersaram os rebeldes com canhões e metralha. Os oficiais rebeldes fugiram. Nos dias seguintes, foram reunidos e presos. Mesmo aqueles que, como Trubetskoi, não tinham tido participação direta na rebelião foram aprisionados na fortaleza de São Pedro e São Paulo.[9] As notícias sobre a rebelião fracassada em São Petersburgo só chegaram aos rebeldes do sul em 23 de dezembro, e a breve mas sangrenta revolta do Regimento Tchernigov em Kiev, em 31 de dezembro, deu em nada. Seu líder, Muraviov-Apostol, foi incapaz de reunir tropas suficientes para sua causa, e as forças amotinadas sob seu comando foram derrotadas sem dificuldade.[10] Os revolucionários fracassaram na tentativa de tomar o poder, mesmo que por um só dia.[11]

As tentativas sem dúvida amadorísticas dos dezembristas de protagonizar um golpe, nervosas e mal programadas, às vezes obscurecem o radicalismo que animava sua rebelião. O grande poeta russo Aleksandr Púchkin, que tinha diversos dezembristas entre seus amigos mais chegados, fez pouco da conspiração deles num verso de seu poema narrativo *Eugênio Oneguin*, de 1833, suprimido durante muito tempo:

> *De início, esses complôs, começados*
> *Entre um Lafite e um Cliquot*
> *Foram debatidos em tom amável*
> *E a ciência rebelde foi lenta*
> *Para incendiar a paixão desafiadora,*
> *Foi tudo tédio e modismo,*
> *Ócio de mentes jovens,*
> *Jogos projetados por adolescentes crescidos.*[12]

O desdém de Púchkin pelas ideias dezembristas não faz justiça às proporções e ao significado das ambições rebeldes. Os dezembristas se inspiraram nos modelos republicanos da Antiguidade e nas tradições históricas republicanas da própria Rússia. Planejavam um desmonte total das estruturas do Estado russo, com base no patriotismo republicano e no nacionalismo cívico, conhecidos através das revoluções americana e francesa. Imaginavam o "tiranicídio" do próprio Nicolau e o assassinato de toda a família imperial. A autocracia seria derrubada, substituída por uma monarquia constitucional ou por uma república; em qualquer caso, seria uma transferência radical de soberania dos governantes para o povo. Eles pretendiam extinguir a servidão, a aristocracia e a complicada trama de corporações e guildas existentes na sociedade. Em seu lugar, introduziriam as instituições de um Estado moderno. Fosse na forma de governo centralizado ou de uma federação inspirada no modelo dos Estados Unidos, essas instituições propiciariam uma nação unitária que reunisse as várias nacionalidades e religiões do império com base na igualdade e nos direitos universais. Os direitos e deveres já não seriam atribuídos de maneira distinta a certas posições ou subgrupos sociais, mas haveria deveres e direitos de cidadãos que seriam iguais perante a lei. Os dezembristas se baseavam na tradição republicana europeia; no Império Russo da década de 1820, essas ideias eram explosivas por seu radicalismo.[13]

A reação da sociedade russa letrada à rebelião e suas consequências foi ambígua. Por um lado, muitos ficaram chocados com a violência da revolta (morreram cerca de 3 mil pessoas, de ambos os lados) e pelo projeto de assassinato da família imperial; por outro, houve, em muitos lugares, simpatia generalizada pelo desejo de reformas dos dezembristas, sobretudo pela intenção de adotar uma Constituição e abolir a servidão. Mais ainda: a repressão à revolta atingiu o núcleo da elite imperial russa. Muitos dos dezembristas eram originários das mais eminentes famílias de São Petersburgo e Moscou, eles mesmos frequentadores do círculo restrito da corte imperial. Em algumas famílias, dois ou três irmãos estavam envolvidos. Os Bestujev e Bestujev-Riumin foram protagonistas tanto na Sociedade do Norte quanto na do Sul; o mesmo se pode dizer do clã dos Muraviov, que incluía os Muraviov-Apostol, três dos quais marcharam sobre a praça do Senado no dia 14 de dezembro. Treze dezembristas eram filhos de senadores, sete de governadores de províncias, dois de ministros de Estado e um era filho de um membro do Conselho de Estado Russo Imperial. Mas nenhum deles era mais próximo ao palácio do que a família do príncipe Serguei Volkonski, herdeiro de uma das mais antigas e ricas famílias nobres da Rússia e amigo de infância do próprio Nicolau. O tsar interpretou a participação dele na rebelião como uma traição pessoal.[14]

Mesmo dentro da sufocante formalidade da corte, algumas famílias de dezembristas lutaram para livrar seus filhos e irmãos da ira do tsar. Bombardearam Nicolau com pedidos de graça, dizendo que os oficiais tinham sido desmiolados e infantis, e que puni-los equivaleria a punir famílias inteiras que eram súditas leais do tsar. Em resposta, ele enfrentou um obstáculo interposto pela natureza mesma do poder autocrático. Num caso importante como o julgamento dos dezembristas, a Comissão de Inquérito e a Suprema Corte delegaram ao jovem tsar todas as questões referentes a julgamento e condenação. Ninguém alimentava a ilusão de que o destino dos dezembristas seria determinado pela letra da lei, sabendo que ele decorreria do desejo de vingança ou da magnanimidade pessoal de Nicolau. O grande historiador e estadista conservador Nikolai Karamzin observava, no começo do século XIX, que "na Rússia o soberano é a lei viva: ele perdoa os bons, executa os maus e o amor daqueles constitui o terror destes [...]. O monarca russo personifica a união de todos os poderes; nosso governo é paternalista e patriarcal".[15]

Na ideologia oficial do Estado, Nicolau era, com efeito, um pai para seus súditos. Situava-se no pináculo do poder e da autoridade que por sua vez legitimava todas as instituições patriarcais do império: o senhor e os servos; oficiais e soldados; patriarcas e suas casas. Como em muitas monarquias europeias, esse exercício paternalista do poder no Império Russo personificava um pacto entre governante e governados: servilismo, obediência e deferência eram devidos pelos súditos ao tsar em troca de proteção e cuidados. No entanto, esse mesmo paternalismo no centro do poder autocrático apresentou um dilema no que se refere aos apelos das famílias dos rebeldes.[16]

Ivan Odoievski, pai do poeta dezembrista Aleksandr Odoievski, escreveu a Nicolau em janeiro de 1826. Tendo se destacado como comandante nas Guerras Napoleônicas, Odoievski reconheceu que seu filho tinha "coberto a mim e a si mesmo de vergonha". Consciente da justeza da cólera imperial, ele não se obrigou a pedir perdão, já que a culpa do filho "excede o limite de minha imaginação", mas apelou à compaixão do tsar pela juventude do filho e pelas "lágrimas de seu pai, de 57 anos". Implorou ao imperador que punisse seu filho "devolvendo-o a mim para correção, de modo que eu possa torná-lo digno de usar o nome, como é o meu caso, de um leal servidor". Piotr Obolenski, pai de Ievguêni Obolenski, que assumira o comando das tropas na praça do Senado depois que Trubetskoi faltou ao compromisso, também pediu clemência a Nicolau. Obolenski era chefe de uma das mais antigas famílias aristocráticas da Rússia e ex-governador da província de Tula. O crime do filho, disse, não era "compatível com seu caráter. O Senhor aceita o arrependido e o contrito: vós sois como Deus na terra [...]. Imploro-vos, amoroso pai de vossos súditos, que não separeis meu filho de mim e de minha família!".[17] Esses apelos ao paternalismo do tsar, vindos de figuras proeminentes da elite imperial, não podiam ser de todo ignorados.

Nem todos os membros de famílias de dezembristas recorreram ao soberano dessa forma. Alguns apenas aconselharam prostração ante Nicolau. Nikolai Repnin-Volkonski, irmão mais velho de Volkonski, ele próprio um alto oficial e poderoso funcionário do Estado, escreveu a Serguei na prisão enfatizando o sofrimento que ele tinha causado a sua própria família: "Tua prisão, querido Serguei, é quase tão intolerável para mim quanto para ti". No que se referia a um manifesto dirigido à autoridade patriarcal da Coroa, Nikolai recomendou que Serguei rompesse com os demais conspiradores e confessasse tudo aos investigadores: "Depois desses acontecimentos, nenhum laço de amizade pode existir. Todos eles se dissolvem ante as obrigações sagradas que nenhum de nós deveria trair; e não se trata apenas da tua honra, mas também da minha e da de nossos antepassados". Nikolai afirmou que a obediência e a lealdade ao tsar se sobrepõem aos laços de camaradagem entre os rebeldes. Fraternidade a patriarcalismo eram incompatíveis; era preciso escolher. Cada um dos irmãos fez sua escolha. Serguei preferiu seus camaradas e incorreu na fúria do tsar, negando-se a incriminá-los em seu julgamento. O monarca fulminou: "Volkonski é um mentiroso e um calhorda [...] não responde a coisa nenhuma, fica aí como que em estupor. É a imagem de um criminoso repulsivo e ignóbil, e de um ser humano idiotizado!". Nikolai preferiu o soberano e continuou repudiando o irmão. Nunca escreveu a Serguei nas três décadas que este passou na Sibéria.[18]

Depois de meses de exaustivos interrogatórios, dirigidos pelo próprio Nicolau, a Suprema Corte deu seu veredicto em 1º de junho de 1826. Os cinco acusados de liderar a quadrilha foram sentenciados à morte por esquartejamento, outros 31 à decapitação, e a maior parte dos demais (num total de 121 oficiais) à execução civil seguida de trabalhos forçados perpétuos (*katorga*) na Sibéria Oriental. A pena de morte na Rússia estava abolida de fato havia quase setenta anos, e a perspectiva de sua repentina ressurreição para os líderes do movimento foi preocupante para muita gente. Em Moscou, o poeta polonês Adam Mickiewicz destacou a convulsão de horror que percorreu a sociedade russa diante do rigor draconiano das sentenças.[19]

Nicolau sabia da inquietação popular, mas prometeu ser inflexível. Ao enviado francês, conde De La Ferronays, declarou: "Os líderes e instigadores da conspiração não conhecerão piedade ou graça. A lei prevê punição, e não usarei meu direito de clemência no caso deles. Serei implacável. Sou obrigado a dar essa lição à Rússia e à Europa".[20] Exagerava, porém. O jovem tsar podia ser vingativo, mas era também cauteloso, e por bons motivos. Afinal de contas, era neto do desafortunado e cruel Paulo i, assassinado em 1801 por sua própria guarda pretoriana num golpe palaciano. Nicolau sabia que havia limites para a tolerância da aristocracia russa quanto ao castigo sangrento numa situação em que tantos dos dezembristas rebeldes tinham vindo do seio de suas próprias famílias.

A clemência era uma prerrogativa do soberano e uma demonstração de seu poder. Fazia parte da tradição que os tsares exercessem a clemência para comemorar o nascimento de herdeiros, datas históricas importantes e, é claro, coroações. Foi à luz dessa tradição que, como lembrou o grande pensador radical Alexander Herzen, "todos esperavam, na véspera da coroação, que os condenados tivessem comutadas suas sentenças. Até meu pai, apesar de sua cautela e de seu ceticismo, diria que as sentenças de morte não seriam executadas, que se destinavam apenas a impressionar o povo". De um modo ou outro, Nicolau mostrou misericórdia: comutou as 31 sentenças de decapitação em longos períodos de trabalhos forçados e posterior exílio perpétuo, "abrandando as sentenças até onde seu dever para com a justiça e a segurança do Estado permitissem". A Sibéria proporcionava, assim, um castigo conveniente. Permitia que o monarca apagasse da sociedade russa a marca da sedição e ao mesmo tempo reduzia ao mínimo o sangue nobre derramado no processo. Estendendo a clemência aos rebeldes, o jovem Nicolau dava brilho a suas próprias credenciais como governante supremo do império.[21]

Depois de terminada a execução civil de seus camaradas no pátio da fortaleza, os cinco supostos chefes da rebelião passaram por algo que nada tinha de simbólico. O ideólogo do movimento, Pavel Pestel; o líder da rebelião no sul, Serguei Muraviov-Apostol; o poeta Kondrati Rileiev; Mikhail Bestujev-Riumin, de dezoito anos; e o empedernido republicano Piotr Kakhovski foram retirados de suas celas e conduzidos para fora dos baluartes da fortaleza, onde estavam os patíbulos. Nicolau tinha estendido aos cinco condenados uma espécie de clemência, "livrando-os do derramamento de sangue": comutou as sentenças de esquartejamento em enforcamento.[22]

Se a forca tinha o propósito de aparecer como ato de castigo piedoso, não deu certo. Quando os laços foram corridos e os bancos, retirados debaixo dos pés deles, uma parte das cordas, inchadas pela chuva noturna, se rompeu. Três dos condenados caíram no fosso logo abaixo. Meio sufocados, foram reconduzidos ao patíbulo para serem enforcados pela segunda vez. Muraviov-Apostol observou com ironia que estava feliz com a oportunidade de morrer duas vezes por seu país. Rileiev exclamou: "Terra maldita! Aqui não sabemos organizar uma conspiração, nem julgar as pessoas e sequer enforcá-las!". Na segunda tentativa, porém, ele e seus camaradas foram de fato enforcados e seus corpos deixados pendurados durante uma hora. Do pescoço deles pendia uma inscrição que dizia "criminoso-regicida". À medida que a notícia sobre a incompetente execução se espalhava, os corpos dependurados nas forcas passaram a simbolizar para muita gente muito menos a justiça compassiva do soberano do que seu ódio vingativo. Com efeito, no século seguinte, os russos evocavam muitas vezes o enforcamento dos cinco líderes dezembristas como símbolo de tirania violenta.[23]

Nicolau pode ter poupado a vida dos dezembristas remanescentes, mas sua decisão de submetê-los à execução civil e ao banimento para a Sibéria foi um convite à elite russa a esquecê-los. A proclamação do tsar no dia das execuções teve o propósito de emoldurar seu significado para consumo popular. Proporcionou um endosso de sua própria autoridade patriarcal, uma rejeição enfática dos "excessos visionários" dos rebeldes e uma severa advertência às famílias para que cuidassem melhor da "educação moral" de seus filhos. Havia uma nota de triunfo na ênfase que ele deu ao repúdio de muitos dos rebeldes por suas próprias famílias: "Vimos novos exemplos de dedicação: vimos pais que não pouparam seus filhos criminosos, parentes que renunciaram aos suspeitos e entregaram-nos ao tribunal; vimos todas as categorias unidas num único pensamento: o julgamento e o castigo dos criminosos".[24]

Com efeito, para muitas famílias, o castigo as obrigou a escolher entre seus irmãos e filhos, de um lado, e o tsar, de outro. Alguns escolheram Nicolau. Pavel Bestujev-Riumin, pai do mais jovem dezembrista enforcado, instou o resto da família a "destruir" a memória do irmão. "Para um cão — a morte de um cão!", proclamou, rasgando em pedaços um retrato do filho. Herzen ficou indignado diante desse "repúdio despudorado de entes queridos". Em sua lealdade ao imperador, muitos parentes e amigos "mostraram-se escravos fanáticos — alguns por baixeza, outros, o que é ainda pior, por convicção". Preocupadíssima com a vergonha representada pela prisão de Volkonski, sua mãe, a princesa Aleksandra, também pôs a lealdade ao imperador à frente de seus sentimentos pelo filho. Dama de honra da imperatriz viúva, continuou frequentando a corte no palácio de Inverno. As imponentes ameias da fortaleza de São Pedro e São Paulo, onde o filho estava preso, eram visíveis do outro lado do rio Neva. O dezembrista Aleksandr Muraviov chamou a fortaleza de "monumento ultrajante ao absolutismo [que] defronta o palácio do monarca como um aviso fatídico de que um só pode existir por causa do outro".[25] Com receio de mostrar alguma simpatia pelo filho, a princesa Aleksandra chegou a comparecer ao baile que celebrou a coroação de Nicolau no mesmo dia em que Volkonski começou sua viagem para o exílio. Seu inabalável senso de conveniência e lealdade foi recompensado com a ordem de Santa Catarina. Seu comportamento, logo depois da execução dos líderes dezembristas, causou uma impressão persistente no conde francês Jacques-François Ancelot, que compareceu à coroação como integrante de uma delegação oficial:

Todos acreditávamos que essa catástrofe sangrenta, que precedeu a coroação em tão poucos dias, teria empanado as festividades que se aproximavam. Pois quase não havia família na Rússia que não tivesse vítimas a chorar. Qual não foi o meu espanto [...] quando vi pais, irmãos, irmãs, mães dos condenados tomando parte ativa em bailes esplêndidos, banquetes magníficos e festas suntuosas! Alguns dos nobres [...], sempre de joelhos diante do trono, estavam sem dúvida receosos de que sua tristeza fosse tomada por sedição [...]. Num Estado despótico pode-se explicar essa negação dos sentimentos mais naturais pela fraqueza humana que se impõe num homem ávido de honrarias e riquezas. Mas que dizer de uma mulher, uma mãe no ocaso da vida, que, curvada pelos anos em direção à sepultura, vem todo dia, coberta de diamantes, participar de ruidosas manifestações de alegria pública, enquanto seu filho está partindo para um penoso exílio onde talvez a morte espere por ele?[26]

Para os leais defensores do trono, a execução civil era literal. Em privado, eles choravam o membro da família como se estivesse morto. Nos anos que se seguiram a seu exílio, membros da família de Serguei podiam ser ouvidos a declarar *"Il n'y a plus de Serge"*. Era contra essas circunstâncias de obediência servil à autoridade patriarcal do tsar que a decisão de algumas das mulheres de dezembristas de seguir seus maridos para a Sibéria ficaria marcada na consciência de seus contemporâneos e, mais tarde, na da posteridade.[27]

As jovens esposas dos dezembristas nada sabiam da conspiração de seus maridos, e a notícia das prisões destruiu sua vida cheia de mimos e privilégios. Em suas celas da fortaleza, os homens expressavam remorso e culpa pelo sofrimento que tinham causado às esposas inocentes. Nikolai Muraviov escreveu à mulher, Aleksandra, no fim de dezembro de 1825, confessando seu envolvimento na rebelião e pedindo a ela que o perdoasse. "Houve tantas vezes que eu quis te revelar meu fatídico segredo. Meu voto de silêncio e um sentimento falso de vergonha fecharam meus olhos para toda a crueldade e temeridade do que eu tinha feito, unindo o teu destino ao de um criminoso." "Mal posso escrever", confiou Aleksandra a sua irmã, "de tão esmagada pela dor."[28]

Perturbadas pela notícia da participação dos maridos na rebelião, diversas mulheres de dezembristas, incluindo filhas de famílias muitíssimo ricas e influentes, como Maria Volkonskaia, Aleksandra Muraviova e Iekaterina Trubetskaia, declararam a intenção de acompanhá-los ao exílio. Muita tinta foi usada nos dois últimos séculos para escrever sobre a impactante decisão das *dekabristki* que preferiram partilhar a sorte de seus cônjuges na Sibéria. Muitos viram nisso um exemplo a seguir de amor romântico e sacrifício, um repúdio dos códigos formais de dever e honra que governava a vida da aristocracia na Rússia de Nicolau. O poema épico "Mulheres russas", de Nikolai Nekrasov, publicado em 1873, celebra a vida das mulheres de dezembristas e foi decisivo para construir esse arquétipo romântico para a posteridade. No poema de Nekrasov, o amor apaixonado levou as mulheres a seguir seus maridos à Sibéria. Nele, Volkonskaia diz ao pai:

Terrível tortura espera por mim aqui.
Sim, se eu vos obedecer e ficar,
A separação vai me atormentar.
Sem ter paz dia e noite,
Chorando por meu pobre órfão,
Continuarei pensando em meu marido
A ouvir sua humilde repreensão.

Na verdade, foram muitos os fatores que levaram Trubetskaia, Volkonskaia e Muraviova a seguir seus maridos, nem todos eles românticos, em absoluto.[29]

Definhando em suas celas da fortaleza de São Pedro e São Paulo, os dezembristas avaliaram corretamente que, se escapassem do patíbulo, a Sibéria esperava por eles. Chegaram a se agarrar à esperança de que suas jovens mulheres os acompanhassem ao exílio. Na volumosa correspondência que enviou de sua cela na fortaleza — escrevia várias cartas por semana —, Serguei Trubetskoi apelava ao amor de Iekaterina por ele. Mas apelava ainda mais a seu senso religioso de dever de esposa. Em janeiro de 1826, ele confessava: "Não tenho forças para não pedir a felicidade de estar junto contigo". Trubetskoi apresenta seu castigo e a possibilidade de exílio como um teste para as virtudes cristãs de sua mulher: "Eu sei, minha doce amiga, que não vais te arrepender de nada se o Senhor permitir que fiquemos juntos; não te queixarás de minha sina, seja ela qual for". Em maio, ele escreveu sobre sua convicção de que "tudo o que o Senhor nos enviou é justo" e que "Deus nos dará forças para enfrentar nosso destino, por mais provações que este nos reserve". Sabendo das riquezas mundanas que Iekaterina seria obrigada a abandonar, Trubetskoi destaca que tais "vantagens e prazeres são desnecessários para a salvação e podem, talvez, nos desviar do caminho justo". Nem deixou de fora a chantagem emocional. Na véspera de sua execução civil, escreveu: "Sem ti minha vida é um pesado fardo do qual gostaria de me desvencilhar".[30]

Mais difícil ainda foi a decisão para Maria Volkonskaia, de vinte anos, filha do general Nikolai Raievski, um dos heróis de 1812. Nascida em 1806, Maria era uma linda jovem de olhos escuros e pensativos, e feições delicadas emolduradas por uma densa cabeleira negra encaracolada. Havia se casado com o imponente Serguei Volkonski, que mal conhecia, já com 34 anos, quando ela tinha dezessete. Estavam casados havia pouco mais de um ano, durante o qual Serguei estivera quase sempre ausente, ocupado com os preparativos da conspiração no sul, antes de selar seu destino da praça do Senado. Maria deu à luz o primeiro filho do casal, Nikita, em janeiro de 1826, e passou as semanas seguintes lutando contra uma febre que por pouco não lhe tirou a vida. Temerosa por sua saúde, sua família de início nada lhe disse sobre o levante de São Petersburgo e do papel central de seu marido nos acontecimentos.[31]

Quando ela enfim soube da prisão de Serguei, no começo de março, escreveu-lhe de imediato:

> Meu amado Serguei, há dois dias fiquei sabendo de tua prisão. Não permitirei que minha alma seja despedaçada por isso. Ponho minhas esperanças na misericórdia de nosso magnânimo imperador. Uma coisa posso te assegurar: seja qual for teu destino, vou partilhá-lo contigo.

Seguiu-se uma luta ignóbil entre as famílias Raievski e Volkonski sobre o futuro de Maria. A primeira estava decidida a poupar-lhe os tormentos do exílio siberiano e sustentava que o lugar dela era com o filho no seio de sua família; a segunda fazia o possível para convencê-la a seguir o marido ao exílio para lhe prestar assistência e apoio. Diante da terrível escolha, Maria escreveu ao marido em meados de junho: "Infelizmente para mim, vejo com toda a clareza que de qualquer modo me separarei de um dos dois; não posso arriscar a vida de meu filho, levando-o comigo para onde for". Assim, a escolha de Maria não se deu de forma direta entre a honra familiar e o amor romântico.[32]

Na Rússia, como no resto da Europa, o romantismo ia além de uma mera celebração das emoções. Proporcionava uma série de códigos públicos para o comportamento virtuoso. Obras literárias ao estilo de Byron, tão ao gosto da elite russa, apresentavam modelos a serem imitados pelas pessoas educadas da época. As mulheres dos dezembristas se inspiraram na história verídica de uma jovem princesa que por vontade própria seguiu o marido, o príncipe Ivan Dolgoruki, ao exílio siberiano quando ele foi banido pela imperatriz Ana em 1730.[33] Na véspera do levante de 1825, o líder dezembrista Rileiev imortalizou o sacrifício dela no poema "Natalia Dolgorukaia":

Esqueci minha cidade natal,
Riqueza, honrarias e nome de família
Para dividir com ele o frio da Sibéria
E suportar as inconstâncias da sorte.[34]

De modo geral essas ideias eram aceitas no seio da sociedade russa, e muita gente acreditava que os votos sagrados do matrimônio obrigavam as mulheres dos dezembristas a partilhar o destino dos maridos. Nos meses que antecederam a rebelião, quando Nikolai Bassarguin lia outro dos poemas de Rileiev para a esposa, perguntou-se, pensando em voz alta, se ele mesmo não acabaria na Sibéria. Sem saber de nada, ela respondeu sem hesitação: "E daí? Eu iria contigo, para cuidar de ti e partilhar teu destino. Isso nunca poderia nos separar, então qual é o problema de pensar nisso?". Sabendo dessas expectativas culturais quanto à dedicação e aos deveres conjugais, os Raievski fizeram de tudo para manter Maria na propriedade da família em Boltichka, província de Kiev, isolada de uma opinião pública que a incentivaria a seguir o marido. No entanto, Maria insistiu em viajar à capital, onde conseguiu um breve e estranho encontro com o marido em presença de guardas penitenciários. Nesse encontro, Serguei deu um jeito de passar a ela um bilhete em que tinha rabiscado umas linhas cheias de confiança e carinho. A visão do marido acorrentado selou a determinação de Maria de segui-lo.[35] Horrorizados com os riscos que uma perigosa viagem de milhares de quilômetros à Sibéria Oriental pudesse acarretar para a saúde de Maria, seus pais tentaram convencer Volkonski e liberá-la dos votos conjugais e dizer-lhe que ficasse com o filho. "Sê um homem e um cristão", escreveu a mãe dela, "exige que tua mulher vá ter com seu filho, que precisa da presença da mãe. Desiste dela com toda a calma possível." O pai de Maria foi mais direto. Temendo que ela não desistisse de acompanhar Volkonski, ele escreveu em janeiro ao dezembrista preso, quando Maria estava muito doente logo depois do parto. "Tu costumavas chamar-me de pai, então obedece a teu pai! Conheces a cabeça de tua mulher, seus sentimentos e sua ligação contigo: ela vai partilhar a sorte de um condenado desgraçado — ela vai morrer. Não sejas seu assassino!"[36] Naquele verão, diante da irredutibilidade de Maria, seu pai mais uma vez argumentou com Volkonski:

> Pensa, meu amigo, se ela será capaz de sobreviver a meses de viagem; se esses meses não bastariam para condenar seu menininho à morte; de que serventia será ela para ti ou para ele? Pensa que ela vai abrir mão de sua condição social e que os filhos que porventura venhais a ter não terão condição alguma. Teu coração deve dizer-te, meu amigo, que deves escrever tu mesmo a ela e dizer-lhe que não te acompanhe.[37]

Mas Serguei se recusou a dizer a Maria que ficasse com o filho, e ela permaneceu inflexível em sua decisão, o que causou o rompimento de suas relações com o pai: "Meu pai e eu nos separamos em silêncio; ele me deu sua bênção e se foi, sem dizer uma palavra. Olhei para ele e disse a mim mesma: 'Acabou. Nunca mais voltarei a vê-lo, estou morta para minha família'".[38]

Entre a ambiguidade pública e as pressões particulares sobre a sorte dos dezembristas, o governo determinou-se a evitar a criação de mártires da causa da reforma e da revolução. Assim como a hora da execução, escolhida para limitar o número de simpatizantes presentes, a deportação dos dezembristas para a Sibéria deveria ser clandestina. O tsar determinou que "a partida dos criminosos para o local de banimento deve ocorrer à noite e em segredo, nenhum deles deve passar por Moscou, a viagem para a Sibéria faça-se pela estrada de Iaroslavl e, por fim, ninguém deve ser informado sobre o trajeto". Esse sigilo expressava a debilidade, e não a força, do Estado. Dmitri Zavalichin lembra que "o governo estava perdido quanto ao que fazer conosco. Não ousava nos enviar pelo caminho habitual, com um grupo de condenados em marcha para a Sibéria, e tinha medo de nos mandar todos juntos num grupo especial".[39]

Assim, ao contrário dos milhares de pessoas que todo ano marchavam a duras penas para o exílio pela "estrada dos grilhões" de São Petersburgo a Irkutsk, a maior parte dos dezembristas foi enviada em grupos de até quatro homens, e não a pé, mas em carroças. Para evitar fugas, o governo decidiu que cada prisioneiro seria acompanhado de dois gendarmes e um mensageiro especial, e com as pernas a ferros. A humilhação dos grilhões causou forte impressão nos dezembristas: "Foi tão inesperado", lembrou um dos rebeldes do Regimento Tchernigov, Ivan Gorbatchevski, "quando eles trouxeram as correntes e começaram a nos prender. Quando enfim ficamos de pé e as correntes começaram a chacoalhar em minhas pernas [...]. Que som terrível!". Andrei Rozen, alemão do Báltico, perguntava-se por que as autoridades estariam infligindo aos dezembristas um castigo em geral reservado a reincidentes e aos que já tinham tentado fugir. Observou, com fina e velada ironia, que alguns atribuíam essa atitude à compaixão do Estado: "Dizia-se que o solícito governo temia a fúria e a vingança do povo, que poderia nos arrancar membro a membro pelo caminho".[40]

Mesmo aqui a decisão de punir e humilhar os prisioneiros tomada por Nicolau tinha elementos de humor negro que destacavam a natureza amadorística e improvisada do poder do Estado. Zavalichin lembra que pouco antes da partida chegaram instruções para que os grilhões das pernas não fossem soldados, e sim fechados com cadeados, de modo a facilitar a abertura durante a viagem. Mas não havia cadeados, e os soldados foram instruídos a comprar alguns. Voltaram com cadeados projetados para fechar caixas de presentes, que costumam trazer inscrições. Assim, as pernas de Zavalichin foram agrilhoadas com um que anunciava "Dei isto a alguém que amo". Nas pernas de Bestujev, outra inscrição declarava "Não dou valor ao presente, mas a teu amor".[41]

O fracasso da revolta, as humilhações e a vergonha dos interrogatórios, e as condições de castigo no prolongado cativeiro na fortaleza de São Pedro e São Paulo tinham debilitado o ânimo e a saúde de muitos dos dezembristas. Mesmo depois de treze anos de exílio, Nikolai Bassarguin recordava com clareza "o tenebroso sentimento de desamparo, a sensação de derrota moral" que o acabrunhavam por trás das portas gradeadas, onde ele enfrentava solitário "o poder ilimitado da autocracia". Nikolai Muraviov se consumia de remorsos ao confiar à esposa: "Todos os dias peço a Deus que me perdoe por ter participado dessa loucura e dessa anarquia, e por ter contribuído para a construção desta nova torre de Babel". Trubetskoi, enquanto isso, tinha se humilhado diante de Nicolau durante os interrogatórios e implorado misericórdia. Em seu primeiro mês de prisão, disse ele, numa carta à mulher, Iekaterina: "Se soubesses como é difícil ser um criminoso diante [de Nicolau] [...]. Rogo a Deus que ele me dê a oportunidade de mostrar a nosso benfeitor que me dou conta de meu crime e de sua graça, e que pelo menos meu coração não é ingrato". Na véspera da partida, depois de meio ano por trás dos frios e úmidos muros da fortaleza, e, ao que parece, sofrendo de tuberculose, ele "cuspia pratadas de sangue". Outros, como Obolenski, tinham delatado camaradas para abrandar a própria pena. Até Volkonski, que mantivera uma desafiadora dignidade durante os interrogatórios, havia caído doente na prisão e temia não sobreviver à viagem.[42] Os dezembristas deixaram São Petersburgo como homens derrotados.

Os primeiros grupos de prisioneiros foram despachados no fim de julho de 1826 e, durante os doze meses seguintes, um total de 93 homens, quase todos "despojados de seus direitos e privilégios hierárquicos", partiram para a Sibéria Oriental. Como o governo pretendia reduzir ao mínimo o contato entre os prisioneiros e os habitantes das cidades e aldeias por que passavam, as deportações foram empreendidas em alta velocidade. As carroças viajavam dia e noite, parando para descanso apenas a cada três dias.[43] Os guardas da caravana tinham instruções de transportar os prisioneiros o mais rápido possível e muitas vezes faziam os cavalos marchar até morrerem. Mikhail Bestujev e seus companheiros pediram ao comandante de sua caravana que lhes mostrasse as instruções que recebera por escrito. Se não lhe tivessem ordenado de modo explícito "que os matassem", eles o denunciariam na primeira oportunidade. Com efeito, Bestujev quase morreu quando foi ejetado de sua carroça que descia uma colina em disparada. Suas correntes ficaram presas às rodas e ele foi "arrastado como Heitor atrás da biga de Aquiles". Os comandantes de caravanas lutavam para manter seu lugar no cronograma, submetidos ao ritmo frenético dos grupos de deportados. Os irmãos de Bestujev e seus companheiros tiveram cancelado seu dia de descanso em Tobolsk porque o comandante da caravana tinha medo de ser ultrapassado. "Ó Rússia burocrática!", refletiu Nikolai Bestujev. "Os administradores estão dispostos a nos conduzir até a exaustão, mesmo até a morte, desde que não violem a ordem numérica: um, dois, três, quatro e assim por diante." As condições das estradas e o ritmo forçado da viagem não eram o único tormento dos exilados. Eles lutavam para se habituar às correntes que acompanhavam cada um de seus movimentos até que por fim foram autorizados a tirá-las, quatro anos depois. Os grilhões roçavam contra os tornozelos, provocando feridas sangrentas. Quando Volkonski se enroscou em suas correntes ao descer uma escada, um camponês lhe disse, em tom de zombaria: "Aprenda a conviver com elas, senhor!".[44]

As privações físicas eram sem dúvida menos sombrias que a angústia psicológica dos dezembristas. Para os nobres, muitos deles originários das famílias mais ricas e ilustres de São Petersburgo e Moscou, ancorados no patriotismo romântico da época, a viagem foi dolorosa. Eles enfrentavam não apenas a perda da riqueza, do poder e do status, mas também o banimento de seu país natal. "O simples nome 'Sibéria'", comentava um explorador russo em 1830, "basta para aterrorizar um russo, que vê nele só a inexorável separação de sua pátria, uma vasta masmorra, inescapável e eterna." Muitos dezembristas, como Serguei Krivtsov, foram tomados de medo ante a perspectiva de passar o resto de seus dias "nos confins de um reino despovoado, onde o gelo e a escarcha, como pilares hercúleos, fixavam os limites para o homem, declarando *non plus ultra*". Artamon Muraviov vivia vituperando contra o aventureiro cossaco Iermak por ter um dia "conquistado" a Sibéria, uma "fonte de angústia e de sepulturas de exilados". A depressão e o desespero pesavam sobre a maioria dos exilados à medida que eles percorriam o caminho para o Oriente em suas carroças. Gendarmes das caravanas relatavam que "os condenados, sobretudo quando ainda estavam atravessando províncias russas, sentiam-se infelizes ao extremo, ficavam a maior parte do tempo em silêncio e muitas vezes choravam, Vassíli Davidov, que lamentava pelos cinco filhos que deixara atrás, mais que todos".[45]

Atravessar os Urais foi, para a quase totalidade dos dezembristas, um mergulho numa terra estranha através de uma fronteira. Nikolai Lorer recorda o momento:

> Pela manhã, subimos em silêncio 21 quilômetros até a estação de parada, que ficava isolada, bem no cume da montanha. Desde o pico, estendia-se diante de nós um mar sem fim de florestas, azuis e violeta, e uma estrada serpenteando através delas. O carroceiro apontou para a frente com seu chicote e disse: "Eis a Sibéria!".
>
> Portanto, já não estávamos na Europa! Separados de todo o mundo civilizado![46]

No entanto, o ânimo dos dezembristas começou a se levantar depois que deixaram os Urais para trás. Descobriram não a imensidão gelada que povoava a imaginação russa, mas uma paisagem bela e variada, na qual os camponeses não eram oprimidos pela servidão. Bassarguin observou que "quanto mais nos aprofundávamos na Sibéria, mais ela se mostrava encantadora a meus olhos. As pessoas comuns pareciam mais livres, mais vivazes e mais educadas que nossos camponeses russos, sobretudo os servos".[47] Essas observações se baseavam numa percepção romântica, cada vez mais presente na mentalidade dos russos reformistas, da Sibéria como uma alternativa democrática à rígida e asfixiante hierarquia da Rússia europeia.

No entanto, apesar de todos os tormentos morais e o desconforto físico, o modo como a maior parte dos dezembristas foi deportada para a Sibéria marcou-os como homens de uma condição social excepcional. Em primeiro lugar, eles viajaram em carroças e não a pé, algo impensável para os milhares de exilados que todos os anos da década de 1820 faziam a dura viagem através dos Urais. Oficiais e soldados das caravanas não sabiam muito bem como tratar seus eminentes transportados. Mesmo "despojados de todos os direitos e privilégios", os dezembristas ainda eram idênticos a seus superiores no modo de falar, no comportamento e nas maneiras. Como observou Zavalichin, "onde quer que vamos, somos chamados de príncipes e generais [...]. Muita gente, querendo satisfazer ao mesmo tempo as regras de nossa atual condição e o desejo de nos mostrar respeito, dirige-se a nós como 'Vossa antiga Alteza, Vossa antiga Excelência'". Quanto aos guardas, o já hesitante cumprimento das regras estritas determinadas de maneira escrupulosa por ministros do governo ficava ainda mais confuso devido aos favores que os próprios dezembristas compravam por meio de suborno. Aleksandr von Benckendorff, chefe da Terceira Seção de Nicolau I, designado para combater a sedição depois da revolta dezembrista, soube que os dois primeiros grupos de exilados "estavam bebendo e jantando" no caminho e convidando soldados e gendarmes da caravana a comer e beber. Obolenski foi autorizado a escrever a sua mulher, e Davidov a se barbear. Os dezembristas estavam proibidos de viajar em suas próprias carruagens, mas, munido de mil rublos por sua mulher, foi isso que Fonvizin fez e ainda conseguiu negociar mantas quentes para si e para os companheiros de viagem. No decorrer da viagem, ele e seus camaradas eram "servidos" pelos gendarmes.[48]

Ao chegar ao exílio, os dezembristas encontraram não a multidão chorosa de que Rozen, o alemão do Báltico, tinha falado, mas curiosidade, simpatia e generosidade, tanto dos funcionários quanto da população siberiana em geral. Fonvizin contou a sua mulher que o governador de Tobolsk, Dmitri Bantich-Kamenski, e sua família "receberam-me com calor e generosidade — graças a eles, o oficial de nossa caravana nos tratou muito bem e até concordou em enviar-te esta carta". Bassarguin lembra que o idoso governador da cidadezinha de Kainsk, um tal Stepanov, aproximou-se deles acompanhado de dois homens que arrastavam um enorme cesto com vinho e alimentos de todo tipo. Ele nos fez comer tudo o que podíamos e deixou as sobras conosco. Também nos ofereceu dinheiro com palavras que nos surpreenderam: "Obtive este dinheiro", disse, sacando um volumoso maço de notas, "de modo não de todo limpo, de subornos. Levem-no consigo; minha consciência repousará mais tranquila".

Em Krasnoiarsk, os habitantes discutiram para decidir quem teria a honra de alojar os exilados em seu dia de descanso na cidade. Comerciantes instalaram os dezembristas nas melhores dependências de suas casas, sem poupar despesas com a comida e a bebida que ofereciam aos hóspedes.[49]

Essas experiências não refletem apenas a condição social excepcional dos dezembristas. Uma das tradições mais arraigadas na Sibéria era a de dar esmolas aos "infelizes" das caravanas de deportação que passavam pelos assentamentos. Apesar das tentativas do governo de manter a viagem em segredo, Bassarguin lembra que, nas estações de parada, as pessoas se amontoavam para dar uma olhada nos prisioneiros. Os mais destemidos se aproximavam das carroças e atiravam moedas para os prisioneiros. "Ainda conservo", escreveu ele em suas memórias, "uma moeda de cobre que me foi dada por uma velha mendiga. Ela entrou em nossa cabana e, mostrando-nos alguns centavos, disse: 'É tudo o que tenho: fiquem com ele, nossos queridos pais. Precisam dele mais do que eu'."[50]

Embora o governo ainda não tivesse se decidido por uma localidade específica, os dezembristas estavam sendo levados para a imensa zona penal da Região Mineradora de Nertchinsk, 1,7 mil quilômetros a leste do lago Baikal. Exaustos devido à viagem de 6 mil quilômetros em apenas 37 dias, os dois primeiros grupos de dezembristas chegaram à capital regional, Irkutsk, no fim de agosto de 1826 e, por fim, à mina de prata de Blagodatsk, em Nertchinsk, dois meses depois.[51]

O quanto os líderes dezembristas se beneficiaram da indulgência aflita da Coroa e da mais ampla solidariedade pública fica claro quando sua experiência é comparada à de oficiais menos distintos envolvidos na rebelião. Quando um funcionário exilado comentou que "é possível aprender a viver em qualquer lugar", devia ter acrescentado que a curva do aprendizado é mais suave para alguns do que para outros. Russos instruídos das camadas superiores sentenciados a trabalhos forçados lutam para descobrir qual comportamento adotar em meio à insegurança, à violência e às privações das caravanas. Civilmente mortos e despojados de seus direitos e condição hierárquica, eles de repente se acham metidos entre gente comum. A hierarquia e a disciplina do Exército Imperial, a casa aristocrática e a servidão já não estruturam suas relações com camponeses, mercadores e soldados.[52]

Um pequeno número de oficiais dezembristas exilados na Sibéria experimentou essa colisão cultural com as categorias inferiores. Condenados depois que o pânico oficial com a rebelião se acalmou, foram deportados não da capital, mas de cidades provincianas. Esses homens não tiraram proveito algum da mistura de afobação das autoridades, riqueza pessoal e generosidade pública em sua viagem para o exílio. As autoridades de São Petersburgo se abstiveram do sigilo e da velocidade com que se deram as primeiras ondas de deportações dezembristas. Em vez de partir às carreiras para o leste em carroças e trenós, eles caminharam para a Sibéria Oriental em companhia de criminosos comuns. Para os funcionários do governo encarregados das caravanas nessas localidades, eles eram simples nomes na lista de exilados. Tratados como criminosos comuns condenados por algum delito grave, eles se juntaram a caravanas de exilados de cem a duzentos integrantes. Suas experiências serviram para destacar a relativa indulgência das autoridades dispensadas a seus camaradas do norte.[53]

Um desses jovens oficiais, Vassíli Kolesnikov, registrou suas experiências para a posteridade. Como muitos nobres que mergulharam no mundo agitado, violento e sórdido das caravanas de andarilhos, Kolesnikov ficou mais impressionado com a aparente imoralidade dos próprios exilados do que pelas condições desumanas em que eles eram obrigados a viver:

> Em geral, o filantropo encontra aqui uma completa ausência da ideia de amor ao próximo [...]. Esses desgraçados na realidade competem entre si em crueldade, na tentativa de revelar o quanto possam sobre os aspectos mais baixos de sua humanidade. Estão mergulhados na imoralidade, habituados a vícios de todo tipo. Entre eles são constantes o barulho, gritos, baralhos, castanholas, brigas ou canções, dança [...]. Meu Deus! Que dança! [...]. Em uma palavra, um verdadeiro inferno!

Em dezembro de 1827, depois de três meses na estrada, Kolesnikov enfim chegou a Tobolsk. Foi encerrado numa cela estreita, gelada e úmida, onde adoeceu "de cansaço e frio", mas não recebeu atendimento médico. Quando a caravana partiu, cinco dias depois, ele foi autorizado a viajar numa das carroças. Em setembro de 1828, depois de repetidas crises que o retiveram em várias enfermarias ao longo da estrada, Kolesnikov chegou ao assentamento de Tchita, 320 quilômetros a leste do lago Baikal, após um ano inteiro de viagem.[54]

Com o castigo imposto aos dezembristas, Nicolau teve dificuldade para chegar a um equilíbrio diplomático entre a cólera justa e a misericórdia paternal, mas a decisão das esposas de ir ao encontro dos maridos lhe apresentou um dilema especial. Na década de 1820, a dinastia dos Románov já dava grande importância às demonstrações públicas de virtude familiar, que continuou enfatizando até 1917. Negar a Volkonskaia, Muraviova, Trubetskaia e outras mulheres o direito de cumprir de maneira plena seus deveres de esposas seria desautorizar em público a santidade do casamento. Forçar esposas dedicadas a se separarem de seus maridos só poderia trazer más consequências para a autoridade moral da autocracia.[55]

Mas permitir que as mulheres dos dezembristas os seguissem apresentava o risco de prejudicar sua situação de condenados e chamar a atenção para a sorte deles justamente quando o Estado buscava relegá-los ao ostracismo. Na tentativa de dissuadir as mulheres de empreender a viagem, o tsar recusou-lhes o direito de levar os filhos consigo. Essa jogada teve resultados políticos negativos, já que as forçou ao sofrimento público de ter de escolher entre os filhos e o marido. Em outubro de 1826, Nicolau foi mais longe e esclareceu que os estatutos que governavam as esposas dos forçados seriam aplicados também no caso delas. Se fossem ao encontro dos maridos em Nertchinsk, e não havendo anistia ou dissolução do casamento, elas só seriam autorizadas a retornar à Rússia depois da morte do cônjuge.[56]

Tendo conseguido encontrar-se com a mulher, Anastasia, e os filhos em Iaroslavl, quando viajava para o leste, Ivan Iakuchkin foi informado de que Nicolau não permitiria que os filhos acompanhassem os pais. Embora Anastasia quisesse ficar a seu lado na Sibéria, Iakuchkin insistiu para que ela não abandonasse os filhos, já que "o cuidado da mãe era essencial para eles". Foi a última vez que ele viu a família. "Quando chegou o momento da separação definitiva", lembrou, "dei adeus a minha mulher e a meus filhos e chorei como uma criança cujo último e predileto brinquedo lhe tivesse sido tirado." Quase seis anos depois, com as crianças já mais crescidas, Iakuchkin escreveu a Anastasia dando consentimento para que ela fosse vê-lo sem os filhos. Mas nessa altura a autorização para que mulheres de dezembristas fossem ter com os maridos na Sibéria tinha sido revogada, e Nicolau rejeitou o pedido.[57]

No fim de outubro, ocasião em que Iakuchkin, em Iaroslavl, proibiu a mulher de abandonar as crianças pequenas, Serguei Volkonski já estava na Região Mineradora de Nertchinsk. Volkonski já não alimentava nenhuma ilusão sobre o que esperava por Maria se ela o seguisse. Estava claramente dividido entre a vontade de permitir que ela partilhasse de sua sorte e o desejo de tê-la a seu lado. Escreveu à irmã: "Quanto mais penso em minha situação, mais me convenço de que é meu dever proibir minha querida Machenka de vir viver comigo. Seu dever para com nosso filho e minha infeliz condição são obstáculos que acredito intransponíveis". Um único mês em Nertchinsk dissuadiu Volkonski desses escrúpulos. Em 12 de novembro de 1826, ele escreveu à esposa:

> Ao chegar aqui, terás de fazer muitos sacrifícios [...] serás destituída de tua condição e terás de separar-te de nosso filho [...]. Tenho o dever de te relatar todos os horrores de minha situação, não obstante esteja [...] demasiado certo da força de teu caráter para achar que tu [...] devas mudar tua decisão, que repetiste em tuas cartas. Sei que só poderás ter paz estando junto a mim, ou tendo a possibilidade de me ver. Eu estaria te enganando se me pusesse a assegurar que te ver não seria meu único consolo neste amargo destino [...].[58]

Uma semana depois, em 18 de novembro, Volkonski escreveu outra carta cujo romantismo foi projetado para convencer a mulher a separar-se do filho. Segundo ele, Maria estaria diante de "uma separação permanente de mim e uma separação temporária de nosso filho". Temporária porque Volkonski, no fundo, sabia que "diante de meus tormentos espirituais, minha vida será bem curta [...]. Machenka, vem até mim antes que eu baixe à sepultura! Deixa-me olhar-te mais uma vez; deixa-me encher teu coração com todo o sentimento de minha alma!". Em 15 de dezembro, Maria escreveu a Nicolau pedindo permissão formal para acompanhar o marido.[59]

Já se disse que o tsar armou uma cilada para as mulheres de dezembristas, mantendo-as cinicamente na ignorância de sua intenção de proibi-las de voltar à Rússia europeia até que chegassem a Irkutsk. Na verdade, ele tornou clara essa proibição a todos os interessados em sua resposta à petição de Volkonskaia em 21 de dezembro: "Sinto-me obrigado a repetir uma vez mais meu aviso, que já comuniquei antes, a respeito do que espera por ti se passares de Irkutsk. Deves, é claro, tomar a atitude que te parecer mais adequada em tua atual situação". Mais tarde, Maria disse aos pais que não havia entendido o significado dessas palavras, mas é provável que estivesse tentando aplacar a ira e a preocupação deles. No mínimo, ela escolheu de maneira deliberada entender mal o aviso. Nicolau não queria que as mulheres fossem para a Sibéria e não tinha motivo algum para esconder-lhes que não seriam autorizadas a voltar. Esses obstáculos lançados no caminho das jovens esposas, contudo, não as dissuadiram. Longe de voltar atrás, Volkonskaia escreveu ao pai: "Meu filho está feliz, mas meu marido está infeliz — meu lugar é junto de meu marido. [Essa é] minha ideia de dever".[60]

A decisão de Maria deve ser entendida também dentro da cultura mais ampla da família aristocrática da Rússia no século XIX. O culto literário sentimental da maternidade e da domesticidade, já bem estabelecido no século XVIII na Grã-Bretanha e na França, influenciou muitas, mas de modo algum todas as mães da Rússia. Algumas mulheres aristocráticas continuavam preocupadas com a administração de sua casa e suas propriedades, e com o progresso das perspectivas de seus filhos na corte. Algumas eram física e emocionalmente distantes dos filhos pequenos, que confiavam a amas e babás.[61] Quando, na véspera de sua partida, em dezembro de 1826, Maria escreveu a Serguei dizendo que tinha tomado a decisão de deixar o filho pelo marido, expressou sentimentos comuns a pessoas de sua classe:

> Meu querido, agora posso dizer-te que passei por grandes provações para conseguir meu objetivo, mas estou partindo e vou esquecer tudo, tudo. Sem ti sou como se não tivesse vida: só minhas obrigações para com nosso filho poderiam me levar a me separar de ti, mas deixo-o sem tristeza. Ele está cercado de cuidados e não sentirá a ausência da mãe: minha alma está tranquila quanto ao cuidado de nosso anjo.
>
> A esperança e a certeza de que em breve te verei me inspiram. Parece-me que nunca antes fui feliz.[62]

Ela não voltaria a ver o filho. Um ano depois, ele morreu.

O pai de Maria, angustiado, tinha certeza de que a filha decidiu seguir o marido por influência de Volkonski: "Eles louvaram seu heroísmo e a convenceram de que era uma heroína — e, como uma idiota, ela foi". Talvez ele tivesse razão, mas o exílio voluntário das *dekabristki* era um poderoso mito em construção. Poucos dias antes da partida de Aleksandra Muraviova e Maria Volkonskaia, que saíram de Moscou na véspera do Ano-Novo, o poeta Piotr Viazemski escreveu a um amigo: "Durante os últimos dias, vi a partida de Muraviova e Volkonskaia. Que destino emocionante e nobre! Devemos agradecer a essas mulheres! Elas acrescentaram alguns belos versos à nossa história". Viazemski era um observador arguto. Mesmo tomada por motivos particulares, a decisão das *dekabristki* de seguir os maridos à Sibéria foi publicamente entendida como um ato de desafio político.[63]

A elevação dos dezembristas à condição de mártires começou antes mesmo que a maior parte deles tivesse chegado à Sibéria. Na véspera da partida de Maria Volkonskaia para reunir-se ao marido, em dezembro de 1827, Púchkin leu sua "Mensagem à Sibéria" a um grupo de amigos e admiradores num dos mais festejados salões literários da época:

> *Lá nas minas da Sibéria,*
> *que o forte orgulho resista:*
> *de trabalhos e miséria*
> *se alimenta a rebeldia.*
>
> *A Esp'rança, irmã da desgraça,*
> *na treva silente dá*
> *coragem ao coração.*
> *O grande dia virá.*
>
> *Amor de amigo vos mando*
> *além da porta sombria;*
> *acorrentados aos catres,*
> *ouvireis a melodia:*
>
> *Grilhetas hão-de tombar,*
> *muralhas desabarão.*
> *E, na luz da liberdade,*
> *vossa espada em vossa mão.*[64]*

* Tradução de Jorge de Sena. (N. T.)

Volkonskaia levou consigo uma cópia do poema de Púchkin ao partir de Moscou. Embora inédito por mais quatro décadas, ele circulou pelos salões e salas de visitas das duas capitais do império e ecoou como tiro de canhão ao longo do século XIX. Lançou raízes na imaginação pública, moldando a percepção dos dezembristas no exílio e ajudando a imortalizar sua memória como vítimas de um Estado vingativo e arbitrário.

O monarca e seus ministros tinham procurado o aniquilamento, senão físico, pelo menos político, dos dezembristas como representantes das reformas constitucionais no seio da elite russa. Mas nesses termos eles fracassaram, já que a história do exílio dos dezembristas na Sibéria é a história de uma vitória atrelada a uma derrota. A autoridade moral deles, idolatrada por seus defensores, cresceu ao longo do reinado de Nicolau I e inspirou uma nova geração de radicais após a morte do tsar. Depois de emigrar para Londres, Herzen tornou-se o principal artífice da lenda inspiradora dos dezembristas e suas mulheres. Sua publicação, *The Polar Star*, deve o nome a um almanaque publicado pelo poeta dezembrista Rileiev, que foi executado, e ostentava seu título adornado com as efígies dos cinco líderes rebeldes enforcados. Herzen firmou-se como o mais influente intelectual radical da primeira metade do século XIX e foi um dos arquitetos do movimento revolucionário russo nas décadas de 1860 e 1870. A lenda que ele construiu a respeito dos mártires revolucionários de 1825 continuou inspirando uma nova geração de inimigos da autocracia.[65]

O levante dos dezembristas e seu exílio também tiveram reflexos bem além da Rússia. Na península itálica, Giuseppe Mazzini e seu movimento republicano, Jovem Itália, saudaram a memória dos homens que "deram a vida pela libertação dos povos eslavos, tornando-se assim concidadãos e irmãos de todos os que lutam pela causa da Justiça e da Verdade na terra". Os dezembristas abriram caminho também para os patriotas poloneses. No fim da década de 1820, o republicanismo na Polônia, sustentado por fatos ocorridos em outros pontos da Europa, estava em franca ascensão. Os rebeldes poloneses tiveram como fonte de inspiração a tentativa dezembrista de restabelecer "a antiga liberdade russa". O desafio armado seguinte a Nicolau I viria não das ruas da capital imperial, mas da periferia, do extremo oeste do império: Varsóvia. A Sibéria chamaria os rebeldes poloneses como tinha feito com os dezembristas.[66]

Os dezembristas foram exilados como traidores espiritualmente destruídos, tendo muitos deles sido infiéis tanto a seus camaradas como a sua causa. Os que sobreviveram a Nicolau I, no entanto, seriam reconduzidos à Rússia europeia como heróis e patriotas. Esses homens não poderiam ter sequer imaginado essa possibilidade quando estavam de joelhos ante o braseiro no pátio da fortaleza de São Pedro e São Paulo, ao se quebrarem espadas sobre sua cabeça baixa. Décadas depois, Bassarguin recordaria seu exílio na Sibéria com uma nota de desafio:

> Agora tenho certeza de que se, em vez de nos condenar com tanta crueldade, o governo tivesse nos punido com comedimento, teria atingido melhor seus objetivos [...]. Tendo nos privado de tudo e nos situado de repente como desclassificados no mais baixo degrau da escala social, ele nos deu o direito de nos vermos como agentes purificadores de uma transformação futura da Rússia. Numa palavra, o governo nos transformou de pessoas simples e comuns em mártires de nossas ideias políticas. Assim sendo, atraiu para nós a solidariedade geral e assumiu para si mesmo o papel de um perseguidor rancoroso e desapiedado.[67]

4. As minas de Nertchinsk

Espraiada sobre 1,3 mil quilômetros de um território montanhoso coberto de florestas, da margem oriental do lago Baikal à fronteira com a China, a Região Mineradora de Nertchinsk foi o mais temido lugar de exílio durante o reinado de Nicolau I. A mineração tinha começado na região no fim do século XVI, e a primeira fundição de prata estabeleceu-se em 1704 na cidade de Nertchinsk Zavod, 1,6 mil quilômetros a leste de Irkutsk, capital da Sibéria Oriental. Esse território longínquo e inóspito nunca atraiu muita mão de obra voluntária, de modo que as autoridades recrutaram mineiros entre forçados e camponeses convocados para o serviço militar. Nertchinsk foi a única região de extração de prata até a década de 1740, e a produção continuou em pequena escala até 1760, quando o envolvimento da Rússia na Guerra dos Sete Anos (1756-63) fez aumentar a demanda de metais e levou a uma expansão da mineração. Entre 1704 e 1750, Nertchinsk produziu apenas nove toneladas de prata, mas só na década de 1780 a produção saltou para 76 toneladas. No começo do século XIX, Nertchinsk tinha se tornado a principal região mineradora de prata, cobre e ouro, e a principal colônia penal da Sibéria.[1]

Na década de 1820, sete fundições e vinte minas de prata circundavam o centro administrativo da cidade de Nertchinsk. Em torno de cada lugar de trabalho, erguiam-se assentamentos habitados por 17 mil operários, mineiros e soldados, além de cerca de 6 mil exilados, um terço deles trabalhadores forçados. As colinas que se erguiam a partir das minas eram cobertas de uma fina camada de vegetação no verão e de uma neve suja no inverno, sobre o terreno de xisto e rochas. Densas florestas circundavam os assentamentos, e podiam-se ouvir animais selvagens rondando-os durante a noite. O engenheiro e etnógrafo Grigori Spassky registrou suas desoladas impressões sobre Nertchinsk Zavod em 1820: "Caminhando em direção à cidade, é preciso descer seis quilômetros, como para entrar numa cova profunda, em que precárias estruturas se espalham em desordem. Só ao chegar à rua principal é possível ver os edifícios da fundição". Dentro deles, os fornos desprendiam uma fumaça negra que saturava o ar; os gritos e xingamentos dos mineiros ecoavam pelas estradas sujas e construções deterioradas. As minas ficaram tão famosas na década de 1820 que Aleksandr Púchkin mencionou "a estrada para Nertchinsk" no poema "O tsar Nikita e suas quarenta filhas" como o destino mais terrível que podiam esperar aqueles que caíam em desgraça junto ao soberano. As minas da Sibéria tinham uma fama horrível, e as de Nertchinsk faziam jus a ela.[2]

Em outubro de 1826, três meses depois de partir de São Petersburgo, o primeiro grupo de dezembristas — Serguei Volkonski, Serguei Trubetskoi e seis companheiros — chegou à mina de Blagodatsk. Como lembraria depois Maria Volkonskaia, a mina era

> uma aldeia de uma única rua, cercada de colinas marcadas de buracos de onde se extraía chumbo contendo prata. [...] Teria sido um lugar bonito, se as florestas num raio de cinquenta quilômetros não tivessem sido derrubadas para evitar que os forçados fugissem e se escondessem nelas; até os arbustos tinham sido abatidos. No inverno, aquilo era uma desolação.[3]

Os dezembristas foram alojados aos pares em pequenos depósitos numa caserna aquecida por um grande fogareiro russo. Os homens chegaram trazendo milhares de rublos, com os quais puderam comprar o que necessitavam antes que o chefe da Região Mineradora de Nertchinsk, Timofei Burnachev, confiscasse o dinheiro para depois liberá-lo em parcelas. Com esse dinheiro, os dezembristas podiam pagar pelos serviços de seus quatro guardas, que, como conta Ievguêni Obolenski, "cozinhavam nossa comida, preparavam o samovar, nos serviam e em pouco tempo chegaram a gostar de nós, tornando-se nossos mais úteis assistentes". Burnachev era "um tanto bruto, mas de suas ordens podia-se inferir que desejava melhorar nossa situação". Embora os dezembristas tivessem sido condenados a trabalhar nas minas como forçados comuns, ninguém menos que o governador-geral da Sibéria Oriental, Aleksandr Lavinski, escreveu a Burnachev dizendo que eles "não deviam trabalhar ao ponto de exaustão".[4]

Apesar dessas vantagens relativas, Volkonski escreveu a sua mulher, em novembro de 1826, com uma característica falta de estoicismo:

> Desde o momento em que cheguei a este lugar, puseram-me a trabalhar nas minas. Passo os dias num árduo trabalho físico e as horas de descanso numa cela escura sob a mais estrita vigilância, ainda mais estrita do que durante minha prisão na fortaleza. Assim, tu poderás imaginar como é intolerável a minha sina e em que situação atroz me encontro.[5]

Obolenski foi bem menos melodramático na avaliação de suas condições em Blagodatsk:

> O trabalho em si não é tão exigente, mas as condições subterrâneas são bastante estranhas: temos de trabalhar num buraco, que leva a uma parede vertical em que temos de nos ajoelhar e adotar posições diversas, a depender da altura do teto, e manipular uma marreta que pesa de seis a oito quilos.

Contudo, como lembra Obolenski, "em nosso trabalho subterrâneo não temos tarefas definidas — trabalhamos e descansamos o quanto queremos; além disso, o trabalho termina às onze horas e durante o resto do tempo temos liberdade completa". As condições na superfície, paradoxalmente, eram muito piores:

> Os feriados eram dias de castigo: numa cela abafada, onde mal era possível se virar, milhões de insetos e criaturas repulsivas nos cobriam da cabeça aos pés e não nos davam sossego. Junto a isso havia a atitude ofensiva dos funcionários, que, habituados a lidar com forçados, consideravam seu dever lançar mão de abusos e de todo tipo de impropérios dirigidos a nós.[6]

Nicolau tinha ordenado que os "criminosos de Estado" fossem mantidos sob estreita vigilância pelas autoridades de Nertchinsk e exigia que fossem enviados a São Petersburgo relatórios mensais sobre sua saúde e estado de ânimo. Os encarregados diziam que os homens eram obedientes, mas às vezes caíam em depressão.[7] Os dezembristas só abandonaram a submissão numa única ocasião, em confronto com um zeloso funcionário das minas que de repente decidiu que as celas deviam permanecer trancadas todo o tempo em que seus ocupantes não estivessem trabalhando. Em defesa de seu direito de socializar durante o tempo livre e em protesto contra o encarceramento em depósitos pouco ventilados dezoito horas seguidas, o que destruiria sua saúde, os dezembristas fizeram uma greve de fome. Em poucos dias, Burnachev interveio. Ansioso para resolver a situação e evitar alguma baixa entre os homens que estavam a seu cargo, ele substituiu o encarregado das minas, ordenou que as portas dos depósitos fossem destrancadas e que se restabelecesse a rotina anterior.[8]

Em 10 de fevereiro de 1827, seis semanas depois de sua partida de Moscou, Maria Volkonskaia chegou à mina de Blagodatsk e se encontrou com Iekaterina (Katia) Trubetskaia, que lá estava havia poucos dias. Antes de ter licença para ver os maridos, elas foram obrigadas a assinar o compromisso de só se encontrar com eles de três em três dias e em presença de um oficial. Toda a correspondência passaria pelas mãos do comandante militar da Região Mineradora de Nertchinsk, major-general Stanislav Leparski. Volkonskaia e Trubetskaia não levariam aos maridos material escrito ou outros bens, nem transmitiriam a eles nenhuma correspondência. Foram autorizadas a manter os serviços de um casal de criados. Só podiam conversar com os maridos em russo (e não em francês), língua que estavam habituadas a usar apenas quando se dirigiam a serviçais e servos, e sequer falavam muito bem.[9] No dia seguinte, Maria foi levada para ver o marido no alojamento da mina, para o primeiro encontro entre os dois desde que Serguei saíra da fortaleza de São Pedro e São Paulo em São Petersburgo, em julho do ano anterior:

> De início não pude ver nada, estava muito escuro. Abriram uma portinha do lado esquerdo e entrei na cela de meu marido. Serguei correu em minha direção; fiquei chocada com o retinir das correntes: não sabia que ele estava a ferros […]. A imagem das correntes me abalou e emocionou tanto que me atirei de joelhos e comecei a beijar-lhe primeiro as correntes, depois Serguei.[10]

Juntas, Volkonskaia e Trubetskaia alugaram uma pequena cabana no assentamento mineiro. "O lugar era tão apertado", lembra Maria, "que quando me estendia sobre o colchão no chão minha cabeça encostava na parede e meus pés tocavam a porta. O fogão soltava grande quantidade de fumaça, e era impossível usá-lo quando havia vento no pátio; as janelas não tinham vidros, apenas mica." Os primeiros meses em Blagodatsk foram um teste. Chegando com relativamente pouco dinheiro, logo abandonadas pelas moças que as serviam, que partiram com cossacos locais, e despreparadas para as mais elementares tarefas, as duas se viram obrigadas a se adaptar a uma vida dura. Como Volkonskaia, a vivaz Katia Trubetskaia pertencia a uma riquíssima família aristocrática e fora criada rodeada de serviçais prontos a atender a todas as suas necessidades. Depois de crescer num palácio que ostentava telhas de mármore, que, segundo se dizia, tinham pertencido ao imperador, ela se viu escovando seu próprio piso.[11] Maria, na maior parte do tempo, manteve uma disposição estoica e até alegre, mas ficava muito claro que achava sua existência em Blagodatsk dificílima, como deixou ver a sua mãe numa carta de outubro de 1827: "Querida mãe, de que coragem se precisa para viver neste país! Que sorte a tua que estejamos proibidas de escrever com franqueza sobre a vida aqui".[12]

Apesar das agruras que tiveram de suportar, Volkonskaia e Trubetskaia conseguiram dar aos dezembristas apoio moral e material. Assim que apareciam na mina, os maridos começavam a recuperar o ânimo.[13] No entanto, as mulheres temiam que a parca alimentação deles estivesse acabando com sua saúde. Trubetskoi estava cuspindo sangue de novo; Volkonski sofria de dores no peito, e Artamon Muraviov, de cólicas.[14] Trubetskaia desencavou um livro de culinária que tinha levado e começou a preparar refeições para os homens no fogão de madeira que havia na cabana que ela dividia com Volkonskaia, usando como entregadores soldados subornados. As mulheres começaram a escrever cartas assinadas por elas mesmas, mas em nome dos homens, a parentes e amigos de Moscou e São Petersburgo, rompendo o silêncio em que estavam envoltos os dezembristas desde a chegada a Blagodatsk. Depois que as famílias foram informadas sobre o paradeiro dos exilados, começaram a chegar cartas, encomendas e dinheiro. Com ajuda das mulheres, os prisioneiros começaram a obter diversas concessões das autoridades. Volkonski e Trubetskoi foram autorizados a visitar as mulheres em sua cabana, e os dezembristas puderam fazer caminhadas nas redondezas de Blagodatsk nos dias em que não trabalhassem. Escrevendo para o irmão alguns anos depois, Obolenski disse que Maria e Katia eram "anjos da guarda". Com a chegada "dessas duas nobres mulheres", confidenciou, "russas de coração e nobres de caráter [...] nós formamos uma família".[15]

Sem os privilégios da condição excepcional dos dezembristas, dinheiro e esposas solícitas, os forçados comuns das minas de Nertchinsk enfrentavam um destino muito pior. Como observou um inspetor, os alojamentos que os abrigavam "caíam aos pedaços, eram mal projetados [...], apertadíssimos, mal conservados e sujos". Em alguns dos assentamentos mineiros, de oitenta a 120 homens se espremiam em edifícios de nove metros quadrados, nos quais "não havia ordem nem ar puro". Miséria e decadência estavam por toda parte. O oficial da Marinha e explorador escocês John Dundas Cochrane visitou a Região Mineradora de Nertchinsk no começo da década de 1820 e achou "inimaginável a aparência macilenta, depauperada, arruinada e desnutrida" dos forçados.[16]

As escavações onde os condenados labutavam eram túneis estreitos e primitivos abertos na encosta das colinas. A mina de Zerentui, por exemplo, era um buraco de cerca de quatro metros de diâmetro que se aprofundava ao longo de cinquenta metros no calcário, ao pé de uma colina. Pela entrada, dentro de um pequeno abrigo, os mineiros penetravam no túnel levando lâmpadas penduradas ao pescoço. Com marretas e pés de cabra, abriam caminho nas paredes para extrair blocos de rocha que seriam pulverizados e separados fora da mina. Às vezes usavam dinamite para abrir túneis menores que saíam da escavação principal. O calor no interior da mina era sufocante; as paredes gotejavam umidade, que se escoava através de uma vala escavada no piso irregular. Parte do túnel já estava inundada. No dizer de um visitante, "a umidade, que lembrava a de uma casa de banhos, era em si mesma uma das formas de castigo".[17]

Os mineiros trabalhavam dia e noite, em turnos de doze horas. Muitos deles viviam em escuridão permanente: durante meses, entravam nas minas bem antes do nascer do sol e só saíam depois do cair da noite. Na cultura supersticiosa do campesinato russo, o interior da terra era um submundo habitado por hostes de demônios malignos. Infestadas de ratos que corriam e guinchavam na escuridão impenetrável, as minas pareciam acolher esses "espíritos impuros" em números assustadores. Na mina de Zerentui, os condenados se referiam a dois túneis principais como de monstros, "rosnador" e "badalador", que todos os dias tentavam devorá-los. E isso os túneis faziam. Os mineiros morriam nos frequentes desmoronamentos causados pelo uso de dinamite na pedra escavada, na queda de rochas e no desabamento de andaimes. Em outra das minas de Nertchinsk, três homens morreram sufocados. Dois deles se recusaram a abandonar um companheiro em meio aos gases sulfurosos e morreram tentando resgatá-lo. Os mineiros falavam de ser "esmagados pela montanha" ou "derrotados pelo buraco".

O trabalho não era apenas perigoso; era de uma monotonia massacrante. Mal projetados e escavados às pressas, os túneis penetravam na colina de modo caótico, tão cheios de buracos e ondulações que era impossível usar carrinhos de mão e muito menos vagões para transportar o minério até a superfície. Este era levado para fora da mina em padiolas grosseiras carregadas por duplas de homens. Pouco se usava a mecanização em qualquer ponto da região. Os recém-chegados às lavras de ouro de Kara, na porção leste da Região Mineradora de Nertchinsk, eram postos a "limpar a cauda", ou seja, carregar carroças com a terra extraída da mina na entrada dos túneis e arrastá-la para longe. Mesmo os camponeses condenados sabiam que esse trabalho de Sísifo na verdade devia ser executado por bestas de carga, e saber disso, como observou o etnógrafo Serguei Maksimov, "atormentava-os sem limites".[18]

Tão árduo e desanimador era o trabalho que muitos condenados recorriam a medidas drásticas para evitá-lo. Afirmavam ter cometido crimes hediondos, que exigiam a atenção do tribunal distrital. Dessa forma, pretendiam que se abrisse uma investigação, postergando assim o momento de seu retorno às minas. Diziam que tinham matado e se livrado dos corpos em algum lugar distante, só para ampliar o tempo necessário para esclarecer o caso. Se não fosse descoberta prova alguma dos supostos crimes, eles inventavam novas atrocidades para ganhar tempo, na esperança de preparar uma fuga ou trocar de identidade com outro exilado. Alguns apenas preferiam a prisão de Nertchinsk ao arriscado trabalho subterrâneo.[19]

Ferimentos autoinfligidos eram outro dos recursos favoritos para evitar o duríssimo trabalho. Alguns espetavam alfinetes na parte interna das bochechas e se expunham a temperaturas externas de trinta graus negativos ou menos, fazendo com que as bochechas inchassem. Outros provocavam necrose nas mãos, pelo frio, a ponto de ter de amputar os dedos. Uma das táticas era simular sintomas de sífilis, inserindo pelos de cavalo bem curtos em minúsculas incisões feitas no pênis. As supurações eram suficientes para convencer qualquer um que não fosse um experiente médico de campo de que o condenado já não estava apto para o trabalho.[20]

A única atividade nas minas a que os forçados se lançavam com afinco, energia e criatividade era o roubo de ouro e prata. Os especialistas nessa forma especial de arte se esquivavam a todas as revistas aleatórias e às buscas praticadas pelos guardas e escondiam os valiosos fragmentos nas cercas das colônias penais. Certa vez, conseguiram cavar um túnel subterrâneo até um depósito e roubar o ouro acumulado durante um ano. Os tribunais de Nertchinsk estavam cheios de processos por roubo de metais preciosos.[21]

Organizadas não pelo espírito empreendedor, mas segundo ditames burocráticos de São Petersburgo, e operadas por uma força de trabalho muitíssimo relutante, as minas, como não podia deixar de ser, eram ineficientes. Em 1851, num dia de trabalho, cada homem produzia apenas cerca de duzentos quilos de terra que poderia ser peneirada em busca de ouro. Nas empresas mineradoras da província de Irkutsk, que empregavam mão de obra livre, a média era de mais de 1,37 tonelada diária por homem. Um inspetor das colônias siberianas de trabalho queixou-se de que até a recente descoberta dos depósitos de ouro em Kara, na década de 1830, "as minas de Nertchinsk não deram nenhum lucro". Não é de surpreender que os encarregados das minas da Sibéria preferissem trabalhadores livres aos condenados exaustos, cujo único incentivo era evitar o castigo.[22]

As condições de trabalho em Nertchinsk expunham uma falha fundamental na tentativa do Estado de combinar punição com colonização da Sibéria. As reformas do sistema de exílio implantadas por Mikhail Speranski em 1822 tratavam os trabalhos forçados como instrumento de reabilitação. Esperava-se que as minas e fundições fornecessem não apenas ferro, prata e ouro, mas também um exército de condenados reabilitados, enérgicos e fortalecidos. Na verdade, elas forjavam indigentes e criminosos perigosos que nada tinham a perder e fugiam aos bandos. O governador-geral da Sibéria Oriental, Aleksandr Lavinski, relatou à capital, em janeiro de 1829, as "intoleráveis, calamitosas mesmo", condições dos forçados:

Eles recebem um salário insuficiente até para a subsistência e são usados para as formas mais exaustivas de trabalho. Abrigados em alojamentos sinistros, lotados e imundos, estão sujeitos a riscos que excedem as possibilidades humanas. Nada possuindo para afastá-los dos vícios que têm tão arraigados, esses criminosos fogem das minas à primeira oportunidade e, reunidos em grupos de dez ou mais, cometem novos crimes, entre eles roubos violentos e bandoleirismo. Há casos de alguns que chegaram até a província de Ienissei e mesmo à de Tomsk [na Sibéria Ocidental] antes de serem capturados.[23]

Os exilados e demais condenados a trabalhos forçados que viviam em casernas distribuídas pelos diversos assentamentos de mineiros nunca ficavam trancafiados nem usavam grilhões. Um funcionário explicava a São Petersburgo, em 1831, que "manter todos os forçados a ferros e na prisão é impossível, dado o grande número deles [...] e a falta de edifícios adequados". Nos meses de verão, a fuga, embora em geral punida com surras severas, era apenas uma questão de correr para as florestas circundantes.[24]

Com quase nada para retê-los confinados naquela terra longínqua e pouco povoada, os exilados fugiram aos milhares durante o reinado de Nicolau. Na primavera de 1830, embora o frio mortal mal tivesse começado a ceder em Nertchinsk, já em 1º de maio 163 forçados tinham fugido. A maior parte deles acabou sendo recapturada, ou simplesmente voltou por conta própria, mas não antes de comprometer de maneira séria o trabalho nas minas e, em muitos casos, cometer crimes graves. Mal equipados e sem condições de receber reforços às vezes ao longo de centenas de quilômetros de taiga, as autoridades prisionais eram em menor número que os condenados a seu encargo e com frequência tinham armamentos piores. Em 1828, havia apenas dez oficiais, quarenta suboficiais e 524 soldados a cargo de uma população de mais ou menos 6 mil exilados dispersos num imenso território. Durante o ano de 1830, o comandante militar da Região Mineradora de Nertchinsk, major--general Stanislav Leparski, escreveu muitas vezes ao governador-geral Lavinski pedindo reforços para perseguir exilados fugitivos. Embora reconhecendo que as intermináveis fugas e o surto de crimes decorrentes delas na Região Mineradora de Nertchinsk prejudicavam os interesses do Estado nas minas, Lavinski só conseguiu reunir 121 soldados regulares para aumentar o número de homens. Em 1833, as autoridades estipularam que qualquer soldado que apreendesse um exilado fugitivo receberia uma recompensa de três rublos de prata. Contudo, essas medidas se mostraram inadequadas para deter o fluxo de fugitivos indigentes e perigosos.[25]

Em Nertchinsk, os assassinatos eram comuns, cometidos tanto por exilados nas colônias penais quanto por vagabundos que perambulavam nas redondezas.

Em 1828, os relatórios do chefe da Região Mineradora de Nertchinsk, superintendente Fiódor fon Frish, estavam cheios de casos de chacinas de famílias inteiras por quantias irrisórias, além de estupros e sequestros. Sendo a única parcela da população de Nertchinsk com dinheiro a seu dispor, e em geral alvo de animosidade dos exilados, os funcionários da região eram especialmente vulneráveis aos ataques. O vice-administrador de uma das fundições de Nertchinsk, Ivan Baldauf, funcionário "de bom caráter, que vinha cumprindo com diligência seus deveres referentes à mina", ordenou que dois forçados fossem flagelados por ter tentado fugir. Quando se aproximou dos dois homens para ler a sentença, um deles, Ivan Ivanov, curvou-se diante dele e de repente sacou uma faca que trazia escondida na manga. Antes que um dos guardas pudesse reagir, Ivanov esfaqueou Baldauf no estômago. Apesar dos cuidados do médico local, Baldauf morreu dois dias depois, deixando mulher e cinco filhos. Em fevereiro de 1828, o exilado Anton Zakharov esfaqueou e matou a mulher e o filho de um dos soldados de Nertchinsk pela astronômica soma de dezessete rublos. Em julho, outro exilado cortou a garganta da mulher de um funcionário na mina de Kadai.[26] Os condenados chegavam a comemorar cantando o assassinato de funcionários:

> *O capataz da mina por fim se aposentou*
> *Mas não pôde se esconder da vingança da justiça*
> *Seu crânio foi esmagado com uma marreta*
> *Quando um exilado tomou conta dele.*[27]

Misturados à população local de funcionários, exilados da colônia e camponeses das fábricas, os forçados tinham fácil acesso ao álcool — vodca e vinho, vendidos em diversas biroscas espalhadas pelas colônias penais. O álcool acrescentava um elemento inflamável às tensões, ressentimentos e ódios que abundavam nas minas. Em março de 1828, o que começou como uma tentativa regada a vodca de assassinar o superintendente Aleksandr Taskin e sua mulher, na mina de Klitchkin, a 180 quilômetros da cidade de Nertchinsk, transformou-se num tumulto. Durante uma noitada de muita bebida na taberna da mina, um grupo de exilados liderados por Timofei Ivanov obrigou o taberneiro a servir vinho na mira de uma faca. No dia seguinte, ainda bêbado, Ivanov atacou um funcionário da mina, crime pelo qual ele sabia que seria flagelado. Decidido a se vingar de Taskin por este lhe ter ordenado que "parasse de beber e promover desordens",

Ivanov irrompeu no alojamento do funcionário com intenções assassinas. Não encontrou ninguém em casa, mas o barulho que fez para quebrar a fechadura alertou os vizinhos, que o pegaram. Ao testemunhar sua prisão, os companheiros de bebedeira, ainda embriagados, atacaram os vizinhos e libertaram Ivanov. Juntos, seguiram para a taberna com suas facas, vangloriando-se da intenção de assassinar, "tocar fogo no assentamento por um lado e cortar o pescoço de todo mundo por outro". Outros condenados começaram a se juntar a eles, e só ao chegar a noite, quando uma unidade das Forças Armadas e pessoal da mineração reuniu homens em número suficiente, foi possível prendê-los. Os homens foram açoitados e condenados a trabalhos forçados perpétuos.[28]

As autoridades de Nertchinsk estavam ficando cada vez mais preocupadas porque os forçados — muitos deles ex-soldados — mostravam uma capacidade de resistência militar coordenada. Em junho de 1828, Leparski se queixou de que "as conspirações dos exilados forçados estão se tornando a cada ano mais complicadas". Em agosto do ano anterior, 57 condenados haviam entrado marchando na região mineradora, protagonizado uma rebelião contra seus guardas e 25 deles conseguiram fugir em cavalos de posta. Um cossaco, Sobolev, organizou um grupo para caçar e encurralar os fugitivos à beira de um lago, exigindo que se rendessem. Os exilados se recusaram e os cossacos atacaram. Seguiu-se uma batalha de quatro horas, durante a qual o próprio Sobolev foi gravemente ferido, dois exilados morreram e muitos se machucaram. Os fugitivos sobreviventes foram por fim capturados, e só um deles conseguiu fugir. No mês seguinte, outra caravana de prisioneiros em marcha atacou seus guardas camponeses e cossacos numa estação de parada de Nertchinsk, e também sequestraram cavalos de posta e fugiram para as florestas circundantes, assaltando casas de camponeses e ferindo três pessoas. Embora chegassem a não mais de 28 homens e, como relatou Leparski, "tivessem sido afinal derrotados por cossacos que guardavam a fronteira com a China, para se defender tinham atacado e se retirado em formação militar". Sua intenção era "atacar diversas minas e obrigar os demais forçados, por persuasão ou por ameaças violentas [...] a unir-se a eles. Assim, acumulando forças, pretendiam dirigir-se para a fronteira com a China". Tais casos de resistência organizada e disciplinada, observou Leparski, sombrio, "não ocorriam outrora", e solicitou que fosse ampliada a força militar a seu dispor.[29]

Denúncias verdadeiras e falsas eram na prática uma moeda de troca naquele mundo sombrio de condenados violentos e funcionários intimidados. Os exilados diziam ter conhecimento de complôs, reais e imaginários, na esperança de obter privilégios e concessões para si próprios. Timofei Filippov, condenado em 1823 ao açoite e a trabalhos forçados perpétuos, quis retardar a chegada a Nertchinsk escrevendo repetidas denúncias de complôs para assassinar Alexandre I. Suas alegações foram investigadas, mas os funcionários acreditaram que eram falsas, forjadas com o único objetivo de atrasar o cumprimento de sua sentença, ou para que fosse chamado em pessoa a São Petersburgo. Concluíram que "Filippov estava querendo salvar a própria vida, não a do tsar". O indomável Filippov fugiu de uma caravana que marchava para Nertchinsk em 1827, trocando de nome com outro condenado em Tomsk. Uma vez pilhado, foi conduzido a Irkutsk, onde, desesperado para adiar o castigo, disparou uma saraivada de novas denúncias de complôs contra a vida da família real, tramados por conspiradores maçons. Nessa ocasião, ao que parece, Filippov exagerou: suas afirmações chegaram ao conde Aleksandr von Benckendorff, chefe da polícia secreta imperial, o Terceiro Departamento, que as rejeitou de maneira categórica. Em 1830, ele foi punido em público com 45 vergastadas do cnute, marcado a ferro e enviado a seu destino nas minas de Nertchinsk.[30]

Os dezembristas eram o alvo preferencial das denúncias apresentadas por exilados que procuravam cair nas graças das autoridades. Os oficiais exilados Andrei Rozen e Dmitri Zavalichin notaram o nervosismo delas quando da chegada dos dezembristas à Sibéria.[31] O crime dos rebeldes tinha sido um ataque coletivo organizado contra a própria autocracia que eles tinham jurado proteger. Se a revolta original tinha fracassado em parte porque as tropas da praça do Senado entendiam mal a causa pela qual lhes diziam que lutassem, talvez em Nertchinsk, com a solidariedade nascida do desespero comum, as coisas fossem diferentes. A chegada deles à região no decorrer de 1827 e 1828 ameaçou levar uma liderança política aos condenados miseráveis e desesperados.

Um dos que pretenderam capitalizar a inquietação do governo foi Roman Medoks, homem que parecia ter saído direto das páginas de uma sátira de Nikolai Gógol. Medoks, o mais extraordinário dos aventureiros, vigaristas, mulherengos e falsários da Rússia no século XIX, mostrou-se muitíssimo hábil em manipular as autoridades com denúncias de conspirações subversivas. Era filho de um acrobata inglês chamado Michael Maddox que fora para Moscou em 1766, onde fundou o

Teatro Petrovsk, mais tarde renascido das cinzas de um incêndio que o devastou em 1805 com o nome de Bolshoi.[32] Nascido em algum momento entre 1789 e 1795, Medoks alistou-se na cavalaria, mas em 1812 roubou 2 mil rublos e fugiu de seu regimento no Cáucaso. Usando documentos falsos, fez-se passar por enviado do Ministério das Finanças e recebeu somas significativas das autoridades locais do sul da Rússia. Por fim desmascarado, foi enviado a São Petersburgo e, em 1813, Alexandre I ordenou que fosse preso na fortaleza de São Pedro e São Paulo. Ali permaneceu durante catorze anos, dividindo alguns meses de confinamento com rebeldes dezembristas em 1826.

Em março de 1827, seus pedidos de clemência dirigidos ao tsar foram afinal atendidos, e Medoks foi exilado para a cidade de Viatka, 960 quilômetros a leste de Moscou. Escapou de novo em 1828, foi recapturado e fugiu mais uma vez. Por fim, apareceu em Irkutsk em março de 1831, na casa do dezembrista exilado Aleksandr Muraviov. Ansioso por cair nas graças do tsar, Medoks logo ofereceu seus serviços de espião a Benckendorff, e em pouco tempo descobriu um enorme complô contra o governo. Os dezembristas presos estavam mantendo assídua correspondência com aliados em diversas cidades russas, gestando uma nova conspiração contra o Estado, a "Sociedade da Grande Causa". Medoks revelou a Benckendorff que,

> apesar de todos os meus sentimentos de repulsa quanto a escrever denúncias, tenho o sagrado dever de escrever a Vossa Excelência para revelar um segredo que pode ter as mais extremas consequências e para me afastar de qualquer suspeita de envolvimento no caso.

Medoks chegou ao ponto de elaborar um complexo sistema de códigos que, segundo ele, permitia que os dezembristas se correspondessem em segredo. Os conspiradores tinham como símbolo uma adaga, para representar, por exemplo, os dezembristas Ivan Iakuchkin e Aleksandr Iakubovitch, porque "estavam afiados como adagas" em sua disposição para uma nova rebelião.[33] Ele afirmou também que os criminosos tinham aliciado certo número de altos representantes do Estado na Sibéria, entre eles o governador de Irkutsk, Ivan Tseidler, e até o comandante militar de Nertchinsk, o próprio Leparski. Medoks dizia que suas informações "salvariam a pátria", insistindo, porém, em ser retirado da Sibéria, já que não poderia revelar nenhum detalhe em Irkutsk por medo de represálias. Figuras proeminentes do governo reagiram com ceticismo às suas afirmações, mas Nicolau pareceu dar crédito a essa visão de uma nova conspiração de proporções imperiais contra o trono. Em outubro de 1833, Medoks foi chamado a Moscou, instalado num dos melhores hotéis e generosamente abastecido pela polícia secreta do tsar, enquanto tratava de evitar a apresentação de evidências de suas denúncias. Quando aumentaram as pressões para que provasse o que dizia, ele fugiu uma vez mais. Mas dessa vez a sorte o abandonou e, de novo capturado, foi acorrentado e devolvido à fortaleza de São Pedro e São Paulo, onde apodreceu durante mais duas décadas até que por fim Alexandre II o anistiou, em 1856.[34]

Em setembro de 1827, depois de onze meses na mina de Blagodatsk, os dezembristas e suas mulheres foram transferidos para Tchita. Sobressaltadas com os relatos de violência em Nertchinsk e temerosas de conspirações entre os "criminosos de Estado", as autoridades de São Petersburgo decidiram-se por uma política de concentração de todos os dezembristas num único lugar, onde ficassem confinados e monitorados com eficiência.[35] Nicolau encarregou Leparski de encontrar um lugar temporário adequado para receber os dezembristas enquanto se construía uma prisão permanente em Petrovsk Zavod. Leparski escolheu Tchita. Fundada no século XVII quando o comércio de peles na Sibéria se expandia, Tchita era um conjunto de cabanas caindo aos pedaços com trezentos habitantes e uma igrejinha. Ao lado de uma fortaleza de cossacos abandonada, as autoridades de São Petersburgo ordenaram a construção de uma prisão com paliçada de madeira que foi concluída em agosto de 1827. Um mês depois, os oito de Blagodatsk, alegres com a perspectiva de rever seus amigos e camaradas, partiram de Tchita vigiados por uma guarda armada de doze cossacos e um suboficial.[36] O fado de um dos camaradas dos dezembristas em Nertchinsk, Ivan Sukhinov, lhes daria motivo para achar muito bom estarem sendo retirados do mundo violento e instável das minas.

Na manhã de 13 de junho de 1828, um ano depois da transferência dos oito de Blagodatsk para Tchita, um cachorro da mina de Zerentui entrou no assentamento e deu de presente a seu dono um braço humano. O membro levou à descoberta de uma cabeça, um torso e peças de roupa espalhadas pelas imediações do túnel de uma mina abandonada nas florestas próximas. Animais selvagens tinham despedaçado o corpo, mas os restos foram reconhecidos como sendo de um forçado, Aleksei Kazakov, que desaparecera do acampamento semanas antes.

Kazakov tinha sido visto pela última vez em 24 de maio, quando o supervisor da mina de Zerentui, Tchernigovtsev, voltava a seu alojamento depois de uma inspeção de três dias numa mina vizinha. Cansado da viagem, Tchernigovtsev deitou-se para descansar, mas em breve ouviu umas batidas inusuais na porta de sua cabana. Correu até a janela, abriu-a e viu Kazakov de pé no alpendre, "bastante bêbado e agitado". O forçado o informou a respeito de uma conspiração gerada por um grupo de prisioneiros que estava bebendo e confabulando na taberna da mina. Sob a liderança do dezembrista exilado Ivan Sukhinov, os condenados preparavam uma rebelião armada em Zerentui naquela mesma noite:

> Planejavam antes de tudo capturar os soldados, armas e a munição do arsenal e, uma vez armados, entrar nos alojamentos dos forçados e obrigá-los a fugir, destruindo a prisão e libertando os condenados. Pretendiam depois incendiar todo o assentamento que havia em torno da mina de Zerentui, fazer o mesmo em Nertchinsk e outros lugares, destruindo tudo o que lhes aparecesse pelo caminho.

Tchernigovtsev disse a Kazakov que fosse para o escritório da mina e esperasse por ele. O condenado bêbado afastou-se cambaleando e desapareceu. Só voltou a ser visto, esquartejado, em 13 de junho, numa época em que estava no centro de um drama em desenvolvimento de complôs, rebelião e traição.[37]

A denúncia do bêbado Kazakov a Tchernigovtsev desencadeou uma série de acontecimentos — mais tarde conhecidos como "Conspiração de Zerentui" — que chegaria a um clímax sangrento seis meses depois.[38] O caso expôs o lado negro da administração da população exilada no reinado de Nicolau, com sua escassez de recursos, incompetência e violência. Temerosos e inseguros, os homens que administravam os forçados viam ameaças nos cantos dos alojamentos e na escuridão das minas a toda hora. Recorriam a tenebrosas demonstrações de castigo e represália na tentativa de submeter os forçados pelo terror.

Depois de ouvir a denúncia de Kazakov sobre o plano de assassinato e rebelião no assentamento dos exilados, Tchernigovtsev foi tomado de medo por sua segurança e a de sua família. Ordenou a prisão imediata dos homens que Kazakov tinha citado. Um deles era Ivan Golikov, um ex-sargento-mor do Exército Imperial. Enquanto Tchernigovtsev esteve longe da mina, Golikov tinha passado três dias numa carraspana com outros condenados. O supervisor mandou espancá-lo por causa da bebedeira e, ao mesmo tempo, apresentou-lhe as acusações de Kazakov. A surra e o interrogatório foram, como Tchernigovtsev afirmou mais tarde, "uma coincidência de duas circunstâncias diferentes num mesmo momento".[39] É improvável que tenha parecido uma coincidência a Golikov.

Tendo em vista os métodos de persuasão empregados durante o interrogatório, a confissão de Golikov deu uma versão distorcida das preocupações de seus inquisidores. O exilado reconheceu que desde o fim de abril vinha visitando com frequência o apartamento que Ivan Sukhinov dividia com dois outros oficiais dezembristas, Veniamin Soloviov e Aleksandr Mozalevski. Sukhinov tinha recrutado Golikov e Vassíli Botcharov, filho exilado de um comerciante de Astracã, prometendo recompensá-los se conseguissem encontrar vinte "bons exilados" para participar de uma rebelião em Zerentui. Sob vara, as acusações de uma revolta armada para executar uma fuga se transformaram em nada menos que uma rebelião política com o objetivo de libertar dezembristas radicados em Tchita, a 290 quilômetros de distância. Golikov agora admitia o que Sukhinov lhe dissera:

> Podemos nos reunir em grande número e em primeiro lugar capturar as armas dos soldados dos armazéns e, uma vez armados, entrar nos alojamentos e obrigar todos os condenados de lá a fugirem conosco [...]. Depois iremos a Nertchinsk Zavod e faremos a mesma coisa: capturar primeiro as armas de combate, libertando todos os condenados da prisão [...] e depois forçando os habitantes do complexo minerador a se unirem a nosso grupo. Com o aumento do grupo e de armas, nada nos deterá. Depois de percorrer as minas e as fábricas, juntando mais gente a nosso grupo, iremos direto ao forte de Tchita para libertar todos os dezembristas.[40]

A confissão resumia todos os temores das autoridades: uma insurreição violenta, dirigida por um oficial tarimbado, capaz de renovar e desencadear as forças revolucionárias adormecidas dos dezembristas em Nertchinsk. Sujeitos a métodos semelhantes de interrogatório, dois outros condenados, Fiódor Morchakov e Timofei Nepomniaschi, corroboraram a história e confessaram ter sido recrutados por Golikov em 24 de maio. Naquele mesmo dia, o suposto líder da conspiração, Sukhinov, foi também preso e interrogado.[41]

Ivan Sukhinov tinha desempenhado papel de liderança na breve e sangrenta rebelião do Regimento Tchernigov nas redondezas de Kiev no fim de dezembro de 1825. Nascido em 1794 na província de Kherson, numa família nobre de parcos recursos, aos quinze anos entrou para os hussardos e lutou nas Guerras Napoleônicas, em que recebeu diversos ferimentos e uma medalha por bravura. Em 1816 voltou para a Rússia, onde, em 1819, depois de uma breve desmobilização devida a seus ferimentos, foi promovido a oficial do Regimento Tchernigov. Como muitos outros oficiais de volta do conflito, Sukhinov achou opressivas a disciplina e a estrita hierarquia da vida na Rússia alexandrina. Em setembro de 1825, seu comandante, Serguei Muraviov-Apostol, recrutou-o para a Sociedade do Sul dos dezembristas.[42]

Sukhinov não tinha o perfil de herói revolucionário. Com o fracasso da rebelião do Regimento Tchernigov, fugiu e de seu esconderijo escreveu a Nicolau I: "Perdoa-me magnanimamente, meu soberano, por meu crime. Não sou assassino, nem bárbaro. Se sou culpado, isso se deve apenas a ter seguido as ordens de Muraviov-Apostol". Sukhinov conseguiu evitar a captura até 15 de fevereiro de 1826, quando as autoridades interceptaram uma carta que dirigiu ao irmão, pedindo dinheiro, e prenderam-no em Debaser, na Bessarábia. Ele compareceu ante um tribunal militar em 26 de fevereiro e foi declarado culpado de "tentar subverter de maneira ilegal a ordem do Estado existente". Nicolau I confirmou a sentença de trabalhos forçados perpétuos na Sibéria Oriental em 12 de julho de 1826 e, em 1º de agosto, Sukhinov e seus camaradas do Regimento Tchernigov, Soloviov e Mozalevski, foram submetidos à execução civil na cidadezinha de Ostrog diante do regimento, agora expurgado e renovado. Partiram para a Sibéria em 5 de setembro.[43]

Sukhinov e seus companheiros chegaram a Moscou no fim de 1826 e a Tobolsk em maio do ano seguinte. Extenuado pela viagem e desconsolado com sua sorte, Sukhinov manifestou desespero e remorso a um servidor estatal encarregado de relatar o ânimo dos insurgentes exilados. Retardados por surtos de doenças ao longo do caminho, os oficiais por fim chegaram à mina de Zerentui em Nertchinsk em 9 de março, depois de um ano e meio de estrada.[44] Apenas dois meses depois, Sukhinov foi acusado de ser o mentor intelectual de uma conspiração que desencadearia uma violenta rebelião contra o Estado.

Levado a interrogatório, Sukhinov disse que conhecia seus supostos cúmplices: Golikov desde o momento em que o tinha empregado para assumir seu lugar nos trabalhos forçados, e Botcharov apenas de vista. Golikov tinha começado a importunar a ele, a Mozalevski e a Soloviov com pedidos de dinheiro, e tinham proibido a entrada dele em sua cabana na véspera das prisões. Sukhinov negou de modo categórico ter pedido a Golikov que recrutasse homens para a rebelião, dizendo que jamais sonhara com "tais atos criminosos, estando sempre convencido de que mais cedo ou mais tarde contaria com a misericórdia do soberano, e sempre tinha mantido essa reconfortante esperança". Sukhinov concluiu que a calúnia de Golikov tinha sido motivada por "vingança e ingratidão para com Sukhinov pelas vezes em que este recusara seus pedidos [de dinheiro] [...] e por ter proibido a entrada dele em sua cabana".[45]

Uma semana depois, Golikov e seus cúmplices foram de novo interrogados no escritório da mina e agora, sóbrios e conscientes da gravidade de sua situação, tentaram renegar as confissões iniciais. Golikov explicou que, embora Sukhinov "tivesse falado em fugir com ele, havia sido só por pena dos forçados, que estavam numa condição tão miserável que [Sukhinov] dissera que, no lugar deles, ou escaparia de imediato ou se mataria". Fora por esse motivo que Golikov, quando bêbado, convidara todos a fugir, mas na verdade nunca tinha ouvido Sukhinov falando em planos reais. Seu depoimento anterior era falso, "visto que depois de três dias de bebedeira, estando embriagado e de ressaca, ele mentira para tentar se acalmar". Nepomniaschi e Morchakov afirmaram que seu depoimento inicial tinha sido extraído à força de surras. Botcharov negou ter conhecimento de um complô, dizendo que estava bêbado demais para se lembrar das discussões na taberna.[46]

Uma vez evocada tanto como denúncia quanto como confissão, no entanto, a existência de uma conspiração mostrou-se difícil de negar, e a retratação do depoimento anterior dos condenados não foi capaz de evitar uma ampla investigação. Quando o superior de Tchernigovtsev, Fon Frish, soube das afirmações, ficou assustado não só com a ameaça de desordem social nas minas comandadas por ele, mas também com o aparente envolvimento de um dezembrista. Escreveu a Leparski, o comandante militar de Nertchinsk, dizendo que havia "fortes indícios de uma conspiração" liderada por Sukhinov. Leparski instruiu Fon Frish a reforçar a guarda em Zerentui e ir ao fundo da questão.[47] Fon Frish instaurou uma comissão de investigação que chegou a Zerentui um dia depois que Golikov se retratou de sua confissão inicial, encarregada de "esclarecer todo [o caso] pelos meios mais escrupulosos". Um funcionário do qual já se dizia que tinha torturado dois exilados até a morte em Nertchinsk foi escolhido para comandar a investigação. Segundo os procedimentos judiciais da Rússia de Nicolau I, ele e seus colegas limitaram suas atividades a interrogar repetidas vezes os suspeitos.[48]

Foi então que, quando a investigação começava seu trabalho, o cachorro de Rudakov apresentou seu achado macabro. O corpo esquartejado de Kazakov parecia dar prova irrefutável das declarações de 24 de maio dos exilados. Os suspeitos foram transferidos de Zerentui para a cidade de Nertchinsk, onde os interrogatórios se tornaram ainda mais violentos. Agressões físicas combinadas com exortações morais de padres eram bastante usadas como meio de extrair confissões nas colônias penais da Sibéria.[49] Assim, quando Fon Frish relatou a seus superiores em São Petersburgo que os novos interrogatórios eram acompanhados de "métodos diretos de persuasão empregados pelos funcionários legais", deixou pouco à imaginação. Nepomniaschi foi o primeiro a ceder e, em 22 de junho, voltou à confissão original. Foi logo seguido pelos demais. No fim, o próprio Golikov admitiu que, ao saber da denúncia de Kazakov por meio de outro condenado, dissera a Botcharov que atraísse Kazakov para um matagal a não mais de trinta metros dos alojamentos com a promessa de mais bebida. Ele havia seguido os dois homens e atacado Kazakov, golpeando-o com uma pedra até matá-lo. Golikov e Botcharov jogaram o corpo num túnel de mina abandonado e voltaram à taberna para continuar bebendo. Talvez devido a sua tradicional imunidade ao poder persuasivo das varadas, por ser antigo membro da nobreza, o único acusado que não mudou sua versão dos fatos foi Sukhinov.[50]

As notícias a respeito da suposta conspiração em Zerentui chegaram a Nicolau em agosto de 1828, quando ele veraneava em Odessa. O impacto sofrido pelo tsar ao conhecer as condições das minas para as quais tinha enviado os dezembristas dizia muito sobre sua ignorância a respeito de suas próprias colônias penais. Ele ficou indignado com a "débil supervisão dos forçados nas minas" e com o fato de autoridades de Nertchinsk castigarem os exilados bêbados com a vara de maneira branda. Foi alarmante, em especial, descobrir que "o criminoso Sukhinov circulava livre [...] e tinha até outro exilado trabalhando para ele como serviçal". O tsar ordenou o estabelecimento imediato de um tribunal militar para julgar os acusados, com a clara implicação de que os declarados culpados seriam executados. No fim de setembro, o tribunal constituído de quatro oficiais estava pronto para as audiências do caso na cidade de Nertchinsk.[51]

No reinado de Nicolau I, pressupunha-se que, para os tribunais militares, uma ordem para julgar era uma ordem para condenar. Seus procedimentos se baseavam no "princípio inquisitorial": a confissão do acusado era considerada prova irrefutável. Ainda melhor era o testemunho convergente de duas testemunhas, e agora o tribunal tinha a prova de numerosas testemunhas que, durante o verão, adequaram suas diversas declarações. É claro que o testemunho de um oficial ou de um cavalheiro costumava valer mais que o de homens de condição inferior. Como observou o tribunal, contudo, o envolvimento de Sukhinov no Levante Dezembrista "já era prova suficiente de sua culpa".[52]

O tribunal entregou seu veredicto a Leparski em 4 de novembro, condenando Sukhinov por uma conspiração que visava a promover um levante Zerentui com o objetivo final de libertar os dezembristas de Tchita. Golikov e Botcharov foram declarados culpados de recrutamento de homens para a causa e do assassinato de Kazakov, por tê-los denunciado. Os supostos líderes foram sentenciados a receber entre 280 e quatrocentos golpes de cnute, a ter o rosto marcado e à prisão "para evitar que cometam crimes semelhantes no futuro". Os demais membros da conspiração foram sentenciados a duzentos golpes de cnute (ou de chicote, se seu crime fosse considerado menor), a serem marcados e a executar trabalhos forçados perpétuos.[53]

Segundo a lei militar, Leparski tinha o direito de alterar as sentenças, e em 29 de novembro exerceu de maneira adequada sua prerrogativa. Sukhinov e seus comparsas mais próximos seriam poupados do cnute (que de qualquer forma teria sido fatal, quase que com certeza) e enfrentariam o mais honroso e humano esquadrão de fuzilamento. Leparski decidiu viajar de Tchita a Nertchinsk para supervisionar ele mesmo a execução das sentenças em 3 de dezembro. Preparou a execução com esmero, determinando quantos soldados e quantos projéteis seriam necessários, além das dimensões da cova em que os corpos dos condenados seriam lançados.[54]

Leparsky comprovaria, no entanto, que mesmo o mais meticuloso dos planos pode dar errado. O cérebro da conspiração nunca chegaria ao lugar da execução. Na noite de 1º de dezembro, um preso tropeçou em Sukhinov, que jazia no chão, com a cabeça num laço feito com o cinto a não mais de trinta centímetros do piso. Ele tinha amarrado o cinto aos grilhões das pernas, prendendo-o depois à moldura de madeira do fogareiro. O peso de suas pernas havia então apertado o laço em volta do pescoço, e ele aos poucos, quase na horizontal, asfixiou-se.[55]

Em retrospecto, o suicídio de Sukhinov foi visto como uma escolha digna. Em 4 de dezembro, um Leparski claramente inconformado relatou os acontecimentos. O Quinto Batalhão Mineiro, de 170 membros, estacionado em Nert-chinsk, tinha sido "incapaz de reunir mais de quarenta fuzis para os setenta homens que deveriam perpetrar a execução disparando contra os criminosos condenados". Dessas armas, apenas quinze foram consideradas em condições de uso, e metade dos soldados selecionados "não conseguiria atirar da maneira devida". Foi preciso reduzir a quantidade de pólvora para que fosse possível usar armamentos que estavam de posse do batalhão desde 1775. Leparski queixou-se com amargura de que "o batalhão estava em situação pior do que se estivesse usando apenas lanças".[56] Ele omitiu de seu relatório detalhes macabros da morte dos condenados, mas por toda a Região Mineradora de Nertchinsk circularam rumores de uma execução bárbara.

Concluído seu trabalho, Leparski ordenou que os dezembristas companheiros de Sukhinov em Zerentui, Soloviov e Mozalevski, fossem transferidos para junto dos demais dezembristas em Tchita. Ao chegar, Soloviov contou a seus camaradas e a seus simpatizantes a história, por fim publicada no reinado de Alexandre II, da heroica, ainda que malfadada, tentativa de libertar os dezembristas e a truculenta represália do Estado. Os homens condenados tinham sobrevivido à primeira rajada, contou ele, e o pelotão de fuzilamento fora obrigado a atravessá-los com baionetas. Botcharov tinha sido lançado na vala "ainda meio vivo".[57] Um surto de memórias de dezembristas publicadas na segunda metade do século XIX retomaria o caso da desesperada e trágica tentativa de Sukhinov de libertar seus camaradas de Tchita. O infortunado dezembrista foi entronizado no panteão emergente de opositores heroicos da tirania tsarista.[58]

Afinal de contas, o medo governamental dos perigos representados pelos dezembristas no exílio era infundado. Os oficiais exilados nunca mostraram nenhum entusiasmo por uma nova rebelião, mas o que na verdade representou uma ameaça insidiosa ao regime tsarista foi sua gradual reinvenção como mártires aos olhos do público. Sukhinov não poderia ter imaginado essa reviravolta de percepção quando em sua cela, em 1º de dezembro de 1828, preparava o laço com o cinto, mas a Sibéria estava se tornando um palco central na história política do Império Russo. Os companheiros de Sukhinov em Tchita retomariam a história.

5. A república dezembrista

Uma década depois que os dezembristas foram exilados, mercadores e funcionários de Irkutsk começaram a enviar seus servidores para o sombrio assentamento de Petrovsk Zavod com encomendas de joias. A popularidade desses adornos na sociedade refinada da Sibéria Oriental na década de 1830 revela muita coisa sobre a sorte dos dezembristas na cultura da Rússia de Nicolau I. Depois da chegada dos prisioneiros a Petrovsk Zavod, no outono de 1830, Nikolai Bestujev — o dezembrista das "mãos de ouro"— começou a aproveitar grilhões descartados para produzir anéis e braceletes, que mais tarde mandou para seus parentes de São Petersburgo. Bestujev lembra que em pouco tempo esses acessórios se tornaram uma febre nos círculos refinados: "Senhoras de Irkutsk, conhecidas de nossas mulheres, queriam tê-los; seus maridos e irmãos também, fosse por vaidade ou por um liberalismo primitivo". Com certa indignação, ele se deu conta de que alguns serralheiros de Petrovsk Zavod abriram bancas em que ofereciam "joias de dezembristas", como se fossem "antiguidades de Roma". Os grilhões dos dezembristas prisioneiros, "um repositório sagrado, emblema de nosso sofrimento pela verdade, tornaram-se reles objetos de decoração [...] de todo janota de Irkutsk!".[1] Em seu desagrado com o comércio de bugigangas, no entanto, omitiu o fato de que aquilo representava, em última instância, uma afirmação da vitória moral dos dezembristas sobre a autocracia. Uma década depois da execução civil no pátio da fortaleza de São Pedro e São Paulo, seus grilhões tinham se tornado símbolos da tirania estatal e ícones de seu próprio martírio.

Todo o reinado de Nicolau I foi um epílogo prolongado da Revolta Dezembrista. Nas décadas que se seguiram à repressão do movimento, o Estado russo defendeu-se dos males da revolução no exterior e da subversão interna. Com isso, arrastou a cultura oficial para uma reação declarada. Os porta-vozes do governo em artes e educação propagavam a ideologia da Nacionalidade Oficial, baseada na trindade cultural autocracia, ortodoxia e "espírito nacional". Como parte da restauração e da reação de abrangência europeia que se seguiram às Guerras Napoleônicas, a Nacionalidade Oficial procurava remodelar os fundamentos simbólicos da autocracia. A censura oficial suprimiu sem contemplação os rivais ideológicos do tsarismo: liberalismo, nacionalismo e constitucionalismo.[2] A cultura russo-europeia estava engessada pela censura, hierarquias, tradições e por uma obstinada recusa por parte do governo de permitir dar voz à sociedade instruída no desenvolvimento e na governança do Estado. O reinado de Nicolau I assistiu a "um ponto de divergência" em que o apoio dos russos instruídos ao regime tsarista começou a se desfazer. Muitos, frustrados pela falta de liberdades civis e intelectuais, e receosos da vigilância da polícia secreta imperial, o Terceiro Departamento, buscavam refúgio no mundo privativo de suas propriedades e nas abstrações do idealismo filosófico.[3] Paradoxalmente, num cantinho da Sibéria, os exilados dezembristas, no entanto, estavam livres, ainda que agrilhoados, para experimentar novas formas de ordem política e organização social. Eles proporcionavam um modelo de democracia, patriotismo e ativismo social tanto para seus contemporâneos quanto para a posteridade. Nesse sentido, as raízes de 1917 remetem a 1825.

Duas semanas depois de deixar a mina de Blagodatsk, Serguei Volkonski, Serguei Trubetskoi, suas mulheres e seus seis camaradas chegaram ao forte de Tchita, no oeste da Região Mineradora de Nertchinsk, onde o Estado concentrava agora os dezembristas exilados. Artista plástico talentoso, além de hábil joalheiro, Nikolai Bestujev deixou uma série de aquarelas e esboços de Tchita do final da década de 1820. Num amplo vale circundado de colinas cobertas de arbustos, a paliçada formada de paus pontudos de três metros de altura, que a Maria Volkonskaia lembravam mastros de navios, cercava uma série de alojamentos em que, no fim de 1827, amontoavam-se 82 prisioneiros e as mulheres de vários deles.

Poucos quilômetros ao norte de Tchita fica o lago Onon, onde, como notou Andrei Rozen, "Gêngis Khan tinha sua corte de justiça. (Ele costumava afogar criminosos em águas turbulentas em sua marcha para Rus.) Os descendentes daqueles mongóis, os buriatas, ainda perambulam com suas tendas de feltro por aquelas paragens cheias de rios e lagos". Os invernos, longos e frios, não tinham a umidade penetrante da maior parte de Nertchinsk; os verões enchiam Tchita de um calor abrasador e uma profusão de vegetais. O vale de Tchita era, como lembra Rozen, "conhecido por sua flora, razão pela qual a região é chamada 'jardim da Sibéria'". Esse clima era muito mais saudável. Ao sair de Blagodatsk, Volkonski estava, na opinião de Leparski, "magro e fraco". Uma vez em Tchita, ele logo recuperou a saúde.[4] Os dezembristas passariam três anos no forte, no que seria um período de ouro em seu exílio siberiano.

Os homens ficavam alojados em grupos de dez ou vinte num dos quatro grandes alojamentos do interior do presídio. O irmão de Nikolai Bestujev, Mikhail, escreveu que eles ficavam "empilhados como arenques num barril" em ambientes mal ventilados, que, com o passar da noite, se tornavam, como lembrou Rozen, "intoleravelmente opressivos". Nikolai Bassarguin relata que

cada homem tinha meio metro de tarimba para dormir, de modo que, ao se virar, não poderia evitar de esbarrar num vizinho — sobretudo porque usávamos correntes que não eram retiradas à noite, faziam muito barulho e causavam dor a cada movimento descuidado. Mas existe alguma coisa à qual a juventude não se acostume? A que ela não conseguiria resistir? Todos nós dormiríamos da mesma forma em camas luxuosas ou em colchões de plumas.[5]

Em Tchita, as esposas de dezembristas encontraram substitutos para os serviçais que tinham perdido em Blagodatsk. De início, foram autorizadas a ver os maridos, segundo as determinações do tsar, duas vezes por semana durante três horas. Maria queixava-se amargamente de que sua sorte era pior que a das esposas de forçados comuns:

Depois de deixar meus pais, meu filho, minha pátria, depois de viajar 6,4 mil quilômetros e renunciar a qualquer proteção das leis, sou informada de que não posso sequer contar com a proteção de meu marido. Assim, os criminosos de Estado devem se sujeitar à severidade das leis da mesma forma que forçados comuns, mas não podem desfrutar de uma vida familiar, o que é assegurado aos mais terríveis criminosos e monstros![6]

Maria destacou um dos principais dilemas das autoridades: era claro que o cumprimento dessas regras se fazia em detrimento das mulheres, vistas com simpatia pelos moradores de Tchita e também pelos funcionários prisionais. "Vemos nossos maridos duas vezes por semana durante três horas, e nos permitem mandar-lhes o jantar", escreveu Maria em dezembro de 1827. "Com frequência, o retinir das correntes nos chamava à janela, de onde os víamos, com uma alegria agridoce, indo para o trabalho."[7] Volkonskaia, Trubetskaia e as outras mulheres iam ao jardim da prisão e arrebatavam uns instantes de conversa com os maridos através de frestas na paliçada de troncos grossos. Temerosas de que Leparski pudesse surpreendê-las, elas subornavam os guardas para que as avisassem da aproximação dele.[8]

Nicolau ordenara que os dezembristas fossem "postos a trabalhar e tratados como forçados comuns".[9] Mas os trabalhos forçados aos quais foram submetidos eram perfunctórios e só serviam para expressar, nas palavras de Zavalichin, "a anormalidade das condições da Rússia e a impotência do governo". Nos meses de verão, os homens eram enviados a preencher um buraco à beira da estrada conhecido como "a sepultura do diabo". O dia deles começava, como lembra Zavalichin, da seguinte forma:

Antes de sair para o trabalho, havia uma atividade febril entre os guardas dos alojamentos e os serviçais das cabanas das esposas. Livros, jornais, tabuleiros de xadrez, desjejum, um samovar, chá e café eram transportados ao local de trabalho. Os trabalhadores do Estado transportavam cochos de pedreiro, carrinhos de mão e pás, que usariam se fossem trabalhar na sepultura do diabo. Por fim, chegava um oficial e dizia: "Senhores, ao trabalho! Quem vai hoje?" (porque muitos deles diziam que estavam doentes e não se sentiam em condições de trabalhar). Se eram muito poucos os que se dispunham a ir, o oficial dizia: "Precisamos de alguns mais, senhores, para que o comandante não perceba que são poucos". Então algum outro dizia: "Está bem, talvez eu vá também" [...]. Então saíamos, alguns pegavam uma pá como distração, outros não. Os soldados carregavam as pás que sobravam. Um de nós começava a cantar, acompanhado do som das correntes [...]. Quase sempre entoávamos uma canção revolucionária, "Nossa pátria está sofrendo sob teu jugo", e assim por diante. O oficial e os soldados ouviam a canção sem se abalar e marchavam ao ritmo dela, como se tudo estivesse nos conformes [...]. O local de trabalho transformava-se num clube; alguns liam jornais, alguns jogavam xadrez e outros, por diversão, começavam a encher de terra os carrinhos de mão e riam alto quando derrubavam o conteúdo do carrinho — terra e cochos no buraco [...] o oficial ou supervisor se servia do que tinha sobrado de nosso desjejum, ou do chá, e quando via o comandante em algum ponto distante gritava, para manter as aparências: "O que há, senhores, não estão trabalhando?".[10]

Durante o inverno, quando era impossível trabalhar ao ar livre, os homens cumpriam turnos num moinho que Leparski tinha construído perto da prisão. O serviço, em dois turnos diários de três horas, não era mais pesado. "Éramos obrigados a moer ao todo sessenta quilos de centeio", lembra Ivan Iakuchkin,

mas, como não era possível que mais de dois homens trabalhassem ao mesmo tempo em cada uma das quatro mós, nós nos alternávamos várias vezes durante a sessão de trabalho. Desnecessário dizer que o trabalho não era extenuante, mas uns poucos homens que não tinham forças para executá-lo contratavam um guarda para moer por eles. Os que não estavam trabalhando fumavam, jogavam xadrez, liam e conversavam em outro aposento.

Ievguêni Obolenski escreveu ao irmão sobre os debates dos dezembristas "sobre filosofia, ciência, qualquer coisa para matar o tempo durante três ou quatro horas por dia".[11] Mas nem todos apreciavam a natureza simbólica do trabalho. Piotr Svistunov reclamou com seu irmão Aleksei que,

em essência, aqui não somos obrigados a fazer nada, e tudo parece como sair para uma caminhada, não fosse pelo fato de sermos obrigados a ir para o trabalho [...] a obrigação de executar trabalho inútil é também uma espécie de tortura. As autoridades nunca tiveram falta de criatividade no que concerne a infligir castigo mantendo a aparência de misericórdia.[12]

Nicolau mandou a Leparski instruções detalhadas sobre o tratamento a ser dispensado aos prisioneiros e suas mulheres. O comandante devia enviar relatórios quinzenais sobre "o comportamento, o estado de ânimo" dos dezembristas, "se tinham assumido algum trabalho, e tudo o que lhes diga respeito". Eles estavam proibidos de escrever à família e aos amigos. Suas esposas podiam escrever, mas tinham de passar as cartas abertas a Leparski para que fossem censuradas. Os prisioneiros estavam autorizados a receber correspondência e encomendas verificadas antes pelo comandante. Tanto os prisioneiros quanto suas mulheres podiam receber apenas o apoio financeiro "necessário para seu sustento" e "conservar consigo apenas pertences essenciais". Os homens eram instruídos a evitar interagir com os demais exilados da área. Como sempre, essas instruções da capital tinham limitada vigência na Sibéria Oriental, onde Leparski se mostrava pouco disposto a fazê-las cumprir.[13]

Stanislav Leparski, um velho polonês russificado, sabia latim, escrevia em francês e alemão e, na opinião de Rozen, era "um homem honrado e de bom coração". Enviou os relatórios sobre os dezembristas durante um breve período, e, de maneira discreta, ignorou muitas das ordens mais rigorosas recebidas de São Petersburgo quanto ao tratamento dado a eles. Ao contrário do que lhe tinham recomendado, permitiu não só que tivessem contato com outros exilados como também os empregassem como criados pessoais, pagando-lhes para que desempenhassem suas tarefas diárias. Também fingia não perceber o uso que faziam de suas mulheres como secretárias. Em 1828, havia oito mulheres em Tchita. "Cada mulher assumia a responsabilidade por certo número de presos", lembra Iakuchkin, "para os quais estava sempre escrevendo e reescrevendo cartas que lhes encomendavam como se fossem dela, acrescentando apenas: 'Pedem-me que lhe informe isto e aquilo'." Rozen ficou encantado pela maneira como elas "formavam um elo entre os vivos e os politicamente mortos".[14] Apesar desse esforço, a ameaça de censura era fonte de terríveis frustrações, como descobriu Nikolai Bestujev:

Mesmo a correspondência com nossos parentes mais próximos era concisa e cautelosa; pensávamos dez vezes em cada frase antes de lançá-la ao papel para que passasse pela censura de Leparski e não obrigasse nossas mulheres a escrever as cartas mais uma vez [...]. Essa correspondência era tão insípida e sem vida! Ela dava uma imagem tão vulgar da oficialidade que cada vez que eu escrevia cartas era tomado de raiva.[15]

Depois que as mulheres chegaram a Tchita, sua mera presença deixou os funcionários numa posição desconfortável. Eles não poderiam restringir o acesso dos homens a suas esposas sem, ao mesmo tempo, castigar em público mulheres generosas e dedicadas que já tinham sofrido bastante. Rozen captou o dilema do Estado:

> A presença das mulheres foi o mais benéfica possível para nós, mesmo no que diz respeito a nossa vida na prisão, sustento e tratamento por parte dos funcionários [...]. Elas se tornaram testemunhas de nossa vida, ou melhor, participantes dela, e tinham todos os seus direitos; em consequência disso, podiam queixar-se não apenas em privado, com seus conhecidos, mas também com o governo — que foi obrigado a poupá-las, quanto mais não fosse, para não insuflar a opinião pública contra ele, merecendo a acusação de crueldade e se submetendo à justa condenação da posteridade e da história.[16]

Na verdade, elas tinham desistido de seus direitos, mas Rozen deixa bem claro que esse fato foi ignorado. As mulheres dos dezembristas eram assertivas, articuladas e exerciam uma autoridade moral a que Leparski achava difícil resistir. Bassarguin lembra que, nas ocasiões em que o general rejeitava alguma petição em favor da melhora das condições dos homens, era assediado por suas esposas:

> Mais de uma vez, em sua ignorância da lei civil e criminal e recusando-se a reconhecer o poder ilimitado que o governo exercia sobre os condenados, e baseadas em sua própria noção de justiça e humanidade, as mulheres, incitadas por alguma medida que restringisse nossa liberdade, entravam em conflito com o comandante. Diziam na cara dele as palavras mais duras e ácidas, chamavam-no de carcereiro e acrescentavam que nenhum homem decente assumiria o cargo dele a menos que fosse, apesar das consequências da fúria do tsar, para aliviar a nossa sorte. Se agisse dessa forma, ele ganharia não apenas o respeito delas e o nosso como também o respeito de todo homem da posteridade; se não o fizesse, seria visto como um carcereiro qualquer, que tinha se vendido por dinheiro, e deixaria atrás de si as mais indesejáveis memórias. Essas palavras não podiam deixar de influenciar aquele homem idoso, e não menos porque, no íntimo, ele sabia que elas eram justas. "Em nome de Deus, não fiquem tão acaloradas", pedia ele diante desses rompantes. "Sejam sensatas! Vou fazer tudo que estiver a meu alcance, mas estão exigindo de mim algo que me comprometeria aos olhos do governo. Tenho certeza de que não querem que eu seja rebaixado por não ter obedecido a ordens." "Bem, melhor ser

um soldado raso, general", retrucavam elas, "e um homem honrado!" O que ele podia fazer depois disso?[17]

Os dezembristas e suas mulheres estavam bem conscientes de que o exílio não era o ostracismo. Seus apelos aos tribunais da posteridade eram provas claras de sua consciência do palco público sobre o qual eles viviam sua vida na Sibéria. E suas palavras eram bem escolhidas. A honra talvez fosse a mais valiosa de todas as moedas que circulavam entre a aristocracia russa. Para Leparski, um nobre da província de Kiev, ser castigado por sua falta de honra por mulheres oriundas de eminentes famílias aristocráticas da capital era sem dúvida uma humilhação. Ele uma vez afirmou que era preferível lidar com cem exilados políticos do que com meia dúzia de suas esposas.[18]

Para trazer algum alívio a sua condição, os dezembristas de Tchita podiam recorrer não só ao arsenal de protestos indignados de suas esposas como também, em muitos casos, à fabulosa riqueza de suas famílias. O governo tinha limitado as quantias de ajuda econômica que dezembristas podiam receber: 2 mil rublos para "fins de assentamento" e não mais de mil rublos por ano. No entanto, Trubetskoi e Nikolai Muraviov recebiam, cada um, entre 2 mil e 3 mil rublos por ano de suas famílias. Volkonski recebia 2 mil, e Mikhail Fonvizin, mais de mil. As esposas estavam livres de restrições e agiam como condutos não apenas da correspondência que saía de Tchita, mas também do dinheiro que ali chegava. Calcula-se que, nos dez anos que os prisioneiros passaram como condenados de Estado, os homens tenham recebido quase 355 mil rublos e suas mulheres, mais 778 mil. E essas eram as quantias oficialmente declaradas e registradas. Na Sibéria Oriental, isso representava muito dinheiro.[19]

Além do mais, os dezembristas desfrutavam de um fluxo permanente de suprimentos provenientes de São Petersburgo e Moscou que não podiam ser comprados em Tchita. Ali chegavam móveis, roupas, mantimentos, equipamento científico e material de pintura. Maria escreveu à mãe pedindo garfos e colheres de cabo de marfim e pediu à sogra vinho fortificado inglês, já que a saúde de Serguei precisava de um "remédio fortificante". Mais tarde, Serguei pediu também a *Entomologia da pesca com mosca* e guias para o preparo de fumo.[20]

Os dezembristas se reuniam para rituais de casamento, nascimento e morte. Em março de 1828, uma jovem francesa, Pauline Guèble, chegou a Tchita. Representante de um ateliê de costura francês, ela havia ido a Moscou em 1823, adorado a vida na cidade e se apaixonado pelo irmão de uma cliente, Ivan Annenkov. Os costumes teriam excluído a possibilidade de casamento entre o rico aristocrata Annenkov e uma costureira francesa, mas, de uma hora para outra, a execução civil do oficial da Guarda e seu exílio para a Sibéria tornaram a união uma perspectiva aceitável. Pauline pediu e obteve autorização para ir à Sibéria e casar-se com Annenkov, primeiro da mãe do dezembrista, depois do próprio Nicolau.[21] Partiu de Moscou em dezembro de 1827 e chegou a Tchita no fim de março do ano seguinte. Em três dias, ela e Annenkov casaram-se na igrejinha da aldeia, em presença de todos os dezembristas. Leparski conduziu a noiva ao altar. "Foi um casamento curioso, talvez único", lembra Bassarguin.

> As correntes de Annenkov foram retiradas para a cerimônia e recolocadas quando esta terminou, sendo o noivo reconduzido à prisão. A partir daí, ele foi tratado como os demais homens casados e autorizado a visitar madame Annenkova duas vezes por semana no alojamento dela.[22]

Mas momentos alegres, como o casamento de Annenkov, podiam mais que depressa dar lugar à tragédia. "Em Tchita recebi a notícia da morte de meu pobre, meu primeiro filho, que eu deixara em São Petersburgo", conta Maria Volkonskaia com tristeza em suas memórias. O menino, de dois anos, morreu em 17 de janeiro de 1828, mas Maria, exilada tanto no tempo quanto na distância, só recebeu a notícia em março. Nikolai foi sepultado no mosteiro de Aleksandr Nevski, em São Petersburgo. Sua sepultura ganhou um epitáfio escrito por Púchkin:

> *Radiante, em alegre repouso,*
> *No trono do Criador Eterno,*
> *Com um sorriso ele contempla o exílio terrenal,*
> *Abençoa sua mãe e reza por seu pai.*[23]

Maria escreveu ao pai contando que tinha se "afastado de todos e não conseguia, como antes, ver meus amigos. Tenho momentos de tanto desespero que não sei o que será de mim". No primeiro aniversário da morte do filho, ela ainda não tinha se recuperado: "A cada dia, sinto com mais força a perda de meu filho", confessou, numa carta à irmã. Mais tarde, escreveria que "em todo o mundo que me rodeia, existe um único lugar que me fala ao coração — a faixa de relva que cobre a sepultura de meu filho".[24]

Aos poucos, o regime em Tchita foi sendo relaxado ainda mais. Em agosto de 1828, depois de dois anos de cumprimento da sentença, os homens tiveram removidas as correntes, fonte de desconforto e vergonha. Iakuchkin recorda que elas se intrometiam o tempo todo nos pensamentos dos prisioneiros:

> Nem bem me deixo absorver pela leitura de alguma coisa, às vezes uma carta de um de meus parentes, meus pensamentos me levam para longe de Tchita, e de repente a porta se abre e alguns jovens irrompem no aposento aos risos [...] e suas correntes retinindo. Quando isso acontecia, a gente sem querer se sentia de volta a Tchita.

No verão de 1828, as regras sobre o contato entre os maridos e suas esposas já estavam sendo ignoradas, como lembra Iakuchkin: "Os maridos visitavam suas mulheres todos os dias, e se um deles estivesse doente, ficava com ela a noite toda. Depois de algum tempo, eles já não ficavam na prisão, mas continuavam saindo para o trabalho quando chegava seu turno". Maria escreveu a seu pai em maio de 1829: "Faz três dias que tive licença para reunir-me a Serguei. A serenidade que sinto desde que passei a cuidar dele e pudemos compartilhar os dias em que não trabalha [...] devolveu-me a tranquilidade emocional e a felicidade há tanto tempo perdidas".[25]

Leparski fez muito para aliviar a situação dos dezembristas, mas seguia temeroso de ser denunciado por não aplicar a letra da lei. Certa vez, uma mensagem de Pauline Annenkova foi remetida a São Petersburgo sem passar pela censura dele. Nervoso, o general a chamou a seu escritório para inquiri-la sobre o conteúdo da carta. "Só escrevi que o general é um homem honesto", respondeu Annenkova. Com as mãos na cabeça, Leparski começou a andar pela sala, resmungando: "Estou perdido". Quando alguma das mulheres engravidava e escrevia aos parentes pedindo coisas, ele ficava assustado com as notícias e com a impressão que podiam causar ao governo. Chamava as futuras mães e explicava a elas, muito confuso: "Permitam que lhes diga, *mesdames*, que não têm o direito de engravidar. Uma vez que os bebês já tenham nascido, as coisas são diferentes".[26]

Por fim, os dezembristas receberam ordens de deixar a fortaleza de madeira de Tchita, em agosto de 1830, para viajar cerca de 670 quilômetros sob guarda armada até a prisão de Petrovsk Zavod, construída para essa finalidade. Os oficiais exilados e suas esposas passaram um mês e meio na estrada. Nada mostra mais o espírito de fraternidade e liberdade em relação às hierarquias e convenções da Rússia de Nicolau I do que o avanço da caravana no glorioso clima do verão e numa atmosfera carnavalesca, como lembra Bassarguin:

> Quase morremos de rir olhando para nossos trajes e nossa cômica procissão, na maior parte das vezes encabeçada por Zavalichin usando um chapéu redondo de abas enormes e uma espécie de sobrecasaca inventada por ele, parecida ao cafetã de um quacre. Mais para baixinho, ele levava um longo bastão muito maior do que ele numa das mãos e o livro que estava lendo na outra. A seguir vinha Iakuchkin, com um paletó *à l'enfant*, depois Volkonski com um casaco de mulher forrado de pele. Alguns usavam sobrecasacas compridas até os pés; outros, jaquetas curtas; outros, ainda, iam em mangas de camisa. Em resumo, tratava-se de uma coleção tão engraçada e bizarra de roupas que, se tivéssemos topado com algum europeu ou qualquer outro que acabasse de sair da capital, ele decerto nos tomaria por um grupo de lunáticos saído do hospício para uma caminhada.[27]

No caminho, os dezembristas festejaram as notícias da Revolução de Julho em Paris com uma taça de champanhe e uma ruidosa interpretação de "A marselhesa". A viagem "foi muito agradável e boa para nossa saúde. Renovou nossas energias para os muitos anos seguintes", escreveu Mikhail Bestujev. Seu destino, no entanto, era um lugar bem menos agradável que a fortaleza de Tchita. Ao chegar, Bestujev diz: "Atravessei as paredes de nossa Bastilha" para descobrir que sua cela era "escura, úmida e abafada. Uma perfeita sepultura!". Durante a década de 1830, Petrovsk Zavod abrigou 71 dezembristas. Havia espaço para que cada prisioneiro tivesse sua própria cela, mas nenhuma acomodação fora prevista para suas esposas, das quais se esperava que morassem fora dos muros da prisão, em dependências alugadas por sua própria conta.[28]

No começo de junho, ao saber da mudança iminente para Petrovsk Zavod, Katia Trubetskaia, Aleksandra Muraviova e Aleksandra Davidova estavam amamentando bebês nascidos em Tchita, e Maria Volkonskaia esperava seu segundo filho. As mulheres ficaram decepcionadas ao saber que em Petrovsk seriam obrigadas a escolher entre ficar dentro da cadeia com os maridos ou fora dela, vendo-os duas vezes por semana, como estipulava o regulamento. Em desespero, Trubetskaia escreveu ao chefe do Terceiro Departamento, o conde Aleksandr von Benckendorff, pedindo que intercedesse junto a Nicolau:

Fortaleza de Tchita, 7 de junho de 1830

General,

Durante quase cinco anos, meu único desejo foi dividir a prisão com meu marido, o que, até onde afetou apenas a mim, foi possível. Mas agora tenho um filho e temo por ele. Não estou certa de que ele possa sobreviver ao ar úmido e insalubre da prisão. Se me vir obrigada a levá-lo para a prisão, estarei, talvez, pondo sua vida em risco. Lá, estarei privada de toda assistência, de meios de cuidar dele caso fique doente. Como não tenho com quem deixar meu filho, serei obrigada a viver fora da prisão. Temo, no entanto, que minhas forças me abandonarão se puder ver meu marido apenas de três em três dias — não serei capaz de suportar isso. Além disso, qualquer mal súbito que acometa meu filho ou a mim me privará até desses breves encontros com meu marido, já que, segundo os regulamentos que nos mostraram em Petrovsk [Zavod], eles só poderão ocorrer no presídio. General, abri mão de tudo só para não ser separada de meu marido. Vivo apenas para ele. Em nome de Deus, não me tireis a possibilidade de estar com ele [...].

Com total devoção,

Iekaterina Trubetskaia

Davidova escreveu no mesmo dia, apelando a Benckendorff "como pai e marido. Estou certa de que não ficareis indiferente a uma pobre criança inocente e a sua mãe". No entanto, quando as cartas chegaram a Nicolau, em agosto de 1830, ele negou os pedidos.[29]

As mulheres tinham boas razões de preocupação. Depois da chegada a Petrovsk Zavod, elas tiveram de andar para lá e para cá entre suas cabanas alugadas e o presídio, suportando temperaturas que em um mês tinham caído a menos de vinte graus negativos. "Passo o dia inteiro correndo do presídio para casa e de casa para o presídio", escreveu Muraviova a seu pai. "Meu coração sangra por meu filho, que fica sozinho em casa. Por outro lado, estou bastante preocupada com Nikita [...]. Já faz dois dias que não o vejo, porque estou muito doente e não posso sair de casa." As autoridades confiscaram sua carta, e o próprio Benckendorff comentou:

Essa carta não foi encaminhada, e as esposas deviam ser avisadas de que entristecem seus parentes em vão. Seus maridos estão exilados como castigo, e tudo foi feito para que a compaixão e a leniência pudessem contribuir para aliviar sua mais que merecida sentença [...]. As mulheres já estão autorizadas a viver com seus maridos, mas é impossível construir dependências para as crianças dentro da prisão porque não sabemos quantas dessas desafortunadas vítimas do amor irresponsável haverá.[30]

Iakuchkin lembra que Muraviova andava de um lado para o outro diversas vezes durante o dia, entre a filha, Nonuchka, em casa e seu marido na prisão. Ano a ano, sua saúde se deteriorava. Certa vez, em setembro de 1832, Muraviova visitou a prisão durante o dia vestida com roupas muito leves, mas à noite, quando voltou para casa, sentiu resfriar-se e durante a noite teve fortes dores no peito. Chamaram um médico, que confirmou que ela estava com pneumonia. Mais tarde, Iakuchkin escreveu:

Ao longo dos dois meses seguintes, a mulher doente definhava. Nenhum tratamento era capaz de restabelecer suas forças em declínio. Dois dias antes de morrer, ela manifestou o desejo de me ver. Fiquei meia hora à sua cabeceira. Ela mal conseguia falar, mas por suas palavras ficou claro que estava preparada para se separar para sempre daqueles que amava.

Preocupadas com a inquietação pública provocada pela morte prematura de Muraviova, aos 28 anos, dois meses depois as autoridades de São Petersburgo deram novas instruções, permitindo que os maridos visitassem as esposas fora da prisão.[31]

As mulheres dos dezembristas não apenas partilharam da sorte dos maridos; elas a transformaram. O desejo dos prisioneiros e suas mulheres de ter filhos envolvia uma luta contra as autoridades. Volkonskaia, Trubetskaia, Muraviova e as outras podiam ter renunciado a seus direitos legais ao cruzar a divisa da Região Mineradora de Nertchinsk, mas o Estado não podia despojá-las de seus direitos morais. Nicolau tinha pretendido banir os dezembristas para o ostracismo, e assim poder castigá-los à vontade, longe dos olhos da aristocracia russa. No entanto, com a correspondência com amigos e parentes, suas mulheres garantiam que as notícias sobre eles continuassem a circular nas cidades russas. As cartas enviadas pelas mulheres de Nertchinsk faziam com que o tsar se visse desempenhando em público o papel de tirano vingativo e mesquinho, separando sem necessidade filhos de seus pais e infligindo sofrimento a mulheres que eram não apenas inocentes como também personificavam as mais elevadas virtudes da devoção conjugal e do sacrifício.[32]

Russos instruídos entendiam o sacrifício das esposas de dezembristas como atos públicos de coragem e patriotismo, e voltavam sempre à imagem dessas mulheres virtuosas e desprendidas. Dessa forma, eles de fato as consagravam como santas e apóstolas seculares dos movimentos reformistas do império. Em 1866, o pensador socialista Aleksandr Herzen escreveu de seu exílio em Londres que "as mulheres dos forçados exilados foram despojadas de todos os seus direitos civis, deixaram para trás sua riqueza, sua condição social e partiram para uma vida em cativeiro no terrível clima da Sibéria Oriental, sob a terrível opressão da polícia de lá".[33] Em 1873, Nikolai Nekrasov, poeta com simpatias radicais e dono de um faro comercial apurado para o gosto literário do público leitor da Rússia, imortalizou a vida de Maria Volkonskaia e Katia Trubetskaia no poema narrativo intitulado "Mulheres russas". A última cena romantiza o primeiro encontro de Maria com o marido em Blagodatsk:

> Corri até ele, e minh'alma, enquanto eu ia
> Deixava-se tomar do sentimento mais sagrado.
> E agora, só agora, neste inferno subterrâneo
> Onde não cessa o ruído ensurdecedor,
> Vendo suas correntes, imagino muito bem
> Os tormentos em que ele tem vivido,
> Sua força e sua paciência ao suportar essas dores
> A que seus destruidores o lançaram,
> Caio de joelhos diante dele.
> Ergo suas cadeias e beijo-as, antes de abraçá-lo.[34]

A Trubetskaia de Nekrasov se radicaliza com a viagem através do "reino de miseráveis e escravos" para se reunir ao marido em Nertchinsk. Ela expressa "desprezo pelos algozes, a certeza da justiça nos manterá".[35] Nas décadas que se seguiram à morte de Nicolau, poetas, jornalistas e historiadores forjaram a imagem dessas mulheres como heroínas democráticas e patrióticas convencidas de que, unindo-se a seus maridos na Sibéria, manteriam vivos seus ideais revolucionários no exílio. Apodrecendo nas celas do presídio de Chlisselburg, em São Petersburgo, no alvorecer do século xx, a radical Vera Figner encontraria inspiração no exemplo das mulheres dos dezembristas:

> Não encontramos nessas mulheres alguma coisa de excepcional que também atingiu e inspirou seus contemporâneos? Com toda a sinceridade, não encontramos nelas [...] as portadoras de uma tocha que iluminaria o futuro de nosso movimento revolucionário?[36]

Embora no exílio as famílias dos dezembristas personificassem um novo ideal de sacrifício voluntário, amizade e profunda emoção, os homens percebiam suas relações com os parentes na Rússia cada vez mais tensas. Muitos deles sentiam que os parentes estavam se afastando, escrevendo raras vezes e deixando transparecer uma falta de entusiasmo por intervir junto ao governo em seu favor. Obolenski escreveu de Petrovsk Zavod em 1830:

> Sempre penso em como é estranho que as pessoas confundam o comportamento político de um homem com suas relações sociais e familiares [...]. Que os atos dentro da família sejam julgados pela família, e as ações políticas pelas autoridades; por que acrescentar o castigo familiar ao político?

É estranho, lamenta, "que os trabalhos forçados [...] possam destruir sentimentos que deveriam durar até o fim de nossa vida".[37] A família de Maria jamais perdoou Serguei Volkonski por seu envolvimento na malfadada Revolta Dezembrista e por arrastar sua filha para a Sibéria, onde viveria como esposa de um "criminoso de Estado" em desgraça. A mãe de Maria, Sofia Raievskaia, era inflexível ao acusar o "adorado marido" de Maria de ser o culpado de tudo: "Só um pouco de determinação teria sido necessária para não se casar sabendo que o homem fazia parte daquela maldita conspiração!". Maria sentia também a desaprovação do pai, ao pedir-lhe: "Como posso ser feliz, ainda que por um momento, se as bênçãos que me dás em todas as tuas cartas não são extensivas a Serguei?". Ressentimentos sobre finanças também surgiram entre as famílias. Com alguma razão, os Raievski queixavam-se de que os Volkonski estavam sendo mesquinhos em seu apoio financeiro a Serguei e Maria, deixando recair sobre eles a carga maior. É verdade que os Volkonski quase nunca mandavam dinheiro. A própria irmã de Serguei, Sofia, tinha tomado para si a parte dele na propriedade da família. "Se me ocorresse a desgraça de ter meu filho na Sibéria e minha desafortunada e inocente nora decidisse segui-lo", escreveu a mãe de Maria, "eu teria vendido meu último vestido para enviar dinheiro a ela." O próprio Serguei ficou amargurado com o fato de sua família tê-lo passado para trás em relação à herança e não ter feito nenhum esforço para reconhecer oficialmente seu filho como herdeiro das propriedades dos Volkonski. Uma única vez eles pediram ao imperador que transferisse Serguei para o contingente do Exército Imperial no Cáucaso. As relações de Serguei com a irmã se romperam por completo. Ela era, escreveu Volkonski ao fim de seu exílio, "uma espinha atravessada em minha garganta". Em 1848, ele escreveu ao dezembrista Ivan Puschin: "Não me importo muito com relações de família aristocráticas; nossa família prisional é muito mais sincera e confiável". Volkonski não foi o único a se referir à família prisional. Obolenski e Nikolai Bassarguin também falavam dos dezembristas como de uma família caracterizada por laços de assistência mútua, afeto e solidariedade.[38]

Primeiro em Tchita e mais tarde em Petrovsk Zavod, os dezembristas permaneceram fiéis a seus valores de igualdade, solidariedade e submissão aos interesses do povo. Paradoxalmente, o Estado tornou possíveis esses esforços. O fracasso em restringir de fato a riqueza a que os dezembristas tinham acesso, e a relutância a obrigá-los a executar com seriedade um trabalho físico extenuante liberou aqueles jovens instruídos e cheios de energia para cuidar de seus próprios assuntos. E o mais importante: temendo a influência subversiva deles sobre a grande população de exilados, o regime concentrou-os num mesmo lugar. Para Mikhail Bestujev, "a prisão nos deu uma existência política para além das fronteiras da morte política".[39] Bassarguin concorda:

> Se o governo tivesse nos dispersado por diferentes fundições, privando-nos da companhia de nossos camaradas e da oportunidade de nos apoiarmos uns aos outros; se tivesse nos misturado a forçados comuns, e nos subordinado aos funcionários de cada localidade e ao regulamento geral dos trabalhos forçados, sem sombra de dúvida a maior parte de nós poderia ficar moralmente destruída pelas circunstâncias [...]. Poderíamos ter perdido a noção de dignidade e teríamos perecido a ponto de não mais nos recuperarmos, arrastando a mais lamentável e infame existência [...].

Agindo como fez, o governo nos deu meios não apenas de manter nossa dignidade moral como também de elevá-la ainda mais.[40]

As diferenças sociais entre os dezembristas se evaporaram com rapidez em cativeiro, tendo sido substituídas por laços igualitários de camaradagem derivados de suas experiências em comum. Zavalichin lembra como a generosidade e o apoio forjaram as relações entre eles, "num renascimento da comuna cristã". Nem todos os dezembristas eram ricos. Os que não recebiam dinheiro da família tinham direito a um irrisório subsídio anual de 114 rublos, equivalente aos vencimentos de um soldado. Mas para garantir que ninguém passasse necessidade, os dezembristas fundaram um *artel*, ou associação, para o qual cada um deles contribuía com uma quantia proporcional ao que recebia. Bassarguin foi eleito tesoureiro e fazia a contabilidade, garantindo que cada homem, independentemente de seus recursos, recebesse não menos de quinhentos rublos por ano.[41] Os artigos que chegavam de São Petersburgo eram postos sobre uma mesa comum (aliás, havia uma única mesa comum, como observou, sarcástico, o próprio Zavalichin) e compartilhados. A instituição do *artel*, explicada em termos irônicos por Piotr Svistunov numa carta escrita em Petrovsk Zavod em setembro de 1831, personificava o entusiasmo geral por solidariedade e igualdade:

> É de fato nosso pequeno "estado" liliputiano. A cada ano, por maioria obtida numa votação secreta, elegemos um governante e um chanceler, que farão cumprir a vontade do *artel* e terão o privilégio de ter seu trabalho executado por outros membros. A opinião pública, no *artel*, é a mais alta corte e decide todo e qualquer conflito. Temos um código de regras, orçamento, comissões especiais, eleitores e representantes. Em resumo, estamos brincando de república da forma mais inocente, como que para nos consolarmos de nosso infortúnio. É uma paródia de nossos sonhos, que poderia servir de material de pesquisa sobre as deficiências da mente humana.[42]

Desanimado e solitário, Svistunov talvez não visse, em 1831, a influência que a "república" dezembrista viria a exercer sobre a imaginação popular nas décadas seguintes. Se seu republicanismo tinha fracassado como projeto político em São Petersburgo, implantado naquela pequena comunidade em Nertchinsk ele se tornaria um toque de clarim para uma geração posterior de opositores da autocracia.

Durante quase todo o século XIX, os dezembristas estiveram entre os exilados menos isolados da Sibéria. Livros, revistas e jornais vinham da Rússia aos borbotões, primeiro para Tchita, depois para Petrovsk Zavod, mantendo-os a par dos acontecimentos do império e da Europa, ainda que com atraso de dois ou três meses. "Era impossível, para qualquer um de nós", escreveu Rozen em suas memórias "ler todas as revistas e jornais que recebíamos entre uma entrega postal e outra. Por isso, as publicações eram distribuídas entre muitos leitores que depois comunicavam aos demais os acontecimentos e descobertas mais importantes." Eles acompanharam a repressão à Insurreição de Novembro no Reino da Polônia em 1830-1 com grande interesse e se solidarizaram com a causa dos rebeldes poloneses, que na verdade se juntariam a eles em breve na Sibéria Oriental. As autoridades tentaram implantar uma técnica primitiva de censura sobre o fluxo de publicações russas, francesas, alemãs e inglesas que corria para Nertchinsk, mas com pouco êxito. Confundido pelo apetite literário do poliglota Zavalichin, Leparski lutava para avaliar o conteúdo subversivo de livros escritos em árabe e hebraico.[43]

Mesmo livros e jornais proibidos chegavam até os dezembristas com frequência, passando pela própria chancelaria privada do tsar, à qual a região de Nertchinsk era subordinada. "Usávamos o seguinte truque", explicou Zavalichin. "A página do sumário era arrancada do livro e em seu lugar se pregava o sumário de um livro comum, em geral um 'tratado de arqueologia, botânica' e assim por diante." Dessa forma, os revolucionários exilados mergulhavam em Gibbon, Montesquieu, Franklin e Rousseau, para mencionar apenas uns poucos. Nikolai Muraviov, Trubetskoi e Volkonski fizeram vir suas bibliotecas de São Petersburgo. Mikhail Lunin tinha uma "vasta biblioteca de temas religiosos, inclusive edições originais inestimáveis dos Pais da Igreja gregos e latinos", enquanto a de Zavalichin contava com obras "em quinze línguas". Em poucos anos, a coleção de livros dos dezembristas chegou a mais de 100 mil volumes (é provável que Zavalichin tenha incorrido em exagero ao estimar esse número em quase meio milhão).[44]

Saídos dos mais altos escalões da elite russa, muitos dezembristas tinham uma educação clássica. Vários deles passaram a dar palestras para seus camaradas. Nikolai Muraviov tinha uma excelente coleção de mapas que usava para dar aulas de estratégia militar; Nikolai Bestujev proferia palestras sobre história militar e náutica. Ferdinand Volf, médico competente, ensinava anatomia e física, enquanto Obolenski dava aulas de literatura e Pavel Bobrischev-Púchkin, de matemática. Entre todos, esses homens eram fluentes em dezenas de idiomas, que se propuseram a ensinar uns aos outros. Obolenski e Lunin estudaram grego; Svistunov preferiu latim, inglês e alemão. Com seu surpreendente talento linguístico, Zavalichin aprendeu latim, alemão, italiano, grego moderno e polonês. Ler e escrever era uma coisa; a pronúncia correta, algo bem diferente. Lunin, fluente em inglês, dizia a seus alunos: "Senhores, leiam e escrevam inglês à vontade, mas por favor não tentem falar!". Outro oficial exilado, Nikolai Beliaiev, recorda que o período de exílio dos dezembristas "tinha sido uma magnífica escola moral, intelectual, religiosa e filosófica".[45] Primeiro Tchita e mais tarde Petrovsk Zavod tornaram-se os mais vibrantes centros culturais do império tsarista a leste dos Urais. Analisando aquela comunidade em 1834, o escritor e diplomata Semion Tcherepanov registrou em seu diário: "Petrovsk Zavod compreende uma espécie de academia ou universidade com 120 acadêmicos ou professores".[46]

Os homens davam atenção também a questões práticas. Nikolai Lorer registrou que "artesãos de todo tipo apareceram entre nós: serralheiros, marceneiros cujo trabalho nada ficava a dever ao de artífices de São Petersburgo". O mais extraordinariamente versátil da academia era Nikolai Bestujev. Confeccionava relógios, sapatos, brinquedos, berços e urnas mortuárias. Numa gentileza para com Maria Volkonskaia, ele aprendeu a reparar e afinar o piano que ela tinha feito vir de São Petersburgo. Executou uma série de retratos impressionantes dos dezembristas e suas mulheres, além de paisagens de Tchita, Petrovsk Zavod e redondezas. Volkonski e Aleksandr Poggio, enquanto isso, se mostraram engenhosos e hábeis horticultores e canalizavam suas energias para o cultivo de uma horta dentro do forte de Tchita. "Produzir verduras para o consumo de cem pessoas durante todo o inverno não é pouca coisa", escreveu Obolenski com orgulho. "No outono, colhemos os vegetais dos canteiros, fazemos conservas de repolho e beterraba, armazenamos batatas, nabos e cenouras." Volkonski encomendou sementes em São Petersburgo e transformou a sala de Maria num jardim botânico improvisado. Construindo estufas, Poggio conseguiu cultivar aspargo, melão e couve-flor.[47]

A frenética atividade em que Nikolai Bestujev e os outros dezembristas mergulharam nunca, no entanto, calou o profundo sentimento de desespero pelo fracasso da revolta e seu banimento para a Sibéria: "Anseio pela vida, mas estou numa sepultura. Calculei tudo errado. Fiz tudo para merecer ser fuzilado e nunca esperei sair com vida, e agora não sei o que fazer dela", escreveu Bestujev de Petrovsk Zavod a um camarada em 1838. "Se devo viver, devo agir! A inatividade é pior que o purgatório, por isso serro, aplaino, cavo e pinto, mas o tempo ainda pinga em gotículas geladas sobre minha cabeça quente e febril, e logo sinto pontadas em meu pobre coração partido."[48]

A habilidade dos dezembristas para formar uma comunidade expressiva com base em princípios democráticos e a execução de atividades agrícolas e educativas junto da população nativa serviram de exemplo inspirador para outros. Analisando as décadas de exílio dos dezembristas, Zavalichin viu alguma coisa autenticamente nova em suas relações com a população local da Sibéria:

> Fomos as primeiras pessoas do mais alto nível social a aparecer na Sibéria e ser acessíveis a todos. Nós nos comportávamos segundo um éthos em tudo oposto ao que os habitantes tinham se acostumado a ver em seus superiores e nas autoridades. Encontraram simpatia e objetivos comuns em vez de coerção e extorsão.[49]

No império tsarista de Nicolau, esses valores — rejeição implícita da hierarquia que governava todas as relações entre as classes sociais — levavam consigo uma carga de radicalismo.

Ao contrário do que dizia a mitologia que se erigiu em torno deles, os dezembristas não eram santos. Em suas memórias, eles em geral relutavam em falar mal de seus camaradas, mas Zavalichin não se furtou a descrever os aspectos menos palatáveis de sua vida em Petrovsk Zavod. Ele conta que a ideia comunitária começou a enfraquecer quando, depois de alguns anos, os dezembristas mais ricos começaram a construir suas próprias casas particulares em torno da prisão:

> Eles juravam que era para minorar a superlotação, mas na verdade não era esse o motivo [...]. Isso destruiu o igualitarismo e liberou algumas pessoas do controle da supervisão social, e promoveu não apenas privilégios para os ricos como também servidão entre o proletariado emergente.

As casas de Volkonski e Trubetskoi, por exemplo, chegaram a ter cerca de 25 serviçais, entre eles uma parteira e um guarda-livros. Os Muraviov tinham até seu próprio mordomo. Na prisão havia outros quarenta criados: guarda-costas, cozinheiros, padeiros, jardineiros, porqueiros. Em consequência disso, alguns começaram a "ficar do lado dos mais privilegiados, para deles obter vantagens especiais, e dessa forma surgiram patrões, partidarismos e facções". Baralho e álcool, "antes impensáveis, começaram a aparecer na prisão e a minar nossa postura moral". Muitos procuravam prostitutas e compravam favores sexuais das moças de famílias camponesas das imediações. O antigo companheiro de Ivan Sukhinov em Zerentui, Aleksandr Mozalevski, foi surpreendido por Leparski "envolvido em sórdidas relações e atos os mais indecorosos". Svistunov dedicou-se à cafetinagem e à prostituição. Recebia grandes somas em dinheiro de seu irmão Aleksei, mas entregava muito pouco ao *artel*, "gastando o que sobrava em orgias e para seduzir e comprar jovens ingênuas a pais desonestos nas aldeias". Aleksandr Kutchevski tratou tão mal sua jovem noiva que teve de pagar para que a procurassem quando ela fugiu.[50]

Depois que Nicolau comutou as sentenças deles em períodos mais curtos de trabalhos forçados — uma instância de clemência autocrática que pouco mudou sua imagem de déspota punitivo —, os dezembristas começaram, em 1835, a ser liberados dos trabalhos forçados para se radicar em assentamentos. Alguns, como Aleksandr, irmão mais novo de Nikolai Bestujev, obtiveram autorização para viajar ao sul do Cáucaso e entrar para o Exército Imperial, que travava guerras coloniais na região. Muitos, no entanto, foram designados para pequenas cidades e vilarejos da Sibéria. Ao contrário dos administradores superiores e governadores, que serviam durante um período visto como uma espécie de emprego colonial temporário, os dezembristas, agora cientes de que Nicolau não tencionava lhes conceder anistia, fizeram da Sibéria seu lar. Continuaram com suas atividades agrícolas, etnográficas e educativas junto à população nativa. Bassarguin e Rozen ensinaram os buriatas a cultivar trigo-sarraceno, centeio, cevada e cânhamo. Bestujev começou a importar foices da China para aperfeiçoar a colheita e o armazenamento de forragem para o gado. Em Tchita, Poggio mostrou aos buriatas como usar viveiros para começar a plantar mais cedo e que era possível cultivar fumo, aspargos, pepino e melancia.[51]

Zavalichin fundou uma escola para os filhos de camponeses locais e buriatas de Tchita; Nikolai e Aleksandr Bestujev, junto com Obolenski, fundaram outra escola em Nertchinsk; Iakuchkin, uma terceira em Ialutorovsk na Sibéria Ocidental. Teorias educacionais britânicas fundamentavam a instrução em todas elas. Iakuchkin foi mais longe e fundou uma escola para meninas que, em quatro anos, tinha nada menos que cinquenta alunas. Entre os dezembristas havia alguns médicos, que ajudaram a organizar e prestar serviços básicos para os povos nativos tungus e buriatas. O mais famoso deles foi Ferdinand Volf, que em 1836 teve licença para praticar a medicina e tornou-se médico da recém-inaugurada Prisão Central de Trabalho Penal de Tobolsk em 1852.[52]

Recebendo generosa assistência financeira de suas famílias, os Volkonski foram enviados a um assentamento na aldeia de Urik, perto de Irkutsk. Conseguiram estabelecer uma fazenda, constituíram família e mais tarde se integraram à sociedade de funcionários públicos e ricos comerciantes da cidade. Em Irkutsk, Maria Volkonskaia fundou um orfanato e diversas escolas. Também recebia para noitadas e concertos em sua ampla e lindamente mobiliada casa no centro da cidade (hoje um museu dedicado aos dezembristas). A residência dos Volkonski se tornou uma instituição cultural na vida de Irkutsk, transmitindo gostos e modos da elite da metrópole à provinciana sociedade siberiana. Até hoje, a impressionante arquitetura do município de Irkutsk, com sua sala de ópera, museus e galerias, deve alguma coisa à influência cultural dos dezembristas.[53]

Bassarguin empreendeu uma pesquisa geral sobre os problemas econômicos, sociais e administrativos da Sibéria, e Matvei Muraviov-Apostol fez uma análise estatística da região de Ialutorovsk. Os irmãos Piotr e Andrei Borisov reuniram e catalogaram uma grande coleção de insetos, e Nikolai Bestujev fez detalhados estudos etnográficos que incluíram a compilação de um dicionário buriata-russo. Alguns dezembristas entraram também para o serviço público, trabalhando como estatísticos e agrônomos numa administração cuja carência de funcionários competentes era desesperadora. Embora ainda na condição de "criminoso de Estado", Aleksandr Briggen ascendeu ao cargo de presidente do tribunal distrital de Kurgan, na Sibéria Ocidental. Zavalichin, reconhecido especialista no Extremo Oriente russo desde antes de sua prisão, tornou-se um dos mais importantes conselheiros das autoridades da Sibéria Oriental e fez um importante estudo sobre a região de Amur.[54]

Com esses vários projetos que visavam a beneficiar a população local, os exilados lançaram de fato as bases de uma intelligentsia europeia na Sibéria. Dezembristas como Bassarguin orgulhavam-se dos "benefícios morais e educativos" e das "diversas ideias novas e úteis" que tinham introduzido entre os habitantes das regiões em que se estabeleceram.[55] Foi nesse sentido estrito que o uso do exílio pelo governo beneficiou o desenvolvimento de todo o continente. Ao longo do século XIX, exilados instruídos, saídos das fileiras da nobreza e da intelligentsia, deram uma forte e duradoura contribuição para o desenvolvimento da sociedade civil na Sibéria. Fizeram isso não por serem criminosos que procuravam encontrar redenção e reabilitação além dos Urais, mas porque no exílio continuavam em busca da realização dos mesmos ideais republicanos — prestar serviços patrióticos a seu país — que os moveram desde o início ao conflito com a autocracia. Uma geração posterior de exilados políticos nas décadas de 1860 e 1870 seguiria os passos dos dezembristas. Privados da oportunidade de buscar seus objetivos democráticos em sua terra, alguns exilados políticos encontrariam na Sibéria um escoadouro para suas energias reformadoras e seu ativismo cívico.

No entanto, o governo continuava desconfiadíssimo da influência política dos dezembristas na Sibéria. Depois de removidos para assentamentos, os exilados foram proibidos de residir em grupos de mais de três na mesma cidade (embora o regulamento fosse em boa medida ignorado pelas autoridades locais); eles continuavam sob vigilância policial e estavam proibidos de viajar para fora de seus distritos sem permissão expressa. Dessa forma, os homens agora tinham uma vida bem mais isolada em comparação com a de Tchita e de Petrovsk Zavod, como observou Bestujev numa carta a Obolenski em 1840: "Agora tenho mais liberdade — muito mais que na prisão — e dessa forma pelo menos uma existência física é possível. Mas no que diz respeito à vida da mente, *adieu!*". Bestujev teve frustrado seu desejo de convívio social e trabalho prático pelas limitações dentro das quais era obrigado a viver no minúsculo vilarejo de Selenginsk, no Transbaikal:

> Tendo sido enviado a um assentamento e com reservas de energia, queria ser um membro útil da sociedade, pelo menos ser ativo e não um vagabundo; mas as restrições a nós impostas de todo lado nos levam a que, mesmo com toda a disposição do mundo, sejamos deixados sem nada para fazer.[56]

As restrições oficiais a seus movimentos e atividades também privaram muitos dezembristas da possibilidade de se sustentarem. Zavalichin escreveu a Benckendorff de Tchita em 1842 explicando que sua falta de liberdade de movimentos não permitia que ele ganhasse a vida, fosse com a agricultura ou com qualquer outro tipo de atividade, e implorava para ser autorizado a publicar seus livros. Com exceção do alemão do Báltico Andrei Rozen, que se revelou um agricultor competente e bem-sucedido, a maior parte dos dezembristas em assentamentos era financiada por suas famílias da Rússia europeia, ou obrigada a encontrar um sustento. "Muitos de nossos amigos estão relegados a uma verdadeira pobreza", escreveu Volkonski a seu camarada Aleksandr Puschin em 1841: "Os Muraviov e Trubetskoi estão bem de vida e nós não temos dívidas, mas há outros que não têm um copeque [...]. Ajudamos o quanto podemos".[57]

A pobreza e o isolamento acabaram cobrando seu preço a muitos dos dezembristas. Quando Mikhail Bestujev comentou, em Tchita, que "se tivéssemos sido dispersados pelas diversas minas [...] é provável que tivéssemos perecido como Sukhinov, ou sucumbido moralmente sob o jugo da necessidade e da privação", ele sem querer antecipava a sorte de diversos de seus camaradas depois de enviados a assentamentos. O oficial Konstantin Igelstrom, de 33 anos, escreveu desesperado na véspera de sua ida para o assentamento, em 1832: "Agora me disseram que me ponha a arar a terra. Passei dez anos na academia militar, dez anos no Exército e sete anos em prisões diversas. Então a pergunta é: onde se supõe que eu tenha aprendido agricultura?". Aleksandr Bariatinski morreu de sífilis numa cabana imunda em Tobolsk em 1844; os irmãos Borisov conseguiram sobreviver vendendo desenhos dos insetos que tinham estudado na Sibéria Oriental. Piotr morreu em 30 de setembro de 1854, e Andrei, que lutara durante muito tempo contra uma doença mental, enforcou-se poucos dias depois.[58]

Mikhail Lunin sempre dizia que havia apenas três caminhos para os dezembristas: "Alguns vão se casar, outros entrarão para um mosteiro, o resto vai beber até morrer". Mas ele desafiou suas próprias predições. Um dos mais notáveis dezembristas entre seus companheiros, Lunin talvez tenha percebido melhor que ninguém que, em retrospecto, o poder da Revolta Dezembrista não estava no desafio armado à autocracia de São Petersburgo, e sim na modelagem de um exemplo inspirador de patriotismo e virtude republicana. Ao contrário de seus camaradas, que se comportavam de maneira "silenciosa e submissa" no trato com as autoridades, Lunin continuou desafiador e destemido.[59]

Católico fervoroso, Lunin sempre tinha ficado um pouco distante dos outros dezembristas em Tchita e Petrovsk Zavod. Depois de enviado a um assentamento, no fim de 1835, ele se reuniu aos Volkonski e aos Muraviov no vilarejo de Urik. Nesse lugar, começou a escrever cartas a sua irmã, Iekaterina Uvarova, cheias de comentários acerbos sobre seu exílio na Sibéria e sobre a corrupção e as injustiças do sistema tsarista. Em pouco tempo, essa correspondência descuidada, que Lunin bem sabia que iria passar pela censura do Terceiro Departamento, começou a despertar a cólera do governo.[60]

Em seu vilarejo isolado na Sibéria Oriental, Lunin percebeu que o castigo imposto pelo Estado aos dezembristas só fizera engrandecê-los aos olhos do público russo instruído. "Ninguém tem o poder", escreveu ele a sua irmã em 1837,

> de desgraçar pessoas que não mereceram isso. Estive diante do patíbulo e usei grilhões. Mas você me acha mesmo um desgraçado? Meus opositores políticos não acham. Eles precisam usar força bruta porque não têm outro modo de refutar as ideias progressistas que manifestei.

Um ano depois, Lunin escreveu:

> Na prisão e no exílio, meu nome foi mudado diversas vezes e, com cada mudança, cresceu mais. Nos documentos oficiais agora sou chamado de "criminoso de Estado, exilado em um assentamento", de modo que há uma frase inteira anexada a meu nome. Na Inglaterra, diriam: "Lunin, membro da oposição".

Ele estava convencido de que "as ideias pelas quais fui sentenciado à morte política em poucos anos serão condições necessárias para a vida civil". O assistente de Benckendorff escreveu a seu chefe que essas cartas davam "prova da natureza inveterada das falsas ideias de Lunin".[61]

Benckendorff proibiu Lunin de escrever cartas durante um ano, mas quando os dezembristas foram afinal autorizados a empunhar a pena mais uma vez, em 1839, ele não dava sinais de ter sido intimidado. Pelo contrário, abandonou toda a cautela. Em cartas que, sabia, iam incorrer na ira de São Petersburgo, escarnecia da "escravidão que se expressa em nossas regras, costumes e instituições", dizendo que "não tememos morrer no campo de batalha, mas não ousamos clamar no Conselho de Estado por justiça e humanidade". Criticava a servidão e abordava a censura rígida que imperava na Rússia: "Em nossos tempos, é quase impossível dizer 'alô' sem que a palavra contenha algum tipo de significado político". Escreveu que o último desejo do general ateniense Temístocles, exilado em Argos, "foi que seus restos mortais fossem levados para sua pátria e sepultados no solo natal; meu último desejo é que meus pensamentos [...] sejam retirados do deserto da Sibéria e disseminados e desenvolvidos na mente de meus compatriotas". Pediu à irmã que fizesse "circular cópias de minhas cartas. O objetivo delas é sacudir a apatia do povo".[62]

A sorte de Lunin foi selada ao serem descobertos alguns ensaios políticos que denunciavam a ordem política e social da Rússia. Numa das muitas passagens de forte retórica, ele faz uma tocante acusação da autocracia desde a repressão da Revolta Dezembrista:

> Se das profundezas desérticas da Sibéria nossos exilados pudessem levantar a voz, diriam primeiro aos líderes do partido governante: "O que fizeram pelo povo ao longo dos quinze últimos anos? [...] Tinham o compromisso de ouvir e dar curso a todas as opiniões expressas dentro da legalidade sobre a melhora das condições do país, mas tornaram isso impossível impondo novas restrições à liberdade de imprensa, ameaçando as relações com a Europa e paralisando a vigência de princípios civilizados com a ajuda de um sistema reacionário. Defendemos o culto da lei; os senhores defendem o culto da personalidade, guardando as roupas dos soberanos em igrejas como se fossem um novo tipo de relíquia. Assumiram a tarefa de livrar a Rússia do contágio de ideias liberais, mas mergulharam-na num abismo de dissolução, no vício da espionagem e na escuridão da ignorância. Pela mão do carrasco, extinguiram as mentes que iluminavam o movimento social e conduziam seu desenvolvimento. E que puseram em lugar delas? Serão chamados ao tribunal de nossos contemporâneos e da posteridade: respondam por si!".[63]

Em fevereiro de 1841, Benckendorff ordenou que prendessem Lunin "e que o mandassem de imediato para a mina de Akatui, mas não para que trabalhasse, e sim para submetê-lo ao mais estrito regime de encarceramento, separado de todos os demais criminosos, sem contato, pessoal ou por escrito, com ninguém". Um mês depois, Lunin foi posto sob custódia em sua fazenda de Urik e enviado para o que sua irmã mais tarde chamaria de "exílio dentro do exílio". Sem que seus amigos e parentes soubessem de seu destino, ele chegou a Akatui em abril.[64]

Mesmo para os padrões lúgubres de Nertchinsk, a mina de Akatui era um lugar desolado. Leparski tinha considerado o lugar como uma possibilidade para a prisão dos dezembristas, mas achava o grande "buraco" em que ela se localizava demasiado "terrível e insalubre". Dizia-se que o ar era tão carregado da fumaça das fundições que não havia aves num raio de trezentos quilômetros da mina. Os exilados achavam que Akatui era um lugar em que os prisioneiros eram sepultados vivos; ninguém nunca voltou de lá.[65]

Tornou-se praticamente impossível para Lunin contrabandear cartas para fora da prisão (por intermédio de prisioneiros poloneses com quem se encontrou lá), mas ele deu um jeito de mandar notícias a Volkonski em janeiro de 1842:

O arquiteto da prisão de Akatui herdou, com certeza, a imaginação de Dante. Minhas celas anteriores eram *boudoirs* se comparadas a meus alojamentos atuais. Não tiram os olhos de mim, há guardas nas portas e janelas — por toda parte. Meus camaradas de cativeiro são um grupo de cinquenta criminosos, assassinos, assaltantes e falsários. Aliás, nós nos damos muitíssimo bem. Essa boa gente simpatizou comigo. Deram-me seus pequenos tesouros para guardar e me confiaram seus segredinhos, que têm a ver, é claro, com as páginas ensopadas de sangue das histórias de aventuras.[66]

Posto numa dieta de fome pelas autoridades, Lunin percebeu que estava "condenado a uma morte lenta na prisão em lugar de uma morte rápida no patíbulo". Em 1843, escreveu a Maria Volkonskaia: "Estou fechado na escuridão, sem ar, espaço e alimento". A água escorria pelas paredes da cela, e o ar era tão úmido que seus livros em pouco tempo ficaram cobertos de mofo. Sua última carta aos Volkonskis foi escrita em algum momento depois de outubro de 1844. Não se sabe o que foi feito dele durante o ano seguinte, mas Lunin exalou o último suspiro em sua cela escura em 3 de dezembro de 1845. Seu corpo foi encontrado no dia seguinte, rodeado de suas inestimáveis, ainda que deterioradas, edições em grego e latim de Platão, Homero, Heródoto, Tácito, Cícero e Agostinho.[67]

As lendas são importantes na política e, em meio à rígida ortodoxia cultural do reinado de Nicolau, elas foram mais importantes do que nunca. Os dezembristas foram banidos para a Sibéria como traidores, com o ânimo abatido, tendo sua rebelião contra a autocracia marcada apenas pela incompetência diletante. Ali eles encontraram, no entanto, não o esquecimento, mas um renascimento político. É claro que os rebeldes nunca foram os mártires moralmente impolutos e revolucionários implacáveis pintados por seus admiradores. Sua vida no exílio, porém, proporcionou a seus contemporâneos os ingredientes de uma história aliciante de ideias republicanas e virtudes patrióticas. Em Tchita e Petrovsk Zavod, o compromisso ativo dos dezembristas com a liberdade, a igualdade e a fraternidade era um repúdio implícito da opressiva hierarquia social do tsarismo. Seu ativismo cívico na Sibéria — a horticultura, o ensino, a etnografia — expressava um compromisso apaixonado com o bem comum que fluía diante do imobilismo social desejado pela Coroa. Em resumo, eles construíram para si mesmos uma existência leal aos ideais de 14 de dezembro de 1825.

Com a marcha do tempo, da política e da tecnologia durante o exílio, a vida dos dezembristas na Sibéria tornou-se muito mais próxima do mundo das capitais russas. Depois da morte de seu camarada Nikolai Muraviov, em 1842, Volkonski refletiu:

> Não é triste morrer na Sibéria, mas é uma pena que não exista uma única sepultura para os ossos de todos nós, os desgraçados. Isso não me ocorre por orgulho ou vaidade pessoal. Separados, somos, como todo mundo, grãos de pó. Mas reunidos, nossos ossos, com um pouco de sorte, seriam um monumento à grande causa de nossa mãe-pátria e uma digna celebração fúnebre para as futuras gerações.

Mas Volkonski era um homem prático e, em suas lavouras de Urik, não poderia nunca ter ideia da torrente de publicações que sairia da Sibéria para chegar ao conhecimento público no reinado dos sucessores de Nicolau. Essas memórias, cartas e anotações publicadas ergueram, com efeito, um grandioso monumento literário aos exilados dezembristas na Sibéria e aos ideias que os levaram para lá. Longe de esquecidos pela posteridade, eles se tornaram ídolos de reformistas e revolucionários da segunda metade do século XIX. Um dos poemas mais perenes e mágicos para uma geração posterior de inimigos da autocracia foi escrito pelo poeta dezembrista Aleksandr Odoievski, homem que, segundo Mikhail Bestujev, "derramou toda a sua vida cativa em sons poéticos".[68] Na fortaleza de Tchita, no fim de 1827, Odoievski escreveu uma resposta poética à "Mensagem à Sibéria", de Púchkin, o poema que Maria Volkonskaia levara consigo ao sair de Moscou em dezembro de 1826:

O som de nossa harpa profética,
Apaixonado, chegou enfim até nós.
Sem demora nossas mãos buscaram a espada,
Mas encontraram algemas que as tolheram.
Sim, poeta, não te amofines: temos orgulho

Destas correntes que são nosso destino.
Trancados em nossas celas, escarnecemos
Daqueles que governam o Estado.
Nossas tristes cadeias não serão em vão,
A faísca se transformará em chama;
Nosso povo, já sem vendas nos olhos,
Proclamará uma nova lealdade.
Derrotando nossas algemas com espadas,
A tocha da liberdade se inflamará,
E esmagará os tsares,
Enquanto as nações despertam de seu sono.[69]

Três anos depois, em 29 de novembro de 1830, até certo ponto inspirada pelo exemplo dos dezembristas, seria a nação polonesa, não a russa, a que "despertaria de seu sono". A revolta seria a mais grave ameaça interna à Rússia imperial durante todo o longo reinado de Nicolau.

Dos 121 oficiais dezembristas enviados para o exílio, apenas umas poucas dezenas sobreviveram a sua provação. Depois da morte de Nicolau, em 18 de fevereiro de 1855, seu sucessor, Alexandre II, tomou providências imediatas para romper com o legado de estagnação e repressão do pai. O manifesto de sua coroação, lançado em 26 de agosto de 1856, previa a anistia dos dezembristas sobreviventes. Ao todo, 21 dezembristas, entre eles Serguei Trubetskoi, Ievguêni Obolenski e Serguei Volkonski, junto com Maria, fizeram a viagem de volta para a Rússia europeia. No alvorecer de um novo reinado, em meio ao otimismo que crescia entre os membros progressistas da nobreza e da intelligentsia, o reaparecimento repentino daqueles homens e mulheres parecia prometer que, por fim, os ideais que os tinham levado para a Sibéria deviam estar agora a ponto de serem implementados pelo Estado. Nos salões de Moscou, a figura desses velhos exilados, curvados ao peso da idade, foi uma inspiração para uma geração mais jovem de estudantes e intelectuais russos que reverenciava Volkonski como "uma espécie de Cristo que emergia da Rússia selvagem". Viajando pela Europa em 1861, os Volkonski se encontraram com o jovem Liev Tolstói em Florença. Tolstói ficou encantado com o "velho notável", Volkonski, e começou a planejar um romance sobre os dezembristas, que por fim evoluiria para sua obra-prima *Guerra e paz* (1869).[70]

Depois do encontro com Volkonski em Paris, no verão de 1861, o escritor Herzen, dissidente de longa data, saudou os dezembristas como progenitores de toda uma linhagem de revolucionários que continuaria a lutar contra a autocracia: "Os fantasmas desses veneráveis velhos presos se erguerão da terra e, reunindo seus netos em torno da sepultura de seus filhos, nos indicarão o caminho".[71] Na década de 1860, os exilados que voltaram se tornaram uma ligação viva entre os ideais democráticos e patrióticos dos dezembristas e uma nova geração de radicais que surgia em desafio à autocracia: os populistas.

Maria Volkonskaia morreu em 1863 e Serguei, dois anos depois. Nos últimos meses de vida, se dispôs a escrever suas memórias. Não se retratou por sua participação na rebelião e por nada do que dela derivou: "O caminho que escolhi me levou à Suprema Corte, à Sibéria, aos trabalhos forçados e a um exílio de trinta anos longe de minha pátria, e, no entanto, não renuncio a uma só de minhas palavras".[72]

6. Os *sybiracy*

Muito depois que a noite caíra e a cidade militar de Uralsk, no sul da Rússia, adormecera, em 21 de novembro de 1839, um jovem saiu de um dos casebres de madeira com uma trouxa às costas. Escolheu caminhar através da escarcha e pelas ruas desoladas até os limites da cidade. Penetrou no campo aberto, com as pernas enterradas na neve até os joelhos, até a margem do rio Ural, a três quilômetros da cidade. O curso tortuoso das águas tinha a superfície selada por uma grossa camada de gelo capaz de suportar o peso de um homem. Com passo cauteloso, procurou um ponto em que o gelo estivesse mais fino e menos resistente. Por fim, descobriu um buraco no gelo usado por cossacos das proximidades para tirar água do rio. Batendo na camada de gelo mais fina que se formara naquela noite, ele conseguiu reabrir o buraco. Lançando olhares furtivos para a escuridão impenetrável, tirou da trouxa um punhado de roupas e espalhou-as sobre o gelo ao redor do buraco. Terminada a tarefa, voltou à margem do rio e correu. Percorreu os primeiros quinhentos metros ofegando muito no ar gelado, disparado em direção à cidade. Avançou pelas ruas desertas, evitando os ocasionais fachos de luz que saíam das janelas por onde passava. Com todo o cuidado para não ser visto ou ouvido, chegou a seu casebre. Subiu a escada, abriu a porta e foi recebido na soleira por uma jovem de cabelos negros, cujos olhos brilhavam de ansiedade. Lançou os braços ao redor do pescoço dele, e ambos trocaram algumas palavras confusas de carinho e consolo, e precipitaram-se para dentro. Pouco depois, o jovem entrou num grande guarda-roupa que havia no dormitório, afastou uma parede falsa e passou pela abertura. Repôs a divisória no lugar e ficou pronto para esperar. Passou-se apenas meia hora até que uma primeira batida na porta rompeu o silêncio. O jovem era um exilado polonês chamado Wincenty Migurski; a mulher era sua esposa, Albina. Juntos, eles acabavam de encenar a morte dele.[1]

Wincenty Migurski nasceu em 1805, numa modesta família de pequenos proprietários da nobreza polonesa, ou *szlachta*, em Sandomierz, hoje no sudeste da Polônia. A turbulenta sorte da região no fim do século XVIII e começo do seguinte inscrevia-se na triste história da Polônia. Em 1772, a Comunidade Lituano--Polonesa, que compreendia o Reino da Polônia e o Grão-Ducado da Lituânia, foi repartida entre as potências vizinhas, Rússia, Áustria e Prússia. Sandomierz ficou com a Áustria. Divisões posteriores em 1792 e 1795 levaram o que restava da Polônia a ser anexado pelos três impérios. Desesperados para recuperar a independência, os poloneses recorreram a Napoleão em 1806, mas seu território foi ainda mais desmembrado depois da derrota. Pelo Tratado de Viena de 1815, as potências europeias instituíram o Congresso Polonês, sob proteção do tsar Alexandre I, com a condição de que ele salvaguardasse as liberdades constitucionais polonesas. Migurski foi criado em meio ao romantismo e ao ardente republicanismo dos jovens nobres poloneses inspirados pelos ideais da Revolução Francesa e pela experiência de luta de seus pais junto à Grande Armée. Milhares de poloneses capturados durante a caótica retirada napoleônica de Moscou em 1812 foram exilados em unidades penais militares na Sibéria e no Cáucaso, onde permaneceram até a derrota de Napoleão no Ocidente.[2]

Na década de 1820, a nobreza polonesa se tornava cada vez mais impaciente com o governo de São Petersburgo. Alexandre nunca tinha admitido de fato a autonomia polonesa, e o regime repressivo de Nicolau I repeliu muita gente. Ao longo daquele período, São Petersburgo erodiu com decisão os termos do Tratado de Viena — a liberdade de imprensa foi eliminada, implantaram-se impostos sem o consentimento do parlamento polonês, e opositores liberais do governo tsarista foram perseguidos. Essas políticas só serviram para pôr a nu as tensões entre o constitucionalismo e o nacionalismo dos poloneses, de um lado, e a autocracia e o imperialismo russos, de outro.

Em 1823, as autoridades descobriram uma sociedade secreta de estudantes poloneses, os Filomatas, na Universidade de Vilnius. Os líderes do grupo, entre eles o grande poeta romântico polonês Adam Mickiewicz, admiravam o romantismo europeu e o nacionalismo político. Do estudo de obras literárias patrióticas polonesas e lituanas passaram a um papel mais ativo na luta pela independência da Polônia. Traídos por um membro do grupo, foram denunciados. Em 1824, depois de um julgamento que durou meses, 104 estudantes foram condenados por atividades subversivas, e vinte deles foram presos ou exilados para a Sibéria. No mesmo ano, o diretor da escola secundária de Vilnius investigou uns poucos estudantes que tinham escrito lemas patrióticos no quadro-negro da sala de aula. O professor de história nada fez para apagar o quadro e deu sua aula diante dele. Outros desconhecidos picharam lemas antirrussos nos muros do mosteiro dominicano em Vilnius. Essas manifestações de sentimentos antirrussos e pró-poloneses chamaram a atenção até do herdeiro do trono russo e governador do Congresso Polonês, grão-duque Constantino.[3]

Constantino era impopular em muitos meios devido a suas diretivas com frequência arbitrárias e à violência que manifestava nos quartéis e na praça de armas. As relações estremecidas entre a nobreza polonesa e a autocracia russa chegaram por fim a um ponto de ruptura quando São Petersburgo fez questão de que o Exército polonês participasse da repressão da Revolução de Julho em Paris em 1830. Inspirado pelos acontecimentos na França e pela quase simultânea rebelião em Bruxelas que terminaria com a independência e o estabelecimento de uma ordem constitucional na Bélgica, então integrante do Reino dos Países Baixos, um jovem republicano chamado Piotr Wysocki instigou uma revolta de jovens oficiais poloneses em Varsóvia. Na noite de 29 de novembro de 1830, os rebeldes tiraram armas de sua base e atacaram o palácio Belweder, onde ficava o grão-duque, numa tentativa de matar Constantino. O governador conseguiu escapar, mas as forças de Wysocki capturaram o arsenal da cidade e obrigaram à retirada das forças russas da capital polonesa.[4]

Os rebeldes poloneses tinham ideias semelhantes às dos dezembristas. Professavam um nacionalismo político e cultural que se via trabalhando em conjunto com as nações progressistas da Europa, sobretudo França e Itália. Pretendiam substituir a autocrática Santa Aliança dos monarcas, nascida do Congresso de Viena, em 1815, por uma Santa Aliança dos Povos. Wysocki e seus camaradas adotaram o lema "Pela nossa liberdade e pela vossa!"— deixando claro que o inimigo era o Império Russo, não seu povo. Em Varsóvia, o destronamento cerimonial dos Románov foi precedido de uma homenagem aos dezembristas, organizada pela Sociedade Patriótica Polonesa. Cinco urnas mortuárias vazias, simbolizando os cinco líderes executados em 14 de dezembro de 1825, desfilaram pelas ruas da cidade, e um serviço religioso foi oficiado na Igreja ortodoxa, depois do qual Wysocki falou para a multidão reunida diante do Castelo Real.[5]

Se os poloneses tinham buscado inspiração no exterior, sua própria insurreição os catapultou para a vanguarda do movimento republicano europeu. Houve uma enxurrada de apoio na imprensa europeia aos "franceses do norte" e pedidos de intervenção da França em apoio aos rebeldes (aos quais Luís Filipe I resistiu). Republicanos franceses, como Godofredo Cavaignac e demais membros da Sociedade dos Direitos do Homem, reconheceram sua dívida para com os poloneses por terem impedido os exércitos de Nicolau de intervir na própria França. O general marquês de Lafayette, herói da Guerra de Independência Americana e da Revolução de Julho, pressionou sem sucesso pelo reconhecimento da Polônia pela França. Na Grã-Bretanha houve um surto de indignação, seguido de manifestações e comícios em apoio à Polônia, denunciando a Rússia e pedindo a intervenção britânica no conflito. Em julho de 1831, o *Times* fulminou:

> Até quando se permitirá que a Rússia, impunemente, faça guerra contra a antiga e nobre nação dos poloneses, aliados da França, amigos da Inglaterra, naturais e, há séculos, provados e vitoriosos protetores da Europa civilizada contra os bárbaros turcos e moscovitas?

Do outro lado do Atlântico, levantou-se uma maré de solidariedade americana com os rebeldes poloneses.[6]

A Insurreição de Novembro, como ficou conhecida, em pouco tempo se tornou um confronto militar total entre poloneses e russos, com os dois lados pondo em campo os maiores exércitos que a Europa tinha visto desde as Guerras Napoleônicas. No entanto, os insurgentes foram além de suas possibilidades. Enfrentaram o poderio do Exército Imperial Russo num momento em que estavam divididos e comandados por homens hesitantes, que não conseguiram decidir se negociavam com os russos ou lhes davam combate. Em 25 de fevereiro de 1831, uma força polonesa de 40 mil homens repeliu 60 mil russos no Vístula para salvar Varsóvia, mas não conseguiu uma vitória decisiva, apenas um adiamento da derrota. À medida que chegavam reforços russos à Polônia, os rebeldes ficaram em menor número e foram vencidos. Depois de meses de obstinada resistência, as tropas tsaristas voltaram a se dirigir para Varsóvia e por fim retomaram a cidade em outubro de 1831.[7]

A vingança russa caiu com força sobre as províncias polonesas derrotadas. Um edito do governo de 15 de março de 1833 distribuiu 11,7 mil oficiais e soldados poloneses entre batalhões e fortalezas penais em lugares remotos e inóspitos por todo o Império Russo. Milhares deles foram condenados a trabalhos forçados e a residir em assentamentos na Sibéria. O tsar foi vingativo sobretudo nas províncias ocidentais da Rússia, atuais Lituânia, Bielorrússia e Ucrânia, mais integradas ao império do que o Reino da Polônia. Nessas províncias, os rebeldes, muitos deles nobres poloneses, foram julgados por cortes marciais e executados. Os aliados russos dos poloneses foram escolhidos para receber um tratamento que se destacava pela brutalidade. Um deles, Nikita Gumbarski, da província de Viborg, ao norte de São Petersburgo, foi condenado, por "participação na rebelião de 1831, assassinato, incêndio proposital e outros atos criminosos", a 120 vergastadas e trabalhos forçados perpétuos.[8]

Wysocki foi condenado à morte. Quando o tribunal lhe sugeriu que apelasse da sentença ao soberano, ele respondeu: "Não peguei em armas para pedir clemência ao tsar, mas para que meu povo nunca mais tivesse de pedir por ela". Talvez receoso de repetir o martírio dos líderes dezembristas, Nicolau comutou-lhe a sentença em vinte anos de trabalhos forçados na Sibéria.[9] Ao longo da década de 1830, milhares de poloneses foram postos em marcha para o Oriente, em caravanas que levavam mais de dois anos para chegar ao destino. Só entre 1832 e 1835, cerca de novecentos presos políticos poloneses passaram pelo Departamento de Exílio de Tobolsk.[10] Essa foi a primeira de duas grandes deportações de poloneses no século XIX. A segunda aconteceria na década de 1860. Esses poloneses ficariam conhecidos pelo nome de *sybiracy*, "siberianos" em polonês.

No ambiente inóspito dos assentamentos penais siberianos, os exilados poloneses lutaram para preservar seus ideais políticos e sua identidade cultural. Se tinha libertado os dezembristas da rígida hierarquia da sociedade russa e permitido que eles pusessem em prática suas ideias republicanas, a Sibéria condenou os poloneses ao esquecimento. Contudo, em sua luta solitária e atormentada para manter suas raízes e ideais, os *sybiracy* deram origem a uma lenda marcante de martírio que muito fez para fortalecer o nacionalismo romântico polonês. Ninguém exemplificou essa luta melhor que Wincenty Migurski.

Na sequência da Insurreição de Novembro, entre 7 mil e 8 mil insurgentes fugiram da ameaça de deportação para a Sibéria cruzando as fronteiras ocidental e sul do Reino da Polônia como emigrantes. Muitos deles tornaram-se membros ativos de várias organizações republicanas que constituíram a Jovem Europa (a Jovem Polônia teve como modelo a Jovem Itália de Giuseppe Mazzini). Nessa clandestinidade revolucionária continental, muitas vezes centrada em lojas maçônicas de cidades situadas no leste da França, os poloneses se viam como vanguarda de um movimento revolucionário que libertaria sua própria pátria do jugo autocrático e inspiraria a revolução na própria Rússia. Um dos primeiros atos do Comitê Nacional Polonês em Paris foi lançar uma simpática proclamação aos russos (de cuja redação Mickiewicz participou). Ela prestava uma homenagem aos dezembristas, promovia a ideia de uma federação livre de nações eslavas e convocava os russos a derrubar a autocracia, abandonar suas conquistas e unir-se aos poloneses numa luta conjunta pela liberdade.[11]

Migurski estava entre os que conspiravam contra São Petersburgo. Em 1831, havia fugido para a França e passou dois anos em Besançon, onde tinha participação ativa nas organizações polonesas de *émigrés* republicanos de toda a Europa. O grupo de Migurski buscava o apoio da Grã-Bretanha e da França para a libertação da Polônia e acreditava que uma guerra de guerrilhas em solo polonês garantiria o apoio de poderosos aliados geopolíticos.[12]

Depois da Grande Emigração Polonesa de 1831, muitos dos rebeldes derrotados voltaram ao Reino da Polônia, onde organizaram redes de conspiração que deveriam preparar as condições de um novo levante. Migurski foi enviado ao território da Galícia, em poder dos austríacos. Em março de 1834, numa cidade de província, conheceu Albina Winiowska, de dezessete anos, filha de um nobre provinciano, e apaixonou-se por ela. O romance foi interrompido um mês depois, quando Migurski recebeu ordem de rumar para Varsóvia e fazer contato com seus camaradas.[13]

No caminho, porém, Migurski foi preso por suspeita de portar documentos falsos e chegou a Varsóvia sob custódia armada. Submetido a incessante interrogatório na notória cidadela da cidade, foi tomado de desespero: "Nada tinha feito para servir a seu país e prejudicara Albina, roubando-lhe a felicidade para sempre". Ingeriu veneno na tentativa de acabar com a vida, mas os espasmos causados pelo vômito o salvaram. Migurski pegou então uma faca que tinha conseguido fazer passar por seus captores e, usando um pesado livro, martelou a lâmina no estômago cinco vezes e mais uma vez na área do coração. Cruzou as mãos sobre o peito e, "com uma oração nos lábios, esperei pela morte". A morte, contudo, não veio. Os guardas descobriram Migurski de bruços no chão da cela e fizeram soar o alarme. O tratamento a ele dispensado por um médico salvou-lhe a vida, e depois de dois meses de convalescença suas forças estavam de volta. A comissão de investigação estabelecida em São Petersburgo para descobrir as conspirações polonesas tinham então terminado seu trabalho. Em janeiro de 1836, numa sentença pelo visto atenuada pela compaixão por seus sofrimentos, um tribunal militar determinou o exílio de Migurski para a cidade de Uralsk, quinhentos quilômetros ao norte do mar Cáspio, para servir como soldado do Exército Imperial.[14]

Alguns dos camaradas mais comprometidos de Migurski eram seguidores de Szymon Konarski, discípulo de Mazzini, republicano radical e um dos fundadores da Jovem Polônia. Konarski também tinha buscado refúgio na França antes de voltar ao Reino da Polônia para a tentativa de implantar uma guerra de guerrilhas contra os russos. Em fevereiro de 1835, fundou a Comunidade do Povo Polonês, organização abrangente com base em Cracóvia que pretendia unir todos os grupos clandestinos existentes desde as províncias ocidentais ao leste do Reino da Polônia. Buscava a criação de uma Polônia soberana e independente, mas que via as aspirações da nação polonesa como inseparáveis das aspirações da humanidade. Porque

> os povos de todos os países são irmãos [...] membros de uma fraternidade grande e unida. Estão obrigados a se ajudar uns aos outros, a garantir e defender a liberdade de todos. Homens, famílias, castas, povos que no fim das contas tentam oprimir outros povos se tornam inimigos de toda a humanidade.

As iniciativas conspiratórias de Konarski o levaram a internar-se no território russo até onde fica hoje a Lituânia.[15]

A polícia secreta tsarista, o Terceiro Departamento, por fim infiltrou-se na Comunidade do Povo Polonês. Konarski foi preso nas proximidades de Vilnius em maio de 1838 e executado por um pelotão de fuzilamento em fevereiro do ano seguinte. O Terceiro Departamento conseguiu que alguns dos seus seguidores confessassem seus planos e revelassem a identidade dos demais conspiradores. Muitos deles foram presos e exilados para a Sibéria. Um tribunal militar condenou Josef Antoni Beaupré, médico de 38 anos, de Krements, na província da Volínia,

1. Caravana de exilados deportados, 1900.

2. *Vladimirka*, a icônica pintura de Isaak Levitan que mostra a "estrada dos grilhões" pela qual os presos marchavam rumo ao exílio, 1892.

3. *Adeus à Europa*, 1894, tela do antigo exilado Aleksander Sochaczewski, que mostra rebeldes poloneses em 1863 chegando da Europa ao posto fronteiriço da Sibéria. O quadro se encontra atualmente no Museu da Independência Nacional da Polônia, em Varsóvia.

4. Prisioneiros velhos e doentes viajando para o exílio em carroças abertas, década de 1880.

5. *Civilização russa*, uma visão mordaz da repressão do governo russo publicada na revista satírica *Judy* (Londres, Inglaterra), em 3 de março de 1880.

6. Cela na prisão de encaminhamento de Tomsk lotada de presos, com mulheres e crianças seguindo seus maridos e pais para o exílio, década de 1880.

7. Chamada de prisioneiros numa estação de parada a caminho da Sibéria, na virada do século XIX para o XX.

8. Cenas de desespero entre os presos comuns no posto fronteiriço da Sibéria, década de 1880.

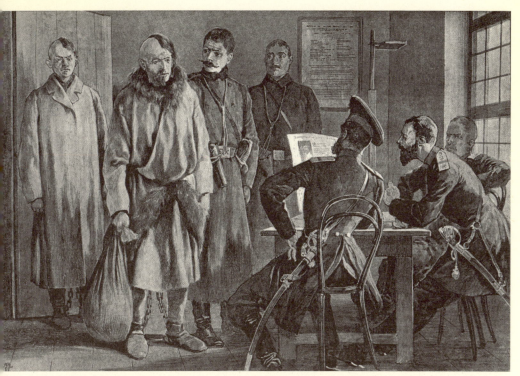

9. Prisioneiros chegando à prisão de encaminhamento de Krasnoiarsk, 1891.

10. *O retorno inesperado*, de Ilia Repin, que mostra a chegada repentina de um exilado político vindo da Sibéria, 1884.

11. Serguei Volkonski.

12. Maria Volkonskaia.

13. Mikhail Lunin.

14. Fiódor Dostoiévski.

por ter atuado na Comunidade do Povo Polonês. Ocupando um cargo relevante na administração provincial com o *nom de guerre* de "Tojad", ou "Desgraça do Lobo", em alusão à flor brilhante, mas de veneno mortal, Beaupré teria usado sua posição para reunir dados estatísticos "para pôr em marcha uma guerra de guerrilhas [...] com o objetivo de atrair cabeças pensantes para o renascimento da Polônia". Descobriu-se que ele tinha fornecido dinheiro, cartas e livros a outros conspiradores. Beaupré foi condenado à morte em 21 de fevereiro de 1839, mas teve a sentença comutada em vinte anos de trabalhos forçados e confisco de suas propriedades.[16] Uma das pessoas mais chegadas a ele em Krements e seguidora de Konarski foi Ewa Felińska. Presa também na rede de arrasto do Terceiro Departamento, Felińska foi a primeira exilada política banida para a Sibéria. Por intervenção pessoal de Nicolau, que declarou: "Não tenho motivo para gostar de poloneses, mas não tolero polonesas", ela teve suas propriedades confiscadas e foi condenada à "radicação permanente" na província de Tobolsk, sem, contudo, perder os direitos de nobreza. Felińska passou cinco anos no exílio e, ao retornar à Polônia, publicou suas memórias siberianas, *Revelações da Sibéria: De uma moça banida*, em Londres, em 1852. Cheio de observações antropológicas sagazes e divertidas sobre a vida na Sibéria, o livro encantou um público britânico solidário. Em dois anos, estava já na terceira edição.[17]

A deportação de revolucionários poloneses continuou durante as décadas de 1830 e 1840, já que Nicolau tinha se proposto a limpar o Reino da Polônia, a Bessarábia e as Províncias Ocidentais de elementos subversivos. Novas leis destituíram muitos nobres poloneses de sua condição e sentenciaram-nos como se fossem camponeses. Em 1833, Viktor Burghardt, de Białystok, foi destituído de seu título de nobreza e exilado para um assentamento na Sibéria por "ter escrito um folheto cheio de ideias revolucionárias em nome dos habitantes de Varsóvia, conclamando à insurreição, perturbando a paz e a segurança do Estado, além de declarações ofensivas e detratoras dirigidas ao soberano". Cerca de 54 mil rebeldes foram deportados entre 1832 e 1849 da Lituânia, Podólia e Volínia para o Cáucaso ou para além do Volga. Destes (os registros são incompletos), entre 10 mil e 20 mil foram exilados para a Sibéria.[18]

Privados da rapidez, do sigilo e do relativo conforto da deportação dos dezembristas, esses homens fizeram a pé a viagem de 4 mil quilômetros à Sibéria. Caminhando a duras penas para o leste numa dessas caravanas ia Justynian Ruciński. Seguidor de Konarski e ativista na clandestinidade revolucionária, Ruciński tinha sido preso em Jitomir, a oeste de Kiev, em 1838, e condenado a vinte anos de trabalhos forçados na Sibéria Oriental. Em fevereiro de 1839, depois de seis meses numa prisão de Kiev, ele foi posto a ferros e deportado para Tobolsk, onde encontrou "dezenas de exilados, extenuados e torturados a ponto de terem ficado irreconhecíveis". Incluído numa caravana com uma mistura de seus compatriotas e criminosos comuns, Ruciński partiu para a Região Mineradora de Nertchinsk numa viagem que duraria treze meses:

> Começou para nós uma vida difícil de nomear, quanto mais de descrever. Parecia não haver existência mais dura sobre a terra. Compunha-se de marchas diárias de vinte a 25 quilômetros, postos a ferros, passando a noite em bancos de madeira sujos [...] carentes de roupa de baixo, vestimentas e botas, submetidos a uma dieta de fome extrema, na neve barrenta, febris, congelados, e tínhamos de marchar sempre em frente, sempre em frente. A vigilância sobre os condenados era constante, a vida deles cheia das mais cínicas formas de degradação, em geral incentivadas por comandantes de caravana corruptos. Nós nos achávamos arrancados de nosso passado, em meio a uma inimaginável vastidão siberiana, sem nada saber sobre as esposas e famílias que tínhamos deixado para trás, impossibilitados de mandar-lhes notícias ou qualquer sinal de vida. Nossos corpos estavam exaustos devido ao esforço físico, e nossas mentes, de ansiedade e saudade. Essa é apenas uma pálida descrição de nossa amarga sina.[19]

Quando afinal chegaram a Nertchinsk, os seguidores de Konarski — os *konarchiki* —, considerados os mais perigosos e inveterados dentre os revolucionários poloneses, foram submetidos a uma vigilância bastante rígida pelas autoridades.[20]

Migurski, entretanto, viajara de Varsóvia a Uralsk de carroça, com uma certa rapidez, percorrendo seu próprio circuito tortuoso para Nertchinsk. Ao chegar, ele escreveu de imediato para Albina, "único e imutável objeto de meus sentimentos", contando-lhe sobre sua prisão, suas tentativas de suicídio e banimento. Para um jovem nobre patriota na era do romantismo, o amor de Migurski por Albina era expressão de sua humanidade básica. Os republicanos do século XIX acreditavam que o amor romântico, a solidariedade e o patriotismo brotavam todos de uma mesma fonte: a dignidade natural dos seres humanos. "Nossos direitos", escreveu ele a Albina, "são sagrados, e mesmo a distância de 3 mil quilômetros que nos separa não deve influenciá-los." Amar apesar da distância era, para Migurski, amar em desafio a São Petersburgo. Ele não se permitiria, no entanto, pedir-lhe que se unisse a ele, pois achava o sacrifício grande demais para ser pedido a quem quer que fosse. Mas Albina respondeu a sua carta com uma rajada de declarações apaixonadas, dizendo que o seguiria à Rússia: "Não há dificuldades, distâncias, opinião pública que me demovam dessa decisão". Levado pela generosa devoção dela, Migurski declarou: "De joelhos te peço. Acredita-me que só tua presença será capaz de trazer-me felicidade [...]. Em nome do Senhor e de nosso amor sagrado, imploro-te, vem!". Albina afinal chegou a Uralsk na primavera de 1837. Casaram-se em um mês, numa cerimônia que, para o jovem revolucionário polonês, foi matizada pela ambiguidade. Os que presenciaram o casamento "puderam perceber amargura, ódio e indignação em mim, porque em meu rosto estava inscrita não apenas a alegria pela cerimônia, mas também a ideia de que essa não era a sina que deveria ter cabido a minha querida Albina".[21]

O casal instalou-se em Uralsk, onde lutava contra o tédio sufocante da vida nas cidadezinhas provincianas da Rússia, descrita de maneira tão magistral por Púchkin em *A filha do capitão* (1836) e por Anton Tchékhov em seus contos de meio século depois. Migurski tinha sido destituído de sua patente, mas não condenado a trabalhos forçados, de modo que Albina, ao unir-se a ele, não foi obrigada a renunciar a seus direitos e privilégios de nobre. Um e outro eram membros educados da nobreza, e, sustentados pelo dinheiro que Albina podia receber de sua família, começaram a suscitar primeiro a inveja e depois a animosidade de muitos dos habitantes de Uralsk: "Minha mulher era para eles um enigma indecifrável", lembra Migurski. "Eles não conseguiam entender por que essa pessoa, deixando sua pátria, renunciara a todos os grandes prazeres e privilégios de que lá desfrutava para concentrar todo o seu mundo numa vida junto da minha." O casal enfrentou comentários e mesmo insultos diretos na rua.[22]

Albina engravidou no verão de 1837 e deu à luz uma menina, Michalina, na primavera seguinte. Mas o clima quente e úmido de Uralsk era, lembra Migurski, "insuportável e causa de mortalidade em massa de recém-nascidos", e "o Senhor permitiu o mais terrível golpe a nossos corações atormentados": Michalina sobreviveu apenas poucas semanas. As autoridades locais negaram autorização ao casal para sepultar a criança na igreja da cidade, porque na época não consideravam os católicos poloneses como cristãos. Indignado com esse insulto a seus sentimentos de pai e de devoto cristão, Migurski decidiu se assegurar de que a criança fosse um dia sepultada não na Rússia, mas na Polônia. Embalsamou com esmero o minúsculo corpo e o enterrou fora da área do cemitério.[23]

Depois da morte de Michalina, Albina solicitou à imperatriz Aleksandra Fiódorovna autorização para voltar à Galícia ou que pelo menos Migurski fosse liberado do serviço militar, de modo que o casal pudesse se mudar para uma região da Rússia de clima menos mortífero. O pedido foi recusado, e as tentativas dos pais de Migurski no sentido de obter o perdão do trono também foram infrutíferas. Foi então que ele começou a traçar um plano para "conquistar a liberdade". Albina concordava com a ideia do marido de que definhar em Uralsk

> era um insulto à dignidade natural do homem, uma existência desprezível e um pecado. Qualquer um que tivesse tido a oportunidade e não tentasse mudar sua sorte estaria cometendo um crime. Em resumo, depois de conversar sobre o assunto, decidimos fugir da Rússia.[24]

Ação e direitos do homem eram questões centrais do pensamento republicano na década de 1830. Essas virtudes investiram a decisão dos Migurski de um significado político maior que o desejo desesperado de voltar para casa. Fugir seria um ato ousado de patriotismo polonês.

E foi o que fizeram os poloneses, em grande número, durante as décadas de 1830 e 1840. Eles em geral escapavam poucos meses depois de chegar aos assentamentos penais, quando as condições de seu cativeiro e de trabalho tinham ficado claras. Alan Rokicki chegou à destilaria penal de Aleksandrovsk, setenta quilômetros ao norte de Irkutsk, em 27 de janeiro de 1835 e, em 9 de março, fugiu. Leon Romanowski chegou às salinas de Irkutsk no fim de março e, em 4 de maio, já estavam em seu encalço.[25] Na noite de 22 de junho de 1835, o líder da Insurreição de Novembro, Piotr Wysocki, fugiu com seis de seus camaradas da destilaria penal de Aleksandrovsk. A reação do Estado foi brutal. Wysocki e os demais fugitivos conseguiram enganar seus perseguidores durante apenas dois dias nas florestas. Interrogados, alguns dos cúmplices dele confessaram que seu líder tinha planejado capturar armas e se unir a exilados poloneses das salinas antes de retornar à Polônia passando pela Índia. Essas ambições prometeicas ao que tudo indica se confirmaram quando se descobriu que os fugitivos levavam mapas da Ásia e da Rússia europeia. Uma corte marcial de campo condenou Wysocki e seus cúmplices a uma sentença mais ou menos leniente: de dezesseis a 24 vergastadas. O chefe da Região Mineradora de Nertchinsk, major-general Stanislav Leparski, achou que a punição era insuficiente como ato dissuasório e aumentou a condenação para uma das mais terríveis formas de castigo corporal do império. Wysocki e seus camaradas teriam de passar por um corredor polonês integrado por quinhentos soldados.[26]

Descrito de maneira vívida por Liev Tolstói em seu conto "Depois do baile", de 1903, o corredor polonês era usado pelas Forças Armadas russas e por exércitos de toda a Europa no século XIX. O criminoso, nu da cintura para cima, era obrigado a correr entre duas filas de soldados, cada um destes munido de uma vara e encarregado de infligir-lhe um golpe lancinante quando passasse por ele. Podia haver mais de mil soldados dispostos nas filas, e às vezes os condenados eram obrigados a passar por eles nada menos que seis vezes, recebendo um total massacrante de 6 mil varadas. Em 1834, Nicolau reduziu à metade o número de soldados, mas os governadores da Sibéria alegavam que essa dispensa não se aplicava a exilados. Em 1851, o corredor polonês substituiu o cnute como o mais temível instrumento de castigo.[27]

Wysocki e seus camaradas sobreviveram ao corredor polonês e foram encaminhados a diferentes fábricas para trabalhos forçados, "sob estrita vigilância". Cada um deles devia passar quatro meses acorrentado a carrinhos de mão, castigo reservado aos reincidentes mais perigosos. Wysocki foi enviado ao temido assentamento mineiro de Akatui, onde ficaria confinado "até que corrigisse sua moral". No entanto, mesmo tendo se "comportado bastante bem", permaneceu acorrentado. Mesmo naquela desolada prisão, ele deu assistência a Mikhail Lunin e ajudou os dezembristas a contrabandear correspondência dirigida a seus camaradas em toda a Sibéria.[28]

A fuga de poloneses, com a ameaça implícita de desordem, tornou-se tão comum que em 1835 o comandante do Corpo da Sibéria e da província de Omsk, major-general Semion Bronevski, escreveu ao ministro da Guerra, Aleksandr Tchernichev:

Para eliminar a possibilidade de fuga, todos os poloneses hoje condenados a trabalhos forçados nas fábricas das províncias de Irkutsk e Ienissei, além dos confinados nos assentamentos, devem ser enviados em separado e sob estrita vigilância, através de estradas secundárias da região do Transbaikal, às minas de Nertchinsk.

Uma vez no destino, as autoridades enviariam relatórios mensais sobre o comportamento de seus prisioneiros e encaminhariam resumos detalhados a São Petersburgo a cada três meses.[29] As autoridades de Nertchinsk foram advertidas de que "se, por descuido ou vigilância deficiente, um desses indivíduos escapar, os funcionários responsáveis serão julgados e punidos com o rigor da lei, porque esses criminosos podem infligir grandes danos ao Estado". Como sempre, no entanto, as autoridades confiavam não tanto na vigilância de seus guardas quanto no "Baikal e na vastidão montanhosa e inóspita, que, sem um conhecimento profundo da região, não proporciona meios de subsistência para que se possa atravessá-los". Os buriatas e tungus nômades originários da região se mostraram eficientes na "perseguição dos fugitivos nos lugares mais impenetráveis". Com efeito, o número de poloneses foragidos caiu depois que foram transferidos para Nertchinsk.[30]

A quase 6 mil quilômetros dali, em Uralsk, Migurski planejava a própria fuga. Com o apoio de Albina, ele tramou um plano que consistia em forjar o próprio suicídio e assim liberá-la para fazer a viagem de volta na alegada condição de viúva. Durante meses, ele esperou que um homem mais ou menos de sua idade, altura e aparência morresse nas proximidades da cidade, de modo que ele pudesse usar o cadáver para encenar uma morte violenta. Albina mais uma vez engravidou, e, temendo que não pudesse fugir antes do parto, o casal decidiu adiar seus planos.

Em 21 de novembro de 1839, Migurski escreveu uma carta ao oficial comandante: "Meus sofrimentos e meu desespero extremos não permitem que continue como guardião de minha esposa, que dedicou toda a sua vida a mim". Destacando a infelicidade de Albina em Uralsk, ele dizia que só sua própria morte libertaria sua mulher de seus votos matrimoniais e "de seus sofrimentos". Isso lhe daria a possibilidade de voltar para sua família na Galícia. Naquela noite, Migurski espalhou suas roupas em torno do buraco no gelo que cobria o rio Ural e depois se escondeu atrás de um fundo falso no guarda-roupa do quarto. Quando o comandante local abriu a carta na manhã seguinte e correu para o casebre de Migurski, deparou-se com Albina, pálida e assustada. A jovem desempenhou seu papel à perfeição, transformando o medo autêntico que sentia com a possibilidade de que o plano fosse descoberto numa representação convincente de luto.[31]

Mas as autoridades suspeitaram daquilo. Deram ordem para uma busca rigorosa nas vizinhanças, considerando que Migurski poderia apenas estar escondido. Submeteram Albina "à mais estrita vigilância", para o caso de seu marido fazer contato com ela. Depois de um mês, Albina começou a solicitar autorização para voltar à Galícia: "Depois da morte de meu marido, nada me resta a não ser voltar ao seio de minha família". Mas as autoridades insistiram em esperar o derretimento do gelo do rio para que o corpo de Migurski pudesse ser encontrado e, assim, confirmar-se seu suicídio.[32]

Com o passar dos meses, a tensão e o medo que assaltavam Albina nesse período não deixaram de cobrar um preço a sua saúde. Seu segundo filho, nascido em abril de 1840, sobreviveu apenas três semanas. Migurski também embalsamou o pequeno corpo e o escondeu junto ao corpo da irmã, à espera do momento em que pudessem ser sepultados na Galícia. Migurski passou o tempo todo dentro do casebre, escondendo-se sempre que alguém chamava à porta. Albina escreveu mais uma vez às autoridades implorando que lhe permitissem voltar para casa. Reclamava que as buscas do corpo do marido não estavam sendo feitas como deveriam. "Alguém em seu juízo perfeito", argumentou, "tendo decidido fugir, alertaria as autoridades sobre seu desaparecimento iminente [...] sendo possível ocultar sua fuga durante vários dias?" Seus apelos por fim chegaram à capital. Sendo nobre, Albina era também uma Habsburgo e não súdita russa, o que tornava sua retenção no sul da Rússia uma questão delicada do ponto de vista diplomático. Em maio, o ministro da Guerra em pessoa, pressionado pelo embaixador austríaco em São Petersburgo, cedeu aos apelos de Albina e permitiu que ela deixasse Uralsk e voltasse a sua terra. Em 13 de junho de 1840, numa carroça fechada escoltada apenas por um jovem cossaco armado, ela partiu rumo à Galícia.[33]

Sem que o cocheiro e o guarda soubessem, Albina Migurska não viajava só, mas em companhia dos corpos dos dois filhos, ocultos na bagagem. Migurski ia escondido debaixo do assento da mulher, com a esperança de não ser descoberto ao longo dos 2 mil quilômetros que os separavam da fronteira polonesa. Esse plano foi ingênuo. Depois de apenas quatro dias de viagem, o cossaco entreouviu uma voz masculina dentro da carroça, abriu a porta e descobriu Migurski debaixo do assento. Após uma breve luta, com a ajuda de alguns camponeses que passavam, o soldado subjugou o fugitivo e o entregou, amarrado, às autoridades da cidade de Petrovsk. Migurski foi preso e a seguir transferido para Saratov, cujo governador relatou os fatos a São Petersburgo.[34]

A tentativa de fuga do casal enlutado com os corpos embalsamados de seus filhos foi um gesto de desafio ao trono. Nicolau ficou furioso com o fato de os

Migurski terem "se recusado" a deixar o corpo dos filhos em solo russo, e exigiu castigo para dissuadir qualquer outra pessoa de tentar fazer o mesmo. Devolvido a Oremburgo sob escolta armada para comparecer ante um tribunal militar em fevereiro de 1841, Migurski fez o que pôde para inocentar a mulher. Declarou que o plano fora ideia sua e que de início tinha mesmo pretendido tirar a própria vida, mas havia se arrependido no último minuto e voltado para a mulher, convencendo--a a ajudá-lo a fugir. Depois de meses de interrogatório e investigações sobre uma fuga que deixara as autoridades militares de Uralsk em maus lençóis e enfurecera o tsar, Migurski foi declarado culpado de fugir de seu local de banimento e de tentar contrabandear os corpos dos filhos para fora da Rússia. O tribunal o destituiu de todos os seus direitos hierárquicos e, por intervenção pessoal do tsar, sentenciou-o, em novembro de 1841, a servir no 13º Batalhão da Sibéria Oriental em Nertchinsk.[35]

Enquanto Migurski apodrecia numa prisão militar, Albina voltou a Uralsk para que as autoridades investigassem sua participação na fuga. Ela estava grávida mais uma vez e, separada do marido, deu à luz outro bebê, que sobreviveu poucos dias na cidade infestada de doenças que já tirara a vida de seus dois primeiros filhos. Tendo negada autorização para ver a mulher antes de ser enviado à Sibéria, e preocupado com a possibilidade de que ela não sobrevivesse à viagem se tentasse segui-lo outra vez, Migurski fez chegar a Albina uma súplica desesperada:

> Salva tua alma, se já não puderes salvar teu corpo, querida Albina! Volta para casa e reza por nossos inimigos, pois eles, como disse Cristo, não sabem o que fazem [...]. Não te preocupes comigo, querida. Aceitei minha sorte e a vontade de Deus, e partirei em paz dedicando a Ele meu último suspiro, morrendo com a convicção de que o Senhor não nos abandonará e nos reunirá na outra vida.[36]

Mas Albina continuava decidida a juntar-se ao marido. Um tribunal que hesitou em condenar uma nobre estrangeira já tão sofrida a declarou inocente de qualquer ato ilícito, e ela manifestou a intenção de ir ter com Migurski em Nertchinsk.[37]

Em março de 1842, na cidade de Omsk, Migurska encontrou-se com o marido a caminho de Nertchinsk. Eles não se viam desde a fracassada tentativa de fuga. Migurski recorda o encontro com um misto de ternura e horror:

Depois de dezoito meses de separação, dominado pela emoção, tomei-a em meus braços, beijei-a, abracei-a e chorei! A pobre e infeliz Albina estava terrivelmente mudada! Pálida, magra e exausta, tanto que se a tivesse encontrado na rua não a reconheceria. "Oh, Senhor!", pensei, olhando para ela. "Espera-se mesmo de mim que não queime de ódio e de desejo de vingança contra toda a humanidade? O que fizeram com ela? Por que fizeram isso? Estão ouvindo, por que fizeram isso?" [...]. Comecei outra vez a beijá-la porque ela, mesmo naquele estado lastimável, era tão querida como sempre, e ainda mais querida quando a perda de meu amor parecia mais próxima.[38]

Os dois viajaram juntos a Nertchinsk, detendo-se durante uma semana em Urik, em casa de Serguei e Maria Volkonski, que os receberam como camaradas republicanos e patriotas. Atravessaram as águas geladas do Baikal e chegaram a Nertchinsk em outubro de 1842. Como uma espécie de celebridade trágica para os exilados e funcionários da Sibéria, Migurski não precisou trabalhar como soldado, e usou o dinheiro recebido da família para comprar um pequeno casebre e alguns animais. Albina estava grávida mais uma vez, mas suas forças estavam se esgotando. Contraíra tuberculose na viagem para a Sibéria e transmitiu a doença ao recém-nascido Konrad. A doença consumia seu corpo, e ela percebeu que não teria muito tempo de vida. Implorou a Migurski:

> Ainda és jovem, meu querido e adorado marido, portanto não te prendas. Se encontrares uma pessoa que te mereça, casa-te! Embora te ame mais que à vida, seria condenada com justiça se permitisse que meu ciúme de além-túmulo obrigasse teu desejo e tua vontade!

Albina Migurska morreu em 3 de junho de 1843, aos 25 anos. Seu filho sobreviveu-lhe por pouco mais de um ano. Migurski sepultou-os com as próprias mãos.[39]

A posteridade resgatou os Migurski do ostracismo siberiano ao qual Nicolau tinha pretendido lançar os rebeldes poloneses. Em meio à censura estrita da Rússia da época, só o grande lexicógrafo Vladímir Dal registrou a história deles, ainda que em termos vagos, em 1846. Quatro anos depois da morte do soberano, Migurski — já velho e com poucos anos pela frente — por fim empunhou a pena para escrever suas memórias, no modesto casebre de Irkutsk. Começou com estas palavras: "Quando minha querida mulher morreu em meus braços, em Nertchinsk, decidi contar ao mundo a história de sua vida. Agora faço isso com a ardente esperança de que seu amor e sua lealdade [...] sirvam de exemplo para as mulheres polonesas". Sua trágica história de romance, patriotismo e valentia foi publicada em 1863, fora do alcance da censura russa, na cidade polonesa de Lvov (na atual Ucrânia), então pertencente ao Império dos Habsburgo, e tomou de assalto a imaginação dos poloneses da época. Na Rússia, com a censura mais leniente das Grandes Reformas, o etnógrafo siberiano Serguei Maksimov pôde narrar de maneira abreviada a sorte de Wincenty, Albina e seus filhos. Na lápide de Albina, ele inscreveu "o lugar de descanso de uma das verdadeiras heroínas de toda a história da escravidão polonesa".[40] A terrível sorte de Albina no Transbaikal consolidou uma nova imagem da Sibéria como túmulo da nação polonesa.

A saga dos Migurski só encontrou seu monumental epitáfio em 1906, com a publicação da história de sua vida escrita por Liev Tolstói. Nessa época, livre das restrições da censura, abolida pela Revolução de 1905, a lancinante denúncia de Tolstói da crueldade da autocracia teve como título a consternada exclamação de Migurski ao encontrar a esposa moribunda em Omsk: "Para quê?". Tolstói tornou conhecida a história de Wincenty, Albina e seus filhos em todo o Império Russo e na Europa. No momento mesmo em que a autocracia combatia uma nova rebelião na Polônia e nas Províncias Ocidentais, seria assombrada pelos corpos de uma nobre polonesa e seus filhos sepultados no solo pedregoso de Nertchinsk.[41]

Wincenty Migurski chegou enfim a sua amada Polônia em setembro de 1859, um quarto de século depois de ter sido exilado para Uralsk. Quando morreu, quatro anos depois, em Vilnius, o Reino da Polônia estava mais uma vez em chamas. Tomando a tocha da rebelião empunhada por Migurski e seus compatriotas em 1830, os poloneses lançavam-se de novo a uma tentativa desesperada e malfadada de se tornarem independentes de São Petersburgo.[42]

Nem todos os camaradas de Migurski tiveram um fim tão amargo. Certos exilados poloneses ricos e instruídos conseguiram receber apoio material e diplomático das famílias e assim melhorar as condições de seu exílio. Para muitos nobres poloneses, como para os dezembristas que os precederam, o trabalho nas minas era de natureza perfunctória e suas tarefas podiam ser evitadas por meio de suborno. Memorialistas poloneses referem-se a belas casas de família em Nert-chinsk e a uma biblioteca com cerca de 3 mil volumes em língua polonesa. Da mesma forma que os dezembristas, os poloneses instituíram uma comunidade, o *ogół*, que assinava jornais, viabilizava a correspondência (os poloneses estavam sujeitos às mesmas restrições que os dezembristas) e distribuía bens materiais aos membros mais pobres da comunidade de exilados.[43]

Mas havia diferenças importantes entre dezembristas e poloneses na Sibéria. No exílio, os dezembristas sentiam-se até certo ponto livres da hierarquia opressiva da Rússia de Nicolau, enquanto os poloneses experimentavam apenas um sentimento de deslocamento cultural. A liberdade relativa de que estes desfrutavam em assentamentos da Sibéria Oriental trazia em si uma ameaça insidiosa. Tendo autorização oficial, eles na prática podiam morar onde quisessem, mas a dispersão aumentava as possibilidades de se perder na cultura estrangeira do campesinato siberiano, em especial para jovens solteiros desarraigados. Maksimov observou a luta de poloneses contra a própria russificação. Em Akatui, Wysocki tentou dissuadir seus camaradas de misturar "o sangue polonês ao russo". Para casar-se com mulheres da região, os poloneses eram obrigados a abandonar o catolicismo, o pilar religioso de sua identidade nacional, e converter-se ao cristianismo ortodoxo, a religião dos conquistadores. Assim, o casamento com siberianas era considerado "traição à pátria". Maksimov observa que os exilados poloneses tinham uma profunda preocupação com "a preservação dos sentimentos nacionais e da fé patriótica, em todas as suas extremas e estranhas manifestações, até os menores detalhes".[44]

Essa resistência à assimilação cultural teve êxito relativo. Em 1840, quando o rebelde Justynian Ruciński chegou a Nertchinsk, encontrou muitos de seus compatriotas que tinham sido exilados após a Insurreição de Novembro. Jovens, instruídos e sem nenhuma experiência direta em agricultura, eles lutavam para se adaptar ao cultivo da terra no clima inóspito da Sibéria:

> Esses pobres homens, de diferentes famílias, histórias e nível educacional, arrancados a sua pátria, enfrentavam uma sorte amarga e perderam o rumo. Alguns se casaram com moças do lugar e se tornaram siberianos para sempre; outros foram levados pela necessidade a trabalhar para os camponeses. Poucos deles conseguiram ficar firmes na adversidade e conservar intocado seu caráter original.[45]

Em toda a Sibéria, os poloneses bombardeavam as autoridades com petições, clamando inocência e pedindo melhora de suas condições. De seu ponto de observação privilegiado na cidadezinha de Urik, próxima a Irkutsk, Lunin notou que a culpa de muitos deles nunca tinha sido provada: "Que não se procurem entre eles só homens culpados de revolução, nem mesmo agitadores [...]. Entre nossos exilados, muitos foram iludidos pela rebelião, correram grandes riscos e foram abandonados". Outros eram apenas jovens incautos. Um nobre polonês tinha sido condenado por "cuspir num retrato do imperador quando estava bêbado, roubar a pistola de um cossaco, cantar canções revolucionárias, insultar Sua Majestade Imperial e divulgar lemas e poemas de índole rebelde". Foi condenado a quinze anos de trabalhos forçados na Sibéria Oriental. Como as próprias autoridades acabaram reconhecendo, investigações posteriores dos crimes de algumas pessoas revelaram que "a extensão de sua culpa era menor do que se supunha de início". Muitos poloneses tiveram seus casos investigados de novo e suas sentenças foram revogadas.[46]

Com frequência, Nicolau concedia um indulto extensivo a exilados políticos, comutando suas sentenças de trabalhos forçados em "exílio num assentamento" ou autorizando que voltassem para casa. A clemência imperial era uma tradição tsarista, um dos "cenários de poder" dos Románov. Da mesma forma que havia poupado a vida dos dezembristas rebeldes, o monarca poderia também, para comemorar eventos da vida da dinastia imperial, perdoar presos políticos que tivessem bom comportamento e manifestassem remorso numa medida aceitável. A clemência era uma manifestação de paternalismo autocrático; permitia que o tsar expressasse poder e benevolência, além de corrigir políticas de governo sem pôr em questão todo o edifício estatal. Para comemorar o casamento de seu filho Alexandre em 1841, Nicolau comutou a sentença de dezenas de exilados na Sibéria Oriental, muitos deles políticos. No entanto, suas demonstrações de onipotência e mercê autocráticas se viam frustradas até certo ponto porque as autoridades siberianas não conseguiam localizar muitos dos beneficiários da clemência.[47] Em fevereiro de 1851, no 25º aniversário de sua ascensão ao trono, ele ordenou uma ampla transferência de forçados para os assentamentos. Seguiram-se novas transferências durante o que restou de seu reinado.[48] Contudo, mesmo esses gestos de magnanimidade imperial revelavam um sistema escorado no formalismo burocrático. Em 1855, um decreto do imperador estendeu a autorização para voltar para casa a todos os poloneses com família que estivessem em algum assentamento siberiano por mais de dez anos. Um rebelde polonês, Mieczysław Wyżykowski, exilado na província de Tomsk, teve de início negado o direito de voltar a Varsóvia porque sua mulher e seu filho, que o tinham acompanhado ao exílio, haviam morrido, deixando-o na condição de viúvo. Por intervenção pessoal do governador-geral da Sibéria Ocidental, Gustav Gasford, Wyżykowski foi por fim autorizado a voltar à Polônia, depois de um ano de espera. Apesar das décadas de exílio e das influências cada vez maiores da assimilação cultural, quando Alexandre II concedeu uma anistia geral aos presos políticos ao subir ao trono em 1856, apenas 27 poloneses preferiram ficar na Sibéria. A presteza com que se dispuseram a voltar tinha muito mais a ver com suas condições materiais adversas do que com um fervor patriótico preservado.[49]

A magnanimidade do novo soberano, no entanto, não alcançou todos eles. Em 1833, o nobre polonês Hilariusz Weber, de quinze anos, foi julgado por integrar um grupo rebelde que assassinou quatro militares russos, entre eles um oficial. Foi destituído de sua condição de nobre e de seu título e condenado a trabalhos forçados perpétuos. Weber passou 25 anos nas minas de Nertchinsk, mas foi excluído da anistia de 1856, que mandou os dezembristas de volta para casa. Isso porque em 1841 tinha sido surpreendido forjando um documento oficial — crime grave, que ameaçava subverter o controle do Estado sobre sua própria população exilada — e condenado a dezesseis vergastadas. Essa mácula em seu prontuário indicava que ele havia mostrado "aperfeiçoamento moral insuficiente" e "arrependimento duvidoso" na Sibéria. Portanto, não seria merecedor de clemência.[50]

Transferido dos trabalhos forçados para um assentamento em 1858, Weber pediu autorização, no ano seguinte, para apelar ao imperador por clemência. O chefe do Terceiro Departamento, general Vassíli Dolgorukov, solidarizou-se com ele. Desde 1841, segundo declarou, Weber "tinha se comportado de maneira irrepreensível". O crime que cometera então fora "uma resposta impulsiva à pobreza e às circunstâncias". Já o crime original no Reino da Polônia aos quinze anos teria sido cometido por "falta de experiência". Durante quase vinte anos, levara uma vida honesta e produtiva, útil à economia da região. Suportando com estoicismo, obediência e arrependimento seus longos anos de privações e sofrimento, havia expiado seu crime, e ele e sua família mereciam ser aliviados de sua sorte. Só o vice-rei do Reino da Polônia, general Mikhail Gortchakov, teria o direito de enviar o pedido de Weber ao imperador, mas ele continuou inflexível. A culpa de Weber "era grande demais" e seu comportamento na Sibéria "não bastava para merecer a clemência concedida pelo manifesto de 1856".[51]

Um ano depois, Weber renovou sua petição e dessa vez conseguiu o respaldo de ninguém menos que o poderoso governador-geral da Sibéria Oriental, conde Nikolai Muraviov (depois Muraviov-Amurski), um liberal.[52] Apesar de veterano da campanha repressiva contra os rebeldes poloneses em 1830-1, Muraviov-Amurski tinha uma clara simpatia por Weber. Argumentou que muitos dos criminosos beneficiados pelas anistias concedidas em anos anteriores eram "tão culpados quanto Weber, e alguns deles haviam sido acusados de crimes muito mais graves cometidos durante o exílio e condenados pelos tribunais". Muitos deles, no entanto, tinham sido condenados a assentamento e não padeceram "extenuantes e intermináveis" anos de trabalhos forçados. O governador-geral acreditava que Weber "pagara por seu crime e merecia a graça do soberano". A posição de Weber e de sua família "era dificílima, embora seus conhecimentos profundos e especializados, seu trabalho honesto, enérgico e criativo tenham beneficiado sobretudo empresas do Estado [...] e a população local". Desde sua transferência para um assentamento penal, dois anos antes, Weber tinha promovido de maneira ativa a navegação pelo Amur. Até participara de conversas com americanos sobre a possibilidade de administrar uma linha privada de barcos a vapor para percorrer o rio. Mesmo assim, para ter sucesso em seu empreendimento, precisava recuperar seus direitos hierárquicos, já que não poderia fazer negócios e firmar contratos na condição de colono exilado. Muraviov-Amurski argumentou que Weber deveria ter a oportunidade de "empregar seus conhecimentos, sua competência e sua honesta criatividade em prol de si mesmo e do bem público". Gortchakov de imediato mudou de posição, "por respeito" a uma pessoa da estatura de Muraviov--Amurski, e enviou a petição à capital. As autoridades de São Petersburgo restabeleceram os direitos hierárquicos de Weber e deram-lhe autorização para residir em qualquer lugar da Sibéria de modo a poder "beneficiar a região". Pressionado a escolher entre o castigo e os interesses coloniais, o governo optou por este último. No entanto, negou a Weber licença para retornar à Polônia.[53]

Para os que fizeram a viagem de volta ao Reino da Polônia, a recepção teve um sabor agridoce. Durante o século XIX, os exilados que retornavam viviam um doloroso distanciamento das sociedades que tinham sido forçados a abandonar. Tendo feito a tão esperada viagem de milhares de quilômetros através do império, muitas vezes achavam-se perdidos e sem dinheiro numa terra que havia ido em frente, deixando-os para trás. Piotr Wysocki, líder da Insurreição de Novembro, foi autorizado a voltar à Polônia em 1857, passou os vinte anos seguintes na dura lida de pequeno agricultor numa propriedade perto de Varsóvia e morreu na pobreza.[54] A vida na Sibéria tinha ficado muito distante do ritmo acelerado das mudanças na Rússia europeia e no Reino da Polônia. Voltando para casa envelhecidos antes do tempo, não só no corpo como na mentalidade, os exilados perambulariam por suas antigas cidades e aldeias como representantes de uma era passada. Justynian Ruciński, ao receber autorização do imperador para voltar à Rússia europeia, em 1848, descobriu que

> um exílio de quinze anos na verdade nunca termina. Suas marcas permanecem. Nem aqueles que me condenaram ao exílio podem apagá-las [...]. A vida em meu país seguiu seu curso natural. Depois de mais de uma década de banimento, o exilado volta. Por toda parte, encontra rostos velhos, conhecidos; em toda parte, ele é recebido com alegria e calor. Mas aí isso acaba: todos voltam a seus próprios assuntos, a sua vida cotidiana. O exilado continua sendo exilado porque os laços que o uniam aos assuntos práticos de seu país foram cortados [...]. Uma tristeza interminável o segue para todo lado. Sua alma permanece marcada para sempre.[55]

Milhares de poloneses que retornaram viveram a mesma tragédia silenciosa de estranhamento na terra pela qual se sacrificaram. No entanto, se como pessoas muitos deles caíram na obscuridade, como grupo os rebeldes de 1830 invadiram a consciência europeia, atraindo as visões românticas do nacionalismo polonês e manchando o nome da autocracia russa.

Exilados poloneses na Europa ocidental trocaram a espada pela pluma e forjaram uma imagem inspiradora da Polônia como nação sacrificada. Adam Mickiewicz investiu contra o despotismo russo sob as abóbadas das salas de palestra do Collège de France em Paris. A peça *Dziady* (1823-32) e seu poema épico *Livros da nação e da peregrinação polonesa* (1832) foram de imediato traduzidos para o inglês e o francês, e proporcionaram uma imagem da Polônia como "Cristo das nações", crucificada pelos vizinhos nas partições do país nas décadas de 1770 e 1790, e esmagada em seu nobre desejo de liberdade em 1830. Os tormentos dos exilados poloneses na Sibéria desempenharam papel central nessa visão de sofrimento nacional. A liberdade tinha sido banida da Polônia, mas voltaria:

Por fim, a Polônia disse: "Aquele que vier a mim será livre e igual porque sou a LIBERDADE".

Mas os Reis, quando ouviram isso, ficaram com o coração aterrorizado e disseram: "Banimos a liberdade da terra; mas ela voltou na pessoa de uma só nação, que não se curva ante nossos ídolos! Vinde, vamos esmagar essa nação [...]".

E martirizaram a Nação Polonesa e lançaram-na à sepultura, e os reis gritaram: "Esmagamos e sepultamos a Liberdade".

Mas [...] a nação polonesa não morreu: seu corpo jazia na tumba, mas seu espírito desceu da terra, que é a vida pública, ao abismo, que é a vida privada das pessoas que sofrem a escravidão em seu país e fora de seu país [...].

Mas no terceiro dia a alma retornará ao corpo, e a Nação se erguerá e livrará todos os povos da Europa da escravidão.[56]

Um compatriota de Mickiewicz em Paris, Frédéric Chopin, musicou alguns dos versos do poeta em suas marcantes baladas, garantindo que a denúncia da tirania russa pudesse ser ouvida nos pianos de toda a Europa.[57]

Nessa nova narrativa romântica do martírio nacional, os milhares de poloneses exilados na Sibéria tornaram-se uma comunidade monástica, fraterna, religiosa. Inspirados nos versos de Mickiewicz, patriotas poloneses acreditaram que seus compatriotas exilados na Sibéria estavam assumindo a carga de pecados de toda a nação e assim garantindo sua redenção. A imensidão siberiana — remota a um ponto quase inimaginável para os poloneses na década de 1830 — assumiu a identidade do Gólgota: um lugar de execução e de renascimento espiritual.[58]

O impacto da brutal repressão da Insurreição de Novembro ordenada por Nicolau e da consequente sina dos exilados poloneses na Sibéria foi amplificado no exterior porque coincidiu com um avanço renovado do nacionalismo liberal em toda a Europa. Enquanto o medo inspirado pela Revolução Francesa amainava, mais uma vez os liberais atacavam os anciens régimes reinstaurados pelo Congresso de Viena, em 1815, depois da derrota de Napoleão. Essas energias progressistas renovadas culminaram com a Revolução de Julho em Paris em 1830 (a notícia sobre ela foi recebida com brindes e champanhe pelos dezembristas, que viajavam de Tchita a Petrovsk Zavod), com a Revolução Belga de 1830 e com a ampliação do direito ao voto estabelecida na Grã-Bretanha pela Lei da Reforma de 1832. A ideia de soberania popular e governo representativo prevista em termos constitucionais — fosse por meio de plebiscito, como na França de Bonaparte, ou de um parlamento, como na Grã-Bretanha e na Bélgica — dominaria daí em diante a Europa ocidental.[59]

Nesse renascimento do nacionalismo liberal pós-1830, a imagem de uma nação de cavaleiros que sacrificou seus melhores filhos à causa da liberdade chegou a exercer uma atração quase irresistível sobre as sensibilidades românticas da época. Em 1831, o poeta francês Casimir François Delavigne escreveu o emblemático poema "La Varsovienne", musicado por Karol Kurpiński, que tinha os seguintes versos:

Quer o povo vença, quer seja mártir
Sob o braço do gigante, que tarda a morrer,
Quer tombe na vanguarda
Para cobrir com seu corpo a liberdade de todos.

Se as partições da Polônia nas décadas de 1770 e 1790 já tinham despertado simpatia por seu povo na Inglaterra e na França, o espetáculo de patriotas poloneses agrilhoados e atirados à imensidão da Sibéria provocou indignação entre liberais e republicanos. Em Paris, o republicano francês Jules Michelet escreveu as *Lendas democráticas do norte*, que retratavam a luta da Polônia amante da liberdade contra o despotismo russo (Michelet republicou seu texto em 1863, por ocasião da nova rebelião polonesa, sob o título de "Polônia martirizada"). Na Hungria, os poetas românticos nacionalistas Mihály Vörösmarty e Sándor Petöfi escreveram odes ao martírio polonês. Lajos Kossuth, jovem advogado e futuro líder da Revolução Húngara contra Viena, declarou: "A causa dos poloneses é a causa da Europa, e posso afirmar que quem não honrar os poloneses [...] não ama sua própria pátria".[60]

Se a Polônia era mártir virtuosa entre as nações, o Império Russo era um carrasco ignóbil. Essa nova imagem foi uma reversão radical da visão indulgente dos europeus da autocracia russa como posto avançado do absolutismo esclarecido de Catarina, a Grande, e como magnânima libertadora dos povos da tirania napoleônica no reinado de Alexandre I. O exílio dos dezembristas decretado por Nicolau mostrou-o, em seu país, como um vingativo monarquista; o envio de rebeldes poloneses ao exílio projetou essa imagem para toda a Europa. A autocracia era vista agora não como baluarte da tranquilidade conservadora, mas como bastião pétreo da reação militante.[61]

Ninguém apresentou essa visão de maneira mais influente, ou na verdade mais ácida, do que o marquês de Custine, francês que visitou a Rússia em 1839 e escreveu um relato de viagem que se tornou sucesso internacional. A denúncia sensacional da Rússia de Nicolau I foi mais convincente porque Custine era um opositor do liberalismo que avançava na Europa. Tinha ido à Rússia para observar e exaltar as virtudes de um Estado não contaminado pelos germes revolucionários que atacavam os anciens régimes europeus. Seu conservadorismo nostálgico, no entanto, não o levou a tomar o partido da Rússia no conflito com a Polônia. Custine era católico fervoroso, e suas simpatias se voltaram para os correligionários derrotados. Tinha muitos amigos entre os exilados poloneses em Paris na década de 1830 e foi influenciado pela poesia antirrussa de Mickiewicz antes mesmo de rumar para São Petersburgo.[62]

Custine retratou a autocracia como um despotismo oriental determinado a esmagar uma nação francamente europeia. A Rússia, escreveu, tinha banido os patriotas filhos da Polônia para os mais escuros e nevados recessos de um continente asiático:

> Será que o mundo sabe que, neste momento, as estradas da Ásia estão mais uma vez repletas de exilados arrancados de seus lares, dirigindo-se a pé para sua tumba, assim como rebanhos que deixam suas pastagens a caminho do abatedouro? Essa repetição se atribui a uma suposta conspiração polonesa, uma conspiração de *jovens loucos* que, caso tivessem obtido sucesso, seriam heróis; e que, pelo desespero de sua tentativa, parecem-me ainda mais generosos e dedicados. Meu coração sangra pelos exilados, suas famílias e seu país. O que acontecerá quando os opressores destes confins da terra, onde um dia floresceu a bravura, tiverem povoado a Tartária com o que há de mais nobre e corajoso entre os filhos da velha Europa?[63]

É difícil exagerar a repercussão do relato de viagem de Custine. A contar da publicação inicial, em 1843 em Paris, o livro teve mais quatro edições em três anos, além de outras em Bruxelas. Seguiram-se traduções para o inglês, o dinamarquês e o alemão, além de edições condensadas em outros países europeus (desnecessário dizer que o livro foi proibido na Rússia). Ao todo, deve ter vendido centenas de milhares de exemplares. Apesar de todas as imprecisões e exageros, tornou-se de longe a mais influente descrição do Império Russo escrita por um estrangeiro durante o reinado de Nicolau. O livro desempenhou papel importante na detratação da autocracia nos anos que conduziram à eclosão da Guerra da Crimeia.[64]

Ao conhecer o monarca, Custine imaginou que podia discernir uma realidade obscura por trás da pompa e da solenidade da corte imperial:

> Quando olho de perto esse personagem, diferente de todos os seres da terra, imagino que sua cabeça tem dois rostos, como Jano, e as palavras violência, exílio, opressão ou a equivalente de todas elas, SIBÉRIA, está gravada no rosto que não se apresenta a mim. Essa ideia me assalta sem parar, mesmo quando falo com ele.[65]

Nas décadas seguintes, e cada vez mais, essa foi a face que a autocracia assumiu na Europa. Em 1848, Nicolau enviaria seus exércitos para massacrar a Revolução Húngara. Em 1863, com uma violência que chocaria o continente, seu sucessor, Alexandre II, esmagaria a segunda revolta no Reino da Polônia e enviaria novos exilados, aos milhares, a cruzar os Urais. Muito além da cultura ofuscante das cidades da Rússia europeia, a Sibéria tinha se tornado o recesso infernal do poder autocrático.

7. A fortaleza penal

A "primavera dos povos" da Europa, no memorável ano de 1848, em pouco tempo se viu envolvida pelas trevas geladas da reação. Exércitos leais e príncipes, reis e imperadores retiraram-se, recompuseram-se e voltaram para esmagar revoluções que um ano antes prometiam varrer a velha ordem. Num testemunho da brutal eficácia com que Nicolau lidou com a dissidência interna, o Império Russo no fundo permaneceu imune às convulsões que sacudiam grande parte do continente. Não houve reedição da rebelião dos dezembristas em São Petersburgo, e até o Reino da Polônia permaneceu em sossego. No entanto, em junho de 1849, consciente da possibilidade de contágio do liberalismo e do nacionalismo, e disposto a manter a autoridade dinástica no vizinho Império dos Habsburgo, Nicolau enviou 300 mil soldados para reprimir a Revolução Húngara. Com a Fronteira Ocidental segura, em 22 de dezembro o tsar voltou sua atenção para um punhado de opositores internos.[1]

Apodrecendo na fortaleza de São Pedro e São Paulo em São Petersburgo, nas mesmas celas que tinham sido ocupadas pelos dezembristas um quarto de século antes, havia estudantes, funcionários públicos e escritores às dezenas. Tinham sido condenados por participar de um grupo de discussão subversivo que se reunia uma vez por semana na casa de um jovem nobre chamado Mikhail Petrachevski. A maior parte dos *petrachevtsi*, nome pelo qual eles ficaram conhecidos, criticava a instituição do servilismo, inspirada nos ideais de 1848 e ansiosa por reformas em seu país. Não eram revolucionários, mas os levantes europeus tinham induzido o Estado russo a ampliar a repressão a todas as formas de dissidência. O círculo de Petrachevski chamou a atenção da polícia secreta imperial, o Terceiro Departamento. Presos em abril de 1849, os homens foram mantidos em isolamento na fortaleza durante um longo verão, submetidos a intensos interrogatórios sobre suas ideias, atividades e ligações no estrangeiro. Em setembro, uma comissão de inquérito decidiu que 28 deles eram culpados de crime de sedição. No entanto, não houve sentença. Assim, quando as portas das celas se abriram, na manhã de 22 de dezembro, e os prisioneiros foram conduzidos para a escuridão gelada, ainda ignoravam qual seria seu destino.[2]

Em dezembro, na capital norte da Rússia, o dia só rompe pouco antes do meio-dia e dura poucas horas. Transportados sob vigilância de guardas armados em carroças fechadas pelas ruas ainda envoltas em escuridão, os homens viam de relance os edifícios por que passavam, através das janelas cobertas de escarcha. Depois de uma viagem que lhes pareceu interminável, suas carroças enfim se detiveram na praça Semionovski, a poucos passos da Nevski Prospect, a avenida principal. As portinholas da carroça foram abertas e os prisioneiros desceram para a neve que lhes chegava aos joelhos. Encontraram-se cercados por regimentos da cidade, numa formação em quadrado. No centro, uma tosca escada de madeira levava a uma plataforma com um pano preto pendurado. A alegria dos homens ao se verem por fim reunidos depois de meses de isolamento em celas separadas foi interrompida pelo surgimento de um oficial que lhes informou que sua sentença seria executada de imediato. Ele fez com que os prisioneiros, muitos dos quais tinham sido oficiais dos regimentos de Petersburgo, passassem diante das filas de soldados e subissem ao patíbulo. O espetáculo que se seguiu pretendia mostrar aos soldados que o assistiam o preço da deslealdade à Coroa.[3]

Outro funcionário ordenou que os homens fizessem fila e tirassem o chapéu. Percorreu a fila, detendo-se diante de cada um deles para ler a lista de crimes que lhe eram imputados e seu castigo. Durante a meia hora que demorou o cumprimento de seus deveres, "uma sentença ecoou e voltou a ecoar como o dobrar de um sino fúnebre: 'O Tribunal Penal de Campo sentenciou-o à morte por fuzilamento'". O imperador em pessoa tinha aprovado cada uma das sentenças com a palavra "confirmado". Os homens entenderam com horror que estavam a um passo da morte. A cada um foi entregue uma blusa comprida de camponês e um gorro de dormir. Os três primeiros prisioneiros, entre eles o próprio Petrachevski, foram tomados pelo braço, desceram da plataforma e cada um deles foi amarrado a um poste fincado no chão. O pelotão de fuzilamento tomou uma distância de quatro metros dos condenados, e ergueram-se os fuzis. Observando o espetáculo que se desenrolava sobre o patíbulo, no grupo seguinte de três prisioneiros, consumido por um "terror místico", estava o autor de 28 anos de *Gente pobre* (1846), Fiódor Dostoiévski.[4] O que passou pela sua cabeça naqueles momentos em que o pelotão de fuzilamento tomava posição, sabendo que era o próximo da fila a morrer, talvez possa se deduzir de uma cena de seu romance *O idiota*, de 1868. Foi uma das passagens mais famosas que Dostoiévski jamais escreveu:

> Aqueles cinco minutos lhe pareceram uma eternidade, uma imensa riqueza; [...] nada foi mais difícil para ele naquela hora do que o pensamento insistente: "E se eu não tivesse de morrer? E se eu pudesse ter minha vida de volta — que infinita seria! E seria toda minha! Eu transformaria então cada minuto numa vida inteira, não perderia nada, tomaria conta de cada minuto, nada desperdiçaria em vão!". [...] essa ideia por fim se transformou numa fúria tal que ele quis que o fuzilassem o mais rápido possível.[5]

Na praça Semionovski, no entanto, os disparos nunca foram ouvidos. No último instante, um ajudante de ordens chegou a galope trazendo o perdão de Nicolau. Tomados de terror e confusão, os *petrachevtsi* ficaram sabendo que a graça do tsar havia lhes poupado a vida; seu fado não seria morrer ante o pelotão de fuzilamento, mas unir-se às fileiras dos criminosos comuns em prisões fortificadas distribuídas pela Sibéria. Um deles, Nikolai Grigoriev, não tinha condições de agradecer pela magnanimidade do tsar. Já vinha dando sinais de perturbações mentais na prisão, e a provação por que passou fez com que perdesse por completo o juízo, que nunca mais recuperou. Dostoiévski foi sentenciado a quatro anos de trabalhos forçados em Omsk, seguidos de serviço militar vitalício. Petrachevski foi condenado a trabalhos forçados por tempo indeterminado. A execução "não consumada" deu-se então em forma ritualística. Os homens foram despojados das blusas que vestiram para a execução, e dois membros do pelotão se adiantaram para a quebra cerimonial de espadas sobre a cabeça dos prisioneiros ajoelhados. Receberam roupas de condenados, capotes sujos de pele de carneiro e botas de feltro. Chegou uma carroça, Petrachevski foi posto a ferros e conduzido para o primeiro trecho de sua viagem à Sibéria. Os demais o seguiriam poucos dias depois.[6]

O encenador de todo o macabro espetáculo não foi outro senão Nicolau em pessoa. O simulacro de execução serviu, nos termos mais brutais, para deixar claro que os condenados deviam a vida à indulgência do imperador. Ao contrário dos dezembristas, os *petrachevtsi* não seriam beneficiados por condições especiais. A ordem de clemência de Nicolau era bem explícita:

> Uma vez que o Departamento de Exílio de Tobolsk determine o destino deles, deverão ser tratados como condenados no pleno sentido da palavra. Qualquer futuro abrandamento da pena dependeria de seu comportamento e da graça do imperador, e em nenhuma circunstância da iniciativa de autoridades locais.[7]

Naquele dia, devolvido a sua cela na fortaleza de São Pedro e São Paulo, Dostoiévski escreveu uma carta febril a seu irmão Mikhail. Declarou a ambição ardente de saborear cada momento da vida:

> A vida é uma dádiva, vida é felicidade, cada minuto poderia ser uma era de sorte! [...] Agora, mudando minha vida, renascerei de uma nova forma. Irmão! Juro que não perderei a esperança, manterei o ânimo e o coração puro. Estou renascendo como algo melhor. Essa é minha grande esperança e meu grande consolo!

Mas Dostoiévski estava assustado com a possibilidade de ser silenciado em seu exílio siberiano: "Será que nunca mais terei em minha mão uma pluma? [...] Vou mandar-te tudo o que escrever, se voltar a escrever alguma coisa, santo Deus! [...] Sim, se for impossível escrever, morrerei! Melhor quinze anos de prisão com uma pena na mão!".[8]

Quando os relógios davam a meia-noite de 24 de dezembro, Dostoiévski teve as pernas agrilhoadas. Em companhia de outros dois *petrachevtsi*, tomou seu assento numa caravana de trenós vigiada por gendarmes e partiu de São Petersburgo. "Cruzar os Urais foi um momento triste", lembrou depois.

> Os cavalos e trenós afundavam na neve. Estávamos em meio a uma tempestade de neve. Saímos dos trenós — era de noite — e ficamos à espera de que fossem desatolados. A nosso redor, tudo era neve e nevasca; ali estava a fronteira da Europa; à

frente estava a Sibéria e nosso destino desconhecido, enquanto o passado ficava todo atrás de nós. Aquilo era tão triste que chorei.

Dostoiévski chegou a Tobolsk de diligência em 9 de janeiro de 1850. O grupo pegou a estrada íngreme que leva da cidade baixa à praça central, pendurada à beira da meseta, sobre o rio Irtich. A caminho da Prisão de Encaminhamento de Tobolsk, eles passaram pelo sino de Uglitch, lembrete silencioso do poder do soberano e do ostracismo do exílio para além dos Urais.[9]

Enquanto esteve na Prisão de Encaminhamento de Tobolsk, Dostoiévski recebeu uma visita inesperada. Manipulando os encarregados locais dos exilados, três mulheres de dezembristas conseguiram uma entrevista com o jovem escritor. Ele escreveu sobre o encontro:

> Vimos essas grandes mártires que tinham seguido seus maridos por vontade própria à Sibéria. Elas abriram mão de tudo: posição social, riqueza, contatos, parentes e sacrificaram tudo pelo supremo dever moral, o mais livre dos deveres que pode jamais existir. Culpadas de nada, suportaram durante 25 anos tudo o que os maridos condenados suportaram [...]. Elas nos abençoaram em nossa nova viagem; fizeram o sinal da cruz sobre nós e deram, a cada um, um exemplar dos Evangelhos, o único livro permitido na prisão. Esse livro ficou debaixo de meu travesseiro durante os quatro anos de minha servidão penal.[10]

Cada exemplar do Novo Testamento, passado como se fosse um talismã de uma geração de exilados políticos na Sibéria à seguinte, tinha em seu interior cédulas no valor de dez rublos, escondidas na capa. Dostoiévski e os demais condenados partiram de Tobolsk em 20 de janeiro de 1850 e chegaram à prisão de Omsk onze dias depois.[11]

O cativeiro em Omsk faria de Dostoiévski outro homem. A vida entre criminosos comuns na caserna de madeira o obrigou a repensar a fundo sua moral e suas convicções políticas. Ao longo dos quatro anos seguintes, ele fez as anotações que formariam a base do livro mais influente que se publicou sobre o exílio siberiano em todo o século XIX. *Recordações da casa dos mortos* (1861-2) causou sensação tanto como obra literária quanto como um olhar sobre o mundo de terror ignorado por completo pela maior parte dos russos instruídos. Tendo como narrador ficcional um personagem chamado Goriantchikov — artifício literário destinado a facilitar a passagem do livro pela censura —, a obra tem caráter semiautobiográfico. Os contemporâneos de Dostoiévski tomaram-na mais como um livro de memórias do que como ficção. Ela provocou, como escreveu um crítico na época, "uma impressão chocante. O autor foi visto como um novo Dante que desceu ao inferno, ainda mais terrível porque existia não na imaginação do poeta, mas na realidade". A seu respeito, Liev Tolstói comentou: "Não tenho notícia de livro melhor em toda a literatura moderna, e isso inclui Púchkin".[12]

Recordações da casa dos mortos foi a primeira de uma série de publicações que vieram à luz durante o reinado de Alexandre II e os de seus sucessores para submeter à opinião pública as desconfortáveis realidades do exílio siberiano. Nas décadas seguintes, praticamente todas as reportagens, todas as matérias de jornalismo independente, todas as memórias da prisão apresentavam a mesma crítica do fracasso das prisões da Sibéria na reabilitação dos forçados e seu preparo para a colonização.[13]

Dostoiévski entrou para o sistema penitenciário siberiano em 1850, numa época em que sua infraestrutura e sua administração vinham sofrendo as consequências de décadas de negligência e falta de recursos. A fortaleza penal de Omsk era uma das colônias penais típicas na Sibéria do século XIX. Goriantchikov, o narrador de Dostoiévski, descreve

> um vasto pátio, de duzentos passos de comprimento e cento e cinquenta de largura, com a forma de hexágono irregular. Uma paliçada feita de altos mourões, encravados fundo no solo, ligados com firmeza uns aos outros, e talhados em ponta, rodeava por todos os lados o nosso presídio.

Dentro da paliçada, dispostos em torno de um pátio central, erguem-se dos dois lados "amplas construções de madeira de um só andar".[14] Eram as casernas onde viviam os condenados. Numa carta a seu irmão Mikhail, escrita em fevereiro de 1854, apenas uma semana depois de sua libertação, Dostoiévski lembra as condições de superlotação que obrigava os condenados a uma promiscuidade que era tão punitiva quanto o próprio regime prisional:

> Vivíamos amontoados, uns sobre os outros, todos juntos numa só caserna. Imagina uma construção de madeira velha e deteriorada, que deveria ter sido posta abaixo há

muito tempo, e já não estava em condições de uso. No verão, era insuportavelmente abafada; no inverno, intoleravelmente fria. Os pisos, que apodreciam, estavam cobertos de uma camada de três centímetros de sujeira na qual se podia escorregar e cair. As janelinhas ensebadas estavam tão cobertas de gelo que era quase impossível ler a qualquer hora do dia. Havia três centímetros de gelo sobre as vidraças. O teto gotejava, e por toda parte havia correntes de ar. Estávamos amontoados como sardinhas em lata. O fogão consumia seis toras de uma vez, mas não produzia calor algum (mal derretia o gelo do aposento), só uma fumaça repulsiva — e isso durante todo o inverno. Os condenados lavavam a roupa ali mesmo na caserna, espirrando água por tudo. Não havia espaço nem para nos virarmos. Não podíamos sair da caserna para nos aliviar do anoitecer até a aurora, porque estávamos trancados. Havia umas tinas do lado de dentro para as necessidades noturnas cujo mau cheiro era intolerável. Os condenados fediam como porcos [...]. Dormíamos sobre tarimbas nuas, com direito apenas a um travesseiro. Estendíamos peles de carneiro sobre nós, mas os pés ficavam sempre descobertos. Tremíamos a noite toda. Havia pulgas, piolhos e baratas aos montes.[15]

Quase todos os visitantes dos estabelecimentos penais da Sibéria ficavam chocados com a opressiva falta de ventilação nas prisões e com o cheiro das tinas postas nas celas. O americano George Kennan deu a seguinte descrição do ar numa das prisões que visitou em meados da década de 1880:

Permitam-me pedir-lhes que imaginem o ar de um porão, do qual cada átomo já passou por pulmões humanos meia dúzia de vezes e está carregado de ácido carbônico; que imaginem um ar ainda mais viciado pelo cheiro penetrante, com um leve vestígio de amoníaco, proveniente das emanações de corpos humanos há muito sem banho; que imaginem que havia traços de umidade, madeira podre e mais do que traços de excremento humano — e com tudo isso não vão conseguir fazer uma ideia adequada daquilo.[16]

As casernas e suas celas sórdidas infestadas de lêndeas abrigavam uma coleção variada de prisioneiros. Homens que tinham cortado o pescoço de famílias inteiras para roubar quantias irrisórias se ombreavam com vítimas inocentes de erros judiciários. As prisões estavam cheias também de condenados por crimes menores que tinham fugido do lugar original de exílio e depois foram capturados e castigados com trabalhos forçados. Em meados do século XIX, as prisões fortificadas e demais prisões da Sibéria guardavam também um número sempre crescente de russos e poloneses instruídos sentenciados a trabalhos forçados por suas atividades políticas.[17]

As casernas lotadas eram como colmeias em atividade, produzindo uma barulheira incessante. Um ex-presidiário de Omsk, o etnógrafo e jornalista Nikolai Iadrintsev, recorda que cada prisioneiro cuidava de seus próprios assuntos, formando contrastes que eram ora engraçados, ora repugnantes:

Uma mistura de sons, conversas, comoção e gargalhadas — o alvoroço nas celas do forte era inimaginável. De um lado, havia um martelo batendo [...]. Alguém desbasta ossos de animais; aqui, um pedaço de metal está sendo afiado; ali, outro começa a tocar alguma frenética música de presos. Em algum lugar retinem correntes de um exilado que passa pelo corredor; algum desconhecido bate numa porta fechada com um bastão. Os sons às vezes convergem, outras vezes destoam, chocando-se entre si em forte contraste. Numa cela, alguém lê a Bíblia em voz alta, enquanto diante dele outro condenado dança da maneira mais abjeta. Ouve-se a casta oração de um sectário junto com o linguajar mais imundo; um muçulmano sincero canta versos do Corão; um judeu chora seus salmos; e ao mesmo tempo pode-se ouvir a alegre canção de um vagabundo; por um momento os urros de uma mulher trazida para o forte cortam o ar, seguidos das pragas dos que observam e gritos de simpatia. De repente irrompe o hino de um ou outro exilado, cheio de nostalgia e triunfo, cheio de rezas esperançosas. Tudo isso se funde num coro de cacarejos no tempestuoso forte, que soa como um concerto caótico.[18]

Mas nem todos, como Iadrintsev, eram capazes de apreciar as melodias da caserna. A intimidade sufocante e forçada da vida na cadeia era insuportável para aqueles que tinham noções de privacidade mais desenvolvidas do que os camponeses e soldados habituados à vida comunitária. Em *Recordações da casa dos mortos*, Goriantchikov lembra:

Eu nunca teria sido capaz de imaginar como seria horrível e angustiante nunca estar sozinho, nenhuma vez, nem por um minuto, em todos os [...] anos de minha prisão. No trabalho estar sob vigilância constante; na caserna, estar com cem outros condenados, e nenhuma vez, nunca, estar sozinho!

Mais tarde, Dostoiévski confiou ao irmão que seu cativeiro em Omsk tinha sido "um ataque incessante, impiedoso a minha alma [...] hostilidade eterna e brigas por todo lado, pragas, gritos, barulho, tumulto [...]. Tudo isso durante quatro anos!".[19]

Um dos companheiros de prisão de Dostoiévski em Omsk, o polonês Szymon Tokarzewski, escarneceu certa vez daquilo que ele supunha ser uma preocupação excessiva com sua condição de nobre: "Parece-me que não há aristocracia e nobreza no forte; aqui só há gente que foi despojada de todos os seus direitos; só forçados". Essa observação encerrava uma amarga ironia. Em sentido formal, a morte civil que acompanhava as condenações aos trabalhos forçados eliminava a hierarquia. Mas para fins práticos, os membros das classes instruídas permaneciam, de maneira visível, diferentes das pessoas comuns. Como estrangeiros em sua própria terra, eles falavam, andavam e comiam de modo diverso do de camponeses, artesãos, comerciantes, trabalhadores e soldados. Como observa Goriantchikov,

apesar de terem sido privados de todos os seus direitos e estejam equiparados aos demais condenados, [os nobres] nunca são aceitos pelos homens como companheiros. Isso não decorre de nenhum preconceito consciente, mas [...] de uma predisposição sincera e inconsciente.[20]

Expulsos de uma sociedade em que a vertiginosa hierarquia de posição e condição social se codificava nas maneiras, na fala e na educação, a maior parte dos russos instruídos não se beneficiava das dispensas especiais concedidas aos dezembristas. Desacostumados das durezas da vida em cativeiro, os russos instruídos careciam também das habilidades sociais e manuais para se adaptar à vida na fortaleza penal, como explica Goriantchikov em *Recordações da casa dos mortos*:

Quando o homem comum chega à prisão, fica no seio de seu próprio tipo de sociedade, talvez mesmo até numa sociedade mais desenvolvida que aquela que deixou. Ele perdeu, é claro, muita coisa: seu país, sua família, tudo — mas seu ambiente continua o mesmo. Um homem educado, sujeito pela lei à mesma punição que o homem comum, quase sempre perde muito mais. Ele deve eliminar em si todos os desejos e hábitos normais; deve fazer a transição para um ambiente inadequado para ele [...]. E muitas vezes o castigo que a lei considera igual e distribui de maneira equânime torna-se dez vezes mais doloroso para ele.[21]

Os presos comuns em geral viam os mais instruídos com desconfiança e até com absoluta hostilidade, mas mesmo assim continuavam psicológica e culturalmente condicionados a respeitá-los. Nas memórias das colônias penais da Sibéria também se registram exemplos de bondade e generosidade dos condenados comuns em relação às classes letradas. Um camponês exilado tomou-se de piedade por um nobre desorientado e desajeitado que viajava numa caravana e, numa conduta inexplicável, cuidou dele durante toda a viagem ao exílio, recusando qualquer tipo de pagamento por seus serviços. Com tudo isso, o abismo entre a gente comum e a sociedade letrada persistia, na maior parte dos casos, intransponível. Essa divisão era dolorosa para os russos instruídos, que tinham sido exilados precisamente pela tentativa de levar liberdade às massas.[22]

Os presídios e quartéis penais da Sibéria ofereciam um ambiente inóspito para a formação de amizades. O revolucionário Piotr Iakubovitch achava que

todos olham para os demais não como companheiros de desdita, mas como um lobo olha para outro, um inimigo para um inimigo. Até a palavra "camarada", pela qual os condenados tinham muito apreço, não é usada em nosso sentido cultural: os homens se chamam de "camaradas" quando bebem ou comem juntos, das mesmas tigelas [...] [o que é] em geral uma questão de acaso.

Em lugar de amizade e solidariedade, a arte de levar vantagem e ganhar discussões dominava as relações entre os condenados, e nas casernas ecoavam os sons de incansáveis discussões. Os forçados tinham presença de espírito e habilidade para transformar uma frase insultuosa em elogio. "Eles juram com elegância, com técnicas artísticas", lembra Goriantchikov em *Recordações da casa dos mortos*. Iakubovitch discernia uma "forma de competição artística" no calão e nos insultos dos condenados.[23]

Alguns prisioneiros também tentavam superar os demais em cinismo explícito. Um condenado do presídio de Irkutsk contou a um preso político que, junto com um "camarada", tinha chacinado uma família:

"Mas por que isso?", não pude evitar perguntar.

"Por dinheiro, claro." Meu interlocutor riu, tranquilo.

"Sim, mas por que matar todos eles, até as crianças?"

"Fizemos o serviço completo. Uma outra vez, chacinamos duas famílias [...]."

"E Deus?", perguntei. "Não tens medo?"

"Que Deus? [...] Onde quer que tenhamos estado [...]. Nos lugares mais remotos, para onde nem os corvos levam ossos e os animais não vão, não vimos nem Deus nem Diabo."[24]

Observadores letrados, de Aleksandr Herzen a Anton Tchékhov, muitas vezes notaram (e lamentaram) que a aldeia russa era um mundo legal à parte. A ideia popular de crime, justiça e castigo estava sempre em conflito aberto com a cultura legal oficial. Os camponeses podiam castigar alguém com violência por um crime ou fazer vista grossa para ele, fosse a vítima membro de sua aldeia ou alguém de fora. O campesinato em geral tinha uma atitude indulgente quanto à violência contra mulheres, membros de outras religiões e estrangeiros. Estupro, incêndio intencional e assassinato eram formas de vingança aprovadas pelas comunidades camponesas. Ignorando os estatutos legais do império, os condenados acabavam exilados na Sibéria por atos que tinham dificuldade para entender como crimes.[25] Ivan Iefimov, comandante da destilaria penal de Aleksandrovsk, na província de Irkutsk, tentou sem sucesso persuadir um condenado, receptivo em outros assuntos, de que "cortar o pescoço de *yids* [judeus]" era mesmo crime. O homem continuava convencido de que era algo sem importância. Goriantchikov, narrador de Dostoiévski, credita essas expressões de indiferença em relação a crimes que muitos condenados tinham cometido ao isolamento total destes em relação às leis do Império Russo:

A maior parte deles achava que não tinha feito nada de errado, em absoluto [...] o criminoso sabe ao certo que será absolvido pelo julgamento de sua própria gente, que jamais o condenaria e que em sua maioria lhe daria plena absolvição, já que o crime não foi cometido contra alguém de sua espécie, seus irmãos, seus amigos e conhecidos.

Muitos condenados eram mantidos presos por causa do seu desejo de vingança contra aqueles que, segundo acreditavam, os tinham enganado.[26]

★ ★ ★

A violência abria caminho através do próprio tecido da vida prisional. As brigas entre prisioneiros eram malvistas por atrair a indesejável atenção dos carcereiros.[27] Quando os condenados bebiam, no entanto, era provável que irrompessem brigas. Pouco depois de chegar a Omsk, Goriantchikov se depara com o assustador Gazin:

> Ele era fortíssimo, mais que qualquer outro preso; mais alto do que a média, de compleição hercúlea, com uma cabeça horrenda e desproporcionalmente grande [...] os condenados diziam, não sei com que justificativa, que ele tinha fugido de Nertchinsk; que já estivera exilado na Sibéria e fugira diversas vezes, que havia mudado de nome e acabara indo para nossa prisão.

Quando bebia, Gazin

> começava a espicaçar os homens com xingamentos da pior espécie, calculados e, ao que tudo indicava, preparados com muita antecedência; por fim, quando estava embriagado, era tomado de uma cólera assustadora, agarrava uma faca e corria atrás dos outros prisioneiros.

Sem condições de se defender cada um por si mesmo, os condenados reagiam atacando Gazin em grupo:

> Uma dúzia de homens, ou mais, da caserna à qual ele pertencia, corriam atrás dele e começavam a espancá-lo. É impossível imaginar algo mais cruel do que esse espancamento: batiam-lhe no peito, no plexo solar, no estômago, batiam firme e forte, e só paravam quando ele estava inconsciente e parecia morto. Eles nunca poderiam chegar a bater em qualquer outra pessoa dessa forma — espancar um homem assim seria o mesmo que matá-lo —, mas não podiam matar Gazin. Depois de espancá-lo e deixá-lo sem sentidos, enrolavam-no num casaco de pele de ovelha e levavam-no a sua tarimba. "Dizem que ele se recupera assim que descansar um pouco." E assim era: na manhã seguinte, ele se levantaria quase bom, e iria trabalhar melancólico e silencioso. E cada vez que Gazin ficava bêbado, todos os homens da prisão sabiam que o dia terminaria com o espancamento. Ele também sabia disso, mas continuava bebendo da mesma forma.[28]

O insulto, uma vez feito ou entendido como tal, podia sem dúvida terminar em morte.[29] As salinas de Okhotsk eram um dos piores lugares de castigo da Sibéria, uma colônia lúgubre no extremo nordeste da região, à beira do mar de Okhotsk. Os forçados trabalhavam duro nos tanques de sal, destilando o sal da água do mar. As salinas eram reservadas para reincidentes que já tinham cometido crimes em prisões e fortalezas da Sibéria. Um funcionário das salinas na década de 1820 lembra a violência quase íntima e a naturalidade com que os prisioneiros provocavam uns aos outros. Um dos condenados, Ivan Mediantsev, era um comerciante de Iaroslavl de 44 anos, esbelto, bem constituído e "bastante forte". Condenado por assassinato, tinha sido açoitado e condenado a trabalhos forçados nas minas de Nertchinsk, onde matou outra vez. Como reincidente, foi enviado a Okhotsk, onde de novo tirou a vida de um prisioneiro. Ao entrar na cela de Mediantsev logo depois do crime, o encarregado o viu lendo a Bíblia, porque "ele gostava de ler a Bíblia" depois de cometer um assassinato:

> Conversando com Mediantsev, exortei-o a não cometer novos crimes. Além de apontar os castigos que esperariam por ele na outra vida, tentei apelar para sua razão, destacando que se pode pagar por um crime, pode-se cometê-lo por estupidez, devido a fraquezas humanas, mas, uma vez que se tira uma vida, ela não pode ser restituída e portanto não há expiação possível. O homem é criação de Deus e a Ele pertence; esse crime não tem perdão aqui e agora, nem na outra vida. Mediantsev respondeu com um suspiro: "Não estou satisfeito comigo mesmo — achas que tem graça matar um homem?". "Mas vens matando há muito tempo!" "Há vezes em que um homem é tão infeliz que pode fazer coisas ruins sem sequer trazê-las à luz. Tudo o que vê fica vermelho diante de seus olhos, ensopado do sangue de viver. Fica tão atormentado que de bom grado se esconderia, mas aí chega algum idiota choramingando para aporrinhá-lo. Ele nem se lembra de como esmagou o crânio do outro com seus grilhões, no entanto vê que o matou. De repente a máscara cai, o tormento cede, a névoa vermelha desaparece de seus olhos. Ele lamenta pelo homem, mas não há nada que se possa fazer."[30]

Na destilaria penal de Aleksandrovsk, Iefimov se lembra de ter sido arrancado da cama antes do amanhecer numa manhã de inverno de 1849 para examinar a cena de um crime. Um trabalhador de idade tinha esfaqueado outro numa briga por causa do desjejum. Os dois se conheciam havia muito e sempre comiam juntos na caserna. Naquela ocasião, quando um deles começou a cortar o pão e a cebola, o outro esperou com toda a calma sua vez de usar a faca e mergulhou-a no peito do companheiro: "O crime não teve motivo nem objetivo [...]. Em resposta às perguntas que lhe foram feitas, o assassino respondeu nada mais que 'Não lembro por quê; não sei por que fiz isso' [...]". Certa manhã, pouco tempo depois, os carcereiros entraram numa das destilarias fechadas à chave e vigiadas, onde descobriram um "corpo numa poça de sangue, cercado de umas poucas moedas de cobre e cartas de baralho sebentas". A vítima foi identificada como sendo um caldeireiro judeu chamado Korniuchka, que tinha passado a noite jogando com outros dois forçados encarregados de guardar o álcool da destilaria. Jogaram durante horas, até que surgiu uma discussão, por causa da qual um dos homens empunhou um machado e desferiu um golpe no pescoço de Korniuchka que "quase lhe decepou a cabeça". Os agressores pensavam desfazer-se do corpo naquela noite, mas foram descobertos antes que pudessem encobrir suas marcas.[31]

As casernas não eram apenas antros de iniquidade e violência. Uma vez trancadas para a noite, transformavam-se em verdadeiras colmeias de atividade comercial. Os homens sentavam-se em seus lugares habituais e dedicavam-se a suas diversas habilidades. Alguns remendavam botas ou cortavam e costuravam roupas com material que tinham adquirido; outros consertavam relógios e moldavam enfeites. Muitos demonstravam extraordinários dons artísticos e eram capazes de produzir, "a partir de ripas e lascas de madeira [...] modelos de aves que nenhum comerciante de recursos moderados hesitaria em pendurar no teto de sua sala de visitas ou saguão". Outros criavam brinquedos complexos e bem acabados com pão seco e ossos de animais. Quando tinham oportunidade, relojoeiros, carpinteiros, alfaiates e músicos da prisão desempenhavam suas funções nas cidades e vilas vizinhas. Um condenado chamado Tsezik, que tinha estado em diversas prisões siberianas, era um hábil criador de modelos de animais. Suas obras enfeitavam os requintados aposentos de diretores das minas de ouro e altos funcionários do governo; aumentaram muito de valor depois que Tsezik morreu.[32]

Dessa forma, era possível ganhar dinheiro; como alternativa, podia-se fazer dinheiro. Os falsários formavam a elite artesanal das prisões e fortes da Sibéria. Em geral enquadrados em categorias como a dos vagabundos, eles se especializavam em falsificar contratos, documentos e, mais importante ainda, dinheiro. Os mais dotados e bem-sucedidos eram gravadores, projetistas e copistas, e suas habilidades lhes garantiam a condição de celebridades. Um desses sujeitos, Kojevnikov, era famoso tanto por sua técnica quanto por sua "generosidade" espontânea em relação ao campesinato local, a quem ele vez ou outra oferecia *assignati*, ou cédulas, forjadas com perfeição, num valor que apequenaria os rendimentos dos camponeses. As prisões fortificadas eram famosas em toda a Sibéria por sua produção de dinheiro falso. O campesinato siberiano analfabeto fornecia vítimas fáceis para a esperteza dos falsários. A arte da falsificação, do contrabando e do roubo era ensinada nos estabelecimentos penais da Sibéria e transmitida por condenados empedernidos aos novatos recém-chegados. Um exilado falava de "academias do crime".[33]

Fosse ganho, falsificado ou roubado, o dinheiro tinha, como descobriria Goriantchikov em *Recordações da casa dos mortos*, "um significado e um poder formidáveis na prisão". Era imperioso obter bens, subornar guardas, fazer negócios com outros internos e financiar fugas. Mas além dessas aplicações práticas, Goriantchikov compreende que o dinheiro ganho, falsificado ou roubado pelos condenados comprava algo de muito maior valor:

> Pode-se afirmar que o condenado que tivesse algum dinheiro que fosse na prisão sofria dez vezes menos que o que não possuía nada, mesmo que este fosse abastecido com todo o previsto no regulamento, de acordo com o raciocínio da administração, precisasse pouco de dinheiro [...] se os condenados fossem privados da oportunidade de ganhar seu próprio dinheiro, ficariam loucos ou morreriam como moscas [...] ou acabariam caindo em impensáveis atos de infâmia — alguns por tédio, outros para serem executados e acabar com sua infelicidade o mais rápido possível [...]. Se depois de ganhar seu copeque praticamente com suor e sangue, ou por meio de subterfúgios muitíssimo complicados, quase sempre envolvendo roubo e fraude, de modo a obtê-lo de algum modo, o condenado começa a gastá-lo de maneira descuidada, como uma criança [...] joga dinheiro fora com alguma coisa que considera ser um pouco mais valiosa que o dinheiro. O que tem mais valor que o dinheiro? A liberdade, ou pelo menos o sonho de liberdade.[34]

A "liberdade" podia ser comprada do *maidan* — palavra de origem turca (*meydan*) que significa "praça pública" ou "círculo" —, que as comunidades de condenados faziam funcionar em cada estabelecimento penal. O *maidan* proporcionava uma variedade de bens e serviços, legais ou ilícitos. Linha para consertar roupas, couro ou feltro para fazer botas novas, ferramentas para artesãos principiantes, tinta para os falsários: tudo podia ser encomendado ou comprado ao lojista ou *maidanschik*. O *maidan* estava também no centro de um promissor comércio clandestino de álcool. Funcionando ao mesmo tempo como mercadoria e moeda, a vodca era traficada nas prisões e nos campos por condenados que a conseguiam com exilados residentes nas imediações das colônias penais. O mercado ilegal de álcool era uma forma de arte que envolvia métodos engenhosos de dissimulação. As mulas que trabalhavam para o *maidanschik* recolhiam a vodca de um ponto combinado situado fora dos muros da prisão. Enchiam de álcool pulmões e intestinos de gado, previamente lavados, enrolavam esses órgãos em torno do corpo e debaixo das roupas esfarrapadas, e depois, mostrando "habilidade e astúcia de ladrões", passavam com o contrabando pelos guardas e sentinelas. Tokarzewski, companheiro de Dostoiévski na fortaleza de Omsk, lembra que "o contrabandista bem-sucedido em levar a vodca da taberna para o forte era, aos olhos dos forçados, um verdadeiro 'herói'".[35]

Como todos os demais bens e serviços fornecidos pelo *maidan*, a vodca era adquirida sem restrições por quem tivesse dinheiro, ainda que a preços muitíssimo inflacionados. Os condenados bebiam o pouco dinheiro que tinham e depois vendiam sua comida; por fim, valiam-se do crédito oferecido pelo *maidanschik*, que, em consequência, acabava exercendo grande poder econômico sobre os demais prisioneiros. O *maidanschik* e os fornecedores eram "os únicos capitalistas" da prisão. O ágio sobre o álcool era de 150%, e os preços extorsivos praticados pelo monopólio do *maidan* devoravam os parcos recursos dos condenados.[36]

Isso porque a vodca e o vinho davam uma ilusão de liberdade. Os condenados se lançavam a carraspanas que duravam dias, alimentando instantes de esquecimento pessoal que davam um alívio temporário da disciplina claustrofóbica que governava a vida diária. Tokarzewski percebia "comemorações desenfreadas e bebedeira" quando os condenados conseguiam pôr as mãos na vodca. A execução de trabalhos fora da prisão dava uma oportunidade para beber. Certa vez, um preso embriagado foi deixado a dormir debaixo de um arbusto enquanto os guardas retornavam à prisão de Krasnoiarsk com seus forçados. Depois de um dia curtindo a ressaca, ele reapareceu nos portões da cadeia. Iadrintsev conta que numa fortaleza penal, o *maidanschik* era um nobre exilado que transformou uma ala da enfermaria numa verdadeira taberna, com prateleiras repletas de vinho, vodca e frascos de couro postos a secar pendurados às barras da janela. Ele podia ser encontrado "em meio a uma bateria de garrafas e jarras, servindo doses com a habilidade de um velho barman". Um engraçadinho escreveu a giz, na parede superior: "Casa de drinques e armazém de bebidas".[37]

A inatividade forçada e a sordidez das prisões levavam os prisioneiros não só a beber como a jogar. Os jogos envolviam cartas e dados (embora Kennan recorde, nas caravanas em marcha, condenados supostamente privados desses luxos usando insetos vivos). Os carteados eram uma obsessão dominante nas prisões comuns e fortificadas. Mais do que um grande armazém, o *maidan* era também um cassino onde o *maidanschik* era mestre de cerimônias. Ele desenrolava um tapete ensebado comprido, fornecia dados, fichas e cartas quando lhe pediam e administrava a mesa. Os jogadores pagavam uma tarifa para jogar — trinta copeques pelo primeiro jogo, vinte pelo segundo e um pelo terceiro, depois do qual podiam jogar de graça. Os baralhos eram comprados ou contrabandeados para dentro da prisão, ou feitos com capricho pelos próprios detentos, numa homenagem decorativa ao poder que por acaso dirigia sua vida. As cartas de copas e ouros às vezes eram coloridas com o sangue dos que as confeccionavam, "tais eram os extremos a que os homens estavam dispostos a chegar para conseguir jogar!". O *maidanschik* recebia uma parte — entre 5% e 10% — dos ganhadores. Esse dinheiro voltava (ao menos em teoria) para a caixinha geral, de modo que a comunidade de prisioneiros tinha interesse financeiro direto nos jogos de cartas. As regras não oficiais estipulavam ainda que um terço dos ganhos seria devolvido ao perdedor ao fim do jogo. Essa restrição sobre a economia brutal da atividade tinha como propósito evitar que os prisioneiros ficassem à míngua. Garantia também que sobrevivessem para jogar no outro dia. Contudo, tais tentativas de moderar as paixões não conseguiam dominar o ímpeto com que os condenados apostavam tudo e qualquer coisa que possuíssem e até o que pretendiam adquirir.[38]

"Eram todos jogos de azar", lembra Goriantchikov. "Cada jogador depositava um punhado de moedas de cobre diante de si — tudo o que tinha no bolso — e só se levantava quando ficava sem uma única moeda, ou quando ganhasse todas as de seus companheiros." Ficar de vigia era uma precaução necessária, já que os guardas confiscariam as cartas e a mesa se flagrassem os homens jogando. Um guarda penitenciário aplicado de Tobolsk recebeu certa noite uma denúncia de que estavam jogando numa das casernas. Sua tentativa de entrar despercebido se frustrou porque o chão estava coberto de corpos adormecidos. Quando ele e as sentinelas se arrastavam pela caserna no escuro, tropeçaram nos condenados que dormiam, cujos gritos de indignação alertaram os jogadores sobre o perigo. As cartas sumiram e os intrusos foram obrigados a bater em retirada diante dos presos enfurecidos.[39]

O funcionário do Ministério do Interior Vassíli Vlasov relatou, em 1870, que "a paixão pelo jogo os leva a extremos tais que, tendo perdido seu dinheiro, os condenados continuam até perder suas roupas e sua comida". Observou, com triste assombro, que "sem comida e sem roupas, o perdedor se escondia debaixo das tarimbas ou atrás do fogareiro até conseguir novas roupas e, até que suas dívidas fossem pagas, vivia de esmolas dos camaradas". Essas esmolas eram oferecidas, imaginou, porque os demais prisioneiros "viam nele uma vítima infausta do azar, de uma sina que poderia sem dúvida recair sobre eles".[40] O honesto desespero dos condenados jogadores, quando instados a pagar suas dívidas, impressionou o antropólogo inglês Charles Henry Hawes em suas viagens à Sibéria no fim do século XIX:

> Se não tivessem dinheiro, ou reservas secretas de alimento, e existem extraordinários métodos clandestinos para possuir esses bens, apostavam as ferramentas que a Coroa lhes emprestava para reparar suas botas, depois as roupas, e por fim até suas rações do mês inteiro. Se perdesse tudo isso, o jogador via sua dívida como questão de honra, e conseguia pagá-la de maneira inusitada, que reflete um padrão ético que nem Monte Carlo poderia superar. O perdedor é posto numa cela, com seu consentimento, e ali passa dois dias sem comer, sendo alimentado no terceiro dia, de modo a acumular um crédito em rações que será dado em pagamento de sua dívida.[41]

Os homens que perdiam todo o seu dinheiro no jogo ou com bebida eram chamados de *jigani*, uma casta de desafortunados cuja pobreza os tornava particularmente vulneráveis e explorados. Eram obrigados a executar os serviços mais abjetos e repulsivos, como esvaziar as tinas de excrementos humanos, limpar a caserna e servir os jogadores mais afortunados. Durante os carteados, um *jigan* ganhava uns trocados para ficar de vigia. Tremia e congelava na escuridão de um corredor, a uma temperatura de trinta graus negativos, durante seis ou sete horas seguidas, atento a qualquer barulho que pudesse vir de fora. Em 1897, o jornalista Vlas Dorochevitch encontrou um desses prisioneiros "com tuberculose galopante" na enfermaria de uma prisão da ilha Sacalina.

Ele tinha perdido tudo, até sua ração de pão. Durante meses, alimentou-se apenas do angu que até os porcos de Sacalina comiam com relutância. Na enfermaria, começou a apostar seus remédios. Os olhos apagados e mortiços do moribundo exaurido só ganhavam brilho e alguma vida quando ele falava de jogo.[42]

Entre os prisioneiros, as vicissitudes do baralho misturavam-se a um fatalismo descuidado. Num mundo em que a violência e a insegurança eram inevitáveis, o jogo de cartas oferecia aos condenados pelo menos uma ilusão de fortalecimento e fuga à miséria que os destruía dia a dia. Jogar cartas era um desafio à sorte — uma tentativa, mesmo contra todas as possibilidades, de "derrotar o diabo!", como costumavam gritar os prisioneiros. Para Iakubovitch, o jogo e o álcool davam um pouco de cor a vidas banalizadas além da conta: "Sem baralho e vodca, ou talvez até sem a vara, sem alguma coisa condimentada, estimulante, a vida não seria vida para esses homens".[43]

Gorantchikov, o narrador de Dostoiévski, vê no comportamento irracional e autodestrutivo dos condenados, bebendo, jogando e brigando, uma tênue asserção de personalidade, um pequeno ato de desafio à mediocridade do cativeiro:

> Este ou aquele preso pode ter vivido tranquilo durante anos [...] quando de repente, sem nenhuma razão aparente — como se o diabo tomasse conta dele —, começa a ter um comportamento imprevisível, a tomar porres, a se meter em brigas, e às vezes até a correr o risco de cometer um crime: desrespeita de maneira ostensiva um superior, comete assassinato ou estupro etc. [...] A causa desse súbito rompante [...] é nada mais que uma manifestação agoniada e convulsiva da personalidade do homem, sua angústia instintiva e a saudade aflitiva de si mesmo, seu desejo de declarar a si mesmo e a sua personalidade humilhada, um desejo que surge de repente e que às vezes termina em raiva, em ódio frenético, em insanidade, convulsões [...]. Se vai se embebedar, se embebeda como vingança; se vai correr um risco, arrisca tudo, até um assassinato. Para ele, basta começar: quando o homem fica inebriado, não há como trazê-lo de volta.[44]

Essa compulsão humana para expressar a autonomia individual, ainda que por atos irracionais de autodestruição, encontraria eco em muitas outras obras posteriores de Dostoiévski, de *Memórias do subsolo* (1864) a *Os demônios* (1871).

Brutais e caóticos como sem dúvida eram, os presídios comuns e as fortalezas penais estavam, no entanto, muito longe de ser territórios sem lei. Os prisioneiros se regiam por uma intrincada rede de tradições e práticas supervisionadas pela comunidade (*obschina*). George Kennan descreveu a comunidade de presos como um "corpo político do mundo da criminalidade, que ocupa, na vida do exilado, o mesmo lugar que a comuna na vida do camponês".[45] Sendo uma versão estável e ampliada do *artel*, a organização dos condenados nas caravanas em marcha para a Sibéria, a comunidade de prisioneiros funcionava em todos os estabelecimentos penais em moldes semelhantes. Suas funções principais eram oferecer a seus membros proteção contra as autoridades e coletivizar alguns recursos para garantir alguns benefícios. Cada comunidade em geral tinha cerca de cem membros, todos de uma mesma caserna ou ala do presídio. Nos maiores assentamentos e nas fortalezas penais, podia haver diversas comunidades. Cada uma delas elegia um prefeito, ou *starosta*, responsável pela administração das contribuições pagas a uma caixinha centralizada e pela negociação com as autoridades da cadeia. As autoridades prisionais confirmavam a indicação do *starosta* e tratavam direto com ele. Dependiam do *starosta* para obter dos presos um mínimo de cooperação, e só podiam destituí-lo com o consentimento da comunidade. Da mesma forma, a comunidade distribuía tarefas entre os prisioneiros, que no entanto podiam comprar a isenção delas por meio de pagamentos efetuados diretamente à caixinha. A comunidade se obrigava a oferecer crédito a seus membros mais pobres, que tinham de trabalhar para pagar a dívida. Os presos que chegavam às fortalezas e prisões sem um copeque tinham de desempenhar as tarefas mais pesadas e desagradáveis. As regras da comunidade eram a reunião de costumes forjados dentro das prisões ao longo de décadas. Para o etnógrafo Serguei Maksimov, eles tinham se "colado ao próprio ar, transmitidos a cada nova geração de condenados pelos próprios muros da prisão".[46]

A comunidade não era destituída de poder na disputa com as autoridades. Certa vez, nas salinas de Irkutsk, a comunidade bolou uma conspiração para conseguir a demissão de um funcionário menos graduado especialmente impopular, disciplinador e (o mais importante) incorruptível. Pagaram a um vagabundo para sair cambaleando pela prisão numa simulação de embriaguez. Como se esperava, ele foi descoberto e submetido a uma surra por ter bebido, enquanto o chefe da prisão procurava saber quem tinha lhe conseguido a vodca. O esperto prisioneiro, que tinha concordado em receber dois copeques por golpe de vara, denunciou o funcionário como o principal provedor de álcool da prisão. De início, suas afirmações foram recebidas com incredulidade e com golpes e mais golpes de vara — mais de duzentos no total —, mas o homem manteve sua história. Por fim, o fiscal pediu para examinar a bolsa do funcionário e nela achou uma garrafa de vodca que outro preso tinha plantado ali pouco antes. O vagabundo recebeu seus quatro rublos e a comunidade se livrou da incômoda vigilância do zeloso funcionário, que foi transferido.[47]

O único crime que a comunidade reconhecia era de traição. Como observou Kennan,

> o exilado pode mentir, pode roubar, pode matar se quiser, desde que seus atos não afetem de maneira negativa os interesses do *artel* ao qual ele pertence. Mas se desobedecer a essa organização, ou trair seus segredos revelando-os às autoridades da prisão, ainda que sob açoite, já pode se considerar morto.

Informantes e espiões eram particularmente desprezados quando sua traição ameaçava a própria urdidura da vida comunitária. Seus relatos sussurrados podiam revelar uma rota usada por contrabandistas para introduzir artigos na prisão ou podiam delatar um plano de fuga. Dois vagabundos empedernidos da fortaleza de Omsk estavam planejando uma fuga quando, dias antes da partida programada, seus grilhões foram apertados e a guarda, intensificada. Ambos passaram meses investigando quem tinha delatado o plano às autoridades prisionais. Acabaram suspeitando de um companheiro de cela e passaram duas noites removendo as tábuas que cobriam uma das paredes da cela e nela cavaram uma sepultura rasa. Na terceira noite, pegaram o homem, que dormia, empurraram-no para a parede escavada e o sepultaram vivo. Na manhã seguinte, quando a cela foi aberta para a chamada, os guardas não conseguiram encontrar nem sinal do condenado e acharam que ele tinha escapado durante a noite. Toda a prisão soube do que aconteceu ao informante, mas nem um só preso denunciou o crime.[48]

Às vezes, os castigos eram administrados em grupo, na melhor tradição das comunidades rurais.[49] Gangues de prisioneiros infligiam uma punição que eles chamavam de "cobrir de escuro". Atacavam o malfeitor lançando um capuz em sua cabeça e espancando-o com selvageria. A vingança podia ser exercida a qualquer momento. Na fortaleza penal de Omsk, um jovem carpinteiro encarregado de um trabalho interno na prisão cometeu o erro fatal de revelar às autoridades a existência de um túnel que conduzia ao alojamento das mulheres, cavado pelos homens para possibilitar a visita a suas amantes. O túnel foi fechado. Mais tarde, prisioneiros enfurecidos pegaram o carpinteiro no telhado da prisão e o lançaram do quarto andar. Ele teve sorte e sobreviveu à queda, que Iadrintsev chamou de "rocha tarpeia improvisada".* Os que violavam itens mais graves do código comunitário eram levados à presença de uma "reunião" de até cem de seus membros. Os culpados eram repreendidos com severidade, humilhados e, se considerados culpados pelos membros mais importantes e de maior autoridade da comunidade, submetidos a uma surra violenta e prolongada. Uma multidão de condenados às vezes sacudia e pisoteava um informante "até que seus órgãos internos se pulverizassem e seus ossos se quebrassem". Se mesmo assim o homem não morresse de imediato, era jogado sobre seu banco na caserna e abandonado em sua lenta agonia na mais abjeta desgraça. A vítima da justiça da comunidade não ousava reclamar e sequer ir até a enfermaria para receber assistência médica. Iadrintsev observou, sarcástico, que "as fortalezas penais eram criativas em seus castigos".[50]

Os que procuravam o socorro das autoridades eram caçados e assassinados, mesmo depois de transferidos para outra cadeia. Um informante da fortaleza penal de Tara buscou refúgio numa solitária vigiada por guardas especiais, onde ficou durante um ano, até que os homens que tinha traído tivessem deixado a prisão. Quando afinal saiu, morreu esfaqueado por um grupo de prisioneiros que nem conhecia. Vagabundos divulgavam o nome e a descrição dos informantes pelos estabelecimentos penais da Sibéria, e os condenados podiam executar o castigo, mesmo uma geração depois do crime.[51]

Essas punições brutais pretendiam manter a observância disciplinada dos códigos da comunidade e, assim, desfrutar de certa racionalidade. Um prisioneiro culpado de um crime, mas ainda não descoberto, não temia ser traído pelos demais presos; uma vez identificado como culpado, nunca traía seus cúmplices. Certa vez, um líder preferiu se submeter a castigos físicos em nome de toda a comunidade para não divulgar a identidade dos membros que tinham cometido um crime dentro da prisão. As cicatrizes que lhe ficaram nas costas garantiram sua posição e seu prestígio entre os condenados.[52]

---

* Penhasco debruçado sobre o Fórum Romano de onde assassinos, traidores, perjuros e ladrões eram atirados para a morte.

No entanto, a lealdade do *starosta* a sua comuna não estava livre de crítica. Era sabido que os líderes especulavam com o dinheiro da caixinha comunitária e roubavam de maneira descarada artigos de uso comum. Violações particularmente escandalosas da moral da comunidade podiam resultar na deposição de um *starosta* impopular. Mas de modo geral a comunidade de prisioneiros pouco se importava com o caráter sagrado da propriedade privada, nem tinha uma ideia muito clara dela nas casernas e nas celas.[53]

De início, os prisioneiros escondiam em buracos na parede os poucos pertences que conseguiam trazer para o exílio, ou guardavam-nos em pequenos baús fechados a cadeado. Esconderijos e cadeados, porém, não representavam garantia contra ladrões experientes e decididos. O roubo era ao mesmo tempo generalizado e não reprimido, visto mais como um meio de fazer circular bens entre os prisioneiros do que como violação das normas morais. Os recém-chegados eram os mais vulneráveis. Depois de recebidos calorosamente por um grupo de internos, que lhes explicava as regras da prisão, mãos invisíveis agarravam seu chapéu, cachecol e outros objetos, jogando-os no meio da turba. Eles procuravam suas coisas por todos os lugares, mas em vão; seus pertences seriam vendidos no mercado local.[54]

Os condenados faziam de tudo para esconder o dinheiro que porventura possuíssem. Colavam cédulas às páginas de um livro, costuravam-nas na roupa de baixo, metiam-nas nos calcanhares ocos das botas, esvaziados para esse fim, usavam-nas em cintos amarrados em volta dos joelhos. Os demais condenados conheciam todos esses truques e vigiavam uns aos outros com atenção para descobrir qual método estava sendo usado por quem. Se soubessem que um preso tinha dinheiro, não perdiam tempo para roubá-lo, junto com o objeto usado para escondê-los. A arte do roubo e a do ocultamento caminhavam juntas. Alguns condenados eram capazes de roubar objetos debaixo do nariz de seus donos, enquanto outros eram especialistas em escondê-los em lugares em que jamais seriam encontrados. Um contemporâneo lembra que "eles escondiam [o dinheiro] debaixo do piso, na chaminé, enterravam-no no pátio". Um fornecedor de uma cidade vizinha, que tinha provocado a hostilidade dos condenados de uma das prisões fortificadas da Sibéria, deixou seu cavalo no pátio enquanto falava com o superintendente. Ao sair da reunião, descobriu que o cavalo tinha desaparecido. Armou-se uma confusão, e um funcionário superior foi chamado. As buscas não encontraram o animal, e por fim o funcionário pediu aos presos que informassem seu paradeiro, prometendo que nada lhes aconteceria. Os homens o levaram à casa de banhos, arrancaram algumas tábuas do piso e libertaram o cavalo.[55]

Ao fim de suas sentenças de trabalhos forçados, os condenados da Sibéria saíam da prisão despreparados para uma vida de trabalho agrícola. No entanto, estavam bem escolados na arte do roubo, do furto e da falsificação, competências que poriam em prática nas infelizes comunidades pelas quais seriam dispersos como colonos exilados.

Com apenas 34 anos, Dostoiévski foi por fim libertado da fortaleza penal de Omsk em fevereiro de 1854. Sua sentença tinha sido comutada em serviço militar no 7º Batalhão de Linha do Corpo do Exército da Sibéria em Semipalatinsk.[56] Sobrevivera aos seus quatro anos de trabalhos forçados, mas a experiência o marcou para toda a vida e foi determinante para o desenvolvimento de sua prosa e de sua filosofia. Os homens com quem ele partilhou o cativeiro lhe proporcionaram atraentes modelos psicológicos para os ladrões e assassinos que enchem as páginas de seus romances pós-siberianos: *Crime e castigo* (1866), *O idiota* (1868), *Os demônios* (1871) e *Os irmãos Karamazov* (1880). As observações do escritor na Sibéria sobre os impulsos mais obscuros da psique humana desembocaram numa incontrolável obsessão pelo crime, a responsabilidade e a moralidade.[57]

A vida intelectual russa em meados do século XIX era dominada por debates sobre a natureza da população rural e o modelo russo de desenvolvimento. Conservadores românticos como Aleksei Khomiakov e Ivan Aksakov, conhecidos como "os eslavófilos", acreditavam que a intelligentsia deveria rejeitar a orientação ocidentalizante da modernização da Rússia, iniciada no reinado de Pedro, o Grande, e abraçar os valores cristãos ortodoxos do campesinato e recuperar a unidade orgânica da Rússia anterior a ele. Os eslavófilos diziam que o campesinato russo, com seu modo de vida comunitário, sua existência pacífica e sua humildade natural, era o único povo cristão verdadeiro, não contaminado pelo individualismo egoísta e pelo materialismo do Ocidente. Populistas como Aleksandr Herzen e Nikolai Tchernichevski se apoiavam na tradição dos primeiros liberais ocidentalizantes. Viam os camponeses como essencialmente racionais, como patronos da liberdade e portadores do espírito coletivista, materializado na comunidade aldeã, que prenunciava um brilhante futuro socialista para a Rússia.[58]

No entanto, conservadores e radicais sobrepunham suas próprias ambições ideológicas aos valores e à psicologia de um povo que eles conheciam de maneira apenas superficial, a partir do contato com servos, empregados domésticos e soldados. Dostoiévski mais tarde atacou as abstrações que subjaziam no pensamento de ambas as ideologias:

> A questão do povo em geral e da visão que temos dele, o entendimento que hoje temos dele, é para nós a mais importante, uma questão da qual depende todo o nosso futuro; poder-se-ia dizer que é a questão mais prática do momento. No entanto, o povo em geral ainda é para nós uma teoria e ainda está diante de nós como um enigma. Todos os que amam o povo o veem como uma teoria, parece que nenhum de nós o ama como ele é de fato, mas como cada um imagina que ele seja. E se por fim se desse o caso de que o povo russo não fosse aquilo que imaginamos, nós, apesar de nosso amor por ele, talvez renunciássemos a ele sem remorsos. Estou falando de todos nós, até dos eslavófilos, os quais, talvez, seriam os primeiros a renunciar a ele.[59]

Em compensação, quatro anos na fortaleza penal de Omsk deram a Dostoiévski muitas oportunidades de observar de perto as pessoas do povo, e ele se orgulhava do que tinha visto. "O tempo que passei aqui não foi em vão", escreveu ele ao irmão uma semana depois de libertado, "pois se não descobri a Rússia, pelo menos cheguei a conhecer bem seu povo, de um modo que pouca gente conhece."[60] Vivendo lado a lado com criminosos num mundo não estruturado pela hierarquia social da Rússia tsarista, Dostoiévski descobriu pouca coisa para amar e admirar. Não encontrou nem os cristãos humildes e desprendidos imaginados pelos eslavófilos, nem os coletivistas racionais de que falavam os populistas. O que encontrou foram homens "vulgares, hostis e ressentidos", propensos a vícios de todo tipo, desde a bebedeira à mais violenta crueldade. O mais decepcionante de tudo, para um jovem idealista convicto da bondade inata de todos os seres humanos, era a total ausência de remorso manifesta pelos condenados. Goriantchikov, em *Recordações da casa dos mortos*, lembra:

> Não vi entre essas pessoas o mais leve traço de arrependimento, nenhum sinal de que seu crime pesasse em sua consciência [...] a maioria deles considera que está coberta de razão. É claro que a vaidade, os maus exemplos, a imprudência e o exibicionismo são causas de grande parte disso [...]. Contudo, sem dúvida teria sido

possível ao longo de tantos anos ter visto algo, ter captado pelo menos algum indício desses corações que prestasse testemunho de uma angústia interior, de sofrimento. Mas isso estava ausente, definitivamente ausente.[61]

A população da fortaleza penal deixava exposta a natureza enganosa da ambição de moldar o campesinato à imagem da intelligentsia. Eslavófilos e populistas procuravam, cada um com sua própria receita, estender uma ponte sobre o abismo entre as classes instruídas e o "povo obscuro", dualidade que Herzen denunciou em 1851 como "as duas Rússias".[62] Em Omsk, o próprio Dostoiévski enfrentou a incompreensão e a inimizade que preenchiam esse "abismo". Embora os demais prisioneiros "não compreendessem nossos crimes", ele escreveu ao irmão em 1854:

O ódio dos criminosos comuns pela aristocracia não tem limites e por isso recebem a nós, nobres, com hostilidade e extraem prazer de nossa desgraça. Eles nos comeriam vivos se tivessem a oportunidade. Não podes imaginar o quanto estamos vulneráveis, tendo de viver, comer, beber e dormir junto dessas pessoas durante anos, com a impossibilidade sequer de reclamar dos insultos sem conta de toda espécie. "Vocês são nobres, aves de rapina que nos bicavam até a morte. Antes, vocês eram senhores, gostavam de atormentar o povo, mas agora estão no fundo do poço. Agora são como nós" — esse foi o tema sobre o qual eles executaram variações durante quatro anos. Cento e cinquenta inimigos nunca se cansavam de nos aterrorizar [...]. Os dois lados não se entendiam, e por isso nós [nobres] tínhamos de suportar toda a vingança e a perseguição vindas deles.[63]

O quadro pintado por Dostoiévski na carta dirigida ao irmão não era, no entanto, de um desconsolo irremediável. Os condenados podiam ser rudes, mas alguns deles eram capazes de lampejos de humanidade, apesar da sordidez e da violência de sua vida. "Ao longo de quatro anos de servidão penal entre bandidos, acabei descobrindo alguns seres humanos", escreveu. "Acredita ou não: havia dentre eles tipos profundos, fortes e magníficos, e era muito animador descobrir essas pepitas de ouro sob uma superfície áspera."[64]

Nos anos seguintes a sua libertação, Dostoiévski continuou reimaginando sua colisão com o mundo negro e horrível da fortaleza penal. Em seus romances do período pós-siberiano, ele indicou as oportunidades de ressurreição moral que podiam ser encontradas no exílio. O anti-herói de *Crime e castigo*, Ródion Raskolnikov, consegue por fim repelir suas convicções niilistas e seu utilitarismo fanático para encontrar amor, redenção espiritual e até aceitação entre os forçados da Sibéria.[65] Durante seu julgamento por parricídio em *Os irmãos Karamazov*, o dissoluto nobre Dmitri Karamazov aceita a culpa moral pelo desejo de ver o pai morto, embora inocente do crime. Recebe uma provável sentença a trabalhos forçados nas minas siberianas como oportunidade de purificação moral:

> Durante estes dois últimos meses, senti em mim um novo homem, um novo homem que ressuscitou dentro de mim! Ele estava preso dentro de mim, e nunca teria emergido se não fosse por esse lampejo. Tenho medo! Oh, que me importa ter de extrair minério das jazidas durante vinte anos com uma marreta — disso não tenho medo em absoluto; não, agora tenho medo é de outra coisa: que o homem que ressuscitou em mim possa deixar-me! É possível lá também, nas minas, debaixo da terra, ao nosso lado, em outro condenado assassino como nós mesmos, encontrar um coração humano e identificar-se com ele, porque lá, também, é possível viver, e amar, e sofrer! É possível ressuscitar, e ressuscitar no condenado o coração que parou de bater, é possível cuidá-lo durante anos e trazer à luz, por fim, daquele antro de ladrões, uma alma que agora é elevada, uma consciência que é a de um mártir, ressuscitar um anjo, ressuscitar um herói![66]

As provações do autor na fortaleza penal de Omsk deve tê-lo despojado de suas concepções idealistas sobre a gente do povo, mas acabaram reafirmando — ou talvez almejando — uma crença em sua sensibilidade espiritual e sede de redenção.[67] Num ensaio publicado em seu *Diário de um escritor*, em 1876, Dostoiévski descreve o momento "miraculoso" em que ele se sentiu capaz de distinguir a humanidade essencial dos condenados. Cercado na caserna por condenados ocupados em aplicar outra surra ao bêbado e violento Gazin, Dostoiévski deixou-se ficar em seu catre para fugir ao alcance de alguma lesão física e entregou-se ao devaneio. Lembrou-se de um episódio de infância quando, aos nove anos, fugiu aterrorizado de uma floresta onde achava que havia um lobo rondando, e achou-se numa campina da propriedade de sua família. Ali, um dos servos de seu pai, um camponês chamado Marei, ficou com pena dele e fez o que pôde para confortá-lo:

Em silêncio, ele esticou um dedo grosso e encardido, de unha preta, e com suavidade tocou-me os lábios, que tremiam.

"Pronto, pronto", ele abriu um grande sorriso, quase maternal. "Senhor, que exagero assustador. Querido, querido, querido!"

[...] Então, quando me levantei de meu catre e olhei à minha volta, lembro-me de ter sentido que de repente podia olhar para aqueles desafortunados de um modo inteiramente diverso, e que de repente, por algum milagre, o ódio e a fúria que havia em meu coração desapareciam. Esse camponês infeliz, de cabeça raspada e rosto marcado a ferro, bêbado e urrando sua canção vulgar de bêbado — porque ele podia muito bem ser aquele mesmo Marei; não posso perscrutar seu coração, afinal.[68]

Essa conversão, escrita por Dostoiévski em 1873, marcou o começo da longa jornada do autor do socialismo utópico dos *petraschevtsi* para uma nova filosofia política agora muito mais próxima do pensamento dos eslavófilos. À medida que suas convicções religiosas e nacionalistas se solidificavam, Dostoiévski começou a reimaginar que não só uma pequena minoria, mas *todos* os seus antigos companheiros em Omsk eram homens dotados de um agudo senso de responsabilidade moral e um profundo desejo de perdão: "Acredito que talvez nem um só deles escapasse ao prolongado sofrimento íntimo que os purificava e fortalecia. Eu os via na igreja rezando antes da confissão [...] no fundo, nenhum deles se justificava!". Era a fé inabalável dos condenados, que sobrevivia mesmo na inumanidade da fortaleza penal, que, a seu juízo, dava as bases para a cicatrização da fratura de medo e inimizade recíprocos que separava as classes instruídas da Rússia do povo; todos se tornariam espiritualmente iguais.[69]

Essa memória redentora de seu encontro com pessoas comuns na fortaleza penal de Omsk tornou-se a pedra de toque do subsequente nacionalismo messiânico de Dostoiévski: o autor louvava seu "contato direto com o Povo, a unidade fraterna com ele no infortúnio comum, a consciência de que nós mesmos tínhamos nos tornado como eles, iguais a eles, num nível até bem inferior ao deles". Ele tinha sido capaz, lembra-se, de "voltar à raiz da gente comum, descobrir a alma russa, reconhecer o espírito da gente do povo".[70]

Por fim, de volta a São Petersburgo em 1859, Dostoiévski aderiu a um grupo de escritores conhecidos como "movimento de retorno ao solo" (*potchvennitchestvo*), segundo o qual uma nova fraternidade no cristianismo ortodoxo russo levaria a Rússia a exercer sua grande vocação espiritual como líder de nações. Muito além de uma lembrança, a Sibéria tornou-se para Dostoiévski um imaginativo pano de fundo sobre o qual explorar as possibilidades da redenção individual e coletiva, e uma visão do destino nacional singular da Rússia.[71]

8. "Em nome da liberdade!"

Depois de esmagar a Insurreição de Novembro de 1831 no Reino da Polônia, Nicolau I ordenou que se construísse um complexo fortificado no centro de Varsóvia. Esse edifício tenebroso à margem do Vístula foi projetado para destacar a presença militar tsarista e servir de símbolo do domínio russo sobre a cidade rebelde. A Cidadela alardeava sua guarnição de 5 mil soldados permanentes e sua artilharia pesada capaz de cobrir de fogo a maior parte da cidade. Centenas de celas foram construídas dentro das grades da Cidadela. As mais famosas ficavam no Décimo Pavilhão, que no decorrer do século XIX foram ocupadas por notórios rebeldes e revolucionários poloneses. O complexo foi apelidado de Bastilha de Varsóvia.

A Cidadela foi de grande utilidade para o herdeiro de Nicolau, Alexandre II, quando os poloneses fizeram sua segunda tentativa malograda de lutar pela independência, em 1863. As origens imediatas do episódio que ficaria conhecido como Levante de Janeiro remetem às Grandes Reformas de Alexandre, no começo da década de 1860, que reacenderam as esperanças de uma autonomia maior e de uma liberalização nas Províncias Ocidentais e no Reino da Polônia. Mas a recusa de São Petersburgo a admitir essas concessões fomentou o descontentamento político. Manifestações nacionalistas em toda a Polônia transbordaram em distúrbios. O vice-rei do tsar no reino, general Karl Lambert, reagiu com a imposição da lei marcial em outubro de 1861 e com a prisão de líderes nacionalistas. O descontentamento político evoluiu para inquietação, e esta para a rebelião aberta. Desencadeado a partir de protestos contra o alistamento militar obrigatório, o movimento que começou como um levante em Varsóvia em pouco tempo se disseminou para o norte, para o leste e para as Fronteiras Ocidentais, transformando-se numa insurreição prolongada que durou de 1863 a 1865.[1]

Na complexa colcha de retalhos étnica e religiosa desses territórios, havia entre os rebeldes alemães, judeus e os que se apresentavam como ucranianos ou bielorrussos. No entanto, a maior parte deles era de etnia polonesa. Provinham de uma ampla gama de estamentos sociais, sobretudo da nobreza mais pobre, ou *szlachta*, e da intelectualidade urbana, mas havia os oriundos das classes artesanais e do campesinato. Mesmo republicanos de outras nações europeias, radicalizados nas revoluções de 1848 e nas campanhas italianas de Giuseppe Garibaldi na década de 1850, lutavam junto dos poloneses. Tanto o levante quanto suas consequências imediatas eram assuntos internacionais.[2]

Os rebeldes de 1863 eram mais fracos em termos militares, mas politicamente mais bem organizados que seus compatriotas de 1830. Dispersos numa série de rebeliões distribuídas por uma vasta área, travavam uma prolongada e árdua campanha de guerrilha contra as forças leais à autocracia. O levante transformou-se numa guerra civil em que várias classes e grupos étnicos se aliavam seja aos rebeldes, seja ao Estado russo. Como acontecera em 1830, os rebeldes não eram páreo para o poderio do Exército Imperial, que no ponto alto do conflito tinha em campo 170 mil soldados. Ao longo de 630 confrontos militares, os insurgentes foram enfim subjugados, com suas fileiras esvaziadas pelas baixas e pela captura. As forças do governo precisariam ainda de dezesseis meses para esmagar o levante em definitivo e erradicar a vasta rede de governo clandestino. A Cidadela de Varsóvia ganhou notoriedade na campanha tsarista anti-insurrecional. Serviu de plataforma de lançamento de operações militares e como gigantesca prisão para os milhares de rebeldes capturados. O líder da rebelião, Romauld Traugutt, foi enforcado diante da Cidadela em 1863.

A represália tsarista no Reino da Polônia e nas Fronteiras Ocidentais foi rápida e pesada. Tribunais militares sentenciaram centenas de rebeldes à morte. Não só insurgentes armados, mas também políticos, jornalistas, padres católicos e ativistas estudantis caíram nas malhas do governo. Cerca de 35 mil pessoas foram banidas para diversos pontos do império. A repressão tinha como propósito dissuadir os poloneses de toda e qualquer manifestação futura de apoio à independência: uma menina de quinze anos foi presa por cantar canções patrióticas polonesas e usar luto depois da rebelião.[3]

Assim como na década de 1830, a maior parte dos acusados de envolvimento armado na insurreição foi mandada para o exílio em processos administrativos ou extrajudiciais julgados por cortes marciais de campo. De 18 mil a 24 mil pessoas foram deportadas para o outro lado dos Urais. Cerca de 3,5 mil rebeldes, acusados de "crimes de Estado", foram condenados a trabalhos forçados perpétuos nas minas ou a períodos determinados nas fortalezas e fábricas de Nertchinsk. Os condenados por crimes menos graves e os beneficiários da clemência imperial foram despojados de seus direitos civis e exilados para assentamentos da Sibéria Ocidental e da Oriental, a depender da suposta gravidade do crime. Os privilégios constitucionais e a relativa autonomia das terras da Fronteira Ocidental foram abolidos, o Reino da Polônia foi dissolvido e essas regiões passaram a ser governadas por São Petersburgo. Mais um levante polonês contra o Império Russo tinha fracassado.[4]

Como seus predecessores, essa segunda geração de rebeldes poloneses exilados tentou permanecer fiel a seus princípios republicanos e patrióticos na Sibéria. O exílio derrotou muitos deles, em corpo e espírito, mas muitos continuaram a lutar contra o Estado russo com os meios que tinham a seu alcance. Alguns lutavam para se libertar do cativeiro contestando a justiça de suas sentenças em cartas e petições; outros protagonizaram ousadas fugas; outros, ainda, se voltaram para a insurreição armada.

Para os rebeldes poloneses e seus aliados, esses atos de resistência às autoridades siberianas eram políticos, uma continuação de sua luta contra o Estado russo. Mas eram também uma extensão da batalha mais ampla de nacionalistas e republicanos em oposição às monarquias e aos impérios da Europa. Os poloneses lançaram seus valores patrióticos e fraternos contra a autoridade patriarcal da autocracia. Em apelos, mensagens de suicidas e em depoimentos ante os tribunais militares da Sibéria, os poloneses falavam a língua dos direitos, da justiça, da liberdade e da tirania. Levadas pelos que fugiam e pelos que eram libertados, essas lendas de resistência, heroísmo e sofrimento encontravam eco em todo o Império Russo e além dele. Para muitos contemporâneos europeus simpáticos a sua causa, as lutas dos rebeldes contra seus carcereiros na Sibéria eram as lutas da própria nação polonesa.

Hoje em dia, o Décimo Pavilhão no interior da Cidadela de Varsóvia faz parte do Museu Nacional da Independência da Polônia. Numa de suas galerias, está pendurado um enorme quadro a óleo do pintor romântico Aleksander Sochaczewski, que mostra uma caravana de dezenas de rebeldes exilados, homens e mulheres, numa parada para descanso, cercados de uma desolada imensidão de neve. Vestidas com batas de condenados, muitas das figuras agrilhoadas e de cabeça raspada jazem no chão, prostradas pela exaustão e pelo desespero. Alguns rezam, angustiados; outros choram, aflitos. No centro do quadro, o posto fronteiriço que separa as províncias de Perm e Tobolsk se avulta sobre os grupos compactos de poloneses. Depois do posto, a Sibéria os chama. Sochaczewski estava entre os rebeldes de 1863 que foram exilados para a Sibéria depois da Insurreição de Janeiro. *Adeus à Europa* foi pintado depois que ele voltou de vinte anos de trabalhos forçados em Nertchinsk. É uma das ironias da história que esse retrato cru dos tormentos dos exilados poloneses esteja hoje onde costumava estar um dos baluartes do poder imperial russo.[5]

As proporções da represália do Estado em consequência da rebelião tiveram graves consequências para o sistema siberiano de exílio. As autoridades não conseguiam conviver com o repentino afluxo de forçados enviados para as cidades, aldeias, fortalezas e fábricas da Sibéria. Ainda que na década de 1860 a deportação de exilados para a Sibéria estivesse se tornando semimecanizada, a viagem dos poloneses continuava sendo extenuante. O governo recorreu a rotas fluviais e depois a ferrovias para estabelecer uma transferência mais rápida, tranquila e ordenada dos presos para o leste. Desde 1862, eles passaram a ser transferidos de trem a partir de Moscou e outros pontos de reunião até Níjni Novgorod, via Vladímir. Os trens adaptados em que se amontoavam constituíam-se de vagões de terceira classe com barras nas janelas, como mostrou Nikolai Iaroschenko em sua tela *A vida está em toda parte*, de 1888. A superlotação obrigava os condenados a se sentarem não apenas nos bancos, mas debaixo deles e nos corredores. As portas trancadas e a inexistência de ventilação cobravam seu preço. A viagem de 440 quilômetros até Níjni Novgorod durava um dia e uma noite. Por todos os lugares, a infraestrutura física do sistema de deportação encontrava-se em situação lamentável: as estações de parada estavam tão velhas e deterioradas, como relatou um funcionário, que "nenhum reparo ou alteração poderia deixá-las num estado adequado para o inverno". Numa dessas estações, na estrada para Tiumen, até o telhado tinha desabado.[6]

Além das limitações infraestruturais, as autoridades siberianas não contavam com capacidade extra para atender à quantidade de novos prisioneiros deportados para o leste. German Lerkhe, governador de Tomsk, escreveu a seus superiores em São Petersburgo em julho de 1864 dizendo que a fortaleza penal tinha capacidade para quatrocentos prisioneiros, mas que "quase nunca abrigava menos de seiscentos, e a média ficava entre setecentos e 750 condenados". A prisão era dirigida de modo precário por uma administração incompetente e corrupta que "precisava de uma reformulação completa".[7]

Sem condições de acomodar os poloneses, funcionários siberianos se esforçavam à maneira tradicional para que fossem transferidos a regiões mais remotas. Em abril de 1864, o governador-geral da Sibéria Ocidental, Aleksandr Diugamel, escreveu a São Petersburgo pedindo, "devido à escassez das instalações necessárias", que todos os presos políticos condenados a trabalhos forçados em fortalezas sob seu comando fossem reencaminhados para o trabalho em empresas industriais da Sibéria Oriental. Mas no leste as autoridades também lutavam para acomodar a enxurrada de exilados. Mikhail Korsakov, governador-geral da Sibéria Oriental, ordenou a transferência de toda uma companhia de fuzileiros "com oficiais confiáveis e não de origem polonesa" da bacia do rio Amur a Nertchinsk. Em outubro de 1864, ele ordenou que o chefe da Região Mineradora de Nertchinsk, Shilov, distribuísse os novos exilados pelas minas. No verão, quatrocentos deles já tinham chegado a Nertchinsk, onde um novo contingente de oitocentos a mil homens era esperado nos meses seguintes, e as autoridades locais responderam que era "absolutamente impossível" encontrar trabalho produtivo para todos eles. Shilov insistia em que, "apesar dos grandes esforços da administração, [as prisões] não poderiam ser construídas tão rápido". O trabalho de construção só poderia começar na primavera, e até então os exilados precisariam ficar alojados em cidades situadas ao longo do caminho para Nertchinsk: Krasnoiarsk, Irkutsk e Tchita. A superlotação tornou-se endêmica. O instinto retaliativo do Estado russo tinha extrapolado a capacidade punitiva do governo.[8]

Já em agosto de 1864, as autoridades do exílio manifestavam sérias preocupações com o potencial de amotinamento das dezenas de milhares de "criminosos de Estado" que chegavam à Sibéria. Entre 1863 e 1867, cerca de 4 mil poloneses foram enviados a assentamentos na província de Tobolsk, e 4,4 mil foram mandados à província de Ienissei. Mesmo as formas mais rudimentares de vigilância e controle sobre um número tão grande de exilados estavam se revelando muitíssimo difíceis. Ansioso por reduzir a quantidade de poloneses a níveis mais administráveis, o ministro do Interior, Piotr Valuiev, escreveu a todos os governadores da Sibéria pedindo que elaborassem listas de homens que pudessem ser liberados do exílio antes do tempo e concluir sua pena na terra natal. Em maio de 1866, o tsar adotou uma série de medidas para comutar as sentenças dos envolvidos na Insurreição de Janeiro. Os poloneses condenados a trabalhos forçados perpétuos tiveram a sentença reduzida a períodos de dez anos; os condenados a períodos de menos de seis anos nas minas, fortalezas e fábricas foram transferidos a assentamentos, e alguns foram postos em liberdade e voltaram para casa. Dois anos depois houve uma nova anistia, que enviou para assentamentos todos os trabalhadores "não culpados de assassinato e assalto à mão armada, e que não tenham sido condenados por outros crimes políticos", e preparou-se o retorno de alguns deles para a Rússia europeia e para a Polônia.[9] Essas demonstrações de clemência tinham menos a ver com a magnanimidade do soberano e mais com problemas práticos da acomodação de grande número de exilados políticos.

A grande maioria dos poloneses deportados para a Sibéria em consequência da Insurreição de Janeiro — cerca de 80% — foi instalada em assentamentos. Um número muito menor deles, classificados na categoria dos "exilados para residências", reservada só para nobres, podia morar nas cidades da Sibéria.[10] Receoso da influência desses exilados poloneses sobre a sociedade siberiana, o governo lançou um edito, em janeiro de 1866, proibindo-os de exercer atividades de ensino, farmácia, impressão, fotografia, medicina e comércio de vinho; de residir em edifícios nos quais houvesse agência postal ou telegráfica e de trabalhar em escritórios do governo. Em resumo, foram proibidos de exercer praticamente todas as formas de trabalho produtivo para o qual estivessem capacitados e em que tivessem experiência. Muitos ludibriavam ou apenas ignoravam essas proibições, mas para os demais tudo o que restava era a agricultura. Como seus predecessores das décadas de 1830 e 1840, os rebeldes poloneses da década de 1860 lutaram para se estabelecer como agricultores. Não tinham conhecimentos, resistência nem ambição para ter sucesso nas atividades agrícolas em condições subárticas. Mesmo que tivessem as qualidades necessárias, havia também uma desesperada falta de terras agriculturáveis. Muitos deles tentavam ganhar a vida contratados como mão de obra agrícola, ficando assim à disposição do campesinato siberiano. No fim da década de 1860, apenas 150 dos cerca de 960 poloneses radicados no distrito de Kansk trabalhavam como comerciantes e artesãos; os demais dependiam da caridade da população local e das magras subvenções do governo destinadas a não deixá-los morrer de fome.[11] O etnógrafo Serguei Maksimov testemunhou o desespero deles:

> O exilado político tem a convicção de que sua vida foi desperdiçada de modo irrevogável e, por essa razão, nutre uma profunda indiferença pelo que o cerca, ou é irritável, desajustado e tenso. Se ainda alimenta a esperança de voltar para casa, essa mesma esperança que o ampara o impede de trabalhar, de se estabelecer de maneira conveniente: a Sibéria é para ele como uma estação de passagem, uma breve parada na vida [...]. Mas à medida que passam os anos, sua esperança e sua força diminuem, e esses homens se tornam mais depressivos; sua irritabilidade é reforçada pela inatividade. A insatisfação cala mais fundo e se transforma em ódio.[12]

Depois que sua condenação a trabalhos forçados foi comutada em "exílio em assentamento" com a anistia de maio de 1866, Maurycy Sulistrowski, que se encontrava no distrito de Balagansk, na província de Irkutsk, escreveu a seu irmão:

> Há cerca de 1,5 mil exilados em assentamentos da província de Irkutsk. É difícil encontrar trabalho para tanta gente. Está tudo certo para aqueles que recebem dinheiro dos parentes. Já os que nada recebem e não têm ofício muitas vezes trabalham para um ou outro agricultor [camponês], mas que tipo de trabalho é esse? Dão-lhe um chá forte de manhã e um pouco de sopa de couve e uma côdea de pão para o jantar. Podes contentar teu ventre com a comida, mas para vestir teu corpo e satisfazer tua alma, o que resta? Só lágrimas, decepção, infelicidade e farrapos! Esse é o retrato do assentamento! Na minha opinião, é pior do que os trabalhos forçados.[13]

Desesperados para evitar essa sorte, os exilados poloneses e suas famílias bombardeavam as autoridades tsaristas com petições e súplicas de clemência. A massa de camponeses e comerciantes analfabetos definhava em silêncio no exílio siberiano, sem famílias que pudessem promover de maneira ativa seus interesses junto ao governo. Mas muitos dos poloneses eram instruídos e provinham de famílias versadas nas artes da petição e do apoio. Suas súplicas, reforçadas por apelos de seus parentes, destacavam a injustiça dos veredictos. Os exilados reclamavam também que seu castigo era excessivo, ou que nenhum crime tinha sido cometido. Chamavam a atenção para sua terrível situação na Sibéria e também para a penúria e o sofrimento de suas mulheres e filhos, que eles se viram forçados a abandonar ao se juntarem à caravana.[14] Um insurgente exilado, um nobre de Kiev chamado Iwan Dąbrowski, estava na aldeia de Irbei, província de Ienissei, quando apelou às autoridades, em julho de 1865. Dąbrowski alegou que tinha sido "sequestrado por um grupo de rebeldes e obrigado a permanecer com o bando sob ameaça", mas tinha fugido na primeira oportunidade e feito uma declaração completa e sincera às autoridades sobre sua participação involuntária na rebelião. Ele havia alimentado a esperança de ser perdoado em 1863, "mas a nova lei não levou em conta meu sincero arrependimento". Dąbrowski foi exilado para um assentamento da Sibéria Oriental "com perda de todos os seus direitos e propriedades". Ele tomou a liberdade de "cair aos pés de Vossa Majestade Imperial para pedir alívio de minha sina, acompanhada da dor de meus quatro infelizes filhos e de minha mulher, que foi deixada sem meios de sustento".

Dois anos depois, em outubro de 1867, os quatro filhos de Dąbrowski dirigiram uma petição a Korsakov, governador-geral da Sibéria Oriental, detalhando a folha de serviços prestados por seu pai à Coroa russa. Dąbrowski tinha lutado no Exército Imperial em 1847 e 1848, participara na repressão da Revolução Húngara e havia sofrido ferimentos na cabeça que explicavam "os ataques de loucura que eram a causa de sua desgraça". Com a saúde abalada, escreveram, ele estava impossibilitado de executar trabalho agrícola e dependia do magro apoio financeiro da família para comer. Destituído de suas posses, não pudera pagar o suborno exigido pelas autoridades locais em troca da licença para permanecer na província de Irkutsk, e em fevereiro de 1867 viu-se transferido para a província de Iakutsk, a centenas de quilômetros de distância na direção nordeste, "para uma terra onde qualquer homem de nosso clima morreria de morte lenta. Que trabalho forçado se compararia a uma sina tão cruel?". Seu pai poderia ter se beneficiado, alegavam os filhos, da anistia de maio de 1866, mas em vez disso fora condenado por "denúncias infundadas e calúnias". Sua petição terminava dizendo:

> Vossa Excelência, conceda-nos a graça de perdoar nossa ousada petição! Mas somos filhos, preocupados com as injustiças cometidas contra nosso pobre e infeliz pai, que foi destituído de tudo, arrancado a seu próprio sangue, declarado culpado por ser incapaz de trabalhar em seu favor [...]. Só podemos concluir que não há justiça nos

tribunais. A vontade de Vossa Excelência é a lei para nosso pai e para nós; sua palavra é uma sentença de vida e morte [...]. Tenha misericórdia! Considere seus serviços passados, sua penosa condição de homem afligido por ataques de debilidade mental, e leve em conta nossos jovens anos, pois o mais velho de nós tem apenas sete anos! Ouça nossa voz, pobres órfãos, salve nosso pai de uma inevitável morte de fome e frio! [...] Devolva nosso pai da província de Iakutsk para Irkutsk para que viva com seu primo, o exilado político Karol Drogomirecki, que poderia tomar conta dele.

A petição era assinada pelas mãos destreinadas de cada uma das crianças: Kamila, Iumen, Iwan e Honorata. Dois meses depois, em algo que parecia ser uma campanha coordenada de apelos da família Dąbrowski, sua irmã Wincentyna escreveu também ao governador-geral, afirmando a inocência do irmão. Ela implorava que ele não fosse deixado no "clima excepcionalmente inóspito" da província de Iakutsk, onde "quase nada vinga e onde ao se deslocar de um yurt a outro, sem nenhum conforto e em más condições de saúde, ele teria uma morte lenta". Wincentyna contava, como declarou, com a "humanidade" do governador-geral e com a "magnanimidade de nosso tão misericordioso monarca".[15]

O que os parentes de Dąbrowski pensavam de fato do governo russo era expresso em cartas particulares enviadas a ele, que, por infelicidade, foram interceptadas pelas autoridades em Irkutsk: "Não vais acreditar como estamos amolados e zangados com o comportamento das autoridades", dizia uma delas. "Eles não são gente, são animais sem coração! Mandar-te viver entre selvagens sem nenhuma explicação ou justificativa!"[16]

Influenciadas até certo ponto pelo conteúdo dessas cartas, as autoridades da Sibéria Oriental não se comoveram com as súplicas de Dąbrowski e seus parentes. Ele tinha sido enviado à província de Iakutsk não por sua pobreza ou incapacidade para o trabalho agrícola, mas por não ser "confiável". A suposta debilidade de sua saúde não tinha sido comprovada em caráter oficial, e sua correspondência com a família "dava uma medida precisa de seus sentimentos morais" e prova de sua "atitude hostil ao governo". As cartas de seu irmão de Kiev estavam cheias de "expressões indecorosas e abusivas sobre os tribunais de campo da província de Kiev"; elas alardeavam que a lei não existia para os poloneses e que eles davam aulas de como subornar as autoridades. Por fim, em julho de 1870, sete anos depois de sua primeira petição, todos os pedidos compensaram e Dąbrowski foi autorizado a se radicar na província de Penza, na Rússia central.[17]

* * *

A expulsão repentina de tantos insurgentes levou o sistema de exílio ao caos administrativo. O ministro do Interior, Piotr Valuiev, queixou-se aos governadores de províncias que muitos poloneses estavam sendo exilados sem a documentação correta, o que causava confusão acerca de sua identidade e de sua condenação. O que talvez seja significativo é que a preocupação de Valuiev não dizia respeito a prováveis injustiças cometidas contra os condenados, levando-os a cumprir penas indevidas. Ele estava mais preocupado com o fato de muitos exilados das camadas inferiores da sociedade polonesa estarem se aproveitando da confusão administrativa no registro de dados. Eles alegavam que na verdade pertenciam às classes privilegiadas e por isso tinham direito a melhores rações e a assentos nas carroças que acompanhavam as caravanas dos que marchavam a pé, tudo isso a um alto custo para o Tesouro. O Departamento de Exílio de Tobolsk bombardeava São Petersburgo com uma fieira de pedidos de esclarecimento das identidades e sentenças dos exilados que estavam passando por suas prisões de encaminhamento.

No começo de 1865, chegou a Tobolsk um exilado chamado Ludovico Perevosti, que se dizia italiano. Disse ter sido exilado por crimes políticos pelas autoridades de Varsóvia, mas não fazia ideia de seu destino final. O Departamento de Exílio contatou Varsóvia e pediu mais informações, porém depois de dois meses recebeu apenas a confirmação de que Perevosti era de fato italiano, procedente de Palermo, e tinha sido exilado em 14 de agosto de 1864. No entanto, o destino determinado para ele permanecia um mistério. Um nobre de Vitebsk, Michał Blaż ewicz, foi descoberto a caminho da Sibéria com documentos de outro rebelde. O destino de Blażewicz não era a Sibéria, mas uma aldeia da província de Perm. Em abril, o governador de Tobolsk, Aleksandr Despot-Zenovitch, escreveu ao governador de Varsóvia reclamando dos resultados do caos: exilados chegando sem a documentação necessária deviam ficar detidos na prisão da cidade até que se concluíssem as pesquisas a seu respeito, um estado de coisas que "aumenta de maneira significativa o número de prisioneiros em trânsito, causando graves dificuldades de acomodação e exigindo demais das finanças do Estado". Alguns exilados políticos tinham ficado retidos "muitas vezes durante mais de um ano, o que lhes infligia um castigo imerecido e prejuízos a sua moral e a sua saúde". Na primavera de 1865, havia 280 poloneses na província de Tomsk sobre os quais as autoridades não tinham informações referentes a origem de classe e sentenças.[18]

O caos administrativo dava oportunidade aos mais alertas, corajosos e dotados de recursos. Jarosław Dąbrowski era um republicano radical de 24 anos cuja biografia parece tirada das páginas da ficção romântica do século XIX. Filho de um nobre empobrecido de Jitomir, tinha estudado na elitista Academia Nicolaiana do Estado-Maior de São Petersburgo e lutou no Exército tsarista no Cáucaso na década de 1850. Ao voltar à capital, envolveu-se nos círculos de conspiradores republicanos que floresceram em meio ao aparentemente novo pluralismo da era das reformas. Em fevereiro de 1862, viajou a Varsóvia e viu-se no centro dos preparativos para o levante. Conheceu uma jovem nobre polonesa, Pelagia Zgliczyńska, por quem se apaixonou, e eles ficaram noivos. Mas as atividades conspiratórias de Dąbrowski não tinham escapado à atenção das autoridades: ele e diversos de seus camaradas foram detidos em agosto de 1862 e ficaram presos na Cidadela de Varsóvia. Com o levante já em andamento, Dąbrowski e Zgliczyńska casaram-se na prisão em 24 de março de 1864. Pouco tempo depois, Pelagia Dąbrowska foi condenada, por envolvimento na rebelião, ao exílio na cidade de Ardatov, quatrocentos quilômetros a leste de Moscou, na província de Nijegorodsk.[19] Em outubro, um tribunal militar condenou Dąbrowski à morte por fuzilamento, sentença comutada por Fiódor Berg, o último governador-geral do Reino da Polônia, que em breve seria extinto. Em 2 de dezembro de 1864, com Dąbrowski já a caminho de Nertchinsk, o governo publicou detalhes de seus crimes no jornal oficial *Russki invalid*:

> Por fundar uma sociedade secreta em São Petersburgo, com o objetivo de preparar uma rebelião na região da Fronteira Ocidental da Rússia, por ligações criminosas com membros de um grupo rebelde no Reino da Polônia, e por participação nas preparações desse grupo, [Dąbrowski] é destituído de sua patente, sua nobreza, suas medalhas comemorativas das guerras de 1853-6 […] e sentenciado a quinze anos de trabalhos forçados nas minas; todas as suas propriedades […] estão confiscadas pelo Estado.

Dąbrowski tinha alimentado esperanças de uma sentença mais branda e da possibilidade de ser exilado para Ardatov junto de sua mulher. "A sorte já nos deu tantas provas de estar a nosso favor", escreveu a Dąbrowska, "que é improvável que nos abandone no futuro. Mantém a coragem e a fé, pois só é infeliz quem perde a esperança."[20]

Dąbrowski chegou a Moscou numa caravana de exilados poloneses em 11 de novembro de 1864. De início, o grupo foi mantido em alojamentos militares locais devido à falta de oficiais e soldados para as caravanas. Como explicaria mais tarde um funcionário a seus superiores, "tínhamos instruções para fazer chamada, mas isso foi impossível porque a guarda não contava com uma lista completa de condenados, e as condições de superlotação nas casernas tornavam inviável separar aqueles que já haviam sido chamados dos demais, por isso a chamada não servia para nada". Na manhã de 2 de dezembro, 99 condenados (os guardas disseram que eles tinham sido contados "duas ou três vezes") foram levados à casa de banhos, deixando outros 31 na caserna, entre os quais Dąbrowski. Naquela noite, no momento da troca de guarda, ainda vestido com o uniforme militar com que fora levado de Varsóvia, ele simplesmente dirigiu-se à entrada principal e, confundido com um oficial pela guarda, deixou a caserna e ganhou a liberdade. Quando os leitores do *Russki invalid* ficaram sabendo dos seus crimes abomináveis contra o Estado, o oficial polonês já havia fugido.[21]

O ministro da Guerra, Dmitri Miliutin, ficou furioso ao saber da fuga e quis saber por que um condenado tão importante e perigoso não tinha sido incluído em outra caravana que saíra de Moscou com destino à Sibéria Oriental nas semanas anteriores. Uma busca por Dąbrowski só conseguiu encontrar uma carta apócrifa, datada de 8 de dezembro, endereçada a Pelagia Dąbrowska em Ardatov: "Por ordem de seu marido, tenho a honra de lhe informar que ele teve êxito em fugir a seus algozes no início do mês e se encontra agora no estrangeiro".[22] A carta, contudo, era uma cilada. Dąbrowski tinha planos, com efeito, de fugir para o estrangeiro, mas não sem a mulher.

Em junho de 1865, o general Aleksei Odintsov, governador da província de Nijegorodsk, escreveu, constrangido, ao ministro do Interior, Valuiev, para informar que Dąbrowska tinha escapado "à vigilância policial" em 19 de maio. Buscas minuciosas não conseguiram descobrir o paradeiro da fugitiva, mas esclareceram até certo ponto os meios da fuga. Uma semana antes de seu desaparecimento, "um homem alto, louro, de vinte e tantos anos, nariz aquilino, cabelos longos, de barba, usando um casaco escuro [...], levando apenas uma valise e um guarda-chuva, fumando charutos caros", viajara de São Petersburgo a Ardatov, "talvez para avisar Dąbrowska da fuga em curso". Os dois haviam combinado um encontro num mosteiro na periferia de Ardatov antes de viajar juntos de trem a Moscou. O homem misterioso acabou sendo identificado como um amigo de Dąbrowski, seu companheiro de armas e conspirador de São Petersburgo, Vladímir Ozerov. Em agosto, o general Odintsov encaminhou à capital uma carta que tinha recebido. Era pouco provável que conseguisse aplacar a indignação de seus superiores:

> É provável que a partida de minha mulher de Ardatov tenha dado origem a uma investigação. Sei muito bem, por experiência própria, o que são essas investigações. Descobri que as comissões de investigação na verdade nunca descobrem nada, mas com frequência e por motivos mercenários incriminam pessoas inocentes. Por esse motivo, com o desejo de poupar a qualquer pessoa suspeitas e aborrecimentos, escrevo para informar-lhes sobre as circunstâncias de minha fuga. Na verdade, digo mal, pois não se tratou de uma fuga, e sim de um sequestro. Nem os parentes de minha mulher sabiam qualquer coisa sobre minhas intenções, nem ela mesma, até o último instante. Não tentei avisá-la de antemão, temendo que meus planos fossem descobertos e se frustrassem.

Dąbrowski concluía:

> Permita-me, senhor, dizer que, embora essa aventura possa lhe ser bastante desagradável no âmbito pessoal, na condição de governador da região, como homem o senhor pode consolar-se pensando que essa pequena fonte de desagrado para o senhor será fonte de felicidade para pessoas que já sofreram bastante.

A carta estava assinada "Jarosław Dąbrowski, 15 de junho, Estocolmo".[23]

Dąbrowski mandou também uma mensagem para a população do Império Russo em geral. A rebelião polonesa tinha desencadeado uma onda de polonofobia numa sociedade russa agora intolerante a qualquer crítica das ações russas na Polônia. Em abril de 1863, as autoridades tinham fechado a revista *Epokha*, editada por Fiódor Dostoiévski e seu irmão Mikhail, depois de ter publicado um artigo do eslavófilo Nikolai Strakhov considerado simpático aos rebeldes poloneses. Nesse clima, a opinião liberal foi intimidada a ponto de silenciar por completo sobre a "questão polonesa", ousando apenas manifestar críticas veladas à contrainsurreição. Já os comentários na imprensa conservadora eram absolutamente francos. O furioso reacionário Mikhail Katkov publicou uma enxurrada de artigos antipoloneses no jornal conservador *Moskovskiie Vedomosti* que se tornou tão influente que muitos observadores acreditavam que ele estivesse instigando o governo a uma repressão ainda maior na Polônia.[24]

De Estocolmo, Dąbrowski escreveu uma carta aberta escarnecendo de Katkov, denunciando-o por atiçar as chamas do sentimento antipolonês na imprensa russa:

> É verdade que por algum tempo o senhor teve êxito em despertar os instintos bestiais e o fanatismo dos russos, mas suas mentiras e engodos não terão sucesso por muito tempo. Centenas de exilados deram como fruto um entendimento de nossos atos e de nosso povo nos cantos mais obscuros da Rússia. Seu surgimento tem sido em toda parte um eloquente protesto contra as mentiras divulgadas por caluniadores oficiais e mercenários, e despertaram instintos humanos da alma dos russos.

A carta foi publicada na revista polonesa *Ojczyzna* e na liberal *The Bell*, de Aleksandr Herzen, com sede em Londres e ampla circulação na Rússia. A revista de Herzen manteve uma linha pró-polonesa firme durante o conflito, afirmando que a luta da Polônia era também a luta dos democratas e socialistas russos contra a autocracia. No entanto, tomados pela histeria antipolonesa, os leitores russos cancelaram em massa suas assinaturas. A circulação da revista caiu de 2,5 mil para quinhentos exemplares no decorrer de 1863.[25]

As consequências da repressão russa no Reino da Polônia e nas Províncias Ocidentais invadiram o continente quando a consciência coletiva da Europa foi mais uma vez despertada para o destino da Polônia. Associações dedicadas à causa da Polônia tiveram uma existência curta mas vibrante em Londres, e o Parlamento discutiu uma reação diplomática (ainda que nunca militar) à rebelião. A imprensa britânica denunciou as medidas tomadas pela Rússia e manifestou solidariedade aos rebeldes poloneses; o *Times* investiu contra "atos de barbárie e crueldade que são um desmerecimento para um governo civilizado, e desmerecem a época em que foram cometidos".[26]

Republicano fervoroso, Dąbrowski agora levava sua experiência revolucionária e militar de volta à Europa ocidental. De Estocolmo, foi com sua mulher à França, onde, ainda que caçado pelas autoridades a pedido do governo tsarista, continuou desempenhando uma militância ativa no movimento clandestino revolucionário polonês. Quando irrompeu a guerra civil em Paris em 1871, com o *nom de guerre* de Dombrowski, assumiu o comando militar da Comuna. Depois de coordenar a luta infausta dos insurgentes durante dois meses, o general Dombrowski por fim caiu nas barricadas em 23 de maio de 1871. Mais tarde, seu irmão Teofil explicou os motivos de Dąbrowski: "Aderimos à Revolução de Paris porque vimos nela uma revolução social que, se bem-sucedida, conseguiria derrubar a ordem europeia vigente. O que a Polônia perderia com isso? Nada. Poderia ganhar alguma coisa? Sim, tudo".[27]

Num amargo reflexo do esmagamento da Revolução Polonesa por Alexandre II, cerca de 4,5 mil dos camaradas de Dąbrowski, derrotados, foram exilados para a colônia penal francesa da Nova Caledônia, no Pacífico Sul. A heroica e desesperada defesa da cidade por Dąbrowski assegurou que seu nome se tornasse sinônimo da derrota da república nas ruas de Paris. Quando, na década de 1930, as Brigadas Internacionais se mobilizaram em defesa da República Espanhola na luta contra o fascismo, uma das brigadas, integrada em sua maioria por poloneses, ostentava com orgulho o nome de Batalhão Dąbrowski.[28]

A rebelião polonesa e o exílio dos rebeldes na Sibéria foram momentos centrais na história do republicanismo europeu. A luta dos poloneses contra São Petersburgo conquistou o apoio de toda a Europa. Republicanos italianos e franceses, entusiasmados pelas experiências das revoluções de 1848, foram para a Polônia e juntaram-se às fileiras dos rebeldes. O general italiano Francesco Nullo comandou o chamado Regimento Garibaldi, de voluntários italianos. O oficial francês François Rochebrune comandou um destacamento de voluntários franceses, chamado Zuavos da Morte, em referência às unidades da infantaria ligeira francesa que lutaram na Guerra de Crimeia. Depois de sua derrota na Polônia, trinta desses homens também tinham sido postos a ferros e despachados para a Sibéria. Empreenderam a viagem de 10 mil quilômetros em julho de 1863. Suas rações de viagem foram reduzidas de modo gradual de sete copeques por dia, entre Tobolsk e Tomsk, para seis copeques diários a caminho de Krasnoiarsk, depois a 3,5 entre Krasnoiarsk e Irkutsk e, por fim, a uma ração de fome de 2,5 copeques por dia entre Irkutsk e Tchita. Na Sibéria Oriental, quatrocentos gramas de pão preto custavam quatro copeques.[29]

Quando os republicanos franceses, italianos e suíços enfim chegaram a Petrovsk Zavod, nas vizinhanças da Região Mineradora de Nertchinsk, depois de oito meses de estrada, estavam fisicamente destruídos. O médico local internou todos os trinta homens na enfermaria. Dois deles apresentavam sintomas de tuberculose pulmonar; outro sofria de tuberculose e de uma doença venérea, e um quarto homem, Giuseppe Clerici, tinha uma enorme ulceração no flanco direito, causada por um ferimento à bala, e precisou extrair um fragmento de costela. A ferida não dava sinal de cicatrização e a região da costela estava começando a gangrenar.[30]

Os garibaldinos viam-se como parte de uma orgulhosa genealogia de republicanos que remetia às revoluções francesa e americana. Na Sibéria, descobriram os escombros humanos de revoltas anteriores contra a autocracia, como o dezembrista Ivan Gorbatchevski, de 65 anos, que tinha preferido continuar em Nertchinsk depois da anistia de Alexandre II em 1856. O velho deu as boas-vindas a seus camaradas republicanos e aconselhou estoicismo para suportar sua sina:

> Não fiquem enraivecidos e amargos, enfrentem a sorte cruel com a cabeça clara. Renúncia, harmonia espiritual, concentração no trabalho acadêmico — esses são os melhores, os únicos meios de ignorar o peso dos grilhões, de não ficar marcados por eles, de modo que quando sejam por fim retirados vocês ainda possam ser jovens![31]

Uma vez recuperadas suas forças, os garibaldinos foram distribuídos pelas minas de toda a região em pequenos grupos. Luigi Caroli, jovem oficial de uma influente família aristocrática de Bérgamo, e um francês, Émile Andreoli, foram mandados para a mina de Kadai, situada a pouco mais de dez quilômetros da fronteira com a China. Andreoli fala das condições psicológicas de seus companheiros:

> Embora graves, nossos sofrimentos físicos e nossas privações eram nada se comparados ao tormento interior que aos poucos, mas sem cessar, pesava sobre o coração de um forçado na Sibéria. Infeliz daquele que, com maior ou menor disposição, se dedica a uma ou outra forma de busca instigante ou trabalho espiritual que lhe permita não pensar em tudo o que teve um dia, em sua terra distante, seus parentes, sobre tudo o que ele ama.[32]

Os garibaldinos tentavam manter o ânimo estudando as línguas e a história local, o que exigia um esforço hercúleo. Caroli lutava para permanecer ocupado enquanto as saudades angustiantes que sentia da Itália e da família começavam a consumi-lo. De início animado por boatos de uma anistia iminente que não se materializou, acabou sucumbindo à depressão, e sua saúde começou a se deteriorar com rapidez. Em 8 de junho de 1865, depois de nove meses de resistência em Kadai, ele morreu e foi sepultado por seus camaradas. Os funerais de republicanos exilados eram um espetáculo de afirmação de laços fraternos e idealismo comum, e assim os camaradas de Caroli ergueram sobre sua tumba uma cruz com os dizeres: "Ao italiano Luigi Caroli, dos exilados poloneses". O pintor romântico polonês e veterano da rebelião Artur Grottger imortalizou a cena.[33]

Nertchinsk se tornou o mais remoto cemitério do republicanismo europeu, um fim desolado para homens cujas lutas políticas com frequência os levaram a cruzar o continente de um campo de batalha a outro, de uma revolução à próxima. Um dos muitos rebeldes românticos como esses, e outro dos companheiros de prisão de Caroli no Transbaikal, em 1864, foi Andrei Krasowski, de 43 anos, nobre e tenente-coronel dos hussardos. Nascido em 1822, Krasowski era filho de Afanasy Krasowski, um famoso general veterano da Guerra Russo--Turca de 1806-12 e das campanhas napoleônicas. Polonês russificado e cristão ortodoxo, Krasowski pai tinha sido também comandante da repressão da Insurreição de Novembro de 1830 pelo Exército Imperial. Andrei Krasowski desfrutou de todas as vantagens de uma educação de elite na escola de cadetes de São Petersburgo, a formação tradicional para uma brilhante carreira na Guarda. Foi criado convivendo com os mais altos escalões da aristocracia russa e teve uma relação pessoal com Alexandre II na juventude. Falava inglês, francês, alemão, sueco, italiano e polonês, e tinha viajado muito pela Europa quando jovem. No estrangeiro, teve contato com as ideias republicanas e liberais que seduziam a imaginação da juventude instruída do continente, e chegou a conhecer Aleksandr Herzen em Londres. Krasowski lutou com bravura na Guerra da Crimeia, foi ferido em diversas oportunidades e ganhou uma medalha. Mais tarde, radicado em Kiev, casou-se e teve dois filhos. Interessou-se pela vida do campesinato ucraniano, por seu folclore, canções e costumes. Viajando pela península itálica na primavera de 1860, encontrou-se com Garibaldi e uniu-se ao exército italiano voluntário, lutando incógnito primeiro nas campanhas da Sicília e depois na marcha sobre Nápoles.[34]

Naquele mesmo ano, depois de sua chegada a Kiev, Krasowski envolveu-se com os círculos estudantis reformistas que floresceram nos primeiros anos do reinado de Alexandre II. Em meio aos distúrbios de camponeses que se espalharam por toda a zona rural ucraniana, depois da emancipação dos servos, Krasowski foi denunciado e preso, em junho de 1862, por ter distribuído um panfleto escrito por ele e dirigido a soldados russos, convocando-os a desobedecer às ordens de atacar os camponeses revoltosos:

> Vocês estão recebendo ordens não para serem amigos ou salvadores do povo ao qual pertencem, no qual estão seus pais, irmãos, irmãs e mães. Seus oficiais estão ordenando que os matem, fuzilem, no interesse dos mesmos burocratas e proprietários de terras que roubam e saqueiam o infeliz camponês.[35]

Krasowski foi acusado de "tentar incitar as camadas mais baixas à revolta". Tinha usado "palavras de ordem inflamadas e proibidas, escritos ultrajantes e difamatórios, condenando as medidas tomadas pelo governo para pacificar o campesinato em rebeldia". Um tribunal militar o condenou em outubro de 1862. Ele foi despojado de sua patente, das medalhas que tinha ganhado pelos serviços prestados na Guerra da Crimeia e de todas as suas propriedades, e condenado à morte por fuzilamento. Recebeu o veredicto com as palavras: "Agradeço-lhes de todo o coração. A morte agora é uma bênção para mim!".[36]

Alexandre II comutou a sentença em execução civil seguida de doze anos de trabalhos forçados nas minas de Nertchinsk. Às sete da manhã de 26 de outubro de 1862, Krasowski foi levado da cidadela de Kiev para um cadafalso erguido numa esplanada diante da guarnição da cidade. Tendo amarrado o prisioneiro a um mastro, um verdugo pronunciou a sentença e quebrou simbolicamente uma espada na sua cabeça. Dias depois, Krasowski estava em marcha para o leste numa caravana de deportação, ao lado de outros republicanos. Só um ano mais tarde, em novembro de 1863, ele afinal chegou a Irkutsk. Esperava reunir-se a sua mulher na cidade, que tinha viajado para acompanhá-lo no exílio, mas soube que ela morrera de tifo no caminho. Em fevereiro de 1864, após quinze árduos meses nas estações de parada imundas e infestadas de doenças, Krasowski chegou por fim a Petrovsk Zavod, doente de tuberculose.[37] Chegou "num estado físico e mental extremo, em que um homem não está disposto a nada", como relatou numa carta dirigida ao diretor da prisão, o cossaco tenente Razgildeiev, em março de 1864. A perda da mulher tinha sido um "golpe esmagador", escreveu ele:

> Soube da morte de minha amada mulher, com quem vivi feliz durante catorze anos. Tinha aguardado sua chegada como único consolo em minha triste situação. Por mais difícil de suportar que essa perda irreversível possa ser, mais terrível ainda era a

ideia de que meus três filhos agora órfãos tinham perdido a mãe numa idade em que a vida dela não podia ser mais indispensável para eles. Vivem agora de caridade na casa de estranhos, que talvez sejam indiferentes a eles e que talvez não possam substituir sua mãe [...].

Depois de um mês na caserna de Petrovsk Zavod, "cujas condições deixam marcas até no mais forte e mais saudável dos homens", o estado de saúde de Krasowski piorou e ele foi internado na enfermaria, onde o médico que o tratava "não respondia por minha vida, para não falar de minha saúde, se mais uma vez eu fosse submetido a confinamento na prisão [...]". Krasowski continuou com uma desconcertada e obstinada condenação do tratamento que recebia nas mãos do Estado tsarista:

Não pode ser objetivo de um governo racional e educado do século XIX infligir uma vingança impiedosa contra criminosos, *mesmo depois* de terem sido punidos. Portanto, ele não pode procurar de modo sistemático, passo a passo, dar fim a um velho doente e desvalido e fazer isso *no exato momento em que* ele foi conduzido ao fim do mundo, a um lugar tão tenebroso que nem Mazzini nem Garibaldi teriam sido capazes de criar algum problema aqui! Não pode pretender acabar com ele, agora subjugado e incondicionalmente sujeito à mão de ferro das autoridades, privado de toda possibilidade de causar dano. Não! Acredito que levará em conta a doença do criminoso político que ele condenou; levará em conta os mais de vinte anos que ele serviu o Estado, quando era jovem e forte; lembrará os motivos por que tem hoje uma saúde precária, os cinco ferimentos que recebeu, lutando contra os inimigos da Rússia e de seu imperador, por quem ele não poupou sua vida ou seu sangue![38]

Considerando sua "doença decorrente de ferimentos e sua debilidade", Krasowski suplicou uma autorização para viver fora da prisão enquanto cumpria o que restava de sua pena. Seu pedido foi negado, mas ele foi transferido de Petrovsk Zavod para o clima mais saudável da prisão de Aleksandrovsk, e sua sentença foi reduzida de doze para oito anos de trabalhos forçados. Por fim, em setembro de 1867, obteve permissão de residir fora da prisão, num domicílio particular, "sob estrita e inflexível supervisão".[39]

Essas concessões chegaram tarde para Krasowski, doente e desesperançado. Aguardou que o frio letal cedesse um pouco e, num lance final desesperado pela liberdade, partiu a cavalo em 20 de maio de 1868. Disfarçado de soldado e levando documentos falsos, ele pretendia cruzar a fronteira da China e de lá viajar até a Índia. Mas nunca acreditou que tivesse muitas chances. Antes de partir, deixou um testamento. Começou com a trindade republicana "em nome da liberdade, da igualdade e da fraternidade sagrada, amém!" e terminou com uma decisão lúgubre: "Decidi que no caso de que alguma desventura tirarei minha vida e não me entregarei vivo. Minha morte é quase uma certeza".[40]

Com efeito, o infeliz fugitivo não chegou longe. Alertadas sobre sua fuga, as autoridades enviaram grupos de busca em seu encalço, e duas semanas depois seu corpo em decomposição foi descoberto a apenas dezessete quilômetros de Aleksandrovsk. Krasowski tinha dado um tiro na cabeça. Uma mensagem escrita com sangue foi encontrada em seu corpo: "Parti rumo à China. Minhas chances eram pouquíssimas — tinha perdido bens inestimáveis de que precisava para encontrar o caminho. É melhor morrer a me entregar vivo nas mãos do inimigo. A. K.". Seu cavalo, faminto, estava amarrado a uma árvore, ao lado do corpo. Uma busca pela mata circundante encontrou o casaco de Krasowski, com um mapa e um passaporte costurados no forro.[41]

Tragédias particulares como a de Krasowski se desenrolavam ao longo dos assentamentos penais da Sibéria, onde a sorte dos poloneses era muitíssimo pior que a dos dezembristas. A sensação de incredulidade e indignação diante das condições de cativeiro na Sibéria era em grande medida partilhada por seus compatriotas. Nem todos, porém, estavam tão combalidos física e mentalmente a ponto de ver no suicídio o último recurso. A criatividade e a inventividade de Jarosław Dąbrowski podiam ser excepcionais, mas sua resistência ao governo, não. Muitos dos exilados poloneses da década de 1860 eram oficiais de origem nobre. Seu patriotismo tinha se aprofundado no fogo da luta com a fracassada rebelião contra São Petersburgo, e seu banimento para a Sibéria tinha despertado muita hostilidade contra os captores russos. Muitos deles estavam ligados por uma língua comum, o polonês, uma religião, o catolicismo, e uma ideologia, o republicanismo, que os destacava da imensa maioria dos exilados na Sibéria. Esses laços de solidariedade ajudavam a sustentar suas convicções ideológicas e dificultavam a submissão dos poloneses.

Alguns funcionários se preocupavam com as desordens que o novo fluxo de poloneses podia trazer à Sibéria Oriental. Konstantin Chelachnikov, governador de Irkutsk, temia que a escassez de instalações prisionais fizesse com que esses exilados políticos não ficassem confinados e vigiados de maneira adequada.[42] No entanto, o verdadeiro desafio que se apresentou aos administradores do exílio foi a solidariedade dos poloneses, sua dignidade e seu desprezo pela autoridade dos guardas penitenciários. Baseados nas tradições patrióticas do republicanismo europeu, os revolucionários exilados tinham uma noção muito clara de seus direitos naturais, que não podiam ser-lhes tomados ou negados nem mesmo pela autocracia. Despot-Zenovitch, governador de Tobolsk, observou essas qualidades nos novos prisioneiros políticos que chegavam à Sibéria Oriental:

> Conheço os homens responsáveis pela administração da Sibéria Oriental e sei como lidam com os exilados poloneses. Não me surpreenderia com o que o tratamento sempre rude dispensado pelos soldados a homens que têm um forte sentimento de dignidade humana possa provocar-lhes. Assim, não posso assegurar que não vá existir algum tipo de manifestação por parte dos exilados. Apesar de todos os seus crimes políticos, eles continuam sendo homens que, em sua maioria, são muitíssimo civilizados, e há limites para a resistência de qualquer homem.[43]

Despot-Zenovitch mostrou-se um observador sagaz.

Fortalecidos pela consciência da própria dignidade, os poloneses reclamavam contra o tratamento recebido e insistiam em que havia limites para o poder do Estado sobre eles. Em dezembro de 1865, os poloneses da região de Tchita se ergueram em protesto contra as condições de prisão e tiveram de ser contidos por soldados armados de baionetas. Em julho de 1866, um grupo de poloneses condenados a trabalhos forçados em Nertchinsk recusou-se a sair de suas celas para trabalhar num domingo (um deles declarou que só deixariam as celas à ponta de baionetas). Não menos de 67 prisioneiros assinaram uma petição em que expunham suas razões. Invocavam direitos não previstos pelos estatutos penais do Estado russo, mas que eram direitos fundamentais dos seres humanos. De repente, foram informados pelas autoridades de que agora teriam de trabalhar nos domingos e feriados, "o que constituía um claro ataque a nossos direitos de consciência". Essa ordem constituía, segundo eles,

> um repúdio direto de todos os direitos humanos em geral e dos direitos cristãos que constituem a dignidade de todos e, portanto, de todos os que se encontram conde-

nados a trabalhos forçados em virtude de suas convicções políticas. Não podemos crer que o governo russo, sendo europeu e cristão, aprove uma ordem como essa.

Os prisioneiros destacavam que não apenas a Igreja católica como também a ortodoxa seguiam os Dez Mandamentos. "Os doentes e fracos foram postos a ferros, sem comida suficiente, ar puro ou liberdade de movimentos. Isso não constitui uma perversão desumana dos direitos de todos os sofredores e desvalidos?" Os poloneses invocaram também a reforma da legislação de 1864 implantada por Alexandre II: "Numa época em que um conjunto de reformas introduz um processo judicial aberto, em salvaguarda de cada um de nós contra abusos, fomos submetidos a uma dieta de fome e a correntes sem nenhum processo judiciário [...]". O chefe da Região Mineradora de Nertchinsk, G. Vorontsov, não encontrou "nada na petição dos prisioneiros além de uma eloquente recusa a se submeter a sua merecida punição, como prevê a lei". Sua reação foi manter os homens acorrentados em suas celas, privados de sua ração de carne.[44]

Pouco depois, o novo chefe das minas de Nertchinsk, Adolf Knoblokh, adotou uma linha de inusual dureza depois que os poloneses se recusaram a trabalhar nas minas que estavam sob seu comando por causa de sua "atmosfera letal". O próprio Knoblokh visitou a mina e ordenou a retirada de todos os samovares, livros, instrumentos musicais e outros objetos de entretenimento e diversão. Pôs os presos a ferros e trancou-os em suas celas a pão e água: "Prometi a mim mesmo que eles implorariam para voltar aos túneis da mina". Knoblokh anunciou, triunfante, que suas medidas disciplinares tinham sido "um grande sucesso": alguns dos prisioneiros "pediram perdão com lágrimas nos olhos, explicando que tinham ficado com medo de perder o pouco de saúde que lhes restava nos túneis profundos e estreitos, impregnado de vapores sufocantes". Tudo acabou bem. Os poloneses foram reduzidos a um estado de submissão aceitável e o incidente "foi uma lição para eles".[45]

No entanto, a revolta estava no ar. Em fevereiro de 1866, Nikolai Serno-Soloviovitch, revolucionário russo exilado, companheiro de Herzen e Tchernichevski e um dos fundadores do partido revolucionário russo Terra e Liberdade, chegou a Kansk, na província de Ienissei. Fez um chamamento a todos os poloneses da Sibéria Oriental a se levantarem "em nome da verdade e da liberdade" contra um inimigo comum. Serno-Soloviovitch misturou a propaganda socialista do movimento revolucionário russo com os lemas republicanos dos insurgentes poloneses:

Poloneses! Vocês foram exilados para a Sibéria por sua pátria! Vocês são mártires da liberdade! Foram destituídos de tudo pelo mesmo tsar que oprime o povo russo! Só foram derrotados porque o povo russo não entende e não sabe por que vocês estão lutando. Levantem-se como um só junto ao povo russo pela pátria e pela liberdade![46]

Quatro meses depois, os poloneses de fato se rebelaram, e não nas minas de Nertchinsk, mas às margens do lago Baikal. Impossibilitadas de alojar os poloneses no interior da Região Mineradora de Nertchinsk, as autoridades os dispersaram em grupos de trabalho por todo o Transbaikal. Centenas deles foram enviados em grupos de algumas dezenas de integrantes, cada um vigiado por uns poucos soldados, para trabalhar na construção de uma estrada ao longo da margem sul do lago, onde permaneceram subalimentados, expostos à intempérie e sujeitos às indignidades habituais por parte de seus guardiães.[47] Na noite de 25 de junho de 1866, a insatisfação dos poloneses com suas condições eclodiu em rebelião declarada. Liderado por dois oficiais poloneses, Narcyz Celiński e Gustaw Szaramowicz, um grupo de exilados conseguiu dominar os guardas, confiscar-lhes as armas e empreender uma desesperada tentativa de liberdade em direção à fronteira da China. O que começou como rebelião localizada foi se disseminando à medida que o grupo insurgente se deslocava para o sul e outros poloneses aderiam a suas fileiras. No total, cerca de trezentos exilados se uniram na tentativa de fuga. As autoridades de Irkutsk ordenaram a mobilização de duas companhias de cossacos montados e três de infantaria para esmagar a rebelião. Exaustos, desnutridos e munidos de um punhado de armas roubadas, os poloneses não eram páreo para as tropas tsaristas que investiam contra eles. Mais uma vez, estavam em menor número, mal armados e divididos quanto à questão de enfrentar as tropas russas ou apenas fugir. Em 28 de junho, travou-se uma breve mas decisiva escaramuça perto da aldeia de Michikhi, às margens do Baikal. Os rebeldes foram cercados ou fugiram para a floresta. Sete deles foram mortos. Nas semanas seguintes, as autoridades caçaram e prenderam os poloneses remanescentes, que foram encarcerados em Irkutsk.[48]

Um tribunal militar de campo se reuniu para julgá-los. Acusou cerca de setecentos homens de envolvimento na revolta e condenou quase metade deles por "rebelião armada" e por promover "distúrbios, violência e assassinatos". Sete dos líderes foram condenados à morte por fuzilamento, 197, a trabalhos forçados perpétuos e 122 tiveram suas sentenças anteriores aumentadas. Em seu julgamento, um dos condenados à morte, Leopold Iliachevitch, assim se expressou, não ao tribunal militar reunido diante dele, mas para o tribunal da história:

> Serei julgado por toda a Rússia, por toda a Europa. Algum dia o povo dará seu veredicto sobre nossos atos, e o sangue daqueles condenados pelos senhores estará em suas mãos, e nas mãos de seus filhos. Será lembrado que fomos postos aqui por toda a eternidade e que tentamos nos libertar. Os senhores de fato me condenariam por essa tentativa?[49]

Não seria difícil exagerar a coerência ideológica dos exilados poloneses e ver conspiração e planejamento por trás do que foi apenas uma erupção espontânea de resistência e distúrbios provocada pelas condições de cativeiro. Mas seus protestos e revoltas não podem ser reduzidos a uma expressão de preocupação prática sobre bem-estar. O que começou como queixas localizadas referentes a alimentação, alojamento e condições de trabalho logo adquiriu uma carga política ao se expressar em termos de abuso de poder e negação de direitos. Isso porque direitos naturais e dignidade humana eram questões políticas no sistema de exílio. Protestos e fugas desafiavam a autoridade do soberano no exercício do poder ilimitado sobre aqueles que só permaneciam vivos graças a sua boa vontade. Além disso, os poloneses eram presos políticos e não criminosos comuns, fato que revestia sua resistência à autoridade de significado político. Contemporâneos solidários a eles viram na rebelião às margens do lago Baikal uma luta continuada pela soberania da Polônia e sua independência do domínio russo. *The Bell*, o jornal de Herzen, trovejou:

> É difícil assassinar povos, mesmo com toda a impiedade mongol do mundo [...]. Eles esmagaram a Polônia uma e outra vez [...] e ainda assim a Polônia está viva [...]. Ela se ergueu na Sibéria! Sem esperança e em desespero, mas preferindo, de qualquer forma, a morte à escravidão![50]

A voz dos próprios rebeldes foi levada dos confins da Sibéria a uma comunidade de patriotas e republicanos poloneses disseminada por toda a Europa. O jovem pintor polonês Aleksander Sochaczewski foi um dos malfadados companheiros de Luigi Caroli na Sibéria Oriental. Sochaczewski tinha se formado na Academia de Belas-Artes de Varsóvia antes de ser condenado a vinte anos de trabalhos forçados por ter participado da rebelião. Ao contrário de muitos de seus compatriotas, não se beneficiou de nenhuma das anistias imperiais e cumpriu toda a sua sentença, depois da qual emigrou para Munique, em 1883. Uma vez de volta à Europa, ele deu asas a seu talento e criou uma série de pinturas épicas românticas, entre as quais *Adeus à Europa*, que imortalizou o infortúnio de seus camaradas na Sibéria. Uma delas mostra exilados em fuga encolhidos uns contra os outros, na neve, com corvos rondando acima deles; outra, o corpo alquebrado de um forçado dobrado sobre seu carrinho de mão.[51]

Alguns dos republicanos exilados na Sibéria contaram sua história não com os pincéis, mas com a pluma. O francês Andreoli tinha sido deportado para Nertchinsk com o italiano Caroli, porém foi beneficiado pela anistia de 1866 e autorizado a regressar à França. Denunciou a anistia como um gesto cínico destinado a ganhar a simpatia dos países europeus horrorizados com o tratamento dispensado à Polônia pelos russos. Seu "diário do cativeiro", que escreveu na Sibéria, foi publicado pela prestigiada revista republicana *Revue Moderne*. Andreoli acreditava que o Estado tsarista tinha cometido um erro ao libertá-lo: "Se existem prisões como as da Sibéria, elas devem ser esquecidas; ninguém deveria ser autorizado a deixá-las. A Rússia [...] deveria ter entendido que, uma vez livres, falaríamos".[52]

Andreoli descreveu em detalhes a imundície das estações de parada e prisões, a mistura promovida pelo Estado entre prisioneiros comuns e políticos, o infortúnio de mulheres e crianças, a incompetência e a corrupção empedernidas do funcionalismo e o brutal açoite de condenados. A Sibéria, declarou, era "um império do mal", um "esgoto de depravação e corrupção". Andreoli poupou as pessoas comuns de suas críticas: "estavam cegas pela ignorância, e em pouco tempo poderiam ser submetidas ao mesmo tratamento a que estávamos condenados". Sua cólera foi dirigida em especial contra o próprio Alexandre II. Fazendo eco à acusação de "despotismo asiático" dirigida contra Nicolau I pelo marquês de Custine em 1839, ele escreveu: "Fizeram-me cruzar a imensidão de seu império. Vi as condições abjetas de seus súditos, a corrupção de seus funcionários, as consequências terríveis do seu despotismo".[53]

Andreoli acreditava que o dia dos tsares ia chegar. Na mina de Kadai, estivera preso com o socialista radical e jornalista Nikolai Tchernichevski e contava sobre pessoas conhecidas na Sibéria "que aspiram à liberdade na terra dos guardas penitenciários imperiais". Tinha ouvido expressões de "sentimentos de independência, protestos contra a tirania, gritos de ódio ao tsar". Andreoli calculava que, embora em pequeno número e relegados à Sibéria, esses opositores do regime um dia teriam força para derrotar a autocracia. Há ecos do poema "Ozymandias" (1818), de Percy Bysshe Shelley, nas linhas que ele escreveu:

> Ó tsar impiedoso, o que hoje enxergas como um ponto negro no horizonte pode se transformar amanhã num terrível furacão que soprará para longe tudo o que hoje é fonte de tua vaidade. O Exército de que te orgulhas se voltará contra ti [...] e não deterá a revolução. Junto de teus aduladores e cortesãos, desaparecerás como uma palha ao vento; todos os teus palácios e teus tronos se juntarão às cinzas e ao pó dos que foram um dia grandes impérios.[54]

As pinturas e memórias dos rebeldes exilados de 1863 garantiram que o martírio e a ousadia de seus camaradas calassem fundo na imaginação política europeia. Os poloneses politizaram a Sibéria. Forjaram-na não apenas como local de banimento e castigo, mas também como arena de resistência e luta. Nas décadas seguintes, essa batalha contaria com a adesão de uma nova geração de radicais de todo o império.

9. O exército do general Cuco

Um olhar de relance para a taiga siberiana no século XIX revelaria um gotejamento contínuo de vultos, curvados sob pesados volumes, caminhando penosamente para o oeste, sozinhos ou em pequenos grupos. Os "corcundas", como eram chamados pelos camponeses, eram condenados evadidos que tinham escapado das caravanas de caminhantes, das minas, dos presídios e das colônias penais, e percorriam seu caminho através das florestas em direção à Rússia europeia. Respondendo ao chamado migratório do cuco na primavera e tirando proveito do tempo mais quente, do derretimento do gelo nos cursos d'água e do adensamento da vegetação que lhes proporcionava esconderijo e alimento, os fugitivos empreendiam sua viagem a pé, constituindo o que se chegou a chamar de "exército do general Cuco".[1]

A quantidade desses fugitivos contava uma história séria. Abandonados e aprisionados em penúria e sordidez, tendo literalmente nada a perder, os condenados da Sibéria fugiam aos milhares de todas as prisões, fábricas, assentamentos e minas. Entre 1838 e 1846, as autoridades recapturaram quase 14 mil homens e 3,5 mil mulheres em fuga (números que talvez representassem metade dos condenados em fuga).[2] Do meio para o fim do século XIX, com a expansão da população total de exilados, esses números só aumentaram. Um relatório do governo sobre as condições dos exilados na Sibéria Oriental em 1877 revela que, em três distritos analisados na província de Irkutsk, cerca de 10 mil dos mais de 20 mil prisioneiros tinham fugido, sendo seu "paradeiro desconhecido".[3] Em 1898, um quarto dos exilados destinados à província de Ienissei, 40% dos de Irkutsk e 70% dos de Primorsk, na Sibéria Oriental, não tinham sido localizados. Campos de trabalhos forçados especialmente construídos presenciaram um êxodo semelhante. Esses números sugerem que, nos 25 últimos anos do século XIX, cerca de um terço dos 300 mil exilados na Sibéria estava foragido, naquilo que o etnógrafo Nikolai Iadrintsev chamou de "moto-perpétuo da Sibéria Oriental para os Urais".[4]

O governo tsarista estava ocupando a Sibéria não com colonos trabalhadores, mas com hordas de exilados destituídos e desesperados que perambulavam por ela como pedintes, no melhor dos casos, ou como pequenos ladrões e encrenqueiros violentos, no pior. Suas vítimas eram os próprios siberianos, tanto os naturais da região quanto os colonos camponeses provenientes da Rússia. Embrutecidos pelas condições de cativeiro, os fugitivos eram uma praga representada por furtos, incêndios criminosos, sequestros, roubos violentos, estupros e assassinatos para os verdadeiros colonos da Sibéria. Para ganhar força e proteção pela quantidade, eles às vezes formavam bandos armados capazes de aterrorizar não apenas aldeias, mas cidades inteiras. O sistema de exílio transformou a Sibéria numa terra de ninguém.

Alguns exilados, conhecidos como *brodiagi*, ou vagabundos, levavam uma vida de fuga, recaptura, períodos na prisão e novas fugas. Na sua maioria do sexo masculino, os *brodiagi* adotavam uma vida seminômade na Rússia, mantida por uma combinação de mendicância e criminalidade. Como muitas sociedades pré-industriais, o Império Russo tinha uma rica variedade de tradições migratórias e uma grande diáspora que englobava camponeses fugitivos, cossacos, vendedores ambulantes, ciganos, caçadores migrantes, peregrinos, membros de seitas itinerantes, mascates e tribos nômades da taiga, da estepe e da tundra. Esses povos migrantes desempenharam um importante papel na expansão territorial da Sibéria nos séculos XVI e XVII. Em 1823, o Estado criminalizou a vadiagem na Rússia europeia, o que contribuiu para o aumento repentino do número de exilados para a Sibéria nas décadas seguintes. Entre 1827 e 1846, quase 50 mil desocupados constituíam 30% dos exilados. A maior parte dos condenados por vadiagem na Rússia da época era de desertores do Exército e servos fugitivos, e em todo caso representavam um sério obstáculo ao sonho de uma sociedade disciplinada acalentado por Nicolau I. Depois que a servidão foi abolida na Rússia europeia, descriminalizando na prática a movimentação não autorizada de pessoas, o número de presos por vadiagem caiu. Na Sibéria, no entanto, o sistema de exílio deu aos vagabundos uma nova perspectiva.[5]

As autoridades faziam pouca distinção entre os infelizes exilados foragidos, que fugiam por desespero, e os vagabundos que faziam da fuga e da perambulação pela Sibéria sua vocação. Na verdade, os vagabundos formavam uma casta separada dentro da população de exilados. Um vagabundo apregoaria que a fortaleza penal era seu "pai" e a taiga, sua "mãe", e que passaria a vida correndo de um para outro. "Aristocratas" entre os condenados, os vagabundos cultivavam uma indiferença vil e um desprezo sem disfarces pelas regras das fortalezas penais e pelo "rebanho" de presos comuns que as lotavam. Tinham uma espécie de autoridade e status nascidos de suas fugas sucessivas e de sua disposição de suportar os espancamentos trazidos pelas sucessivas capturas.[6]

Os que fugiam da região do Transbaikal tinham de passar pelos montes Iablonovi e pelas margens do lago Baikal para a província de Irkutsk. Partiam em grupos de dez, vinte, às vezes quarenta homens; esse número aumentava com fugitivos de fábricas e minas que aderiam a eles pelo caminho. Evitando a passagem por cidades e aldeias, atinham-se sempre que possível à Grande Estrada Postal Siberiana, já que só ela oferecia refúgio em meio às densas florestas, aos pântanos e rios da taiga. Deixando para trás o Baikal, a maior densidade populacional dava mais oportunidades de mendigar, mas, na mesma proporção, aumentava o risco de captura. Até nos meses de verão era difícil encontrar comida, e não raro os fugitivos morriam de fome. Outros se afogavam ao tentar atravessar rios cheios da água proveniente do derretimento da neve, ou afundavam nos pântanos sem deixar rasto. Muitos adoeciam de tifo. Eram uma visão comum caminhando pelas estradas siberianas e, tendo a cabeça ainda raspada pela metade e vestindo a bata de presidiário, não faziam muito esforço para esconder sua origem.[7]

Cruzando a província de Irkutsk, os "corcundas" passavam pela província de Ienissei e ao largo de Krasnoiarsk antes de se dirigir a Tomsk. Depois de entrar na Sibéria Ocidental, onde o risco de prisão era maior, as hordas de vagabundos se dividiam em grupos menores. Chegando à província de Tomsk, alguns se dirigiam para o norte, para Atchinsk; outros para Tobolsk. Afinal, quase todos os fugitivos procuravam evitar a captura e a fome até poder sair da Sibéria. Seu objetivo era chegar à Rússia ou ocultar sua identidade e assim melhorar sua sorte, submetendo-se a um castigo comparativamente muito menor por vadiagem. Se fossem presos antes de chegar aos Urais mas conseguissem não ser identificados, seriam castigados com espancamento e uma sentença de quatro anos de trabalhos forçados, um progresso em relação às sentenças originais. Em 1842, o castigo vigente de doze chibatadas para uma primeira fuga, dezesseis para a segunda e 24 para a terceira já não era considerado eficaz como elemento de dissuasão. São Petersburgo ordenou então que no futuro os forçados exilados fossem açoitados até cinquenta vezes. Mesmo assim, se conseguissem chegar até a Rússia europeia evitando a identificação, os fugitivos recapturados eram condenados a um período de cinco anos de exílio num assentamento na Sibéria. O que emergia era um círculo vicioso de fuga e recaptura que aumentava cada vez mais o incentivo para que os recapturados fugissem de novo. O brutal flagelamento ministrado aos soldados do exército do general Cuco era considerado um preço que valia a pena pagar por uma oportunidade de melhorar sua sorte.[8]

Muitos exilados acumulavam diversas fugas. Kalina Korenets tinha sido condenado a vinte anos de trabalhos forçados e recebeu noventa chibatadas. Pela primeira fuga, levou vinte chicotadas e teve um acréscimo de dez anos em sua sentença. Fugiu pela segunda vez, foi recapturado, recebeu quarenta açoites e teve a sentença de trinta anos aumentada para 45. Pela terceira fuga, foi punido com sessenta açoites e uma sentença de trabalhos forçados perpétuos. Com tudo isso, tentou uma quarta fuga, conseguiu se fazer passar por outro condenado, "ganhou" mais algumas dezenas de chicotadas e uma sentença de "apenas" vinte anos de trabalhos forçados. Tinha então 28 anos.[9]

Andrei Karelin, condenado a cinquenta chibatadas e vinte anos de trabalhos forçados por banditismo e roubo à mão armada, fugiu em julho de 1872 de uma caravana que marchava para a Sibéria. Seis meses depois, foi recapturado em Iaroslav com documentos falsos e um revólver. Foi mantido na prisão de Ufa enquanto seu caso estava sendo investigado, mas escapou de novo cavando um túnel debaixo dos muros da prisão, e ficou livre durante algum tempo. Foi condenado a oitenta açoites, e sua pena foi acrescida de quinze anos. Karelin "se vangloriava de que escaparia mais uma vez", o que as autoridades consideravam "plenamente possível". Exaustivas investigações de Iaroslavl sobre como ele tinha chegado a seu destino no Transbaikal, na Sibéria Oriental, revelaram que tentara passar entre as barras da janela de sua barcaça-presídio, mas que a tentativa de fuga havia sido abortada. O Departamento de Exílio não era capaz de responder pelos paradeiros de Karelin e só pôde garantir ao governador de Iaroslav que o temerário criminoso passara por Tiumen em 28 de junho de 1874.[10]

Fugir dos assentamentos de exilados e das aldeias da Sibéria exigia algo mais que a decisão de fazer a mochila e pôr o pé na estrada. Com efeito, os camponeses siberianos, ansiosos por se livrar da carga dos quase sempre desvalidos e empobrecidos exilados impostos a suas aldeias, incentivavam a fuga. Forneciam aos fugitivos em potencial as provisões necessárias e não denunciavam a ausência deles às autoridades. Na primavera de 1828, funcionários das províncias de Irkutsk, Ienissei e Tobolsk observaram um aumento repentino e expressivo no número de exilados que se dirigiam para o oeste ao longo da Grande Estrada Postal Siberiana. Em duas semanas, mais de 2 mil fugitivos abandonaram suas aldeias e partiram em grandes grupos. O governador de Tomsk, major-general Piotr Frolov, informou que os exilados pretendiam voltar a suas regiões de origem na Rússia europeia.[11]

Quando interrogados, os fugitivos deixaram escapar que "a principal causa dos acontecimentos" era um colono exilado na região de Tomsk chamado Iankel Chkolnik, que espalhara o boato de que a Rússia e a Turquia tinham feito um acordo pelo qual esta última passaria a controlar toda a Sibéria. O governo russo, sem querer perder a população siberiana, assegurou a todos os seus súditos, inclusive aos exilados, que teriam licença para mudar-se para a Rússia. As investigações mostraram que Chkolnik apenas dissera a um escrevente e a um camponês que, em visita a Tomsk, tinha lido sobre o novo decreto do governo nos jornais. O "pernicioso boateiro" foi devolvido aos tribunais para uma dura condenação, mas, em agosto, 679 exilados fugitivos e vagabundos já haviam sido capturados. Os foragidos ao que parece não puseram nenhum empenho em se disfarçar e se abstiveram dos crimes que em geral acompanhavam as fugas. O êxodo não cessou até a chegada das neves do outono. Nessa época, 536 exilados tinham sido recapturados, noventa deles já "bem na divisa da província de Tomsk". As autoridades estavam propensas a pôr a culpa em Chkolnik e não nas condições em que os exilados viviam, pelo repentino desejo generalizado de empreender a longa e árdua viagem de volta para a Rússia.[12]

Fugir das colônias de trabalhos forçados em geral não era mais difícil do que fugir de aldeias e assentamentos de exilados. Na década de 1880, nas salinas de Irkutsk, que apesar de tudo eram um local permanente e estabelecido de trabalhos forçados, não havia prisões. Seus 75 forçados estavam instalados em cabinas e alugavam quartos, por sua conta, nas vizinhanças da fábrica. As fugas se multi-plicavam de tal forma que passaram a ser levadas em conta para o cálculo de pro-visões destinadas a manter a população de forçados, efetuado pelos encarregados das fábricas siberianas. Eles anunciavam aos grupos de condenados recém-che-gados que as roupas "só seriam fornecidas aos que pretendiam ficar; quem esti-vesse querendo fugir não receberia nada". Outros funcionários de prisões, fábri-cas e minas disfarçadamente faziam vista grossa para fugas que poderiam ter evitado para assim continuar solicitando os meios de subsistência do condenado para proveito próprio. Como na obra-prima de Gógol, esses funcionários prisio-nais acumulavam "almas mortas" que lhes proporcionavam uma entrada regular de recursos, causando poucos problemas.[13]

A fuga sob a vigilância de guardas armados nas estações de parada, prisões, destilarias penais, fortalezas e fábricas às vezes exigia mais engenhosidade. Os exilados cavavam túneis, abriam espaço entre barras da prisão, se disfarçavam de visitantes ou soldados, abriam buracos no teto e escavavam saídas nas casas de banho e na privada. Guardas penitenciários da mais antiga das duas prisões de Tobolsk descobriram um túnel debaixo das paredes da lavanderia. Com quase vinte metros de comprimento, estava a apenas três metros de um terreno já fora do edifício e continha um lampião e artigos de vestuário.[14]

As tentativas de reduzir o número de fugas empreendidas debaixo do nariz dos guardas mostraram-se perigosamente ineficazes. Em 1872, o Ministério do Interior expediu uma ordem pela qual os soldados de uma caravana deviam abrir fogo contra qualquer condenado que saísse do edifício da prisão ou da es-tação de parada para ir ao banheiro desacompanhado: "Os guardas estão obri-gados a ver uma tentativa criminosa de fuga em cada condenado desacompa-nhado". Naquele mesmo ano, um guarda disparou contra um prisioneiro que, como se soube mais tarde, levava roupa de cama ao banheiro para lavá-la. O tiro não atingiu o alvo, mas outras supostas tentativas de fuga foram menos afortu-nadas. Em julho de 1873, um exilado foi morto na prisão de passagem de Vladí-mir porque um guarda suspeitou que ele estivesse armado com uma pedra. Poucos meses depois, em Pokrovsk, província de Iakutsk, outro foi fuzilado pelos guardas ao correr em direção aos portões da prisão para receber sua mu-lher. O sabre de um oficial atingiu ainda outro prisioneiro que, por ordem mé-dica, se exercitava no pátio para aliviar os sintomas de escorbuto. Alguns solda-dos foram bem menos zelosos e chegaram a fazer acordo com condenados para permitir que escapassem, assim dividiriam com os fugitivos a recompensa pela recaptura.[15]

Mesmo sem ajuda ou conivência dos guardas, pouco se podia fazer para evitar que presos mais determinados e habilidosos escapassem. O etnógrafo Serguei Maksimov registrou o caso de um vagabundo veterano chamado Tumanov, que protagonizou uma fuga espetacular da fortaleza penal de Tobolsk. Enquanto esperava ser sentenciado ao corredor polonês por um tribunal militar, por crimes cometidos no exílio, Tumanov declarou aos demais internos: "De um jeito ou de outro eu tenho de escapar". Dotado de habilidades de mágico, ele começou a fazer apresentações tão bem-sucedidas para os prisioneiros que os guardas e carcereiros, sabendo disso, iam assistir a elas com suas famílias. Preparando seu espetáculo seguinte, Tumanov ensaiou a formação de uma pirâmide humana no pátio da prisão. Os guardas observavam, divertidos, sem suspeitar de nada. Ao se aproximar um feriado religioso, correu o boato de que Tumanov pretendia apresentar um espetáculo extraordinário e sem precedentes; toda a prisão estava em suspense: prisioneiros, guardas, vigias e até o diretor e alguns convidados.

Usando uma cômica barba alourada, Tumanov começou sua apresentação com alguns truques conhecidos antes de chegar ao clímax dramático: a montagem da pirâmide humana. Os acrobatas tomaram posição e ele escalou a pirâmide, equilibrando um bastão nas mãos. A pirâmide humana começou a se deslocar pelo pátio, com Tumanov bamboleando-se no vértice, mais alto que a paliçada de madeira que cercava o pátio. O espetáculo deleitou a multidão, que aplaudiu ruidosamente. Mas Tumanov ainda tinha uma carta na manga. Num momento em que a pirâmide oscilava à beira do pátio, ele saltou de seu pináculo e desapareceu do outro lado da paliçada. Quando os guardas e carcereiros voltaram a si da surpresa, atravessaram correndo o pátio em direção aos portões e começaram a vasculhar o entorno da prisão, Tumanov tinha desaparecido. Equipes de busca percorreram as florestas, ravinas e matagais circundantes, mas não encontraram sinal do acrobata fugitivo. Os perseguidores encontraram apenas a barba loura de Tumanov, presa à paliçada. O governador de Tobolsk ficou tão indignado ao saber do incidente que chegou a ameaçar o diretor da prisão de fazê-lo usar a barba até "o dia de sua morte".[16]

Evitar o castigo era uma poderosa motivação para fugir. Um soldado de Iaroslav exilado acumulou um impressionante recorde de fugas. Condenado a não menos de dezessete castigos diferentes, nunca foi submetido a nenhum. Em cada ocasião, ele dava um jeito de fugir antes que a sentença fosse executada e assumia uma nova identidade. Escapou da fortaleza penal de Tomsk vestido de ajudante hospitalar. Preso em Kainsk, cavou um túnel para se libertar. Depois, conseguiu ser contrabandeado para fora da prisão de Omsk dentro de um barril de dejetos humanos retirados de uma privada.[17]

Outros fugiam apenas porque não conseguiam se ajustar à monotonia da vida nas aldeias e assentamentos penais. Muita gente via as tentativas de fuga desesperadas e muitas vezes condenadas ao fracasso como expressão de um anseio de liberdade, ou pelo menos de um alívio temporário do peso existencial de viver entre as paredes de uma prisão ou em confinamento numa aldeia qualquer. Atirar-se à taiga era coisa para os fortes e determinados, mas o desejo de fugir nem sempre diminuía com a idade. Anton Tchékhov conheceu um velho exilado chamado Altukhov, na ilha Sacalina, que fugiu muitas vezes da seguinte forma:

> Ele pega um pedaço de pão, tranca a porta de sua cabana, caminha não mais de quinhentos metros, senta-se na colina e olha para a taiga, o mar e o céu. Depois de ficar sentado ali durante uns três dias, volta para casa, renova suas provisões e vai para a colina de novo [...]. No começo, costumavam açoitá-lo por isso, mas agora apenas riem dessas "fugas" dele.[18]

George Kennan conheceu outro velho vagabundo, agora instalado entre os muros de uma prisão no distrito aurífero de Kara, que implorava ao diretor da prisão que o mantivesse encarcerado durante o verão, porque, mesmo sabendo que não sobreviveria lá fora, era incapaz de resistir à tentação de fugir. Kennan achou que havia

> qualquer coisa de patético nessa incapacidade do velho preso, alquebrado e consumido, de ouvir o canto do cuco sem ceder à atração da vida selvagem, livre, aventureira a que esse canto estava associado. Sabia que estava frágil e decrépito; sabia que já não podia perambular pelas florestas, nadar na correnteza dos rios, sobreviver comendo raízes e dormindo no chão, como fizera no passado; mas quando o cuco chamava, sentia outra vez os impulsos de juventude, revivia na imaginação a vida de independência e liberdade que só conhecera nos bosques sem trilhas e tinha plena consciência de que se não fosse contido "deveria partir". Assim como Ulisses, que se

fez amarrar para não sucumbir ao canto das sereias, o pobre velho condenado se amarrara na prisão para não ouvir e seguir o chamado do cuco.[19]

Outros fugitivos ficavam nada menos que desesperados para satisfazer o anseio de voltar para a família. Ao longo de vários anos, um condenado fugiu três vezes de Nertchinsk, mas em nenhuma dessas ocasiões conseguiu ir além da província de Perm, a 5 mil quilômetros dali. A cada nova captura, era açoitado e mandado de volta às minas com a pena aumentada. Na quarta vez, no entanto, conseguiu chegar a sua aldeia natal perto de Iaroslavl e convenceu a esposa a ir com ele para a Sibéria. O casal se apresentou às autoridades locais. Ele notificou sua condição de fugitivo, e a mulher declarou seu desejo de acompanhá-lo de volta a Nertchinsk. Onze meses depois, o condenado recebeu sua nova sentença: sessenta açoites e um extenso período de trabalhos forçados. Foi deportado mais uma vez para o leste, mas dessa vez depois de oito anos de luta, acompanhado da mulher e dos filhos.[20]

Um funcionário de Nertchinsk observou que os exilados muçulmanos do Cáucaso fugiam para poder "respirar os ares de suas montanhas natais" antes de voltar para a Sibéria. O desejo de ver seus pagos podia tomar conta dos exilados como uma espécie de delírio, observou Iadrintsev:

A esperança apaixonada de um dia chegar à terra natal torna-se o objetivo de vida do exilado e nunca o abandona, sejam quais forem as provações e sofrimentos que caiam sobre ele. Ele sonha com sua casa quando tem fome nos assentamentos de exilados; isso o inspira quando, tendo fugido, jaz sem comida debaixo de algum arbusto; se capturado, consola-se com a lembrança de casa enquanto definha nas tarimbas de tábua durante as longas noites na prisão, amadurecendo novos planos de fuga [...]. A perda da terra natal é a fonte dos tormentos morais do exilado e a causa de suas fugas repetidas.[21]

Mesmo exilados conformados, que já haviam passado quarenta anos no assentamento, podiam, no ocaso da vida, apostar tudo de repente numa tentativa desesperada de rever sua terra antes de morrer.[22]

A fuga dava também aos fugitivos uma oportunidade de "pôr à prova sua sorte". A diáspora errante de peregrinos, mercadores e viajantes, dispersa por toda a vastidão siberiana, proporcionava uma espécie de disfarce aos exilados fugitivos que queriam ocultar seu passado de preso.[23] Em Tobolsk, um exilado fugitivo assumiu a identidade de "santo louco", uma espécie de pregador tido como dotado de sabedoria e do dom da premonição. Deixou o cabelo crescer e cair sobre o rosto para dissimular as marcas do ferro em brasa e cultivou uma falta de higiene pessoal de tal monta que impedia que os moradores da cidade se aproximassem demais dele. Aproveitou-se da caridade deles até que alguns, mais argutos, tendo observado as marcas já meio apagadas em seu rosto, por fim o desmascararam. Outro fugitivo se fez passar por um capitão de navio turco. Conseguiu tomar de empréstimo quantias vultosas em Tobolsk, depois seguiu em frente para se aproveitar da hospitalidade de moradores bem de vida de Tomsk e acabou sendo desmascarado em Krasnoiarsk. Na década de 1850, dois exilados se fizeram passar, à moda de Gógol, por inspetores do governo, viajando com documentos falsos e amedrontando funcionários locais.[24]

Se não tivessem nem documentos nem o necessário talento teatral para se passar por algo que não fosse um exilado, os fugitivos ainda recorriam, quando capturados ou denunciados, ao uso da identidade de prisioneiros que, sabia-se, haviam sido sentenciados a penas mais leves que as deles. Forçados que fugiam das minas e fábricas podiam dizer que tinham sido exilados para um assentamento; os condenados a exílio perpétuo em assentamentos podiam dizer que eram exilados administrativos condenados a penas de cinco anos. Fugitivos da Sibéria Oriental diziam que tinham sido banidos para a Sibéria Ocidental. Explorando o caos que imperava nos registros oficiais, os fugitivos podiam esperar muitos meses de detenção em prisões ou assentamentos penais antes que seus casos fossem investigados — o bastante para fugir mais uma vez.[25]

O último recurso que restava ao vagabundo capturado era negar-se a revelar sua identidade. Muitos deles assumiam pseudônimos cômicos, como "Ivan Nepomniaschi" ou "Ivan Não-Me-Lembro". Um dos personagens de Fiódor Dostoiévski em *Recordações da casa dos mortos* é Chapkin, um condenado que evoca com alegria o encontro com um policial distrital que tentava estabelecer sua identidade e de um pequeno grupo de fugitivos. Quando lhe pediam que mostrasse os documentos, Chapkin respondia que não tinha nenhum, e que seus companheiros de viagem "trabalhavam para o general Cuco":

O policial distrital me diz: "Quem diabos és tu então?" [...].
Eu digo: "Vossa Excelência, eu não me lembro, Vossa Excelência, eu esqueci [...]".
Então ele diz ao cara seguinte: "E quem serias tu?".

"Fujão, Vossa Excelência."

"Esse é teu nome, Fujão?"

"Esse é o meu nome, Vossa Excelência."

"Muito bem, tu és Fujão, e quem és tu?", pergunta ao terceiro homem.

"Fujão e Tudo, excelência."

"E esse é teu nome?"

"Esse é meu nome. Fujão e Tudo, Vossa Excelência."

"E quem te deu um nome desses, safado?"

"Gente boa, Vossa Excelência. Há gente boa no mundo, sabe, excelência?"

"E quem era essa gente?"

"Não lembro, Vossa Excelência, imploro que me perdoe, Vossa Excelência."[26]

Assim, os vagabundos assumiam nomes falsos numa tentativa deliberada e descarada de frustrar as tentativas de identificação feitas pelas autoridades. "Ivans Não-Me-Lembro" proliferavam, aparecendo em cada assentamento de exilados e em cada colônia penal da Sibéria. Iadrintsev encontrou não menos de quarenta deles numa única fortaleza penal. O médico do assentamento penal de Kara, Vladímir Kokosov, encontrou a prisão fervilhando com centenas de vagabundos chamados "Ivan Não-Me-Lembro" ou variantes desse nome.[27]

Em meados do século XIX, o número de vagabundos apreendidos em toda a Sibéria superava em muito a capacidade do Estado de puni-los de acordo com a lei. Prisões e locais de trabalhos forçados transbordavam de vagabundos não identificados cumprindo pena. A incapacidade do Estado de conviver com eles resultava em sentenças lenientes ao extremo, que só serviam para aumentar o incentivo à fuga, como notou, exasperado, o ministro da Justiça Viktor Panin:

A quantidade de vagabundos em nossas prisões aumentou tanto que em pouco tempo será impossível acomodá-los todos. As fortalezas penais da Sibéria Ocidental já estão superlotadas. Por causa disso, os vagabundos [...], sabendo que devido a seu grande número não haverá espaço para eles nos batalhões penais, não têm nada a temer além de uma surra e o exílio para um assentamento.[28]

Em 1895, depois de décadas de luta infrutífera contra essa massa de identidades inventadas, emprestadas ou roubadas, as autoridades siberianas recorreram à deportação de todos os vagabundos que se negassem a revelar sua identidade para um assentamento na ilha Sacalina, que na época já tinha uma reputação assustadora entre os exilados na Sibéria. A ameaça de Sacalina proporcionou um eficiente aide-mémoire, como se observou, de maneira sarcástica, num relatório: "A partir daquele momento, o número deles começou a cair e muitos começaram a se lembrar de seus nomes".[29]

O governo também lutava para combater o contrabando de identidades fazendo com que os condenados permanecessem com uma aparência diferente da dos demais, o que dificultava sua fuga e tornava mais fácil a captura. A partir de 1824, todos os integrantes do sexo masculino das caravanas de deportação que não fossem nobres e estivessem condenados a trabalhos forçados tinham raspada a metade da cabeça antes da partida e eram proibidos de usar suas próprias roupas (embora os funcionários com frequência reclamassem que essas instruções eram ignoradas).[30]

Já a marcação inscrevia a condição do condenado em seu próprio corpo. Até 1817, quando essa prática foi considerada desumana e proibida, o Estado fazia rasgar as narinas dos forçados em cerimônias públicas antes da deportação. No século XVII, carrascos marcavam a carne dos prisioneiros com ferro em brasa, mas no reinado de Pedro, o Grande, essa prática foi substituída pela marcação a tinta e não a ferro. Indicadoras da vergonha e da exclusão dos forçados, assim como meios de identificação, as marcas eram feitas com moldes compostos de agulhas espetadas, distribuídas em forma de letras. Eles perfuravam a pele, e sobre a ferida esfregava-se pólvora para deixar um sinal permanente. O tipo de marca mudou com o tempo, mas de início consistia nas letras "B-O-P" inscritas na testa e em cada face, significando "ladrão". Em 1845, o novo código penal determinou que essas letras fossem substituídas por "K-A-T", que significavam "KATOR JNIK", ou "forçado". As marcas não eram "um castigo no sentido estrito da palavra", observou um jurista da época, "mas uma medida policial preventiva". Foram pensadas para impedir que a população exilada se misturasse à população em geral e assim facilitar a detecção, a captura e o castigo dos fugitivos. Em 1840, o Conselho de Estado encarregou os governadores siberianos de marcar de forma adequada todos os exilados fugitivos, e que cada província tivesse sua própria marca para ajudar a identificar a origem do fugitivo, ou pelo menos seu mais recente lugar de captura.[31]

Com tudo isso, as autoridades se preocupavam por acreditar que com o tempo as marcas fossem desaparecendo. Em 1842, o Ministério do Interior encarregou o Conselho Médico Imperial de descobrir uma nova tintura "de modo a dificultar ou mesmo impossibilitar que os criminosos removam suas marcas". O Conselho Médico estudou várias alternativas, que testou em condenados e em cachorros, mas rejeitou a maior parte delas por causa do alto custo. Depois de um período de testes que levou dois anos, durante os quais se propôs substituir a pólvora pela fuligem da Holanda misturada a óleo de linhaça ou de sementes de cânhamo, o Conselho Médico foi incapaz de produzir resultados significativos:

> Sejam quais forem os meios usados para criar marcas na pele dos condenados, se essas marcas não penetrarem fundo no corpo sempre será possível removê-las, deixando a pele supurar, e assim, devido ao estado atual da nossa ciência, não há como efetuar uma marcação permanente dos condenados.[32]

Eles tinham razão. Os exilados fugitivos eram hábeis em remover as marcas que os estigmatizavam como se fossem, em suas palavras, "cavalos marcados", o que era compreensível. As marcas eram prova de seus malfeitos, frustrando suas tentativas de passar-se por peregrinos inocentes ou, pelo menos, por colonos e não forçados. Alguns deles recorriam a meios extremos: usavam plantas tóxicas, insetos venenosos, ácido sulfúrico, hidrocoloides, nitrato de prata e ferro em brasa para queimar as marcas. Como alternativa, faziam incisões sobre elas, deixando que as feridas supurassem durante meses até que a carne putrefata removesse todos os traços da tinta. Alguns chegavam a se injetar com sífilis. Mas essas dolorosas mutilações nem sempre garantiam o anonimato, já que os fugitivos capturados eram condenados por suas cicatrizes como o eram por suas marcas. Alguns deles acumulavam diversas marcas, que davam testemunho de seu entusiasmo inabalável pela liberdade. Iadrintsev conheceu um velho vagabundo cujo corpo era um verdadeiro documento de uma história de fugas e capturas: "Nas costas, ele tinha marcas do cnute e das varas; nas nádegas, cicatrizes de chicotadas. Tinha marcas nas costas, nas mãos e no rosto. Era magro como um varapau e caminhava com uma muleta, amarelo, as faces chupadas".[33]

Na verdade, marcação, flagelamento, correntes e aumentos draconianos nas sentenças faziam pouco para estancar a maré de exilados que fugiam. Ainda que os Estatutos de Exilados de 1822 estabelecessem que a supervisão dos colonos exilados cabia ao Departamento de Exílio de Tobolsk, na prática as ordens do escritório não chegavam às aldeias espalhadas pelas províncias mais remotas da Sibéria. Os funcionários das localidades, já em pequeno número e sobrecarregados de tarefas administrativas, eram obrigados, para inspecionar seus distritos, a viajar entre quinhentos e mil quilômetros. Como reclamou um funcionário, "na prática era impossível para eles manter supervisão direta sobre os exilados". Na verdade, o Estado não era capaz sequer de proteger seus escritórios da maneira adequada. O edifício da administração agrícola no distrito de Ichim foi assaltado em 1873; foram roubados formulários, selos e dinheiro. Os dois homens que vigiavam o edifício — um soldado aposentado e um colono exilado — foram mortos a pauladas enquanto dormiam.[34]

Muitos fugitivos acabavam sendo capturados, mas não antes de cometer crimes e dispersar energias das forças oficiais. De tempos em tempos, por causa de algum crime de especial gravidade ou repulsivo, as autoridades promoviam varreduras nas cidades da Sibéria, e em suas redes caía um número espantoso de vagabundos. Depois de um crime cometido em Omsk em 1866, o Estado prendeu 180 vagabundos numa semana. O governador de Tomsk fez patrulha em sua cidade numa única manhã de 1875 e capturou não menos de oitocentos.[35]

A província de Tomsk era um lugar de passagem percorrido pelos que fugiam da Sibéria Oriental rumo ao oeste. Havia cidades em que mais de 3 mil desocupados passavam o inverno, à espera de retomar suas andanças no começo da primavera. Devido a sua localização central e à ineficácia da força policial, a própria cidade de Tomsk foi, durante um período da década de 1860, como observou Iadrintsev, "um local de descanso para exilados, como uma enorme estalagem, e as ruas secundárias da cidade eram como uma imensa feira".[36] Na década de 1890, funcionavam nas cidades siberianas refúgios semioficiais para vagabundos. Estabelecidos por benfeitores particulares com o apoio pelo menos tácito das autoridades, procuravam aliviar a pressão que as hordas de desocupados exerciam sobre os habitantes da cidade. Um relatório oficial dizia que um mercador chamado Chkroiev tinha montado um refúgio como esses na periferia de Kainsk, província de Ienissei, uma cidade que "fervilhava de vagabundos" na década de 1890. As condições no interior do abrigo eram um quadro da mais extrema miséria: mais de cem homens amontoados em dois pequenos ambientes, estendidos sobre tarimbas de madeira ou no chão de terra, de tal forma que era impossível até contá-los. Metade deles estava "sem uma peça de roupa"; a outra metade, "em farrapos". Ressoavam "gemidos, tosses incessantes, espirros e escarros" e "o fedor interno era inacreditável". Muitos tinham bebido todo o arrecadado com esmolas e com a venda das roupas, e "mostravam as consequências da extrema pobreza e do colapso moral a um ponto que excede a imaginação".[37]

Sem dúvida, esses refugiados eram tolerados até certo ponto porque as autoridades não tinham instalações prisionais suficientes para abrigar esse excedente itinerante de população. Nikolai Kaznakov, governador-geral da Sibéria Ocidental, reconheceu, em 1874, que "os vagabundos são em tal número que é impossível mantê-los sob vigilância, e as autoridades se veem obrigadas a ordenar aos distritos que 'parem de persegui-los'". O conde Vladímir Sologub, presidente do Comitê de Reforma Prisional na década de 1870, admitiu a impotência do Estado: "Os únicos exilados que não escapam são os que não querem".[38]

O principal aliado na contenção dos exilados era o inverno. Como um Cérbero gigantesco avultando sobre o continente, era o maior obstáculo no caminho dos fugitivos que se dirigiam para o oeste. Da mesma forma que o canto primaveril do cuco anunciava o começo sazonal do êxodo de exilados, a chegada das primeiras geadas do outono assinalava seu fim abrupto e muitas vezes letal. Os que não tinham conseguido se estabelecer em cidades e vilarejos protegidos por identidades falsas em geral optavam pela volta à segurança das fortalezas penais. Vagabundos experientes surgiam nos portões, anunciavam-se como "Ivan Não-Me-Lembro" e aceitavam o açoite, que era o preço do abrigo para o inverno. Nem todos, porém, tinham asas nos pés, e alguns se perdiam na taiga. As tempestades de inverno na Sibéria, chamadas *purgui* — nevascas capazes de cegar e ventos ensurdecedores, acompanhados de queda brusca da temperatura —, podiam irromper em questão de minutos, com resultados fatais. Um grupo de fugitivos foi surpreendido por uma *purga* perto de Barnaul; alguns deles seguiram em frente e conseguiram chegar a salvo a uma aldeia, mas seis de seus companheiros perderam o rumo e morreram congelados. Todas as primaveras, o desaparecimento das neves invernais revelava florestas semeadas de corpos de vagabundos. Grupos de fugitivos provenientes do Transbaikal às vezes tentavam tirar proveito da espessa camada de gelo que cobria as águas do lago Baikal e assim poupar-se dos milhares de quilômetros necessários para circundá-lo. A travessia do Baikal, porém, não proporcionava refúgio algum contra as impiedosas tempestades de inverno, e esses homens, vez por outra, morriam congelados e abraçados.[39]

Alguns funcionários siberianos deixavam escapar a atitude negligente para com os milhares de fugitivos que jorravam das vilas de exilados e assentamentos penais. Um deles declarou ao jornalista britânico Edmund Noble: "A Sibéria é uma enorme prisão. Tanto faz a qual de suas celas um condenado esteja confinado. O importante — e nisso somos muito bem-sucedidos — é impedi-los de sair de seus limites". Outra alta autoridade da Sibéria Ocidental declarou: "Deixem que fujam! Em todo caso, eles não cruzarão os Urais". Mas essa certeza estava fora de lugar.[40]

Entre 1827 e 1846, dos 159,5 mil homens e mulheres exilados na Sibéria, 18,5 mil já eram fugitivos recapturados na Rússia europeia. Entre quatrocentos e 1,4 mil deles chegavam até a Rússia todos os anos. Com o decorrer do século XIX, estradas, hidrovias e ferrovias permitiram o acesso a alguns dos pontos mais remotos da Sibéria. Assim, os colonos camponeses da região acharam-se sustentando hordas de vagabundos parasitas em sua viagem para o oeste. Enquanto isso, a polícia apreendia um número cada vez maior de vagabundos siberianos que tinham atravessado os Urais e chegado a cidades russas. Governadores regionais na Rússia europeia e no Cáucaso reclamavam da grande quantidade de exilados oriundos de suas regiões que voltavam da Sibéria e "representavam uma ameaça ao bem-estar e à segurança da província".[41] Uma pesquisa do governo sobre as condições do sistema de exílio concluiu que a ideia de que o exílio na Sibéria afastava criminosos da Rússia europeia estava "totalmente errada". O relatório reconhecia sem rodeios que "a causa principal da vagabundagem na Rússia europeia hoje é o sistema de exílio". A vagabundagem representava um enorme peso para o Tesouro, que se via obrigado a financiar a deportação dos mesmos exilados duas ou três vezes. Em 1878, para cada 28 mil deportados para a Sibéria, a um custo de cerca de trezentos rublos por pessoa, mil eram fugitivos que estavam sendo devolvidos ao local de banimento original.[42]

Os vagabundos e fugitivos que escapavam dos assentamentos de exilados e dos locais de trabalhos forçados rejeitavam o papel que o Estado lhes tinha atribuído na colonização penal do continente. Contudo, o real poder subversivo dos exilados em fuga residia na praga da mendicância, dos furtos e dos crimes violentos que eles infligiam aos verdadeiros colonos: os camponeses siberianos. Cada vagabundo miserável e desesperado que pedia esmolas, roubava gado e subtraía ferramentas das terras dos camponeses drenava os recursos daqueles sobre cujos ombros recaía em última instância o desenvolvimento da Sibéria.

Alguns deles eram inofensivos e, com frequência, tornavam-se vítimas dos camponeses. Esfarrapados e famintos, pediam esmolas aos aldeães e serviam como reserva itinerante de força de trabalho para as lavouras. Fora do alcance e da proteção da lei, ficavam vulneráveis à exploração por parte de camponeses inescrupulosos. Muitas vezes eram enganados por agricultores que ameaçavam denunciá-los às autoridades se não se submetessem. Alguns chegaram a ser mortos para não receberem pagamento.[43]

Contudo, milhares de vagabundos da Sibéria eram levados ao crime, com frequência ao crime muito violento.[44] Com efeito, na segunda metade do século XIX, a Sibéria estava sucumbindo a uma epidemia de roubos, assassinatos e estupros. Embora os camponeses exasperados denunciassem uma pequena parte dos crimes de fato cometidos, os números mostravam o quadro de uma região sitiada. Em 1876, nas províncias de Tobolsk e Tomsk, registraram-se 2,85 mil crimes, com 56% de roubos e 8% de assassinatos. Nos cinco anos anteriores, 8 mil vagabundos tinham sido presos nas duas províncias. "É rara a aldeia situada no caminho de volta à Rússia que esteja livre de roubo, é rara a cidade poupada às mais terríveis atrocidades, é rara a estrada não semeada de cadáveres", observou em 1877 o governador-geral da Sibéria Ocidental, Nikolai Kaznakov. Os exilados trucidavam camponeses pobres por quantias irrisórias. Em junho de 1899, uma família inteira foi massacrada na aldeia de Cheragul, província de Irkutsk; três meses depois, um colono exilado cortou o pescoço de duas irmãs na mesma aldeia para roubar-lhes uma ninharia que tinham poupado. A vodca, mais que o dinheiro, dava às vezes motivo para o crime. Em 1872, dois exilados mataram o dono de uma taberna na província de Tomsk por ter-lhes recusado crédito.[45]

Às vezes, os camponeses conseguiam defender suas casas de ataques violentos. Um famoso bandido circassiano chamado Djanteirov já tinha passado quatro anos preso por roubar um carro postal. Continuou cometendo crimes, uma fieira de roubos à mão armada e assassinatos, até ser preso e condenado ao exílio no distrito de Iakutsk. Mas fugiu e, na noite de 28 de dezembro de 1898, ele e dois cúmplices tentaram assaltar a casa de um exilado rico chamado Izbuchkin, residente num assentamento. Entraram na casa, mataram a tiros um trabalhador, esfaquearam Izbuchkin e atacaram sua mulher. Contudo, o filho de Izbuchkin, de treze anos, correu em defesa da mãe e abriu fogo sobre os agressores com um fuzil e uma escopeta, matando Djanteirov e um de seus cúmplices. O outro assaltante fugiu de mãos abanando.[46]

A imprensa siberiana estava cheia de casos de roubos e assassinatos cruéis em que os autores, quando presos, quase sempre eram identificados como criminosos exilados. O semanário *Sibir*, de Irkutsk, noticiou que, nos primeiros seis meses de 1875, seis igrejas da província de Ienissei foram roubadas e um sacristão foi assassinado. Em Tobolsk, em junho de 1875, um funcionário aposentado, Burdukov, e seu protegido de vinte anos foram estrangulados em suas camas. O *Sibir* declarou que no primeiro semestre de 1877, nada menos que 28 assassinatos e roubos à mão armada foram cometidos na cidade de Tomsk, além de "inúmeros casos de roubos, diurnos e noturnos". Tinha se tornado

> perigoso até sair à rua pela noite: já haviam aparecido caçadores noturnos que, munidos de ganchos e laços, despojavam moradores de seus chapéus e casacos de peles. E não era só isso! Os roubos eram praticados não apenas nas ruas e nas casas da maneira tradicional, penetrando pelas portas e janelas, mas até por meio de túneis subterrâneos!

A cidadezinha de Balagansk, na província de Irkutsk, tinha uma população total de menos de 5 mil habitantes, mas houve 67 assassinatos em 1887. Com pessoal insuficiente, mal treinado e muitas vezes corrupto, a força policial rural da Sibéria não dava conta de conter a onda de crimes. Inúmeros casos de assassinato continuavam sem solução.[47]

Contudo, por mais inadequada que fosse a polícia das cidades da Sibéria, ela proporcionava ao menos um mínimo de proteção. Mas na vastidão das regiões selvagens não havia defesa de espécie alguma contra assaltos bem planejados e executados sem contemplação. Em junho de 1845, quatro vagabundos perseguiram e assassinaram um grupo de garimpeiros nas florestas próximas de Ienisseisk, para roubar o negociante de ouro Vassíli Ierin, que liderava a expedição. Chefiados por um certo Ivan Nepomniaschi, os exilados fugitivos uniram-se a eles com falsos pretextos e esperaram até que se dividissem em pequenos grupos. Mataram Ierin, seus três supervisores e oito empregados depois que eles entraram em áreas desertas da floresta. Traídos por um dos integrantes do bando, três dos exilados tentaram fugir da cena do crime descendo o rio Ienissei. Foram perseguidos pelo comissário local e um grupo de cossacos armados, que desceram o rio em seu encalço durante cinco dias e cinco noites, com ocasionais trocas de tiros que acabaram ferindo Nepomniaschi numa perna. No fim, com o barco esburacado pelos disparos e exaustos pela falta de sono, os criminosos depuseram suas armas e se renderam. Levados à fortaleza penal de Krasnoiarsk, foram sentenciados a percorrer de três a cinco vezes um corredor polonês composto de mil soldados, marcados e condenados a trabalhos forçados perpétuos.[48]

Caravanas de mascates — a alma do comércio siberiano —, em especial, ficavam vulneráveis a assaltos, já que percorriam as densas florestas por estradas isoladas. Em agosto de 1875, nas vizinhanças de Minusinsk, província de Ienissei, dois camponeses encarregados da entrega de bebidas a um nobre local foram encontrados à beira da estrada com o crânio arrebentado. Bandos organizados de criminosos emboscavam famílias inteiras de mascates na estrada para extorquir-lhes seu dinheiro, relatou um jornalista, "por meio das mais terríveis formas de tortura — com coronha de machados, agulhas, pregos, fogo e facas". Certa vez, esmagaram a cabeça das crianças e bebês sob as rodas da carroça e trucidaram os adultos. Esses salteadores eram tão ativos ao longo da Grande Estrada Postal Siberiana entre Irkutsk e Tomsk que, em 1886, os carroceiros se armavam até os dentes e viajavam em grandes grupos para aumentar suas chances de enfrentá-los. Alguns dos piores trechos da estrada tinham de ser patrulhados por cossacos montados.[49]

As façanhas audaciosas e brutais de alguns vagabundos serviram de inspiração para milhares de outros exilados e fizeram deles lendas vivas de seu tempo. O etnógrafo Maksimov falou de um desses condenados, Korenev, que era ao mesmo tempo um "assassino incorrigível" e "modelo admirado pelos exilados que vieram depois dele". Suas proezas eram conhecidas em todas as fortalezas penais e cadeias da Sibéria, e foram lembradas e mesmo louvadas depois de sua morte. Svetlov, outro antigo exilado transformado em vagabundo, célebre pela força física, tornou-se líder de uma gangue que aterrorizou a província de Tomsk. Svetlov era generoso em relação aos bens que saqueava, dizia-se, dando-os para desocupados pelo caminho. Outro, chamado Sokhati, era capitão de um navio pirata que atacou navios mercantes no lago Baikal e protagonizou um espetacular assalto na feira anual de Tchertovkinsk, numa das ilhas da foz do rio Selenga. Os nomes de chefes de gangues famosos ainda sobreviviam no folclore siberiano no fim do século XIX.[50]

A cultura rural em todo o Império Russo era muito violenta. Os que desobedeciam às leis comunitárias que regiam a vida nas aldeias podiam ser desonrados e espancados com brutalidade. Mesmo assim, os crimes na Sibéria se destacavam por sua selvageria. O etnógrafo Iadrintsev explicava que a maior parte dos assassinatos e roubos à mão armada era perpetrada por forçados:

> Os trabalhos forçados, é claro, reúnem assassinos experientes que continuam repetindo seus crimes, mas nossos estabelecimentos de trabalhos forçados também contribuem para o embrutecimento, o ressentimento e a barbárie. Torturado fisicamente, temperado pelo sofrimento e ressentido com a perseguição, é natural que o forçado perca todo sentimento de afabilidade e humanidade.

Com efeito, muitos dos assassinos da Sibéria pareciam ter prazer ao cometer atos de violência. Em 5 de outubro de 1873, a viúva de um comerciante de Irkutsk, sua filha, seu caseiro e um empregado buriata foram mortos e atirados no rio Angara. Os assassinos atacaram também uma jovem cozinheira, que foi estuprada, torturada, estrangulada e abandonada agonizante. De maneira surpreendente, ela sobreviveu e conseguiu identificar os atacantes, que eram três colonos exilados e três vagabundos. Durante o julgamento, eles mostraram total indiferença para com suas vítimas, e mais tarde foram enforcados. No mesmo ano, uma jovem camareira desapareceu da escola de Krasnoiarsk para moças. Pouco depois do sumiço, foram encontrados restos humanos em estado lamentável: uma cabeça mutilada, depois um braço decepado arrastado por um cachorro, e por fim o torso da vítima, desfigurado, os seios cortados e os genitais mutilados com selvageria. As suspeitas recaíram sobre um vigia da escola e um funcionário de escritório, ambos desaparecidos ao mesmo tempo que a jovem. Quando a dupla afinal foi presa, a investigação revelou que ambos eram condenados fugitivos e viviam com identidades falsas.[51]

A violência sexual contra mulheres e crianças era generalizada. Os vagabundos sequestravam mulheres de suas propriedades a ponta de faca; muitas delas eram estupradas por uma gangue e depois mortas. Iadrintsev conta sobre dois vagabundos que não chegaram a um acordo sobre quem deveria ficar com uma mulher sequestrada e a abandonaram na floresta. Ela foi encontrada "nua, amarrada a uma árvore pelas tranças; todo o corpo devorado por mosquitos e moscas hematófagas, inchada, espumando pela boca, inconsciente e moribunda". Em 1894, Irkutsk foi cercada por uma gangue que invadiu a cidade ao pôr do sol em trenós puxados por cavalos, capturou transeuntes inocentes com laços, arrastando-os para fora da cidade para roubá-los. Foram embora levando uma jovem, que estupraram e depois atiraram nua na neve. Patrulhas reforçadas de Irkutsk foram incapazes de prendê-los, pois os criminosos pareciam estar sempre um passo à frente das autoridades. Os ataques só cessaram depois que uma gangue de exilados foi capturada numa casa abandonada não muito longe da residência do governador.[52]

Com essa epidemia de crimes, não surpreende que a Sibéria tenha se tornado sinônimo de Oeste Selvagem da Rússia. "Ienisseisk e seus arredores apresentavam um número de assassinatos, roubos e assaltos à mão armada sem precedentes", revelou um correspondente do popular jornal *Sankt-Peterburgskie vedomosti* em 1871 a um público chocado e admirado da capital. "Depois do escurecer, ninguém ousa se aventurar pelas ruas da cidade. É como Bukhar, ou a Tchetchênia, na década de 1840."[53] Esses comentários não eram meros exageros jornalísticos. Um importante relatório oficial publicado em 1900 denunciava a injustiça e a política de dois pesos e duas medidas aplicadas pelo governo ao banir os criminosos para a Sibéria e depois fazer vista grossa para a destruição que eles promoviam ali:

> Os crimes cometidos pela população exilada se destacam de fato por sua astúcia surpreendente, sua horrível crueldade e sua absoluta temeridade em relação ao castigo [...]. Quase todos esses crimes, se cometidos na Rússia europeia, teriam causado comoção nacional e sido tema de conversa do público letrado durante muito tempo, mas na Sibéria ficam perdidos na confusão de "eventos" similares e passam despercebidos [...]. Os corpos não vingados [das vítimas] não perturbam nem poderiam perturbar a consciência de ninguém: são apenas os frutos do veneno absorvido pelo exílio siberiano, e contra isso as autoridades são impotentes.[54]

Com a disparada do número de vagabundos na segunda metade do século XIX, aumentaram também as exigências que eles apresentavam aos camponeses siberianos. A mendicância e o furto, para não falar de crimes mais violentos, corroeram as antigas tradições de dar abrigo, alimento e esmola aos desocupados que passavam. A caridade dos camponeses era cada vez mais motivada não pela piedade e pela generosidade, mas por medo de que vagabundos ameaçadores, se contrariados, cometessem roubos ou incêndios. O governador-geral Kaznakov notou, em 1877, que "houve um tempo em que a população local era solidária com os exilados, chamando-os de 'desgraçados'. Esse tempo passou [...]". Os aterrorizados habitantes da Sibéria Ocidental, "receando atos de vingança ou incêndios, deixavam alimentos do lado de fora da casa, à noite, para os sofridos andarilhos e procuravam se defender com atos ilegais de vingança e mesmo com linchamentos".[55]

Incapaz de lidar por si mesmo com os vagabundos que saqueavam a Sibéria, durante longo tempo o governo de fato ignorara o assassinato de exilados e até havia procurado cooptar camponeses para algo que mais parecia uma guerra civil de pequena monta. Já em 1813, o governador-geral da Sibéria, Ivan Pestel, tinha pressionado São Petersburgo a suspender todas as sanções contra locais que lidassem com os problemas causados pelos saques perpetrados por exilados fugitivos. O governo respondeu determinando que camponeses, tribos nativas, unidades militares e outras pessoas que perseguissem exilados fugitivos deveriam, "se tivessem a vida em risco, lidar com eles como se fossem importantes criminosos de Estado. Os que ajudam o Estado devem ter a garantia de não serem responsabilizados se recorrerem a medidas drásticas contra exilados fugitivos".[56] Essa decisão equivalia a uma licença para matar e à abertura da estação de caça aos vagabundos da Sibéria.

De tempos em tempos, os camponeses e os povos nativos declaravam guerra aos vagabundos. Num mundo em que o roubo de gado e instrumentos agrícolas podia levar uma família camponesa à miséria, a vingança era brutal. Ladrões capturados eram submetidos a espancamentos públicos violentos e muitas vezes fatais. Um grupo de camponeses que capturou um condenado pelo roubo de cavalos cravou sete agulhas de madeira em seus calcanhares e a seguir o deixou se arrastar até a floresta. Anos depois, o homem ainda tinha as cicatrizes nas pernas no ponto em que as agulhas tinham perfurado os músculos das panturrilhas.[57] Em 1879, um grupo de buriatas capturou dois vagabundos numa cidade próxima de Irkutsk, desnudou-os num pátio e surrou-os com um cnute até ficarem a um passo da morte. Depois disso, atiraram os corpos feridos em sua carroça e chicotearam o cavalo, que disparou para Irkutsk. Quando um dos homens por fim recuperou os sentidos, ao se aproximar da cidade, encontrou o parceiro morto a seu lado. No distrito de Marinsk, camponeses capturaram um exilado que tinha roubado seus cavalos e enfiaram vidro moído em seus olhos, dizendo-lhe que nunca mais encontraria o caminho para a aldeia deles. Ao longo de 1884, o médico da cidade de Ichim efetuou não menos de duzentas autópsias em corpos de exilados fugitivos assassinados por camponeses apenas em seu distrito.[58]

Os vagabundos retaliavam com atos brutais de vingança, sendo o incêndio criminoso sua arma predileta. Em duas ocasiões, em outubro de 1879, edifícios de uma mesma aldeia nas proximidades de Tobolsk foram incendiados em meio a fortes ventos. Só a vigilância dos aldeães evitou uma conflagração que poderia ter consumido todo o assentamento. Em 1898, outra aldeia, suspeita de colaboração ativa com as autoridades na caça a exilados fugitivos nas vizinhanças, foi incendiada num ato de represália organizada. Sessenta e quatro propriedades agrícolas foram destruídas pelo fogo.[59]

As autoridades não só faziam vista grossa ao assassinato de vagabundos como ofereciam três rublos em troca de cada fugitivo capturado, vivo ou morto. Os camponeses siberianos e os nativos da região tinham poucos escrúpulos para levar a efeito essa caçada humana, e a busca de recompensas floresceu como uma indústria doméstica. Segundo o dito popular, "uma pele de esquilo vale cinco copeques, mas pode-se obter cinquenta por um corcunda". Havia distritos siberianos "famosos pelo extermínio de vagabundos". No de Verkholensk, na província de Irkutsk, sessenta ou mais corpos de exilados fugitivos eram encontrados a cada ano, a maior parte morta por camponeses. Destes, alguns ganharam fama como destemidos caçadores de recompensas. Um deles, de nome Bitkov, exercia seu ofício subindo e descendo o rio Angara, abrindo fogo da margem sobre vagabundos que desciam a correnteza em balsas. Alguns acumulavam sessenta, às vezes noventa mortes. Um camponês, segundo se dizia, tinha entregado às autoridades cem vagabundos capturados, metade deles já sem vida. Os giliaks e buriatas da Sibéria Oriental eram caçadores de recompensas impiedosos e dotados de habilidades extraordinárias, especializados em seguir a pista, atacar e matar gangues organizadas pelas estradas da Sibéria. O dezembrista exilado Dmitri Zavalichin observou que se os camponeses não tivessem eliminado tantos vagabundos dessa forma, a Sibéria nunca conseguiria conviver com todos eles.[60]

Na década de 1870, no entanto, a Sibéria já não convivia com eles. Kaznakov, governador-geral da Sibéria Ocidental, indicou que em 1877 o índice de criminalidade em distritos onde havia exilados era cinco vezes mais elevado do que nos que não tinham nenhum. "A população exilada, reunida na infelicidade de sua situação e pela solidariedade de seus interesses, formou uma aliança virtual que abrange toda a Sibéria, o que está levando a uma guerra secreta contra a população civil."[61] Outros recorreram à mesma metáfora. As cidades siberianas, como lamentava a *Sibirskaia gazeta*, viviam bloqueadas pela escória humana mandada a nosso país vinda de todo o Império [...]. Qualquer pessoa que desconheça nosso modo de vida aqui na Sibéria, caminhando à noite pela estrada, poderia pensar que Omsk é uma cidade sitiada. Toda noite, sentinelas armadas percorrem as ruas, há unidades militares e milícias privadas [...]. A cada esquina ouve-se o desafio: "Quem vem lá?". É como a lei marcial, como se a cidade estivesse cercada por um inimigo invisível.[62]

Para o etnógrafo Iadrintsev, a Sibéria parecia um "campo de batalha". As perniciosas contradições do sistema penal e as políticas coloniais para a Sibéria ficaram expostas com clareza na cada vez mais violenta e impiedosa luta entre camponeses e vagabundos:

> Vemos duas figuras bastante distintas, ambas com significado histórico: uma delas representa a colonização penal, e fugiu de seu lugar de exílio; a outra é um camponês, representante de uma ordem cívica, postado com seu fuzil diante de sua lavoura, defendendo sua casa, sua propriedade, sua família e sua prosperidade.[63]

Quase todos os observadores, funcionários do Estado e jornalistas chegaram à mesma conclusão: a presença dos exilados na Sibéria foi um peso terrível para a população livre do continente e um freio para seu desenvolvimento econômico.

10. A ilha Sacalina

Minha querida esposa! Escrevo para informá-la de que graças a Deus chegamos em segurança a Sacalina! O clima daqui é maravilhoso, e o solo, por nele germinar qualquer tipo de coisa, não fica nada a dever a qualquer outro! Terra preta até onde a vista não alcança! Assim que sua mulher chega, cada condenado recebe de graça tudo aquilo de que precisa para montar um sítio: dois cavalos, seis vacas, seis patos e frangos; uma cabana completa, uma carroça, um arado, um ancinho, todo o necessário para um sítio dar certo. Assim que receberes esta carta, vende tudo o que tiveres pelo que puderes apurar e pede às autoridades que te prendam sem demora e vem para cá![1]

Assim dizia a carta que um dos presos de Sacalina enviou à mulher na virada do século XIX para o XX. Como inúmeras outras, tinha sido escrita no porão de um navio e despachada no porto de Aden, meses antes que seu autor chegasse à ilha. Muitas mulheres foram vítimas dessa forma de engodo calculado de seus próprios maridos. Um provérbio cáustico da ilha dizia: "Os espertos são trazidos para cá; os idiotas vêm por si mesmos".[2] Por mais desesperados ou cínicos que tenham sido os condenados que tentavam atrair suas confiantes esposas para Sacalina, a maior parte deles nada sabia do que os esperava. Sacalina era, na verdade, a antítese do idílio pastoral desenhado pela sedução do autor da carta. Uma vez na ilha, mulheres e crianças descobriam não os sítios bem equipados, mas um mundo obscuro de miséria, violência e exploração sexual. Sacalina não apoiava famílias; devorava-as.

As famílias de exilados tinham um grande significado simbólico e prático na Sibéria. Elas personificavam ao mesmo tempo as virtudes morais da ordem tsarista e serviam como postos avançados do poder imperial russo. O próprio paternalismo da autocracia russa santificava os laços conjugais e filiais que mantinham unidas todas as famílias no Império Russo. Pais e maridos não eram apenas provedores, eram figuras de autoridade, que carregavam a responsabilidade moral de proteger e prover suas mulheres e filhos.[3]

Considerações de índole prática destacavam esse respeito pela santidade do matrimônio. As populações exiladas desgovernadas eram improdutivas e drenavam recursos do campesinato siberiano, do qual dependiam para esmolas, ou a quem elas simplesmente roubavam. Desde os mais antigos casos de exílio na Sibéria de que se tem registro, no fim do século XVI, o Estado via as mulheres como "domadoras das lonjuras". Elas eram necessárias para pacificar os maridos, criar os filhos e desempenhar papel central no estabelecimento de uma população colonial estável e industriosa. A influência domesticadora das esposas e as graves responsabilidades da paternidade poderiam, segundo se acreditava, transformar criminosos renitentes em chefes de família trabalhadores e súditos do tsar obedientes à lei.[4]

As ideias sobre uma reforma penal começaram a ganhar terreno a partir do fim do século XVIII, desafiando antigas ideias religiosas sobre o crime como pecado indelével. No reinado de Alexandre II, a reabilitação dos condenados foi declarada objetivo central e "humano" do sistema de exílio. Na véspera das Grandes Reformas, o ministro do Interior, Serguei Lanskoi, explicou que o Estado daria ao criminoso todos os meios necessários para sua reabilitação e reintegração à sociedade civil. O forçado teria a oportunidade de ascender à categoria dos exilados assentados e, depois de alguns anos, à do campesinato estatal. Assim, "ele se tornaria de novo um membro da sociedade".[5]

A nova ênfase na reabilitação também servia a ambições coloniais mais amplas do Estado. Uma coisa era pôr condenados a servir em diversos locais de trabalho industrial pela Sibéria, extraindo recursos naturais. Mas a colonização a pleno vapor do continente exigia mais do que trabalhadores forçados disciplinados e esforçados; exigia o estabelecimento de comunidades produtivas do ponto de vista econômico, capazes de promover o comércio, a indústria e a cultura.

Servidores estatais não ignoravam as óbvias dificuldades para transformar criminosos exilados em colonos dóceis e obedientes à lei. Por isso eles se voltaram, com um misto de idealismo e pragmatismo, para a família.[6]

Ao longo dos reinados de Nicolau I e Alexandre II, altos funcionários da administração do sistema de exílio exaltavam os poderes transformadores do casamento e da criação de filhos entre os exilados na Sibéria. Lanskoi dizia, com entusiasmo:

> De todos os meios materiais e morais para reabilitar forçados, o casamento é o mais importante. É verdade que a possibilidade de ser aliviado do trabalho, a licença para morar fora das fortalezas penais e a oferta de recursos para estabelecer domicílio contribuem de maneira significativa para a recuperação moral do criminoso. No entanto, tais coisas não podem, por si mesmas, trazer esse tipo de transformação positiva propiciada pelo casamento. Um homem condenado a trabalhos forçados é privado de todos os interesses que vinculam uma pessoa à vida e tornam sua existência atraente. Com o casamento, ele encontra um novo e revitalizado laço com o mundo. Encontra em sua mulher, ou pelo menos espera encontrar, uma pessoa que, com seu cuidado e seu amor, aliviará as dificuldades e com quem poderá dividir as alegrias da vida [...]. Tendo um convívio de família e um lar, o criminoso cria raízes e se abstém de fugas e outros crimes por medo de perder a propriedade que acumulou por meio de seu trabalho, e o conforto da vida familiar [...]. A vida de casado é a garantia mais segura do bem-estar material e da reabilitação moral do forçado.[7]

A família exilada estava no centro mesmo das ambições coloniais do Estado para a Sibéria, defendida pelos funcionários como instrumento de reabilitação, garantia de industriosidade e baluarte contra a desordem.

As mulheres eram incensadas como agentes de reabilitação e prosperidade material na população exilada, mas eram muito poucas — apenas um quinto do número total de exilados. Ao longo das duas décadas que transcorreram entre 1827 e 1846, 25,5 mil mulheres foram exiladas para a Sibéria, para 134 mil homens. Em algumas regiões, a falta de mulheres era ainda mais grave. Em 1828, havia apenas 372 exiladas para 7 mil homens na província de Ienissei. As mulheres representavam também uma pequena fração dos forçados que trabalhavam nas fábricas e destilarias da Sibéria. Nas minas de Nertchinsk, em 1829, mourejavam 72 mulheres e 1,4 mil homens.[8]

O desequilíbrio de gêneros continuou ao longo da segunda metade do século XIX. As mulheres que faziam a viagem à Sibéria eram com mais frequência esposas de condenados do que condenadas. Dos mais de 148 mil exilados (sem contar os forçados) que chegaram à Sibéria entre 1882 e 1898, apenas 5% eram mulheres. O número de famílias que se reuniam aos forçados aumentou com a abertura das hidrovias, rotas marítimas e vias férreas, que simplificavam e aceleravam as viagens para o exílio. Um total de 229 mil pessoas chegaram a Sibéria por intermédio do Departamento de Exílio entre 1882 e 1898: 65% eram homens, 10%, mulheres, e 25%, crianças.[9]

A perspectiva de que a escassez de mulheres se tornasse uma fonte de crimes violentos vinha preocupando havia muito as autoridades da Sibéria. Em 1833, um relatório do Ministério do Interior observou que, em situações em que existiam sete ou mais vezes mais homens que mulheres, é frequente que um exilado "seduza a mulher de outro ou seja persuadido por ela a matar seu marido". Os exilados matavam também moças que se recusassem a casar com eles. O relatório relaciona diversos crimes passionais violentos: o exilado Ieremeiev assassinou a assentada exilada Krasnoschenkova porque ela se recusou a casar-se com ele; o assentado exilado Osipov meteu uma machadinha no crânio da camponesa Khaldeieva pelo mesmo motivo.[10]

O governo reagia à violência e à insegurança incentivando os exilados a constituir família, mas era dificílimo convencer os camponeses siberianos a dar a mão de suas filhas a exilados. Em 1831, as autoridades siberianas estabeleceram um fundo de 15 mil rublos para pagar incentivos de 150 rublos a cada camponês ou mercador siberiano que cedesse a mão de uma filha ou irmã a um exilado, o bastante para promover cem casamentos. Essa magnanimidade do Estado, no entanto, de pouco serviu para aumentar o número de siberianos que fornecessem noivas. Em um ano, o governador da província de Ienissei registrou apenas onze casamentos desse tipo em sua jurisdição.[11]

Se era difícil recrutar esposas para os exilados dentro da própria Sibéria, o Estado lutava também para persuadir as mulheres de criminosos da Rússia a segui-los para além dos Urais. Durante os reinados de Alexandre I e Nicolau I, o número de mulheres que preferiam acompanhar os maridos à Sibéria foi muito pequeno. No início de 1835, havia menos de 3 mil mulheres e crianças do sexo masculino que acompanharam os maridos e pais à Sibéria, numa população exilada total de cerca de 100 mil pessoas.[12]

Numa tentativa de aumentar o número de mulheres dispostas a enfrentar a dura viagem para o leste, o Estado recorreu à coerção. Os Estatutos de Exilados de 1822 estipulavam que as mulheres de camponeses e comerciantes condenados por suas comunidades a exílio administrativo na Sibéria estavam obrigadas a acompanhá-los, quisessem ou não. Em 1828, o governo ampliou essa lei às mulheres de todos os camponeses de Estado exilados para a Sibéria pelos tribunais. Quatro anos depois, o governo determinou que as mulheres de servos do Estado banidos para a Sibéria teriam de acompanhá-los, ainda que não fossem servas.[13]

No caos administrativo que imperava no sistema de exílio, algumas mulheres estariam incapacitadas na prática de unir-se a seus maridos porque o Estado não era capaz de localizá-los. A mulher de Iwan Czasak, um polonês condenado a vinte anos de trabalhos forçados em Nertchinsk, escreveu diversas vezes às autoridades pedindo informações sobre o paradeiro e a saúde do marido. As pesquisas revelaram apenas um registro segundo o qual Czasak saíra de Tobolsk rumo a Tomsk em 5 de janeiro de 1868 antes de desaparecer. Duas décadas depois, Franciszka Czasak ainda tentava descobrir o que tinha sido feito dele.[14]

Como bem perceberam as mulheres de dezembristas, o Estado fazia de tudo para impedi-las de voltar à Rússia europeia uma vez que tivessem ido ao encontro dos maridos na Sibéria. Os Estatutos de Exilados estabeleciam que uma mulher que tivesse seguido o cônjuge exilado por livre e espontânea vontade só estaria autorizada a fazer a viagem de volta em caso de morte dele ou de dissolução do casamento devido a novos crimes cometidos pelo marido no exílio. Em outras palavras, quando as mulheres, elas mesmas inocentes de qualquer malfeito, seguiam os maridos à Sibéria, encontravam-se destituídas de proteção legal e de seus direitos, partilhando com eles a condição de aniquilamento cívico.[15]

Essas leis remetiam, em princípio, ao caráter sagrado do casamento, mas outros motivos mais prosaicos tinham seu papel. Em 1842, o Ministério do Interior escreveu ao Senado em São Petersburgo pedindo esclarecimentos sobre a autorização para que as mulheres de exilados na Sibéria pudessem retornar à Rússia europeia em caráter temporário para resolver assuntos familiares, tais como morte, questões de herança e assim por diante. A proposta era dar essa autorização com estudo de cada caso. O Senado, no entanto, rejeitou qualquer alteração na lei com uma justificativa reveladora: permitir o retorno das mulheres, mesmo por períodos limitados, "além de erodir as relações familiares" poderia ter também "consequências negativas". As mulheres poderiam "espalhar falsidades sobre a vida na Sibéria e assim demover futuros assentados de ir para lá".[16]

Muitas mulheres não foram informadas com antecedência da natureza irrevogável da decisão de acompanhar os maridos. Em 1873, Aleksandra Uspenskaia acompanhou por vontade própria o marido, um exilado político, a Nertchinsk. Ao lá chegar com o filho, ela ficou sabendo que se visse o marido perderia seus direitos civis e seria proibida de voltar à Rússia europeia enquanto ele vivesse. Uspenskaia absteve-se desse passo, mas foi autorizada a permanecer na cidade e ficar perto do marido enquanto esperava que ele fosse liberado para um assentamento. Conseguiu emprego de parteira para sustentar a si mesma e ao filho. Dois anos depois, em novembro de 1875, com problemas de saúde e em depressão, o marido tentou o suicídio. Desesperada, Uspenskaia implorou às autoridades para vê-lo, "sob estrita supervisão de sentinelas e guardas da prisão". Ninguém a informou de que isso, ainda que naquelas circunstâncias extremas, acarretaria a perda de seus direitos civis e da possibilidade de voltar para casa. Mais tarde, quando ela pediu autorização para sair da Sibéria Oriental e visitar a mãe em São Petersburgo, teve a solicitação negada. Só depois de muito insistir ela conseguiu uma licença especial do próprio imperador para voltar à Rússia europeia. A clemência sobreveio nessa ocasião, mas a draconiana legislação destinada a impedir as mulheres de voltar da Sibéria continuava vigente.[17]

As autoridades tsaristas chamavam de "voluntárias" todas as mulheres que seguiam os maridos ao exílio. Se o termo foi sem dúvida bem aplicado no caso das mulheres de dezembristas, pouco tinha a ver com a realidade brutal que compelia a maior parte das mulheres de condição social inferior a acompanhar os maridos. As que preferiam permanecer em suas aldeias quase sempre enfrentavam uma pobreza massacrante e o ostracismo social em comunidades que não tinham interesse em sustentar famílias sem um chefe. Em maio de 1885, na província de Novgorod, a mulher de um camponês condenado a oito anos de servidão penal na Sibéria implorou ao governador de Moscou que interviesse na decisão de autoridades que lhe recusaram permissão para acompanhar o marido à Sibéria. Desde a prisão dele, em novembro de 1883, Maria Pavlova vinha cuidando sozinha dos cinco filhos — o mais velho com onze anos, o menor com apenas um. Sem condições de trabalhar, tinha sido obrigada a vender a pequena propriedade da família e agora "vivia em terrível pobreza, sem apoio de ninguém". Pavlova disse que lamentava muito pelo marido e, acreditando que

> seria a única maneira de sair de minha desastrosa situação, decidi acompanhá-lo para onde quer que fosse mandado, e nesse sentido escrevi para a administração de Novgorod pedindo que me prendessem, a mim e a meus filhos, e nos mandassem junto com ele para a prisão de encaminhamento de Moscou.

Por razões obscuras, as autoridades de Novgorod negaram seu pedido "e abandonaram-me sozinha com meus filhos à tirania do destino numa cidade desconhecida [...]. A prisão, para mim, teria sido agora um ato de salvação de minha pobreza desesperada", escreveu ela em desespero, implorando ao governador que "salvasse meus filhos". Os documentos de arquivo nada dizem sobre sua sorte.[18]

Os boatos, o engodo e a ingenuidade também desempenhavam um papel nisso. As mulheres inocentes que acompanhavam os maridos no exílio quase sempre tinham pouca noção do que as esperava na Sibéria. Em 1889, um grupo de mulheres pobres de forçados da região do Transbaikal cercou o procurador regional implorando esmolas e dizendo que estavam morrendo de fome. O funcionário perguntou-lhes por que haviam acompanhado os maridos. Elas sabiam que não seriam mantidas pelo Estado e que não poderiam esperar sustento deles enquanto estivessem presos. Invocando uma imagem recorrente nas súplicas do campesinato russo, as mulheres disseram que eram apenas "gente obscura" e que lhes fora dito que seriam alimentadas e vestidas pelo Estado tanto na viagem quanto no exílio, e que os maridos seriam autorizados a viver fora da prisão com suas famílias. A credulidade delas era compreensível. O procurador observou que muitos maridos, interessados em que as esposas os acompanhassem, davam-lhes esse tipo de garantia antes de partirem para a Sibéria. As mulheres eram instruídas a não acreditar nos funcionários do governo tsarista que diziam que elas não receberiam essas provisões porque "sempre suspeitavam de motivos ocultos por trás das palavras realistas dos funcionários".[19] As mulheres quase sempre eram vítimas da ambiguidade dos maridos, das autoridades e de suas próprias esperanças arrebatadas.

Nenhum lugar da Sibéria ilustra de forma mais exata a sorte das famílias exiladas do que a ilha Sacalina. As origens da colônia penal na ilha remetem ao lento colapso do sistema de trabalhos forçados no resto da Sibéria em meados do século XIX. As tentativas vacilantes e oportunistas das autoridades locais de conviver com o fluxo repentino de rebeldes poloneses exilados a partir de 1863 escancararam as fissuras da infraestrutura do exílio e a necessidade urgente de uma reforma. As minas de Nertchinsk e as várias fábricas e fortalezas penais espalhadas pelo continente eram insuficientes para acomodar a onda incessante de condenados que vinham sendo deportados da Rússia europeia. Entre 1866 e 1876, o número anual de exilados que chegava à Sibéria quase dobrou, passando de 11 mil para 20,5 mil.[20] Para os cerca de 12 mil forçados que estavam na Sibéria em 1877, havia trabalho para apenas 5 mil, o que significa que 7 mil ficavam ociosos. Destes, as prisões e fortalezas tinham capacidade para acomodar apenas 4,6 mil, com o que 2,4 mil ficavam amontoados em prisões comuns da Rússia europeia. A superlotação era tão grave que estava matando os condenados. De um total de 744 homens condenados a trabalhos forçados na Sibéria, 168 morreram na prisão de Vilnius em 1875 antes que as autoridades conseguissem deportá-los. Mesmo na Sibéria, tornou-se cada vez mais difícil encontrar formas adequadas de trabalhos forçados para os condenados. Uma pesquisa feita pelo governo em 1877 foi direta:

Não se trata de trabalho árduo. Mesmo o funcionamento de oficinas normais tornou-se complicadíssimo por causa da distância em que se encontram muitas das prisões e pelas instalações inadequadas nos locais de trabalho [...]. As atividades dos forçados se resumem quase que só a tarefas domésticas na cozinha, no quintal e no terreno, onde existem. Do grande número de condenados, não mais de um quinto pode de fato ser posto a trabalhar.[21]

Além disso, a chegada de força de trabalho livre à Sibéria depois da emancipação dos servos em 1861 veio de certa forma ao encontro de uma ambição antiga alimentada pelos administradores de Nertchinsk: substituir o trabalho forçado ineficiente pela mão de obra livre, muito mais produtiva. A servidão tinha sido um grande obstáculo para a migração de camponeses, e nas décadas que se seguiram a sua abolição dezenas de milhares de pessoas fugiram da pobreza na terra natal rumo a uma nova vida para além dos Urais. A inundação do sistema de exílio persistiu durante a década de 1870, preocupando as autoridades com os custos galopantes da manutenção de forçados ociosos e improdutivos.[22]

Outras causas importantes de preocupação eram o número de exilados que fugiam e as hordas de criminosos miseráveis e às vezes violentos que rondavam a Sibéria. As autoridades lutavam para conciliar as exigências de castigo com as de colonização. Por um lado, os campos de trabalhos forçados deviam se situar em regiões isoladas, distantes de áreas habitadas, reduzindo assim as possibilidades de fuga e evitando o contato de forçados com a população livre; por outro, esses lugares mostravam-se inadequados para os assentamentos uma vez que os condenados tivessem cumprido as penas de trabalhos forçados. As altas autoridades da Sibéria estavam ansiosas para reduzir o número de exilados e sobretudo o de forçados que eram enviados a seus territórios. Foi com o otimismo nascido do desespero que passaram a ver a ilha Sacalina como solução para pelo menos algumas das carências manifestas do sistema de exílio.[23]

A ilha Sacalina fica no Pacífico Norte, na costa leste da Sibéria, separada do continente por uns poucos quilômetros de mar aberto, no estreito de Nevelskoi. A ilha tem 948 quilômetros de comprimento e uma largura que varia entre 25 e 170 quilômetros, cobrindo um total de quase 77 mil quilômetros quadrados, pouco menor que a ilha da Irlanda. Sua porção norte é coberta de taiga e tundra; o sul, por densas florestas e cadeias de montanhas. O clima varia bastante entre as várias regiões da ilha. As temperaturas são mais amenas do que nas cidades continentais de mesma latitude, como Irkutsk, mas variam entre vinte graus com muita umidade no verão a congelantes vinte graus negativos no inverno.[24]

As autoridades siberianas identificaram a ilha Sacalina como fonte de valiosos depósitos de carvão já na década de 1850, mas seu interesse como base de uma colônia penal aumentou bastante na década seguinte, quando as minas de Nertchinsk começaram a se esgotar. Na década de 1860, foram embarcadas para a ilha as primeiras poucas centenas de condenados. Em meados do século XIX, a soberania sobre Sacalina estava dividida entre o Império Russo e o Império do Japão. Os russos controlavam o norte e os japoneses, o sul. Depois de muita negociação, as duas potências assinaram um tratado, em 1875, concedendo à Rússia a soberania sobre toda a ilha.[25]

Separada do continente por vários quilômetros de águas traiçoeiras, Sacalina era o lugar perfeito para o aprisionamento. Em 1867, o Ministério do Interior encomendou uma grande investigação sobre as condições do sistema penal e um anteprojeto de reforma. Destacando o estado precário do sistema de exílio na Sibéria, a investigação sugeriu em tom cauteloso a possibilidade de uma colônia penal na ilha Sacalina, já que ali se poderia organizar de modo adequado o trabalho penal. Em 1869, enquanto o governo central ponderava sua decisão, outros 450 forçados foram mandados para lá.[26]

No entanto, desde o momento em que a ilha foi proposta como campo de trabalho para apenados, houve reservas de peso quanto a sua adequação a esse fim. Em primeiro lugar, as minas, que de início chamaram a atenção dos administradores da Sibéria, eram na verdade limitadas demais para empregar mais do que umas poucas centenas dos milhares de exilados que acabaram sendo banidos para lá. Em segundo, o clima local e a fertilidade do solo deram origem a sérias dúvidas sobre as possibilidades da agricultura. Mas o Ministério do Interior e a administração do exílio desconsideraram os dados meteorológicos disponíveis e os avisos de funcionários da ilha sobre a impossibilidade de desenvolvimento de uma economia agrícola. Apoiado em alguns relatos otimistas ao extremo sobre o potencial agrícola do lugar — que faziam eco às fantásticas visões descritas por condenados ansiosos para atrair suas esposas —, o governo por fim decidiu, em 1875, levar adiante o projeto de uma grande colônia penal na ilha Sacalina.[27]

Condenados destinados à ilha Sacalina viajavam em caravanas que seguiam pela Região Mineradora de Nertchinsk até a cidade portuária de Vladivostok antes de fazer a travessia, ou, com maior frequência, seguiam em porões de navios que percorriam as costas da Ásia a partir do porto de Odessa, no mar Negro. Os navios navegavam pelo mar Negro, ancoravam em Constantinopla e depois passavam pelo canal de Suez, Port Said, Adem, Colombo, Cingapura, Nagasaki e Vladivostok, numa viagem que durava de dois a três meses.

As duas embarcações que o governo usava para esse fim, o *Petersburg* e o *Níjni-Novgorod*, comportavam até seiscentos prisioneiros e zarpavam duas vezes por ano. A viagem era um castigo para os presos, agrilhoados e confinados aos porões abafados e úmidos dos dois navios.[28]

A colônia penal começou a tomar forma à medida que o número de condenados que chegavam à ilha passou de uma quantidade ínfima a diversas centenas por ano, em meados da década de 1880, e a mais de mil por ano no fim dela. Em 1890, havia em Sacalina cerca de 6 mil forçados e 4 mil exilados em assentamentos, e na época do censo geral do império, em 1897, o total da população exilada tinha chegado a 22 mil. Das 4 mil mulheres, cerca de dois terços eram condenadas e as demais, mulheres livres (esposas que tinham ido se juntar aos maridos ou filhas de exilados). Nos anos seguintes, mais 5 mil homens e trezentas mulheres foram exilados para lá.[29]

A ilha Sacalina proporcionava ao governo algo como uma *tabula rasa:* uma oportunidade de pôr em prática os frutos de um século de experiência na administração de enormes colônias penais na Sibéria. Era também a última chance para o governo de mostrar que o castigo poderia levar à reabilitação de exilados e a sua transformação em pequenos agricultores e colonos. As mulheres da ilha Sacalina eram essenciais para essa louvada transição. De modo trágico, elas viriam a simbolizar também seu fracasso.

"A Sibéria é um grande país gelado", escreveu Anton Tchékhov de Irkutks a seu irmão Aleksandr, em junho de 1890:

> Parece que a viagem não tem fim. Há pouca novidade ou coisas interessantes para ver, mas estou experimentando e sentindo muita coisa. Lutei contra rios transbordantes, frio, pântanos inimagináveis, fome e privação de sono [...]. Experiências que não se compram em Moscou nem por 1 milhão de rublos. Tu deverias vir à Sibéria! Faz com que os tribunais te exilem para cá.[30]

Aos trinta anos, e ciente de que tinha contraído tuberculose, Tchékhov empreendeu uma penosa viagem de onze semanas pela Sibéria para visitar a colônia penal da ilha Sacalina. Ele não apoiava o sistema de exílio e tinha viajado determinado a documentar as condições da ilha e chamar para ela a atenção do público leitor russo. A caminho, foi fulminante no que disse a seu editor, Aleksei Suvorin:

> Fica muito claro nos livros que li e ainda leio que estamos deixando *milhões* de pessoas apodrecerem na cadeia, e apodrecerem sem nenhum propósito, tratando-as com uma indiferença pouco distante da barbárie. Estamos obrigando-as a se arrastarem agrilhoadas ao longo de milhares de quilômetros, submetidas a temperaturas de congelamento, infectando-as com sífilis, degradando-as, aumentando em muito a população de criminosos e pondo a culpa de tudo em supervisores mal-encarados. Toda a Europa já sabe que a culpa não é dos supervisores, mas de todos nós; no entanto, ainda vemos isso tudo como se não fosse com a gente, não estamos interessados.[31]

Tchékhov passou pouco mais de três meses na ilha, trabalhando sem descanso. Levantava-se cedo e passava o dia todo entrevistando os forçados e assentados. As numerosas anotações que fez na ilha foram a base de uma série, meio relato de viagem, meio ensaio sociológico, que seria muito aclamada em 1893-4 quando publicada pela revista mensal liberal *Russkaya mysl*. *A ilha Sacalina* viria a ser um texto decisivo para virar a maré da opinião pública contra o sistema de exílio na Sibéria.[32]

Tchékhov descobriu que apenas 5% das mulheres da ilha Sacalina sabiam ler, para não falar em escrever. Em consequência disso, sua história era contada, quando o era, por homens. Os relatórios oficiais reconheciam que elas eram vítimas de exploração e violência sexuais, mas quase nunca registravam a voz das próprias mulheres em forma de petições ou apelações. Os relatos mais nítidos da vida das mulheres e crianças na ilha vinham de homens que as observavam e, às vezes, entrevistavam. O testemunho do próprio Tchékhov foi seguido de uma onda de publicações escritas por jornalistas, inspetores do governo, médicos e viajantes estrangeiros, todos eles se estendendo a comoventes detalhes sobre a sorte das mulheres e crianças da ilha. Alguns deles, como o jornalista Vlas Dorochevitch, empregou um estilo folhetinesco sensacionalista, mas mesmo assim se orgulhava da base verídica de sua obra.[33] A maior parte dos autores — funcionários do governo, médicos e o próprio Tchékhov — optava pela reportagem objetiva. Muitos desses homens eram, ou se tornaram, ferrenhos opositores do sistema de exílio. Perceberam que a degradação de mulheres e crianças, além da destruição da família, eram coisas que a autocracia não tinha como defender. O sofrimento de criminosos presos na Sibéria poderia ter deixado imperturbáveis as consciências em Moscou e São Petersburgo; a violência contra mulheres e crianças inocentes, não.

Dentre as mulheres que cumpriam pena de trabalhos forçados na ilha Sacalina, a maior parte era de condenadas por crimes passionais: "Vim para cá por causa de meu marido" ou "Vim para cá por causa de minha sogra", Tchékhov as ouviu dizer. A misoginia não era uma estranha para as camponesas. Esposas que tinham suportado anos de brutais espancamentos às vezes, num rompante, agarravam uma faca, ou recorriam ao veneno. Algumas haviam assassinado recém-nascidos que não podiam sustentar. Outras tinham sido exiladas por serem ladras, falsárias e incendiárias. Para algumas das mulheres marginalizadas em termos econômicos, a prostituição era uma porta para um submundo de criminalidade e fonte de um estigma que as deixaria, como ocorreu com Katiucha, heroína de Liev Tolstói em *Ressurreição* (1899), vulneráveis a todo tipo de acusação. No fim do século XIX, no entanto, o número de mulheres indiciadas por "fornicação" estava em franco declínio.[34]

Tchékhov observou que quando uma mulher chegava à ilha Sacalina, sua

> dignidade humana [...] feminilidade e decência [...] não eram levadas em conta em nenhuma circunstância; dava-se por certo que tudo aquilo tinha sido extraído dela por sua própria falta de vergonha, ou que ela o tinha perdido vagueando entre prisões e estações de parada a caminho da Sibéria.

Mesmo mulheres inocentes que acompanhavam seus maridos não estavam livres dessa sorte. Em violação contínua dos regulamentos que proibiam a viagem conjunta de homens e mulheres, era frequente que elas se vissem trancafiadas com criminosos empedernidos para passar a noite. As esposas de exilados também eram forçadas por outros criminosos a fazer sexo com eles nas caravanas, ou cedidas a outros homens por seus maridos em troca de dinheiro, vodca ou proteção física. O criminologista e funcionário do Ministério do Interior Dmitri Dril, que visitou a ilha Sacalina em 1896, foi incisivo: as mulheres, tanto as condenadas quanto as que acompanharam de maneira voluntária os maridos, "são quase sempre corrompidas até a alma nos grupos de deportação, e chegam aos campos penais na condição de prostitutas".[35]

As mulheres eram mais vulneráveis quando estavam grávidas ou levavam consigo filhos recém-nascidos. Em 1837, o Senado do Estado determinou que as mulheres não fossem enviadas ao exílio se estivessem grávidas ou amamentando, mas, como costumava acontecer com muitas ordens centrais, as autoridades siberianas ignoravam essa instrução. Com efeito, dada a demora da viagem para o exílio e as pressões sofridas pelas mulheres para que fizessem sexo com os homens das caravanas, muitas delas engravidavam no caminho. Nikolaievna, que integrava um grupo de forçados transportado num barco a vapor pelo rio Amur em 1870, estava nos últimos dias de gravidez e suplicou que lhe permitissem ficar em Blagoveschensk até o nascimento da criança. As autoridades ignoraram seu pedido, e ela entrou em trabalho de parto quatro horas depois que o navio zarpou. Autorizada a ficar no convés, deu à luz protegida de olhares curiosos e do mau tempo apenas por umas batas de presidiários. O bebê morreu uma hora depois.[36]

Muitas mulheres acompanhavam os maridos arrastando uma fieira de crianças pequenas. Um grupo de famílias acompanhantes de forçados em 1885 esperava a partida de Kiev para a ilha Sacalina via Odessa. Entre elas estava a mulher de Lavrenti Chvoren, que tinha um filho de nove anos e três filhas de sete, cinco e um. Estava também a mulher de Osip Tchumak, que tinha quatro filhas de treze, onze, nove e cinco anos. Seus nomes sequer estavam registrados.[37]

O explorador americano George Kennan viu meninas de dez anos obrigadas a caminhar trinta quilômetros por dia porque não havia lugar para elas nas carroças. Só em 1875, cerca de mil crianças morreram a caminho da Sibéria nas prisões de encaminhamento de Moscou, Níjni-Novgorod, Kazan e Perm, e nas *étapes* depois delas. Dois anos depois, mais quatrocentas pereceram na viagem. Com efeito, o etnógrafo e jornalista Nikolai Iadrintsev calculava que, em decorrência das deploráveis instalações médicas, metade das crianças morria a caminho do lugar de exílio dos pais.[38]

Além da fome, do frio e da falta de cuidados médicos, as crianças enfrentavam os apetites predatórios dos condenados com quem dividiam as estações de parada, vagões de trem e porões de navio. Um alto funcionário do Ministério do Interior chamado Vassíli Vlasov relatou, em 1873, que o fracasso das autoridades em manter as crianças separadas dos condenados nas caravanas as expunha a "orgias e atos ilegais". As exiladas reclamavam que os homens das caravanas de deportação estavam "corrompendo seus filhos". Vlasov descobriu que "alguns dos criminosos são tão imorais e cínicos que mantêm relações amorosas em plena luz do dia diante de crianças", algo que "não só corrompia a moral delas como servia para o despertar precoce de seus próprios desejos sexuais". Viajando de vapor com Tchékhov pelo rio Amur para a ilha Sacalina "havia um condenado com as pernas agrilhoadas que tinha assassinado a mulher. Sua filha, órfã de mãe aos seis anos, estava com ele [...] dependurada a suas correntes. À noite, a menina dormia misturada com condenados e soldados". Houve registro de estupro de meninas a bordo dos vapores que navegavam pelo Amur.[39]

Funcionários do exílio achavam o sofrimento das crianças nas caravanas especialmente problemático. Um oficial curtido de uma estação de parada, "que já tinha se tornado em boa medida indiferente", comentou com o etnógrafo Serguei Maksimov: "Pobres crianças! [...] No inverno é terrível olhar para elas: entorpecidas de frio, exaustas, doentes, tossindo, muitas delas com inflamações e cobertas de feridas [...]". As mulheres que se vendiam podiam ser condenadas como prostitutas depravadas, mas crianças pequenas obrigadas a presenciar cenas de sexo ou a participar delas não podiam ser descartadas com a mesma facilidade. Refletindo a ambiguidade da sociedade educada em relação à prostituição infantil nas cidades russas, no entanto, os funcionários viam os filhos de exilados vitimados pela exploração sexual com um misto de simpatia e repulsa.[40] Vlasov teve pelo menos a decência de observar sobre as crianças que "é impossível recriminar essas vítimas das circunstâncias". Mas ainda ficava chocado com "seu comportamento despudorado em relação a soldados e marinheiros, que superava a de prostitutas de rua das grandes cidades". Numa caravana, duas filhas de forçados de doze e catorze anos já estavam infectadas com sífilis. O etnógrafo Vassíli Semiovski acompanhou um grupo de quinhentos exilados e seus parentes aos campos auríferos do Lena em 1878; entre eles havia meninos de onze anos que bebiam, jogavam cartas e se interessavam por mulheres. Havia também uma menina de doze anos "considerada propriedade comum pelo grupo de condenados".[41]

Quando enfim as mulheres exiladas chegavam a Sacalina, eram tratadas como prostitutas. A administração do campo chegava mesmo a organizar a venda de seus corpos. Depois de uma visita à ilha em 1871, Vlasov relatou que as autoridades tinham transformado a ala feminina da prisão num bordel. Seu relatório, mesmo elaborado na linguagem burocrática da oficialidade, transbordava de indignação. Só as culpadas de um crime cometido na ilha, "ou não dignas do favor dos homens", acabavam trabalhando na cozinha; as demais "atendiam às necessidades" e embebedavam-se como loucas.[42]

A prostituição entre as exiladas firmou um padrão que subsistiria nos anos seguintes. O médico-chefe de Sacalina, dr. Leonid Poddubski, observou que, depois de chegar à ilha, as mulheres condenadas a trabalhos forçados eram "cobiçadas e assediadas" por guardas e soldados que exigiam sexo. Se oferecessem alguma resistência aos "instintos bestiais das autoridades locais", pagariam um alto preço. Eram arrastadas ao hospital todas as semanas para exames médicos, como se fossem prostitutas, ou acusadas pelos guardas de "crimes imaginários". Depois eram mandadas a viver com um assentado em alguma aldeia isolada, o que equivalia a "uma condenação à mais desenfreada prostituição, já que essas aldeias tinham de duas a cinco mulheres para cinquenta a sessenta homens solteiros".

Poddubski ficou indignado com esse "escárnio dos objetivos visados pela lei". Descobriu até casos em que marido e mulher, condenados a trabalhos forçados na ilha pelo mesmo crime, chegavam em épocas diferentes do ano só para que a mulher fosse cedida a outro assentado.[43]

Depois que funcionários e guardas tinham reservado para si as condenadas que desejavam, as demais eram levadas ao assentamento de Korsakovsk, onde Tchékhov presenciou cenas que mais pareciam de uma feira de gado. O governador distrital e os funcionários da administração local decidiam quais exilados e camponeses "mereciam ter uma mulher". Os selecionados eram instruídos a comparecer na prisão no dia aprazado, quando tinham a oportunidade de inspecionar as recém-chegadas. "Cada homem escolhe [...] da maneira mais séria, tratando 'com humanidade' a aparência, a idade e o aspecto de prisioneira; ele olha com atenção, querendo deduzir, a partir do rosto delas, qual seria uma boa dona de casa." Os assentados olhavam as mulheres "não exatamente como seres humanos, donas de casa, nem como criaturas inferiores ou ainda como animais domésticos, mas como algo entre as duas coisas".[44]

As autoridades burlavam de maneira deliberada as leis voltadas para a manutenção da compostura sexual e da moral tradicional entre a população exilada. Tchékhov percebeu que as condenadas eram divididas entre os assentados da ilha como se fossem trabalhadoras agrícolas, "mas aquilo [era] apenas um recurso para atender à lei que proibia a imoralidade e o adultério", já que na verdade elas eram esposas ilegais.[45] Um dos médicos da ilha, o dr. Nikolai Lobas, disse que "uma mulher na ilha Sacalina se torna um objeto no mais pleno sentido da palavra, um objeto que pode ser mudado de mãos, despachado, recebido, emprestado". Com efeito, as mulheres eram passadas adiante de um exilado a outro numa série de transações sórdidas combinadas pelas autoridades, às vezes em proveito próprio. Uma das poucas condenadas alfabetizadas, Natalia Linevaia, escreveu uma petição protestando contra o tratamento que recebia:

> Quando cheguei à ilha Sacalina, fui enviada ao assentamento de Porechenskoie, onde morei com o assentado Pavel Fomin, com quem fiquei por apenas uns dois meses. Fiquei grávida dele e queria me casar [...], mas o capataz do assentamento chegou e por algum motivo disse que não gostava do aspecto de nossa casa. Tirou-me de Pavel Fomin e quis me transferir para outro assentado.

Lobas presenciou cenas assustadoras: uma mulher com dois filhos, de joelhos, implorando a um funcionário que não a mandasse morar com um exilado, tendo as duas crianças assustadas agarradas a ela, chorando e tremendo. De nada serviram suas súplicas e lágrimas; ela foi obrigada a obedecer. As mulheres da ilha Sacalina se tornavam, na verdade, prisioneiras de prisioneiros.[46]

A maior parte dos relacionamentos que surgiam desses cálculos mercantis e administrativos consistia em reles caricaturas de casamento. Muitos homens e mulheres desprezavam a pessoa com quem coabitavam, e ambos conviviam entre si como estranhos. Mesmo anos depois de viverem sob o mesmo teto, um não sabia que idade tinha o outro, de que cidade vinha ou mesmo seu patronímico. Sem os laços formais do casamento, as mulheres passavam de mão em mão. Uma moça viveu durante três anos com um assentado e lhe deu dois filhos. Quando ele decidiu se mudar para Vladivostok, simplesmente passou-a para outro homem: "Tenho uma mulher. Pode ficar com ela, se quiser".[47]

Algumas mulheres tentavam fugir à coabitação forçada com assentados que abusavam delas e as exploravam. As autoridades desaprovavam essa rejeição a seu esforço de proporcionar bem-estar e crescimento moral a essas mulheres. Sua inevitável captura em geral acarretava um período em confinamento solitário e posterior envio a um assentamento ainda mais remoto. Em quatro, cinco ou seis meses, a determinação da maior parte dessas mulheres tinha se dobrado pela vida que levava com o assentado que lhe coubera. Muitas das que começavam a se prostituir com relutância acabavam se tornando profissionais contumazes. Alguns assentados se apropriavam sem demora do dinheiro ou dos pertences que uma exilada pudesse trazer à ilha Sacalina antes de obrigá-la à prostituição, quase sempre usando os punhos.[48]

A prostituição proporcionava uma espécie de trunfo a algumas das mulheres que moravam com assentados. Se seus companheiros não lhes permitissem receber clientes em casa, elas os deixavam, "embora isso não ocorra com frequência, já que ela divide seus ganhos com o coabitante". Aleksandr Salomon, diretor da Administração Prisional Central, fundada em 1879, encontrou também na ilha Sacalina mulheres que tinham estabelecido seu negócio por conta própria. No posto de Aleksandrovsk, o nome de uma delas já tinha sido esquecido havia muito: era conhecida apenas pela alcunha de "cinco copeques", o custo de uma visita. Outra mulher de Rikovsk já estava na casa dos setenta anos e cobrava apenas três copeques.[49]

Os homens também se dedicavam à prostituição, embora as fontes da época sejam muito reticentes sobre o assunto. Salomon descobriu que a prática que ele chamava de "pederastia" era generalizada. Numa expedição que pretendia estudar a flora local, o botânico Andrei Krasnov comentou que a ausência de mulheres combinada à superlotação das prisões constituía uma "fonte de corrupção" que se disseminava a partir das fortalezas penais russas. Entendendo a homossexualidade como algo em essência oriental, "alheio", e não russo, Krasnov culpava os nativos da ilha por promover uma forma de "psicopatia sexual que infecta parte significativa da população exilada". A própria ilha criava as condições para "as mesmas perversões pelas quais as pessoas foram banidas da Rússia". A pobreza, dívidas de jogo e a onipresente ameaça de violência levavam esses homens a se venderem. Dorochevitch escreve sobre os *khami*, ou "cadelas" de Sacalina: "É impossível descer mais fundo. *Kham* na língua dos condenados é o amante de outro homem. '*Zakhamnichat*' significa pegar, e não dar. Um *kham* é um homem desprovido do menor vestígio de consciência [...]. Os *khami* cometem atos de vileza entre os condenados". Na enfermaria de Aleksandrovsk, Lobas atendeu rapazes jovens que tinham contraído sífilis em "atos de pederastia".[50]

No entanto, às vezes, em meio à sordidez e à violência, o amor florescia. Iandrisev evoca dom-juans de cabelo empastado de brilhantina com ramos de flores nas mãos cortejando condenadas pelos corredores da prisão. Alguns dos presos ficavam tão ligados a suas companheiras que chegavam a provocar de propósito um prolongamento da pena para evitar a separação que sua ida para o continente acarretaria.[51]

As coisas eram bem pouco melhores para esposas de exilados do que para as condenadas, às vezes piores. Muitas "voluntárias" chegavam à ilha já sem nada, ou depois de ter seus pertences roubados, e descobriam que ali não havia como ganhar dinheiro, nem como pedir esmolas, nada além da magra ração que o marido recebia na prisão para dividir com ela. Tchékhov descreve o espanto e o horror que tomavam conta das mulheres:

> Nos primeiros tempos, a mulher livre recém-chegada ostenta um ar de absoluta estupefação. A ilha e as condições dos trabalhos forçados a deixam perplexa. Ela diria com desespero que, enquanto viajava para encontrar o marido, não se enganava e

esperava o pior, só que a realidade acabou se mostrando mais assustadora que todas as suas expectativas [...]. Ela chora dia e noite, entoa lamentos pelos mortos, reza por seus parentes abandonados como se tivessem morrido, enquanto o marido, reconhecendo sua culpa em relação a ela, se enraivece, mas de repente, voltando a si, começa a espancá-la e a maltrata por ter vindo.[52]

Salomon visitou a ilha Sacalina em 1898 e pintou um quadro desanimador dos assentamentos de exilados espalhados pela ilha. A maior parte das moradias dos assentados era "mal construída" e carecia "de utensílios domésticos e de qualquer aspecto de casa bem cuidada". Eram uma lamentável paródia daquilo que o Estado entendia como um lar virtuoso, menos parecidas a "cabanas de camponeses que a celas de uma prisão".[53] Tchékhov denuncia a miséria vegetativa em que essas famílias definhavam:

No mesmo lugar podia haver jovens e dois ou três berços pelos cantos, além de galinhas e cachorros, enquanto na rua, diante da cabana, há lixo, poças, nada havendo para se ocupar, nada para comer, o alimento são conversas e brigas — que desânimo monótono e quanta imundície nisso tudo, que depressão!

Além da pobreza, havia também um desenraizamento permanente em cada choupana de exilado:

Não há avô ou avó, não há velhos ícones nem móveis que passaram de uma geração a outra. Assim, a casa não tem passado, não tem tradição [...]. É como se a família estivesse vivendo não em seu lar, mas numa caserna, ou como se estivesse acabando de chegar e ainda não tivesse tido tempo de se acomodar; não há gatos, não se ouvem grilos nas noites de inverno [...] e o principal, não é a terra deles.[54]

Uma existência ainda mais sombria levavam aqueles que eram obrigados a viver nos "quartéis de casados" no assentamento de Dué, por falta de cabanas, em edifícios sujos já há muito destinados à demolição. Numa única cela, Tchékhov descobriu seis casais, inclusive seis mulheres de condição livre, e um total de dezesseis crianças. "Desses alojamentos bárbaros e suas condições", refletiu ele, onde meninas de quinze ou dezesseis anos são obrigadas a dormir lado a lado com condenados a trabalhos forçados, o leitor pode julgar de que desrespeito e desprezo estão cercadas as mulheres e crianças que de livre e espontânea vontade se dispuseram a seguir os maridos e pais na servidão penal, que pouco valor lhes dão e que pouca importância se dá ao conceito de colônia agrícola.[55]

Lutando em condições de absoluta penúria, não só as condenadas atribuídas a assentados como até esposas confiáveis de condição livre mantinham sua família com a prostituição. Um exilado assentado, cuja lavoura chamava atenção pelos indícios de trabalho dedicado, disse a Salomon "que ele na verdade não podia se queixar, pois 'graças ao Bom Deus' ainda não tinha precisado vender sua mulher!".[56]

Mulheres condenadas consideradas atraentes que tivessem a oportunidade de encontrar um protetor rico ou influente na ilha se davam melhor do que as que eram postas a lavar roupa e esfregar o chão dos edifícios e também que aquelas que voluntariamente tinham acompanhado os maridos. A promessa de favores sexuais, serviço doméstico e até companheirismo permitia a algumas mulheres se estabelecerem como consortes de funcionários e assim evitar o pior que a ilha podia oferecer. No outono de 1870, diversas condenadas a trabalhos forçados foram entregues ao Posto Korsakov. O tenente Pavlúchin tomou para si uma mulher que dizia se chamar Akulina Kojenetskaia. Quando se fizeram pesquisas para descobrir a que categoria de assentamento ela tinha sido sentenciada, descobriu-se que ela era na verdade Ielena Krijanovskaia, e tinha trocado de identidade com Akulina Kojenetskaia. Krijanovskaia tinha sido sentenciada não a um assentamento, mas a trabalhos forçados, porém, quando sua tramoia foi descoberta, dizia-se que ela já tinha conquistado Pavlúchin. Quando as autoridades receberam instruções para enviar as mulheres, inclusive Krijanovskaia, para os trabalhos forçados, Pavlúchin deu um jeito de registrá-la como se trabalhasse na enfermaria do Posto Korsakov, embora de fato fosse apenas sua companheira.[57]

Vlasov acreditava que as "mulheres honestas e exemplares" decerto "viam com inveja as condenadas prostitutas" e que no seu íntimo deveriam "se perguntar se o crime não daria a uma mulher o direito a uma existência confortável e a uma posição privilegiada". Certa vez, Dorochevitch perguntou a uma amargurada mulher livre que viera à ilha Sacalina para ficar com o marido o que ela faria se não tivesse filhos para criar. Ela respondeu, sem hesitação, que "trabalharia como prostituta [...]. Teria alguém que ficasse comigo. Quando estávamos nas caravanas vindo para cá, precisávamos repelir os condenados! Veja só como vivem essas garotas agora! [...] Nem quero olhar, morro de inveja!".[58]

Alguns exilados conseguiam mulheres com a intenção inicial de torná-las atraentes para condenados. Mandavam não apenas as amantes como as esposas e filhas, mulheres livres, para trabalhar como prostitutas. As mulheres às vezes não precisavam de incentivo. Tchékhov conta que "o coração" da mulher livre "endurece ao longo do tempo, e ela chega a concluir que na ilha Sacalina os sentimentos delicados nunca lhe dão o suficiente para comer, e vai atrás de seus trocados, cinco, dez copeques, como disse uma delas, 'com meu corpo'". Os casais também começavam a vender as filhas a partir dos doze anos. "Qualquer um que tenha uma esposa e uma filha de boa aparência pode fazer ganhos satisfatórios aqui", explicou a Dril um exilado, "e nem precisa se preocupar com o gado."[59]

Transbordando de confiança nos primeiros anos da colônia penal, o comandante da ilha Sacalina, A. I. Ginue, manifestou sua convicção de que o futuro pertencia, em última instância, aos filhos dos exilados:

> Cuidar de uma mulher e de filhos estimula a diligência e a frugalidade. O medo do castigo que pode separá-los de suas famílias ou prejudicar sua lavoura os ensina a pesar seus atos com cautela e a conter seus impulsos negativos [...]. Uma vez criados, os filhos desses forçados fazem parte de uma população que tem em comum os valores do governo e é mais eficaz em manter o sossego público do que qualquer quantidade de baionetas.[60]

Essas nobres ambições a respeito dos filhos da ilha eram ilusórias. Eles estavam sendo criados não para a socialização dentro dos valores do governo, mas em meio à degradação dos forçados.

Em dezembro de 1901, Ipati Vassiliev, exilado de um assentamento da ilha Sacalina, recorreu a um tribunal exigindo indenização de uma jovem livre. No dia da audiência, reclamante e reclamada compareceram ao tribunal para apresentar o caso. Quando seu nome foi chamado pelo juiz, Vassiliev, homem alto e robusto de uns quarenta anos e cabelos ruivos, deu um passo à frente da multidão de peticionários. Uma menina magrinha, pálida e de olhos que brilhavam, febris, também se adiantou. Era a reclamada, Vassilisa Iliutina, de treze anos. Vassiliev tinha firmado um acordo com os pais dela pelo qual daria a eles uma vaca em troca da filha. Mas Iliutina viveu durante algum tempo com Vassiliev e voltou para os pais levando consigo os presentes que tinha recebido dele enquanto moraram juntos. Poucos dias depois, ela foi morar com outro assentado, Plotnikov. Alegava que tinha "merecido" os presentes e explicava que "minha família precisa começar a semeadura e Ipati não tem sementes, por isso passei para Plotnikov, por vinte rublos".[61]

Muitos pais se ocupavam de traficar os filhos. Vlasov viu chegarem a Sacalina mães já tão corrompidas pelas experiências de viagem que estavam prontas para vender os filhos "por um litro de bebida". O explorador inglês Charles Henry Hawes visitou a ilha em 1903 e ficou assombrado com a facilidade com que "os pais negociam suas filhas" e só pode ser acusado de um pouco de exagero ao afirmar que "não há na ilha uma só menina virgem de mais de nove anos". Decerto havia casos de meninas de oito anos coabitando com homens adultos. Dril descobriu uma menina de nove anos no hospital do posto Aleksandrovsk que já "apresentava sintomas de sífilis na genitália".[62]

Os assentamentos de exilados proporcionavam uma educação dúbia para os filhos deles. Tchékhov fala de um menino que ele encontrou sozinho em sua cabana numa das aldeias:

"Qual é o patronímico de seu pai?"
"Não sei."
"O que você quer dizer com 'Não sei?'. Você mora com seu pai e não sabe como ele se chama? Por Deus!"
"Ele não é meu pai de verdade."
"O que você quer dizer com isso, que não é seu pai de verdade?"
"Ele vive com a mãe."
"Sua mãe é casada ou viúva?"
"Viúva. Ela veio por causa do marido."
"O que você quer dizer com isso, por causa do marido?"
"Ela matou ele."
"Você se lembra de seu pai?"
"Não lembro. Sou filho ilegítimo. A mãe me teve quando estava [...] [em] Kara."[63]

Hawes viu crianças cercadas de "práticas abertamente viciosas e cenas explícitas de prostituição. Até a 'brincadeira' de concubinato estava em moda nas escolas mistas". Viam-se crianças brincando de "vagabundos" e protagonizando cenas de incêndio criminoso e linchamentos: "'Vou ser a mulher que mora com você e vamos juntos pro assentamento', balbuciou uma menina bem pequena. 'Vou cortar seu pescoço', ameaçou um menino".[64]

Fossem quais fossem as aspirações do Estado, o povo da ilha chamava as crianças de "nova geração de forçados em formação". Claro que os problemas dos filhos criados por exilados despossuídos e desesperados não eram exclusivos da ilha Sacalina. Na verdade, os funcionários encarregados de redigir relatórios imparciais sobre o sistema de exílio reconheciam havia muito os efeitos corruptores sobre os filhos de condenados. Na década de 1880, os contos do revolucionário exilado Vladímir Korolenko sobre o exílio siberiano puseram uma ampla rede de leitores frente a frente com histórias de crianças sugadas para a criminalidade por seus pais exilados. Na ilha Sacalina, no entanto, a corrupção moral de crianças era um caso de especial gravidade. Versados na cultura conspirativa do roubo, da dissimulação e da violência muito além do que sua pouca idade faria supor, os filhos da ilha punham a nu a falsidade das propriedades reabilitantes do sistema de exílio e do paternalismo declarado da autocracia apregoado pelas autoridades.[65]

O choque dos visitantes de Sacalina com as condições de vida dos assentados e suas famílias era quase unânime. Uma preceptora escreveu numa carta particular sobre sua repulsa pelo nível de degradação sexual na ilha:

> Ó meu Deus! Meu Deus! Você não poderia imaginar o que está acontecendo aqui: depravação total! Tenho sob minha guarda meninas de quinze, dezessete e dezenove anos que começaram a ter relações sexuais aos doze e agora não passam sem vodca, sujeira e palavrões [...]. Se pelo menos se soubesse em São Petersburgo o que são os trabalhos forçados![66]

No fim do século XIX, no entanto, as autoridades de São Petersburgo sabiam muito bem das condições das famílias da ilha.

O entusiasmo oficial pela ilha Sacalina desvanecia-se à medida que a colônia penal tomava forma. O diretor da Administração Central da Prisão, Mikhail Galkin-Vraskoi, encontrou motivos de otimismo sobre as perspectivas da ilha para assentados exilados quando a visitou, em 1881. As casas dos assentados no posto Aleksandrovsk "destacavam-se pela limpeza e pela ordem", a agricultura florescia, e as escolas e hospitais que ele inspecionou estavam em ordem. Galkin-

-Vraskoi viu o que queria ver, e não foi de forma alguma o único alto funcionário a fazer vista grossa às condições de vida dos exilados. Durante sua visita à ilha, nove anos depois, Tchékhov esteve num jantar cerimonial oferecido por Andrei Korf, governador-geral de Priamursk. O mais alto funcionário de toda a Sibéria Oriental dirigiu um breve discurso aos presentes: "Na ilha Sacalina, estou convencido de que os 'desgraçados' vivem melhor do que em qualquer outro lugar da Rússia ou da Europa". Tchékhov teve de se esforçar para conciliar a louvação enganosa de Korf com "a fome, a prostituição endêmica entre as exiladas e os brutais castigos físicos".[67]

A prova do fracasso do Estado em estabelecer uma colônia penal autossustentável encontrava-se no baixíssimo índice de natalidade entre as exiladas da ilha, menos da metade do que se registrava na Rússia europeia. Para as mulheres de Sacalina, os filhos representavam só "mais uma boca para alimentar". Tchékhov observou que

> o nascimento de um novo ser humano não é recebido com alegria pela família; não se cantam canções de ninar, ouvem-se apenas lamentos. Os pais e as mães dizem que não têm com que alimentar as crianças, que elas nunca vão aprender nada de útil na ilha, e que "o melhor seria que o Senhor Misericordioso as levasse o mais rápido possível".[68]

A população exilada só crescia com o afluxo anual de novos condenados. Encaminhados aos assentamentos depois de cumprir suas penas de trabalhos forçados, os exilados se encontravam sem recursos num clima duro e inóspito. A missão que os esperava — domar a taiga virgem e formar lavouras sustentáveis — era muito mais difícil que os trabalhos forçados. Isolados, pobres, endividados para com o Estado e equipados com ferramentas malfeitas, os "colonos involuntários" da ilha Sacalina davam duro por algum tempo sem nada conseguir e acabavam afundando na miséria faminta. Com seu talento jornalístico natural para epítetos exatos, Dorochevitch cunhou o aforismo "os trabalhos forçados começam quando terminam".[69]

Se sobreviviam às provações da condição de assentados, os condenados da ilha Sacalina, como os de toda a Sibéria, podiam entrar para a categoria dos camponeses siberianos. De início, o governo decidiu que esses exilados podiam voltar ao continente e viver na periferia das cidades da Sibéria Oriental. Os assentados não tinham interesse algum em permanecer na ilha nem um dia além do indispensável. "Deus permita que não precisemos ficar na ilha Sacalina! Nem que me enterrassem vivo, eu não ia querer ficar!", declarou um deles. Outro alimentava a ambição de "pelo menos morrer no continente". Em 1880, determinado a estancar a maré de exilados em debandada, o governo suspendeu o direito de retorno ao continente até que eles tivessem saldado as dívidas contraídas sob a forma de subsídios do Estado. A partir de 1894, quando essas restrições foram suspensas, o número dos que retornavam à Rússia a cada ano aumentou de 220 em 1894 para 2 mil em 1898. Só em 1899, 760 chácaras foram abandonadas na ilha Sacalina, no movimento que a Administração Central da Prisão admitiu ser uma "migração em massa" de assentados e camponeses.[70]

Tchékhov deixou a ilha Sacalina em outubro de 1890 "com lembranças muito desagradáveis [...]. Agora que sou capaz de contemplá-la em retrospecto, a ilha Sacalina parece-me um verdadeiro inferno". A publicação de seu relato sobre a visita causou um escândalo público tão grande que levou o governo a instaurar uma comissão secreta para discutir o futuro da colônia penal e pôr em marcha uma série de investigações sobre suas condições.[71] À medida que se acumulavam as evidências de sordidez, exploração sexual e degradação de famílias, os administradores da Sibéria abandonaram a pretensão de que a ilha pudesse servir para reabilitar criminosos ou para estabelecer uma população assentada estável. Os relatos detalhados do médico Poddubski sobre as condições de mulheres e crianças na ilha foram debatidos dentro da Administração Central da Prisão e da Sociedade de Assistência às Famílias de Forçados antes de serem remetidos, em maio de 1899, ao ministro da Justiça, Nikolai Muraviov. Uma dama da corte fez chegar uma cópia do relatório de Poddubski às mãos de Nicolau II em São Petersburgo. As descobertas do médico chegaram também à esfera pública, depois de publicadas e discutidas no prestigiado semanário jurídico *Direito* e na publicação mensal oficial *Tiuremnii vestnik* na virada do século XIX para o seguinte. Muito longe de constituírem os alicerces de uma comunidade florescente e industrializada de assentados exilados, as famílias da ilha Sacalina se tornaram símbolo da pobreza e do colapso moral da colônia penal. Os vilões da trama sórdida que se desenrolava na ilha eram, num certo sentido, não os condenados insensíveis que vendiam mulheres e filhas, mas as autoridades tsaristas, que tinham fracassado em administrar e prover os exilados que tinham sob sua responsabilidade. A ilha Sacalina tornou-se fonte de imenso constrangimento para a autocracia e uma grotesca caricatura da aspiração oficial de fundir suas ambições penais e coloniais na Sibéria como um todo.[72]

Mas a inércia ainda dominava São Petersburgo. Muitos funcionários do governo se apegavam à suposição de que o problema era mais de gerenciamento e financiamento do que um conflito subjacente entre os programas de punição e colonização. Salomon tentou criar uma atmosfera positiva durante sua visita à ilha em 1898, mas foi obrigado a dissipar rumores sobre o iminente fechamento da colônia penal. Um projeto em que já tinham sido investidos mais de 20 milhões de rublos desde 1879 não podia simplesmente ser abandonado, afirmou ele ante os funcionários locais. As deficiências da ilha "precisavam ser tratadas com trabalho árduo", porém Salomon reconheceu que o estado de coisas causava "uma impressão desfavorável".[73]

De volta a São Petersburgo, agora aposentado e mais livre para expor suas ideias, Salomon foi incisivo acerca da realidade sórdida da corrupção moral e degradação das famílias na ilha Sacalina. As prisões eram destrutivas "não só para pessoas moralmente influenciáveis", mas também para aquelas cujos crimes originais "eram de natureza apenas formal", como violações da disciplina militar. As únicas indústrias de fato existentes na ilha eram o jogo, a vodca e a prostituição. E concluiu: "Não há nenhuma perspectiva de reabilitação na colônia penal da ilha Sacalina".[74]

O malfadado experimento do governo na ilha Sacalina acabou chegando ao fim não por uma mudança de sensibilidade por parte de São Petersburgo, mas pela superioridade da força naval japonesa. A anexação da bacia do rio Amur, na segunda metade do século XIX, tinha posto o Império Russo face a face com o poder em expansão de um Japão industrializado. As tensões latentes culminaram na virada do século, com a construção da Ferrovia Oriental Chinesa através da Manchúria, ligando Tchita a Vladivostok. Os japoneses temiam que essa nova projeção do poder imperial russo ameaçasse seus próprios planos para a Coreia e partes da Manchúria. As relações diplomáticas entre os dois impérios rivais foram rompidas e, em janeiro de 1904, os japoneses lançaram um ataque devastador contra a base naval russa em Port Arthur, na península de Liaodong.[75] Em maio de 1905, logo depois da destruição da frota russa na batalha de Tsuchima, durante a Guerra Russo-Japonesa, as forças japonesas ocuparam o sul da ilha Sacalina. Esmagaram a débil resistência dos soldados estacionados na ilha e prometeram anistia a um bando de assentados se dessem combate aos invasores. Naquele verão, as forças japonesas no sul e as autoridades russas no norte procederam a uma evacuação caótica e brutal da colônia penal para o continente. Cerca de 7,6 mil homens, mulheres e crianças foram lançados sem nenhuma cerimônia no litoral da baía de De Castri, de frente para a ilha Sacalina. Dali, tiveram de vencer sessenta quilômetros de taiga quase impenetrável para chegar ao assentamento mais próximo, o de Marinsk. Mantidos em casernas durante todo o ano seguinte, foram afinal dispersados pelo Transbaikal. O governo russo acabou abolindo a colônia penal na ilha por um decreto de 1º de julho de 1906.[76]

Nenhum indício do fracasso da colônia penal da ilha Sacalina foi mais eloquente que as sepulturas disseminadas por seus desolados cemitérios. O do posto de Korsakov, no litoral sul, ficava numa colina sem árvores, vergastada pelo vento, debruçada sobre o assentamento. Quando visitou a ilha em 1897, Dorochevitch deparou-se com o enterro sem nenhuma dignidade de um exilado do assentamento naquele cemitério. O homem fora testemunha da infelicidade violenta da vida na ilha. Num impulso de ciúme, tinha matado a mulher com quem vivia, antes de pôr fim à própria vida com uma das plantas venenosas que abundavam ali. Seu corpo havia sido encontrado na taiga dias após o suicídio. Uma dezena de forçados empurrava um carrinho de madeira que levava a tosca urna mortuária ao cemitério, pela colina. Uma sentinela os seguia, com um revólver metido no cinto. Ao chegar ao local do sepultamento, eles puseram a urna no chão e se puseram a cavar o duro solo argiloso. Depois que a urna foi enterrada, eles espetaram sobre o montículo de terra uma cruz armada às pressas com duas hastes sem pintura. Não havia inscrição alguma. "Alguns homens se benzeram, alguns não." Viraram-se e partiram, acompanhados das ordens rosnadas pela sentinela.

Numa sociedade que ainda era profundamente religiosa, a maior parte das sepulturas do cemitério carecia do mais rudimentar símbolo de um sepultamento cristão. As cruzes fincadas sobre as sepulturas tinham sido arrancadas ou quebradas, deixando uma única haste abjeta projetada para cima da terra. Dorochevitch encontrou-se ao lado de sepulturas que não passavam de montes de terra nus. Um exilado explicou que "os assentados pegam [as cruzes] para fazer fogo [...]. Têm preguiça de entrar na taiga, então arrancam as daqui". A cruz de madeira que havia numa sepultura diferente, bem-feita, agora tinha um buraco no centro, onde a imagem de um santo tinha sido gravada. Alguém tinha arrancado a gravura, observou o exilado, "a troco de uns poucos copeques para apostar nas cartas".

Em algum lugar do cemitério, estava a sepultura de uma moça chamada Naumova, professora de São Petersburgo que abandonara sua vida na capital para morar na ilha Sacalina e fundar o primeiro orfanato do local. Mas a jovem idealista

> não tinha a força necessária para suportar a insensibilidade, a corrupção espiritual e a indiferença em relação ao sofrimento do próximo. Incapaz de sustentar sua luta com os funcionários da ilha Sacalina, que viam suas "iniciativas" com hostilidade, ela não conseguiu resistir ao ambiente na colônia e se matou.

A cruz que marcava a sepultura de Naumova também tinha sido arrancada, e o acompanhante de Dorochevitch não foi capaz de localizar o lugar onde ela descansava, embora tivesse sido sepultada havia não mais de dois anos. O governador-geral de Priamursk enviou uma "magnífica coroa de ferro, com uma placa em bronze e uma bela inscrição" para substituir a cruz roubada. Mas os funcionários locais decidiram pendurá-la no posto policial, temendo que também fosse roubada se ficasse no cemitério.[77]

Os cemitérios da ilha Sacalina eram peculiares assembleias de mortos, cheios de corpos de homens, mulheres e crianças vindos dos quatro cantos do império, unidos apenas pelo crime e pelo castigo, pela pobreza e pela desgraça. A colina do posto de Korsakov chegou a desenvolver um apetite por exilados. Tinha escavadas muitas sepulturas vazias, feitas com antecedência, à espera de que um novo surto de febre varresse a enfermaria. Uma vez preenchidas, essas covas, como as demais, logo seriam esquecidas. Os mortos escapavam à memória de vizinhos e parentes que abandonavam a ilha. A população exilada nunca consagrou os cemitérios com os rituais comemorativos próprios de uma autêntica comunidade. Para muitos exilados, a importância da morte diminuía em face da vida sombria que levavam. Da mesma forma que as pretensões do Estado para a colônia penal da ilha Sacalina, as sepulturas afundaram na terra sem deixar rasto.

11. O látego

Em 1890, um forçado em fuga chamado Prokhorov foi capturado ao tentar cruzar o estreito de Nevelskoi, que separa a ilha Sacalina do continente. Descobriu--se que, por um erro burocrático, ele tinha escapado a uma sentença de noventa chibatadas pelo assassinato de um cossaco e duas de suas netas perto de Khabarovsk no ano anterior. Anton Tchékhov relata o flagelamento que se seguiu aos leitores da popular revista mensal *Russkaia misl*:

Por fim, Prokhorov é amarrado. O verdugo pega o açoite de três pontas e alisa-o, sem pressa.

"Pronto, segura firme!", diz ele, não muito alto, e, sem balançar o braço, como se simplesmente estivesse medindo sua altura, desfecha o primeiro golpe. "Uma!", diz o capataz, com uma voz de sacristão de igreja.

Num primeiro instante Prokhorov ficou em silêncio, e a expressão de seu rosto sequer se alterou; então uma convulsão de dor percorre seu corpo, e ouve-se um som que não é um grito, mas um ganido.

"Duas!", diz o capataz.

O verdugo permanece de um dos lados, e golpeia de tal modo que o chicote desce ao longo de todo o corpo. A cada cinco chicotadas, ele caminha devagar para o outro lado e se concede um minuto de descanso. O cabelo de Prokhorov está colado à testa, o pescoço está inchado. Depois de cinco ou dez chicotadas, seu corpo, ainda coberto de marcas de chicotadas antigas, já está vermelho e azul-escuro; a pele se abre a cada chicotada.

"Vossa Excelência!", ouvimos, entre gritos e pranto. "Vossa Excelência! Tenha piedade, Vossa Excelência!"

Depois de vinte ou trinta chibatadas, Prokhorov parece entoar um lamento ritual, como se estivesse bêbado, ou, na verdade, como se delirasse: "Que homem pobre e desgraçado sou eu, acabado, estou acabado, é o que estou [...]. Por que me castigam desta forma?".

E agora, curiosamente, o pescoço se estica, ouvem-se espasmos [...]. Prokhorov não diz uma só palavra, apenas rosna e respira, ofegante; é como se desde que a punição começou tivesse se passado toda uma eternidade, mas o capataz diz apenas: "Quarenta e *duas*! Quarenta e *três*" [...].

Noventa, afinal. Com rapidez, desamarram as mãos e pés de Prokhorov e o ajudam a se pôr de pé. A parte de seu corpo que recebeu os golpes está de um azul-arroxeado dos hematomas e sangra. Ele bate os dentes, o rosto está amarelo e molhado, os olhos, perdidos. Dão-lhe uns comprimidos para engolir e ele morde o copo de maneira convulsiva [...]. Umedecem-lhe a cabeça e o levam para a enfermaria.

"Isso foi pelo assassinato — ainda lhe falta alguma coisa apenas pela fuga", explicam-me eles ao voltarmos para casa.[1]

Os castigos físicos eram o fundamento da arquitetura de poder e autoridade nos assentamentos penais, aplicados por funcionários para levar os prisioneiros à docilidade e à submissão. Mas, como tantas outras coisas no sistema siberiano de exílio, a violência resultou prejudicial às ambições coloniais do Estado. Açoites e espancamentos não eram instrumentos eficazes de disciplina e correção, e sim armas selvagens de castigo. A punição corporal servia para embrutecer ainda mais uma população criminosa já violenta e até conferir status e poder a uma minoria desumanizada. Quando fugiam ou terminavam de cumprir a pena de trabalhos forçados, os homens de cicatrizes nas costas quase sempre praticavam terríveis atos de violência contra inocentes que encontravam nas aldeias e cidades da Sibéria. Em meados do século XIX, altos funcionários e observadores instruídos já mostravam sérias apreensões a respeito dos efeitos do castigo físico.

Essa forma de punição se tornou tema também de uma acalorada discussão pública. Suspenso com bons motivos, o que era compreensível, em todo o resto

15. *A vida está em toda parte*, de Nikolai Iarochenko, retrato de exilados com suas famílias em trens fechados, à espera da deportação para a Sibéria.

16. Tentativa de fuga de exilados de uma caravana, década de 1880.

17. Preso acorrentado a um carrinho de mão — um dos mais terríveis castigos impostos a criminosos reincidentes, década de 1890.

18. Condenados numa barcaça-presídio no rio Irtich, década de 1880.

19. Condenados num navio-presídio, década de 1880.

20. Prisioneiros idosos em Kara, na Região Mineradora de Nertchinsk, fim do século XIX.

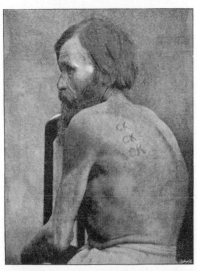

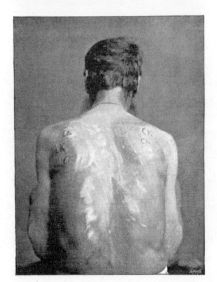

21. (*acima, à esquerda*) Preso marcado com as letras "CK", abreviatura de "Trabalhador Forçado da Sibéria", fim do século XIX.
22. (*acima, à direita*) O carrasco em Kara, fim do século XIX.
23. (*abaixo, à esquerda*) Cicatrizes de castigo físico, fim do século XIX.

24. Prisão Central de Trabalho Penal de Tobolsk, década de 1880.

25. Exilados com destino à Sibéria marcham por Odessa, virada do século XIX para o XX.

26. Jarosław Dąbroski.

27. Exilado político na Sibéria, fim do século XIX.

28. Ielizaveta Kovalskaia, década de 1880.

29. Marcas no rosto que os exilados se esforçavam para remover e assim esconder sua identidade, fim do século XIX.

30. Vagabundos ou *brodiagi*, exilados fugitivos caminhando pela taiga, fim do século XIX.

do Império Russo em 1863, o flagelamento continuou sendo o castigo preferido das autoridades da Sibéria até o colapso total do sistema de exílio, em 1917. Nas mãos de homens suspeitos com objetivos duvidosos, açoites, correntes e solitárias mostravam-se não como instrumentos de disciplina, mas daquilo que em russo se designa com a palavra *proizvol*, impregnada de despotismo. A palavra *proizvol*, aplicada ao poder arbitrário não contido por leis e justiça, ganhou curso cada vez maior a partir de meados do século xix entre exilados e observadores críticos do poder acima da lei dos funcionários do exílio. Para muitos observadores, os castigos infligidos a exilados na Sibéria eram um sintoma vergonhoso da violência e do atraso da Rússia que ressaltava a tirania do Estado tsarista.[2]

Guardas e sentinelas das prisões e assentamentos penais da Sibéria enfrentavam os condenados com o arsenal que tinham a seu alcance. A mais temida das punições envolvia o uso do cnute, uma correia de couro cru ligada por um anel de bronze a um relho de couro trançado de cerca de um metro de comprimento, presa a um longo cabo de madeira. Capaz de arrancar uma camada de pele a cada chicotada quando operado com vigor por um carrasco que conhecesse seu ofício, o cnute fazia em tiras a pele das costas da vítima. Muitas vezes era fatal. Uma das grandes virtudes do cnute, na opinião das autoridades tsaristas, eram as cicatrizes profundas e permanentes que deixava nas costas do condenado. Assim, além de eficaz e necessário instrumento de castigo, também facilitava a identificação da condição de forçado de fugitivos recapturados.[3]

Em segundo lugar na hierarquia da dor, o látego compunha-se de um cabo de madeira preso a um tubo de couro cru de uns 25 centímetros de comprimento, que passava através de um anel metálico e terminava em duas longas tiras de couro trançado mais finas nas extremidades. Era um instrumento assustador, capaz de deixar o criminoso sem sentidos depois de dois ou três golpes aplicados por um carrasco experiente. Por fim, havia a vara de bétula, única ou ramificada em galhos mais finos. Cada uma delas tinha um metro de comprimento e, para que as varadas fossem fortes e dolorosas, não podiam estar muito verdes nem secas demais. Assim, as varas costumavam ser guardadas em lugares úmidos, amarradas em feixes de dez ou quinze. Uma vara rendia dez varadas, tornando-se imprestável depois.[4]

Açoites e pancadas eram as malhas que formavam o tecido da autoridade e do controle no sistema de exílio, mas como tal começavam a dar mostras de desgaste. Já na década de 1820, pressionado por modernizadores preocupados com o relativo atraso do Império Russo quanto às reformas penais implantadas em outras potências europeias, o governo de Nicolau I enfrentava um dilema. O Estado estava preso entre a preocupação cada vez maior com a selvageria dos castigos físicos, por um lado, e o medo de que sua abolição privasse as autoridades dos instrumentos necessários de punição e dissuasão, por outro. Propenso a manter a reputação aterrorizante do cnute, mas cada vez mais preocupado com o grande número de condenados submetidos a ele que morriam, em 1830 o governo de Nicolau, em segredo, limitou a cinquenta a quantidade de chibatadas a ministrar em cada caso. Em 1832, o Senado decidiu que as surras mais severas fossem assistidas por médicos para prevenir fatalidades indesejáveis. Sua missão seria intervir com uma ordem de interrupção do castigo quando percebessem que o condenado estava à beira da morte. Mas essas intervenções serviam apenas para adiamento do castigo, e não seu cancelamento. Levado à enfermaria, o condenado podia convalescer e suas feridas tinham tempo de cicatrizar. Depois disso, ele era levado para a retomada do castigo. Os médicos, muitas vezes solidários com os condenados e contrários ao castigo físico, inventavam razões de saúde para impedir o açoitamento ou pelo menos para reduzir o número de chibatadas.[5]

Entre a inquietação crescente com sua brutalidade mortal, o cnute foi abolido na Rússia europeia pelo código penal de 1845. No entanto, diante da quantidade cada vez maior de exilados e a ameaça de distúrbios que eles traziam consigo, os funcionários da Sibéria alegavam que não podiam suavizar as punições distribuídas a criminosos reincidentes. Eles diziam que o látego era leniente demais para com criminosos empedernidos e que

> as varadas não intimidam criminosos [...]. Chefes de família, anciães das aldeias e pais usam esse instrumento. As pessoas gritam quando submetidas à vara, mas, depois do castigo, debocham da surra. [A vara] não basta para castigar criminosos graves e inveterados nem para servir de exemplo para os demais.

Dado o uso generalizado do castigo físico em toda a sociedade russa, as autoridades da Sibéria acreditavam que uma coisa era poupar um criminoso primário do cnute; isentá-lo em definitivo do castigo poria "em perigo a segurança do Estado". Se o cnute fosse abolido pelo código penal de 1845, as autoridades precisariam manter algo não menos horrível: o corredor polonês, em que o condenado é obrigado a correr entre duas fileiras de soldados, cada qual armado de uma vara e incumbido de aplicar uma varada no prisioneiro quando passar diante dele.[6]

Por fim, é claro, as autoridades do exílio usavam a pena de morte. A pena capital ainda era usada em casos especiais pelos tribunais militares para crimes mais graves mesmo depois de sua abolição formal pela imperatriz Elisabete em 1753. Mesmo assim, depois da suposta rebelião dezembrista de Ivan Sukhinov em 1828, o chefe da Região Mineradora de Nertchinsk solicitou amplos poderes para a aplicação da pena de morte a forçados violentos que ameaçassem guardas e funcionários.[7] Em 1833, Nicolau I determinou que os governadores-gerais da Sibéria podiam executar forçados que tivessem cometido novos crimes graves no exílio, se suas sentenças originais fossem de dez anos ou mais. Oficialmente, esses criminosos só estavam vivos por terem sido poupados ao cadafalso por um magnânimo soberano. Ordenando sua execução, o tsar estaria apenas revogando seu ato de clemência.[8]

Em teoria, o arsenal de castigos que guardas, capatazes e funcionários tinham a sua disposição era ao mesmo tempo um grave instrumento de justiça quanto um instrumento necessário para disciplinar a população exilada. Na prática, seu uso quase nunca derivava de uma aplicação desapaixonada da lei. Como Tchékhov observou na ilha Sacalina, o poder de ordenar que um condenado fosse açoitado era também uma manifestação de status na hierarquia administrativa do campo:

> Uma pessoa declarada culpada de um crime em geral recebe até cem golpes de vara. Esse número depende não da culpa, mas de quem tenha ordenado a punição, seja o governador do distrito, seja o diretor da prisão. O primeiro tem o direito de ordenar até cem chibatadas; o segundo, até trinta. Um diretor de prisão sempre concedia trinta, porém numa ocasião teve de assumir por algum tempo a função de governador distrital e de imediato elevou sua cota habitual para cem, como se cem chibatadas fossem uma condição indispensável de sua nova autoridade.[9]

Sentinelas de campos tinham o poder de ordenar açoitamentos por iniciativa própria pela mais insignificante infração. Um dos médicos da ilha Sacalina, o dr. Nikolai Lobas, viu guardas batendo nos condenados "com o que quer que tivessem à mão" e achou "nada de surpreendente no fato de que o castigo corporal sirva para corromper homens pouco educados e ignorantes, como a maior parte das sentinelas da ilha Sacalina".[10] Tchékhov descobriu que os forçados podiam receber entre trinta e cem varadas por

> não concluir a tarefa do dia (por exemplo, um sapateiro que não desse conta do reparo dos três pares de sapatos femininos que lhe era exigido), por bebedeira, grosseria, desobediência [...] se vinte ou trinta trabalhadores não terminassem determinado serviço, eles açoitavam todos os vinte ou trinta.

Era arriscado até reclamar sobre as condições da prisão, sobre abuso de autoridade e espancamentos sem motivo. O látego e a vara também podiam ser usados para silenciar condenados problemáticos, como apregoava um funcionário da ilha:

> Os prisioneiros, sobretudo os que estão a ferros, adoram encaminhar todo tipo de petição absurda. Quando fui enviado para cá e dei uma volta pela prisão pela primeira vez, foram-me entregues cinquenta petições. Aceitei-as, mas informei aos suplicantes que aqueles cujas petições fossem consideradas indignas de atenção seriam flagelados. Apenas duas delas acabaram merecendo consideração — as demais eram lixo. Mandei que 47 homens fossem açoitados. A partir de então, na vez seguinte houve 25, depois menos e menos a cada vez, e agora eles já não me apresentam nenhuma petição. Dei-lhes uma boa lição.[11]

Os castigos no exílio muitas vezes acompanhavam, mais do que se seguiam, a investigação de crimes cometidos por exilados. O comandante da ilha Sacalina admitiu que os processos de investigação começavam sem indícios suficientes, prosseguiam de qualquer jeito e que os prisioneiros eram detidos sem justificativa. Quando um exilado assentado era morto na ilha, o suspeito era trancafiado numa solitária, posto a ferros, recebia uma refeição quente a cada três dias e era informado de que receberia cem varadas. Era "mantido assim, no escuro, meio morto de fome e aterrorizado até que confessasse".[12]

Capatazes de campos muitas vezes se mostraram verdadeiros arremedos de tiranos, alguns deles não menos brutais que os homens pelos quais eram responsáveis. O diretor da fortaleza penal de Omsk era o mal-afamado major Krivtsov, que na prática detinha poder ilimitado sobre mais de duzentos homens.[13] Um companheiro de Fiódor Dostoiésvski em Omsk, o polonês Szymon Tokarzewski, narra o uso discricionário que Krivtsov fazia do castigo físico:

> Para ser condenado aos "bastões" [vara de bétula], bastava dormir sobre o lado direito. Sim, não é piada — é a mais pura verdade! [Krivtsov] costumava irromper na caserna durante a noite, e quem estivesse dormindo em sua tarimba deitado sobre o lado direito era açoitado. Ele justificava o castigo dizendo que Cristo sempre dormia sobre o lado esquerdo, portanto todos tinham de seguir seu exemplo.[14]

Krivtsov também era chegado a perseguir prisioneiros escolhidos. Um dos camaradas de Tokarzewski, Alojzy Mirecki, foi o primeiro preso político polonês a chegar a Omsk, em 1846. Condenado a um corredor polonês de quinhentos soldados e a dez anos de trabalhos forçados por atividade conspiratória, Mirecki passou um ano na fortaleza antes que seus camaradas se juntassem a ele. Nesse intervalo, Krivtsov roubou-lhe tudo o que tinha e, certa vez, fez com que levasse cem golpes de vara de bétula. Depois lhe atribuiu a pior tarefa da caserna, a de *parachnik*, que consistia em carregar os tonéis de dejetos humanos e conservar as cisternas em que eram despejados. Certa vez, Mirecki foi obrigado a descer numa dessas cisternas com uma corda. Por causa desse trabalho, ele perdeu o olfato.[15] Apesar do profundo desprezo pelos criminosos comuns de Omsk, Tokarzewski ainda via com ironia o fato de ter sido posto sob as ordens de um homem como Krivtsov:

> Um hipócrita astuto, vingativo, um homem do pior comportamento, um corrupto, jogador e bêbado — numa palavra, a personificação mesma do mal [...]. Sua função era exercer uma influência corretiva sobre a moral e os costumes de homens que nunca tinham pensado em nada além de satisfazer seus instintos animais.[16]

Não só os guardas dos campos extraíam prazer do uso do açoite e da vara. Tchékhov encontrou um enfermeiro na ilha Sacalina que sem dúvida alguma se regozijava com o açoite: "'Adoro vê-los castigados', dizia, animado [...]. 'Adoro! São uns vilões, uns bandidos [...] deviam ser enforcados!'". Um velho diretor de prisão disse ao prisioneiro que estava sendo chicoteado: "'De que você está reclamando, pelo amor de Deus! Isso não é nada, não é nada, aguente firme! Batam, batam nele! Caiam em cima dele!'".[17]

Num lugar em que os capatazes contavam com a impunidade, os impulsos sádicos podiam atingir não apenas os condenados como também suas inocentes famílias de qualquer coisa. Um capataz das minas de ouro de Kara chamado Demidov descobriu um assassinato cometido por um dos forçados. Para obrigá-lo a uma confissão, Demidov ordenou que a esposa, uma mulher livre que o acompanhara por vontade própria ao exílio, e depois a filha fossem torturadas. A menina, de onze anos, foi suspensa no ar e surrada com uma vara da cabeça aos pés; quando implorava alguma coisa para beber, davam-lhe peixe salgado. A tortura teria prosseguido se o próprio torturador não tivesse se recusado a continuar batendo nela. As memórias estão cheias de histórias parecidas sobre a brutalidade que florescia nos cantos escuros do sistema de exílio.[18]

Se na Sibéria autoridade e tirania eram quase inseparáveis, havia, no entanto, certa lógica na administração de castigos espetaculares. Fugas frequentes, assassinatos e distúrbios nos assentamentos penais eram evidência do precário controle que as autoridades exerciam sobre os condenados que tinham sob sua responsabilidade. O ministro do Interior Vassíli Vlasov acreditava que os casos de violência muitas vezes eram decorrência do sentimento de vulnerabilidade dos próprios guardas e supervisores. Com carência de pessoal e equipamentos, as autoridades recorriam às vezes a demonstrações exemplares de violência para manter os condenados em xeque. O diretor do assentamento do posto Dué, na ilha Sacalina, na década de 1860, um homem chamado Nikolaiev, era um ex-servo que tinha ascendido à patente de major. Sendo uma espécie de inovador no domínio do castigo, Nikolaiev descobriu um uso alternativo para os barris que os condenados faziam rolar sobre tábuas para o transporte de carvão. Ele obrigava o prisioneiro responsável por algum crime a entrar num barril, que fazia rolar até a margem: "Faça com que rolem com rapidez durante uma hora, e antes que você saiba onde está, eles estarão mansos como cordeirinhos!".[19]

Nem sempre eram prisioneiros os que levavam a pior nesses confrontos violentos. Ataques assassinos contra funcionários podiam surgir como que do nada. Em 1882, um guarda da prisão de Timovsk na ilha Sacalina, Anton Derbin, teve uma altercação com um dos forçados que trabalhavam na padaria, Ivan Kudriachev. Este insultou Derbin, que avançou em sua direção e deu-lhe um tapa no rosto. Kudriachev atirou-se sobre o funcionário, agarrou-o pelo colarinho e gritou: "Não faça isso comigo!". Jogou-o no chão e, pegando uma faca, começou a esfaqueá-lo várias vezes no peito, no estômago e nas coxas. Ao ouvir os gritos de Derbin, os guardas acudiram à cena e se jogaram em Kudriachev, que estava em cima do corpo do colega, com a faca na mão. Ele declarou: "Estou pronto!". Os outros quatro forçados que trabalhavam na padaria não fizeram nenhuma tentativa de salvar Derbin, que morreu minutos depois em virtude dos ferimentos que recebeu. Levado para interrogatório, Kudriachev estava "calmo, sóbrio e lúcido". Condenado por assassinato por um tribunal militar, foi enforcado.[20]

Dos muitos fatores que determinavam a severidade de um açoitamento, nenhum era mais importante que a dedicação do executor do castigo. Um verdugo, ou *palach,* tinha um imenso poder de escolha no que se referia ao açoitamento; em muitos casos, detinha poder de vida ou morte sobre o exilado posto no cepo. Como tantas outras coisas no sistema de exílio, as leis aprovadas pelo Estado para reger o castigo de condenados estavam sujeitas a uma teia de considerações e práticas informais baseadas em suborno e corrupção. Castigo e piedade também estavam à venda.

Era difícil recrutar verdugos. O Estado preferia que o trabalho fosse desempenhado por trabalhadores livres, mas a escassez de voluntários obrigava-o a recorrer aos serviços de exilados ou forçados que já tinham eles próprios enfrentado o açoite. Havia uma negociação: o exilado seria poupado de seu castigo se aceitasse trabalhar como verdugo. Alguns não precisavam ser coagidos, pois extraíam prazer autêntico de seu trabalho. Os algozes ganhavam generosos duzentos ou trezentos rublos por ano, além de receber em dobro o pagamento de subsistência concedido aos forçados. No entanto, sua real fonte de renda vinha do suborno que aceitavam para limitar a violência de seus golpes. Uma das principais funções das comunidades de prisioneiros era celebrar esses tratos com os verdugos. Surras mais humanas que brutais podiam ser compradas com fundos da caixinha comunitária; a comunidade costumava separar 30% de seus ganhos para esse fim. Em geral, a comunidade procurava certificar-se de que todas as necessidades do verdugo fossem satisfeitas: se precisava de um novo casaco, ou novas botas. Se quisesse beber, recebia toda a vodca que fosse capaz de consumir. A permanente repulsa dos demais forçados, no entanto, compensava de maneira negativa essas vantagens do trabalho.[21]

Contudo, a negociação levava o verdugo à necessidade de desempenhar um ato de delicado equilíbrio. Por um lado, ele tinha de satisfazer os termos combinados com o prisioneiro, apoiado pela supervisão da comunidade. Se não agisse assim, ficaria ele mesmo vulnerável à vingança de outros condenados. Por outro lado, não podia aliviar demais o lado do homem, pois responderia por isso com suas próprias costas. O etnógrafo e jornalista Nikolai Iadrintsev ouviu um verdugo da cidade de Ienisseisk contar que vivia errando seus cálculos, razão pela qual sofria "terríveis tormentos aos quais só conseguiu sobreviver por causa de sua constituição robusta". O chefe de polícia certa vez exigiu um castigo especialmente vigoroso, mas o verdugo quis satisfazer os prisioneiros a todo custo e amenizou as vergastadas. Em consequência disso, depois do flagelo, o pobre homem foi submetido ao mesmo castigo. Açoitado e obrigado a passar um tempo na prisão, os condenados o embebedaram e, assim, acabaram de saldar sua dívida para com ele. Na vez seguinte que ele foi chamado para infligir um flagelo, achou que tinha a obrigação de retribuir com magnanimidade e de novo teve de arcar com a punição. Os demais presos ficaram encantados com a generosidade do verdugo e durante muito tempo se lembraram de "seu herói e benfeitor".[22]

Muitos verdugos haviam sido alvo de surras violentas em uma ou outra ocasião, e portanto sentiam pouca solidariedade para com suas vítimas. Vários deles chegaram a extrair um prazer selvagem de seu trabalho. Um desses homens, Komlev, foi submetido a um brutal aprendizado na ilha Sacalina. Sentenciado em princípio a vinte anos de trabalhos forçados por roubo à mão armada, foi surpreendido em 1877 tentando fugir da ilha e sentenciado a 96 chibatadas e ao acréscimo de vinte anos a sua pena. Preso e aguardando a sentença, ele foi recrutado como assistente do célebre verdugo Terski, de Sacalina, que estava sobrecarregado. Em 1889, Komlev tentou fugir outra vez, foi capturado e sentenciado a mais 45 chicotadas e a quinze anos de acréscimo a sua sentença, que já chegava a quarenta. Foi Terski quem o açoitou, dizendo: "Deite-se, meu discípulo, vou lhe mostrar como se açoita um homem". Mais tarde, Komlev disse ao jornalista Vlas Dorochevitch que "desde então estou apodrecendo". Dorochevitch confirmou que o corpo dele parecia ter sido marcado com ferro em brasa. "Era horrível de se ver. Em alguns pontos, estava coberto de cicatrizes brancas; em outros, de finas marcas vermelhas." Komlev mostrou a Dorochevitch que, quando espremidas, "as cicatrizes estouravam e soltavam um pus branco".

Um dia, o próprio Terski foi pilhado recebendo suborno em troca de um flagelo mais leve e sentenciado a duzentas varadas. Chegou a vez de Komlev demonstrar o quanto tinha aprendido: "'Você me ensinou a usar o chicote, agora vou lhe mostrar o que se pode fazer com uma vara.' O que Terski havia feito com Komlev foi uma ninharia se comparado ao que Komlev fez com ele". Os médicos que presenciaram o flagelo o descreveram como "uma forma requintada de tortura". Quando lhe perguntaram por que era tão cruel, Komlev respondeu: "E eles não me bateram? Apanhei durante toda a minha vida!".[23]

Os flagelamentos violentos não deixavam apenas uma impressão permanente nos que manejavam o látego e a vara. Quando o médico da prisão de Kara, dr. Vladímir Kokosov, presenciou seu primeiro açoitamento, a cena sangrenta que testemunhou deixou-o traumatizado. O prisioneiro, aterrorizado e em soluços, implorava piedade de joelhos e, quando a primeira vergastada caiu sobre suas costas, "ele soltou um grito selvagem, inumano". Ao terminar o castigo, o "pulso do condenado estava intermitente, fraco, mal se podia constatar [...] seus olhos rolavam nas órbitas, com ferocidade, esbugalhados, marejados [...]. Seu peito estava cheio de líquido e ele, nauseado, começou a vomitar". Kokosov foi posto a reanimar o "pobre infeliz corpo sem vida". Durante a noite toda ele ficou à cabeceira do flagelado, e "lágrimas inflamadas de vergonha e impotência enevoaram meus olhos".[24] O velho assistente Aleksei Morozov, que trabalhava com Kokosov, já presenciara tantos flagelamentos que tinha se tornado uma ruína humana, nervoso e desmoralizado. Expressava sem reservas a Kokosov seu profundo sentimento de repulsa diante do espetáculo de homens obrigados a passar pelo corredor polonês:

> Eles nos trouxeram um homem, tiraram-lhe a roupa, amarraram-lhe as mãos [...] ele estava pálido, branco como cal, só a boca estava muito aberta, sugando o ar; tremia como se tivesse febre [...]. "Atençãããoo! Começaaaar!" E eles se lançavam ao trabalho; o "corredor verde" se agita, as varas silvam no ar, sangue e tiras de carne saltam das costas dele! E ele grita [...] como grita! [...] como se suas costas estivessem pegando fogo [...]. As costas estão todas cobertas de carne esfrangalhada; o sangue corre e eles continuam batendo! Eles continuam batendo![25]

A maior parte dos condenados via a vara, o látego e o corredor polonês com indisfarçável horror. Alguns se fingiam de loucos numa tentativa desesperada de evitá-los. Mas na maioria das vezes eram logo desmascarados, ou percebiam que seu desempenho não tinha conseguido convencer as autoridades. Depois de dois ou três dias na enfermaria, "reclamando de maneira absurda", eles "de repente recuperavam os sentidos, se acalmavam e começavam a pedir, com tristeza, para serem dispensados". Em alguns casos, porém, a loucura não era fingida. Em *Recordações da casa dos mortos*, Dostoiévski fala de um pobre infeliz que resmungava na enfermaria de Omsk depois de ser sentenciado a 2 mil varadas. O terror acachapante ante a perspectiva de uma surra tão brutal o levou a perder o juízo.[26] Outros recorriam a meios ainda mais desesperados de evitar o castigo. Na véspera da execução da sentença, alguns esfaqueavam outro preso só para que se instaurasse um novo processo e assim se adiasse a hora em que o látego cortaria suas costas. Presos nas enfermarias vigiavam com atenção os homens trazidos para se recuperar entre duas sessões de flagelamento, para evitar que de repente agarrassem uma lâmina.

Alguns, no entanto, pareciam insensíveis aos espancamentos.[27] Seu poder de resistência e a disposição de enfrentar os açoites nas mãos de guardas e sentinelas investiam esses exilados de uma terrível autoridade por todos os assentamentos penais. No começo da década de 1850, Ivan Iefimov, chefe da destilaria penal de Aleksandrovsk, conheceu um condenado de nome Ivan Karatsupenko. Criminoso empedernido de "cabelos ruivos, um desagradável rosto sardento e uma cabeça estranhamente deformada", Karatsupenko tinha sido declarado culpado de três diferentes tentativas de fuga e sentenciado por uma corte distrital a cinquenta chibatadas do cnute. Foi levado para a praça que ficava diante da destilaria prisional, de modo que os forçados reunidos pudessem presenciar a execução da pena. Quando o oficial de polícia começou a ler a sentença, pronunciando as palavras "administrar cinquenta golpes de cnute ao forçado Karatsupenko por sua terceira fuga", o condenado atirou-se sobre ele e arrancou-lhe o papel com os dentes. Os soldados presentes quase o passaram pelas baionetas, mas o oficial de polícia, tendo se livrado dele, gritou: "Usem as coronhas!". Seguiu-se uma luta em que Karatsupenko conseguiu rasgar o documento, dar um soco no nariz do verdugo e quase mutilar um dos soldados antes de ser imobilizado no chão. Só foi possível amarrá-lo para que recebesse seu flagelo com ajuda de alguns condenados que olhavam a cena. O verdugo avançou não apenas para administrar o castigo como também para se vingar de seu próprio ferimento. Contudo, da primeira à última das cinquenta vergastadas, o forçado, apesar do esforço do algoz ressentido, não deu um único grito de dor. Durante o castigo, ele insultava todos sem exceção e prometia trucidá-los. Iefimov teve medo de que Karatsupenko, se fosse desamarrado, pudesse matar alguém, e ordenou que lhe pusessem uma camisa de força e o transferissem para o hospital da cadeia. O condenado virou-se para o verdugo com desdém e riu dele por não ter conseguido, apesar de seu esforço, arrancar-lhe um só grito de dor: "Se um dia eu te pegar, você vai grunhir e bater as botas!". Depois de suportar uma surra que teria deixado a maior parte dos homens agonizando e sem sentidos, Karatsupenko conseguiu andar sem ajuda para o hospital. Mais tarde, foi transferido para as salinas de Irkutsk, onde, por outro crime, foi sentenciado a passar três vezes por um corredor polonês de mil homens. Suportou 1,8 mil varadas sem um gemido até que afinal caiu. Seu corpo foi posto numa carroça e transportado entre as duas filas de homens para receber o resto do castigo.[28]

Vagabundos que tinham empreendido repetidas fugas ostentavam como medalhas de honra e distinção as horrendas cicatrizes acumuladas nas surras que se seguiam à recaptura. Alguns levavam tantos açoites que suas escápulas ficaram visíveis para sempre através da pele que nunca havia cicatrizado, como colunas de marfim polido. A capacidade de suportar açoites que sobressaíam pela violência exercia um efeito quase sacralizante sobre alguns homens, que eram conhecidos entre os forçados na época de Nicolau como "Ivans" — "aristocratas". Os "Ivans" se distinguiam por suas façanhas temerárias e pela capacidade de manter a postura desafiadora e sem se curvar diante de castigos lacerantes que lhes eram distribuídos pelo Estado, como explicou o jornalista Vlas Dorochevitch:

> Eles se tornavam "Ivans" depois de suportar não menos de 2 mil chibatadas; a vara de bétula não contava. Essas surras lhes conferiam uma aura de martírio e suscitavam respeito. As autoridades os subjugavam, mas também os temiam. Eram esses homens os que, sem pensar duas vezes, metiam uma faca entre suas costelas ou, com suas grilhetas, esmagavam o crânio de qualquer homem que os tivesse ofendido.[29]

O revolucionário exilado Lev Deikh recorda o poder dos "Ivans" e sua autoridade sobre a comunidade de condenados:

Supõe-se que, de jure, todos os membros da organização têm direitos iguais; mas, de facto, os criminosos de carreira, os velhos e experientes facínoras e vagabundos, são o elemento preponderante, e os "Ivans" governam o resto, de modo implacável, em seu próprio interesse. É a vontade deles a que passa por ser a vontade de todo o conjunto.

Foi só com a abolição do cnute que a aura de resiliência inumana dos "Ivans" começou a esgarçar e sua posição entre os condenados enfraqueceu.[30]

Apesar de todo o seu horror, o açoite e as correntes nunca serviram como elemento dissuasório eficaz contra uma hierarquia completa de crimes maiores e menores. Observadores como Iadrintsev estavam convencidos de que os açoites serviam apenas para cortar os últimos laços de humanidade que ligavam os prisioneiros a toda a sociedade: "Um homem que suportou o açoite e a vara, que subiu ao patíbulo [...] já não tem medo de nada. E o que é pior, ele se torna cruel, impassível diante do sofrimento dos outros". Iadrintsev acreditava que o castigo físico era "inútil na prevenção de crimes e ainda mais inútil para promover reabilitação. Em vez disso, inculca selvageria".[31]

Para as autoridades que estavam atentas ao quadro mais amplo do papel dos exilados no desenvolvimento da Sibéria, o repertório primitivo de punições empregado pelo Estado só prejudicava suas ambições coloniais. Os reincidentes violentos deviam ser condenados à morte, diziam esses funcionários; os culpados de delitos menores, como tentativa de fuga, deveriam receber castigo mais leniente voltado para corrigi-los e não aterrorizá-los.[32] Funcionários de alto escalão revelavam certo ceticismo em relação aos benefícios reabilitantes que os exilados pudessem acumular. O ministro do Interior Piotr Valuiev afirmava que só o açoite poderia disciplinar condenados que estavam além do alcance da persuasão moral.[33]

Com a chibata, o Estado estava promovendo uma violência que mais tarde seria lançada sobre toda a Sibéria, quando os forçados fossem libertados e enviados aos assentamentos. Mas estava promovendo também uma ameaça mais sutil e indireta às ambições de colonização penal: a inquietação pública cada vez maior que esses castigos estavam despertando entre as camadas instruídas da população da Rússia europeia.

***

Durante a maior parte do século XIX, as autoridades acreditaram que o castigo corporal poderia servir como influência dissuasória sobre outros exilados. O flagelo de malfeitores diante de grandes grupos de prisioneiros revelou-se, porém, de méritos pedagógicos questionáveis e resultou muitas vezes em expressões de solidariedade para com os homens que sangravam e gemiam no cepo diante do verdugo. Em 1880, São Petersburgo ordenou que esses espetáculos de horror se tornassem internos e ficassem fora do alcance da vista.[34] No entanto, nessa época, nenhum lugar da Sibéria estava na verdade fora do alcance da vista. Os que trabalhavam no sistema de exílio e os que o visitavam testemunhavam flagelos brutais e cada vez mais compartilhavam sua experiência com um público chocado, a milhares de quilômetros de distância dos muros das cadeias da Sibéria. O impacto dessas narrativas de castigos aplicados a exilados na Sibéria só pode ser entendido em termos de uma mudança mais ampla nas atitudes em relação aos criminosos depois das Grandes Reformas da década de 1860. No começo do século XIX, os criminosos da Rússia, como em qualquer parte da Europa, eram vistos como perversos, como o própio mal. Mas as modernas explicações psiquiátricas sobre o comportamento criminoso pouco a pouco se impuseram, entre russos instruídos, sobre as opiniões moldadas pela religião. Na década de 1880, criminalistas russos frequentavam conferências internacionais em Paris, Bruxelas e Londres para discutir as últimas teorias criminais. A imprensa séria publicava resenhas de seus trabalhos, garantindo que chegassem a um público mais amplo. Uma corrente significativa de opinião liberal e progressista nas cidades russas — leitores de publicações como *Russkaia misl, Otetchestvennie zapiski, Vestnik Europi* e *Russkoe bogatstvo* — simpatizava com as demandas dos criminalistas e acreditava que as reformas sociais eram a solução para o combate ao crime no império. Sistemas penais modernos em que o comportamento dos criminosos podia ser monitorado em detalhes, estruturado e disciplinado foram louvados como instituições de progresso e esclarecimento. Com a ascensão dessa moderna sensibilidade penal, o açoite de exilados se mostrava como uma volta a uma era primitiva de barbárie que muitos agora associavam aos longos séculos em que a Rússia permanecera sob o "jugo mongol".[35]

O dr. Lobas, da ilha Sacalina, foi bem explícito quanto ao desejo de confrontar seus leitores da Rússia europeia com o horror dos castigos na Sibéria: "O leitor que me perdoe", escreveu num artigo de 1898 publicado em *O Médico*, o mais prestigiado periódico de medicina do Império Russo, e nos Estados Unidos, "se o conduzo contra a sua vontade a um lugar de choro e ranger de dentes, um lugar em que tem todo o aspecto de uma câmara de tortura, se o forço a assistir a uma cena que ele teria preferido não ver".[36] Todos esses relatos acentuavam que o látego e a vara não eram instrumentos de justiça e disciplina, mas armas de uma tirania que explorava a condição de pessoas privadas de direitos, como era o caso dos forçados e exilados.

Não menos perturbadoras para as sensibilidades contemporâneas eram as celas de castigo nas prisões e fortalezas penais da Sibéria, nas quais exilados condenados por crimes graves e violentos ficavam trancados depois de flagelados. Eram masmorras lúgubres, apertadas e sem mobília; aos olhos de um visitante, pareciam "cavernas na pedra", muitas das quais não recebiam a luz do dia.[37]

Encarcerados por longos períodos nessas masmorras, os presos apodreciam em vida. Depois de sua prisão por vadiagem, um sectário chamado Iegor Rojkov foi enviado como exilado, em 1872, às minas de ouro de Kara. Ele se recusou a cumprir as tarefas atribuídas a ele e declarou que tinha sido punido sem motivo. Durante um período de três anos, os guardas reagiram a essa intransigência com surras brutais e puseram-no, de mãos e pés agrilhoados, em confinamento solitário com uma dieta de pão e água. Seis meses depois, o dr. Kokosov, que acabava de chegar a Kara, foi chamado para atender Rojkov em sua cela de castigo:

> O carcereiro abriu a porta [...] e fomos assaltados pelo cheiro de um corpo em decomposição. Nada estava visível na escuridão total. Ouvia-se alguém ofegando e fungando. O fedor era insuportável. Trouxeram uma vela de sebo e entrei na cela. O espaço tinha dois metros de comprimento por um de largura [...]. Não havia janela, apenas um olho mágico na porta. No chão, perto da tarimba, havia uma tina de madeira cheia de excrementos; o piso era úmido e lamacento. Na tarimba, ofegando e fungando, havia uma figura que era metade homem, metade cadáver [...].

Incapaz de examinar o prisioneiro na escuridão sepulcral da cela, Kokosov ordenou que ele fosse levado até o corredor iluminado:

As mãos e os pés, inchados pelo escorbuto, não cabiam na borda de ferro de seus grilhões; o ferro cortava seu corpo inchado. As mãos e os pés tinham ficado azuis e estavam cobertos de úlceras de cor cinza sujo. Piolhos enxameavam sobre os grilhões e se arrastavam sobre as úlceras. O ferreiro teve dificuldade para soltar os grilhões. Ao forçar os rebites, o cinzel escorregou e cortou-lhe o corpo. O sangue começou a correr. As calças e a camisa sujas e apodrecendo eram tudo o que ele vestia; os pés estavam descalços. O gorro e o casaco levados para fora da cela, depois de servir como travesseiro e coberta, estavam impregnados de excrementos [...]. Rojkov tinha o aspecto de um corpo em decomposição.

Kokosov ficou impressionado com o estado de Rojkov e escreveu uma carta irritada a seu superior, denunciando o que tinha visto com "a mais ilegal espécie de tortura".[38]

Tratado por Kokosov na enfermaria da prisão durante os dois meses seguintes, Rojkov começou a "readquirir a forma humana". De maneira surpreendente, ele permanecia irredutível. Explicou ao médico sua visão religiosa radical da liberdade humana, que não tolerava intervenção de um Estado coercitivo:

Sou livre de corpo e mente; vivo como quero, faço o que gosto [...]. Você é um mercenário — não faz o que lhe agrada, mas o que lhe ordenam que faça [...]. Sei que você quase chora quando açoitam um homem, e mesmo assim participa disso! Eu não quero ter nada a ver com isso!

Depois dos protestos de Kokosov, os responsáveis pela prisão relutaram em devolver Rojkov às celas de castigo e na verdade desistiram de lidar com ele. Durante uma visita imperial, ele foi escondido por medo que manifestasse algum tipo de insubordinação. Em 1874, foi enviado ao assentamento de Tchita, onde morreu na miséria em 1885, adorado pelas crianças do vilarejo local.[39]

Ainda pior que o confinamento solitário era ser trancafiado numa cela e acorrentado a uma parede. Uns poucos forçados autores de crimes mais graves — incêndio, roubo à mão armada e assassinato — eram punidos com o cnute e depois acorrentados a uma parede por períodos de até dez anos. No fim da década de 1840, a antiga prisão dos dezembristas em Petrovsk Zavod voltou a ser usada para abrigar essas pessoas. Os infelizes ficavam presos à parede por uma corrente ligada aos grilhões nas pernas. A prisão tinha espaço para acomodar até sessenta prisioneiros desse tipo, em grupo, "se mostrassem sinais de arrependimento", ou em confinamento solitário, "se continuassem incorrigíveis e violentos". Acorrentados às paredes, acreditavam as autoridades, os prisioneiros "sentiriam a plena força de seu castigo e não fariam dano à sociedade cometendo novos crimes".[40]

Petrovsk Zavod tinha confinados uns vinte desses reincidentes, acorrentados às paredes de celas solitárias, mas adjacentes. Os prisioneiros recebiam uma corrente de generosos dois metros de comprimento, o bastante para que pudessem se deitar no chão e esticar o pescoço para fora da soleira da cela, alcançando o corredor. Como muitas celas davam para o corredor, os companheiros de horizontal podiam assim se distrair. Um deles contava uma história enquanto os demais ouviam; depois o próximo começava outra, e logo um terceiro, e assim por diante, em turnos. Mesmo assim, era uma vida de tormentos para os homens. Muitos deles conseguiam objetos afiados, como facas, e tentavam cortar o próprio pescoço. Recebendo rações reduzidas, com o tempo os prisioneiros acorrentados às paredes enfraqueciam em corpo e mente. Seus músculos atrofiados estimulavam a indolência; os rostos ficavam pálidos, as vísceras inchavam e eles tinham dores de estômago; qualquer movimento, até onde as correntes permitiam, provocava náuseas. Em 1851, havia quinze presos cumprindo penas de dez anos acorrentados às paredes de Petrovsk Zavod. No resto da Sibéria, havia algumas dezenas deles.[41]

Na destilaria penal de Iglinsk, sob o comando de Ivan Iefimov, quatro homens estavam acorrentados às paredes por crimes cometidos quando já eram exilados. Um deles era razoavelmente alfabetizado, e por isso Iefimov lhe emprestava livros para que lesse em voz alta para os demais. Numa ocasião em que ele visitou a cela e perguntou-lhes se estavam gostando da leitura, "eles agradeceram e disseram que já não se entediavam como antes". O etnógrafo Serguei Maksimov encantou-se com a criatividade de alguns dos homens presos dessa forma: "Muitos aprenderam a costurar, transformaram-se em sapateiros ou gravadores". Trancafiados naquelas celas, os condenados arquitetavam meios de se comunicar através de canos e fendas. Alguns chegavam a receber suprimentos por meio de um "telégrafo" de cordas usado para passar objetos pelas janelas das celas.[42]

Alguns reincidentes ficavam acorrentados não às paredes, mas a carrinhos de mão, que arrastavam para lá e para cá durante períodos de cinco ou dez anos, numa punição que representava tanto um tormento moral quanto um obstáculo à fuga. Quando o diretor de uma prisão se aproximava de um condenado atrelado a um carrinho de mão, este "implorava, com amargas súplicas e lágrimas autênticas, para ser desatrelado: 'Estou tão cansado disso! Revira meu estômago! Daria qualquer coisa para não ter de olhar para isso!'".[43] Um dos criminosos mais notórios da ilha Sacalina, Fiódor Chirokolobov, era responsável por sucessivos roubos à mão armada, assassinatos e fugas ousadas. Tinha sido deportado da Sibéria Oriental para a ilha Sacalina, e lá, depois de mais uma tentativa de fuga fracassada, acabou sendo atrelado a um carrinho durante cinco anos. Em sua autobiografia, ele narra sua existência preso a sua "esposa-carrinho".

> Arrastei o carrinho comigo durante cinco anos e quatro meses [...]. Quando saía para trabalhar com ele, ficava cheio de ódio. Sofria aquilo [...] como um burro de carga [...]. Perdi qualquer tipo de forma humana, e o Estado me transformou numa espécie absurda de propriedade pessoal trabalhadora. Olhava para minha esposa-carrinho com um sentimento de amargura, absurdo e vergonha [...] um sentimento humano de vergonha. Pode parecer improvável que uma abominação moral como eu pudesse experimentar um sentimento humano de vergonha [...], mas minha alma ficava indignada com esse castigo.[44]

Os sentimentos de Chirokolobov se generalizaram a partir da década de 1860, quando poloneses instruídos chegaram às prisões e assentamentos penais da Sibéria, defendendo e divulgando ideias de soberania individual e direitos naturais. Depois de sua expedição à ilha Sacalina em 1892, o geógrafo e botânico Andrei Krasnov relatou que todos os condenados "sofriam por ter consciência de que não usufruíam de direitos [...] que eram párias, desclassificados da sociedade".[45] É claro que os críticos do sistema de exílio foram responsáveis em grande parte pelos sentimentos de direitos inalienáveis e dignidade dos presos, e houve mesmo alguns que, como Chirokolobov, registram em detalhe suas reações morais aos castigos que suportaram. Ainda que muitos desses escritores tenham imaginado tanto quanto observado, suas narrativas se alimentavam da repulsa crescente ao castigo brutal infligido aos exilados da Sibéria.

O maior dos escândalos, no entanto, ainda estava por vir. Em 1892, começaram a vazar para a esfera pública notícias sobre um dos mais negros episódios da história do exílio siberiano, o Caso Onor. Um capataz analfabeto da prisão de Rikovo, na ilha Sacalina, Alimpi Khanov, foi encarregado de supervisionar a construção de uma nova estrada através de densas florestas e pântanos para ligar o remoto assentamento de Onor, no centro de Sacalina, ao sul da ilha. Os quinhentos condenados pelos quais ele era responsável receberam tarefas exaustivas: eliminar a vegetação rasteira, derrubar e desenraizar árvores, construir represas e carregar terra. No inverno, eles congelavam e se queimavam com o frio que descia sobre as florestas da ilha; no verão, enxames de moscas se banqueteavam com sua carne exposta. Como mais tarde comentaria Dorochevitch, "era preciso uma força sobrenatural para exigir que um homem executasse um trabalho como aquele. As autoridades prisionais encontraram essa força sobrenatural [...] na forma do experimentado capataz Khanov". Ex-forçado que tinha cumprido sua pena nas minas de ouro de Kara e fora depois transferido para a ilha Sacalina, Khanov era, portanto, um homem de integridade questionável.[46]

Entre fevereiro e dezembro de 1892, 226 homens fugiram do canteiro de obras e outros setenta morreram em circunstâncias misteriosas. Nomeado para a enfermaria do distrito de Timovsk naquele ano, o dr. Lobas chegou à ilha Sacalina quando os boatos sobre a terrível violência na faixa de Onor começavam a se espalhar entre os exilados:

> Os guardas que supervisionam os trabalhos, sobretudo o capataz Khanov, deixam que os condenados morram de fome, castigando-os com a retirada de sua ração de pão, levando-os à exaustão com uma carga de trabalho mutilante e sujeitando-os às mais tenebrosas torturas e espancamentos que, com frequência, levava um deles à morte. Dizia-se que os forçados eram obrigados pela fome a roubar o pão dos demais. A situação se tornou tão crítica que um condenado, ao ir dormir, enterrou seu pedaço de pão e deitou-se em cima dele, o que de pouco lhe valeu, já que os companheiros famintos conseguiram roubar o pão cavando um túnel por debaixo do corpo dele. A fome levava os forçados a assassinar seus camaradas e comer sua carne [...]. Para fugir aos trabalhos em Onor, os homens cortavam as próprias mãos e os pés, e confessavam crimes que não tinham cometido para serem presos [...]. Dizia-se ainda que, nas proximidades de Onor, o fedor de corpos em decomposição empestava o ar.[47]

Lobas empreendeu uma pesquisa sobre os atestados de óbito de alguns dos setenta forçados mortos no canteiro de Onor e descobriu que muitos deles tinham sido falsificados. Os médicos haviam determinado a causa da morte sem sequer ver os corpos, e não fizeram necropsia nem mesmo em casos em que estava claro que ela fora violenta. Lobas descobriu que as conclusões dos médicos eram prova de "uma atitude negligente em questões legistas de grande importância" e até "uma tentativa maliciosa de dissimular e esconder o real estado de coisas". Os relatórios do próprio Khanov eram uma ladainha de desgraças: em 27 de maio, Olgui-Aga-Mamed-Khilil tinha sido assassinado por seus camaradas; no dia seguinte, o forçado Obidenkov foi morto por uma árvore que tombou; dois dias depois, o forçado Cherebkov morreu de repente depois do jantar; em 29 de junho, Olgui-Gussein-Kizakh morreu espancado por desconhecidos; em 1º de julho, Anton Kainatski morreu de exaustão e epilepsia; no mesmo dia, Mizin Trofim morreu de pneumonia; em 7 de julho, Averian Beli morreu de disenteria; em 11 de julho, Nikita Juravliov, do coração; em 30 de julho, Ali-Mechadi-Akhmet, de comida envenenada depois de ingerir cogumelos. E a lista prosseguia. Lobas ficou indignado com o que viu:

> Morriam forçados quase todos os dias em Onor, muitos deles de maneira prematura e em circunstâncias suspeitíssimas. Contudo, as autoridades não mostravam nenhum interesse por isso. Ao receber os comunicados do capataz sobre a morte de forçados, os funcionários simplesmente rabiscavam uma nota dirigida ao médico, pedindo que certificasse a causa do óbito e, *se necessário*, fizesse a autópsia deste ou daquele morto em circunstâncias misteriosas [...]. Numa palavra, as autoridades prisionais e o médico ficavam em seus escritórios, a centenas de quilômetros da cena onde se desenrolavam esses terríveis dramas humanos, e se contentavam com uma breve mensagem e algumas respostas formais. Pessoal médico e supervisores entendiam muito bem a atitude dos funcionários e agiam de acordo, enquanto os forçados gemiam com o trabalho penosíssimo, famintos e morrendo vitimados pela exaustão e pelas agressões.[48]

Dorochevitch entrevistou alguns dos canibais do Caso Onor. Um deles, chamado Pavel Kolokosov, fugiu do canteiro de obras com outro forçado faminto, que logo morreu no caminho. Kolokosov foi preso levando um saco com cortes de carne humana meio cozida. Ele admitiu que havia cortado e queimado a carne para conservá-la, mas, para completa incredulidade e zombaria dos outros forçados, negou que tivesse matado ou comido seu companheiro de fuga. Declarou que apenas simulara canibalismo, para ser preso e não voltar ao canteiro de

Onor. Os forçados, assombrados, precisaram ser contidos para não linchar Kolo-kosov, e o obrigaram a comer a carne diante deles. Outros prisioneiros suspeitos de canibalismo foram submetidos a surras violentas, algumas delas mortais. Mais tarde, os forçados imortalizaram os horrores de Onor numa canção:

Quando vínhamos de Tiumen,
Comíamos gansos,
Mas caminhando para Onor,
Era gente o que devorávamos![49]

Apesar de uma série de investigações oficiais, Khanov continuou em seu posto por aparente falta de provas. Contudo, começaram a vazar casos de atrocidades cometidas no canteiro de Onor. No verão de 1893, Krasnov voltou da ilha Sacalina para escrever sobre o Caso Onor para a popular revista *Livros da Semana*. Tchékhov também menciona o acontecido no livro *A ilha Sacalina*. A imprensa siberiana começou a abordar o assunto. Dois artigos assinados por conhecidos de Lobas saíram no jornal *Vladivostok* no outono de 1893, e, em fevereiro de 1894, o *Evening Standard*, de Londres, e o *New York Times* também noticiaram o caso.[50] Sob o título "Horrores da Rússia: Condenados cometem assassinato seguido de canibalismo e estão ansiosos para morrer", o *New York Times* dizia:

O relatório da comissão de inquérito sobre as condições em que se encontra a estação de condenados de Onor, na ilha Sacalina, revela numerosos casos de açoite impiedoso e dedos e braços cortados com sabres. O canibalismo, causado pela fome, é uma ocorrência comum. Assassinatos seguidos de canibalismo são cometidos com frequência apenas como meio de provocar uma execução que ponha fim a uma vida miserável [...]. Durante o ano de 1892, uma fieira quase contínua de caravanas com cadáveres mutilados passava de Onor a Rikovskoie, onde moram os funcionários. Nenhuma investigação foi feita, e os corpos foram logo sepultados. Nenhum dos dois médicos de Rikovskoie visitou Onor alguma vez que fosse.[51]

O Caso Onor expôs não apenas a tirania sádica de uma pessoa, mas uma rede burocrática completa de incompetência, indiferença e corrupção dentro da administração da colônia penal da ilha Sacalina. Foi um libelo acusatório do sistema de exílio como um todo o fato de que horrores como esse pudessem ter autorização para se desenrolar debaixo do nariz dos administradores da ilha.

O chicote, as correntes e o confinamento em solitária que constituíam o fundamento da autoridade e do poder nas prisões e colônias penais da Sibéria eram os instrumentos óbvios de um Estado débil. A selvageria e o horror não podiam substituir a disciplina e a justiça. Incapaz de reabilitar seus exilados, o Estado recorria a castigos selvagens para mantê-los sob controle. Num mundo em que funcionários e carrascos vingativos tinham tremendos poderes e liberdade de ação, os limites entre a lei e o despotismo continuavam indiscerníveis, para não dizer invisíveis. Para os prisioneiros, a aplicação seletiva da lei se mostrava arbitrária e imprevisível. Para os observadores, os castigos inspiravam repugnância.

Vistos cada vez mais como resíduo vergonhoso de um passado pré-moderno, os castigos físicos, no fim do século XIX, ensejavam condenação do público bem informado e ativo. Para muitos, a imagem do carrasco sádico que avulta, látego nas mãos, sobre o corpo prostrado de um exilado estava com rapidez se tornando um símbolo da autocracia.

12. "Ai dos vencidos!"

Numa manhã de maio de 1864, um homem de óculos, vestido com uma espécie de sobrecasaca escura muito a gosto dos intelectuais russos, preparava-se para sua execução civil na praça Mitnaia, em São Petersburgo. Editor da revista radical *Sovremennik*, Nikolai Tchernichevski tinha sido declarado culpado de "conspirar contra a ordem estabelecida". De joelhos diante de uma multidão em que se contavam de mil a 2 mil pessoas, teve uma espada partida sobre a cabeça e ouviu sua sentença. Estava "destituído de todos os direitos de Estado e condenado a catorze anos de trabalhos forçados nas minas, seguidos de assentamento na Sibéria para sempre".[1] Em muitos aspectos, as autoridades avaliaram com exatidão os perigos que esse jornalista de maneiras corteses representava, por meio de seu fluxo incessante de publicações. Suas ideias eram um libelo intelectual contra os fundamentos ideológicos da ordem tsarista e uma inspiração para as sucessivas gerações de radicais que durante o meio século seguinte travariam uma luta enfim vitoriosa contra o Estado. *O que fazer*, romance que Tchernichevski escreveu enquanto aguardava julgamento na fortaleza de São Pedro e São Paulo, foi um brado dirigido a uma geração de radicais. Sua visão utópica de um mundo revolucionário parecia a muita gente, inclusive ao jovem Vladímir Lênin, dar forma a um futuro governo possível — e tão tentador quanto iminente —, orientado pelo secularismo, pela igualdade, pela harmonia e pela razão. As reivindicações de re-

310

formas expressas por Tchernichevski se coadunavam com o espírito do "nobre arrependido" das décadas de 1860 e 1870, que sentia grande responsabilidade moral pelo campesinato pobre e oprimido. O sentimento de culpa foi uma inspiração psicológica para a revolução iminente.[2]

A multidão de observadores da praça Mitnaia não se reunira por opróbrio, mas por solidariedade. A severidade da sentença impingida ao intelectual de fala mansa gerou comoção entre os russos instruídos. No entanto, Tchernichevski era apenas o mais celebrado das centenas de jovens radicais colhidos pela repressão do governo na década 1860. Muitos deles eram culpados de pouco além de fazer circular e debater ideias científicas e políticas que eram a última moda na era das reformas. Uma das pessoas detidas pelas autoridades foi Varvara Aleksandrovskaia, mulher de um funcionário de escalão inferior. Ela ficou presa em confinamento em São Petersburgo durante dois anos, e em 1869 foi condenada por "filiação a um grupo ilegal dedicado a mudar a ordem estabelecida na Rússia e por tentar fazer circular textos criminosos". Aleksandrovskaia foi sentenciada à perda de todos os direitos hierárquicos e ao exílio perpétuo na Sibéria Oriental. Centenas de pessoas foram banidas para a Sibéria nos anos seguintes.[3]

O movimento revolucionário russo no reinado de Alexandre II era um aglomerado flutuante de partidos, orientações ideológicas e pessoas inspiradas pelos escritos de pensadores radicais como Tchernichevski, Mikhail Bakunin, Piotr Lavrov, Piotr Tkatchev e Nikolai Mikhailovski. As doutrinas a que eles se filiavam — materialismo, utilitarismo, darwinismo, socialismo, anarquismo e, mais tarde, o marxismo — adquiriam uma aura de verdade infalível entre seus acólitos na segunda metade do século XIX e impeliram uma geração de radicais à ação política. No entanto, os revolucionários estavam divididos sobre como lutar por seus objetivos. Alguns achavam que campanhas progressivas de agitação e propaganda entre o campesinato poderiam despertar o povo de seu sono político e levar à prática a derrubada do governo. Outros, de disposição política e psicológica mais impaciente, preferiam a ação violenta e a propaganda por arma. Acreditavam ingenuamente, como se comprovou, que o assassinato do tsar desencadearia o colapso da autocracia. Fosse qual fosse a tática revolucionária predileta, as ideias subversivas na era da pós-Emancipação exerciam um poder quase físico.[4]

Os radicais das décadas de 1860 e 1870 agarraram o bastão da reforma e da revolução que tinha sido erguido em primeiro lugar pelos dezembristas da praça do Senado em 1825. Embora muitos dos primeiros rebeldes já tivessem morrido na obscuridade de suas lavouras na Sibéria, foi na era das reformas da década de 1860, com o relaxamento da censura, que a história de sua rebelião frustrada e de suas experiências na Sibéria, contada numa enxurrada de publicações memorialistas, começou a penetrar na consciência de uma geração mais jovem. O poema de Nikolai Nekrasov intitulado "Mulheres russas", que homenageia o sacrifício voluntário das mulheres de dezembristas, veio à luz um ano antes do "verão louco" de 1874, que foi um marco na história do movimento revolucionário. Milhares de estudantes deixaram suas salas de aula para se espalhar pelo campo no que chamaram de "ida até o povo". Eles pretendiam divulgar o evangelho socialista entre os camponeses morando com eles, desenvolvendo suas habilidades recém-adquiridas de artesãos e ganhando a confiança deles. Decepcionaram-se. Os ativistas acabaram sendo denunciados por aldeães broncos e desconfiados, presos e processados numa sucessão de grandes julgamentos políticos. No "Julgamento dos 193", no outono de 1877, muitos dos acusados foram absolvidos por jurados simpatizantes, mas os anos passados na prisão antes do julgamento de pouco tinham servido para amansá-los. Dois deles que ficaram livres, Sofia Perovskaia e Andrei Jeliabov, continuaram liderando o novo partido revolucionário, a Vontade do Povo, e planejando o bem-sucedido assassinato de Alexandre II em 1881.[5]

Servidores do Estado no fim do século XIX viam as ideologias revolucionárias seculares como uma praga. O político arquiconservador Konstantin Pobedonostsev, procurador do Santo Sínodo — cargo equivalente a ministro da Religião — e tutor de Alexandre III e Nicolau II, comparava a influência cada vez maior do sentimento revolucionário sobre a juventude a uma "epidemia moral". Se, aos olhos das autoridades, o socialismo, o anarquismo e o niilismo eram epidemias perigosas, a Sibéria era o reino da quarentena política.[6]

Da mesma forma que os dezembristas, Tchernichevski foi levado para o exílio sem perda de tempo em carroça, sob guarda armada, e não pelo caminho habitual. As autoridades tinham pavor da influência que ele exercia. Depois que os poloneses se recusaram a trabalhar na mina de Akatui, na Região Mineradora de Nertchinsk, em 1866, a polícia secreta tsarista, o Terceiro Departamento, investigou se fora Tchernichevski quem orquestrara aquele ato de desobediência (não havia sido ele). Quando por fim o pensador deixou a prisão para ser enviado a um assentamento, em 1871, as autoridades relutaram, devido à celebridade dele, a permitir-lhe que se radicasse em algumas das maiores cidades da Sibéria: "A importância de seus crimes e a autoridade que exerce sobre seus acólitos exigem que o governo tome medidas especiais para vedar a Tchernichevski a possibilidade de fuga e de disseminar sua influência negativa sobre a sociedade". Assim, preferiram enviá-lo à fortaleza penal de Viliusk, no distrito de Iakutsk, 2,3 mil quilômetros ao norte de Nertchinsk. Com isso, as autoridades conseguiram apenas elevar Tchernichevski a algo equivalente a um santo laico.[7] A polícia secreta chegou a interceptar cartas dirigidas a ele vindas de admiradores do exterior. Uma delas, postada em Nova York em 1º de março de 1881, dizia:

> Caro e eterno senhor,
>
> O senhor teria a gentileza de agraciar uma filha do Novo Mundo com seu autógrafo? [...] Caro mártir, o dia chegará, espero, em que seu soberano cederá e lhe concederá a liberdade, que o senhor possa outra vez respirar o ar, que foi a dádiva do homem.[8]

Quando a carta foi despachada em Nova York, no entanto, o imperador a quem ela se referia estava morto, com as pernas arrancadas por uma bomba revolucionária no canal Iekaterinski, em São Petersburgo.

O assassinato de Alexandre II foi a culminação de uma campanha de violência obstinada e implacável movida pelos membros da Vontade do Povo. Entre 1878 e 1881, os revolucionários mataram dois governadores de província e executaram seis atentados fracassados contra a vida do tsar, dos quais o mais espetacular foi o bombardeio do palácio de Inverno, em fevereiro de 1880, que custou a vida de onze soldados e feriu outros 56. O governo de Alexandre respondeu à "caça ao imperador" com uma série de leis casuísticas que pretendiam aumentar de modo radical os poderes administrativos da polícia e dos governadores para vigiar, deter, prender e exilar pessoas suspeitas de envolvimento com o movimento revolucionário ou mesmo de simpatia por ele. Esses amplos poderes permitiam que as autoridades passassem por cima dos tribunais abertos e dos júris, que se estavam mostrando aliados pouco confiáveis na guerra contra o terror.

Contudo, o governo lutava contra uma maré de simpatia popular pelos objetivos dos terroristas, ainda que não exatamente por seus métodos. Em 24 de janeiro de 1878, Vera Zasulitch entrou no gabinete do governador de São Petersburgo, Fiódor Trepov, ferrenho conservador, disparou contra ele e o feriu com gravidade. Submetida a um julgamento público, Zasulitch admitiu de maneira voluntária sua responsabilidade, mas afirmou que a tentativa de assassinato se justificava como reação à ordem dada por Trepov de flagelar com brutalidade um jovem revolucionário que se recusara a tirar o chapéu diante dele na fortaleza de São Pedro e São Paulo. Para consternação do governador, o júri absolveu Zasulitch em 31 de março de 1878. Convencido de que as cortes agora trabalhavam para corroer seu governo, o imperador e seus conselheiros implantaram uma nova lei, em 9 de maio daquele ano, que abolia o direito a julgamento de qualquer pessoa acusada de ataques contra funcionários do governo. No futuro, esses acusados seriam julgados por cortes militares em segredo de justiça. O uso do poder de polícia emergencial para deter suspeitos e de tribunais militares para garantir as condenações revelou-se muitíssimo impopular. No entanto, essas medidas tiveram o efeito desejado: as atividades da Vontade do Povo foram bastante prejudicadas pela polícia secreta e suas finanças se desorganizaram. No entanto, em 1º de março de 1881, os terroristas pegaram seu homem.[9]

Depois do assassinato, a Okhrana, organização que sucedeu ao Terceiro Departamento, agora equipada com telégrafo, fichários e uma vasta rede de espiões e informantes, caçou os membros da Vontade do Povo e destruiu a organização. Paralisado pela infiltração em suas células, o movimento revolucionário ficou de fato desmobilizado para aquela geração e já não desafiaria a autocracia com projéteis e bombas até o início do século xx. Como forma de propaganda bombástica, o assassinato foi um fracasso total. Não provocou a profetizada revolução. Pelo contrário, o campesinato voltou-se contra seus supostos benfeitores revolucionários atacando os judeus do império, que culpavam pelo assassinato. Em diversas cidades, os pogroms — uma mistura de saque violento, assassinato e estupro — custaram a vida de dezenas de pessoas e devastaram os negócios dos judeus.[10]

Mesmo derrotada, no entanto, a Vontade do Povo conquistou uma vitória decisiva naquela que tinha se tornado uma batalha por apoio emocional. Durante a "caça ao imperador", os limites que separavam a convicção política da ação política haviam se diluído, e a perseguição do Estado a todo e qualquer dissidente, real ou imaginário, atingiu proporções de paranoia. Então, em 14 de agosto de 1881, em reação ao assassinato, o governo de Alexandre iii promulgou o Estatuto de Medidas pela Preservação da Ordem Política e da Tranquilidade Social. Essa lei, que se pretendia temporária, permaneceu em vigor até 1917 e foi chamada por Lênin de "Constituição de facto da Rússia".[11] Ela concedia ao governo o direito de condenar qualquer pessoa suspeita de atividade sediciosa a penas que variavam entre três e cinco anos de exílio administrativo na Sibéria (aumentadas para oito anos a partir de 1888). O americano George Kennan explica os poderes conferidos pela nova legislação:

> Exílio por processo administrativo significa banimento de uma pessoa indesejável de uma parte do império para outra sem a observância de qualquer das formalidades legais que, na maioria dos países civilizados, precedem a privação de direitos e a restrição da liberdade pessoal. A pessoa indesejável pode não ser culpada de crime algum [...], mas se, na opinião das autoridades locais, sua presença num lugar determinado for "prejudicial à ordem pública", ou "incompatível com a tranquilidade pública", ela pode ser presa sem mandado, mantida encarcerada de duas semanas a dois anos, depois disso ser removida à força para qualquer outro lugar dentro dos limites do império e ser submetida a vigilância policial por um período que vai de um a dez anos [...]. Não tem direito de exigir julgamento, sequer uma audiência. Não pode fazer um pedido de habeas corpus. Não pode dirigir apelos a seus concidadãos através da imprensa. Sua comunicação com o mundo é cortada de modo tão repentino que às vezes nem mesmo sua família sabe o que aconteceu com ela. Fica destituída de qualquer meio de defesa.[12]

A legislação emergencial representava uma suspensão efetiva do estado de direito, e permaneceu em vigência bem depois que a turbulência provocada pelo assassinato do monarca popular arrefeceu. Seguiram-se duas décadas em que o Estado não fazia distinção entre radicais perigosos e reformistas moderados. Observadores sagazes, mesmo os que nutriam pouca simpatia pelo movimento revolucionário, eram praticamente unânimes na denúncia dessas leis. Aos olhos de seus críticos, a legislação de emergência não era apenas um repúdio fundamental da cultura da transparência e da legalidade orientada pelas reformas de 1864, mas também um recrutador de revolucionários. Os exilados políticos, tanto os que tinham sido condenados por tribunais militares quanto os exilados administrativos, sofreram, no imaginário popular, uma transformação, de fanáticos perigosos e desorientados a mártires dignos de simpatia. O palco dessa reinvenção foi a Sibéria.[13]

Entre 1881 e 1904, o Estado enviou para o exílio 4,1 mil pessoas acusadas de "deslealdade política" e outras 1,9 mil por distúrbios em fábricas. Os números não eram tão grandes se confrontados aos cerca de 300 mil exilados na Sibéria em

1898. No entanto, importam muito menos do que a influência e a posição dos homens e mulheres que se viram colhidos pela rede. Muitos deles, se não a maior parte, eram instruídos, e muitos provinham de famílias prósperas e bem relacionadas. Um tribunal militar de Kiev condenou Maria Kovalevskaia, filha de um famoso nobre russo e irmã de um dos mais destacados economistas do império, a catorze anos de trabalhos forçados na Sibéria por sua atividade revolucionária. Filhos da nobreza, estudantes, jornalistas, comerciantes e até funcionários do Estado foram parar no exílio por pouco além de possuir literatura subversiva. Em 20 de dezembro de 1881, o aristocrata Valentin Iakovenko foi mandado para o exílio administrativo por "deslealdade" depois que uma busca em sua propriedade revelou anotações em código e endereços de pessoas tidas como envolvidas em atividades revolucionárias. Um ano depois, outro jovem radical foi sentenciado ao assentamento na Sibéria Oriental por escrever um epitáfio insolente para Alexandre II depois de seu assassinato. Um homem foi enviado ao exílio administrativo na Sibéria por ser "suspeito da intenção de se pôr em situação ilegal". O jornalista Mikhail Borodin foi banido em 1881 para o território de Iakutsk por conta de um manuscrito de "conteúdo perigoso e pernicioso" descoberto em seu poder. Tratava-se de uma cópia extra de um artigo sobre a situação econômica da província de Viatka que Borodin tinha enviado à revista progressista *Otetchesvennie zapiski*. Três ou quatro meses depois de sua chegada a um dos recantos mais desolados da Sibéria Oriental, ele descobriu que seu artigo fora liberado pelo comitê censor de São Petersburgo e publicado numa das revistas de maior circulação do império.[14]

Os exilados políticos das décadas de 1870 e 1880 não se resignaram, como tinham feito os dezembristas, a aceitar seu banimento da cena política e agir em prol de seus compromissos ideológicos dentro dos limites estreitos de sua própria comunidade no exílio. Seguindo o exemplo dos poloneses da década de 1860, essa nova geração estava determinada a estender sua luta política às autoridades. Embora muitos ou talvez todos os revolucionários nunca tenham sido submetidos a julgamento, eles se puseram a transformar as estações de parada, prisões e cidades da Sibéria num gigantesco tribunal público.

Uma das formas de luta era a fuga. Mas para os presos políticos a fuga não era apenas uma questão de buscar a liberdade pessoal. Para os que tinham sido mandados para a Sibéria por sedição, as fugas eram atos organizados de resistência política, planejados e preparados em âmbito coletivo. Um antigo prisioneiro do assentamento penal de Kara, na Região Mineradora de Nertchinsk, lembrou-se das celas dos condenados funcionando como verdadeiros "campos de expedicionários", em que diversas pessoas se ocupavam de diferentes tarefas para equipar os futuros fugitivos: costurando roupas adequadas, preparando torradas, salgando peixe e carne, e assim por diante. Se conseguiam escapar das prisões, os revolucionários podiam recorrer a uma vasta rede de simpatizantes entre os exilados políticos que cumpriam suas próprias penas de degredo nas cidades siberianas. (Um grupo de exilados foragidos entocado numa casa da cidade de Barzuguin, na província de Irkutsk, foi capturado porque suas ruidosas celebrações do assassinato do tsar chamaram a atenção das autoridades.) Mas na década de 1890 havia na Sibéria redes clandestinas de exilados especializados em transferir criminosos de Estado fugitivos às escondidas para o exterior.[15]

As autoridades também tratavam as fugas de "prisioneiros de Estado" como atos de resistência política. Quando, em novembro de 1878, presos políticos de um grupo ao qual pertencia o influente revolucionário Ivan Debogori-Mokrievitch conseguiram trocar de nomes com presos comuns no momento em que sua caravana de deportação saía dos limites de Irkutsk rumo ao Transbaikal, o ministro do Interior, Lev Makov, julgou que a notícia merecia a atenção do imperador. Outro grupo fugiu da estação de parada de Kliuchi, perto de Atchinsk, e Alexandre II em pessoa condenou o "imperdoável equívoco", ordenando que "os responsáveis fossem repreendidos com severidade". Na ocasião em que Maria Kovalevskaia foi devolvida a Kara depois de três anos na prisão de Irkutsk, o ministro do Interior fez questão de que a transferência fosse confiada não a soldados rasos, mas a jovens oficiais escolhidos a dedo. As autoridades siberianas também ofereciam recompensas muito maiores pela captura de presos políticos. Pegar um criminoso comum podia render três rublos a um camponês siberiano, já um preso político lhe valeria cinquenta, importância que, como informavam os funcionários, levava "não apenas os camponeses como também suas mulheres" à caça desses fugitivos.[16]

Um dos mais implacáveis inimigos do regime tsarista na Sibéria era uma jovem miúda, de cabelos pretos e pele clara, chamada Ielizaveta Kovalskaia. Nascida em 1850 na província de Kharkiv, hoje na Ucrânia, Kovalskaia era filha ilegítima de um proprietário de terras e uma de suas servas. Sua infância, num mundo em que seu pai ainda tinha o direito de vender sua mãe, impregnou-a de uma profunda repulsa pelo Estado tsarista. Na década de 1870, ela se tornou uma integrante ativa do movimento revolucionário clandestino, trabalhando na distribuição de literatura subversiva e na agitação das classes trabalhadoras em Kharkiv, São Petersburgo e Kiev, onde por fim foi presa, em outubro de 1880. Em junho do ano seguinte, um tribunal militar de Kiev a condenou a trabalhos forçados perpétuos, e desde então Kovalskaia se tornou uma pedra no sapato das autoridades siberianas.[17]

A caminho de Kara numa caravana de deportação, em setembro de 1881, ela foi, segundo um relatório, "a principal instigadora de distúrbios em Krasnoiarsk", onde "provocou seus guardas" e "insultou o comandante da caravana". Ela liderou os demais presos políticos numa greve de fome que conseguiu algumas concessões, antes que os integrantes da caravana fossem divididos em grupos menores e levados a Irkutsk sob guarda armada até os dentes. Tendo chegado à prisão de Irkutsk, Kovalskaia começou a planejar uma fuga e, em 16 de fevereiro de 1882, junto com a também revolucionária Sofia Bogomolets, ela simplesmente saiu andando da cadeia. As duas deixaram bonecos em suas camas para enganar o vigia noturno, e Kovalskaia, disfarçada de guarda penitenciária, conduziu Bogomolets através dos portões da prisão. Instaurou-se uma caçada humana, e ambas foram presas dez dias depois, com um cúmplice, numa casa em Irkutsk. Por fim, no início da primavera de 1882, Kovalskaia foi entregue à prisão de mulheres de Kara.[18]

Kovalskaia fez diversas greves de fome em protesto contra as condições da prisão. Incontrolável e mau exemplo para as outras presas, ela foi devolvida a Irkutsk, onde protagonizou outra fuga. Deixando volumes debaixo das cobertas para que a vigilância pensasse que ela dormia, conseguiu um uniforme de guarda, com a aparente conivência de uma das guardas. Na manhã de 2 de setembro de 1884, os guardas que cuidavam da entrada da prisão abriram os portões para a saída de um grupo de cinco prisioneiras, acompanhadas de um guarda, para um serviço externo. Já era tarde quando descobriram que o guarda não era outro senão Kovalskaia. A fugitiva "desapareceu sem deixar traços, apesar das buscas minuciosas na cidade e nos assentamentos de exilados das cercanias", o que levou o procurador de Irkutsk a crer que a fuga tinha sido "bem preparada com antecedência".[19]

Dessa vez, Kovalskaia ficou um mês e meio em liberdade, acolhida por um médico simpatizante em Irkutsk. Mas um dia sua sorte virou: um soldado aposentado descobriu seu paradeiro, capturou-a e levou-a de volta para as autoridades, tendo por isso recebido uma magnífica recompensa, da ordem de duzentos rublos.

De volta à prisão de Irkutsk, Kovalskaia foi posta em confinamento solitário. Mesmo assim, continuou inflexível. Em poucos meses, aderiu a outra greve de fome em protesto contra as condições da prisão e, acreditando que sua morte obrigaria as autoridades a fazer concessões, tentou se enforcar. A intervenção de último momento de um guarda a salvou. A corte provincial de Irkutsk sentenciou Kovalskaia a noventa chibatadas "por crimes acumulados ao longo de um período de treze anos e meio". Mas Serguei Nosovitch, governador de Irkutsk, suspendeu o castigo, temendo a reação da opinião pública quanto ao flagelamento de uma mulher pequenina, de saúde abalada, culpada de pouco mais que atitudes desafiadoras não violentas, ainda que fanáticas. Ele argumentou que em geral "as mulheres são poupadas aos castigos físicos e Kovalskaia tinha sido declarada incapaz de suportar a punição". Decidiu então sentenciá-la a trabalhos forçados perpétuos nas minas de ouro de Kara, e na condição de criminosa comum e não política. Kovalskaia se recusou a comparecer ao pronunciamento de sua sentença. Prisioneira solitária em companhia de seis gendarmes, ela atravessou o gelo do lago Baikal rumo ao assentamento penal de Kara, em Nertchinsk, em 14 de abril de 1884.[20]

Na sequência do assassinato de Alexandre II, em 1881, todos os que já tinham sido sentenciados a exílio administrativo na Sibéria, mesmo sem acusação formal, foram obrigados a jurar fidelidade ao novo tsar, Alexandre III. Muitos se recusaram. Em maio de 1879, o romancista e revolucionário Vladímir Korolenko havia sido condenado a exílio administrativo na cidade de Viatka, na Rússia europeia, por ser "desleal em termos políticos e perigoso para a tranquilidade pública". Em junho de 1881, ele foi convidado a prestar o juramento que o tornaria "súdito leal do imperador soberano", mas se negou a fazê-lo. O ministro do Interior, Nikolai Ignatiev, decidiu que, "diante das atitudes hostis que Korolenko revelou e de suas perniciosas atividades anteriores, seria necessário exilá-lo para residência na Sibéria Oriental, sob estrita supervisão policial". Korolenko chegou a Iakutsk, a mais de 8 mil quilômetros de Moscou, em novembro daquele ano. Como não tinha recursos próprios, foi beneficiado com uma dotação mensal de míseros seis rublos.[21]

Para muitos, as coisas eram bem piores. Em 1888, George Kennan conheceu um casal, Ivan e Aleksandra Tcherniavski, que fora enviado à Sibéria em exílio administrativo havia dez anos. Pouco depois do nascimento de seu filho na província de Tobolsk, em 1881, eles foram instados e prestar juramento de fidelidade.

Recusaram-se, e por terem de novo deixado à mostra seus instintos traiçoeiros foram mandados mais para leste, primeiro para Krasnoiarsk e, depois de uma segunda recusa, para Irkutsk. Na ocasião, já era inverno e eles viajavam numa carroça aberta ao longo de centenas de quilômetros de taiga congelada. Aleksandra fez de tudo para manter seu bebê aquecido durante a viagem, mas quando retirou os panos que o envolviam na última estação de parada antes de Irkutsk, encontrou-o morto de frio. Ela ficou fora de si com o choque da descoberta, chorando e cantando cantigas de ninar para a criança morta. Kennan relatou esse caso a leitores horrorizados nos Estados Unidos e na Europa: "No pátio da prisão de encaminhamento de Irkutsk, a uma temperatura de trinta graus abaixo de zero, Tcherniavski ficou meia hora esperando que seu grupo fosse formalmente recebido, tendo a mulher delirando a seu lado e o filho morto nos braços".[22]

A recusa a prestar juramento firmou uma regra de jamais pedir clemência às autoridades. Serguei De-Karrer, alto funcionário do Ministério do Interior enviado à Sibéria em 1888 para investigar as condições dos "criminosos de Estado", deu a eles um conselho. Sugeriu, sobretudo aos que tinham família, que suas queixas deviam se enquadrar melhor em termos de um apelo "com sincero arrependimento, à misericórdia monárquica". A resposta dos exilados, contou ele, foi inequívoca: "Não, não queremos ouvir isso: já sofremos castigos demais para isso! O governo é capaz de nos apartar do ambiente em que ele acredita que sejamos nocivos, mas não pode nos forçar a renunciar a nossas convicções". Os revolucionários entendiam muito bem que o exercício da clemência era um exercício de poder soberano. Aceitar a misericórdia do tsar era se submeter a seu direito de concedê-la. Certa vez, uma presa política, Sofia Shekhter, foi informada de que, em virtude de uma anistia imperial concedida em 15 de maio de 1883, estava livre de trabalhos forçados. Ela, no entanto, escreveu às autoridades, dizendo: "Acreditando que ninguém tem o direito seja de me castigar, seja de me perdoar, e vendo ambas as coisas como atos de coerção, declaro portanto que rejeito esse ato de clemência [...]. Assumo o cumprimento de toda a sentença". Por esse ato de desafio, foi enviada a um assentamento na imensidão gelada de Iakutsk.[23]

Os políticos podiam ter suas sentenças ao exílio administrativo ampliadas de repente, sem explicação. Em 1887, Iegor Sinev foi exilado por um período de três anos para a aldeia de Ujur, na província de Ienissei, onde se dedicou à agricultura. Ao fim de sua pena, no entanto, ele não foi libertado, mas transferido para outro distrito, "sem aviso ou explicação", por ordem do governador-geral da Sibéria

Oriental, Aleksei Ignatiev. Escreveu então ao ministro do Interior, Dmitri Tolstói, para pedir explicações sobre esse prolongamento inesperado de seu exílio: "Desconheço crimes de minha parte que possam ter ensejado tal castigo, ainda mais porque não defendi ideias subversivas entre os camponeses [...] e, se tive alguma relação com eles, foi apenas em consequência de nossos interesses econômicos recíprocos". Sinev se queixou de ter investido muita energia e recursos em sua lavoura e que seria impossível praticar a agricultura em seu novo local de banimento. Os subsídios estatais, argumentou, eram inadequados, e ele estava agora sofrendo "terríveis privações". Mas o gabinete do governador-geral se recusou a revogar a extensão de sua pena para exílio administrativo e mesmo a dar uma explicação sobre ela. O crime de Sinev, o motivo do prolongamento de três anos em seu exílio administrativo e sua transferência para outra região da província de Ienissei ficaram claros na correspondência interna das autoridades. Em setembro de 1889, Sinev tinha enviado uma petição ao ministro do Interior contendo "agudas críticas ao tratamento que o governo dispensava aos presos políticos e mostrou sua simpatia para com eles".[24]

Mesmo podendo ter suas sentenças prolongadas sem explicação, alguns radicais exilados, como os dezembristas meio século antes, encontravam, paradoxalmente, maior liberdade na Sibéria do que na terra natal. A relativa lassidão da vigilância estatal, a escassez crônica de profissionais capacitados e a relativa indulgência do pessoal escasso e sobrecarregado das administrações locais contribuíam para criar uma atmosfera mais permissiva na Sibéria do que nas cidades da Rússia. "Aqui, ninguém se importa com dizer o que pensa", observou Tchékhov numa carta à família em junho de 1890. "Não há ninguém para prendê-lo e nenhum lugar para onde exilá-lo, de modo que você pode ser liberal o quanto quiser."[25] Banidos de seu ativismo político e cívico na Rússia europeia, muitos descobriam na Sibéria novas oportunidades para perseguir seus interesses econômicos, editoriais e educativos.

Os exilados administrativos — alguns dos quais tinham sido banidos por serem "indignos de confiança política"— encontraram trabalho como contadores, funcionários e inspetores até na burocracia siberiana. Muitos se dedicaram aos estudos, dando continuidade a uma tradição iniciada com os exilados das décadas de 1820 e 1830 de investigar a geografia e a geologia. Os ideais democráticos dos políticos levaram muitos deles a estudar os povos nativos da Sibéria. Outros organizaram expedições a regiões remotas do Transbaikal e ao extremo norte, e suas descobertas favoreceram as administrações siberianas dispostas a entender e governar melhor seus próprios territórios. A pesquisa etnográfica de um grupo de exilados políticos da década de 1890 ajudou o governador da província de Iakutsk, Vladímir Skripitsin, a esboçar uma reforma agrária destinada a combater a pobreza dos iacutos nativos.[26]

Alguns exilados políticos continuaram a trabalhar como escritores e jornalistas. A imprensa regional era menos visada pela censura do que a metropolitana, e ganhou nome pelo fato de comentar sem disfarces os problemas administrativos, sociais e econômicos da Sibéria. Exilados políticos dominavam o corpo editorial de jornais e revistas como *Vostotchnoe obozrenie* e *Sibirskaia gazeta*.[27]

Embora em termos formais fossem proibidos de lecionar, os exilados desempenharam papel fundamental, quase sempre por debaixo do pano, na promoção do desenvolvimento da educação na Sibéria. Atuaram como preceptores em casa de comerciantes e funcionários siberianos e ajudaram a fundar muitas bibliotecas, museus e clubes de leitura nas cidades siberianas. Contribuíam também com a fundação de escolas primárias e secundárias em suas regiões, escreviam muito sobre as necessidades educativas da população local e chegaram a patrocinar o ensino nas línguas nativas dos povos indígenas da Sibéria.[28]

Apesar dessas discretas oportunidades de ativismo, a vida dos exilados administrativos na Sibéria continuava sendo um sem-fim de intromissões de funcionários menos graduados, humilhações diárias e restrições descabidas. Em muitos casos, os exilados não tinham liberdade para sair da aldeia sem permissão oficial e deviam comparecer com regularidade à delegacia de polícia. Sua correspondência passava pelas mãos das autoridades siberianas. Eram impedidos, como outrora os poloneses, de exercer suas profissões. Um jovem estudante de medicina chamado Nifont Dolgopolov foi exilado em 1880 de Carcóvia para Tiukalinsk, na província de Tobolsk, por protestar contra a dispersão violenta de uma manifestação de estudantes. Na Sibéria, ele trabalhou em caráter extraoficial como médico, atendendo camponeses, e foi repreendido por isso com severidade pelo chefe de polícia. Num dia de outono, a mãe do prefeito de Tiukalinsk levou um tiro acidental numa perna e o médico local, dizendo não ter a especialização necessária, eximiu-se de extrair o projétil. Recomendou ao prefeito que procurasse Dolgopolov, um "competente cirurgião". Com algumas reservas quanto às consequências que poderiam recair sobre ele, Dolgopolov executou a operação e extraiu o projétil. Sem demora, foi detido e levado para a prisão distrital de Tiukalinsk, onde contraiu tifo. Apesar das expressões de solidariedade dos moradores da cidade, que lhe levavam alimentos e flores para a cadeia, e do grave estado de saúde do prisioneiro, o chefe de polícia local fez com que ele fosse deportado para a cidade de Ichim. De maneira surpreendente, Dolgopolov acabou se recuperando no hospital. O caso foi parar nas páginas do *Times*, de Londres, em janeiro de 1884.[29]

Indignados com as punições que consideravam injustas, os políticos praticavam numerosos atos de desafio. Recusavam-se a sair de suas celas para a chamada, a viajar nas mesmas barcaças que criminosos comuns, a tirar o chapéu em presença de altos funcionários da prisão. Um exilado político em Balagansk insultou um retrato do imperador que estava num edifício da administração local, crime que lhe valeu uma temporada na prisão da cidade.[30] Era comum que o castigo de um único prisioneiro suscitasse uma onda de protestos de seus camaradas. As autoridades achavam-se presas a ciclos de retaliação e recrudescimento em que só podiam vencer por imposição da força bruta. Mas para um governo que tentava sustentar sua autoridade moral numa época de florescimento da imprensa regional e nacional, ainda que tolhida pela censura, essas táticas implicavam riscos.

De-Karrer pôde observar o alto grau de solidariedade entre os políticos. Disse que

> assim que um deles toma conhecimento da chegada de um exilado administrativo, ainda que seja um perfeito estranho, todos os demais correm a recebê-lo e conseguem uma visita. Sempre ficam sabendo com antecedência quando alguém será punido, e se oferecem para enviar-lhe dinheiro e objetos, ajudá-lo a despachar sua correspondência e assim por diante.

Em dezembro de 1884, um grupo de 23 exilados administrativos que passava por Ialutorovsk, na província de Tobolsk, desafiou as ordens do comandante de sua caravana e se desvencilhou de seus guardas para receber um grupo de exilados políticos residentes na cidade. Os soldados tentaram obrigar os exilados a voltar para sua fila a coronhadas, mas um exilado tentou tomar o fuzil de um deles e outro se adiantou e arrancou as insígnias do ombro de comandante da caravana. Por esses atos de resistência, os dois exilados foram sentenciados a dois e três meses de prisão, respectivamente.[31]

Para as autoridades, esse senso de solidariedade tornou o trabalho de disciplinar e controlar os políticos muito mais problemático. Também trouxe a possibilidade de transformar os maus-tratos ministrados a uma pessoa em particular numa espiral de confronto com os funcionários. Em 1888, um grupo de vinte exilados administrativos que estavam sob supervisão policial na cidade de Surgut, província de Tobolsk, escreveu ao governador solicitando que, em caso de doença, fossem autorizados a viajar à cidade de Tobolsk para tratamento sem a necessidade de pedir licença a cada ocasião. Troinitski não atendeu ao pedido. As tensões chegaram ao máximo quando um deles, Ivanov, doente em estado grave, foi afinal liberado para a transferência para Tobolsk e morreu no caminho. Indignados, 21 exilados denunciaram a atitude impiedosa, ilegal, injusta e imoral das autoridades, e escreveram a Troinitski:

Nossa paciência acabou, e a débil esperança de que ainda lhe restassem vestígios de decência desapareceu. Seu escárnio em relação aos pedidos de nossos camaradas doentes e sua atitude em geral nos obriga a vê-lo não como governador de Tobolsk, mas como um *monstro*! Portanto, nos recusamos a obedecer a qualquer nova ordem sua.[32]

Tanto revolucionários quanto funcionários sabiam que, numa cultura regida pela deferência e pela autoridade hierárquica, abusar de um representante direto do tsar era abusar da própria autocracia. Troinitski fez com que os homens fossem presos (aos gritos de "Viva a liberdade!" e "Abaixo o governo!") e, depois de dois meses na prisão de Tobolsk, os líderes foram exilados para a província de Iakutsk, no nordeste da Sibéria, "territórios menos favoráveis à fuga e com uma população menos suscetível à propaganda revolucionária". Os demais foram dispersos por aldeias remotas espalhadas pela província de Tobolsk. Esses castigos eram medidas administrativas que não requeriam novos julgamentos, os quais "teriam agraciado os exilados políticos com uma plataforma para protestar e reclamar de suas condições".[33]

Em confrontos desafiadores com as autoridades, os exilados políticos jogavam de maneira deliberada para uma plateia que eles sabiam simpatizar com suas reivindicações, ainda que nem sempre com sua causa. Se um funcionário insistisse em implementar uma estrita observância da lei que regia exilados e forçados, os exilados políticos "declaravam-lhe guerra pela imprensa da Sibéria". De-Karrer observou, indignado, que

> basta folhear qualquer edição do *Vostochnoe obozrenie* ou da *Sibirskaia gazeta* para descobrir se um determinado funcionário é rígido ou não para com os exilados. Sabe-se bem que a maior parte dos correspondentes de jornais [...] é de exilados administrativos. Além disso, os jornais têm ampla penetração e por isso até importantes funcionários locais sabem o que eles escrevem. Já ouvi gente dizendo: "Você já viu que eles fizeram isto e aquilo?".[34]

Em alguns casos, os funcionários eram intimidados pelos exilados, temendo as consequências sobre suas carreiras e pretensões de ascensão se seus cativos escapassem.[35]

Concentrados em grupos estáveis nas prisões siberianas, os revolucionários condenados a trabalhos forçados eram ainda mais difíceis de administrar. Em 1880, o Ministério do Interior determinou que todos os presos políticos em cumprimento de penas de trabalhos forçados em prisões europeias fossem transferidos para a Sibéria. Para os criminosos políticos, uma condenação a trabalhos forçados tinha se tornado, na prática, um período de prisão numa das cadeias locais. A maior parte deles era remetida para Nertchinsk: os homens para a prisão de Kara, as mulheres para mais longe — a prisão de Ust-Kara, na desembocadura do rio Kara. A importância de Kara como campo de trabalhos forçados vinha declinando desde a década de 1860, mas na de 1880 tornou-se o ponto principal de fixação de criminosos de Estado em toda a Sibéria Oriental. No início de 1882, havia 430 exilados políticos na Sibéria Oriental; destes, 123 sentenciados a trabalhos forçados por crimes graves estavam presos em Kara.[36] As autoridades locais lutavam para conviver com prisioneiros que buscavam de maneira ativa o confronto com funcionários, como se admitiu num relatório:

> Com poucas exceções, forçados políticos não se consideram criminosos. Não só não manifestam remorso como, pelo contrário, procuram cada oportunidade de demonstrar sua superioridade. Em vista disso, são rudes e insolentes no trato com as autoridades; nunca pedem nada, mas sempre insistem e insistem em que suas exi-

gências sejam atendidas de imediato. Se não são contentados, declaram "protestos". Violam repetidas vezes a disciplina da prisão sem nenhum motivo a não ser manifestar escárnio pela autoridade [...]. Mesmo as instruções mais elementares dadas por funcionários suscitam cenas da mais desenfreada desobediência e desordem e, é claro, os instigadores sempre obtêm completo apoio e solidariedade dos demais prisioneiros, de forma que qualquer perturbação individual se transforma em rebelião de toda a prisão.[37]

Alguns funcionários do sistema prisional optavam por uma vida sossegada, tratando de não antagonizar os políticos, cedendo à maior parte de suas exigências e facultando a eles consideráveis liberdades e privilégios. O diretor da prisão do Baixo Kara, Vladímir Konovitch, de tendências liberais, permitia um regime de certa frouxidão no qual os prisioneiros não ficavam agrilhoados, não eram obrigados a executar trabalho nenhum, podiam usar suas próprias roupas e morar fora da cadeia em cabanas privativas. Um dos presos políticos de Kara, Gavriil Belotsvetov, fala dessas condições numa carta interceptada pelas autoridades: "Os trabalhos forçados não são nem de longe tão ruins quanto as pessoas imaginam na Rússia [...]. Vivemos todos numa prisão [...]. Não há guardas lá dentro, o que só por isso nos poupa muitos aborrecimentos". Os presos recebiam todo tipo de jornais e revistas da Rússia e ainda encontravam tempo para lançar uma publicação própria, chamada *Kara,* e organizar comunhões ocultistas com o reino dos espíritos, tão em moda entre os russos instruídos da época.[38]

Outro dos presos políticos explicava que, por meio de suas concessões, Konovitch esperava receber garantias de que os presos políticos não tentariam fugir, mas eles não lhe davam garantia alguma; seu princípio, declaravam, era "jamais entrar em nenhum tipo de obrigação para com as autoridades". Com efeito, os políticos consideravam a fuga uma forma legítima de luta revolucionária. O regime liberal de Konovitch naufragou por causa da determinação dos exilados políticos de Kara de se comportar não como prisioneiros privilegiados, e sim como inimigos implacáveis do Estado. Em abril de 1882, oito "criminosos de Estado" fugiram da prisão pelo telhado de um edifício anexo. Um dos organizadores da fuga foi Ippolit Míchkin, preso por distribuir propaganda revolucionária em zonas rurais da Rússia e sentenciado a dez anos de trabalhos forçados no "Julgamento dos 193".[39] As autoridades conseguiram rastrear e capturar todos os oito fugitivos em questão de semanas, mas encontraram-nos portando revólveres, munição e punhais que tinham chegado a eles, acreditou-se, devido à lassidão do regime prisional. Míchkin e um camarada seu conseguiram chegar a Vladivostok antes de serem capturados.[40]

A fuga acarretou a transferência de Konovitch e uma forte repressão na cadeia. O regime de vigilância foi reforçado: os prisioneiros voltaram a ser agrilhoados, suas celas foram revistadas, seu material de leitura foi confiscado e sua correspondência com os parentes ficou bastante restringida. Mas o momento crítico viria em maio de 1882. Em reação aos boatos de que as autoridades estavam prontas a ordenar que raspassem a cabeça, os prisioneiros se entrincheiraram em suas celas. O Estado respondeu com uma demonstração de força. Oitocentos cossacos de uma força de infantaria entraram no presídio, tiraram os presos de suas celas, acorrentaram-nos e fizeram com que saíssem. As autoridades decidiram dispersar em caráter temporário o grupo de políticos rebeldes pelas prisões de Kara destinadas a criminosos comuns, enquanto reprojetavam a do Baixo Kara, de modo a dificultar protestos coletivos.[41]

Em resposta à repressão, que apelidaram de "pogrom de 11 de maio", 73 dos 113 presos políticos de Kara declararam uma greve de fome. Numa carta às autoridades escrita em 19 de julho, uma semana após o início da greve, Míchkin relacionou as queixas dos prisioneiros. Elas iam desde o retorno forçado da mãe de um interno surpreendida a contrabandear correspondência ilícita para fora da prisão, passavam pela raspagem da cabeça dos presos e chegavam a uma "massa de pequenas desconsiderações e insultos" por parte das autoridades prisionais. Míchkin destacou que os homens estavam proibidos de ver as esposas, que tinham viajado por toda a Sibéria com autorização de altas autoridades do governo. Os prisioneiros haviam sido levados para milhares de quilômetros de distância de sua família e amigos, privados do direito de se corresponder com seus pais, mães, irmãos e irmãs. Essas restrições, afirmou Míchkin, evidenciam não a "aplicação da lei", mas "o despotismo das autoridades locais". A gota d'água, no entanto, foi o flagelo aplicado a um prisioneiro chamado Tsiplov, que, embora condenado por crimes comuns, recebeu o castigo por contrabandear para fora da prisão a correspondência dos políticos. "Nenhum de nós", protestou Míchkin, "pode a partir de agora se sentir livre de uma represália tão humilhante, que ultraja o espírito de qualquer pessoa que não esteja moralmente deformada." A greve de fome continuaria até que as autoridades dessem garantias escritas de que "não haveria enforcamento de presos políticos em represália". Do contrário, afirmou Míchkin às autoridades, os presos políticos de Kara "prefeririam morrer de fome". Mas ele estava blefando. Os presos políticos de Kara ainda não estavam prontos para morrer por sua causa. Tendo separado os condenados em grupos menores, as autoridades punham comida todos os dias nas celas e deixavam-na ali a noite toda para tentá-los. A estratégia funcionou. Um a um, os presos abandonaram a greve de fome.[42]

A greve fracassou em seu propósito imediato de forçar um retorno ao regime prisional anterior, mais tolerante. Mas em seu segundo propósito, o de fomentar o descontentamento em toda a Sibéria Oriental e causar indignação em toda a Rússia, o "motim da fome" deu certo por algum tempo. Com a adesão das presas políticas da cadeia de Ust-Kara, a efervescência chegou até a "criminosos comuns, que passaram a conspirar para fugir e deixaram de trabalhar".[43]

Para esmagar o que ameaçava se transformar numa rebelião organizada, as autoridades começaram a perseguir os líderes da greve de fome. Alguns foram transferidos para a Prisão Central de Trabalho Penal de Aleksandrovsk, a setenta quilômetros de Irkutsk, enquanto oito deles, numa demonstração da incompetência das autoridades siberianas para lidar com revolucionários determinados, foram mandados de volta a São Petersburgo. Míchkin estava entre os que voltaram à capital, primeiro para as casernas úmidas da fortaleza de São Pedro e São Paulo, mais tarde para a prisão de Chlisselburg. Depois de um violento confronto com um de seus carcereiros em dezembro de 1884, Míchkin foi condenado à morte por um tribunal militar. Morreu diante de um pelotão de fuzilamento em 7 de fevereiro de 1885.[44]

Quando os presos políticos remanescentes retornaram à prisão do Baixo Kara, seis semanas depois, descobriram que as grandes casernas tinham sido divididas em celas menores para grupos de três a cinco homens, que antes ficavam em grupos de vinte a 25. Embora os carcereiros fossem incapazes de evitar que os presos se comunicassem entre si com batidas e gritos através das paredes de madeira, viram com satisfação que "a distribuição das pessoas em grupos menores debilitou de maneira significativa o espírito de insubordinação dos condenados, que havia se manifestado quando estavam concentrados em espaços amplos".[45]

As turbulências em Kara mostraram que os prisioneiros estavam decididos a defender sua dignidade e um conjunto de direitos conferidos não pelo Estado, mas comuns a todos os seres humanos. Porém, os castigos físicos eram capazes de aplicar um golpe devastador em sua determinação. Muitos, se não a maior parte, dos presos submetidos a flagelamento ficavam arrasados e imploravam clemência chorando convulsivamente. Assim, a vara e o látego ameaçavam destruir pela fisiologia a dignidade desafiadora que muitos presos políticos mantinham, quase sempre a grande custo pessoal, durante o cativeiro. Nessa ocasião, os funcionários de Kara deram aos políticos garantias de que não enfrentariam punições físicas. Levaria mais sete anos até que essa distensão começasse a se esgarçar.[46]

Quando o revolucionário exilado Ivan Belokonski, professor da Universidade de Kiev, fez o percurso até a Sibéria Oriental, em 1880, testou a gama completa de meios de transporte que na época estavam à disposição do Estado: caravanas a pé e estações de parada, barcaças fluviais e ferrovias. Ao longo das duas décadas anteriores, a transferência de exilados para a Sibéria tornara-se um enorme empreendimento que sugava quantidades cada vez maiores de força de trabalho e recursos. A deportação para a Sibéria agora refletia a marcha do Império Russo para a industrialização. Todos os meios de transporte pré-modernos e modernos foram mobilizados para dar conta do número cada vez maior de deportados na segunda metade do século XIX.[47]

Em 1867, as autoridades tinham começado a transportar condenados de Níjni Novgorod a Perm pelos rios Volga e Kama. Duas barcaças abriram o caminho. A menor delas, chamada *Fabrikant*, fora projetada para transportar 322 condenados; a maior, de nome *Sarapulets*, comportava 475 presos e navegava com uma escolta de 28 soldados. Durante os meses de verão, os dois barcos faziam 25 viagens cada, levando um total de cerca de 9 mil condenados a Perm durante a estação. A superlotação das barcaças era um problema que se tornou incontornável com o aumento do número de exilados. Quando Belokonski viajou no *Fabrikant*, em 1880, era um dos 42 exilados políticos num total de mais de quinhentos criminosos a bordo. As condições sob o convés eram punitivas: "O abafamento nas celas era terrível, sobretudo porque só entrava alguma ventilação pelas janelas abertas quando a barcaça estava em movimento".[48]

Na década de 1860, uma média de 11,2 mil exilados e suas famílias entravam na Sibéria a cada ano; na década seguinte, foram mais de 16,6 mil, com crescimento médio anual de 48% de uma década para outra. Não menos de 28,5 mil exilados passaram por Moscou em 1876; 15 mil foram despachados de trem para Níjni Novgorod, outros 11,5 mil foram para a Sibéria por outras rotas. Em 1867, os prestadores de serviços que operavam as barcaças de condenados entre Tiumen e Tomsk entregaram um total de 5 mil exilados e suas famílias; em 1876, as proporções da carga humana tinham mais que dobrado. A empresa transportou um total de 10,5 mil pessoas: 8 mil exilados e 2,6 mil mulheres e crianças que acompanhavam maridos e pais.[49]

A viagem dos condenados para o exílio pode ter ficado mais rápida, mas ainda era extenuante e, não raro, fatal. Os prisioneiros, entre eles os exilados políticos, já saíam de Moscou desnutridos e debilitados, às vezes alimentados apenas com pão seco e peixe estragado. As mulheres e crianças que acompanhavam por vontade própria seus maridos e pais ao exílio eram trancafiadas durante a viagem, contrariando determinações afirmadas com frequência por São Petersburgo. O estado das estradas transformava a viagem em carroças sem amortecimento numa tortura.[50]

Com a saúde debilitada e a terrível provação de estradas e rios, tanto os exilados quanto suas famílias caíam doentes em grande número nas prisões de encaminhamento e estações de parada superlotadas, mal aquecidas e sujeitas a correntes de ar. O revolucionário polonês Wacław Sieroszewski, que fez a viagem a Iakutsk em 1879, traça um quadro nítido de uma delas:

> À noite, quando as celas eram trancadas e as tinas deixadas para as necessidades noturnas, o ar ficava saturado de um fedor que parecia vir de uma sepultura descoberta [...]. Inumeráveis insetos e baratas assustadoras que picavam se aglomeravam sobre os homens e mulheres adormecidos. Não havia como se defender ou se livrar dos parasitas: percevejos, pulgas, piolhos e carrapatos. Eles caíam do teto, saíam rastejando de cada fenda para se aninhar nas dobras de nossas roupas. Se fossem mortos, simplesmente voltavam a aparecer nas mesmas quantidades. Era raro o condenado que não tinha a pele do peito e das costas coberta de bolhas asquerosas e marcas de picadas. Os insetos disseminavam doenças como o tifo e moléstias de pele de um grupo de deportação a outro, pelas vestes e sobretudo pela roupa de cama, sempre muito velha e mal lavada ao ser distribuída.[51]

Durante as décadas de 1880 e 1890, centenas de prisioneiros morreram a caminho da Sibéria, vitimados por tuberculose, pneumonia, tifo e várias outras doenças mais ou menos graves.[52]

O esforço físico, a vida comunitária forçada, a sordidez e as indignidades da viagem suscitavam uma mistura de choque e humilhação entre os exilados políticos, muitos dos quais oriundos das classes privilegiadas do império. As caravanas de deportação tornavam-se lugar de confronto entre os exilados políticos e seus guardiães. Um grupo que chegou a Krasnoiarsk em 1883 exigiu das autoridades prisionais as seguintes concessões: eles deveriam ter permissão de permanecer em grupo, suas celas não seriam trancadas em momento algum, seriam autorizados a conservar suas próprias vestes, roupas de cama e pertences; poderiam comer juntos; deveriam prosseguir em grupo, assim como tinham sido enviados de Tomsk. Só depois que chegou o governador da província de Ienissei para ameaçá-los de serem levados à força para suas celas foi que eles entraram na prisão.[53]

Em junho de 1888, um grupo de 22 exilados administrativos chegou de trem à prisão de encaminhamento de Tiumen. Quando souberam que deveriam seguir viagem a Omsk em carroças e a pé, em companhia de criminosos comuns, recusaram-se a prosseguir e exigiram cavalos ou barcos a vapor para transportá-los. Um dos exilados mais tarde explicou que, cansados de seu prolongado confinamento solitário, e não agraciados com boa saúde, eles estavam muito temerosos ante a perspectiva de uma viagem tão longa e exaustiva. "Além disso, ouvimos falar dos horrores a que os exilados políticos são submetidos nas caravanas de deportação, inclusive de casos em que os soldados da caravana espancam presos políticos e tentam estuprar as mulheres." As autoridades não cederam, e instaurou-se um tenso impasse no interior da prisão, com os presos políticos negando-se a sair de suas celas e ameaçando se defender. Arrastados ao pátio um a um, eles formaram um grupo compacto, gritaram insultos aos carcereiros e tentaram voltar à prisão. Mas os exilados não eram páreo para soldados armados e em maior número. Eles por fim se resignaram a prosseguir a pé.[54]

As autoridades faziam vista grossa a essas demonstrações menores de rebeldia. Indiferentes à alegação dos exilados, segundo os quais seu ato era "de desobediência, não de resistência", e atendendo à intervenção pessoal de Alexandre III, que recomendou "severo castigo", as autoridades recorreram a pesadas sentenças. O líder do grupo foi destituído de seus direitos hierárquicos e condenado a oito anos de trabalhos forçados; dois outros foram condenados a um assentamento na província de Ienissei e os demais receberam penas de prisão de até um ano. Tendo sido exilados para a Sibéria por processos administrativos e não judiciais, eles agora tiveram suas sentenças iniciais modificadas para incorporar períodos de exílio mais longos e até trabalhos forçados. Os atos de rebeldia de exilados administrativos eram punidos com sentenças ainda mais severas, o que instaurou um ciclo de resistência crescente e intensificação dos castigos.[55]

Nesse ciclo de confronto crescente, o ano de 1889 foi decisivo. Dois violentos confrontos entre os exilados e seus captores tiveram consequências de longo alcance na luta pelo poder político na Rússia. Cada um deles prejudicou de maneira preocupante a autoridade moral e política do regime tsarista e alimentou a indignação e o ódio que com rapidez vinham tomando conta do ânimo psicológico do movimento revolucionário.

Nas décadas de 1880 e 1890, a cidade de Iakutsk tornou-se, além de destino de exilados políticos, uma etapa para a deportação de exilados para os desolados assentamentos de Viliusk, Verkhoiansk e Kolimá, isolados pela neve na vastidão gelada do círculo polar ártico.[56] Ansioso para aliviar o acúmulo de exilados reunidos em Iakutsk durante o inverno de 1888-9, o governador da província, Pavel Ostachkin, ordenou às autoridades locais que dessem continuidade à deportação de exilados sob temperaturas inferiores a vinte graus negativos. Ostachkin impôs restrições ao número de exilados políticos em cada grupo de viagem sob guarda armada. Não se permitiam mais de quatro por grupo. Essa decisão cortou de forma drástica o peso da bagagem e das provisões que os exilados estavam autorizados a levar consigo para o norte.[57]

Não importava que o novo regime de deportação não caísse nas graças dos exilados. O primeiro grupo a enfrentar uma viagem nessas condições foi integrado por trinta exilados administrativos, entre eles quase uma dúzia de mulheres e crianças. Em 22 de março de 1889, os exilados se recusaram de maneira categórica a prosseguir e entregaram uma petição exigindo que o governador suspendesse a ordem de obrigá-los a continuar a viagem naquelas temperaturas. Entrincheiraram-se num grande prédio de madeira, no apartamento de um dos exilados residentes em Iakutsk, e aguardaram a resposta do governador. Seus protestos caíram em ouvidos moucos, pois as autoridades de Iakutsk suspeitavam que os exilados queriam ficar na cidade até a primavera para fugir.[58]

Tendo sido ignoradas as instruções de rendição dadas por Ostachkin, ele ordenou que uma unidade de cossacos cercasse o edifício e arrastasse os exilados para o pátio à força. Na luta que se seguiu, os exilados tentaram se defender com bastões e facas. Um deles conseguiu um revólver e abriu fogo sobre os soldados, que fugiram. Quando o governador chegou para tomar pé da situação, houve nova troca de tiros que culminou com uma chuva de disparos feitos pelas tropas contra o edifício durante minutos até que os revolucionários se renderam. Segundo algumas estimativas, centenas de projéteis foram disparados. Quando os exilados capitularam e a fumaça ácida se desvaneceu, seis exilados, um policial e um soldado jaziam mortos; muitos outros, inclusive Ostachkin, ficaram feridos.[59]

Depois disso, os exilados afirmaram que só tinham disparado para se defender do ataque violento dos soldados; o Estado, por seu lado, dizia que o que ocorrera era uma rebelião premeditada contra a autoridade legal do governador de Iakutsk. Os exilados sobreviventes foram enviados a um tribunal militar, que condenou todos os signatários da petição por "insurreição armada". Em junho, três dos supostos líderes foram sentenciados à morte, outros catorze exilados a trabalhos forçados perpétuos e os demais a quinze anos de trabalhos forçados. Em 7 de agosto de 1889, Lev Kogan-Bernshtein, Albert Gausman e Nikolai Zotov foram enforcados no pátio da prisão de Iakutsk.[60] Cada um deles escreveu cartas de despedida à família e a seus camaradas na longa noite que antecedeu a execução. Zotov escreveu a seus pais:

> Estou bem de ânimo, até orgulhoso, mas sinto um terrível cansaço físico e nervoso. A pressão sobre meus nervos ao longo dos dois últimos dias foi insuportável. Quantas emoções fortes! Bem, meus caros, minha família, meus entes queridos, abraço cada um de vocês pela última, derradeira vez. Morro sem dificuldade, consciente da justeza de minha causa, com um sentimento de força no peito. Temo apenas por aqueles que me são queridos e que deixo para trás. O que são os meus sofrimentos — durarão mais que umas poucas horas? De que força eles vão precisar para resistir! [...] Os carcereiros acabam de entrar. Trouxeram-me as roupas de condenado, que já vesti. Estou aqui sentado, com uma camisa de lona, e com um frio assustador. Não pensem que minhas mãos tremem de medo. Adeus, adeus, meus queridos![61]

Desesperados e cercados, sem as armas necessárias para se defender, os exilados não foram páreo para a força armada do Estado russo. A batalha travada em Iakutsk em 22 de março de 1889, no entanto, foi parte da guerra mais ampla pela simpatia pública que se travava nas páginas da imprensa russa e internacional. A Tragédia de Iakutsk causou um escândalo que repercutiu em toda a Rússia e fora dela. Os revolucionários entenderam bem a importância dessa guerra mais ampla pela opinião pública e lutaram com habilidade. Mesmo tendo de enfrentar o patíbulo, Zotov percebeu o poder que a história dos acontecimentos de Iakutsk podia ter. "Este é meu testamento", declarou na última carta dirigida a seus camaradas na Rússia:

> Fortaleçam-se ao máximo, e sob a impressão do desfecho destes horrores, deste massacre, desta carnificina, façam uso deste drama, deste colossal exemplo da crueldade, da arbitrariedade e da desumanidade do despotismo russo com todos os meios a seu dispor [...]. Escrevam a cada canto de nossa terra natal e para o estrangeiro, a todos os [George] Kennans [...]. É a única maneira de recuperar nossas perdas nesse terrível ato de vingança do Estado.[62]

Com efeito, no outono de 1889, circularam por toda a Sibéria e pela Rússia europeia panfletos revolucionários que contavam em detalhe a "crueldade despótica" das autoridades de Iakutsk. Exilados políticos da província de Irkutsk enviaram uma carta ao próprio Alexandre III denunciando o "humilhante e sangrento" castigo aplicado por Ostachkin aos exilados políticos.[63]

Na Europa e nos Estados Unidos, a imprensa não foi mais simpática às autoridades. O regime reacionário de Alexandre III foi amplamente recriminado; a cruzada jornalística de Kennan contra o sistema de exílio e a abundante literatura memorialística produzida por exilados políticos em Londres, Paris e Genebra agitavam as bandeiras do sentimento antitsarista. O jornal *émigré* em língua russa *Social Democrat*, publicado em Londres, declarou que "as façanhas dos canibais tsaristas são tão eloquentes que dispensam comentários". O *Times* noticiou o incidente em 26 de dezembro de 1889, chamando-o de "massacre de prisioneiros políticos na Sibéria", declarando que "esta história de sangue e horrores é um caso em que o governo russo não pode se permitir passar por alto. Superior à opinião pública, como ele diz ser, existe um ponto além do qual ele não pode continuar ignorando o veredicto da humanidade". O *New York Times* o acompanhou, com uma longa matéria intitulada "Homens mortos como cães: A verdadeira história do massacre de Iakutsk".[64] O Estado tsarista estava criando uma legião de mártires siberianos, mas parecia cego a esse perigo. Um mês depois do sangrento acerto de contas com os sobreviventes da tragédia de Iakutsk, as autoridades siberianas incorreriam em outro erro grosseiro também prejudicial à credibilidade e à legitimidade do governo. A instigadora foi Ielizaveta Kovalskaia.

* * *

O general barão Andrei Korf era o governador-geral de Priamursk, com responsabilidade direta sobre os presos políticos de Kara. Firme partidário de ideias conservadoras, criticava o que acreditava ser uma excessiva leniência de São Petersburgo no trato com "criminosos de Estado". Em 5 de agosto de 1888, ele fez uma visita oficial à prisão de Ust-Kara e, encontrando Kovalskaia sentada no pátio, ordenou-lhe que ficasse de pé em sua presença. Ela se recusou. "Como prisioneira", disse, "eu *não poderia* de forma alguma me pôr de pé ante um inimigo contra o qual não cesso de lutar, mesmo na prisão." Korf se sentiu ultrajado por essa manifestação de desafio vinda de uma notória exilada política cujo prontuário dizia ter "influência perniciosa" sobre outros presos. Dois dias depois, ele deu ordens para que Kovalskaia fosse transferida para a prisão de Verkhneudinsk, perto de Tchita, e submetida "às condições mais rígidas" em confinamento solitário. Foi bem claro ao dizer que o castigo deveria "servir de exemplo aos demais".[65]

Em 11 de agosto, na calada da noite, Masiukov, diretor da prisão feminina de Kara, mandou retirar Kovalskaia, seminua, de sua cela. Ela foi obrigada a vestir roupas comuns de condenado na presença de criminosos exilados, levada da prisão e transferida de barco para Sretensk. As companheiras de prisão de Kovalskaia reagiram com indignação. Maria Kalujskaia, Maria Kovalevskaia e Nadejda Smirnitskaia denunciaram esse "indecoroso escárnio contra um criminoso de Estado". Escreveram às autoridades em Irkutsk exigindo uma investigação formal dessa "escandalosa violação da lei", e até a demissão de Masiukov. As relações entre os presos políticos e as autoridades prisionais se deterioraram de maneira vertiginosa durante o ano seguinte, com os presos fazendo três greves de fome, que abandonaram quando a morte se aproximava. Era uma política arriscada. Em 31 de maio de 1889, Gurevitch, um dos médicos de Kara enviados para examinar as prisioneiras, relatou que elas, com efeito, estavam "apresentando sintomas de inanição [...] todas tinham os batimentos cardíacos acelerados, hálito muito desagradável, pulso acelerado, insônia e apatia". Mas, com o passar dos dias, a determinação das prisioneiras arrefeceu e elas não conseguiram continuar rejeitando a comida que era levada todos os dias a suas celas.[66]

Foi então que outra presa de Kara, Natalia Sigida, provocou uma escalada dramática no conflito. Aos 28 anos, filha de um comerciante de Taganrog (sua família e a de Anton Tchékhov eram vizinhas) e membro da Vontade do Povo,

Sigida havia sido condenada a oito anos de trabalhos forçados por ter operado uma prensa clandestina. Reconhecendo que as mulheres não conseguiriam obter concessões das autoridades com sua greve de fome, ela solicitou uma audiência com Masiukov no fim de agosto de 1889. Ao entrar em seu gabinete, ela declarou: "Esperava que o senhor fosse transferido de seu posto, mas as autoridades não deram importância a nossa declaração, portanto venho aqui insultá-lo pessoalmente". Avançando em direção a Masiukov, Sigida esbofeteou-o no rosto. Tanto para os revolucionários quanto para as autoridades prisionais, entre os quais havia uma ácida disputa a respeito da autoridade moral e da legitimidade política, golpear um importante funcionário do sistema penal representava um ataque simbólico ao Estado imperial.[67]

Decidido a impor de uma vez por todas sua autoridade aos presos políticos indomáveis pelos quais respondia, Korf ordenou, em 26 de outubro, um endurecimento na prisão de Kara. Os carcereiros foram informados de que dali em diante o regime

> teria uma mudança radical e que nenhuma indulgência seria mostrada. Em caso de novas perturbações [...] todos eles passariam a receber, em massa, a ração normal dos presos e privados de tudo o que tinham sido autorizados a adquirir com seu próprio dinheiro, sem exceção de material para escrever e coisas desse gênero. Se algum dos presos mostrasse algum tipo de resistência [...] seria confrontado com a força armada, quaisquer que fossem as consequências. Os encrenqueiros seriam submetidos a castigos físicos sem a mais leve contemplação.[68]

Para maior escândalo dos revolucionários, Korf determinou que Sigida fosse submetida a cem golpes da vara de bétula. É difícil exagerar a impressão causada por esse desrespeito inflexível da tradicional isenção de punição física desfrutada tanto por russos letrados quanto por mulheres. Em meio à oposição pública ao uso de castigos físicos até no caso de criminosos comuns, flagelar presos políticos oriundos das classes instruídas da sociedade russa seria uma transgressão de paradigmas morais aceitos; submeter uma jovem a cem varadas era o mesmo que perpetrar uma atrocidade. O médico de Kara, Gurevitch, recusou-se tanto a sancionar quanto a assistir ao flagelamento, dado o precário estado de saúde de Sigida. As autoridades não se deixaram intimidar e deram curso ao castigo sem a presença de um médico em 7 de novembro de 1889. Nos momentos que antecederam o flagelamento, Sigida "declarou que o castigo era o equivalente à morte e deitou-se voluntariamente sob a vara".[69]

Não foram palavras vãs. Mais tarde, depois de voltar a sua cela, Sigida e suas três companheiras de prisão, Kovalevskaia, Kalujskaia e Smirnitskaia, tomaram veneno. Sigida morreu naquela noite; as outras, nos dois dias seguintes. Quando as notícias sobre o flagelamento chegaram aos presos políticos de Kara, os suicídios como sinal de protesto se espalharam. Naum Gekker, exilado político que já tinha sido liberado da cadeia e enviado a um assentamento, atirou em si mesmo, mas sobreviveu. Em uma semana, sete prisioneiros da cadeia masculina tentaram ingerir uma overdose de morfina. Outros mais lhes seguiram o exemplo. No total, vinte prisioneiros tentaram o suicídio e seis deles morreram.[70]

O drama fatal que se desenrolou em Kara tornou-se um cabo de guerra público entre revolucionários e o Estado a respeito do controle do corpo dos prisioneiros. Os radicais negavam às autoridades o direito de puni-los fisicamente, recusando-lhes assim o direito de serem tratados como criminosos comuns. Tirando a própria vida, Sigida e seus companheiros revolucionários usaram o castigo físico como um espetáculo para destacar a violência ilegítima das autoridades e, por extensão, a tirania da própria autocracia. Em 1828, o dezembrista Ivan Sukhinov enforcou-se em sua cela de Nertchinsk porque submeter-se ao flagelamento seria submeter-se a uma humilhação *enquanto nobre*; para os revolucionários da década de 1880, o mesmo castigo seria uma agressão a sua dignidade de *seres humanos*. "Não tinha escolha que não fosse morrer", explicou Serguei Dikovski depois do envenenamento em massa, "porque nem minha educação nem meu forte senso de dignidade humana me permitem viver sob a ameaça permanente de semelhante humilhação e vergonha."[71]

Um Korf em nada arrependido estava, no entanto, não menos preocupado com a dignidade, mas em seu caso com a dignidade de seu cargo. Em 14 de novembro, ele enviou um telegrama ao ministro do Interior, Ivan Durnovo:

> O senhor sabe que não sou um homem cruel, mas se um caso desses ocorresse de novo, e ainda que eu conhecesse os resultados do castigo, ordenaria que ele fosse executado, tão convencido estou de que temos de pôr um fim à desordem em nossas prisões políticas. É uma humilhação termos chegado a um ponto em que criminosos podem agredir as mais altas autoridades. Acredito que continuar tolerando a condescendência com que esses monstros e regicidas vêm sendo tratados, em de-

corrência da compaixão de Petersburgo, seria contrariar meu juramento [de coroação]. Entendo bem que muita gente em Petersburgo e em outros lugares vai me recriminar, mas devo cumprir minhas sagradas obrigações.[72]

E ele foi recriminado. Junto com a Tragédia de Iakutsk, a Tragédia de Kara, como o episódio passou a ser chamado, desfechou um duro golpe na autoridade e na legitimidade moral do regime tsarista em sua luta contra o movimento revolucionário. Kennan falou sobre o caso a uma plateia horrorizada na Europa e nos Estados Unidos: "Madame Sigida e suas [...] companheiras foram literalmente executadas pelos funcionários da Sibéria Oriental, como se o pescoço delas tivesse sido cortado no pátio da prisão pelo carrasco da prisão".[73] Em fevereiro de 1890, o *Times* noticiou o destino "da refinada e cultíssima mulher" da seguinte forma:

> Infâmias como essa não eram perpetradas contra senhoras de alta posição social nem mesmo no reinado do imperador Nicolau. A humilhação dessa forma bárbara de castigo afetou de tal maneira madame Sigida que, em sua angústia e seu medo de outras torturas que o futuro poderia lhe reservar, ela se envenenou. O que pode ter acontecido ainda é um mistério, mas é evidente que as presas políticas, sobretudo aquelas que, por sua posição social e sua educação, são mais suscetíveis que o normal a qualquer coisa que possa comprometer sua honra e seu respeito próprio, achavam que já não estavam a salvo dos insultos das autoridades.[74]

O *New York Times* deu um relato detalhado, sob os títulos "Exiladas levadas ao suicídio: Os horrores das prisões políticas siberianas" e "A crueldade brutal na Rússia" do que chamou de "chocante assassinato oficial" de Sigida e "ultraje na prisão política de Kara".[75] Em 9 de março de 1890, "uma imensa manifestação" ocorreu no Hyde Park, em Londres, em protesto contra

> a conduta desumana do governo russo no trato dos presos políticos, que, sem julgamento, são exilados para a Sibéria, a sepultura viva de incontáveis milhares de homens e mulheres nobres, cujo único crime foi aspirar à liberdade política que na Inglaterra herdamos de nossos antepassados.

Para suscitar vivas, um dos oradores declarou:

Era dever dos ingleses protestar e chamar a atenção pública para o horrível estado de escravismo social e político em que se encontra a nação russa [...]. Dezenas de homens brilhantes e mulheres nobres da Rússia, pelo crime de pedir liberdade política, estão apodrecendo em masmorras subterrâneas e em celas tão baixas que não conseguem se pôr de pé e tão pequenas que não conseguem se deitar [...]. Depois de um simulacro de julgamento, rapazes e belas mulheres foram arrastados para o trabalho em minas de prata, chumbo e sal, para serem piores que bestas de carga e passar por assustadoras privações e crueldades. Esses pobres prisioneiros, percorrendo milhas e milhas pela neve, postos em cadeias e algemados, caíam pelo caminho como gado, e os que sobreviviam, em especial as mulheres, eram submetidos às mais abomináveis indignidades. Pode um inglês olhar para essas coisas com serenidade?[76]

As críticas implacáveis de Kennan ao sistema de exílio alimentavam também uma onda crescente de simpatia pelos revolucionários no estrangeiro. De volta aos Estados Unidos depois de suas viagens à Sibéria, ele deu palestras sobre o sistema de exílio, muitas vezes aparecendo na tribuna com a metade da cabeça raspada, vestido de farrapos e acorrentado, como um condenado siberiano. Sua mensagem era clara: "Os exilados na Sibéria não são fanáticos selvagens, são homens e mulheres que abriram mão de tudo o que lhes era caro e deram a vida por aquilo que vemos como direitos essenciais e fundamentais do ser humano". A Associação para Petições sobre o Asilo Siberiano tinha filiais em cinquenta cidades americanas na década de 1890 e reuniu mais de 1 milhão de assinaturas para petições que protestavam contra o tratamento dado aos presos políticos pelo tsarismo. Numa palestra de Kennan em Boston, em 1890, Mark Twain levantou-se de sua cadeira e exclamou, em lágrimas: "Se um governo como esse só pode ser derrubado com o uso de dinamite, graças a Deus pela dinamite!".[77]

Ao chegar a Londres em julho de 1884, o revolucionário Serguei Kravchinski, que em 1878 assassinara o chefe da polícia política russa, general Nikolai Mezentsev, começou a levantar os perfis de radicais russos que definhavam nas prisões e assentamentos tsaristas. Suas publicações, entre elas *The Russian Storm Cloud* [A nuvem negra russa] (1886) e a semiautobiográfica *The Career of a Nihilist* [A carreira de um niilista] (1889), foram recebidas de maneira calorosa pelo público inglês. Junto com o célebre anarquista russo Piotr Kropotkin, fugitivo da Sibéria, Kravchinski participou da fundação da Sociedade de Amigos da Liberdade Russa, em Londres, em 31 de março de 1890. Os objetivos da sociedade eram ajudar as vítimas dos abusos tsaristas, providenciar fundos para fuga de presos políticos e chamar a atenção do Ocidente para a necessidade de reformas na Rússia. Em agosto de 1890, a sociedade começou a publicar seu primeiro jornal em inglês, que em novembro do mesmo ano já tinha mais de 100 mil assinantes. Essas duras denúncias só podiam prejudicar a autocracia russa, consolidando no cenário internacional a imagem de um regime brutal e tirânico. A imagem do simpático dissidente russo era tão conhecida na Grã-Bretanha vitoriana que acabou inspirando o personagem Mr. Szczepanski no romance *The Railway Children* [Os meninos e o trem de ferro] (1905), de Edith Nesbit.[78]

Em consonância com a simpatia internacional pela causa dos presos políticos da Rússia, os governos britânico, francês e suíço recusaram-se a extraditar radicais para serem submetidos a um sistema de justiça tsarista que, como era notório, ignorava os princípios mais elementares da legalidade e submetia seus presos a tratamento desumano. Em consequência disso, Georgi Plekhanov (pai do marxismo russo), Iúri Martov, Lênin e Ióssif Stálin puderam dar continuidade a sua atividade revolucionária no estrangeiro sem medo da interferência dos governos europeus.[79]

Na própria Rússia, nem bem a censura que proibia a discussão aberta dos acontecimentos na imprensa interna entrou em colapso, com a Revolução de 1905, as notícias sobre os trágicos eventos de Kara e Iakutsk encheram as páginas das publicações radicais e liberais. No mesmo instante em que o regime tsarista lutava pela sobrevivência, as histórias de violência e despotismo na Sibéria só serviram para prejudicar ainda mais sua credibilidade aos olhos do público leitor russo.[80]

Membros mais sagazes do governo estavam bem conscientes do que vinha acontecendo. O governador-geral da Sibéria Ocidental, Nikolai Kaznakov, relatou que o sistema de exílio só servia para incubar a sedição na Sibéria. Era praticamente impossível manter milhares de exilados administrativos dispersos pelas cidades e aldeias do continente sob vigilância eficaz, afirmou, e bani-los para a Sibéria "em vez de convencê-los do equívoco de seus métodos servia para que se radicalizassem ainda mais". O exílio administrativo de subversivos, observou o funcionário do Ministério do Interior De-Karrer, servia para forjar grupos coesos de revolucionários, "alimentando a convicção de que tinham sido vítimas de uma injustiça e estimulando seu espírito de resistência".[81]

Os próprios revolucionários concordavam. Gekker, cuja tentativa de suicídio depois do flagelamento de Sigida tinha se frustrado, lembrava o período em que esteve na prisão do Baixo Kara com um sentimento próximo de orgulho: "Gerações inteiras de jovens revolucionários passaram por Kara, e para dezenas deles [...] foi sua universidade, uma escola superior de desenvolvimento e educação". Para sobressalto das autoridades, os exilados políticos da Sibéria eram propensos a partilhar seus conhecimentos com a população das cidades e vilas em que viviam, como observou Dmitri Anutchin, governador-geral da Sibéria Oriental em 1882: "É preciso dizer que, com o exílio, o governo está por si mesmo e a suas expensas difundindo ensinamentos anarquistas em lugares como a Sibéria Oriental, que nunca tinham ouvido falar de coisas dessa espécie".[82]

Kennan estava convencido de que "não era que o terrorismo precisasse de exílio administrativo na Sibéria; era a severidade impiedosa e o banimento sem o devido processo legal que provocava o terrorismo".[83] Ao estudar a violência que engolfava o Império Russo durante a Revolução de 1905, o jurista liberal Vladímir Gessen — que não era nenhum revolucionário fanático — tinha claro em sua mente que

o historiador do futuro [...] se desejar entender o ódio implacável e a insana brutalização das massas que deram origem a uma anarquia de banhos de sangue e terror, se lembrará, é claro, de que a geração à qual foi dada a difícil missão histórica de renovar o Estado russo é uma geração doentia, corrompida em termos políticos e morais. É uma geração que nunca viu outra ordem estatal além das medidas policiais de emergência, excepcionais em sua crueldade.[84]

Em 1889, o futuro já estava escrito. O jornal revolucionário *Social Democrat* publicou uma advertência em seu comentário sobre o violento confronto em Iakutsk naquele ano: "'Ai dos vencidos!'— é isso o que o governo quer dizer com o bárbaro e cruel tratamento dispensado aos revolucionários que caem em suas mãos. Que seja! Tempo virá em que ele vai experimentar toda a severidade implacável desse sistema".[85] O governo teria ainda uma década de espera. Se o que inspirou a revolução foi a culpa, a vingança seria o próprio sangue dela.

13. O continente encolhe

Na tarde de 19 de novembro de 1877, uma escuna à primeira vista comum de dezessete metros de comprimento chamada *Utrenniaia zaria* lançou âncora diante do prédio da alfândega, situado numa das margens do rio Neva, em São Petersburgo. Uma multidão agitada estava ali reunida para dar uma olhada no navio. Ela acabava de concluir a primeira viagem marítima desde o rio Ienissei, na Sibéria Oriental, a São Petersburgo. Tinha cruzado os mares de Kara e Barents antes de circum-navegar a Escandinávia, passando por Vardø, Christiania (Oslo), Estocolmo e Helsingfors (Helsinque), para enfim chegar à capital da Rússia. Para a opinião pública, tanto na Rússia quanto no exterior, tratava-se de uma extraordinária realização náutica: um barco a vela de convés médio, sem quilha e com uma tripulação de apenas cinco homens navegara através de banquisas e tempestades do oceano Ártico, reconhecidamente perigoso e bem pouco mapeado. O navio já havia feito sua passagem triunfal ao longo das cidades litorâneas da Noruega, da Suécia e do Grão-Ducado da Finlândia, onde tinha sido recebido com entusiasmo por multidões; sua tripulação foi elogiada pela imprensa nacional e recebida com banquetes em sua homenagem.

No entanto, quando chegou à alfândega da ilha Vassilevski, levava apenas quatro dos cinco tripulantes que tinham partido do rio Ienissei em 9 de agosto. Andrei Tsibulenko estava ausente, como noticiou, seco, o *Sankt Peterburgskie vedo-*

mosti, "por motivos que escapavam a seu controle".[1] Tsibulenko fora preso naquela manhã, quando o navio ancorou na base naval de Kronstadt, em resposta a uma denúncia do cônsul russo em Christiania. Tsibulenko era, como se soube, um exilado da província de Ienissei que regressara de maneira ilegal da Sibéria à Rússia europeia, sendo portanto um foragido da justiça. Por ordem do ministro do Interior, Aleksandr Timachev, ele foi mantido sob custódia e detido na fortaleza de Kronstadt. As autoridades pretendiam deportá-lo de volta para a província de Ienissei, onde ficaria para o resto da vida, mas em janeiro de 1878 foi libertado e recebeu perdão oficial de Alexandre II e até recompensas e comendas, tanto da prestigiada Sociedade Imperial para o Progresso da Marinha Mercante da Rússia quanto do Ministério do Comércio.

A notável reviravolta no destino de Tsibulenko — do exílio na Sibéria Oriental a membro de uma célebre tripulação de intrépidos marinheiros, a prisioneiro do Estado em Kronstadt e por fim a anistiado — reflete a crescente oposição pública ao uso da Sibéria como colônia penal. A partir da década de 1850, figuras de destaque da elite científica, comercial e política começaram a questionar a visão da Sibéria como lugar inóspito e gelado, adequado apenas para o banimento dos criminosos do império. Eles defendiam uma reformulação da imagem da região como rica colônia econômica que tinha sido negligenciada pelo Estado e prejudicada pelo sistema de exílio, mas que guardava na verdade uma riqueza em recursos naturais à espera de exploração e desenvolvimento. Essas críticas estratégicas do uso da Sibéria como prisão continental uniu-se à maré montante de oposição moral a um sistema caracterizado por brutais flagelamentos, pelo confisco e degradação de esposas e filhos inocentes dos condenados e pelo martírio dos revolucionários.

A percepção da Sibéria na Rússia imperial era instável e em constante evolução. Em meados do século XVIII, muita gente a via como uma colônia mercantil do Estado, uma ideia que harmonizava com a recém-descoberta identidade russa como império colonial.[2] Ao comparar rios siberianos como o Lena ao Nilo, por exemplo, o grande generalista Mikhail Lomonosov dedicou odes às riquezas naturais do continente e declarou, no começo da década de 1760, que "a Sibéria vai promover o crescimento da grandeza imperial russa". A própria Catarina, a Grande, a tinha visto como um domínio colonial autossuficiente.[3] No fim de seu reinado, no entanto, muito do brilho da Sibéria e do otimismo colonial que ele sustentava começara a se desvanecer.

O comércio de peles, que havia promovido a expansão para o Oriente nos séculos XVI e XVII, caiu de maneira vertiginosa no século XVIII, numa época em que a metalurgia, inaugurada no reinado de Pedro, o Grande, ainda não conseguia se equiparar em importância como riqueza ao "ouro macio". O peso econômico da Sibéria se reduziu e sua condição de colônia penal avultou. Ao mesmo tempo, tanto para o governo russo quanto para grande parte da população instruída, a imagem da região como uma mina de ouro ia sendo aos poucos substituída pelo panorama assustador de uma imensidão asiática desolada e gélida. Em 1830, um explorador do Ártico comentou que "o simples nome [da Sibéria] é o bastante para aterrorizar um russo, que vê nela uma separação inexorável de sua terra, uma masmorra gigantesca, intransponível e eterna".[4] Em 1841, a revista *Otetchestvennie zapiski* resumiu com maestria a imagem sinistra e pessimista do continente siberiano que tinha se instalado na imaginação popular. Ela se baseava na inacessibilidade das suas rotas comerciais: "Assim que as leis vigentes da natureza ganhem nosso mundo, as desembocaduras dos rios Obi e Lena ficarão obstruídas pela neve [...]. A Sibéria estará fadada por muito tempo a permanecer deserta". Seria melhor para a Rússia, afirmou o autor, se o "oceano de neve" do continente fosse substituído por um real corpo d'água, que pelo menos facilitaria o comércio marítimo com o Extremo Oriente. Essa imagem de uma Sibéria impenetrável e cercada de gelo seria submetida a uma revisão radical nas décadas de 1860 e 1870. A abertura de uma rota marítima para a Sibéria Oriental estabeleceu uma ligação não apenas real como também imaginária entre a Sibéria e a Rússia europeia.[5]

O sistema de exílio ocupava uma posição ambígua dentro dessas visões da Sibéria em evolução. Por um lado, castigo e colonização eram em tese incompatíveis, e essa suposição estava fundada na natureza mesma do sistema de exílio. As reformas de Mikhail Speranski em 1822 previam a conversão final dos exilados e forçados em colonos disciplinados e motivados que povoariam a Sibéria e, com sua cultura e sua dedicação, a integrariam à Rússia. Por outro lado, foi só em virtude de seu atraso e da dureza das condições de vida dos exilados que a região conservava suas propriedades punitivas. Essa contradição não resolvida, já conhecida das colônias penais britânicas da Austrália, persistiu no centro do sistema de exílio durante o século XIX.

Qualquer que fosse a visão mais ampla da Sibéria no império, a própria ideia de colonização penal era irrealizável em essência. As preocupações do governo cresciam junto com o custo, a ineficácia e todos os efeitos destrutivos advindos do despejo de centenas de milhares de exilados na Sibéria. Relatórios e mais relatórios, comissões e mais comissões enfatizavam a praticamente intolerável carga que os exilados — desenraizados, destituídos, muitas vezes doentes e incapazes, com frequência criminosos empedernidos — estavam impondo à população nativa e migrantes voluntários lá estabelecidos.[6] Governadores regionais e inspetores do governo central repetiam as queixas sobre o modo como o sistema de exílio estava não apenas fracassando em desenvolver o potencial desaproveitado do continente, mas na verdade impedindo a colonização dele por seus autênticos colonos, os camponeses locais. Essas autoridades, muitas vezes bem conscientes das contradições inerentes à política de colonização penal, defendiam um conjunto diversificado de reformas que iam desde a restrição do número de exilados à abolição total do exílio siberiano. Em 1835, uma grande investigação concluiu que a colonização da Sibéria por criminosos estava naufragando.

> As melhores intenções e os objetivos mais nobres com frequência se mostram irrealizáveis porque não vêm acompanhados dos recursos necessários para sua implementação. Basta examinar as condições físicas e morais dos colonos exilados em tempos recentes para entender essa verdade. Um colono exilado é um homem lançado à estrada quase nu, apesar da violência do inverno siberiano, atormentado pela fome, pela sujeira e pelo abatimento, com uma clara expressão de sofrimento nos olhos [...]. A pena de morte seria uma bênção comparada a uma vida de tortura e fadiga extrema, que destrói suas forças físicas e espirituais.[7]

As autoridades chegavam a ir além: falavam não só no fracasso da colonização penal, mas afirmavam mesmo que os exilados estavam impedindo de fato o desenvolvimento econômico da Sibéria e, por extensão, o de todo o império. Uma comissão de notáveis liderada pelo general Nikolai Annenkov recomendava, em 1851, que o exílio para os assentamentos fosse abolido em favor de trabalhos forçados em que os condenados fossem mantidos exclusivamente em prisões, fortalezas e fábricas. Nos últimos períodos de seu reinado, Nicolau I ordenou também que se investigasse "se seria possível acabar com o exílio na Sibéria e reservá-la apenas a forçados". No entanto, nas décadas de 1850 e 1860, o Estado mal tocou nas condições do sistema, implantando melhoras, a conta-gotas, na infraestrutura física das estações de parada e das fortalezas penais para evitar os casos mais gritantes de incompetência na administração do sistema. Essas pequenas mudanças acabaram postas de lado por causa do grande aumento no número de criminosos exilados a cada ano para a Sibéria, iniciado com o esmagamento da Revolta de Janeiro na Polônia em 1863.[8]

Por que o regime tsarista insistia num sistema penal que prejudicava a economia e a sociedade da própria Sibéria de maneira tão óbvia? A resposta está em parte na inércia burocrática e nos custos gerados pela construção de alternativas: um sistema prisional que acolhesse infratores da Rússia europeia em suas regiões de origem. Pesava também o fato de que, na imaginação pública e na oficial, a Sibéria continuava sendo, na primeira metade do século XIX, uma imensidão inóspita em essência inviável para o desenvolvimento econômico. Sua imagem de território esparramado, atrasado e impenetrável superava qualquer papel alternativo como colônia econômica que pudesse ser integrada à Rússia europeia com êxito. A impenetrabilidade tinha lá suas vantagens. Os conservadores do governo viam o atraso primitivo da Sibéria como verdadeira garantia de seu êxito como "vasta prisão sem telhado".[9] Ministro das Relações Exteriores de Nicolau I durante muitos anos e principal estadista conservador da Santa Aliança, Karl Nesselrode expressou ceticismo quanto à anexação da bacia do Amur, achando que tornaria o Pacífico demasiado acessível à população:

> Até os dias atuais, a remota Sibéria tem sido para nós o grande saco em que lançamos nossos pecados sociais sob a forma de exilados, forçados e assim por diante. Com a anexação da bacia do Amur, o fundo desse saco será rasgado e nossos condenados podem ter à disposição um vasto campo de fuga para o Pacífico ao longo do Amur.[10]

Nesselrode e outros opositores do desenvolvimento estavam, no entanto, travando uma batalha perdida em sua determinação de manter o isolamento da Sibéria. Uma reorientação fundamental do interesse público começou a ocorrer na região em meados do século XIX. Impulsionado pela humilhante derrota na Guerra da Crimeia (1853-6), o sentimento nacionalista incentivou as classes instruídas a tirar a atenção da Europa e olhar a Sibéria como região aberta à exploração, à expansão e à influência do império.[11]

Defensoras declaradas da exploração etnográfica, geográfica, geológica e comercial em meados do século XIX, as associações de voluntários que floresciam no império promoveram a "descoberta" da Sibéria como prolífica colônia russa. Levadas por uma combinação de interesses patrióticos, científicos e empresariais, essas sociedades chegaram a desempenhar um papel cada vez mais importante na instauração do debate público sobre a missão colonial da Rússia no Oriente. Organizações como a Sociedade Geográfica Russa Imperial, fundada em 1845, eram animadas por um desejo patriótico de ver a Rússia cumprir seu destino imperial na Sibéria, aproveitar os ilimitados recursos naturais do continente e se estabelecer como grande potência imperial para rivalizar com a Grã-Bretanha e a França.[12] O governador-geral da Sibéria Oriental, Nikolai Muraviov (depois Muraviov-Amurski), vice-presidente da Sociedade Geográfica, declarou a seus membros em 1850: "A Sibéria esconde em suas profundezas forças produtivas de tal monta que esperam apenas a mão empreendedora do homem para transformá-las numa fonte inesgotável de riqueza para o Estado e para o povo russo".[13]

Decidido a realizar suas grandes ambições coloniais para a Sibéria, Muraviov lutou pela maior expansão russa para a bacia do rio Amur, que fica entre as terras do Transbaikal e as costas do Pacífico. O território estava ainda sob o controle débil e vulnerável do Império Chinês, mas mobilizando ao mesmo tempo o poder militar e a habilidade diplomática, em 1858 Muraviov conseguiu orquestrar sua anexação. A Sibéria tinha agora uma importante rota fluvial que fluía para o Pacífico. Em uma década, barcos a vapor estariam percorrendo essa rota e ampliando o comércio da Sibéria com o Extremo Oriente. Um primo em segundo grau de Muraviov, o exilado anarquista Mikhail Bakunin, foi entusiástico a respeito do que a anexação da bacia do Amur prenunciava. "Através do Amur, [a Sibéria] conectou-se com o Pacífico e já não é uma imensidão sem saída", escreveu ele a seu companheiro Aleksandr Herzen. Ficando "mais perto da América e da Europa do que da Rússia, está sendo enobrecida e humanizada. Sibéria — um abençoado país do futuro, terra de renovação!".[14]

Essa valorização da Sibéria tornou-se mais influente na segunda metade do século XIX, e encontrou defensores entre outras figuras importantes do governo que partilhavam a energia e a ambição de Muraviov. O ministro dos Transportes, Konstantin Poset, era um dos partidários da missão colonial do império na Sibéria. Na década de 1870, ele planejou a construção da ferrovia transiberiana, um projeto que foi adiado até a década de 1890 por causa dos custos da Guerra Russo-

-Turca de 1877-8. Ao retornar à capital de volta de sua terceira viagem à região, em maio de 1874, Poset escreveu um relatório intitulado "Fim do exílio para a Sibéria", no qual afirmava que o sistema de degredo estava frustrando as ambições imperiais russas no leste: "Um território gigantesco, duas vezes e meia o tamanho da Rússia europeia, cujas riquezas ainda não foram convenientemente avaliadas nem exploradas, foi condenado a servir de local de residência de todos os criminosos de uma população de 70 milhões de pessoas". Essa política fazia sentido, prossegue Poset, "quando a Sibéria, que terminava em Kamchatka e no mar de Okhotsk, tendo apenas o estéril oceano Pacífico à frente, era considerada uma terra desértica habitada apenas por povos nômades e selvagens". Mas agora o oceano Pacífico estava se tornando a cada dia mais equivalente ao mar Mediterrâneo, e depois da anexação da bacia do Amur, em 1858, a Rússia se estendera até o mar. Os Estados vizinhos da Sibéria se abriram e estavam se desenvolvendo rápido: "Agora é essencial dar à Sibéria a oportunidade de se desenvolver e arrancar de si o rótulo de 'terra de criminosos'".[15] Não foi por coincidência que Poset correu para subir a bordo do *Utrenniaia zaria* quando este lançou âncora em São Petersburgo, para cumprimentar a tripulação pelo sucesso da viagem.

A viagem do *Utrenniaia zaria* foi uma ideia brilhante do milionário Mikhail Sidorov, industrial, explorador e etnógrafo. Homem de vastos interesses e recursos bastantes para explorá-los, Sidorov deu uma notável contribuição para o desenvolvimento da Sibéria Oriental nas décadas de 1860 e 1870. Casado em 1858 numa rica família de comerciantes siberianos, instalou grandes operações de mineração de ouro e grafite na província de Ienissei. Além de seus óbvios interesses comerciais no desenvolvimento da Sibéria, Sidorov se comprometeu também com o bem-estar e desenvolvimento do norte da Rússia, escreveu diversos livros e artigos sobre a região, seus povos nativos, sua fauna e seus recursos minerais. Convencido das possibilidades do comércio para levar adiante a colonização da Sibéria em meados da década de 1860, ele tentou persuadir figuras de destaque na administração da região a adotar políticas favoráveis ao comércio. Em 1864, publicou um folheto intitulado "A possibilidade de colonizar o norte da Sibéria por meio da indústria e do comércio e sobre o desenvolvimento do comércio exterior da Sibéria", que apresentou ao governador de Tobolsk, ao governador-geral da Sibéria Ocidental e ao ministro das Finanças. Sidorov defendia a necessidade de criar uma frota mercante, de instituir um regime fiscal favorável às empresas na região e da remodelação das fábricas e mineradoras já existentes.[16]

No fim da década de 1860 e durante a seguinte, Sidorov patrocinou numerosas tentativas de exploradores noruegueses e ingleses que queriam navegar as águas dos mares de Barents e Kara, e, em 1869, ofereceu a nababesca quantia de 14 mil rublos ao capitão do primeiro navio que transportasse uma parte de seu grafite pelo rio Ienissei até o mar de Kara, atravessasse o estreito de Kara e o mar de Barents, circundasse o litoral norte da Escandinávia e voltasse à capital. Então, em 1875-6, Sidorov em pessoa organizou uma expedição que iria do Ienissei a São Petersburgo. A bem-sucedida abertura da navegação comercial daria a ele a oportunidade de exportar o grafite para a Europa com mais facilidade (a ferrovia Transiberiana ainda era um projeto remoto, e as estradas da Sibéria, como sempre, estavam em péssimas condições), mas ele alimentava a ambição maior de promover a atividade econômica na Sibéria Oriental abrindo novas rotas comerciais. Não foi essa a primeira tentativa de empreender a perigosa viagem. Alguns navios já tinham chegado aos rios Ienissei e Obi vindos do mar de Kara, mas até então nenhum deles conseguira concluir a viagem da Sibéria Oriental à Rússia europeia.[17] A diferença era significativa. A penetração da Sibéria a partir da Rússia europeia era uma questão de exploração; já a navegação da Sibéria para a capital implicava oportunidades comerciais ilimitadas. E na Sibéria o empreendedorismo era um esforço patriótico.

Em 1876, na cidade de Ienisseisk, Sidorov encomendou a construção de um clíper de 25 metros, o *Severnoie siianiie*, ao único estaleiro capaz de construir um navio desse porte na região do Ienissei. Encarregou o germano-báltico Davyd Chvanenberg de comandar o navio, carregado de grafite, pela desembocadura do Ienissei até São Petersburgo. Ao chegar a Ienisseisk por terra em junho daquele ano, com seu imediato, o finlandês Gustav Numelin, Chvanenberg não conseguiu encontrar marinheiros disponíveis e foi obrigado a compor uma tripulação integrada por trabalhadores locais sem nenhuma experiência em navegação. Em 6 de setembro, o navio enfim zarpou e encaminhou-se, pelo rio, ao mar de Kara, mas logo encontrou gelo e tempestades que rasgaram a vela e obrigaram o navio a regressar ao rio. Chvanenberg tomou a decisão de deixar o navio ancorado na foz do Ienissei e, não tendo conseguido no local o material necessário para reparar a vela e reequipar o *Severnoie siianiie*, voltou a São Petersburgo. Deixou Numelin e os três outros membros da tripulação — Tchesnokov, Taburin e Korotkov — encarregados da manutenção do navio durante os meses de inverno, preparando-se para uma nova tentativa no verão seguinte. Chvanenberg contratou o fornecimento de provisões para eles no assentamento mais próximo, a 150 quilômetros do local, mas as provisões nunca foram entregues e, durante mais de seis meses, o imediato e seus companheiros tiveram de se arranjar sozinhos.

Na primavera, Chvanenberg conseguiu enviar uma equipe de resgate, que ao chegar ao navio, em 29 de abril de 1877, se deparou com um quadro desolador. Korotkov e Taburin tinham morrido de escorbuto, Tchesnokov fora devorado pelos lobos e Numelin, que conseguira se proteger dos predadores com a ajuda dos quatro cães siberianos enquanto cuidava dos companheiros doentes, estava em estado de delírio. A equipe de resgate era integrada por outro imediato, um estoniano chamado Eduard Meivaldt, e um certo Andrei Tsibulenko, além de dois caçadores locais da cidade de Dudinka, a 360 quilômetros dali, que haviam concordado em ajudar na localização do *Severnoie siianiie*. A equipe conseguiu salvar Numelin, mas o mesmo não aconteceu com o navio. Enfrentando temperaturas que tinham caído a 46 graus negativos em 12 de novembro de 1876, e em 5 de maio de 1877 estavam em catorze graus negativos, a tripulação, combalida, não foi capaz de desprender o navio da neve e do gelo. Quando afinal o gelo começou a ceder, em 6 de junho, foi aos poucos esmagando o navio preso, à medida que o Ienissei inundava. Numelin e seus quatro novos companheiros foram obrigados a buscar abrigo na margem, no telhado de uma cabana onde ele passara o inverno. Ficaram presos ali durante oito dias, numa superfície de quatro metros quadrados, trabalhando em turnos para afastar os blocos de gelo (as águas chegaram a trinta centímetros do telhado), enquanto o rio avançava trinta quilômetros em todas as direções.[18]

Para sua sorte, Chvanenberg ganhara o equivalente a um cheque em branco de Sidorov para encomendar a construção de quantos navios de reposição fossem necessários, "desde que não voltasse a São Petersburgo por terra". Tendo concluído sua perigosa viagem através das florestas siberianas, ele enfim chegou ao *Severnoie siianiie* em 16 de julho e supervisionou a evacuação do navio.[19] A embarcação estava irrecuperável, mas ele conseguiu comprar uma nova, uma barcaça fluvial usada para o transporte de mercadorias pelo Ienissei. Depois de descarregar o que restava do carregamento do *Severnoie siianiie*, a tripulação, com ajuda de nativos siberianos, passou duas semanas transformando a barcaça numa escuna primitiva capaz de navegar em mar aberto. Concluídas as alterações, Chvanenberg, cheio de otimismo, deu ao barco o nome de *Utrennaia zaria*.

Essencialmente inadequado para a navegação em mar aberto, o barco tinha apenas dezessete metros de comprimento por quatro de largura, um meio convés mal aparelhado quanto a instrumentos de navegação e na prática incapaz de velejar contra o vento. Era, no entanto, um produto típico da Sibéria, construído com a ciência local. Tendo encontrado apenas um marinheiro para recompor a tripulação, um finlandês chamado Kuzik, Chvanenberg recorreu a Tsibulenko, que nunca tinha navegado, como quinto membro da tripulação.

Andrei Tsibulenko, ex-escrevente do 72º Regimento de Infantaria de Tula, estava exilado na Sibéria. Havia sido condenado por um tribunal militar de Riazan, em 1873, por "embriaguez, ofensas a seu sargento com linguajar chulo, desobediência manifesta e falta de respeito para com seu comandante de infantaria". Destituído de todos os seus direitos e propriedades, fora sentenciado a quatro anos no batalhão correcional de Smolensk e posterior exílio num assentamento da Sibéria. Banido para uma aldeia da província de Ienissei, em 1875 ele teve permissão para buscar trabalho numa região mais ampla da província e depois disso sumiu de vista para reaparecer na equipe de resgate que salvou Numelin. Na condição de exilado, Tsibulenko estava proibido para sempre de retornar à Rússia europeia, e Chvanenberg sabia disso. Ajudar um foragido podia fazer dele um cúmplice, e por isso o comandante encontrou a seguinte solução: "Convenci Tsibulenko a navegar conosco só até a baía de Baideratskaia [no limite da província de Tobolsk, na Sibéria Ocidental], de onde ele poderia chegar com facilidade a Obdorsk e voltar à província de Ienissei pelo rio Obi".[20]

Terminados os preparativos, levando a bordo, além do grafite, numerosos artefatos de interesse etnográfico e amostras da fauna local, o *Utrennaia zaria* içou velas no Ienissei, do assentamento de Gotchikha, em 9 de agosto de 1877. Navegar nas águas mal mapeadas da foz do rio Ienissei foi bastante difícil. Em diversas ocasiões, o navio quase encalhou. Ao se aproximar da baía de Baideratskaia, em 13 de agosto, tempestades e pesadas banquisas o impediram de chegar à margem, o que impossibilitou o desembarque de Tsibulenko, como se pretendia.

O barco avançou através de tempestades e mar revolto lutando contra o gelo que ameaçava perfurar-lhe o casco. A tripulação foi obrigada a permanecer em guarda o tempo todo no convés para afastar os blocos de gelo com os remos. Privados de sono, duros de frio e exaustos, os marinheiros quase pereceram numa tempestade que se abateu sobre o navio no traiçoeiro estreito de Kara. Mas sua determinação, habilidade e persistência afinal compensaram e eles sobreviveram a esse encontro com o desastre antes de percorrer o mar de Barent e por fim chegar ao porto norueguês de Vardø, em 31 de agosto.

O telégrafo de Vardø começou de imediato a irradiar as notícias da intrépida viagem do *Utrennaia zaria*, e os membros de sua tripulação foram saudados como heróis em todas as cidades escandinavas em que aportavam. As notícias sobre a viagem se espalhavam, e o tsar em pessoa enviou uma mensagem de congratulações à Sociedade da Marinha Mercante. A imprensa escandinava e a britânica começaram a acompanhar o caso. Em Christiania, Gotenburgo e Estocolmo, foi preciso que a polícia interviesse para controlar a multidão reunida no cais para dar as boas-vindas à tripulação, que era homenageada por dignitários locais e recebida para jantares em seu louvor. Ao chegar à capital da Noruega, em 17 de outubro, a tripulação foi recebida pelo cônsul russo, que convidou todos os ministros noruegueses para um jantar em homenagem ao navio e a seu capitão. Os cônsules da Inglaterra, da Alemanha e da França também deram jantares em comemoração à façanha da tripulação. Mas a reação do cônsul russo à chegada do navio não se limitou a erguer taças de champanhe e propor brindes. Em 28 de outubro, ele escreveu ao Ministério das Finanças: "Entendo que é meu dever informar [...] com antecedência a presença de um exilado, Tsibulenko, a bordo da escuna *Utrennaia zaria*". Essa notícia perturbadora foi transmitida ao Ministério do Interior, que, constrangido e irritado por ter um exilado a bordo de um navio que estava chamando a atenção no país e no exterior, respondeu, em 11 de novembro, com instruções para prender Tsibulenko e organizar sua "deportação por terra para a Sibéria" assim que a embarcação chegasse à capital.[21]

Por fim, o *Utrennaia zaria* entrou no Neva e começou a descer o rio rumo a São Petersburgo, tendo como pano de fundo a Guerra Russo-Turca, com a sociedade russa tomada de ânimo patriótico. Em novembro de 1877, as forças russas nos Bálcãs estavam sitiando Pleven e tinham capturado a fortaleza de Kars na fronteira turco-armênia, numa das batalhas decisivas do conflito.[22] As páginas da imprensa russa estavam cheias de relatos exultantes vindos do teatro de guerra, e uma onda de otimismo assolou o império. Essa renovada autoconfiança imperial, apenas vinte anos depois da esmagadora humilhação russa na Crimeia, reforçou as afirmações daqueles que diziam que a Rússia tinha um grande futuro na Sibéria. O desenvolvimento do "Nosso Oriente" era um objetivo importante no reinado de Alexandre II, e a assimilação da Sibéria seria fundamental para os interesses comerciais e estratégicos do império no Extremo Oriente.[23] A necessidade de explorar uma rota marítima entre São Petersburgo e a Sibéria intensificou-se ainda mais quando o governo do monarca tomou a decisão de vender o Alasca aos Estados Unidos, em 1867, decisão tão impopular que chegou a criar uma violenta reação pública. Assim, os ministros estavam ansiosos para chamar a atenção para o patrocínio do Estado na exploração da Sibéria e no incentivo ao empreendedorismo como meio de encerrar a controvérsia. Uma consequência imprevista da venda de colônias russas na América do Norte foi o rápido declínio da rede de estradas no nordeste siberiano (rotas que antes eram mantidas pela Russian-American Company como vias de transporte de bens e pessoas do e para o Alasca). Nessas condições, a abertura de rotas marítimas para a Sibéria Oriental ganhou grande importância prática e simbólica.[24]

Num contexto mais amplo, a incipiente Partilha da África pelas potências europeias também dava uma mostra objetiva da relação existente entre exploração, colonização, poder econômico e prestígio imperial (a imprensa russa chegava a veicular matérias sobre o encontro de Henry Morton Stanley com David Livingstone, no outono de 1877). A viagem do *Utrennaia zaria* mostrava ao povo russo que o Império Russo, como seus rivais britânico e francês, não ficava atrás quanto à exploração e ao desenvolvimento dos territórios anexados. O quadro imaginário mais amplo da Sibéria como colônia riquíssima em recursos naturais não explorados infundiu à proeza da escuna um significado que ia além do heroísmo da viagem em si.[25]

Enquanto o papel da Sibéria no futuro imperial da Rússia vinha sendo defendido, sua função como destino de exilados passou a ser amplamente contestada. O crescimento do sentimento abolicionista ressuscitou argumentos levantados nas colônias americanas da Grã-Bretanha na década de 1770 e, mais tarde, na Austrália a partir de 1830. Nos dois continentes, o desenvolvimento econômico das colônias abalava o efeito dissuasório das deportações penais. Com o tempo, lugares que eram vistos como fins de mundo hostis se transformaram em algo parecido ao mais almejado dos destinos, dos quais já não era impossível regressar se as coisas não saíssem bem. A prosperidade crescente das colônias provocou uma reação contrária dos próprios colonos, que protestavam contra o uso de suas terras como campo de despejo de criminosos da mãe-pátria.[26]

O uso da Sibéria como lugar de exílio pelo Estado tsarista começou a ser questionado pelos que estavam em melhores condições para julgar suas deficiências: seus administradores. Na década de 1870, quase todas as autoridades siberianas estavam rogando a São Petersburgo que reduzisse o número de exilados deportados a cada ano para as regiões e cidades sob sua responsabilidade. Em 1871, o governador-geral da Sibéria Ocidental, Aleksandr Khruschev, solicitou que não fossem enviados mais exilados para as cidades da província de Tobolsk e que as deportações para a província de Tomsk fossem suspensas por um período de dez anos.[27] Em 1875, o governador de Tobolsk, Iúri Pelino, recorreu à iminente construção da Ferrovia Transiberiana para pôr em evidência um paradoxo essencial que residia nas tentativas estatais de desenvolver a Sibéria e usá-la ao mesmo tempo como local de exílio:

> Preparando-se para ficar mais próxima da Rússia europeia por meio de uma nova ferrovia, a Sibéria Ocidental está a ponto de entrar numa nova fase de vida intelectual e atividade econômica. Portanto, é difícil que ela consiga conservar as condições adequadas ao exílio que apresentava quando era uma terra praticamente desabitada.

Pelino observou que enquanto os limites setentrionais da Sibéria Ocidental continuavam pouco habitados, os exilados se agrupavam em centros urbanos. Repetindo a conhecida ladainha sobre exilados ineptos e criminosos a parasitar os esforçados camponeses e comerciantes siberianos, competentes, ele apelou a São Petersburgo no sentido de acabar com o exílio para a Sibéria Ocidental e alojar seus criminosos em "outro território, mais distante". Os territórios mais distantes, no entanto (na Sibéria Oriental) também penavam para conviver com sua cota de forçados e exilados e não desejavam assumir mais responsabilidades sobre os milhares de exilados administrativos que chegavam a cada ano à Sibéria Ocidental.[28]

A contradição se agravava. Os exilados estavam se concentrando nas regiões siberianas mais densamente povoadas, que já não precisavam de um fluxo de forçados para colonizá-las. Ao mesmo tempo, devido à precariedade das instalações e de recursos, o Estado não estava enviando muita gente a áreas menos densamente povoadas que tinham grande necessidade de colonização. Entre 1887 e 1896, uma média anual de mais ou menos 5,6 mil pessoas estava sendo exilada na província de Tobolsk, a mais desenvolvida da Sibéria Ocidental; apenas 160, em média, iam para a província de Iakutsk, na Sibéria Oriental. O etnógrafo e jornalista Nikolai Iadrintsev observou, em 1889, que essa distribuição "contraria de maneira direta os objetivos coloniais do exílio".[29]

O governo instituiu diversas comissões, entre as décadas de 1870 e 1880, encarregadas de buscar solução para o uso da Sibéria pelo Estado como campo de despejo de criminosos. Suas conclusões foram unânimes na condenação de um sistema que já não cumpria suas três funções punitivas: "segurança, dissuasão e correção". Cada uma dessas comissões propôs uma série de reformas na legislação para reduzir o número de exilados e promover a construção de prisões. Uma prestigiada comissão instituída em 1877 e integrada por altos funcionários de todos os principais ministérios e especialistas em direito concluiu, depois de dois anos de reuniões, que

> é bastante óbvio que a razão da desorganização do sistema de exílio está na própria legislação que o rege; na inexequibilidade dos objetivos que ela vem buscando até agora; na escassez de verbas, na escassez de administradores experientes; na precariedade da Sibéria como lugar de colonização penal; e nas vastas proporções em que o exílio foi usado.[30]

A comissão reconheceu ainda que, se o exílio era um obstáculo ao desenvolvimento da Sibéria, a recíproca era verdadeira:

> Não restam dúvidas de que o exílio perdeu, em grande medida, seu antigo poder punitivo [...]. Antes ele era um terrível castigo quando precedido de torturantes punições físicas, uma viagem extenuante, a ferros, ao longo de estações de parada, que durava de um ano e meio a dois anos [...] um tempo durante o qual o exilado precisava buscar meios de subsistência em territórios quase desertos. Contudo [...], com a implantação de meios mais modernos de transporte de condenados, por trem, navios e carroças, com a população crescente da Sibéria, o exílio se tornou simplesmente uma forma de reassentamento populacional.[31]

A proposta de extinguir o exílio para os assentamentos foi rejeitada pelo governo, "diante das dificuldades financeiras associadas a sua abolição" (numa referência aos custos de construção em larga escala de penitenciárias na Rússia europeia). Mas os custos de manutenção do sistema de exílio também estavam aumentando. Em 1869, as caravanas de deportação que operavam entre Níjni Novgorod e Atchinsk, na divisa entre a Sibéria Ocidental e a Oriental, exigiam os serviços de 56 oficiais, 96 suboficiais de escalão superior, 470 suboficiais de escalão inferior, 1,9 mil soldados e 56 escreventes. Uma auditoria do governo feita em 1876 estimou que o governo gastava 660 mil rublos na transferência de exilados para a Sibéria: 94,5 mil para alimentá-los, 46,5 mil para vesti-los; 429 mil em custos de transporte; 69,5 para cuidar dos doentes e assim por diante. Nessa época, os críticos do sistema de exílio passaram a atacar a ideia de que ele era uma forma mais ou menos barata de castigo. O governo gastava, afirmou Iadrintsev, não menos de oitocentos rublos anuais por exilado.[32]

Representantes do governo e cada vez mais o público em geral estavam bem conscientes de que o direito das comunidades camponesas e comerciantes a sentenciar seus próprios membros considerados culpados de "conduta imoral" a exílio administrativo dava espaço a todo tipo de abuso. Entre 1882 e 1898, mais da metade dos 148 mil homens e mulheres exilados para assentamentos na Sibéria era de administrativos, e a esmagadora maioria deles (94%) tinha sido banida por sua própria comunidade. Na própria Sibéria, um coro de funcionários de alto escalão pedia a São Petersburgo que restringisse o número de exilados administrativos. Os governadores das províncias de Tomsk e Tobolsk diziam que, "dada a enxurrada de colonos voluntários, quase já não existem áreas adequadas para o assentamento de exilados" e que era dificílimo impingir mais exilados às comunidades camponesas existentes, já "inundadas de criminosos". Os exilados já respondiam por 25% da população de alguns distritos da província de Irkutsk, e suas autoridades declararam que a adição de novos exilados seria "indesejável ao extremo".[33]

Na era das Grandes Reformas, esses argumentos começavam a vazar para a esfera pública, mencionados por diversas publicações que denunciavam as disfunções do sistema de exílio. A oposição pública ficou mais barulhenta. A crítica devastadora de Iadrintsev, ao longo das décadas de 1870 e 1880, destruiu os mitos oficiais sobre os efeitos reabilitantes e colonizadores do exílio. Iadrintsev afirmava que o sistema de exílio na verdade despejara na Sibéria centenas de milhares de criminosos violentos e improdutivos, que passaram a parasitar a população local antes de "desaparecer sem deixar traço". As riquezas siberianas eram ignoradas pela Rússia, e a região foi deixada como que "esquecida, e a cada dia que passa fica mais atrás dos países vizinhos do leste".[34]

Em meados da década de 1870, as próprias cidades siberianas protestavam de forma ruidosa contra os efeitos debilitantes da população exilada confiada a elas pelo Estado. A duma da cidade de Tara, na Sibéria Ocidental, reclamou, em 1874, que exilados da Rússia europeia "traziam consigo a preguiça, a embriaguez, a fraude, a corrupção, a conduta desregrada e até o roubo e o assassinato". Em 1881, a duma da cidade de Tchita, na Sibéria Oriental, lamentou que "os elementos mais desajustados são enviados para nós, os criminosos mais empedernidos, que [...] trazem à sociedade e à região como um todo [...] a dissipação, a embriaguez e a ciência do crime".[35]

Uma agora florescente imprensa siberiana publicava uma enxurrada de denúncias do sistema de exílio e pedidos de sua abolição. A população local implorava ao Estado, dizia o semanário *Sibir*, de Irkutsk, que a livrasse do peso de lidar com os exilados da Rússia:

> O território é sobrecarregado de impostos para sustentar os milhares de caravanas de deportação; suas aldeias estão atravancadas de exilados que os camponeses precisam alimentar e sustentar [...] milhares de exilados e forçados enxameiam pelas estradas e diante deles jazem aldeias siberianas indefesas. Existem cerca de 30 mil vagabundos espalhados pela Sibéria, que o campesinato precisa alimentar sob a ameaça permanente de roubo à mão armada, assassinato e incêndio. As cidades transbordam de crimes.[36]

A revista *Vostotchnoe obozrenie*, publicada em Irkutsk, afirmava, em 1891, que o governo devia se empenhar "na substituição do exílio como sistema de colonização penal por um novo sistema [de construção de prisões] — tão comum na Europa ocidental". A oposição ao sistema de exílio era uma das palavras de ordem do movimento regionalista siberiano, liderado por Iadrintsev e Grigori Potanin. Os regionalistas lutavam por maior autonomia da Sibéria em relação a São Petersburgo e para o fim de sua condição de colônia russa inferior.[37]

No âmbito nacional, a maré também estava virando contra o exílio. Os prestigiados "jornalões" — *Otetchestvennie zapiski*, *Vestnik Evropi*, *Russkaia misl*, *Severnii vestnik* e *Russkoe bogatstvo* —, que eram a voz da sociedade civil, produziram uma enxurrada de artigos denunciando as falhas do sistema de exílio e seu papel como obstáculo à colonização da Sibéria. O *Russkaia misl* afirmava que "o exílio não só fracassou em fortalecer a onda colonial como a impediu, desacreditando a

Sibéria aos olhos do povo russo, como terra de criminosos e traidores". Enquanto a colonização penal da Austrália pela Grã-Bretanha assentara uma próspera população de quase 3 milhões de pessoas, as cidades da Sibéria pouco cresceram ao longo das décadas passadas: Ienisseisk ainda tinha apenas 12 mil habitantes; Tobolsk, 20 mil. A tentativa do Estado de colonizar a região com criminosos fora um "fracasso total".[38] O *Russkoe bogatstvo*, enquanto isso, afirmava que a história da colonização penal no mundo todo mostrava que, assim que as colônias chegavam a um certo grau de desenvolvimento econômico e cívico, "os novos elementos criminais tornavam-se uma pesada carga para a colônia, criando graves obstáculos à continuidade de seu desenvolvimento, e a colônia tentava com todas as suas forças se livrar desses perigosos hóspedes". Essa havia sido a história da América do Norte, da Tasmânia, da Austrália Ocidental e de Nova Gales do Sul. O mesmo processo estava ocorrendo agora da Sibéria:

> Durante décadas, tanto a sociedade siberiana quanto estudiosos vêm demonstrando todo o prejuízo que o exílio tem causado ao desenvolvimento cívico da Sibéria, sua ineficiência como forma de castigo e a necessidade de aboli-lo. No entanto, a Rússia vem persistindo com esse sistema de reabilitação e colonização, que nunca proporcionou nenhum dos benefícios pretendidos.[39]

Quando o *Utrennaia zaria* aportou na base naval de Kronstadt, na manhã de 19 de novembro de 1877, Tsibulenko foi preso e levado para o cárcere da fortaleza. Com o resto da tripulação, Chvanenberg zarpou para São Petersburgo, "temeroso de que um destino semelhante esperasse por mim se o *Utrennaia zaria* fosse suspeito de transferir exilados de maneira deliberada". As dúvidas do comandante foram logo dissipadas pela calorosa acolhida que teve do diretor da alfândega, Nikolai Katchalov, e pela inspeção de seu barco por Konstantin Poset, o ministro dos Transportes, que havia muito pedia a abolição do exílio siberiano. Seguiu-se um jantar na residência de Katchalov, ao qual compareceram muitos dignitários. Como mais tarde recordaria Chvanenberg, "nenhum capitão russo tinha visto recepção como aquela na Rússia desde, é claro, os dias gloriosos de Pedro I e Catarina II".[40]

Foi nesse perverso conjunto de contradições — a tripulação do navio homenageada por figurões do governo imperial e da Marinha, enquanto um de seus membros penava numa cela — que entrou em cena Sidorov, o financiador da expedição, manobrando suas forças em favor do que se revelaria como uma campanha sustentada tanto pela libertação de Tsibulenko como pelo perdão definitivo por parte do imperador. Ao defender seus argumentos, Sidorov e seus aliados enfatizavam a renovada imagem da Sibéria como rico território colonial cujos recursos poderiam ser deslanchados pela ousadia e iniciativa de patriotas como Chvanenberg e Tsibulenko. A imagem da Sibéria como futuro imperial da Rússia foi justaposta à imagem estabelecida, ainda que deteriorada, do continente como gigantesca prisão da qual a fuga era um ato de desafio social e político.

No dia em que o *Utrennaia zaria* afinal lançou âncora na ilha de Vassilevski, em São Petersburgo, Sidorov soube, por Chvanenberg, da detenção de Tsibulenko e escreveu uma carta a Timachev, ministro do Interior, pedindo que revogasse o mandado de prisão. Sua petição foi um habilidoso exemplo de manipulação política e falava ao revigorado espírito de empreendedorismo colonial na Sibéria: "Andrei Tsibulenko [...] foi uma das causas da atual glória da marinha mercante, e com outra importante proeza ornamentou a história do reinado de Nosso Tsar-Libertador". A Sociedade da Marinha Mercante ficaria particularmente satisfeita, declarou Sidorov, se o ministro aceitasse interceder junto ao imperador pelo perdão de Tsibulenko.[41]

Os acontecimentos se desenrolaram com rapidez e escaparam ao controle direto dos ministros. Ainda antes da chegada do *Utrennaia zaria* à capital russa, a imprensa do país tinha buscado notícias de sua viagem nos jornais escandinavos. Nos dias 18, 19 e 21 de novembro, os diários *Golos* e *Birjevie vedomosti* deram um relato detalhado das façanhas da escuna, extraído de matérias de jornais suecos e finlandeses. Os jornais deitaram e rolaram na extraordinária bravura da tripulação, no trágico destino do *Severnoe siianie*, no triunfo do *Utrennaia zaria* e no entusiasmo e na admiração com que este foi recebido em sua passagem pela Escandinávia. O *Sankt Peterburgskie vedomosti*, enquanto isso, dirigia seu foco para as multidões reunidas no cais para ver "os bravos marinheiros e seu frágil barquinho".[42] O jornal enfatizou tanto o significado comercial quanto o político da viagem: "Feita desde o Ienissei até as costas da Europa por um pequeno barco a vela, ela mostra a possibilidade inequívoca de uma navegação a vapor que ligue o Ienissei, e portanto praticamente toda a Sibéria, à Europa por uma rota comercial barata".[43]

Foi contra esse pano de fundo de interesse público cada vez maior pela viagem do *Utrennaia zaria* que os membros de associações de voluntários do império, entre elas a mais prestigiada de todas, a Sociedade Geográfica Russa Imperial, reuniram-se para celebrar a abertura da rota marítima entre a Sibéria e a capital. A conquista foi amplamente noticiada pela imprensa e não faltaram encômios. Numa reunião apinhada da Sociedade da Marinha Mercante, o geógrafo Fiódor Studitski declarou: "Sim, tu, *Utrennaia zaria*, serás uma aurora para toda a Sibéria e para nossa frota mercante! Podemos declarar de forma cabal que a navegação pelos rios siberianos abre uma nova aurora para a Sibéria!". A sociedade recebeu Chvanenberg e dois outros integrantes da tripulação como membros vitalícios e deu de presente a Kuzik e Tsibulenko relógios decorados com a efígie do tsar, o mesmo tsar que ainda teria de perdoar Tsibulenko.[44]

Foi então que duas versões diversas sobre Tsibulenko passaram a colidir. A primeira o dava como condenado fugitivo que havia contrariado a vontade do monarca escapando de seu exílio; a segunda, muito mais poderosa, o tinha na conta de marujo intrépido que fizera uma ousada viagem do coração da Sibéria à Rússia europeia, proeza com importantes consequências para a Rússia em sua capacidade de desenvolver e explorar o continente em sua porção oriental.

Num reflexo tanto da influência pessoal de Sidorov quanto do interesse público pelo caso de Tsibulenko, figuras destacadas do governo logo se mobilizaram para conseguir o perdão. Em 15 de dezembro, com apoio de outros ministros importantes, Timachev levou o caso a Alexandre II. Em 13 de janeiro de 1878, o tsar deu perdão pleno ao exilado e chegou a presenteá-lo com uma medalha de prata com a inscrição "por sua dedicação". Em 1º de fevereiro, Tsibulenko assinou seus documentos de libertação como "Ex-exilado Andrei Ivanovitch Tsibulenko".[45]

Tendo como cenário a mudança na percepção pública da Sibéria, as autoridades implantaram sua nova política colonial no fim da década de 1880 e na de 1890. Em 1889, foram aprovadas leis que incentivavam a mudança de assentados para terras do Estado, e a construção da ferrovia Transiberiana, na década de 1890, projetou a indústria e a cultura da "nação russa" para dentro da Sibéria.[46] Pretendia-se que a ferrovia, nas palavras de Nicolau II, "conectasse a abundância natural das terras siberianas à rede de comunicações férreas da Rússia", mas ela serviu, e não em menor medida, para ligar exilados da Sibéria às terras das quais tinham sido expulsos. Ao se estender pela taiga, a estrada de ferro conectou entre si cidades siberianas em que viviam exilados em grande número. Na década de

1900, as locomotivas da Transiberiana resfolegavam já através de Tiumen, Omsk, Krasnoiarsk e Irkutsk. A quantidade de migrantes voluntários que procuravam a região para tirar proveito das terras gratuitas aumentou muito quando os trens começaram a correr em seus ramais ocidentais. Na primavera, quando o governo reduzia a tarifa para uma família de quatro integrantes a um valor menor que o salário mensal pago por qualquer fábrica de São Petersburgo ou Moscou, trens especiais transportavam para o leste camponeses ávidos de terras e assentados operários às dezenas de milhares. Os contemporâneos usavam o termo "reassentamento" e não "colonização" para designar o que na verdade tinha se tornado uma migração em massa de camponeses russos dentro dos limites do império.[47]

A imprensa russa festejou a construção da ferrovia como uma "ponte de ferro" entre a Europa e a Ásia. Se Pedro, o Grande, "abrira uma janela" para a Europa, derramava-se o *Sankt Peterburg vedomosti*, Nicolau II "havia aberto as comportas do grande oceano", levando a Rússia a um "novo patamar de vida internacional". A partir de 1894, o fluxo anual de novos migrantes para a Sibéria só caiu para menos de 100 mil durante o conflito com o Japão, em 1904-5. A região explodia, e, ao explodir, o sistema de exílio se mostrava de maneira cada vez mais clara como uma relíquia de outros tempos.[48]

Na década de 1890, só a ilha Sacalina e alguns dos mais remotos assentamentos no extremo norte da Sibéria ainda continuavam sendo remotos e inacessíveis. Quanto ao resto do continente, a Administração Central de Prisões reconheceu, em 1899, que "a natureza árdua da viagem e a impossibilidade de retorno à Rússia europeia" já não eram circunstâncias vigentes: "Com a construção da ferrovia siberiana, o exílio, é forçoso reconhecer, passou de seu prazo".[49] Em 1900, um amplo relatório do governo ligava o sistema de exílio à servidão. Sendo um anacronismo histórico, ele sobreviveu em muito seu propósito original e agora estava obstruindo a modernização do Estado:

> Se o exílio for entendido como forma de colonização penal, traz dentro de si obstáculos fundamentais a seu sucesso [...]. A contínua transferência de exilados é uma carga pesada e prejudicial para um país que já tem uma vida independente e não pode ser considerado "uma vasta prisão sem telhado".[50]

No fim do século XIX, o consenso que se firmava era de que, se o império quisesse liberar suas energias coloniais latentes para além dos Urais, a Sibéria teria de ser aliviada do peso representado pelos criminosos da Rússia. O governo devia abolir o sistema de exílio.

Um coro cada vez mais forte de indignação moral quanto às condições dos exilados na Sibéria estimulava essas considerações estratégicas. As publicações literárias mais sérias estavam inundadas de contos de Tchékhov, Vladímir Korolenko e uma multidão de escritores menos famosos que faziam a crônica das embrutecedoras condições da Sibéria.[51] A publicação de *A ilha Sacalina*, de Tchékhov, em 1893, deu um golpe devastador na imagem do sistema de exílio e na legitimidade do Estado que o administrava. Uma série de obras autobiográficas, etnográficas e jornalísticas na década seguinte, entre elas *No mundo dos excluídos*, de Piotr Iakubovitch (1896), e *Sacalina*, de Vlas Dorochevitch (1903), fizeram fila para denunciar o sistema de exílio por sua desumanidade. Enquanto isso, George Kennan tinha feito fama mesmo na Rússia como seu crítico feroz. Embora os censores tsaristas proibissem a publicação de seus artigos e livros no país, eles podiam ser encontrados nas páginas da imprensa, resumidos e debatidos.[52] O destino das mulheres, crianças, exilados administrativos, presos políticos e também dos pobres siberianos dominava páginas e páginas de reportagens clamando por reformas. Muitos russos instruídos consideravam agora que o exílio siberiano era um vestígio constrangedor de um passado bárbaro e uma demonstração do atraso da Rússia em comparação com seus vizinhos europeus.

Talvez a mais influente condenação do exílio siberiano tenha saído da pena de Liev Tolstói em 1899. Seu último grande romance, *Ressurreição*, traçava um retrato sem rodeios das condições degradantes em que homens, mulheres e crianças faziam a extenuante viagem para o exílio e para a miséria, a depravação e a violência que encontrariam ao chegar. Depois de três meses na Sibéria, o herói do romance, Nekhliudov, comenta que o sistema de exílio

> foi inventado especialmente para criar o mais alto grau de degradação e iniquidade, inatingível por outros meios, com o objetivo específico de disseminar a corrupção e o mal sobre toda a sociedade numa trincheira o mais ampla possível. "É como se eles tivessem organizado uma competição para corromper o maior número possível de pessoas da maneira mais eficiente e infalível", pensava Nekhliudov, contemplando tudo o que se fazia nas prisões e nas estações de parada. Todos os anos, centenas de milhares de pessoas eram reduzidas ao nível mais baixo de depravação, e quando

estavam corrompidas por completo eram libertadas para transmitir a corrupção adquirida na prisão ao resto da população.[53]

Na virada do século XIX para o XX, essas opiniões tinham se tornado consensuais nos círculos educados. Os liberais condenavam o abuso dos direitos individuais; os conservadores, a corrupção moral e sexual das famílias exiladas. O exílio siberiano talvez fosse a única questão social da época que conseguira unir em sua condenação uma esfera pública inteira, em tudo o mais polarizada.

Defrontados com a pressão crescente vinda de dentro da administração do Estado, da população da Sibéria e da opinião pública russa como um todo, o governo por fim entendeu a necessidade de reforma. Em 6 de maio de 1899, Nicolau II ordenou que se instituísse uma comissão, liderada pelo ministro da Justiça, Nikolai Muraviov, "para tratar da urgente questão da abolição ou da redução do exílio, tanto o determinado pelos tribunais como o administrativo, determinado por guildas de comerciantes ou assembleias municipais". A imprensa russa e internacional de todo o espectro político exaltou o edito de Nicolau como sendo havia muito esperado e como um passo importante na direção correta. O diário liberal *Sankt Peterburg vedomosti* declarou que "toda a Rússia soube, com um sentimento de alívio moral, a respeito da próxima abolição do exílio, o fim de séculos de injustiça". O conservador *Novoie vremia* não foi menos efusivo: o edito imperial

> retirará da Sibéria o rótulo vergonhoso de terra de exilados e forçados, e este é um momento sagrado não só para ela como para toda a Rússia. Ele lança, assim, os fundamentos de humanidade e justiça naquelas esferas da vida russa que até agora estavam atrás das tendências progressistas.[54]

No entanto, as conclusões que a comissão enviou ao Conselho de Estado um ano depois pouco fizeram jus a essa retórica pomposa. As leis de 10 e 12 de junho de 1900 mantiveram os "trabalhos forçados", mas já não estipulavam que ele seria acompanhado de exílio para a Sibéria. As novas leis reduziam também o exílio para assentamentos. Metade dos cerca de 300 mil exilados em 1900 tinha sido mandada para lá por veredictos administrativos de suas próprias comunidades, passando por alto os tribunais. A nova legislação retirou esse poder das guildas de comerciantes, mantendo-o, porém, no caso das assembleias municipais. No entanto, suprimiu o direito das comunidades de camponeses de recusar-se a aceitar a volta de um exilado uma vez que a pena imposta pela justiça tivesse sido cumprida, determinação que respondeu por mais de 43 mil exilados entre 1882 e 1898. Mas as assembleias municipais retiveram o poder de exilar seus próprios membros por "comportamento imoral", categoria elástica que abrangia qualquer coisa, de embriaguez a crime violento, e respondeu por cerca de 27 mil exilados administrativos dos que passaram pelo Departamento de Exílio entre 1882 e 1898. A legislação reduziu a pena de exílio em assentamentos a criminosos comuns e, segundo um programa de construções de prisões na Rússia europeia nas décadas de 1880 e 1890, determinou que grande número deles permanecesse preso em suas regiões de origem e não fosse exilado.[55]

A comissão de Muraviov foi muito franca sobre os motivos dessas meias medidas. O Estado não podia destituir camponeses de seus poderes extrajudiciais de banimento só por ser incapaz de oferecer uma alternativa viável: a insuficiência da proteção policial nos gigantescos territórios do império, a dispersão da população, a vastidão das áreas nas quais fazer cumprir a lei e as péssimas condições das estradas faziam com que "muitas áreas distantes ficassem durante longos períodos praticamente inacessíveis, e por isso muitos criminosos conseguiam evitar a punição merecida". A incapacidade essencial do Estado de governar de maneira adequada sua própria população rural o obrigava a manter um sistema de punição que já em 1879 ele reconhecia como "nocivo e destituído de qualquer fundamentação jurídica".[56]

As reformas de 1900 podem ter limitado o exílio em assentamentos a criminosos comuns, mas mantiveram o exílio para a Sibéria tanto para criminosos políticos quanto para religiosos. Se o Estado já não via a Sibéria como uma espécie de quarentena para qualquer tipo de crime, continuava considerando-a como tal no caso de sedição: "Os criminosos não podem ser tolerados em áreas em que sua agitação ocorreu e se espalhou. Para que o problema seja arrancado pela raiz, o agitador deve ser transferido para uma região diversa da sua, na qual sua propaganda não possa ser disseminada". As leis de emergência adotadas logo após o assassinato de Alexandre II, o Estatuto de Medidas de Preservação da Ordem Política e da Tranquilidade Social, que dava às autoridades amplos poderes para exilar subversivos por atos administrativos, também permaneceram em vigor.[57]

★ ★ ★

Em 1877, patriotas entusiásticos tinham saudado a viagem do *Utrennaia zaria* como prenúncio de uma nova era para a exploração, os transportes e o desenvolvimento econômico da Sibéria. Vinte anos depois, a construção da Ferrovia Transiberiana parecia tornar realidade essa promessa. O futuro do continente não seria o de uma imensidão desolada ocupada por criminosos proscritos. A Sibéria era de fato um território rico do ponto de vista econômico e de incalculável valor estratégico, e, se dotada de uma malha moderna de transportes e comunicações, poderia se tornar uma terra de grandes oportunidades, destinada a fazer parte integrante do Estado russo. Camponeses migrantes agora rodavam pelos Urais em vagões de trem apertados às dezenas de milhares. Cada homem, mulher e criança que fazia a viagem dava uma prova de que a migração compulsória de condenados a trabalhos forçados tinha se tornado um absurdo geopolítico. A ferrovia também solapou o derradeiro argumento a favor do exílio: a contenção. As distâncias que separavam o Transbaikal de Moscou e São Petersburgo de uma hora para outra diminuíram, Assim, abrira-se uma via de fuga muito simples para qualquer exilado capaz de fugir e conseguir documentos falsos.

Mesmo enquanto a tempestade revolucionária em formação elevava as apostas num conflito entre o Estado e a sociedade, o governo permaneceu atado a um sistema que, para quase todo o mundo, estava condenado, por ser moralmente odioso e estrategicamente cego. Para as fileiras cada vez mais numerosas de opositores do tsarismo na virada do século, o sistema de exílio tinha se tornado uma acusação purulenta da desumanidade estatal. O governo já não apregoava o colonialismo para justificá-lo. O exílio para a Sibéria passou a definir-se desde então como uma questão inequívoca de punição e confinamento. O número de exilados administrativos em decorrência de crimes políticos chegava a apenas algumas centenas nas décadas de 1880 e 1890; chegaria a dezenas de milhares na sequência da Revolução de 1905.

14. O crisol

Quando o futuro jornalista e historiador bolchevique Iúri Steklov foi condenado a exílio administrativo na província de Iakutsk, em julho de 1895, sentiu-se como se estivesse seguindo os passos de "gigantes invencíveis". Aguardava seu futuro com grande expectativa de encontrar "os velhos", os representantes dos movimentos revolucionários das décadas 1860, 1870 e 1880. "Eles nos pareciam semideuses heroicos", lembra. Steklov não estava sozinho nessa busca de inspiração nas velhas gerações de exilados políticos. Para a última legião de revolucionários — muitos deles presos por envolvimento numa nova onda de turbulência nas universidades e fábricas russas na década de 1890 —, encontrar na Sibéria os "mártires" de Kara e Iakutsk os enchia da profunda convicção de que eram protagonistas de uma grande cruzada que se estendia ao longo do século XIX. Das cem principais figuras da Revolução de Outubro, mais de sessenta tinham estado no exílio, algumas delas quatro ou cinco vezes. Na virada do século XIX para o XX, o exílio na Sibéria havia se tornado um rito de passagem revolucionário.[1]

Durante mais de uma década o governo repressivo de Alexandre III teve êxito em eliminar grupos revolucionários pequenos e frágeis, com pouquíssimo apoio dos trabalhadores e camponeses russos. O que distinguia a nova geração de radicais de seus antepassados revolucionários era a amplitude de seu movimento. Na época da morte de Alexandre, em 1894, a industrialização, a urbanização e os avanços da alfabetização tanto na cidade quanto no campo tinham forjado uma nova classe política de opositores conscientes, em meio a uma massa incendiária de camponeses empobrecidos, trabalhadores urbanos explorados e minorias, nacionais e étnicas, descontentes. Os camponeses sofriam com a superpopulação rural, a pobreza e os repetidos surtos de fome — sobretudo em 1892 e 1900 — e ficaram receptivos às teorias revolucionárias do movimento populista revitalizado liderado pelo Partido Socialista Revolucionário. As ideologias do socialismo agrário, do anarquismo e do nacionalismo acharam um novo desafio no marxismo, que passou a exercer uma poderosa atração sobre os distritos industriais em expansão nas cidades russas. Em todo o império, as universidades tornaram-se motores da radicalização. Manifestações a favor da liberdade de expressão, em 1899, foram recebidas com repressão pelo governo: destacamentos de cossacos montados com cassetete em punho receberam ordem de dissolver as manifestações estudantis, e as prisões indiscriminadas que se sucederam fizeram com que pela primeira vez famílias instruídas de classe média e alta se confrontassem com o poder arbitrário e coercitivo do Estado. Estudantes foram presos às centenas nas celas da fortaleza de São Pedro e São Paulo, em 1901, apenas por terem participado de uma manifestação pacífica no centro de São Petersburgo. Muitos deles, e milhares de pessoas que os apoiavam, chegaram à conclusão de que uma reforma gradual do Estado era impossível. O fogo deveria ser combatido com fogo.[2]

Ao se aproximar o fim do século XIX, as regiões limítrofes do império tornaram-se mais uma vez irrequietas. As políticas de russificação de Alexandre III, desastradamente opressivas, radicalizaram, nas escolas e universidades da Polônia e da Fronteira Ocidental, uma nova geração de poloneses que já bebera com o leite materno uma profunda hostilidade em relação à autocracia. Vítimas de repetidos pogroms nas últimas décadas do século XIX, e agora enfrentando severas restrições em seus direitos de residência, educação e exercício da profissão, muitos dos judeus do império concluíram que seu futuro estava mais na revolução do que numa acomodação ao Estado tsarista. Fundado em 1897, o movimento bundista, que combinava socialismo com as demandas de autonomia cultural para os judeus, atraiu dezenas de milhares de adeptos. Todos os partidos radicais da Rússia, apoiados no campesinato, no proletariado ou na nação como agente de transformação histórica, estavam unidos em sua determinação de fazer a revolução.[3]

No reinado de Nicolau II, o governo russo usava o exílio como arma na luta contra a sedição. De início, as autoridades mostraram que tinham, pelo menos em parte, aprendido as lições dos desastres de relações públicas que foram os suicídios e execuções de presos políticos em Kara e Iakutsk em 1889. Na década que precedeu a Revolução de 1905, as autoridades pretendiam recusar aos revolucionários uma plataforma na qual encenar seus protestos e moldar narrativas de martírio. Eles foram banidos não apenas para além dos Urais, mas também para longe do olhar público, relegados a assentamentos remotos no extremo nordeste da Sibéria. Enquanto a liderança dos vários movimentos revolucionários do império passava pelo sistema de exílio, alguns sofriam na obscuridade e outros lutavam para recriar os atos de heroico desafio que seus predecessores protagonizaram na década de 1880. Por outro lado, o exílio administrativo deu poder a políticos radicais. Forjou em suas fileiras uma noção faccionista de solidariedade, fundamento de experiências coletivas de sofrimento e privações que dariam vida a sua autoridade nos próximos anos de luta revolucionária. As colônias de exilados tornaram-se academias de sedição em que novos recrutas podiam estudar a doutrina e figuras consagradas produziam em massa uma enxurrada de teoria e jornalismo revolucionário.

A Revolução de 1905 dividiu o reinado de Nicolau II em dois. A partir de suas prensas clandestinas, seus "aparelhos" e congressos no estrangeiro, o movimento revolucionário pipocou em todo o império. Defrontado com uma campanha de terrorismo, um campesinato rebelado e inquietação urbana em grande escala, o Estado, mais uma vez, começou a mandar seus inimigos para a Sibéria. Mas as autoridades não conseguiam conter as dezenas de milhares de novos revolucionários temperados na luta, terroristas e muitas vezes criminosos na obscuridade dos remotos assentamentos sobre os quais tinham pouca supervisão e controle. Assim, recorreram às prisões fechadas e fortalezas penais para abrigá-los. O sistema de exílio pode ter ajudado a controlar a primeira Revolução Russa, mas estimulou o ódio implacável do governo que alimentou a segunda. Se, no ocaso do reinado de Nicolau II, a Sibéria serviu como o reino da quarentena política, às vésperas da Primeira Guerra Mundial ela ficou parecida com um gigantesco laboratório de revolução.

Em 1889, o jovem revolucionário Mikhail Poliakov foi banido para o remoto distrito de Kolimá, no extremo leste na Sibéria (que mais tarde se tornaria famoso como lugar da maior rede de gulags na época de Stálin), a cerca de 12,8 mil quilômetros de São Petersburgo: "Neste vasto território, maior que a França, há apenas [...] 6,5 mil habitantes", observou Poliakov. Destes, menos de mil eram russos. O rapaz tinha sido mandado "para uma terra de mortos-vivos separada do resto do mundo por 2 mil quilômetros de pântanos e deserto montanhoso".[4] Sredne--Kolimsk era um assentamento de dezoito exilados políticos, na sua maior parte enviados para lá em 1888. Alimentos e roupas eram escassos e, quando existiam, seus preços extorsivos os situavam fora do alcance da maioria. No começo de setembro de cada ano, o chão já estava atapetado de neve, e as temperaturas caíam a trinta graus negativos. Os habitantes da região precisavam borrifar seus "covis" com água para formar uma camada de gelo que os protegesse da violência do inverno que chegava. As bexigas de peixe que serviam de cortinas no verão eram substituídas por blocos de gelo translúcido para deixar passar a luz. Mas em meados de novembro, estes já tinham perdido toda utilidade prática, já que a escuridão nunca diminuía: "As últimas breves horas de luz do dia desaparecem e você se vê condenado a viver à luz da lareira [...] ou ao triste bruxuleio de uma vela de sebo". Poliakov recorda "o silêncio absoluto da noite" pontuado apenas pelos uivos de cães:

> Naquele tempo, você se sentia como um verme, patético e insignificante. Entra em sua desconfortável moradia e sente um desânimo tão mortal que até as lembranças da prisão parecem um lindo sonho. Isso dura um mês e meio: você vai para a cama de noite e se levanta de noite. No começo de janeiro, *o sol renasce*; de início, sob a forma de um pequeno crescente, que aumenta a cada dia. Você olha para ele e sente uma profunda sensação de alegria que talvez só alguém que tenha estado trancafiado em celas escuras e por fim deixe os muros da prisão pode compreender.[5]

Esse não era o destino dos exilados administrativos. A arbitrariedade inerente ao sistema de exílio ainda permitia àqueles que tinham boas relações cumprir sentença em ambientes mais agradáveis. O futuro arquiteto da Revolução de Outubro, Vladímir Ulianov (Lênin), foi um desses radicais banidos em 1897 para uma remota aldeia siberiana, Chuchenskoie, no alto Ienissei, ao pé dos montes Saian, que separam a Sibéria da Mongólia. Lênin passou três anos no exílio em condições que teriam maravilhado revolucionários de uma década antes. Herdeiro de um título de nobreza e filho de uma mulher decidida e bem relacionada, ele foi autorizado a viajar até Krasnoiarsk de trem. Ao chegar, alugou um quarto confortável na casa de uma mulher que tinha fama de ser simpática aos "políticos" e pesquisou material na biblioteca do famoso bibliófilo Gennadi Iudin enquanto esperava que seu destino final fosse decidido. Quando por fim chegou ao exílio, Lênin teve uma agradável surpresa. Chuchenskoie era, disse ele numa carta a uma de suas irmãs,

> uma aldeia nada ruim. É certo que fica numa região um tanto desolada, mas não muito longe daqui [...] há uma floresta, embora já em grande parte derrubada. Não há estrada para o Ienissei, mas o rio Chuch passa pela aldeia, e aqui perto há um grande afluente do Ienissei [...] no qual é possível tomar banho. Os montes Saian, ou suas cristas, podem ser vistos no horizonte [...].[6]

Chuchenskoie compunha-se de 287 domicílios e uma população de 1,4 mil residentes. De lá, Lênin manteve uma volumosa correspondência com ativistas de São Petersburgo, Moscou e várias células clandestinas em toda a Rússia. Recebia remessas consecutivas de livros tomados de empréstimo a bibliotecas de São Petersburgo e Moscou, graças aos bons ofícios de suas irmãs, para satisfazer seu apetite de leitor voraz. Apesar de seu desencanto com a lentidão do sistema postal (entre o envio de uma carta para a capital e a chegada da resposta passavam-se cerca de 35 dias), Lênin devorava textos sobre política, economia, história da indústria, agricultura e estatística. Quando por fim deixou a Sibéria, no início de 1900, levou consigo 225 quilos de livros. Foi no exílio que ele escreveu e publicou, em 1899, seu famoso *O desenvolvimento do capitalismo na Rússia*, que o firmou como grande pensador marxista.[7]

De um modo que evocava tanto as solicitações dos dezembristas quanto o apetite destes por bens inexistentes nas regiões remotas da Sibéria, Lênin bombardeava sua mãe e irmãs com pedidos de artigos como meias grossas e uma capa impermeável para ir à caça. Precisava de um chapéu de palha e luvas de pelica (proteção indispensável contra os mortais mosquitos siberianos, que faziam uma breve mas feroz aparição todos os verões naquela região pantanosa). Quando não estava mergulhado em seus estudos, Lênin cultivava hábitos bucólicos, como caçar ou patinar com outros exilados, mais ou menos uma dúzia deles, radicados nas vizinhanças de Chuchenskoie. No fim de 1897, seus companheiros comentavam como ele tinha ganhado peso e como seu bronzeado saudável o tornava "tão parecido com um siberiano".[8]

Em 1904, o jovem Liev Bronstein (Trótski) estava exilado na aldeia perdida de Ust-Kut, no alto curso do Lena, onde estudou *O capital*, de Marx, "espantando as baratas das páginas do livro". Mesmo naquele lugar, as condições de exílio estavam a um mundo de distância das que eram suportadas pelos radicais mais ao norte. Trótski teve a oportunidade de ter dois filhos com sua noiva, Aleksandra, aperfeiçoar seu formidável talento jornalístico com um fluxo ininterrupto de matérias publicadas no jornal progressista *Vostochnoe obozrenie* e jogar croqué com feroz competitividade.[9]

A relativa tolerância com que o Estado tratava Lênin e Trótski revelava não apenas o poder persistente da hierarquia social e da riqueza para suavizar as piores características do exílio siberiano como também a ignorância do regime quanto ao poder embrionário de seu radicalismo livresco. Por muito que reclamasse do atraso dos correios para a entrega de livros e cartas, Lênin estava ligado a uma rede de conspiração e subversão que se estendia de Irkutsk e Krasnoiarsk a Moscou, Kiev, Genebra e Londres.[10]

Já a situação dos exilados administrativos em Kolimá, no extremo nordeste, era um mundo à parte. Eles eram submetidos a um isolamento que se rompia apenas três vezes ao ano, quando chegava o correio, como recorda Poliakov, "como um choque elétrico [...] conduzindo muitos a um estado de êxtase delirante". Com o passar das semanas, no entanto, depois que os exilados tinham lido e relido os pacotes de jornais, revistas, livros e cartas de seus entes queridos, a euforia arrefecia:

Todas as notícias e acontecimentos de seis, nove meses, um ano antes, são lidos nos mínimos pormenores e examinados com avidez angustiada e em parte comentados; o êxtase cede e mais uma vez você cai num estado de abatimento desesperado. Você pega um livro, se concentra na redação de uma carta, mergulhado em seu trabalho. E de repente é assaltado por um pensamento: Para que isso? Para que serve tudo isso? As línguas, as palestras de intelectuais brilhantes, a sabedoria de séculos, e tudo aquilo que você lê e sobre o que medita? Porque você ainda tem seis, sete, oito anos para definhar aqui! E o que vai sobrar de você ao fim do exílio dentro daquelas paredes solitárias, úmidas, nas noites intermináveis de pesadelos: noites que são como anos [...]. Vale a pena? Esses pensamentos lúgubres podem ser avassaladores e então você corre para ver seus camaradas.[11]

Nessas condições claustrofóbicas e estáticas, até a camaradagem pode se deteriorar rápido. Outro dos exilados de Kolimá, o social-democrata Grigori Tsiperovitch, revelou numa carta que todos

> sabem o que o outro vai dizer sobre este ou aquele assunto; não me sinto como se estivesse argumentando, discutindo alguma coisa, porque tudo se reduz à repetição de argumentos já bem conhecidos e bem ensaiados. Oh, estou tão cansado de vegetar assim sem objetivo, nessa dança constante em torno da lareira empoeirada e suas chaleiras![12]

Apartados do mundo e da luta revolucionária que dava significado a sua vida, os exilados administrativos do extremo norte se desentendiam e brigavam. A disputa política em torno da doutrina e da tática revolucionária esquentava em torno de animosidades, rivalidades e ciúmes pessoais. Tsiperovitch observou que minúsculas picuinhas contaminavam de tal forma os relacionamentos que os exilados precisavam se mudar dos casebres compartilhados e morar separados. Esses conflitos podiam também ter consequências trágicas. Um dos camaradas de Lênin, Nikolai Fedoseiev, que havia sido mandado para o nordeste da Sibéria em 1897, foi incapaz de suportar, como escreveu Lênin zangado, "as calúnias de um ou outro monstro" dentre seus companheiros de exílio. Ele se matou com um tiro em junho de 1898. O sectarismo de muitos bolcheviques se via aumentado devido ao angustiante confinamento nessas colônias de exilados. Desconfiança, ressentimentos e rivalidades pessoais, magnificados pelo isolamento compartilhado do exílio, deixaram suas marcas na psique dos homens e mulheres que um dia governariam a Rússia. Na década de 1930, inimizades pessoais e desconsideração se tornariam uma questão de vida ou morte no banho de sangue fratricida entre os bolcheviques.[13]

A monotonia e a claustrofobia corroeram a saúde mental de alguns exilados. Tsiperovitch observou que seus camaradas pareciam estar

> cobertos por uma espécie de mofo escuro. Seus movimentos eram sem vida; seu esgotamento nervoso extremo se evidenciava em seu aspecto e em sua fala; e quando um deles se exaltava, os indícios de sofrimento nervoso se revelavam em cada gesto e em cada palavra.

Muitos entravam em desespero; alguns tiravam a própria vida. Ludwig Janowicz fora enviado a Sredne-Kolimsk em 1897 e passou cinco anos no exílio antes de ser chamado a Iakutsk para depor ante um tribunal. Numa trágica comunhão com um mártir revolucionário mais antigo da Sibéria Oriental, Janowicz matou-se junto ao túmulo de Pappi Podbelski, membro da Vontade do Povo que tinha sido morto na Tragédia de Iakutsk em março de 1889. Janowicz deixou um bilhete para seus camaradas: "Meus nervos estão em frangalhos; fico histérico por qualquer ninharia. Estou sem ânimo nenhum. Assim, de que serve me expor ao ridículo?". Sua exaustão e seu desespero decorriam, escreveu, "dos muitos anos de prisão e exílio (dezoito no total) em condições duríssimas. Em essência, foi o governo russo que me matou. Que a responsabilidade pela minha morte e pela morte de legiões sem conta de meus camaradas seja lançada em sua conta".[14]

Na década que se seguiu à ascensão de Nicolau II ao trono, não menos de 2,7 mil pessoas foram punidas com o exílio administrativo por crimes políticos. A incidência da sedição subia de maneira exponencial: em 1894, 56 casos políticos foram resolvidos por decreto imperial; em 1903, esse número tinha chegado a 1,5 mil. Em 1º de janeiro de 1901, havia um total de 1,8 mil exilados políticos na Sibéria. O recém-indicado governador-geral de Irkutsk, Pavel Kutaisov, queixava-se de que o fluxo de presos políticos para a Sibéria Oriental tornava quase impossível uma supervisão adequada. O sistema vigente, dizia ele, "só serve para disseminar ideias revolucionárias por toda a Rússia, e com isso, de fato, o próprio governo está dando passos radicais no sentido de disseminar as mesmas teorias com as quais continua a lutar". O rápido desenvolvimento da Sibéria e o crescimento de suas cidades na virada do século mostraram que os argumentos em favor de limpar São Petersburgo e Moscou de subversivos agora eram estendidos pelos administradores da Sibéria a Krasnoiarsk e Irkutsk. Revolucionários ativos já não eram tolerados naqueles que estavam se tornando centros urbanos populosos, ocupando posições estratégicas na expansão da Rússia imperial para o leste, mais ainda que as capitais.[15]

Em dúvida quanto à capacidade das autoridades de lidar com o fluxo de revolucionários determinados, bem organizados e em muitos casos violentos, Kutaisov desencadeou a repressão. Sua solução consistia em limpar as cidades da Sibéria Oriental de encrenqueiros, banindo-os para ainda mais longe, para além do círculo polar ártico, para as ilhas do diabo imersas em neve de Verkhoiansk e Kolimá. Em agosto de 1903, ele lançou um edito que equivalia a um súbito repúdio da relativa leniência do Estado no tratamento recente dado a exilados políticos. Ordenou que daquele momento em diante as violações das instruções oficiais fossem todas punidas com exílio administrativo para as imensidões geladas do extremo norte. Antes da repressão, as autoridades faziam vista grossa para pequenas infrações dos regulamentos; um exilado que se ausentasse por algum tempo de seu lugar de banimento para buscar provisões em Iakutsk podia passar um dia sob prisão simbólica. Mas agora seria deportado para Kolimá.[16]

Situada à margem do Lena, a cerca de 3,2 mil quilômetros de Irkutsk a nordeste, Iakutsk era a porta de entrada para o círculo polar ártico. Essa pequena cidade, portanto, oferecia aos exilados políticos destinados ao ostracismo em colônias remotas uma última oportunidade de demonstrar força e determinação coletiva. A intensificação da repressão produziu concentrações de rapazes e moças bastante motivados, com muito pouco a perder. Pinkhus Rozental, médico de Vilnius, já tinha passado quinze meses numa prisão tsarista antes de ser sentenciado a seis anos de exílio em Iakutsk por agitação revolucionária junto a classes trabalhadoras e por distribuir literatura subversiva. Ele fala das consequências da repressão implantada por Kutaisov:

> Assim que a rota de inverno para Iakutsk ao longo do Lena gelado foi restabelecida, recomeçou o transporte de novos grupos de condenados. Grupo após grupo chegavam. Parecia uma grande migração de povos. Uma e outra vez, os recém-chegados lutavam pelo direito de se encontrar com os exilados locais [...]. Em cada grupo havia diversos migrantes involuntários da província de Irkutsk, alguns exilados por resistir à polícia, alguns por ajudar foragidos, alguns por não ter obedecido às instruções oficiais. Todos eles tinham sido denunciados em segredo por funcionários e agora estavam a caminho da região da Iacútia, para Verkhoiansk e Kolimá.[17]

Nessa situação já tensa, a decisão de Kutaisov de retirar as verbas do Estado para a viagem de volta dos exilados que já tinham cumprido sentença causou grande tumulto. Era impossível, protestavam estes, poupar os trezentos rublos necessários para a viagem com um pagamento mensal de apenas doze rublos para a subsistência. As novas instruções implicavam na prática que os exilados seriam obrigados a permanecer na Sibéria durante muito mais tempo para juntar o dinheiro necessário para a volta.[18]

Seu protesto não seria uma simples reprise da Tragédia de Iakutsk. As diferenças em 1904 eram contundentes. Como na década de 1880, esses exilados estavam de olho na plateia formada pelo grande público, mas sua resistência ao Estado era mais bem organizada e mais bem equipada. Ao mesmo tempo, as autoridades de Iakutsk mostraram mais bom senso tático e uma compreensão mais segura das implicações políticas de um banho de sangue entre os exilados.

O centro da vida dos exilados em Iakutsk era uma grande casa de madeira de dois andares pertencente a um homem da etnia iacuta chamado Románov. O edifício acomodava diversos exilados no andar superior, mas os que viviam em outros pontos do distrito usavam-no como ponto de encontro e posta-restante. A guarnição de Iakutsk contava com apenas 150 soldados, metade deles encarregada da guarda de diversos pontos. Em 17 de fevereiro de 1904, 54 exilados políticos — bundistas, bolcheviques e socialistas revolucionários — se entrincheiraram na casa de Románov, munidos de provisões e armas. Mandaram ao governador uma lista de reivindicações:

1. Retorno, à custa do Estado, dos exilados que tivessem cumprido sentença.
2. Abolição do banimento administrativo como punição por ausências sem licença.
3. Revogação de proibição de reunião entre companheiros de exílio.
4. Garantia de inviolabilidade pessoal dos signatários do protesto.[19]

Preocupado com uma eventual repetição da indignação internacional causada pelo sangrento desenlace do protesto dos exilados em 1889, Nikolai Chaplin, o vice-governador, que estava no governo da província em caráter temporário, fez de tudo para evitar um conflito armado. Tendo sitiado a casa com seus soldados, entrou no pátio, desarmado, para negociar com os exilados. Explicou que não tinha poderes para contrariar as ordens de Kutaisov e que os exilados deviam apelar a São Petersburgo para sua correção legal. Deixou claro que não era sua intenção ordenar que sua tropa abrisse fogo: "Se querem ficar sentados num apartamento trancado, que façam isso! Para mim não faz nenhuma diferença!". Chegou a omitir de São Petersburgo informações sobre o impasse, evitando, assim, a ordem de invadir o edifício. Quando os exilados içaram uma bandeira vermelha em sinal de provocação, o governador se manteve firme em sua decisão de "não prestar atenção neles". O cerco continuou, e os revolucionários, conscientes de que sua luta era pela solidariedade popular, começaram a emitir proclamações dirigidas aos habitantes de Iakutsk, destacando os motivos de sua resistência. A primeira delas, em 21 de fevereiro, dizia: "Não podemos ficar impassíveis enquanto o governo transforma o sistema de exílio num sistema de assassinato prolongado".[20]

Frustrados com a aparente indiferença de Chaplin para com seu protesto, em uma semana os exilados o estavam acusando de uma tentativa insidiosa de quebrantar sua vontade, como explicaram em outra proclamação aos habitantes da cidade:

> Já estamos há uma semana entrincheirados nesta casa e até agora permanecemos cercados. As autoridades querem nos derrotar pela fome. Por que a "ordem" não foi restabelecida pela força? [...] Disparando contra nós, o governo teme provocar fúria e indignação em todos aqueles em que ainda não conseguiu exterminar a capacidade de se indignar.[21]

Com alimentos e água escasseando, com frequência espicaçados pelos soldados que cercavam a casa, os revolucionários fizeram uma reunião para discutir suas opções e decidiram avançar com a ofensiva. Às três horas do dia 4 de março, eles abriram fogo, suscitando uma feroz reação dos soldados que cercavam o edifício. Dois soldados e um revolucionário morreram. Tiros esporádicos prosseguiram, mas em nenhum momento Chaplin ordenou a invasão do edifício. Encurralados e diante da perspectiva de escolher entre uma morte lenta e a rendição, os revolucionários escolheram esta última e depuseram suas armas na manhã de 7 de março. Os *romanovtsi*, nome pelo qual ficaram conhecidos, haviam resistido durante dezoito dias e tiveram êxito em suscitar uma onda de protestos entre exilados solidários da Sibéria Oriental. Afinal, a tática astuta de Chaplin compensou. Não houve massacre para alimentar as alegações de martírio de exilados nas mãos de um Estado bárbaro.[22]

Em julho de 1904, o caso foi levado a julgamento. Em meio ao crescente ânimo antigoverno naquele verão, enquanto a marinha imperial sofria derrota após derrota para os japoneses, o governo estava ansioso para evitar a repetição do clamor público que tinha acompanhado as sentenças de morte proferidas para os mártires de Iakutsk em 1889. Kutaisov decidiu que dessa vez os exilados seriam julgados por uma corte civil e não militar, o que na prática excluía a possibilidade de sentenças de morte. Um dilúvio de suicídios de exilados políticos nos anos que antecederam 1905 mais uma vez pôs as autoridades na defensiva, ameaçando desacreditar suas tentativas de ganhar apoio público para a luta contra a subversão. O famoso advogado Aleksandr Zarudni representou os *romanovtsi*, destacando o desespero daqueles que apenas queriam transformar "a morte lenta do exílio" na "morte rápida da execução". Depois de dez dias de julgamento, a corte anunciou sentenças mais ou menos brandas. Os exilados amotinados foram condenados a períodos diversos de trabalhos forçados nas prisões centrais da Sibéria.[23]

Nas três ou quatro décadas que precederam os acontecimentos de 1905, os exilados políticos da Sibéria continuaram sendo uma pequena, mesmo que influente, minoria. Muitos desses radicais intelectualizados tinham sido opositores ferrenhos do regime tsarista, ainda que seu exílio tenha revelado seu isolamento e, em última instância, sua impotência. Esses generais da revolução não teriam sido nada sem seus soldados rasos, e estes eram proporcionados às dezenas de milhares pelo crisol que foi a primeira Revolução Russa. A tormenta, que acabou eclodindo em 1905, vinha se formando desde a virada do século. Radicalizados pela repressão praticada por escalões inferiores de governo, os socialistas revolucionários fundaram uma Organização de Combate dedicada a travar uma campanha de assassinatos que custou a vida do ministro do Interior, Dmitri Sipiagin, em 1902, e de Viatcheslav von Pleve em 1904.[24] Mas o ponto crítico ocorreu em 9 de janeiro de 1905, quando os soldados que guardavam o palácio de Inverno em São Petersburgo abriram fogo contra manifestantes, massacrando centenas de trabalhadores desarmados e suas famílias.

Os protestos se espalharam por todo o país e, em setembro de 1905, o governo enfrentava uma greve geral e uma violenta rebelião rural. O barulho das armas e das explosões ecoava nas cidades russas, enquanto os revolucionários davam combate indiscriminado a representantes do Estado. O Partido Socialista Revolucionário reivindicou apenas seis ataques entre 1902 e 1904. No ano seguinte, suas operações terroristas se ampliaram para 51 ataques, seguidos de 78 em 1906 e 62 em 1907. Entre os alvos estavam funcionários estatais, gendarmes, governadores e até o tio do tsar e governador de Moscou, grão-duque Serguei Aleksandrovitch, em 4 de fevereiro de 1905. Fora do controle da Organização de Combate, a violência terrorista, exercida por numerosos partidos, grupos dissidentes e assassinos solitários, também se expandia. Entre 1º de janeiro e 20 de agosto de 1906, foram executados quase 1,8 mil ataques terroristas, vários deles à bomba, que mataram e feriram cerca de 1,5 mil pessoas, um terço delas civis. Um dos mais notórios foi a tentativa de assassinato do primeiro-ministro Piotr Stolipin em sua datcha de São Petersburgo em 12 de agosto de 1906. Três membros do grupo dos maximalistas, uma dissidência dos socialistas revolucionários, entraram na casa, dois deles com trajes militares e um vestido de civil, levando malas cheias de explosivos. A segurança de Stolipin desconfiou e quis detê-los, ao que eles gritaram "Viva a liberdade!", "Viva a anarquia!", e detonaram suas bombas. O resultado foi uma carnificina: 27 pessoas morreram na hora e setenta, entre elas dois dos filhos de Stolipin, ficaram gravemente feridas. Como que por milagre, o primeiro-ministro sobreviveu.[25]

A violência política muitas vezes descambava para a criminalidade sem disfarce e para a selvageria insensata. O que um observador chamou de "epidemia do trauma" — ataques violentos, incêndios, estupros, pogroms e assassinatos — proliferou no império. As "expropriações" executadas por partidos revolucionários para sustentar seus cofres muitas vezes eram impossíveis de distinguir dos assaltos a bancos perpetrados por criminosos que só buscavam vantagem pessoal. A "fúria das massas", como um observador horrorizado a chamou, era dirigida à aristocracia proprietária de terras, comunidades judaicas pobres, policiais de aldeias, capatazes de fábricas e incontáveis cidadãos comuns.[26]

As desventuras imperiais de São Petersburgo na Guerra Russo-Japonesa só fizeram atiçar ainda mais a inquietação revolucionária. Ao longo de dezoito meses, em 1904 e 1905, as forças russas foram derrotadas de maneira arrasadora por um inimigo que via como inferior em termos raciais, à luz da imprensa mundial. O desastre expôs a incompetência do governo e alimentou o crescente descontentamento revolucionário interno.[27]

Assoladas pelas mesmas tensões sociais e políticas que o resto do império, as cidades da Sibéria foram também as primeiras a experimentar os efeitos colaterais da breve e desastrosa guerra da Rússia. Depois do humilhante tratado de paz firmado com o Japão em setembro de 1905, os soldados russos começaram a voltar para casa e passavam pelas cidades siberianas já tomados de inquietação revolucionária. Alguns deles se uniam a exilados e trabalhadores rebeldes das fábricas e ferrovias. Em 16 de novembro de 1905, cerca de 4 mil pessoas compareceram a um ato em Tchita, no Transbaikal, e aprovaram uma resolução que instituía uma república. Em Irkutsk, os revolucionários conquistaram o apoio da guarnição da cidade e elegeram um comitê de greve, que exigiu a instituição de uma assembleia constituinte, sufrágio universal e anistia para os presos políticos. No começo de novembro, protestos revolucionários de mesma índole tomaram conta de Krasnoiarsk, e trabalhadores e soldados estabeleceram seu próprio conselho revolucionário, ou soviete, declarando a República de Krasnoiarsk sob a bandeira vermelha e exigindo "liberdade, igualdade, fraternidade". Em 8 de dezembro, o soviete assumiu o controle da imprensa oficial provincial e começou a publicar o jornal *Krasnoiarsk rabochii*.[28]

Em outubro de 1905, diante da oposição generalizada de quase todos os setores da sociedade, a autocracia propôs concessões destinadas a dividir moderados de radicais no seio das forças antigoverno. Liberdade de imprensa, liberdade de reunião, fim da discriminação religiosa, a convocação de uma câmara consultiva denominada Duma, o debate de novas leis e legalização dos partidos políticos, tudo isso estava contemplado no Manifesto de Outubro. Reforma e repressão vieram acopladas. Animado com o retorno gradual das tropas leais, o governo reagiu à violência revolucionária com uma repressão selvagem em todo o império. Um decreto lançado no mês seguinte dava aos governadores-gerais, provinciais e municipais o poder de implantar estado de emergência e até a lei marcial em sua jurisdição.

Em janeiro de 1907, a lei marcial vigorava em 23 províncias, 25 distritos, nove cidades e ao longo de duas vias férreas. Em fevereiro de 1906, o Ministério do Interior autorizara os governadores a exilar qualquer camponês suspeito de envolvimento em distúrbios rurais. Entre 1905 e 1912, 3 mil marinheiros e soldados foram submetidos a tribunais militares e sentenciados a longos períodos de trabalhos forçados, em muitos casos perpétuos, por sua participação na revolução. Em 1903, apenas 43 civis foram julgados por cortes militares distritais; em 1908, esse número tinha chegado a 7 mil, dos quais mil foram condenados à morte. Como disse o professor de direito Mikhail Tchubinski, o país estava na "era dos tribunais militares e das execuções". Trens de condenados hermeticamente fechados começaram a despejar milhares de novos presos políticos nas cadeias da Sibéria.[29]

Entre 1906 e 1912, cerca de 60 mil pessoas foram julgadas por crimes políticos, tanto por tribunais comuns quanto por cortes militares. A grande maioria foi declarada culpada não apenas de rebelião e agitação, mas simplesmente de pertencer a organizações ilegais e distribuir literatura subversiva. O número de forçados de todo o império saltou de 6,1 mil em 1905 para 28,5 mil em 1910; o total de sentenciados ao exílio no mesmo período subiu de 6,5 mil para 30 mil. Iakov Sverdlov, futuro secretário-geral do Partido Bolchevique, observou que se até 1905 o Estado estava exilando apenas "representantes das massas, agora as próprias massas estavam sendo exiladas".[30]

O resultado das campanhas de contrainsurreição do governo foi uma explosão da população prisional da Sibéria e uma queda catastrófica nas condições de vida dos prisioneiros (o colapso da colônia penal da ilha Sacalina em 1905 já tinha deixado os administradores do sistema de exílio em sérias dificuldades para recolocar os condenados). Em 1912, as prisões de Nertchinsk, com espaço para 1,57 mil condenados, abrigavam 3,56 mil. As inspeções se deparavam com prisioneiros amontoados em celas pouco ventiladas invadidas pelo fedor de tinas de excrementos humanos. A mortalidade no sistema de trabalhos forçados deu um salto quando o tifo e a tuberculose invadiram as prisões superlotadas, que, nas palavras de um jornalista, haviam se tornado "reservatórios de contágio". Em 1914, na Prisão Central de Trabalho Penal de Aleksandrovsk, os casos de tuberculose já tinham mais que dobrado, e o hospital da prisão só estava admitindo pacientes "sem esperança de recuperação". Em 1911, nas diversas prisões da província de Tobolsk, 5,2 mil internos, ou 38% de um total de 13,5 mil, estavam registrados como doentes; 147 morreram sob custódia.[31]

O ano de 1905 selou de fato a sorte da autocracia. O governo recuperou o poder, mas a violência da repressão fez com que sua vitória fosse efêmera. A brutal contrainsurreição do Estado alimentou antagonismos entre as massas russas e seus governantes que as concessões previstas no Manifesto de Outubro foram incapazes de reconciliar. As tentativas subsequentes do governo no sentido de restaurar sua legitimidade não conseguiram escapar à sombra escura lançada pelo uso que fizera das baionetas e das prisões.

De início, a Revolução de 1905 trouxe bom presságio para os presos na Sibéria. A promulgação do Manifesto de Outubro foi acompanhada de uma anistia parcial aos revolucionários condenados por "crimes de Estado", decretada em 21 de outubro, e de um abrandamento significativo do regime prisional. Nesse dia, os detentos da Prisão Central de Trabalho Penal de Tobolsk marcharam em torno do pátio portando bandeiras vermelhas e cantando canções revolucionárias, enquanto uma multidão de simpatizantes se reunia diante dos portões da cadeia clamando pela libertação imediata dos presos políticos. O governo se manteve firme, mas durante algum tempo suas prisões se tornaram, nas palavras de um preso político, verdadeiras "repúblicas".[32]

À medida que a repressão oficial ganhava força, no entanto, esse momento de liberalização se revelou efêmero. O governo conseguiu reimpor sua autoridade nas cidades amotinadas da Sibéria no fim de dezembro. Em Krasnoiarsk, o governador precisou esperar pela chegada de reforços provenientes de Omsk. Eles cercaram os revolucionários e por fim, em 2 de janeiro, mobilizaram a artilharia para forçar a rendição. Por volta de quatrocentas pessoas foram detidas por participação no "levante armado" e trancafiadas na prisão da cidade.[33]

O restabelecimento da disciplina nas prisões da Sibéria foi rápido e brutal. Em 18 de janeiro de 1906, tropas legalistas chegaram à Prisão Central de Trabalho Penal de Tobolsk, revistaram as celas, confiscaram armas, livros, cartas e pertences pessoais, puseram os presos a ferros e açoitaram muitos deles.[34] No decorrer de 1906 e 1907, uma sucessão de novos funcionários foi indicada para comandar muitas das prisões da Sibéria. Essa nova geração era propensa a uma dureza muito maior no trato dos internos do que seus predecessores. Carcereiros considerados culpados de leniência no trato com prisioneiros eram demitidos do cargo.[35]

Em janeiro de 1907, o governador militar do Transbaikal, Mikhail Iebelov, escreveu ao responsável pela Região Penal de Nertchinsk, Iúli Metus, dizendo que só as "pessoas mais enérgicas" deviam ser recrutadas como carcereiros e guardas. Dali em diante, "deveriam ser tomadas todas as medidas para restabelecer um regime adequado nas prisões". Por isso entendia-se manter trancadas as portas das celas, seguir a letra da lei na punição dos culpados de violar a disciplina prisional, proibir os presos de conservar dinheiro seu ou qualquer outro pertence que não lhes tivesse sido legalmente atribuído e fechar a loja própria dos presos (o *maidan*). Sem demora, Metus transmitiu as instruções complementares aos diretores das oito prisões do distrito de Nertchinsk: dali em diante, os prisioneiros permaneceriam algemados e os carcereiros deviam reagir à resistência com armas de fogo. Ao criticar o regime mais permissivo da prisão de Akatui, Metus declarou que "o tempo da brandura, do estado de coisas ilegal permitido por uma administração prisional fraca havia passado. Se os diretores não tivessem fibra para impor a ordem, melhor que se fossem!". Muitos deles, ao que parece, acharam essa fibra. Retiraram a roupa de cama pessoal dos presos, travesseiros e mantas, confiscaram seu material de escrita, desmontaram suas bibliotecas, proibiram o tabaco e limitaram a correspondência a membros chegados da família, às vezes nem isso.[36]

Mas se os diretores das prisões da Sibéria a partir de 1905 pertenciam a uma nova geração, o mesmo acontecia com os prisioneiros. Muitos deles tinham sido temperados em greves, motins, campanhas terroristas e turbulências rurais durante a revolução. Em 1908, 249 dos forçados de Tobolsk haviam sido sentenciados por assassinato ou tentativa de assassinato; a quarta parte deles era de reincidentes. Com efeito, à medida que as prisões siberianas se enchiam de camponeses rebeldes, grevistas, soldados e marinheiros amotinados, assaltantes de bancos, promotores de pogroms, ladrões e revolucionários, os limites entre o crime político e o comum se diluíam como nunca. Muitos dos novos presos políticos tinham se radicalizado não apenas pela violência revolucionária como também pelo fogo do discurso revolucionário. Essa nova legião de forçados estava cada vez mais consciente de seus direitos. Um relatório oficial sobre as condições das prisões de Nertchinsk dizia que "o forçado de hoje é mais consciente de seus direitos e mais ligado a suas liberdades; é mais consciente na defesa de sua dignidade". As ideias sobre os direitos naturais e a dignidade inalienável do ser humano já não eram prerrogativa dos russos instruídos, mas agora moldavam a mentalidade e a conduta de camadas inferiores exiladas por sua participação nos distúrbios revolucionários. O que unia a maior parte dos presos, se não todos, era o ódio visceral à autoridade. Muitos deles tinham pouco a perder. Dos 610 homens e mulheres que cumpriam penas de trabalhos forçados em Tobolsk em 1909, só 16% haviam sido sentenciados a menos de oito anos; 62% deviam cumprir entre oito de vinte anos, e 12% estavam condenados a trabalhos forçados perpétuos.[37]

Em 1907, dois campos antagônicos se enfrentavam nas superlotadas cadeias da Sibéria. De um lado estavam os novos diretores, determinados a fazer cair a mão pesada do Estado sobre a indisciplinada população prisional; do outro, estavam revolucionários e criminosos prontos a fazer uso de violência dentro das prisões, agora apoiados e ajudados por redes de revolucionários exilados fora delas.[38] Na década que transcorreu entre 1905 e a eclosão da Primeira Guerra Mundial, as prisões da Sibéria tornaram-se o epicentro da confrontação violenta.

Em parte alguma o confronto era mais forte e mais violento do que em Tobolsk. As autoridades da cidade lutavam para conviver com o fluxo de presos políticos; em 1905 havia apenas 21 forçados condenados por crimes políticos; em 1907, eles chegavam a 250. Preocupadas com a influência cada vez maior dos presos políticos sobre criminosos comuns, as autoridades prisionais de Tobolsk transferiram muitos deles, depois de um incêndio, da prisão central na praça principal a uma cadeia menor e mais antiga conhecida como Prisão nº 2, situada na periferia da cidade. De início, o regime da velha prisão foi de uma liberalidade relativa. Numa tentativa de afirmar sua autoridade, na sequência dos acontecimentos de 1905, o diretor, Bogoiavlenski, insistiu que os presos se pusessem de pé em sua presença e gritassem "Saúde!", na velha tradição militar russa, mas foi recebido com uma recusa debochada. Os prisioneiros eram mantidos em grandes celas em grupos de três; assinavam jornais, tinham à disposição livros, caneta e papel, podiam fazer exercícios com regularidade e usar as próprias roupas; seus grilhões já meio frouxos eram retirados à noite, a comida era razoável e às vezes os homens obtinham permissão para entrar na cozinha e preparar as próprias refeições. Mas as relações entre os presos e seus guardiães começaram a se deteriorar em janeiro de 1907, quando a revista de uma das celas revelou parte de um barrote arrancado da parede, abrindo espaço para a escavação de um túnel. Pouco depois, um passaporte falso foi descoberto na costura de um dos livros dos exilados. Bogoiavlenski retaliou negando aos exilados o direito de se corresponder com os parentes em qualquer outra língua além do russo — decisão que impedia muitos poloneses, judeus e finlandeses de se comunicar com a família. Essa decisão provocou uma escalada em espiral de outras medidas, tanto pelos presos quanto pelos funcionários da prisão — greve de fome, retirada de colchões, canetas e papel, "boicote" das instruções dadas pelos carcereiros —, que culminou com o confinamento solitário por duas semanas do líder dos presos políticos, Dmitri Takhtchoglo.[39]

Nascido em 1877, Takhtchoglo era um nobre da província de Kherson, no sudoeste da Rússia. Estudara na Faculdade de Física e Matemática da Universidade Imperial de São Petersburgo, onde se envolveu no movimento estudantil e, a partir daí, entrou para o Partido Social-Democrata dos Trabalhadores Russos. Durante a Revolução de 1905, Takhtchoglo foi declarado culpado de tentar assassinar um policial em Iekaterinoslav e condenado à morte. No entanto, na sequência do Manifesto de Outubro, sua sentença foi comutada em quinze anos de trabalhos forçados. Assim que Takhtchoglo chegou a Tobolsk, as autoridades viram nele "um obstinado inimigo do regime prisional que se recusava a obedecer a ordens dos carcereiros e tinha muita autoridade sobre os demais presos, como grande figura revolucionária com educação universitária".[40]

Alimentadas pela repressão generalizada em todo o império, as tensões na prisão transformaram-se em conflito aberto em 16 de julho de 1907. Mais uma vez, o detonador foi o flagelamento de presos políticos. Os revolucionários da Prisão nº 2 ficaram sabendo do castigo com varas aplicado a seus camaradas do outro lado da cidade, na Prisão Central de Trabalho Penal de Tobolsk.[41] Indignado, um grupo de dezesseis presos resolveu se amotinar e entregou uma declaração a Bogoiavlenski:

> Tendo sabido da punição de três de nossos camaradas [...] declaramos que, com esse ato, a administração de Tobolsk lançou um desafio a todos os prisioneiros políticos. Nós, presos políticos da Prisão nº 2, aceitamos o desafio e declaramos preferir uma morte sangrenta nas mãos de tiranos desenfreados à desgraça do escárnio e do insulto aos direitos sagrados de todo homem e cidadão.[42]

Naquela noite, os presos escreveram a seus amigos e parentes. Takhtchoglo escreveu: "Alea jacta est! O Rubicão foi cruzado!". Um de seus companheiros era Ivan Semionov, camponês da província de Tver que migrara para São Petersburgo, onde encontrou tanto trabalho quanto a revolução na vasta obra de Putilov. Tinha sido sentenciado a vinte anos de trabalhos forçados por participar de um violento assalto a banco em benefício do Partido Bolchevique. Ele escreveu a sua mãe:

> Querida mãe,
>
> [...] No momento em que a senhora receber esta carta, é possível que eu já não esteja vivo. Não vou lhe contar em detalhes o que aconteceu. Serei breve. Eles aplicaram a vara de bétula a três de nossos camaradas. Não conseguindo tolerar essa desgraça, decidimos lavá-la com nosso sangue. Amanhã faremos um motim, e é provável que eles nos enfrentem a baioneta. Não temos escolha, devemos morrer. Querida mãe, eu lhe suplico, não chore por mim e não me recrimine por estar lhe causando tanta dor. Eu não poderia agir de outra forma. Não vou explicar por quê, pois a senhora de qualquer forma não entenderia. Portanto, perdoe-me e adeus! Beijo-a sem parar.
>
> Seu filho que a ama.[43]

Até a promotoria pediu leniência ao tribunal, e os homens acabaram devidamente sentenciados a dez dias de confinamento solitário e a um prolongamento de seis meses em suas sentenças. O veredicto equivalia a uma absolvição e indicava o desejo de parte dos integrantes da administração mais de apaziguar do que de aumentar o confronto com os revolucionários.[45] Mas essa política de contenção mostrou-se difícil, se não impossível, de manter.

O caso de uma fuga em massa da Prisão Central de Trabalho Penal de Aleksandrovsk resume o confronto cada vez mais brutal entre presos e carcereiros. Inaugurada em 1873, Aleksandrovsk foi até o século XX uma das mais progressistas instituições penais da Sibéria. Vangloriava-se de suas celas e oficinas espaçosas e bem ventiladas, de sua biblioteca e de uma escola. Seu diretor, o liberal Faddei Savitski, chegou a autorizar a montagem de uma orquestra de presos e a apresentação de concertos num teatro improvisado.[46] Esse regime liberal foi pensado para receber presos já próximos do fim da sentença, por isso mesmo pouco motivados para desafiar a autoridade de seus carcereiros ou tentar escapar. Mas em consequência direta da repressão à Revolução de 1905, o número de presos políticos dentro de seus muros aumentou muito: no fim de 1907, a Prisão Central de Aleksandrovsk tinha quatrocentos presos políticos sentenciados a trabalhos forçados, um quarto deles para o resto da vida.[47]

A violência eclodiu em 10 de abril de 1908. A um sinal combinado, um grupo de vinte presos de um dos blocos caiu sobre os guardas. Espancaram um deles até a morte com um instrumento contundente contrabandeado de uma das oficinas, confiscaram seu revólver e mataram outros dois guardas a tiros. Passaram então pelo quartel da guarda, mataram outro carcereiro e feriram com gravidade outros dois; um dos revolucionários foi morto por um guarda. Os condenados conseguiram por fim fugir da prisão e se dirigiram para a floresta próxima. Mas a ocasião não lhes foi propícia: a pesada nevasca daquela noite atrasou seu avanço, e as temperaturas em franco declínio dificultaram a sobrevivência na floresta. As tropas chamadas à prisão conseguiram rastreá-los e capturar diversos deles em pouco tempo.[48]

Em setembro, um tribunal militar de Irkutsk sentenciou quinze dos fugitivos à morte, e dessa vez as autoridades não mostraram nenhuma disposição de atender aos pedidos de clemência feitos pelas famílias. Em 9 de fevereiro de 1909, os próprios presos anteciparam sua condenação à morte na prisão de Irkutsk e ingeriram veneno (embora só um deles tenha morrido). No mês seguinte, Nicolau II comutou a sentença dos sobreviventes em trabalhos forçados perpétuos.[49]

O exercício ocasional de clemência por parte do tsar não rompeu o ciclo galopante de violência dentro das prisões da Sibéria. Animados com o apoio popular e redes de simpatizantes, presos políticos radicalizados e ressentidos mostraram-se capazes de protagonizar fugas armadas das prisões e roubos violentos enquanto fugiam. Na noite de 10 de outubro de 1906, 27 presos políticos fizeram uma tentativa desesperada de fuga da prisão de Irkutsk. Subjugaram seus carcereiros, que foram desarmados, amarrados e amordaçados, e começaram a abrir as portas das celas de presos comuns para libertá-los. O diretor da prisão chegou para investigar o tumulto, foi agredido e espancado de forma violenta, e morreu cinco dias depois. O vice-diretor, que tinha ido até as celas, foi fuzilado com uma das armas tomadas pelos presos. Outro guarda ferido foi espancado até a morte no corredor. Os detentos saíram para o pátio e, encontrando trancados os portões da prisão, subiram ao telhado de uma das oficinas e saltaram o muro, sob fogo dos guardas. Dezessete conseguiram fugir, dez foram mortos e cinco ficaram feridos.[50]

Fugas como essas podiam levar a insurreições sangrentas, ainda que breves. Entre agosto de 1908 e janeiro de 1909, revolucionários exilados no distrito de Turukhansk, província de Ienissei, promoveram uma campanha de fugas violentas, roubos e assassinatos. Dois exilados anarquistas estavam presos por suspeita de assalto violento a uma loja e roubo de armas e dinheiro. Foram transportados a Ienisseisk sob custódia, mas no caminho um grupo de cerca de vinte anarquistas, social-democratas e soldados poloneses exilados atacaram o comboio com armas de fogo, mataram dois guardas e libertaram os presos. A partir de então, os revolucionários se lançaram a uma farra de roubos à mão armada e assassinatos no distrito, "expropriando" dezenas de milhares de rublos de agências postais, comerciantes e camponeses ricos. Mataram dois policiais, dois cossacos e três comerciantes. Em 20 de dezembro, atacaram a própria cidade de Turukhansk, libertaram os presos políticos da cadeia local, irromperam na delegacia de polícia e roubaram selos, uniformes e passaportes. Só em fevereiro de 1909 chegaram reforços — um regimento montado de cossacos e fuzileiros —, que começaram a dar caça aos insurgentes. Em poucos dias, os revolucionários foram encurralados, alguns deles morreram fuzilados e outros foram rendidos. Uma onda repressiva varreu todo o distrito, e 150 exilados políticos foram presos por suspeita de ajudar e proteger os fugitivos.[51] A violência e o desespero dessas tentativas de libertação e a violência eventual exercida pelos exilados políticos contra a população local teria sido impensável uma década antes.

Enquanto isso, em Tobolsk, Takhtchoglo e seus camaradas poderiam ter encontrado uma audiência simpática a eles ante o tribunal militar, mas autoridades locais culparam a falta de disciplina nas prisões por sua revolta. O sucessor de Bogoiavlenski, Ivan Moguiliev, estava decidido a pôr na linha prisioneiros indisciplinados. Dessa vez, o confronto ocorreria na Prisão Central de Trabalho Penal de Tobolsk, para a qual muitos presos políticos tinham sido devolvidos. Disputas sobre o acesso à cozinha e o uso de grilhões provocaram o conhecido ciclo de protesto e repressão. Esses confrontos vazavam para a praça da cidade; Moguiliev chegou ao ponto de deixar amostras da comida oferecida aos condenados diante dos portões da prisão para provar aos habitantes de Tobolsk que os presos não estavam sendo maltratados. Esses gestos teatrais não conseguiram, no entanto, virar a maré da opinião pública. Na imprensa local, ainda circulavam relatos de abusos na cadeia: Moguiliev trancava presos numa cela "quente" de castigo em que eles "sufocavam de calor" e "morriam como moscas".[57]

No outono de 1907, Moguiliev ordenou que todos os presos fossem agrilhoados e tivessem a cabeça raspada. Três deles, que o desafiaram e retiraram os grilhões, foram açoitados. A violência provocou uma onda de protestos na prisão. Os internos começaram a bater janelas, a fazer barulho com potes e latas contra as barras das celas e a gritar o mais alto que podiam. O tumulto foi ouvido em toda a cidade. Moguiliev foi superado em sua pantomima.

Sem se intimidar, o diretor aumentou a repressão. Os castigos físicos generalizaram-se e passaram a ser aplicados por infrações mínimas, como quando um preso se recusava a tirar o gorro em presença de uma autoridade, e por crimes graves, como tentativa de fuga. Tobolsk tornou-se conhecida como "reino da vara". Moguiliev proibiu o médico da prisão de enviar presos à enfermaria, obrigou os doentes a continuarem usando grilhões o tempo todo, começou a determinar ele mesmo a ração dos doentes e retirou prisioneiros do hospital para trancá-los em confinamento solitário. Dispensou a Takhtchoglo um tratamento especialmente vingativo, ordenando que fossem retiradas as tiras de couro que protegiam os pulsos e tornozelos do prisioneiro acorrentado do atrito contra os ferros. Takhtchoglo foi proibido de ter acesso a livros e material de escrita durante meses e ficou alojado de propósito em celas em contato com os mais perigosos dos presos comuns.[58]

A cadeia estava se tornando, como muitas outras na Sibéria, o que um jornalista da época chamou de "área aberta de luta política". Em 7 de janeiro de 1908, a tentativa de remover um preso insubordinado para uma cela de castigo suscitou uma tempestade de protestos por parte de seus doze companheiros de cela. "Prendam todos nós", gritavam. Moguiliev mandou que os líderes fossem presos, o que só serviu para atiçar o distúrbio e disseminá-lo para toda a prisão. Tendo conseguido reforços, ele determinou que os homens fossem arrancados de suas celas, porém dessa vez os guardas sofreram suas próprias perdas. Sete presos ficaram feridos, mas um deles conseguiu pegar um revólver, atirou contra os guardas, matando um e ferindo outro.[59]

Em março de 1908, os treze prisioneiros da cela amotinada foram julgados por assassinato por um tribunal militar nas dependências da prisão. Invocando a lei do Estado, a acusação retratou os réus como fanáticos violentos. Por sua vez, invocando a lei natural, os acusados procuraram pintar um quadro do regime cruel e despótico que os levara à rebelião. Apelando ao tribunal da opinião pública, pediram licença para baixar as calças e mostrar ao tribunal os ferimentos causados pelos sucessivos espancamentos ordenados por Moguiliev, mas o juiz rejeitou o pedido.

Dessa vez, as autoridades não demonstraram comedimento ou leniência. Os presos foram condenados à forca por conspirar para assassinar seus guardas e por assassinato premeditado. O general Ivan Nadarov, governador militar da região de Omsk, negou-lhes clemência, e os treze homens foram enforcados no pátio da Prisão Central de Trabalho Penal de Tobolsk. As condições na prisão tinham se tornado tão tenebrosas que um dos condenados à morte, ao ver o patíbulo, disse: "Ah, aí está você, meu doce patíbulo, meu lindo sol, enfim você chegou!". O médico da prisão que devia presenciar a execução teve uma crise nervosa e deixou o posto.[60]

Mesmo depois da execução, a repressão na cadeia continuou. Em julho, Takhtchoglo tentou o suicídio cortando os pulsos com uma pena afiada. Quatro outros seguiram seu exemplo. Os horrores da execução e dos suicídios repercutiram fora da prisão e tomaram a cidade. Um dos deputados da duma de Tobolsk, Nikolai Skalozubov, protestou junto ao primeiro-ministro Piotr Stolipin por causa do "terrível pesadelo que a prisão de Tobolsk, que fica no centro da cidade, inflige a seus moradores". Na semana da Paixão, ele escreveu: "As pessoas perderam o sono, soluçavam de nervosismo. Os serviços são oficiados nas igrejas da cidade e na catedral [de Sofia], enquanto ao lado, dentro dos muros da prisão, há treze cadafalsos". Como poderiam os moradores de Tobolsk "viver em paz ao lado de paredes por trás das quais há homens flagelados, espancados e torturados com

Martírio e sofrimento se provariam fonte de autoridade moral em 1917, quando antigos exilados na Sibéria assumiram a liderança da Revolução. As prisões da Sibéria, marco distintivo de uma elite seleta de radicais, foram transformadas, pela Revolução de 1905, em destino comum a dezenas de milhares de súditos tsaristas politizados trazidos dos quatro cantos do império e de todas as classes sociais e grupos étnicos.

As prisões da Sibéria serviram também de armas indispensáveis da campanha do governo para esmagar a Revolução de 1905, mas como uma faca de dois gumes. Lotadas de revolucionários hostis e ressentidos, tornaram-se não apenas lugares de repressão e castigo como também incubadoras de um ódio vingativo e implacável que eclodiria em todo o império em 1917.

Em 1º de julho de 1910, o Tribunal Militar de Omsk, sediado em Tobolsk, condenou à morte um obscuro preso político chamado Serguei Vilkov por suposta participação no assassinato de um carcereiro. Vilkov voltou a sua cela de castigo às quatro horas da tarde e escreveu uma última carta às autoridades prisionais. Havia ecos do heroico suicídio de Catão, o Moço, nas linhas rabiscadas por Vilkov. Em 46 a.C., Catão havia preferido destripar-se a se submeter à tirania de César, mesmo sendo essa tirania expressa em "graça de César".* Vilkov, como ele, rejeitou tanto a justiça do Estado quanto a clemência do tsar:

> São vocês, não aqueles que levam a julgamento, os bandidos e assassinos! Assim, vocês me condenaram à morte por nada, mas eu não preciso de vocês! Sei como me enforcar sozinho, e posso me arrumar sem seus algozes. Já não quero viver, mesmo que minha sentença seja substituída por trabalhos forçados. Pelo menos já não verei mais tirania![67]

Vilkov não se matou apenas para defender sua dignidade humana; com seu suicídio, ele negava ao Estado não só o poder de matá-lo como também, num desafio ainda mais radical à autoridade patriarcal da Coroa, seu poder de conceder-lhe a vida por um ato de clemência. Em 1826, um dos dezembristas tinha escrito

---

* "'No que me diz respeito', disse ele, 'se eu fosse poupado por graça de César, deveria ir a ele; mas não ficarei grato a um tirano por seus atos de tirania. Porque não é mais que por usurpação que ele salva, como seu senhor de direito, a vida de homens sobre os quais ele não está autorizado a reinar.'" Plutarco, *Vidas paralelas*.

a Nicolau I expressando sua gratidão por "dar-me a vida" comutando sua sentença de morte em trabalhos forçados. Quase um século depois, a nova legião de revolucionários não toleraria tal magnanimidade. A mensagem deixada por Vilkov não foi uma recusa atormentada e enfática de piedade. O jovem prisioneiro tirou a própria vida não para escapar ao patíbulo, e sim para evitar a possibilidade de uma suspensão da sentença. Assim agindo, ele talvez tenha subvertido a máxima demonstração de poder soberano: não o de tirar a vida, mas o de concedê-la.[68]

A carta deixada por Vilkov foi também uma sentença de morte para o Estado que o condenara a morrer. O revolucionário pôs fim à vida na firme convicção de que a autocracia seria afinal destituída de sua autoridade, deixando exposto o núcleo corrupto do Estado. Naquele momento, o poder do tsar seria visto como a fraude conspiratória que de fato era, e os partidários do regime, desiludidos, se voltariam contra seus governantes:

> Ladrões e assassinos, vocês se rejubilam de ter conquistado tanto poder! [...] Carrascos, vocês mataram milhares e milhares, e continuam matando! Parasitam o povo honesto e trabalhador, e tiram vidas para poder beber ainda mais sangue! Os camponeses os alimentam, e são governados por vocês por meio de massas obscuras de soldados. Mas chegará o dia em que eles verão em vocês os impostores, ladrões, assassinos e depravados que são! E, então, eles não terão piedade.

O corpo de Vilkov foi descoberto às nove da noite de 1º de julho de 1910. Ele havia amarrado uma corda a um anel da parede que segurava sua cama e, deitado no chão, estrangulou-se lentamente.[69] O jovem revolucionário não tinha apenas recusado clemência; jurara também jamais concedê-la. Com efeito, depois de 1917, os bolcheviques não dariam trégua a seus inimigos, apenas vingança. O próprio autocrata, cuja dádiva soberana da vida Vilkov desprezara, morreria num celeiro siberiano, numa salva de projéteis revolucionários.[70]

secular contra a tirania. A experiência dos exilados siberianos formou um importante entrançamento de continuidade ligando os novos governantes das terras do Império Russo a legiões de radicais ilustres da década de 1860, como Nikolai Tchernchevski, e, em última instância, aos dezembristas da década de 1820. Em 1921 foi fundada a Sociedade de Ex-Forçados Políticos, que passou a publicar uma revista, *Katorga i ssilka*, dedicada a registrar as experiências de exilados políticos e forçados. Por ironia, no momento mesmo em que destacavam o martírio dos exilados na Sibéria e a cruel tirania do Estado tsarista, os bolcheviques lançavam seus próprios adversários, dissidentes e a escória humana do ancien régime a campos de trabalhos forçados que teriam desafiado a imaginação dos administradores do sistema penal tsarista.[5]

Muitos radicais da clandestinidade pré-revolucionária, sobretudo socialistas revolucionários e mencheviques, mas também, cada vez mais, bolcheviques de oposição, conquistaram uma posição privilegiada para comparar as prisões tsaristas e as soviéticas na Sibéria. A maioria olharia com saudade as condições de seu encarceramento antes da revolução. Um desses "velhos bolcheviques" foi Iwan Teodorowicz.[6]

Teodorowicz nasceu em 1875 numa família de aristocratas poloneses que se orgulhava de sua história de luta revolucionária contra a autocracia. Seu bisavô tomara parte ativa na Insurreição de Novembro de 1830 em Varsóvia; seu pai e seus dois irmãos mais velhos tinham lutado na Rebelião Polonesa de 1863. Capturados pelas forças tsaristas, um de seus irmãos fora exilado para o Cáucaso e outro para a Sibéria. Teodorowicz foi criado "no ódio ao tsarismo". Ao terminar o ensino médio, o herdeiro de uma velha linhagem de rebeldes estava convencido de que devia viver como "revolucionário profissional". Quando estudava em Moscou, na década de 1890, tornou-se marxista e aderiu ao Partido Social-Democrata dos Trabalhadores Russos, que em 1903 se dividiria em bolcheviques e mencheviques.

Ativo na clandestinidade revolucionária em Moscou, na virada do século, Teodorowicz, denunciado por um informante, foi preso em 1902 e exilado para Iakutsk. Fugiu três anos depois e conseguiu chegar a Genebra, mas em outubro de 1905 voltou a São Petersburgo e continuou desempenhando papel de liderança na atividade revolucionária clandestina. Preso mais uma vez em 1908, foi sentenciado a cinco anos de trabalhos forçados na província de Irkutsk. Nove anos depois, voltou a Petrogrado em meio à Revolução de Fevereiro, agora na condição de líder bolchevique. Teodorowicz foi membro do Comitê Central Executivo do partido, que em 19 de julho de 1918 lançou uma proclamação relatando e aprovando o assassinato de Nicolau II. Tornou-se vice-comissário da Agricultura em 1922, participou com destaque da fundação da Sociedade de Ex-Forçados Políticos e, a partir de 1929, foi editor da *Katorga i ssilka*.

Em 1929, o regime soviético ordenou a construção de um grande edifício modernista, ao lado da praça da Revolução de Leningrado (atual praça da Trindade), para os membros da Sociedade de Ex-Forçados Políticos. Esses revolucionários, ao envelhecer, pelo menos encontravam a afirmação de suas lutas no impressionante edifício à margem do Neva, apelidada Casa dos Forçados Políticos. De seus balcões eles podiam ver, através da praça, a fortaleza de São Pedro e São Paulo, em cujas casernas, mais de cem anos antes, os dezembristas tinham sido postos a ferros para iniciar a viagem para a Sibéria.

Hoje em dia, existe um pequeno memorial de pedra junto à Casa dos Forçados Políticos no centro da praça da Trindade. Erigido em 2002, ele traz a inscrição "Aos prisioneiros do gulag". A localização é significativa. Poucos anos depois de fixar residência em seu novo conjunto habitacional, os antigos presos políticos tinham muitos motivos para invejar os dezembristas pelos anos que passaram exilados na Sibéria.

À medida que a repressão oficial se intensificava, na década de 1930, a Sociedade de Ex-Forçados Políticos, que representava uma visão mais inclusiva e pluralista do passado revolucionário, foi vítima de uma aguda intolerância cada vez maior em relação às diferenças ideológicas. Em 1935, ela foi dissolvida, e sua revista, fechada. Por fim, em 11 de junho de 1937, Teodorowicz foi preso, como muitos de seus colegas. O curtido veterano dos assentamentos penais siberianos achou-se uma vez mais trancafiado numa cela, acusado de conspirar contra o Estado. Mas dessa vez não haveria fuga nem libertação. Cento e trinta membros da sociedade foram executados durante o Grande Terror, e outros noventa, enviados a campos de trabalhos forçados instituídos por um regime revolucionário que muitos deles tinham lutado para levar ao poder. Teodorowicz, no entanto, nunca chegou aos campos. Em 20 de setembro de 1937, foi executado por um pelotão de fuzilamento.[7]

Notas

EPÍGRAFE [p. 23]

1. F. Dostoiévski, "Zapiski iz Mertvogo doma". In: *Polnoe sobranie sotchinenii*, 30 v., Leningrado, 1972-90, v. 4, p. 9.

PRÓLOGO: O SINO DE UGLITCH [pp. 25-32]

1. K. Iaroslavskii, *Vozvraschennii iz Sibiri uglichskii kolokol*, Uglitch, 1892; D. V. Lavrov, *Uglichskii ssilnii kolokol*, Uglitch, 1913; A. M. Lobachkov, *Istoriia ssilnogo kolokola*, Iaroslavl, 1988, pp. 32-5.

2. A. M. Lobachkov, op. cit., pp. 9-27; A. A. Gentes, *Exile to Siberia, 1590-1822*, Basingstoke, 2008, pp. 36-7.

3. I. Zavalichin, *Opisanie Zapadnoi Sibiri*, 2 v., Moscou, 1862, v. 1, pp. 317-8.

4. G. Chebaldina, *Chvedskie voennoplennie v Sibiri (Pervaia chetvert XVIII veka)*, Moscou, 2005, cap. 1; A. P. Mikheev, *Tobolskaia katorga*, Omsk, 2007, pp. 24-5.

5. F. Kudriavtsev e G. Vendrikh, *Irkutsk: Otcherki po istorii goroda*, Irkutsk, 1971, pp. 105-6; L. M. Damechek (Org.), *Irkutsk v panorame vekov*, Irkutsk, 2002, pp. 139, 146; N. V. Kulikauskene (Org.), *Letopis goroda Irkutska XVII-XIX vv.*, Irkutsk, 1996, pp. 233-6.

6. A. Soljenitsin, *The Gulag Archipelago: 1918-1956*. Trad. de T. P. Whitney e H. Willetts, Londres, 1995; A. Applebaum, *Gulag: A History*, Londres, 2004; S. A. Barnes, *Death and Redemption: The Gulag and the Shaping of Soviet Society*, Princeton, 2011.

22. V. K. Andreievitch, *Istoritcheskii otcherk Sibiri*, 6 v., São Petersburgo, 1889, v. 5, pp. 159-69; W. B. Lincoln, *The Conquest of a Continent*, op. cit., p. 142.

23. R. Hughes, op. cit., p. xi.

24. D. Moon, "Peasant Migration and the Settlement of Russia's Frontiers, 1550-1897". *The Historical Journal*, v. 40, n. 4, p. 863, 1997; L. G. Beskrovnii (Org.), *Opisanie Tobolskogo namestitchestva, sostavlennoe v 1789-1790 gg.*, Novosibirsk, 1982, pp. 246-51.

25. J. D. Cochrane, *Narrative of a Pedestrian Journey through Russia and Siberian Tartary, from the Frontiers of China to the Frozen Sea of Kamchatka; Performed during the Years 1820, 1821, 1822 and 1823*, Filadélfia, 1824, p. 86.

26. J. Hartley, op. cit., pp. 24-5; *Aziatskaia Rossiia*, v. 2, pp. 501-3; W. B. Lincoln, *The Conquest of a Continent*, op. cit., pp. 147-9; J. D. Cochrane, *Narrative of a Pedestrian Journey...*, op. cit., pp. 133-4.

27. L. M. Dametchek e A. V. Remnev (Orgs.), *Sibir v sostave Rossiiskoi Imperii*, Moscou, 2007, apêndice 2; J. Hartley, op. cit., pp. 55-69.

28. N. M. Iadrintsev, *Russkaia obschina v tiurme i ssilke*, São Petersburgo, 1872, pp. 508-9; A. Lindenmeyr, *Poverty Is Not a Vice: Charity, Society, and the State in Imperial Russia*, Princeton, 1996, cap. 2; A. Wood, "Siberian Exile in the Eighteenth Century", op. cit., p. 54; A. K. Smith, "'The Freedom to Choose a Way of Life': Fugitives, Borders, and Imperial Amnesties in Russia". *The Journal of Modern History*, v. 83, pp. 243-71, jun. 2011; RGIA, f. 1374, op. 6, d. 1366 (1800), ll. 1-19.

29. P. Avrich, *Russian Rebels, 1600-1800*, Nova York, 1972, partes 3-4; I. de Madariaga, *Russia in the Age of Catherine the Great*, New Haven, 1981, cap. 16; A. A. Gentes, *Exile to Siberia*, op. cit., pp. 111-4.

30. E. N. Anutchin, *Issledovaniia o protsente soslannikh v Sibir v period 1827-1846 godov: Materialy dlia ugolovnoi statistiki Rossii*, São Petersburgo, 1873, pp. 309-10; A. A. Gentes, *Exile, Murder and Madness in Siberia, 1823-61*, op. cit., pp. 22, 26-34; A. A. Gentes, "Vagabondage and the Tsarist Siberian Exile System: Power and Resistance in the Penal Landscape". *Central Asian Survey*, v. 30, n. 3/4, pp. 407-21, 2011.

31. A. A. Gentes, *Exile to Siberia*, op. cit., pp. 115-6; L. Engelstein, *Castration and the Heavenly Kingdom: A Russian Folktale*, Ithaca, 1999.

32. I. de Madariaga, *Russia in the Age of Catherine the Great*, op. cit., pp. 542-5; A. Wood, "Siberian Exile in the Eighteenth Century", op. cit., pp. 52-3.

33. N. M. Iadrintsev, *Russkaia obschina v tiurme i ssilke*, op. cit., p. 523; A. A. Gentes, *Exile to Siberia*, op. cit., pp. 117- 8; RGIA, f. 1264, op. 1, d. 400 (1824), ll. 1-4; RGIA, f. 1281, op. 6, d. 27 (1856), 14 ob-15.

34. *Ssilka v Sibir: Otcherk ee istorii i sovremennogo polojeniia*, São Petersburgo, 1900, pp. 46-7; A. Wood, "The Use and Abuse of Administrative Exile to Siberia". *Irish Slavonic Studies*, n. 6, p. 69, 1985; V. N. Dvorianov, *V sibirskoi danei storone...* (*Otcherki istorii polititcheskoi katorgi i ssilki: 60-e gody XVIII v.-1917 g.*), Minsk, 1985, p. 27; I. Turguêniev, "Punin and Baburin". In: *Youth and Age: Three Short Novels by Ivan Turgenev*. Trad. de M. Mainwaring, Londres, 1968, pp. 31-4.

35. J. Blum, *Lord and Peasant in Russia: From the Ninth to the Nineteenth Century*, Princeton, 1961, p. 430.

36. A. A. Gentes, "'Completely Useless': Exiling the Disabled to Tsarist Siberia". *Sibirica*, v. 10, n. 2, p. 33, verão 2011; *Ssilka v Sibir*, op. cit., pp. 54-6; RGIA, f. 1286, op. 10, d. 1090 (1846), ll. 7-8; RGIA, f. 1286, op. 16, d. 671 (1855), ll. 4-7.

37. R. J. Abbott, "Police Reform in the Russian Province of Iaroslavl, 1856-1876". *Slavic Review*, v. 32, n. 2, p. 293, 1973; N. Weissman, "Regular Police in Tsarist Russia, 1900-1914". *The Russian Review*, v. 44, n. 1, p. 49, jan. 1985; S. P. Frank, *Crime, Cultural Conflict and Justice in Rural Russia, 1856--1914*, Berkeley, 1999, pp. 30-6, 236-41.

38. A. Wood, "The Use and Abuse of Administrative Exile to Siberia", op. cit., pp. 69-70; E. N. Anutchin, op. cit., pp. 310-2; *Ssilka v Sibir*, op. cit., cap. 2; R. Hughes, op. cit., pp. 72-3, 163.

39. D. F. Lindenfeld, *The Practical Imagination: The German Sciences of the State in the Nineteenth Century*, Chicago, 1997, cap. 1; M. Raeff, *The Well-Ordered Police State: Social and Institutional Change through Law in the Germanies and Russia, 1600-1800*, New Haven, 1983, pp. 204-50; R. Pipes, *Russia Under the Old Regime*, op. cit., p. 128.

40. RGIA, f. 1374, op. 6, d. 1366 (1800), ll. 1-19; *Ssilka v Sibir*, op. cit., pp. 47-8; A. D. Kolesnikov, "Ssilka i zaselenie Sibiri". In: L. M. Goriúchkin (Org.), *Ssilka i katorga v Sibiri (XVIII-natchalo XX v.)*, Novosibirsk, 1975, p. 42; A. A. Gentes, "'Completely Useless'", op. cit., p. 31; D. Beer, "Penal Deportation to Siberia and the Limits of State Power, 1801-1881". *Kritika: Explorations in Russian and Eurasian History*, v. 16, n. 3, pp. 621-50, 2015.

41. M. Raeff, *Siberia and the Reforms of 1822*, Seattle, 1956, pp. 59-62; M. Raeff, *Michael Speransky: Statesman of Imperial Russia, 1772-1839*, Haia, 1957; A. A. Gentes, *Exile to Siberia*, op. cit., pp. 156-201.

42. A. A. Gentes, "'Licentious Girls' and Fontier Domesticators: Women and Siberian Exile from the Late Sixteenth to the Early Nineteenth Centuries". *Sibirica*, v. 3, n. 1, pp. 3-20, 2003; A. Schrader, "Unruly Felons and Civilizing Wives: Cultivating Marriage in the Siberian Exile System, 1822-1860". *Slavic Review*, v. 66, n. 2, pp. 230-56, verão 2007.

43. A. Wood, "Siberian Exile in the Eighteenth Century", op. cit., p. 59; *Aziatskaia Rossiia*, v. 1, p. 81; *Ssilka v Sibir*, op. cit., apêndice 4; L. M. Damcchck e A. V. Remnev (Orgs.), *Sibir v sostave Rossiiskoi Imperii*, Moscou, 2007, p. 279.

44. *Ssilka v Sibir*, op. cit., apêndice 1; A. D. Margolis, "Tchislennost i razmeschenie ssilnikh v Sibiri v kontse XIX veka". In: *Tiurma i ssilka v imperatorskoi Rossii: Issledovaniia i arkhivnie nakhodki*, Moscou, 1995, p. 41; A. A. Gentes, "Towards a Demography of Children in the Tsarist Siberian Exile System". *Sibirica*, v. 5, n. 1, p. 1, primavera 2006; S. P. Frank, *Crime, Cultural Conflict, and Justice in Rural Russia, 1856-1914*, op. cit., cap. 2.

2. O POSTO DE FRONTEIRA [pp. 52-74]

1. P. Kropotkin, *In Russian and French Prisons*, Londres, 1887, pp. 124-5.

2. G. Kennan, *Siberia and the Exile System*, 2 v., Nova York, 1891, v. 1, pp. 52-4.

3. I. P. Belokonskii (Petrovitch), *Po tiurmam i etapam: Otcherki tiuremnoi jizni i putevie zametki ot Moskvi do Krasnoiarska*, Oryol, 1887, pp. 107-8.

4. Citado em A. A. Gentes, *Exile to Siberia, 1590-1822*, op. cit., p. 48.

5. R. Hughes, op. cit., p. 145; G. Morgan e P. Rushton, *Banishment in the Early Atlantic World: Convicts, Rebels and Slaves*, Londres, 2013, cap. 6. Sobre as deportações de colonos apenados para a Guiana Francesa, ver S. A. Toth, op. cit.; M. Pierre, *La Terre de la grande punition*, Paris, 1982.

46. GAIO, f. 24, op. 3, k. 2, d. 23 (1827), l. 9; RGIA, f. 1149, op. 2, d. 99 (1838), l. 6; RGIA, f. 1286, op. 8, d. 1086 (1843), l. 6; RGIA, f. 1286, op. 7, d. 341 (1840), l. 112 ob; RGIA, f. 383, op. 29, d. 924 (1806), l. 28; RGIA, f. 1264, op. 1, d. 51 (1828), ll. 187-8 ob; *Polnoe sobranie zakonov Rossiiskoi Imperii* II (55 v.), v. 3, n. 2286; v. 4, n. 3377; v. 28, seção 1, n. 27736; A. D. Margolis, "Soldati-dekabristi v Petropavlovskoi kreposti i sibirskoi ssilke", In: *Tiurma i ssilka v imperatorskoi Rossii: Issledovaniia i arkhivnie nakhodki*, Moscou, 1995, p. 73.

47. RGIA, f. 1264, op. 1, d. 71 (1835), l. 150.

3. ESPADAS PARTIDAS [pp. 75-102]

1. I. D. Iakuchkin, *Memuari, stati, dokumenti*, Irkutsk, 1993, p. 151; S. P. Trubetskoi, *Materiali o jizni i revoliutsionnoi deiatelnosti*, 2 v., Irkutsk, 1983-7, v. 1, pp. 281-2; M. Volkonskaia, *Zapiski Marii Volkonskoi*, São Petersburgo, 1904, p. 14; N. M. Iadrintsev, *Russkaia obschina v tiurme i ssilke*, op. cit., p. 537; A. N. Muraviev, *Sochineniia i pisma*, Irkutsk, 1986, p. 263.

2. N. V. Bassarguin, *Zapiski*, Krasnoiarsk, 1985, p. 79.

3. A. Blakely, "American Influences on Russian Reformist Thought in the Era of the French Revolution". *The Russian Review*, v. 52, n. 4, pp. 451-71, out. 1993; O. Figes, *Natasha's Dance: A Cultural History of Russia*, Londres, 2002, pp. 74-5; K. Agnew, "The French Revolutionary Influence on the Russian Decembrists". *Consortium on Revolutionary Europe*, v. 22, pp. 333-9, 1993; J. Grandhaye, *Les Décembristes: Une génération républicaine en Russie autocratique*, Paris, 2011, pp. 74-8.

4. G. A. Rimskii-Korsakov, "Extrait de la lettre d'un russe refugié en Allemagne". In: G. Neveliev (Org.), *Dekabristskii kontekst*, São Petersburgo, 2012, p. 33; R. Stites, *The Four Horsemen: Riding to Liberty in Post-Napoleonic Europe*, Oxford, 2014, pp. 256-7; O. Figes, *Natasha's Dance*, op. cit., pp. 84-5; M. Raeff, *The Decembrist Movement*, Englewood Cliffs, NJ, 1966, cap. 2.

5. M. V. Dovnar-Zapolskii, *Ideali dekabristov*, Moscou, 1907, p. 94.

6. Citado em T. Prousis, *Russian Society and the Greek Revolution*, (DeKalb, IL, 1994), p. 47; R. Stites, op. cit., pp. 272-89; I. de Madariaga, "Spain and the Decembrists". *European Studies Review*, v. 3, n. 2, pp. 141-56, 1973.

7. A. Walicki, *Philosophy and Romantic Nationalism: The Case of Poland*, Oxford, 1982, pp. 33, 81; F. Walker, "Poland in the Decembrists' Strategy of Revolution". *Polish Review*, v. 15, n. 2, pp. 43-54, primavera 1970.

8. S. G. Volkonskii, *Zapiski*, Irkutsk, 1991, p. 383.

9. V. A. Fedorov (Org.), "Arest dekabristov". *Vestnik Moskovskogo Universiteta Seriia VIII: Istoriia*, v. 5, pp. 59-71, 1985.

10. R. Stites, op. cit., pp. 293-314.

11. A. Mazour, *The First Russian Revolution, 1825: The Decembrist Movement, Its Origins, Development, and Significance*, Stanford, 1937, cap. 8; J. Grandhaye, op. cit., cap. 7.

12. A. Púchkin, *Eugene Onegin* (1833). Trad. de S. Mitchell, Londres, 2008, p. 213.

13. A. Mazour, *The First Russian Revolution, 1825*, op. cit., cap. 4; P. O'Meara, *The Decembrist Pavel Pestel: Russia's First Republican*, Basingstoke, 2003, cap. 6; G. R. V. Barratt (Org.), *Voices in Exile: The Decembrist Memoirs*, Montreal, 1974, pp. 1-10; S. Rabow-Edling, "The Decembrists and the Concept of a Civic Nation". *Nationalities Papers*, v. 35, n. 2, pp. 369-91, maio 2007; J. Grandhaye, op. cit.,

cap. 6; M. Raeff, *The Decembrist Movement*, op. cit., cap. 4-6. Para uma discussão geral sobre o patriotismo no começo do século xix, ver M. Viroli, *For Love of Country: An Essay on Patriotism and Nationalism* (Oxford, 1995).

14. W. B. Lincoln, *Nicholas I: Emperor and Autocrat of All the Russias*, Bloomington, IN, 1978, p. 79; O. Figes, *Natasha's Dance*, op. cit., pp. 72-3; R. Stites, op. cit., p. 256.

15. N. M. Karamzin, *Zapiski o drevnei i novoi Rossii*, São Petersburgo, 1914, p. 122.

16. P. Miller, *The Transformations of Patriarchy in the West, 1500-1900*, Bloomington, IN, 1998; S. K. Morrissey, *Suicide and the Body Politic in Imperial Russia*, Cambridge, 2006, pp. 11-2; R. S. Wortman, *Scenarios of Power: Myth and Ceremony in Russian Monarchy*, 2 v., Princeton, 1995, v. 1, cap. 9.

17. "'Gosudar!' Ispoveduiu tebe iako boiaschiisia boga". *Istoritcheskii arkhiv*, n. 1, pp. 166-7, 174, 2006.

18. IRLI RAN, f. 57, op. 5, n. 2, ll. 27, 273; B. Siroetchkovskii, "Iz zapisok Nikolaia I o 14 dekabria 1825 g.". *Krasnii arkhiv*, n. 4, pp. 230-1, 1924; N. F. Karach, *Kniaz Serguei Volkonskii: Istoriia jizni dekabrista*, Irkutsk, 2006, pp. 161-2.

19. R. Koropeckyj, *Adam Mickiewicz: The Life of a Romantic*, Ithaca, 2008, p. 72.

20. N. K. Childer, *Imperator Nikolai Pervii: Ego jizni tsarstvovanie*, 2 v., São Petersburgo, 1897, v. 1, pp. 453-4.

21. A. I. Gertsen, "Biloe i dumi". In: *Sobranie sotchinenii*, 30 v., Moscou, 1954-65, v. 8, p. 61; "Manifest 13 iulia 1826". In: G. Neveliev (Org.), *Dekabristskii kontekst*, op. cit., p. 25.

22. "Kazn 14 iiulia 1825 goda". *Poliarnaia zvezda*, n. 6, pp. 72-5, 1861; A. Mazour, *The First Russian Revolution, 1825*, op. cit., p. 213.

23. N. Ramazanov, "'Kazn' dekabristov. Rasskazi sovremennikov". *Russkii arkhiv*, n. 2, pp. 341--6, 1881; L. A. Trigos, "The Spectacle of the Scaffold: Performance and Subversion in the Execution of the Decembrists". In: M. Levitt e T. Novikov (Orgs.), *Times of Trouble: Violence in Russian Literature and Culture*, Madison, WI, 2007, pp. 42-56. Na verdade, foi exatamente porque a pena de morte tinha sido usada pouquíssimas vezes durante cerca de setenta anos que a Rússia precisou buscar na Suécia especialistas em enforcamento. O país não tinha nenhum. M. Zetlin, *The Decembrists*, Nova York, 1958, p. 277.

24. "Manifest 13 iulia 1826". In: G. Neveliev (Org.), *Dekabristskii kontekst*, op. cit., p. 25.

25. V. M. Bokov (Org.), *Dekabristi i ikh vremia: Trudi moskovskoi i leningradskoi sektsii po izutcheniiu dekabristov i ikh vremia*, 2 v., Moscou, 1929-32, v. 1, p. 209; A. I. Gertsen, "Biloe i dumi". In: *Sobranie sotchinenii*, op. cit., p. 59; *Arkhiv dekabrista S. G. Volkonskogo*, v. 1: *Do Sibiri*, Petrogrado, 1918, p. xix; M. Raeff, *The Decembrist Movement*, op. cit., p. 163.

26. J.-F. Ancelot, *Six Mois en Russie: Lettres écrites à M. X.-B. Saintines en 1826*, Paris, 1827, pp. 411-2.

27. IRLI RAN, f. 57, op. 1, n. 61, ll. 27, 42.

28. N. Muraviev, *Pisma dekabrista 1813-1826 gg.*, Moscou, 2001, pp. 212-3; GARF, f. 1153, op. 1, d. 135 (1825), l. 1. Volkonski expressou sentimentos de remorso semelhantes. Ver O. Popova, "Istoriia jizni M. N. Volkonskoi" (*Zvenia*, n. 3/4, p. 54, 1934).

29. N. Nekrasov, "Russkie jenschini". In: *Sobranie sotchinenii v vosmi tomakh*, 8 v., Moscou, 1965-7, v. 3, pp. 21-87; C. Sutherland, *The Princess of Siberia: The Story of Maria Volkonsky and the Decembrist Exiles*, Londres, 1984; A. Mazour, *Women in Exile: Wives of the Decembrists*, Tallahassee, FL, 1975; M. Filin, *Mariia Volkonskaia: "Utaennaia liubov" Puchkina*, Moscou, 2006.

30. S. P. Trubetskoi, op. cit., pp. 110, 112, 166, 177, 204-5.

65. M. V. Nechkina, *14oe dekabria 1825-ogo goda i ego tolkovateli: Gertsen i Ogarev protiv Barona Korfa*, Moscou, 1994; S. E. Erlikh, *Istoriia mifa: "Dekabristskaia legenda" Gertsena*, São Petersburgo, 2006; R. Stites, op. cit., pp. 328-9.

66. P. O'Meara, op. cit., pp. 124-38; K. F. Miziano, "Italianskoe Risordjimento i peredovoe obschestvennoe dvijenie v Rossii XIX veka". In: *Rossiia i Italiia: Iz istorii russko-italianskikh kul-turnikh i obschestvennikh otnochenii*, Moscou, 1986, p. 97; B. S. Chostakovitch, "Polititcheskie ssilnie poliaki i dekabristi v Sibiri". In: *Ssilnie revoliutsionery v Sibiri (XIX v.-fevral 1917)*, n. 1, Irkutsk, 1973, pp. 245-53.

67. N. V. Bassarguin, op. cit., pp. 77-8; L. A. Trigos, *The Decembrist Myth in Russian Culture*, Basingstoke, 2009, pp. 15-23, 31.

4. AS MINAS DE NERTCHINSK [pp. 103-23]

1. W. Coxe, op. cit., pp. 436-7; I. V. Scheglov, op. cit., pp. 67-8; L. A. Puliaevskii, *Otcherk po istorii g. Nertchinska*, Nertchinsk, 1929, pp. 6-7; E. Anisimov, *Diba i knut*, op. cit., pp. 654-5; A. A. Gentes, *Exile to Siberia, 1590-1822*, op. cit., pp. 101, 108, 125.

2. RGIA, f. 1264, op. 1, d. 53 (1829), ll. 161 ob-4; RGIA, f. 468, op. 20, d. 668 (1829), ll. 36, 70; S. V. Maksimov, op. cit., pp. 52-3; Grigorii Spasskii, "Vzgliad na Dauriiu i v osobennosti na Nertchinskie gornie zavodi v 1820". *Sibirskii vestnik*, v. 9, p. 107, 1823.

3. M. Volkonskaia, op. cit., p. 44.

4. "Novie svedeniia o prebivanii vosmi dekabristov v Nertchinskikh zavodakh v 1826-1827 godakh". *Istoritcheskii vestnik*, v. 45, n. 7, p. 223, 1891; G. R. V. Barratt (Org.), *Voices in Exile*, op. cit., p. 229; P. Trunev, "Dekabristi v Nertchinskikh rudnikakh". *Istoritcheskii vestnik*, v. 97, n. 8, pp. 492-4, 1897; M. Volkonskaia, op. cit., p. 144.

5. B. L. Mozdalevskii, "Dekabrist S. G. Volkonskii v katorjnoi rabote v Blagodatskom rudnike". In: I. G. Oskman (Org.), *Bunt Dekabristov*, op. cit., p. 346.

6. M. V. Golovinskii, "Dekabrist kniaz E. P. Obolenskii". *Istoritcheskii vestnik*, n. 8, pp. 120-1, 1890; G. R. V. Barratt (Org.), *Voices in Exile*, op. cit., p. 232.

7. GAIO, f. 24, op. 3, k. 49, d. 297 (1826), l. 33; GARF, f. 109, op. 1, 1 eksp., d. 61, cap. 1 (1826), l. 36.

8. G. R. V. Barratt (Org.), *Voices in Exile*, op. cit., pp. 230-1; "Novie svedeniia o prebivanii vosmi dekabristov v Nertchinskikh zavodakh v 1826-1827 godakh", op. cit., p. 227.

9. F. G. Safronov, "Ssilka v Vostochnuiu Sibir v pervoi polovine XVIII v.". In: L. M. Goriúchkin (Org.), *Ssilka i katorga v Sibiri (XVIII-natchalo XX v.)*, Novosibirsk, 1975, pp. 30-2.

10. M. Volkonskaia, op. cit., p. 46.

11. Ibid., pp. 48, 72.

12. M. O. Gerchenzon (Org.), "Pisma kn. M. N. Volkonskoi iz Sibiri 1827-1831". In: *Russkie propilei*, op. cit., p. 42.

13. M. Volkonskaia, op. cit., p. 144.

14. P. Trunev, op. cit., pp. 492-4.

15. M. Volkonskaia, op. cit., pp. 50-2, 144; "Novie svedeniia o prebivanii v Nertchinskikh zavodakh v 1826-1827 godakh", op. cit., p. 223; G. R. V. Barratt (Org.), *Voices in Exile*, op. cit., p. 231; M. V. Golovinskii, op. cit., p. 121; S. F. Koval (Org.), *K Rossii liuboviu goria: Dekabristi v Vostochnom Zabaikale*, Irkutsk, 1976, p. 17.

16. RGIA, f. 468, op. 20, d. 668 (1829), l. 27; J. D. Cochrane, *Narrative of a Pedestrian Journey through Russia and Siberian Tartary from the Frontiers of China to the Frozen Sea and Kamchatka; Performed during the Years 1820, 1821, 1822, and 1823*, 2 v., Edimburgo, 1829, v. 2, p. 111.

17. G. Spasskii, op. cit., pp. 81-2; S. V. Maksimov, op. cit., p. 54.

18. RGIA, f. 468, op. 20, d. 669 (1829), ll. 40-3; S. V. Maksimov, op. cit., pp. 56-7.

19. RGIA, f. 1149, op. 2, d. 99 (1838), ll. 3-6.

20. S. V. Maksimov, op. cit., p. 49; L. Melchin, *V mire otverjennikh*, op. cit., pp. 79-80.

21. L. Melchin, *V mire otverjennikh*, op. cit., p. 57; "Arestanti v Sibiri", op. cit., p. 159, 1863.

22. RGIA, f. 1286, op. 10, d. 1353 (1847), l. 59; L. Melchin, *V mire otverjennikh*, op. cit., p. 57; A. A. Vlasenko, op. cit., p. 157; V. I. Semevskii, *Rabotchie na sibirskikh zolotikh promislakh: Istoritcheskoe issledovanie*, 2 v., São Petersburgo, 1898, v. 1, p. 305.

23. RGIA, f. 468, op. 20, d. 667 (1827), l. 272.

24. GAIO, f. 24, op. 3, k. 5, d. 82 (1831), ll. 28-28 ob.

25. RGIA, f. 1264, op. 1, d. 609 (1833), ll. 2, 9; RGIA, f. 468, op. 25, d. 244 (1828), l. 18; RGIA, f. 468, op. 19, d. 291 (1847), ll. 5-7; RGIA, f. 468, op. 21, d. 16 (1857), l. 22; RGIA, f. 1149, op. 9, d. 3 (1877), l. 336 ob.

26. RGIA, f. 1264, op. 1, d. 382 (1808), l. 1; RGIA, f. 1263, op. 1, d. 52 (1813), ll. 416-7; RGIA, f. 468, op. 20, d. 543 (1818), ll. 1-2; RGIA, f. 468, op. 19, d. 547 (1828), ll. 4, 14, 22-3.

27. V. I. Semevskii, op. cit., p. 322.

28. RGIA, f. 468, op. 25, d. 244 (1828), l. 45 ob; RGIA, f. 468, op. 20 (326/487), d. 625 (1828), ll. 1-3.

29. RGIA, f. 1264, op. 1, d. 51 (1828), ll. 11-2 ob; RGVIA, f. 410, op. 1, d. 71 (1827), l. 2; RGIA, f. 468, op. 25, d. 244 (1828), ll. 10 ob-11. A proximidade da fronteira com a China foi uma dor de cabeça permanente para os administradores da Sibéria Oriental, já que os condenados que estavam sempre tentando escapar às garras do Estado russo fugiam através dela. Ver RGIA, f. 1264, op. 1, d. 53 (1829), ll. 134-6; RGIA, f. 1286, op. 7, d. 334 (1840), ll. 1-11.

30. GAIO, f. 24, op. 3, k. 2, d. 23 (1827), ll. 2, 9, 26-7, 31, 111, 116-7 ob. Ver denúncia semelhante de 1835: GAIO, f. 24, op. 3, d. 268 (1835), ll. 22-3, 48.

31. A. E. Rozen, op. cit., p. 197; D. I. Zavalichin, *Zapiski dekabrista*, op. cit., p. 250.

32. O. Tchaianova, *Teatr Maddoksa v Moskve 1776-1805*, Moscou, 1927.

33. S. Shtraikh, *Roman Medoks: Pokhojdeniia russkogo avantiurista XIX veka* (1930), Moscou, 2000, pp. 58, 71.

34. A. A. Orlov, "'Spasitel otetchestva" Roman Medoks: Uznik dvukh imperatorov". *Voprosi istorii*, n. 12, p. 147, 2002; I. M. Lotman, *V shkole poetitcheskogo slova: Púchkin, Lermontov, Gogol*, Moscou, 1988, pp. 315-6.

35. M. K. Azadovskii (Org.), *Vospominaniia Bestujevikh*, op. cit., p. 145.

36. GARF, f. 109, 1 eksp., d. 61, cap. 1 (1826), ll. 136-9.

37. RGIA, f. 468, op. 25, d. 244 (1828), ll. 1 ob-2, 48 ob.

38. Daniel Beer, "Decembrists, Rebels and Martyrs in Siberian Exile: The 'Zerentui Conspiracy' of 1828 and the Fashioning of a Revolutionary Genealogy". *Slavic Review*, v. 72, n. 3, pp. 528-51, outono 2013.

39. RGIA, f. 468, op. 25, d. 244 (1828), l. 159.

40. RGIA, f. 468, op. 25, d. 244 (1828), ll. 52 ob, 55-7 ob.

41. RGIA, f. 468, op. 25, d. 244 (1828), ll. 158 ob, 70 ob, 68.

42. GARF, f. 109, 1 eksp., d. 61, cap. 154 (1826), ll. 1-8.

na, n. 5, p. 535, 1886; M. Volkonskaia, op. cit., p. 86; "Rasskazi Praskovi Iegorovni Annenkovoi", op. cit., p. 374. Só Zavalichin expressou ceticismo sobre a existência de tal conspiração: D. I. Zavalichin, *Zapiski dekabrista*, op. cit., p. 287.

5. A REPÚBLICA DEZEMBRISTA [pp. 124-53]

1. "Neizdannaia rukopis dekabrista N. V. Bassarguina". *Katorga i ssilka*, n. 5, p. 164, 1925; M. K. Azadovskii (Org.), *Vospominaniia Bestujevikh*, op. cit., pp. 248, 313-4.

2. G. Hosking, *Russia: People and Empire, 1552-1917*, Cambridge, MA, 1998, p. 144; W. B. Lincoln, *Nicholas I*, op. cit., cap. 4; N. V. Riasanovsky, *Nicholas I and Official Nationality in Russia, 1825-1855*, Berkeley, 1959.

3. N. V. Riasanovsky, *A Parting of the Ways: Government and the Educated Public in Russia, 1801--1855*, Oxford, 1976.

4. M. Volkonskaia, op. cit., p. 70; A. E. Rozen, op. cit., pp. 218-9; GARF, f. 109, 1 eksp., d. 61, cap. 1 (1826), l. 140; M. O. Gerchenzon (Org.), "Pisma kn. M. N. Volkonskoi iz Sibiri". In: *Russkie propilei*, op. cit., p. 44.

5. M. K. Azadovskii (Org.), *Vospominaniia Bestujevikh*, op. cit., p. 248; A. E. Rozen, op. cit., p. 221; N. V. Bassarguin, op. cit., p. 111.

6. M. Volkonskaia, op. cit., pp. 42-4.

7. M. O. Gerchenzon (Org.), "Pisma kn. M. N. Volkonskoi iz Sibiri". In: *Russkie propilei*, op. cit., p. 55.

8. M. Volkonskaia, op. cit., pp. 76-8.

9. V. A. Fedotiov (Org.), "Krestnii put dekabristov v Sibir". In: *Istoritcheskii arkhiv*, op. cit., pp. 52-3; A. D. Kolesnikov, "Ssilka i zaselenie Sibiri". In: L. M. Goriúchkin (Org.), *Ssilka i katorga v Sibiri XVIII-natchalo XX v.*, op. cit., p. 52.

10. D. I. Zavalichin, *Zapiski dekabrista*, op. cit., pp. 264-5. Ver também N. V. Bassarguin, op. cit., p. 113.

11. I. D. Iakuchkin, op. cit., p. 176; M. V. Golovinskii, op. cit., p. 126.

12. V. A. Fedotiov (Org.), "'U nas net nikakikh sviazei s vnechnim mirom': Pisma dekabrista P. N. Svistunova k bratu Alekseiu. 1831-1832 gg.". *Istoritcheskii arkhiv*, n. 1, pp. 188-9, 1993.

13. Id., "Krestnii put dekabristov v Sibir". In: *Istoritcheskii arkhiv*, op. cit., pp. 52-3; F. G. Safronov, "Ssilka v Vostochuiu Sibir v pervoi polovine XVIII v.". In: L. M. Goriúchkin (Org.), *Ssilka i katorga v Sibiri (XVIII-nachalo XX v.)*, op. cit., pp. 31-2; A. A. Gentes, *Exile, Murder and Madness in Siberia, 1823--61*, op. cit., p. 93.

14. I. D. Iakuchkin, op. cit., pp. 187-8; A. E. Rozen, op. cit., pp. 215, 221, 235.

15. M. K. Azadovskii (Org.), *Vospominaniia Bestujevikh*, op. cit., p. 198.

16. A. E. Rozen, op. cit., p. 223.

17. N. V. Bassarguin, op. cit., pp. 115-6.

18. J. Haskett, "Decembrist N. A. Bestujev in Siberian Exile, 1826-55". *Studies in Romanticism*, v. 4, n. 4, p. 190, verão 1965.

19. N. Kutchaiev, "Stanislav Romanovitch Leparski, komendant Nertchinskikh rudnikov s 1826 po 1837 god". *Russkaia starina*, v. 28, p. 717, ago. 1880; G. R. V. Barratt (Org.), *Voices in Exile*, op. cit., p. 242.

20. "Pisma M. N. Volkonskoi", pp. 28, 37, 40, 75-6.

21. S. Gessen e A. Predtetchenskii (Orgs.), *Vospominaniia Polini Annenkovoi*, Moscou, 1929, cap. 4-10.

22. M. Volkonskaia, op. cit., p. 74; N. V. Bassarguin, op. cit., p. 128.

23. M. Volkonskaia, op. cit., p. 78.

24. O. Popova, op. cit., pp. 66-7; S. Volkonskii, *O dekabristakh: Po semeinim vospominaniiam*, Paris, 1921, p. 84.

25. A. D. Margolis, "Pisma jen dekabristov A. Kh. Benkendorfu". In: *Tiurma i ssilka v imperatorskoi Rossii: Issledovaniia i arkhivnie nakhodki*, Moscou, 1995, p. 80. I. D. Iakuchkin, op. cit., pp. 178, 188; O. Popova, op. cit., p. 71.

26. S. Gessen e A. Predtetchenskii (Orgs.), op. cit., pp. 161-3.

27. "Perekhod dekabristov iz Tchiti v Petrovskii Zavod". In: B. L. Mozdalevskii e Iu. G. Oksman (Orgs.), *Dekabristi: Neizdannye materialy i stati*, Moscou, 1925, pp. 128-48; N. V. Bassarguin, op. cit., p. 137.

28. N. V. Bassarguin, op. cit., p. 141; M. K. Azadovskii (Org.), *Vospominaniia Bestujevikh*, op. cit., pp. 166, 335; G. R. V. Barratt (Org.), *Voices in Exile*, op. cit., p. 274.

29. A. D. Margolis, "Pisma jen dekabristov A. Kh. Benkendorfu". In: *Tiurma i ssilka v imperatorskoi Rossii: Issledovaniia i arkhivnie nakhodki*, op. cit., pp. 82, 86-7.

30. Ibid., p. 84.

31. I. D. Iakuchkin, op. cit., pp. 203, 213-4.

32. M. A. Rakhmatullin, "Imperator Nikolai I i semi dekabristov". *Otetchestvennie zapiski*, n. 6, pp. 3-20, 1995.

33. A. I. Gertsen, "Biloe i dumi". In: *Sobranie sotchinenii*, op. cit., p. 59.

34. *Poems by Nikolai Nekrasov*. Trad. de J. M. Soskice, Oxford, 1938, p. 82; A. Biel, "Nikolai Nekrasov's Representation of the Decembrist Wives". *Australian Slavonic and East European Studies*, v. 25, n. 1/2, pp. 39-59, 2011.

35. M. M. Khin, "Jeni dekabristov". *Istoritcheskii vestnik*, v. 18, pp. 650-83, 1884; P. E. Schegoliev, "Jeni dekabristov". In: *Istoritcheskie etiudi*, São Petersburgo, 1913; N. Nekrasov, "Russkie jenschini". In: *Sobranie sotchinenii*, op. cit., pp. 27, 40; I. M. Lotman, "Dekabrist v povsednevnoi jizni". In: *Besedi o russkoi kulture: Bit i traditsii russkogo dvorianstva (XVIII-natchalo XIX veka)*, op. cit., pp. 353-4.

36. V. Figner, "Jeni dekabristov". *Katorga i ssilka*, v. 21, p. 18, 1925.

37. M. V. Golovinskii, op. cit., pp. 124-5.

38. O. Popova, op. cit., pp. 65-6, 72; RGIA, f. 914, op. 1, d. 38 (1848), l. 1; N. F. Karach, op. cit., pp. 244-5; IRLI RAN, f. 57, op. 1, n. 61, l. 42; M. P. Volkonskii, "Pisma S. G. Volkonskogo". *Zapiski otdela rukopisei gosudarstvennoi biblioteki SSSR*, n. 24, p. 371, 1961; N. V. Bassarguin, op. cit., p. 233.

39. M. K. Azadovskii (Org.), *Vospominaniia Bestujevikh*, op. cit., p. 146.

40. N. V. Bassarguin, op. cit., pp. 211-2.

41. N. F. Karach, op. cit., p. 215; N. V. Bassarguin, op. cit., pp. 144-5; J. Grandhaye, op. cit., pp. 277-8.

42. Fedotiov (Org.), "'U nas net nikakikh sviazei s vnechnim mirom'", op. cit., p. 186.

43. A. E. Rozen, op. cit., p. 230; N. V. Bassarguin, op. cit., p. 165; O. S. Talskaia, "Ssilnie dekabristi o vnechnei politike Rossii vtoroi tchetverti XIX v.". *Sibir i dekabristi*, n. 2, pp. 28-9, 1981; T. A. Pertseva, "Polskii vopros v publitsistike M. S. Lunina". *Sibir i dekabristi*, n. 2, pp. 46-53, 1981; D. I. Zavalichin, *Zapiski dekabrista*, op. cit., p. 268.

44. J. Haskett, op. cit., p. 189; D. I. Zavalichin, *Zapiski dekabrista*, op. cit., pp. 268-9. Por ironia, Rousseau escreveu muito sobre botânica. Ver J.-J. Rousseau, *Cartas sobre os elementos de botânica* (1787).

45. G. R. Barratt, "A Note on N. A. Bestuzhev and the Academy of Chita". *Canadian Slavonic Papers*, v. 12, n. 1, p. 56, 1970; D. I. Zavalichin, *Zapiski dekabrista*, op. cit., p. 269; A. E. Rozen, op. cit., p. 231; A. P. Beliaiev, *Vospominaniia dekabrista o perejitom i peretchuvstvovannom*, Krasnoiarsk, 1990, p. 170.

46. S. I. Tcherepanov, "Otryvki iz vospominanii sibirskogo kazaka". *Drevniaia i novaia Rossiia*, v. 2, p. 267, 1876 (citado em G. R. Barratt, "A Note on N. A. Bestuzhev and the Academy of Chita", op. cit., p. 59); J. Grandhaye, op. cit., pp. 275-6.

47. M. V. Netchkina (Org.), *Zapiski dekabrista N. I. Lorera*, Moscou, 1931, p. 148; J. Haskett, op. cit., pp. 191-2; M. V. Golovinskii, op. cit., p. 126; M. O. Gerchenzon (Org.), "Pisma kn. M. N. Volkonskoi iz Sibiri". In: *Russkie propilei*, op. cit., p. 68.

48. N. A. Bestujev, *Sotchineniia i pisma*, Irkutsk, 2003, pp. 245-6.

49. V. N. Dvorianov, op. cit., p. 56.

50. D. I. Zavalichin, *Zapiski dekabrista*, op. cit., pp. 272, 333, 314, 347.

51. G. R. Barratt, "A Note on N. A. Bestuzhev and the Academy of Chita", op. cit., p. 57; A. Mazour, *The First Russian Revolution, 1825*, op. cit., p. 246.

52. M. K. Azadovskii (Org.), *Vospominaniia Bestujevikh*, op. cit., pp. 220, 232; D. I. Zavalichin, *Zapiski dekabrista*, op. cit., pp. 362-5; N. M. Drujinin, "Dekabrist I. D. Iakushkin i ego lankasterskaia chkola". *Utchenie zapiski Moskovskogo gorodskogo pedagogitcheskogo instituta*, v. 2, n. 1, pp. 33-96, 1941; A. Mazour, *The First Russian Revolution, 1825*, op. cit., pp. 244-6.

53. N. F. Karach, op. cit., pp. 233-90; A. Mazour, *The First Russian Revolution, 1825*, op. cit., p. 247.

54. G. R. Barratt, "A Note on N. A. Bestuzhev and the Academy of Chita", op. cit., p. 58; O. S. Talskaia, "Borba administratsii s vliianiem dekabristov v Zapadnoi Sibiri". In: L. M. Goriúchkin (Org.), *Ssilka i katorga v Sibiri (XVIII-nachalo XX v.)*, op. cit., p. 90; D. I. Zavalichin, "Amurskoe delo i vliianie ego na vostotchnuiu Sibir i gosudarstvo". *Russkaia starina*, n. 9, pp. 75-100, 1881; D. I. Zavalichin, *Zapiski dekabrista*, op. cit., pp. 389-424; A. Mazour, *The First Russian Revolution, 1825*, op. cit., pp. 249-52; O. S. Talskaia, "Ssilne dekabristi o vnechnei politike Rossii vtoroi tchetverti XIX v.". In: L. M. Goriúchkin (Org.), *Ssilka i obschestvenno-polititcheskaia jizn v Sibiri*, op. cit., pp. 231-51.

55. N. V. Bassarguin, op. cit., p. 217.

56. O. S. Talskaia, "Borba administratsii s vliianiem dekabristov v Zapadnoi Sibiri". In: L. M. Goriúchkin (Org.), *Ssilka i katorga v Sibiri (XVIII-nachalo XX v.)*, op. cit., pp. 75, 85; N. A. Bestujev, op. cit., pp. 422, 432.

57. GARF, f. 109, eksp., 1, d. 61, cap. 43 (1826), ll. 1-5; G. R. V. Barratt, *The Rebel on the Bridge: A Life of the Decembrist Baron Andrey Rozen, 1800-1884*, Londres, 1975, pp. 160-3; M. P. Volkonskii, op. cit., p. 365.

58. M. K. Azadovskii (Org.), *Vospominaniia Bestujevikh*, op. cit., p. 145; M. K. Azadovskii (Org.), *Sibir i dekabristi*, Irkutsk, 1925, p. 142; G. R. V. Barratt (Org.), *Voices in Exile*, op. cit., p. 304; V. N. Dvorianov, op. cit., p. 58.

59. A. E. Rozen, op. cit., p. 262; V. A. Fedotiov (Org.), "Krestnii put dekabristov v Sibir". In: *Istoritcheskii arkhiv*, op. cit., p. 55.

60. M. S. Lunin, *Sotchineniia, pisma, dokumenti*, Irkutsk, 1988, pp. 81-116, 285-8.

61. Ibid., pp. 246, 82, 285.

62. Ibid., pp. 101, 103, 112, 84, 251.

63. G. V. R. Barratt, *M. S. Lunin: Catholic Decembrist*, Haia, 1976, pp. 112-8; M. S. Lunin, op. cit., p. 181.

64. M. S. Lunin, op. cit., pp. 293, 372; T. A. Pertseva, "Dekabrist M. S. Lunin v Akatue". In: L. M. Goriúchkin (Org.), *Ssilnie dekabristi v Sibiri*, Novosibirsk, 1985, pp. 148-9.

65. S. V. Maksimov, op. cit., p. 398; S. Gessen e A. Predtetchenskii (Orgs.), op. cit., p. 166; Pertseva, "Dekabrist M. S. Lunin v Akatue". In: L. M. Goriúchkin (Org.), *Ssilnie dekabristi v Sibiri*, op. cit., p. 150.

66. GAIO, f. 24, op. 3, k. 32, d. 67 (1844), l. 2; Lunin, op. cit., pp. 262-3.

67. M. S. Lunin, op. cit., pp. 262-3, 265, 268, 272, 350, 362; V. A. Diakov, "Smert dekabrista Lunina". *Voprosi istorii*, n. 2, pp. 99-106, 1988.

68. E. A. Iakuchkin (Org.), *Dekabristi na poselenii (v 1839-1855)*, Moscou, 1926, p. 67; V. N. Dvorianov, op. cit., p. 48.

69. Trad. de V. Snow em John Simpson (Org.), *The Oxford Book of Exile* (Oxford, 1995), p. 80.

70. S. V. Kodan, "Amnistiia Dekabristam (1856 g.)". *Voprosi istorii*, n. 4, pp. 178-82, 1982; B. G. Kubalov, *Dekabristi i amnistiia*, Novonikolaievsk, 1925; L. A. Sokolskii, "Vozvraschenie dekabristov iz sibirskoi ssilki". In: I. G. Oksman (Org.), *Dekabristi v Moskve*, Moscou, 1963, pp. 220-40; O. Figes, *Natasha's Dance*, op. cit., p. 141; R. Bartlett, *Tolstoy: A Russian Life*, Londres, 2010, pp. 141-8, 165.

71. A. I. Gertsen, "Kniaz Serguei Grigorievitch Volkonskii". In: *Sobranie sotchinenii*, 30 v., Moscou, 1954-65, v. 19, p. 16.

72. S. G. Volkonskii, "Iz vospominanii". In: I. I. Schipanov (Org.), *Izbrannie sotsialno-polititcheskie i filosofskie proizvedeniia dekabristov*, 3 v., Moscou, 1951, v. 2, p. 265.

6. OS *SYBIRACY* [pp. 154-79]

1. V. Migurskii, "Zapiski iz Sibiri". In: B. S. Chostakovitch (Org.), *Vospominaniia iz Sibiri: Memuari, otcherki, dnevnikovie zapiski polskikh polititcheskikh ssilnikh v vostotchnuiu Sibir pervoi polovini XIX stoletiia*, Irkutsk, 2009, pp. 175-83.

2. L. Bolchakov e V. A. Diakov, "I eto byla pravda. Strogo dokumentalnaia povest o chiroko izvestnom rasskaze L. N. Tolstogo 'Za chto?' i podlinnikh sudbakh ego nepridumannikh persona-jei". *Prostor*, n. 7, p. 99, 1979; A. Walicki, *The Enlightenment and the Birth of Modern Nationhood: Polish Political Thought from Noble Republicanism to Tadeusz Kościuszko*. Trad. de E. Harris, Notre Dame, IN, 1989, cap. 1; A. Walicki, *Philosophy and Romantic Nationalism*, op. cit., pp. 11-30; Dominic Lieven, *Russia against Napoleon: The True Story of the Campaigns of War and Peace*, Londres, 2009, pp. 242-328; B. P. Milovidov, "Voennoplennie poliaki v Sibiri v 1813-1814 gg.". In: *Otetchestvennaia voina 1812 goda: Istotchniki, pamiatniki, problemi*, Mojaisk, 2009, pp. 325-59; S. V. Chvedov, "Plennie Velikoi armii v Rossii". In: *Otstuplenie Velikoi Armii Napoleona iz Rossii*, Maloaroslavets, 2000, pp. 69-70.

3. A. Walicki, *Philosophy and Romantic Nationalism*, op. cit., pp. 64-85; RGIA, f. 733, op. 62, d. 644 (1823), ll. 1-2, 8-9, 12, 30, 38, 57, 138, 155.

4. W. B. Lincoln, *Nicholas I*, op. cit., pp. 135-43.

5. R. F. Leslie, *Polish Politics and the Revolution of November 1830*, Westport, CT, 1969, p. 155; A. Zamoyski, *Holy Madness: Romantics, Patriots and Revolutionaries, 1776-1871*, Londres, 1999, p. 276.

6. R. F. Leslie, *Polish Politics and the Revolution of November 1830*, op. cit., p. 155; P. Darriulat, *Les Patriotes: La gauche républicaine et la nation 1830-1870*, Paris, 2001, cap. 3; A. Walicki, *Philosophy and Romantic Nationalism*, op. cit., pp. 78-80; R. E. Spiller, "Fennimore Cooper and Lafayette: Friends of Polish Freedom, 1830-1832". *American Literature*, v. 7, n. 1, pp. 58-9, 1935; *The Times* citado em O. Figes, *Crimea* (Londres, 2010), p. 80; J. W. Wieczerzak, "The Polish Insurrection of 1830-1831 in the American Press". *The Polish Review*, v. 6, n. 1/2, pp. 53-72, 1961; J. Harsin, *Barricades: The War of the Streets in Revolutionary Paris*, Nova York, 2002.

7. R. F. Leslie, "Polish Political Divisions and the Struggle for Power at the Beginning of the Insurrection of November 1830". *Slavonic and East European Review*, v. 31, n. 76, pp. 113-32, dez. 1952; N. Davies, *God's Playground: A History of Poland*, 2 v., Oxford, 1981, v. 2, pp. 315-33.

8. A. S. Nagaiev, *Omskoe delo, 1832-1833*, Krasnoiarsk, 1991, p. 4; RGIA, f. 1286, op. 5, d. 483 (1833), l. 93; F. F. Bolonev, A. A. Liutsidarskaia e A. I. Chinkovoi, *Ssilnie poliaki v Sibiri: XVII, XIX vv.*, Novosibirsk, 2007, p. 61; S. V. Kodan, "Sibirskaia ssilka uchastnikov oppozitsionnykh vystuplenii i dvijenii v tsarstve polskom 1830-1840-kh gg. (Politikoiuriditcheskii srez)", p. 3. Disponível em: <textarchive.ru/c-1413151.html>. Acesso em: 15 fev. 2014.

9. V. A. Diakov, "Petr Visotskii na sibirskoi katorge (1835-1856)". In: V. A. Diakov e V. S. Bolchakov (Orgs.), *Ssilnie revolutsionery v Sibiri (XIX v.-fevral 1917 g.)*, Irkutsk, 1979, p. 4.

10. S. V. Kodan e B. S. Chostakovitch, "Polskaia ssilka v Sibir vo vnutrennei politike samoderjaviia (1830-1850-e gody)". *Slavianovedenie*, n. 6, p. 4, 1992; RGIA, f. 1286, op. 5, d. 483 (1833).

11. R. F. Leslie, "Left-Wing Political Tactics in Poland, 1831-1846". *Slavonic and East European Review*, v. 33, n. 80, pp. 120-39, dez. 1954; I. Goddeeris, *La Grande Émigration polonaise en Belgique (1831-1870): Élites et masses en exil à l'époque romantique*, Frankfurt, 2013; R. Koropeckyj, op. cit., pp. 190-1.

12. K. Nabulsi, "Patriotism and Internationalism in the 'Oath of Allegiance' to Young Europe". *European Journal of Political Theory*, v. 5, n. 1, pp. 61-70, 2006; R. Sarti, "Giuseppe Mazzini and Young Europe". In: C. A. Bayly e E. F. Biagini (Orgs.), *Giuseppe Mazzini and the Globalisation of Democratic Nationalism, 1830-1920*, Oxford, 2008, pp. 275-98; A. Walicki, *Philosophy and Romantic Nationalism*, op. cit., p. 81.

13. R. F. Leslie, "Left-Wing Political Tactics in Poland", op. cit., pp. 120-39; A. Procyk, "Polish Émigrés as Emissaries of the *Risorgimento* in Eastern Europe". *Harvard Ukrainian Studies*, v. 25, n. 1/2, pp. 7-29, primavera 2001; V. Migurskii, op. cit., pp. 71-81.

14. V. Migurskii, op. cit., pp. 98-9, 107-8, 111; Boltchakov e Diakov, "I eto bila pravda", p. 105.

15. B. S. Chostakovitch, "Konarschik Iustinian Ruchinskii". In: B. S. Chostakovitch (Org.), *Vospominaniia iz Sibiri: Memuari, otcherki, dnevnikovie zapiski polskikh polititcheskikh ssilnikh v vostotchnuiu Sibir pervoi polovini XIX stoletiia*, Irkutsk, 2009, pp. 302-4; T. Frost, *The Secret Societies of the European Revolution, 1776-1876*, 2 v., Londres, 1876, v. 2, pp. 255-61; G. N. Marakhov, "Deiatelnost Sodrujestva polskogo naroda na Pravoberejnoi Ukraine v 1835-1839 gg. (po materialam kievskogo arkhiva)". In: *Sviazi revoliutsionerov Rossii i Polchi XIX-natchala XX v.*, Moscou, 1968, pp. 166-93.

16. RGIA, f. 1286, op. 5, d. 483 (1833), ll. 81-2; Bolonev, A. A. Liutsidarskaia e A. I. Chinkovoi, op. cit., p. 86; B. S. Chostakovitch, *Istoriia poliakov v Sibiri* (*XVII- XIX vv.*), Irkutsk, 1995, pp. 60-2; A. A. Gentes, *Exile, Murder and Madness in Siberia, 1823-61*, op. cit., p. 136.

17. B. S. Chostakovitch, "Eva Felinskaia: Vidnaia predstavitelnitsa politssilki poliakov v Sibir pervoi polovini XIX v., obschestvennyi deiatel, memuarist". In: V. G. Datsichen (Org.), *Jenschina v istorii Rossii XVIII-XXI vekov*, Irkutsk, 2010, p. 31; V. Slivovskaia, "Sibirskie teni: O polskikh jenschinakh v mejpovstantcheskii period ssilki". *Sibirskaia ssilka: Sbornik statei*, v. 1, n. 13, pp. 99-102, 2000; E. Felińska, *Revelations of Siberia by a Banished Lady*. Trad. de C. L. Szyrma, 2 v., Londres, 1852.

18. A. A. Gentes, *Exile, Murder and Madness in Siberia, 1823-61*, op. cit., pp. 133-5; P. Wandycz, *The Lands of Partitioned Poland, 1795-1918*, Seattle, 1974, pp. 125-6; RGIA, f. 1286, op. 5, d. 483 (1833), l. 1.

19. S. V. Kodan e B. S. Chostakovitch, op. cit.; I. Rutchinskii, "Konarschik, 1838-1878: Vospominaniia o sibirskoi ssilke". In: B. S. Chostakovitch (Org.), *Vospominaniia iz Sibiri*, op. cit., pp. 328, 331.

20. B. S. Chostakovitch, *Istoriia poliakov v Sibiri* (*XVII- XIX vv.*), op. cit., pp. 58-63.

21. V. Migurskii, op. cit., pp. 119-27, 141.

22. A. Tchékhov, *The Steppe and Other Stories, 1887-1891*. Trad. de R. Wilks, Londres, 2001; A. Tchékhov, *Ward No. 6 and Other Stories, 1892-1895*. Trad. de R. Wilks, Londres, 2002; A. Tchékhov, *The Lady with the Little Dog and Other Stories, 1896-1904*. Trad. de R. Wilks, Londres, 2002; V. Migurskii, op. cit., p. 142.

23. V. Migurskii, op. cit., pp. 147-8.

24. Ibid., p. 149.

25. S. V. Kodan e B. S. Chostakovitch, op. cit., p. 7; M. D. Filin, "Polskie revoliutsionery v Zabaikalskoi polititcheskoi ssilke v 30-40 gg. XIX v.". In: L. M. Goriúchkin (Org.), *Polititcheskie ssilnie v Sibiri* (*XVIII-natchalo XX v.*), Novosibirsk, 1983, p. 173.

26. V. A. Diakov, "Petr Visotskii na sibirskoi katorge (1835-1856)". In: V. A. Diakov e V. S. Bolchakov (Orgs.), *Ssilnie revolutsionery v Sibiri* (*XIX v.-fevral 1917 g.*), op. cit., pp. 3-30.

27. RGIA, f. 468, op. 18, d. 489 (1803), ll. 1-12; L. Tolstói, *The Death of Ivan Ilyich and Other Stories*. Trad. de D. McDuff, Londres, 2008, pp. 221-32; J. P. LeDonne, "The Administration of Military Justice under Nicholas I", op. cit., pp. 180-91; J. Keep, "No Gauntlet for Gentlemen: Officers' Privileges in Russian Military Law, 1716-1855". *Cahiers du Monde Russe et Soviétique*, v. 34, n. 1/2, pp. 171-92, 1993; A. Schrader, *Languages of the Lash*, op. cit., pp. 105-6; RGIA, f. 1286, op. 9, d. 493 (1845), l. 29; A. S. Nagaiev, op. cit., p. 34.

28. L. M. Goriúchkin (Org.), *Polititcheskaia ssilka v Sibiri: Nertchinskaia katorga*, v. 1, n. 2, Novosibirsk, 1993, pp. 48-9, 100-1; S. V. Kodan e B. S. Chostakovitch, op. cit., p. 8; B. S. Chostakovitch, "Polititcheskie ssilnie poliaki i dekabristi v Sibiri". In: *Ssilnie revoliutsionery v Sibiri* (*XIX v.-fevral 1917*), op. cit., pp. 279-80.

29. A. A. Ivanov, "Polititcheskie ssilnie v Vostotchnoi Sibiri v XIX v.". In: L. M. Koritnii (Org.), *Vklad polskikh utchenikh v izuchenie Vostochnoi Sibiri i ozera Baikal*, Irkutsk, 2011, pp. 108-9.

30. S. V. Kodan, *Polititcheskaia ssilka v sisteme karatelnikh mer samoderjaviia pervoi polovini XIX v.*, Irkutsk, 1980, p. 71; S. V. Kodan e B. S. Chostakovitch, op. cit., pp. 8-9.

31. V. Migurskii, op. cit., pp. 160, 177.

32. L. Bolchakov, "Delo Migurskikh: Povest v dokumentakh". *Prometei*, v. 8, pp. 135-6, 1971.

33. Ibid., pp. 139-40.

34. V. Migurskii, op. cit., pp. 206-11; L. Bolchakov, op. cit., p. 141.

35. L. Bolchakov e V. A. Diakov, op. cit., pp. 112-3.

36. Ibid., p. 117.

37. Ibid., p. 118.

38. V. Migurskii, op. cit., pp. 262-3.

39. Ibid., pp. 264-9; L. M. Goriúchkin (Org.), *Polititcheskaia ssilka v Sibiri: Nertchinskaia katorga*, op. cit., p. 94.

40. V. I. Dal, "Ssilnii". *Otetchestvennie zapiski*, v. 46, n. 5, pp. 153-6, 1846; V. Migurskii, op. cit., p. 59; W. Migurski, *Pamięniki z Sybiru spisane przez Wincentego Migurskiego*, Lviv, 1863; S. V. Maksimov, op. cit., p. 346.

41. S. V. Maksimov, op. cit., p. 356; L. Tolstói, "Za tchto". In: *Polnoe sobranie sotchinenii*, 91 v., Moscou, 1928-64, v. 42, pp. 84-106.

42. B. S. Chostakovitch, "Eti neizvestnie izvestnie Migurskie". In: B. S. Chostakovitch (Org.), *Vospominaniia iz Sibiri: Memuari, otcherki, dnevnikovie zapiski polskikh polititcheskikh ssilnikh v vostotchnuiu Sibir pervoi polovini XIX stoletiia*, Irkutsk, 2009, p. 41.

43. L. M. Goriúchkin (Org.), *Polititcheskaia ssilka v Sibiri: Nertchinskaia katorga*, op. cit., pp. 92, 113-7; S. V. Maksimov, op. cit., pp. 344, 346.

44. S. V. Maksimov, op. cit., p. 346. Esses debates continuaram nas décadas de 1860 e 1870. Ver B. S. Chostakovitch, *Istoriia poliakov v Sibiri (XVII- XIX vv.)*, op. cit., pp. 93-4.

45. I. Rutchinskii, "Konarschik, 1838-1878: Vospominaniia o sibirskoi ssilke". In: B. S. Chostakovitch (Org.), *Vospominaniia iz Sibiri*, op. cit., p. 384.

46. M. S. Lunin, op. cit., p. 105; A. A. Gentes, *Exile, Murder and Madness in Siberia, 1823-61*, op. cit., p. 139; F. F. Boloniev (Org.), *Ssilnie poliaki v Sibiri: XVII, XIX vv.*, Novosibirsk, 2007, pp. 149-52; S. V. Kodan e B. S. Chostakovitch, op. cit., p. 13.

47. R. S. Wortman, *Scenarios of Power*, op. cit., v. 1; A. A. Gentes, "Siberian Exile and the 1863 Polish Insurrectionists According to Russian Sources". *Jahrbücher für Geschichte Osteuropas*, v. 51, n. 2, pp. 200, 216, 2003; RGIA, f. 1341, op. 51, d. 449 (1843), ll. 1-3, 10-10 ob.

48. L. M. Goriúchkin (Org.), *Polititcheskaia ssilka v Sibiri: Nertchinskaia katorga*, op. cit., pp. 104--5, 108.

49. RGIA, f. 1286, op. 10, d. 1089 (1846), ll. 2-3, 14, 20; S. V. Kodan, "Amnistiia Dekabristam (1856 g.)", op. cit.; S. V. Maksimov, op. cit., p. 346.

50. RGIA, f. 1265, op. 9, d. 229 (1860), l. 2.

51. RGIA, f. 1265, op. 9, d. 229 (1860), ll. 3-3 ob.

52. Muraviov ganhou o título de "Amurski" (do Amur) por sua bem-sucedida negociação de 1858 do Tratado de Aigun, pelo qual a China cedia à Rússia o controle da bacia do Amur. Ver W. B. Lincoln, *The Conquest of a Continent*, op. cit., pp. 190-6.

53. RGIA, f. 1265, op. 9, d. 229 (1860), ll. 3 ob-8.

54. V. A. Diakov, "Petr Visotskii na sibirskoi katorge (1835-1856)". In: V. A. Diakov e V. S. Bolchakov (Orgs.), *Ssilnie revolutsionery v Sibiri (XIX v.-fevral 1917 g.)*, op. cit., p. 29.

55. I. Rutchinskii, "Konarschik, 1838-1878: Vospominaniia o sibirskoi ssilke". In: B. S. Chostakovitch (Org.), *Vospominaniia iz Sibiri*, op. cit., pp. 475-6.

56. A. Mickiewicz, "The Books of the Polish Nation and of the Polish Pilgrimage". In: *Konrad Wallenrod and Other Writings of Adam Mickiewicz*. Trad. de J. Parish et al., Berkeley, 1925, pp. 142-3; Z. Stefanowska, "Romantic Messianism". *Dialogue and Universalism*, n. 5/6, pp. 31-8, 2000; A. Walicki,

Philosophy and Romantic Nationalism, op. cit., pp. 247-76; S. Bilenky, *Romantic Nationalism in Eastern Europe: Russian, Polish, and Ukrainian Political Imaginations*, Stanford, 2012, cap. 4.

57. L. Keefer, "The Influence of Adam Mickiewicz on the Ballades of Chopin". *American Slavic and East European Review*, v. 5, n. 1/2, pp. 38-50, 1946.

58. A. Zamoyski, op. cit., pp. 291-2.

59. M. Malia, *Russia Under Western Eyes: From the Bronze Horseman to the Lenin Mausoleum*, Cambridge, MA, 1999, pp. 93-4.

60. M. Cadot (Org.), *Publications de Jules Michelet: Légendes démocratiques du Nord*, Paris, 1968; A. Walicki, *Philosophy and Romantic Nationalism*, op. cit., pp. 80-1; P. Darriulat, op. cit.; E. C. Brody, "The 1830 Polish Uprising in the Mirror of Hungarian Literature". *The Polish Review*, v. 17, n. 2, pp. 56-8, 1972; A. Zamoyski, op. cit., p. 277.

61. M. Malia, *Russia Under Western Eyes*, op. cit., cap. 1-2.

62. George F. Kennan, *The Marquis de Custine and His Russia in 1839* (Londres, 1972), pp. 19-29.

63. Astolphe de Custine, *Letters from Russia*. Trad. anônima. Org. de A. Muhlstein (Nova York, 2002), p. 377.

64. G. Kennan, *The Marquis de Custine and His Russia in 1839*, op. cit., pp. 95-8; O. Figes, *Crimea*, op. cit., pp. 86-99.

65. A. de Custine, op. cit., p. 376.

7. A FORTALEZA PENAL [pp. 180-208]

1. W. B. Lincoln, *Nicholas I*, op. cit., p. 290.

2. "Pokazaniia F. M. Dostoievskogo po delu petrachevtsev". *Krasnii arkhiv*, n. 2, pp. 130-46, 1931; n. 3, pp. 160-78, 1931; J. H. Seddon, *The Petrashevtsy: A Study of the Russian Revolutionaries of 1848*, Manchester, 1985.

3. J. Frank, *Dostoevsky: The Years of Ordeal, 1850-1859*, Princeton, 1983, pp. 51-2.

4. Ibid., p. 55.

5. F. Dostoiévski, *The Idiot*. Trad. de D. McDuff, Londres, 2004, pp. 71-2.

6. L. Grossman, "Grajdanskaia smert F. M. Dostoevskogo". In: *Literaturnoe nasledstvo*, v. 22-4, Moscou, 1935, pp. 683-92.

7. "M. V. Butachevitch-Petrachevskii v Sibiri". *Krasnii arkhiv*, v. 10, p. 188, 1925; J. Frank, *Dostoevski: The Years of Ordeal, 1850-1859*, op. cit., pp. 51-9; L. Grossman, op. cit., p. 683.

8. N. Beltchikov, "Pismo F. M. Dostoevskogo iz kreposti". *Krasnii arkhiv*, v. 2, pp. 237-8, 1922.

9. F. Dostoiévski, "Pisma". In: *Polnoe sobranie sotchinenii*, 30 v., Leningrado, 1972-90, v. 28, pp. 163-4.

10. Id., *A Writer's Diary. Volume 1, 1873-1876*. Trad. de K. Lantz, Evanston, IL, 1994, p. 130.

11. J. Frank, *Dostoevsky: The Years of Ordeal, 1850-1859*, op. cit., p. 73.

12. J. Frank, *Dostoevsky: The Stir of Liberation, 1860-1865*, Princeton, 1986, p. 215; L. Tolstói, "Pisma". In: *Polnoe sobranie sotchinenii*, 91 v., Moscou, 1928-64, v. 63, p. 24; N. Ruttenburg, *Dostoevsky's Democracy*, Princeton, 2008, pp. 72-81.

13. Gritsko, op. cit., pp. 283-4; V. L. Serochevskii, "Ssilka i katorga v Sibiri". In: I. S. Melnik (Org.), *Sibir*, op. cit., pp. 220-1; J. Frank, *Dostoevsky: The Stir of Liberation, 1860-1865*, op. cit., pp. 214-

-20; V. A. Zelenskii (Org.), *Krititcheskii kommentarii k sotchineniiam F. M. Dostoevskogo. Sbornik krititcheskikh statei*, v. 2, Moscou, 1901, p. 38.

14. F. Dostoiévski, *The House of the Dead*, op. cit., p. 27.

15. Id., "Pisma". In: *Polnoe sobranie sotchinenii*, op. cit., p. 170.

16. L. Melchin, *V mire otverjennikh*, op. cit., p. 122; S. V. Maksimov, op. cit., pp. 32, 34; G. Kennan, *Siberia and the Exile System*, op. cit., v. 2, pp. 145-6.

17. F. Dostoiévski, *The House of Dead*, op. cit., p. 29.

18. N. M. Iadrintsev, *Russkaia obschina v tiume i ssilke*, op. cit., p. 57.

19. L. Melchin, *V mire otverjennikh*, op. cit., p. 112; F. Dostoiévski, *The House of the Dead*, op. cit., p. 30; F. Dostoiévski, "Pisma". In: *Polnoe sobranie sotchinenii*, op. cit., p. 171.

20. C. Tokarjevskii, "Semlet katorgui" (1907). In: *Sibirskoe likholetie*, Kemerovo, 2007, p. 190; N. Perlina, "Dostoevsky and his Polish Fellow Prisoners from the House of the Dead". In: D. L. Ransel e B. Shallcross (Orgs.), *Polish Encounters, Russian Identity*, Bloomington, IN, 2005, pp. 100-9; A. Schrader, *Languages of the Lash*, op. cit., p. 109; F. Dostoiévski, *The House of the Dead*, op. cit., p. 50.

21. F. Dostoiévski, *The House of the Dead*, op. cit., p. 93.

22. Id., "Pisma". In: *Polnoe sobranie sotchinenii*, op. cit., p. 170; "Otcherki nevolnogo turista". *Knijki nedeli*, n. 1, pp. 126-7, 1895; L. Melchin, *V mire otverjennikh*, op. cit., p. 50.

23. F. Dostoiévsk, *The House of the Dead*, op. cit., p. 33; L. Melchin, *V mire otverjennikh*, op. cit., pp. 60-1.

24. L. Melchin, *V mire otverjennikh*, op. cit., p. 29; "Otcherki nevolnogo turista". *Knijki nedeli*, n. 3, p. 57, 1895.

25. S. P. Frank, *Crime, Cultural Conflict and Justice in Rural Russia, 1856-1914*, op. cit.; C. Worobec, *Possessed: Women, Witches, and Demons in Imperial Russia*, DeKalb, IL, 2001; C. Worobec, "Horse Thieves and Peasant Justice in Post-Emancipation Imperial Russia". *Journal of Social History*, v. 21, n. 2, pp. 281-93, inverno 1987; O. Figes, *A People's Tragedy: The Russian Revolution, 1891-1924*, Londres, 1996, pp. 87-9; R. S. Wortman, *The Development of a Russian Legal Consciousness*, Chicago, 1976; D. Beer, *Renovating Russia: The Human Sciences and the Fate of Liberal Modernity, 1880-1930*, Ithaca, 2008, pp. 19-21.

26. I. V. Efimov, *Iz jizni katorjnikh Ilginskogo i Aleksandrovskogo togda kazennikh, vinokurennikh zavodov, 1848-1853 gg.*, São Petersburgo, 1899, p. 17; F. Dostoiévski, *The House of the Dead*, op. cit., p. 231; L. Melchin, *V mire otverjennikh*, op. cit., p. 161.

27. L. Melchin, *V mire otverjennikh*, op. cit., p. 60.

28. F. Dostoiévski, *The House of the Dead*, op. cit., pp. 72-3.

29. "Arestanti v Sibiri", op. cit., p. 162.

30. E[...][...]v, "Otcherki, rasskazi i vospominaniia: Ssilno-katorjnie v Okhotskom solevarennom zavode". *Russkaia starina*, v. 22, pp. 306-7, 1878.

31. I. V. Efimov, op. cit., pp. 31-2; GAIO, f. 24, op. 2, k. 2619, d. 233 (1884), ll. 62-3.

32. S. V. Maksimov, op. cit., pp. 44-5; F. Dostoiévski, *The House of the Dead*, op. cit., pp. 86, 94.

33. N. M. Iadrintsev, *Russkaia obschina v tiurme i ssilke*, op. cit., pp. 64-5, 472-5; V. Moskvitch, "Poguibchie i poguibaiuschie: Otbrosi Rossii na sibirskoi potchve". *Russkoe bogatstvo*, n. 7, pp. 65-6, 1895.

34. F. Dostoiévski, *The House of the Dead*, op. cit., pp. 108-9.

35. A. A. Gentes, "'Beat the Devil!': Prison Society and Anarchy in Tsarist Siberia". *Ab Imperio*, n. 2, p. 209, 2009; C. Tokarjevskii, "Semlet katorgui". In: *Sibirskoe likholetie*, op. cit., p. 180.

36. F. Dostoiévski, *The House of the Dead*, op. cit., p. 66; S. V. Maksimov, op. cit., pp. 12, 43; N. M. Iadrintsev, *Russkaia obschina v tiurme i ssilke*, op. cit., pp. 59-61, 92; V. Moskvitch, op. cit., pp. 69-71.

37. C. Tokarjevskii, "Semlet katorgui". In: *Sibirskoe likholetie*, op. cit., p. 179; "Arestanti v Sibiri", op. cit., pp. 136-7; N. M. Iadrintsev, *Russkaia obschina v tiurme i ssilke*, op. cit., pp. 60-1.

38. G. Kennan, *Siberia and the Exile System*, op. cit., v. 1, p. 364; S. V. Maksimov, op. cit., pp. 40-1; A. A. Gentes, "'Beat the Devil!'", op. cit., p. 214.

39. F. Dostoiévski, *The House of the Dead*, op. cit., p. 84; S. V. Maksimov, op. cit., p. 41.

40. V. Vlasov, *Kratkii otcherk neustroistv suschestvuiuschikh na katorgue*, São Petersburgo, 1873, p. 4.

41. C. H. Hawes, *The Uttermost East: Being an Account of Investigations Among the Natives and Russian Convicts of the Island of Sakhalin, with Notes of Travel in Korea, Siberia, and Manchuria*, Londres, 1904, p. 150.

42. I. P. Belokonskii, op. cit., p. 157; F. Dostoiévski, *The House of the Dead*, op. cit., pp. 84-5; V. M. Dorochevitch, *Sakhalin*, 2 partes, Moscou, 1903, parte 1, p. 340; A. A. Gentes, "'Beat the Devil!'", op. cit., pp. 213-4.

43. S. V. Maksimov, op. cit., p. 39; L. Melchin, *V mire otverjennikh*, op. cit., p. 34.

44. F. Dostoiévski, *The House of the Dead*, op. cit., p. 110.

45. G. Kennan, *Siberia and the Exile System*, op. cit., v. 1, p. 391.

46. V. L. Serochevskii, "Ssilka i katorga v Sibiri". In: I. S. Melnik (Org.), *Sibir*, op. cit., p. 219; N. M. Iadrintsev, *Russkaia obschina v tiurme i ssilke*, op. cit., pp. 152-3; S. V. Maksimov, op. cit., p. 36.

47. S. V. Maksimov, op. cit., p. 38.

48. G. Kennan, *Siberia and the Exile System*, op. cit., v. 1, p. 391; I. P. Belokonskii, op. cit., p. 155; V. M. Dorochevitch, *Sakhalin*, op. cit., parte 1, pp. 271-2.

49. S. P. Frank, *Crime, Cultural Conflict and Justice in Rural Russia, 1856-1914*, op. cit.; O. Figes, *A People's Tragedy*, op. cit., pp. 95-8.

50. N. M. Iadrintsev, *Russkaia obschina v tiurme i ssilke*, op. cit., pp. 93-4.

51. Ibid., p. 149.

52. S. V. Maksimov, op. cit., p. 36.

53. "Otcherki nevolnogo turista". *Knijki nedeli*, n. 1, p. 131, 1895; S. V. Maksimov, op. cit., p. 43.

54. I. P. Belokonskii, op. cit., p. 35.

55. "Arestanti v Sibiri", op. cit., p. 138.

56. F. Dostoiévski, *The House of the Dead*, op. cit., p. 354.

57. N. Ruttenburg, op. cit., pp. 185-95; J. Frank, *Dostoevsky: The Miraculous Years, 1865-1871*, Princeton, 1995; J. Frank, *Dostoevsky: The Mantle of the Prophet, 1871-1881*, Princeton, 2002; A. Schur, *Wages of Evil: Dostoevsky and Punishment*, Evanston, IL, 2012.

58. O. Figes, *Natasha's Dance*, op. cit., cap. 4, 6; A. Walicki, *A History of Russian Thought: From the Enlightenment to Marxism*. Trad. de H. Andrews-Rusiecka, Stanford, 1979, cap. 6-12; M. Malia, *Alexander Herzen and the Birth of Russian Socialism, 1812-1855*, Londres, 1961; F. Venturi, *Roots of Revolution: A History of the Populist and Socialist Movements in Nineteenth-Century Russia*. Trad. de F. Haskell, Londres, 1972; T. Szamuely, *The Russian Tradition*, Nova York, 1974; I. Berlin, *Russian Thinkers*, Londres, 2008; L. Engelstein, *Slavophile Empire: Imperial Russia's Illiberal Path*, Ithaca, 2009, cap. 4.

59. F. Dostoiévski, *A Writer's Diary*, op. cit., p. 349 (tradução modificada).

60. Id., "Pisma". In: *Polnoe sobranie sotchinenii*, op. cit., pp. 172-3.

61. Ibid., p. 169; F. Dostoiévski, *The House of the Dead*, op. cit., pp. 35-6.

62. A. I. Gertsen, "Le Peuple et le socialisme". In: *Sobranie sotchinenii*, 30 v., Moscou, 1954-65, v. 7, pp. 271-306.

63. F. Dostoiévski, "Pisma". In: *Polnoe sobranie sotchinenii*, op. cit., pp. 169-70.

64. Ibid., p. 172.

65. F. Dostoiévski, *Crime and Punishment*. Trad. de D. McDuff, Londres, 2003, pp. 647-56.

66. Id., *The Brothers Karamazov*. Trad. de D. McDuff, Londres, 2003, p. 756.

67. A. Kelly, "Dostoevsky and the Divided Conscience". In: *Toward Another Shore: Russian Thinkers between Necessity and Chance*, New Haven, 1998, pp. 55-79.

68. F. Dostoiévski, *A Writer's Diary*, op. cit., p. 354; J. Frank, *Dostoevsky: The Years of Ordeal, 1850-1859*, op. cit., cap. 9-10; A. Schur, op. cit., pp. 137-44.

69. F. Dostoiévski, *A Writer's Diary*, op. cit., p. 139.

70. Ibid., p. 289 (tradução modificada).

71. H. Murav, "Dostoevskii in Siberia: Remembering the Past". *Slavic Review*, v. 50, n. 4, pp. 858-66, inverno 1991; O. Figes, *Natasha's Dance*, op. cit., pp. 329-31; W. Dowler, *Dostoevsky, Grigor'ev and Native Soil Conservatism*, Toronto, 1982; G. Morson, *The Boundaries of Genre: Dostoevsky's Diary of a Writer and the Traditions of Literary Utopia*, Austin, 1981; H. Kohn, "Dostoyevsky and Danilevsky: Nationalist Messianism". In: E. J. Simmons (Org.), *Continuity and Change in Russian and Soviet Thought*, Cambridge, MA, 1955, pp. 500-15.

8. "EM NOME DA LIBERDADE!" [pp. 209-34]

1. A. Zamoyski, op. cit., pp. 413-7.

2. S. Kieniewicz, "Polish Society and the Insurrection of 1863". *Past and Present*, n. 37, pp. 130--48, jul. 1967.

3. RGIA, f. 1286, op. 25, d. 1182 (1864), l. 32; N. Davies, op. cit., pp. 347-68.

4. P. L. Kazarian, *Tchislennost i sostav utchastnikov polskogo vosstaniia 1863-1864 gg. v iakutskoi ssilke*, Iakutsk, 1999, pp. 12-3; N. P. Mitina, *Vo glubine sibirskikh rud. K stoletiiu vosstaniia polskikh ssilnikh na Krugobaikailskom trakte*, Moscou, 1966, p. 10; L. P. Rotchevskaia, *Istoriia polititcheskoi ssilki v Zapadnoi Sibiri vo vtoroi polovine XIX v. (60-kh-80-kh godov)*, Tiumen, 1976, p. 43; N. Davies, op. cit., p. 368.

5. H. Boczek, *Aleksander Sochaczewski, 1843-1923, malarz syberyjskiej katorgi: Zycie, twórczości dzieje kolekcji*, Varsóvia, 1993.

6. I. P. Belokonskii, op. cit., p. 80; RGIA, f. 1286, op. 38, d. 467 (1877), l. 34; RGIA, f. 1286, op. 28, d. 917 (1867), l. 2; RGIA, f. 1286, op. 25, d. 229 (1864), ll. 1-68; RGIA, f. 1286, op. 25, d. 99 (1864), l. 18.

7. RGIA, f. 1286, op. 25, d. 862 (1865), l. 1.

8. GARF, f. 122, 3 dp., op. 5, d. 1 (1864), ll. 17-8; L. M. Goriúchkin (Org.), *Polititcheskaia ssilka v Sibiri: Nertchinskaia katorga*, op. cit., pp. 156, 160-1, 167-9.

9. N. P. Mitina, op. cit., pp. 13, 30; A. A. Gentes, "Siberian Exile and the 1863 Polish Insurrectionists According to Russian Sources", op. cit., pp. 203-4, 209; L. M. Goriúchkin (Org.), *Polititcheskaia ssilka v Sibiri: Nertchinskaia katorga*, op. cit., pp. 177-8, 208-9; B. S. Chostakovitch, *Istoriia poliakov v Sibiri (XVII-XIX vv.)*, op. cit., p. 88.

10. A. A. Gentes, "Siberian Exile and the 1863 Polish Insurrectionists According to Russian Sources", op. cit., p. 205.

11. N. P. Mitina, op. cit., pp. 16-7; I. N. Nikulina, "Polskaia polititcheskaia ssilka na Altai v xix v.". *Sibirskaia ssilka: Sbornik statei*, v. 6, n. 18, pp. 415-6, 2011; E. Semenov, "Khoziaistvennaia deiatelnost polskikh polititcheskikh ssilnikh v Zabaikal'e v 1860-kh-1880-kh gg.". *Vlast*, n. 11, pp. 131-3, 2010; A. A. Gentes, "Siberian Exile and the 1863 Polish Insurrectionists According to Russian Sources", op. cit., p. 208.

12. S. V. Maksimov, op. cit., p. 361.

13. N. P. Mitina, op. cit., p. 15.

14. RGIA, f. 1286, op. 25, d. 1182 (1864), ll. 1-5, 14.

15. GAIO, f. 24, op. 3, k. 1760, d. 23 (1864), ll. 7-8; GAIO, f. 24, op. 3, k. 1764, d. 57 (1866), ll. 18-9, 25-6.

16. GAIO, f. 24, op. 3, k. 1764, d. 57 (1866), ll. 35, 41-2.

17. GAIO, f. 24, op. 3, k. 1764, d. 57 (1866), l. 76.

18. RGIA, f. 1286, op. 25, d. 1296 (1864), ll. 21, 114-6, 127; RGIA, f. 1286, op. 25, d. 1189 (1864), ll 1-2.

19. V. A. Diakov, "Peterburgskaia ofitserskaia organizatsiia". In: *Russkopolskie revoliutsionnie sviazi*, 3 v., Moscou, 1961-3, v. 1, pp. 197-351; V. A. Diakov, *Iaroslav Dombrovskii*, Moscou, 1969, pp. 46--7, 134; J. Zdrada, *Jarosław Dombrowski, 1836-1871*, Cracóvia, 1973; RGIA, f. 1282, op. 1, d. 140 (1863), ll. 126-7 ob.

20. V. A. Diakov, *Iaroslav Dombrovskii*, op. cit., pp. 139-40.

21. RGIA, f. 1286, op. 25, d. 1481 (1864), ll. 10-3.

22. RGIA, f. 1286, op. 25, d. 1481 (1864), ll. 15-15 ob; 29-29 ob.

23. RGIA, f. 1286, op. 25, d. 1481 (1864), ll. 34-41.

24. A. Walicki, "The Slavophile Thinkers and the Polish Question in 1863". In: D. L. Ransel e B. Shallcross (Orgs.), *Polish Encounters, Russian Identity*, Bloomington, IN, 2005, pp. 90-1; E. M. Bojanowska, "Empire by Consent: Strakhov, Dostoevskii and the Polish Uprising of 1863". *Slavic Review*, v. 71, n. 1, pp. 1-24, primavera 2012; A. E. Pogorelskin, "*Vestnik Evropy* and the Polish Question in the Reign of Alexander II". *Slavic Review*, v. 46, n. 1, pp. 87-105, primavera 1987; S. Ivanova, "Obsujdenie 'polskogo voprosa' na stranitsakh perioditcheskikh izdanii 60-kh godov xix veka". *Rocznik Instytutu Polsko-Rosyjskiego*, n. 1, pp. 13-4, 2012; A. Renner, "Defining a Russian Nation: Mikhail Katkov and the 'Invention' of National Politics". *Slavonic and East European Review*, v. 81, n. 4, pp. 674-5, 2003; O. Maiorova, *From the Shadow of Empire: Defining the Russian Nation through Cultural Mythology*, Madison, WI, 2010, pp. 94-127.

25. V. A. Diakov, *Iaroslav Dombrovskii*, op. cit., pp. 150-1; A. A. Kornilov, *Obschestvennoe dvijenie pri Aleksandre II (1855-1881)*, Paris, 1905, p. 128.

26. *The Times*, p. 6, 22 set. 1863; M. Giergielewicz, "Echoes of the Polish January Rising in 'Punch'". *The Polish Review*, v. 8, n. 2, pp. 3-27, primavera 1963; J. H. Harley, "Great Britain and the Polish Insurrection of 1863". *Slavonic and East European Review*, v. 16, n. 46, pp. 155-67, jul. 1937; v. 16, n. 47, pp. 425-38, jan. 1938; K. S. Pasieka, "The British Press and the Polish Insurrection of 1863". *Slavonic and East European Review*, v. 42, n. 98, pp. 15-37, dez. 1963.

27. A. Walicki, *Philosophy and Romantic Nationalism*, op. cit., p. 371; A. Zamoyski, op. cit., pp. 438-9.

28. A. Bullard, *Exile to Paradise: Savagery and Civilization in Paris and the South Pacific, 1790-1900*, Stanford, 2001, p. 186; V. A. Diakov, *Iaroslav Dombrovskii*, op. cit., cap. 7-8; R. Tombs, *The Paris*

Commune 1871, Londres, 1999; A. Horne, *The Fall of Paris: The Siege and the Commune 1870-71*, Londres, 2007, pp. 318-9; H. Thomas, *The Spanish Civil War*, Londres, 1961, p. 324.

29. O. Figes, *Crimea*, op. cit., pp. 177-9; A. S. Gulin, "Garibaldiitsi na Nertchinskoi katorgue 1863-1867 gg.". *Sibirskaia ssilka: Sbornik statei*, v. 6, n. 18, p. 262, 2011.

30. A. S. Gulin, "Garibaldiitsi na Nertchinskoi katorgue 1863-1867 gg.", op. cit., pp. 262-3.

31. K. Ferlej-Bielańska, *Nullo i jego towarzysze*, Varsóvia, 1923, p. 186; B. G. Kubalov, "Stranitsi iz jizni garibaldiitsev v Petrovskom zavode". *Svet nad Baikalom*, n. 4, pp. 139-41, 1960.

32. K. Ferlej-Bielańska, op. cit., p. 137; B. G. Kubalov, "N. G. Tchernichevskii, M. L. Mikhailov i garibaldiitsi na Kadainskoi katorgue". *Sibirskie ogni*, n. 6, pp. 139-44, 1959.

33. R. Kazari, "N. G. Tchernichevskii i garibaldiitsi iz Bergamo". In: O. B. Lebedeva (Org.), *Obrazi Italii v russkoi slovesnosti*, Tomsk, 2009, p. 156; L. M. Goriúchkin (Org.), *Polititcheskaia ssilka v Sibiri: Nertchinskaia katorga*, op. cit., pp. 146-7; M. Gardner, "An Italian Tragedy in Siberia". *Sewanee Review*, v. 34, n. 3, pp. 329-38, jul./set. 1926; A. S. Gulin, "Garibaldiitsi na Nertchinskoi katorgue 1863-1867 gg.", op. cit., p. 271; G. Jacobson, *Fraternity in Combat: An Intellectual History of the Republican Tradition from the Republic of Virtue to the Republic of Silence*. Oxford, Universidade de Oxford, 2015, pp. 212-3. Tese de doutorado.

34. A. S. Gulin, "Novie fakti k biografii A. A. Krasovskogo po arkhivnim i memuarnim istotchnikam. Versiia pobega i gibeli". Disponível em: <sibir-ssilka.ucoz.com>. Acesso em: 3 mar. 2014.

35. N. Bikhovskii, "'Son katorjnika iegoavtor'". In: *Literaturnoenasledstvo*, v. 25-6, Moscou, 1936, p. 459; L. M. Goriúchkin (Org.), *Polititcheskaia ssilka v Sibiri: Nertchinskaia katorga*, op. cit., p. 150.

36. GAIO, f. 24, op. 3, k. 1760, d. 23 (1864), ll. 67-8; N. Bikhovskii, op. cit.

37. N. Bikhovskii, op. cit.; GAIO, f. 24, op. 3, k. 1760, d. 23 (1864), l. 67; V. A. Diakov, "Zapisnie knijki A. A. Krasovskogo i V. V. Khreschetskogo". In: *Revoliutsionnaia situatsiia v Rossii 1859-1861 gg.*, Moscou, 1962, pp. 418-22.

38. L. M. Goriúchkin (Org.), *Polititcheskaia ssilka v Sibiri: Nertchinskaia katorga*, op. cit., pp. 149--50 (grifos no original).

39. Ibid., p. 150.

40. GAIO, f. 24, op. 3, k. 1760, d. 23 (1864), ll. 67-8; "Dukhovnoe zavechanie Krasovskogo". *Krasnii arkhiv*, n. 6, p. 233, 1929.

41. "Dukhovnoe zaveschanie Krasovskogo", op. cit., p. 232; GAIO, f. 24, op. 3, k. 1760, d. 23 (1864), ll. 67-8; L. M. Goriúchkin (Org.), *Polititcheskaia ssilka v Sibiri: Nertchinskaia katorga*, op. cit., pp. 204-6.

42. L. M. Goriúchkin (Org.), *Polititcheskaia ssilka v Sibiri: Nertchinskaia katorga*, op. cit., pp. 167--9.

43. N. P. Mitina, op. cit., p. 105.

44. L. M. Goriúchkin (Org.), *Polititcheskaia ssilka v Sibiri: Nertchinskaia katorga*, op. cit., pp. 173--4; GAIO, f. 24, op. 3, k. 1766, d. 65 (1866), ll. 6-8, 42, 61-4.

45. GAIO, f. 24, op. 3, k. 1766, d. 65 (1866), ll. 95-7.

46. L. M. Goriúchkin (Org.), *Polititcheskaia ssilka v Sibiri: Nertchinskaia katorga*, op. cit., p. 175.

47. A. V. Volotchaeva, "Vidi truda na Nertchinskoi katorgue vo vtoroi polovine XIX v.". *Sibirskaia ssilka: Sbornik statei*, v. 6, n. 18, pp. 237-40, 2011; A. A. Gentes, "Siberian Exile and the 1863 Polish Insurrectionists According to Russian Sources", op. cit., p. 212.

48. GAIO, f. 24, op. 3, d. 501 (1866), ll. 60-120; "Vosstanie poliakov v Sibiri 1866 goda". *Sibirskii arkhiv*, n. 3, pp. 176-84, 1912; N. P. Mitina, op. cit., pp. 121-31.

49. "Vosstanie na Krugobaikalskoi dorogue 1866 goda". *Biloe*, n. 17, pp. 134-5, 1921.

50. N. P. Mitina, op. cit.; A. A. Gentes, "Siberian Exile and the 1863 Polish Insurrectionists According to Russian Sources", op. cit., p. 213; A. I. Gertsen, "Polcha v Sibiri i Karakozovskoe delo". In: *Sobranie sotchinenii*, 30 v., Moscou, 1954-65, v. 19, p. 127.

51. H. Boczek, op. cit.

52. É. Andreoli, "La Clémence du tsar". *Le Temps*, p. 5, 23 set. 1868; É. Andreoli, "De Pologne en Sibérie". *Revue Moderne*, v. 48, p. 163, 1868.

53. Id., "De Pologne en Sibérie", pp. 124, 529, 748.

54. Ibid., p. 748.

9. O EXÉRCITO DO GENERAL CUCO [pp. 235-58]

1. V. Moskvitch, op. cit., p. 49.

2. A. A. Vlasenko, op. cit., p. 204; N. M. Iadrintsev, *Sibir kak koloniia v geografitcheskom, etnografitcheskom i istoritcheskom otnochenii*, op. cit., p. 190.

3. L. M. Goriúchkin (Org.), *Polititcheskaia ssilka v Sibiri: Nertchinskaia katorga*, op. cit., p. 139; RGIA, f. 1149, op. 9, d. 3 (1877), l. 773 ob.

4. "Ob izmeneniiakh poriadka raspredeleniia ssilaemikh v Sibir iz Evropeiskoi Rossii". *Tiuremnii vestnik*, n. 9, p. 447, 1898; A. D. Margolis, "Tchislennost i razmeschenie ssilnikh v Sibiri v kontse XIX veka". In: *Tiurma i ssilka v imperatorskoi Rossii*, op. cit., p. 37; N. M. Iadrintsev, *Russkaia obschina v tiurme i ssilke*, op. cit., p. 363; A. Wood, "Russia's 'Wild East': Exile, Vagrancy and Crime in Nineteenth-Century Siberia". In: A. Wood (Org.), *The History of Siberia from Russian Conquest to Revolution*, Londres, 1991, p. 124.

5. N. M. Iadrintsev, *Russkaia obschina v tiurme i ssilke*, op. cit., pp. 351-5; A. Wood, "Russia's 'Wild East'". In: A. Wood (Org.), *The History of Siberia from Russian Conquest to Revolution*, op. cit., p. 120; A. A. Gentes, *Exile, Murder and Madness in Siberia, 1823-61*, op. cit., p. 34; A. A. Gentes, "Vagabondage and the Tsarist Siberian Exile System", op. cit., p. 408; RGIA, f. 468, op. 18, d. 489 (1803), ll. 1-12.

6. G. Kennan, *Siberia and the Exile System*, op. cit., v. 1, p. 382; N. M. Iadrintsev, *Russkaia obschina v tiurme i ssilke*, op. cit., pp. 364, 415-7.

7. "Arestanti v Sibiri", op. cit., pp. 169-74; N. M. Iadrintsev, *Russkaia obschina v tiurme i ssilke*, op. cit., pp. 385-95.

8. RGIA, f. 1264, op. 1, d. 438 (1831), l. 1 ob; RGIA, f. 1149, op. 3, d. 114 (1842), l. 5 ob; RGIA, f. 1405, op. 83, d. 2697 (1883), l. 3; RGIA, f. 1149, op. 3, d. 74 (1848), l. 2; N. M. Iadrintsev, *Russkaia obschina v tiurme i ssilke*, op. cit., pp. 363-4, 567.

9. N. M. Iadrintsev, *Russkaia obschina v tiurme i ssilke*, op. cit., pp. 366, 371.

10. RGIA, f. 1286, op. 33, d. 633 (1872), ll. 1-18, 27-34, 39-43, 52-68.

11. A. Tchékhov, *Sakhalin Island*, op. cit., p. 306; RGIA, f. 1409, op. 2, d. 5247 (1828), ll. 1-7.

12. RGIA, f. 1286, op. 5, d. 650 (1830), ll. 18-9; GAIO, f. 24, op. 3, k. 5, d. 96 (1831), l. 3.

13. GAIO, f. 24, op. 2, k. 2619, d. 233 (1884), l. 50; N. M. Iadrintsev, *Sibir kak koloniia v geografitcheskom, etnografitcheskom i istoritcheskom otnochenii*, op. cit., p. 192; G. Kennan, *Siberia and the Exile System*, op. cit., v. 2, p. 156.

14. RGIA, f. 1286, op. 38, d. 405 (1877), ll. 1, 5, 10, 19, 22, 42; RGIA, f. 1286, op. 38, d. 348 (1877), ll. 27, 31; RGIA, f. 1286, op. 38, d. 326 (1877), ll. 3, 9, 10, 12, 16-7; GARF, f. 122, 3 dp., op. 5, d. 1455 (1890), l. 8; GARF, f. 122, 3 dp., op. 5, d. 1000 (1883), ll. 1-4.

15. RGIA, f. 1286, op. 33, d. 529 (1872), ll. 1, 6 ob-7 ob, 9, 58; N. M. Iadrintsev, *Russkaia obschina v tiurme i ssilke*, op. cit., p. 374; RGIA, f. 1286, op. 2, d. 245 (1817), ll. 1-2; RGIA, f. 1149, op. 9, d. 3 (1877), l. 70; A. Tchékhov, *Sakhalin Island*, op. cit., p. 302; S. V. Maksimov, op. cit., p. 65.

16. S. V. Maksimov, op. cit., pp. 47-8.

17. RGIA, f. 1286, op. 38, d. 326 (1877), l. 12; N. M. Iadrintsev, *Russkaia obschina v tiurme i ssilke*, op. cit., pp. 373-4.

18. S. V. Maksimov, op. cit., p. 51; A. Tchékhov, *Sakhalin Island*, op. cit., p. 300 (tradução modificada).

19. G. Kennan, *Siberia and the Exile System*, op. cit., v. 2, pp. 154-5.

20. "Arestanti v Sibiri", op. cit., p. 165; GARF, f. 122, op. 5, d. 64 (1879), ll. 15-6. Para casos similares, ver GARF, f. 102, 3 dp., op. 77, d. 1210 (1881), ll. 1-6.

21. S. V. Maksimov, op. cit., p. 86; N. M. Iadrintsev, *Russkaia obschina v tiurme i ssilke*, op. cit., p. 593.

22. N. M. Iadrintsev, *Russkaia obschina v tiurme i ssilke*, op. cit., p. 594.

23. Ibid., pp. 364-5, 463-4; GATOvgT, f. i378, op. 1, d. 59 (1829), ll. 10-2; GAIO, f. 32, op. 1, d. 1020 (1881), ll. 1, 11, 17, 42-42 ob.

24. S. V. Maksimov, op. cit., p. 86; N. M. Iadrintsev, *Russkaia obschina v tiurme i ssilke*, op. cit., pp. 450-72.

25. RGIA, f. 1149, op. 2, d. 99 (1838), ll. 4-6.

26. F. Dostoiévski, *The House of the Dead*, op. cit., p. 255.

27. V. I. Kokosov, *Rasskazi o kariiskoi katorgue (iz vospominanii vratcha)*, São Petersburgo, 1907, p. 120.

28. RGIA, f. 1149, op. 3, d. 74 (1848), ll. 2-3.

29. RGIA, f. 1405, op. 83, d. 2697 (1883), l. 39; *Ssilka v Sibir*, op. cit., p. 277.

30. RGIA, f. 1286, op. 3, d. 323 (1824), ll. 43-43 ob; RGIA, f. 1286, op. 30, d. 1000 (1869), ll. 2-11; RGIA, f. 1405, op. 535, d. 135 (1883), ll. 1-12; N. M. Iadrintsev, *Russkaia obschina v tiurme i ssilke*, op. cit., pp. 609-10.

31. RGIA, f. 1286, op. 7, d. 438 (1840), l. 56; RGIA, f. 1286, op. 7, d. 341 (1840), l. 5; A. Schrader, *Languages of the Lash*, op. cit., pp. 92-5.

32. RGIA, f. 1286, op. 7, d. 438 (1840), ll. 56, 60; RGIA, f. 1286, op. 15, d. 1293 (1855), ll. 1-2.

33. N. M. Iadrintsev, *Russkaia obschina v tiurme i ssilke*, op. cit., pp. 372, 438; S. V. Maksimov, op. cit., p. 49.

34. RGIA, f. 1264, op. 1, d. 71 (1835), ll. 143-4; RGIA, f. 1286, op. 33, d. 369 (1872), ll. 37-41; GARF, f. 102, o. o., d. 910 (1901), ll. 9-10.

35. GATOvgT, f. 378, op. 1, d. 62 (1829), ll. 1-8; S. V. Maksimov, op. cit., p. 84; RGIA, f. 1149, op. 9, d. 3 (1877), l. 775; N. M. Iadrintsev, *Sibir kak koloniia v geografitcheskom, etnografitcheskom i istoritcheskom otnochenii*, op. cit., p. 193; S. Tchudnovskii, "Kolonizatsionnoe znatchenie sibirskoi ssilki". *Russkaia misl*, n. 10, p. 48, 1886; A. A. Vlasenko, op. cit., p. 197.

36. N. M. Iadrintsev, *Russkaia obschina v tiurme i ssilke*, op. cit., p. 194; S. V. Maksimov, op. cit., p. 83; I. I. Foinitskii, *Na dosuge: Sbornik statei*, 2 v., São Petersburgo, 1900, v. 2, p. 430.

37. *Ssilka v Sibir*, op. cit., pp. 265-6.

38. A. A. Vlasenko, op. cit., p. 197; *Sibir*, n. 8, p. 6, 17 ago. 1875; RGIA, f. 1149, op. 9, d. 3 (1877), l. 775; S. V. Maksimov, op. cit., p. 82; GARF, f. 122, 3 dp., op. 5, d. 1059 (1884), ll. 1-29; GARF, f. 122, 3 dp., op. 5, d. 1255 (1887), ll. 1-10.

39. N. M. Iadrintsev, *Russkaia obschina v tiurme i ssilke*, op. cit., pp. 387-8, 453.

40. E. Noble, "No American Siberia". *North American Review*, v. 145, n. 370, p. 327, set. 1887; N. M. Iadrintsev, *Russkaia obschina v tiurme i ssilke*, op. cit., p. 618.

41. N. M. Iadrintsev, *Russkaia obschina v tiurme i ssilke*, op. cit., pp. 566, 618; RGIA, f. 1286, op. 22, d. 1000 (1861), ll. 1-3, 7-8; GARF, f. 122, 3 dp., op. 5, d. 2601 (1893), l. 1.

42. RGIA, f. 1149, op. 9, d. 3 (1877), l. 337; GATOvgr, f. 378, op. 1, d. 38 (1827), ll. 18-21; I. I. Foinitskii, *Na dosuge*, op. cit., p. 409.

43. V. Moskvitch, op. cit., p. 48; S. V. Maksimov, op. cit., p. 69; N. M. Iadrintsev, *Russkaia obschina v tiurme i ssilke*, op. cit., pp. 447-8.

44. RGIA, f. 1286, op. 1, d. 195 (1804), l. 24; RGIA, f. 1286, op. 1, d. 120 (1805), l. 3; RGIA, f. 1264, op. 1, d. 71 (1835), ll. 149 ob, 152; *Statistitcheskie svedeniia o ssil nikh v Sibiri za 1833 i 1834 godi*, São Petersburgo, 1837, p. 22.

45. RGIA, f. 1652, op. 1, d. 197 (1877), l. 10 ob; RGIA, f. 1149, op. 9, d. 3 (1877), l. 773; GAIO, f. 25, op. 6, k. 450, d. 228 (1899), ll. 5-7; GAIO, f. 25, op. 6, k. 452, d. 335 (1899), ll. 6-6 ob; RGIA, f. 1286, op. 33, d. 369 (1872), ll. 5-6.

46. GAIO, f. 25, op. 6, k. 449, d. 185 (1898), ll. 7-7 ob.

47. *Sibir*, p. 4, 3 ago. 1875; p. 1, 31 ago. 1875; pp. 3-4, 19 out. 1875; 9 jan. 1877, p. 3; *Sibirskaia gazeta*, p. 10, 20 mar. 1888; p. 11, 26 maio 1888; *Vostotchnoe obozrenie*, n. 47, p. 7, 1889.

48. RGIA, f. 1286, op. 9, d. 493 (1845), ll. 1-38.

49. *Sibir*, pp. 3-4, 19 out. 1875; N. M. Iadrintsev, *Russkaia obschina v tiurme i ssilke*, op. cit., p. 626; "Sibirskaia bezopasnost v gorodakh i na dorogakh". *Vostotchnoe obozrenie*, n. 40, pp. 1-23, 1886; *Zabaikalskaia nov*, p. 4, 8 jun. 1907.

50. S. V. Maksimov, op. cit., p. 46; N. M. Iadrintsev, *Russkaia obschina v tiurme i ssilke*, op. cit., pp. 485-7, 615-6; V. Ptitsin, "Zabaikalskie razboiniki". *Istoritcheskii vestnik*, v. 40, pp. 237-9, 1890.

51. N. M. Iadrintsev, *Russkaia obschina v tiurme i ssilke*, op. cit., pp. 621-2; N. M. Iadrintsev, *Sibir kak koloniia v geografitcheskom, etnografitcheskom i istoritcheskom otnochenii*, op. cit., pp. 202-3; S. P. Frank, *Crime, Cultural Conflict and Justice in Rural Russia, 1856-1914*, op. cit.

52. N. M. Iadrintsev, *Russkaia obschina v tiurme i ssilke*, op. cit., pp. 410-1; N. M. Iadrintsev, *Sibir kak koloniia v geografitcheskom, etnografitcheskom i istoritcheskom otnochenii*, op. cit., p. 202; *Sibirskaia gazeta*, p. 10, 20 mar. 1888; V. L. Serochevskii, "Ssilka i katorga v Sibiri". In: I. S. Melnik (Org.), *Sibir*, op. cit., p. 224.

53. *Sankt-Peterburgskie vedomosti*, n. 326, vtoroi list, p. 1, 26 nov. 1981.

54. *Ssilka v Sibir*, op. cit., pp. 304-5.

55. S. V. Maksimov, op. cit., p. 69; N. M. Iadrintsev, *Russkaia obschina v tiurme i ssilke*, op. cit., pp. 450-5; V. Moskvitch, op. cit., p. 60; RGIA, f. 1149, op. 9, d. 3 (1877), l. 773.

56. RGIA, f. 1263, op. 1, d. 52 (1813), ll. 416-7.

57. V. Moskvitch, op. cit., p. 61; L. Melchin, *V mire otverjennikh*, op. cit., p. 168; N. M. Iadrintsev, *Russkaia obschina v tiurme i ssilke*, op. cit., p. 499.

58. *Sibirskaia gazeta*, p. 3, 29 abr. 1879; p. 70, 16 jan. 1883; p. 325, 31 mar. 1885; G. Kennan, *Siberia and the Exile System*, op. cit., v. 2, p. 464; V. L. Serochevskii, "Ssilka i katorga v Sibiri". In: I. S. Melnik (Org.), *Sibir*, op. cit., p. 222; N. M. Iadrintsev, *Russkaia obschina v tiurme i ssilke*, op. cit., p. 492.

59. RGIA, f. 1284, op. 241, d. 42 (1879), ll. 154-6; *Ssilka v Sibir*, op. cit., p. 264.

60. RGIA, f. 468, op. 19, d. 291 (1847), ll. 5-7; GARF, f. 122, 3 dp., op. 5, d. 1455 (1890), l. 14; A. Tchékhov, *Sakhalin Island*, op. cit., p. 310; S. V. Maksimov, op. cit., pp. 74-5; N. M. Iadrintsev, *Russkaia obschina v tiurme i ssilke*, op. cit., p. 497; V. Moskvitch, op. cit., pp. 47-8; A. N. Krasnov, "Na ostrove izgnaniia". *Knijka nedeli*, n. 8, p. 166, 1893; G. Kennan, *Siberia and the Exile System*, op. cit., v. 2, p. 464; *Ssilka v Sibir*, op. cit., p. 263.

61. RGIA, f. 1652, op. 1, d. 197 (1877), l. 6 ob.

62. *Sibirskaia gazeta*, p. 5, 12 out. 1875.

63. N. M. Iadrintsev, *Sibir kak koloniia v geografitcheskom, etnografitcheskom i istoritcheskom otnochenii*, op. cit., p. 205; N. M. Iadrintsev, *Russkaia obschina v tiurme i ssilke*, op. cit., p. 500.

10. A ILHA SACALINA [pp. 259-86]

1. V. M. Dorochevitch, *Kak ia popal na Sakhalin*, Moscou, 1903, p. 20.

2. A. Tchékhov, *Sakhalin Island*, op. cit., p. 234; N. I. Novombergskii, *Ostrov Sakhalin*, São Petersburgo, 1903, p. 94.

3. R. Wortman, "The Russian Imperial Family as Symbol". In: J. Burbank e D. L. Ransel (Orgs.), *Imperial Russia: New Histories for the Empire*, Bloomington, IN, 1998, pp. 60-86; W. G. Wagner, *Marriage, Property and Law in Late Imperial Russia*, Oxford, 1994; P. Miller, op. cit.; S. K. Morrissey, *Suicide and the Body Politic in Imperial Russia*, op. cit., cap. 5.

4. A. A. Gentes, "'Licentious Girls' and Frontier Domesticators", op. cit.

5. M. Foucault, *Discipline and Punish: The Birth of the Prison*. Trad. de A. Sheridan, Nova York, 1995; RGIA, f. 1149, t. 5, d. 68 (1860), ll. 16-7; RGIA, f. 1149, op. 9, d. 3 (1877), l. 758.

6. A. Schrader, "Unruly Felons and Civilizing Wives", op. cit., pp. 230-56; A. A. Gentes, "Sakhalin's Women: The Convergence of Sexuality and Penology in Late Imperial Russia". *Ab Imperio*, n. 2, pp. 115-37, 2003.

7. RGIA, f. 1149, t. 5, d. 68 (1860), ll. 17 ob-18 ob.

8. E. N. Anutchin, op. cit., p. 310; RGIA, f. 1264, op. 1, d. 427 (1828), l. 14 ob; RGIA, f. 1264, op. 1, d. 53 (1829), ll. 161-2; *Statistitcheskie svedeniia o ssilnikh v Sibiri za 1833 i 1834 godi*, op. cit., pp. 57, 64, 66-7.

9. A. Tchékhov, *Sakhalin Island*, op. cit., p. 226; RGIA, f. 1652, op. 1, d. 197 (1877), l. 2 ob; *Ssilka v Sibir*, op. cit., apêndices 2 e 3; A. D. Margolis, "Tchislennost i razmeschenie ssilnikh v Sibiri v kontse XIX veka". In: *Tiurma i ssilka v imperatorskoi Rossii*, op. cit., p. 32.

10. RGIA, f. 1264, op. 1, d. 51 (1828), l. 186; "Smes". *Jurnal Ministerstva Vnutrennikh Del*, parte 5, n. 8, pp. 226-7, 1883.

11. RGIA, f. 1264, op. 1, d. 427 (1828), l. 101; RGIA, f. 1264, op. 1, d. 427 (1828), ll. 116-8, 125 ob--128, 182; A. Schrader, "Unruly Felons and Civilizing Wives", op. cit., pp. 249-50; RGIA, f. 1286, op. 7, d. 341 (1840), l. 36 ob.

12. *Statistitcheskie svedeniia o ssilnikh v Sibiri za 1833 i 1834 godi*, op. cit., p. 67.

13. A. D. Margolis, "Tchislennost i razmeschenie ssilnikh v Sibiri v kontse XIX veka". In: *Tiurma i ssilka v imperatorskoi Rossii*, op. cit., p. 31; A. Schrader, "Unruly Felons and Civilizing Wives", op. cit., p. 247.

14. GARF, f. 122, 3 dp., op. 5, d. 1534 (1891), ll. 1, 7; GATOVgT, f. 330, op. 2, d. 157 (1890), ll. 894, 1394-5.

15. "Ustav o ssilnikh", n. 759. In: *Utchrejdenie dlia upravleniia sibirskikh gubernii*, op. cit.

16. RGIA, f. 1286, op. 8, d. 426 (1841), ll. 6-7, 16-7.

17. RGIA, f. 1286, op. 38, d. 334 (1877), ll. 1-7.

18. A. Tchékhov, *Sakhalin Island*, op. cit., p. 234; GARF, f. 122, 3 dp., op. 5, d. 1154 (1885), ll. 293-4.

19. RGIA, f. 1405, op. 90, d. 7654 (1889), ll. 2-4.

20. RGIA, f. 1652, op. 1, d. 197 (1877), l. 2.

21. RGIA, f. 1149, op. 9, d. 3 (1877), ll. 752-752 ob.

22. RGIA, f. 468, op. 39, d. 105 (1857), ll. 25-6 ob; RGIA, f. 1149, op. 9, d. 3 (1877), ll. 749-51; S. G. Marks, "Conquering the Great East: Kulomzin, Peasant Resettlement, and the Creation of Modern Siberia". In: S. Kotkin e D. Wolff (Orgs.), *Rediscovering Russia in Asia: Siberia and the Russian Far East*, Nova York, 1995, pp. 23-39; D. W. Treadgold, *The Great Siberian Migration: Government and Peasant in Resettlement from Emancipation to the First World War*, Princeton, 1957, pp. 67-106.

23. RGIA, f. 1263, op. 1, d. 4236 (1882), ll. 462-4; RGIA, f. 1149, op. 9, d. 3 (1877), ll. 337-8, 753-4; RGIA, f. 560, op. 22, d. 121 (1882), l. 175.

24. A. P. Gorkin, *Geografiia Rossii*, Moscou, 1998, pp. 515-6.

25. A. A. Gentes, "The Institution of Russia's Sakhalin Policy, from 1868 to 1875". *Journal of Asian History*, v. 36, n. 2, p. 1, 2002; A. A. Gentes, "No Kind of Liberal: Alexander II and the Sakhalin Penal Colony". *Jahrbücher für Geschichte Osteuropas*, v. 54, n. 3, pp. 328-43, 2006.

26. B. F. Adams, *The Politics of Punishment: Prison Reform in Russia, 1863-1917*, DeKalb, IL, 1996, cap. 4; RGIA, f. 1149, op. 9, d. 3 (1877), ll. 751-7; A. A. Gentes, "No Kind of Liberal", op. cit., p. 340; A. A. Gentes, "The Institution of Russia's Sakhalin Policy, from 1868 to 1875", op. cit., pp. 5-6.

27. RGIA, f. 560, op. 22, d. 121 (1881), l. 176; A. A. Gentes, "The Institution of Russia's Sakhalin Policy, from 1868 to 1875", op. cit., pp. 4-6.

28. K. Korablin, "Katorga na Sakhaline kak opit prinuditelnoi kolonizatsii". *Vestnik DVO RAN*, n. 2, p. 75, 2005; GATOVgT, f. 152, op. 35, d. 362 (1885), ll. 1-1 ob; V. M. Dorochevitch, *Sakhalin*, op. cit., parte 1, p. 3; *Otchet po Glavnomu Tiuremnomu Upravleniiu za 1889*, São Petersburgo, 1891, p. 153; A. A. Plotnikov, "Etapirovanie ssilnokatorjnikh na ostrov Sakhalin vo vtoroi polovine XIX v.". *Sibirskaia ssilka*, v. 6, n. 18, pp. 125-6, 2011.

29. F. Avgustinovitch, *Zametki ob ostrove Sakhaline*, São Petersburgo, 1880; A. A. Gentes, "The Institution of Russia's Sakhalin Policy, from 1868 to 1875", op. cit., pp. 26, 28; D. A. Dril, *Ssilka i katorga v Rossii (Iz litchnykh nabliudenii vo vremia poezdki v Priamurskii krai i Sibir)*, São Petersburgo, 1898, pp. 30-1; A. P. Salomon, "O Sakhaline". *Tiuremnii vestnik*, n. 1, p. 21, 1901.

30. A. Tchékhov, *A Life in Letters*. Trad. e org. de R. Bartlett, Londres, 2004, p. 225.

31. Ibid., pp. 204-5.

32. Ibid., p. 248; A. P. Tchékhov, "Ostrov Sakhalin". *Russkaia misl*, n. 10, pp. 1-33, 1893; n. 11, pp. 149-70, 1893; n. 12, pp. 77-114, 1893; n. 2, pp. 26-60, 1894; n. 3, pp. 1-28, 1894; n. 5, pp. 1-30, 1894; n. 6, pp. 1-27, 1894; n. 7, pp. 1-30, 1894.

33. A. A. Gentes, "Sakhalin's Women", op. cit., p. 129; V. M. Dorochevitch, *Kak ia popal na Sakhalin*, op. cit., p. 5.

34. RGIA, f. 1374, op. 6, d. 1366 (1800), ll. 1-19; L. V. Poddubskii, "Sakhalinskie deti i ikh materi". *Pravo*, n. 50, p. 2354, 1899; N. S. Lobas, *Katorga i poselenie na o-ve Sakhaline: Neskolko chtrikhov iz jizni russkoi chtrafnoi kolonii*, Pavlogrado, 1903, p. 113; C. A. Frierson, *All Russia Is Burning!: A Cultural History of Fire and Arson in Late Imperial Russia*, Washington, 2002, cap. 5; S. P. Frank, "Narratives within Numbers: Women, Crime and Judicial Statistics in Imperial Russia, 1834-1913". *The Russian Review*, v. 55, n. 4, pp. 541-66, out. 1996; L. Bernstein, *Sonia's Daughters: Prostitutes and Their Regulation in Imperial Russia*, Berkeley, 1995.

35. A. Tchékhov, *Sakhalin Island*, op. cit., p. 230; RGIA, f. 1286, op. 4, d. 413 (1828), l. 12; RGIA, f. 1264, op. 1, d. 414 (1825), ll. 4-5; I. V. Efimov, op. cit., p. 51; L. Melchin, *V mire otverjennikh*, op. cit., p. 17; D. A. Dril, op. cit., pp. 32, 35.

36. RGIA, f. 1149, op. 2, d. 97 (1837), l. 14 ob; V. Vlasov, op. cit., p. 39.

37. RGIA, f. 1263, op. 1, d. 1067 (1836), ll. 134-5; GARF, f. 122, 3 dp., op. 5, d. 1154 (1885), l. 91.

38. I. P. Belokonskii, op. cit., p. 57; G. Kennan, *Siberia and the Exile System*, op. cit., v. 1, p. 108; RGIA, f. 1286, op. 36, d. 686 (1875), l. 20; RGIA, f. 1286, op. 38, d. 467 (1877), l. 41 ob; N. M. Iadrintsev, *Sibir kak koloniia v geografitcheskom, etnografitcheskom i istoritcheskom otnochenii*, op. cit., p. 175.

39. A. Tchékhov, *A Life in Letters*, op. cit., p. 261; V. Vlasov, op. cit., p. 38.

40. S. V. Maksimov, op. cit., p. 24; A. Oberländer, *Unerhörte Subjekte: Die Wahrnehmung sexueller Gewalt in Russland, 1880-1910*, Frankfurt, 2013, cap. 4.

41. V. I. Semevskii, op. cit., pp. xvii-xviii; V. Vlasov, op. cit., pp. 33, 36-8.

42. V. Vlasov, op. cit., pp. 33, 36.

43. GARF, f. 122, op. 5, d. 2807 (1899), ll. 5-6; L. V. Poddubskii, op. cit., pp. 2351-3; IRLI RAN, f. 134, op. 4, d. 319, ll. 61-70.

44. A. Tchékhov, *Sakhalin Island*, op. cit., pp. 228-30; N. S. Lobas, *Katorga i poselenie na o-ve Sakhaline*, op. cit., pp. 105-10.

45. A. Tchékhov, *Sakhalin Island*, op. cit., p. 229.

46. N. S. Lobas, *Katorga i poselenie na o-ve Sakhaline*, op. cit., pp. 107-8.

47. A. Tchékhov, *Sakhalin Island*, op. cit., p. 232; D. A. Dril, op. cit., p. 32.

48. L. V. Poddubskii, op. cit., pp. 2352-3.

49. A. P. Salomon, op. cit., pp. 75-7.

50. Ibid., p. 76; A. N. Krasnov, op. cit., p. 168; V. M. Dorochevitch, *Sakhalin*, op. cit., parte 1, p. 316; D. A. Dril, op. cit., p. 35.

51. N. M. Iadrintsev, *Russkaia obschina v tiurme i ssilke*, op. cit., pp. 76-86; 424; A. N. Krasnov, op. cit., p. 169.

52. A. Tchékhov, *Sakhalin Island*, op. cit., p. 235.

53. A. P. Salomon, op. cit., pp. 68-9.

54. A. Tchékhov, *Sakhalin Island*, op. cit., pp. 71, 126.

55. Ibid., p. 127.

56. A. N. Krasnov, op. cit., p. 168; A. P. Salomon, op. cit., p. 77.

57. V. Vlasov, op. cit., pp. 29-30.

58. Ibid., p. 53; V. M. Dorochevitch, *Sakhalin*, op. cit., parte 1, p. 98.

59. A. Tchékhov, *Sakhalin Island*, op. cit., p. 236; L. V. Poddubskii, op. cit., p. 2357; D. A. Dril, op. cit., pp. 31-2.

60. GARF, f. 122, 3 dp., op. 5, d. 641 (1880), l. 2 ob.

61. N. I. Novombergskii, op. cit., pp. 31-2; L. V. Poddubskii, op. cit., p. 2350.

62. V. Vlasov, op. cit., pp. 33, 36; C. H. Hawes, op. cit., p. 145; N. I. Novombergskii, op. cit., p. 31; D. A. Dril, op. cit., p. 35.

63. A. Tchékhov, *A Life in Letters*, op. cit., p. 261 (tradução modificada).

64. C. H. Hawes, op. cit., p. 145; N. I. Novombergskii, op. cit., p. 95; D. A. Dril, op. cit., pp. 34-5.

65. D. A. Dril, op. cit., p. 35; N. S. Lobas, *Katorga i poselenie na o-ve Sakhaline*, op. cit., pp. 150-1; A. A. Vlasenko, op. cit., p. 174; V. Korolenko, "Fedor Bespriiutnii". In: *Sobranie sotchinenii v desiati tomakh*, 10 v., Moscou, 1953-6, v. 1, pp. 176-220.

66. B. Savrimovitch, *K voprosu po ustroistvu ssilnikh na o. Sakhalin*, n. 4721, p. 9, 1896; RGIA, f. 892, op. 3, d. 54 (1915), l. 1.

67. M. N. Galkin-Vraskoi, "Poezdka v Sibir i na ostrov Sakhalin". *Russkaia starina*, n. 1, pp. 163-4, 1901; A. Tchékhov, *Sakhalin Island*, op. cit., p. 63. A jurisdição do governador-geral de Priamursk, que abrangia a região do Amur, o Transbaikal e a ilha Sacalina, foi instituída em 1884.

68. L. V. Poddubskii, op. cit., p. 2353; A. Tchékhov, *Sakhalin Island*, op. cit., p. 245.

69. A. P. Salomon, op. cit., pp. 75-7; D. A. Dril, op. cit., pp. 16-9; N. S. Lobas, *Katorga i poselenie na o-ve Sakhaline*, op. cit., pp. 118-21; A. Tchékhov, *Sakhalin Island*, op. cit., p. 126; V. M. Dorochevitch, *Sakhalin*, op. cit., parte 1, p. 91.

70. D. A. Dril, op. cit., p. 10; K. Korablin, op. cit., pp. 79-80; N. S. Lobas, *Ostrov Sakhalin*, pp. 42-3.

71. A. Tchékhov, *A Life in Letters*, op. cit., p. 252; V. M. Latichev, "Sakhalin posle A. P. Tchékhova (Reviziia Sakhalinskoi katorgui generalom N. I. Grodekovim v 1894)". *Vestnik Sakhalinskogo muzeia*, n. 7, pp. 157-62, 2000; A. A. Gentes, "Sakhalin as *Cause Célèbre*: The Re-signification of Tsarist Russia's Penal Colony". *Acta slavica iaponica*, v. 32, pp. 55-72, 2012; S. M. Corrado, The *"End of the Earth"*: *Sakhalin Island in the Russian Imperial Imagination*. Urbana-Champaign, Universidade de Illinois, 2010, cap. 4. Tese de doutorado.

72. GARF, f. 122, op. 5, d. 2807 (1899), l. 1; V. M. Latichev, "Vratch L. V. Poddubskii i ego zapiski o sakhalinskoi katorgue". *Vestnik Sakhalinskogo muzeia*, n. 11, pp. 141-8, 2004; S. M. Corrado, op. cit., p. 114; "K voprosu o buduschnosti i ustroistve o. Sakhalina". *Tiuremnii vestnik*, n. 6, pp. 271-95, 1901.

73. "Rech natchalnika Glavnogo Tiuremnogo Upravleniia na o. Sakhaline". *Tiuremnii vestnik*, n. 1, p. 10, 1899.

74. A. P. Salomon, op. cit., p. 69.

75. D. S. van der Oye, *Toward the Rising Sun: Russian Ideologies of Empire and the Path to War with Japan*, DeKalb, IL, 2001, cap. 11-12.

76. I. Uliannikova, "Tchujie sredi chujikh, chujie sredi svoikh: Russko-iaponskaia voina i evakuatsiia Sakhalinskoi katorgui v kontekste imperskoi politiki na Dalnem Vostoke". *Ab Imperio*, n. 4, pp. 185-93, 2010; S. M. Corrado, op. cit., p. 164.

77. V. M. Dorochevitch, *Sakhalin*, op. cit., parte 1, pp. 28, 30-1.

II. O LÁTEGO [pp. 287-309]

1. A. Tchékhov, *Sakhalin Island*, op. cit., p. 293.

2. Sobre o movimento pela abolição dos castigos físicos, ver B. F. Adams, op. cit., cap. 1; N. M. Iadrintsev, *Russkaia obschina v tiurme i ssilke*, op. cit., p. 284; R. S. Wortman, *The Development of a Russian Legal Consciousness*, op. cit., cap. 9; A. Schrader, *Languages of the Lash*, op. cit., cap. 6.

3. N. M. Iadrintsev, *Russkaia obschina v tiurme i ssilke*, op. cit., p. 438; A. Schrader, *Languages of the Lash*, op. cit., pp. 3-4, 80-1.

4. N. N. Evreinov, *Istoriia telesnikh nakazanii v Rossii*, São Petersburgo, 1913, pp. 100-1.

5. A. Schrader, *Languages of the Lash*, op. cit., pp. 105, 119-20; N. N. Evreinov, op. cit., p. 98; A. A. Gentes, *Exile, Murder and Madness in Siberia, 1823-61*, op. cit., p. 50; F. Dostoiévski, *The House of the Dead*, op. cit., pp. 229-30; V. M. Dorochevitch, *Sakhalin*, op. cit., parte 1, pp. 257-8.

6. S. P. Frank, *Crime, Cultural Conflict and Justice in Rural Russia, 1856-1914*, op. cit., pp. 226-35; O. Figes, *A People's Tragedy*, op. cit., p. 96; A. Schrader, *Languages of the Lash*, op. cit., pp. 102, 105, 157; W. B. Lincoln, *Nicholas I*, op. cit., pp. 103-4.

7. A. Schrader, *Languages of the Lash*, op. cit., p. 216, n. 65.

8. RGIA, f. 1263, op. 1, d. 1067 (1836), ll. 268-9, 308 ob.

9. A. Tchékhov, *Sakhalin Island*, op. cit., p. 290.

10. N. S. Lobas, *Katorga i poselenie na o-ve Sakhaline*, op. cit., p. 94.

11. A. Tchékhov, *Sakhalin Island*, op. cit., pp. 289-90.

12. Ibid., p. 287.

13. J. Frank, *Dostoevski: The Years of Ordeal, 1850-1859*, op. cit., p. 78.

14. C. Tokarjevskii, "Semlet katorgui". In: *Sibirsko likholetie*, op. cit., p. 173.

15. V. A. Diakov, "Katorjnie godi F. M. Dostoevskogo". In: L. M. Goriúchkin (Org.), *Polititcheskaia ssilka v Sibiri XIX-natchalo XX v.*, Novosibirsk, 1987, p. 201; K. Nikolaevskii, "Tovarischi F. M. Dostoevskogo po katorgue". *Istoritcheskii vestnik*, pp. 220-1, jan. 1901; C. Tokarjevskii, "Semlet katorgui". In: *Sibirskoe likholetie*, op. cit., pp. 177-8.

16. C. Tokarjevskii, "Semlet katorgui". In: *Sibirskoe likholetie*, op. cit., pp. 173-4.

17. A. Tchékhov, *Sakhalin Island*, op. cit., p. 294.

18. N. M. Iadrintsev, *Sibir kak koloniia v geografitcheskom, etnografitcheskom i istoritcheskom otnochenii*, op. cit., p. 207; V. Vlasov, op. cit., p. 9.

19. C. Tokarjevskii, "Semlet katorgui". In: *Sibirskoe likholetie*, p. 172; A. Tchékhov, *Sakhalin Island*, op. cit., p. 278; V. Vlasov, op. cit., p. 23.

20. RGIA, f. 1286, op. 5, d. 508 (1832), ll. 1-2; GARF, f. 122, 3 dp., op. 5, d. 837 (1881), ll. 7-8.

21. V. M. Dorochevitch, *Sakhalin*, op. cit., parte 1, p. 168; RGIA, f. 1341, op. 65, d. 565 (1847), ll. 13-4, 18.

22. N. M. Iadrintsev, *Russkaia obschina v tiurme i ssilke*, op. cit., pp. 101-2.

23. V. M. Dorochevitch, *Sakhalin*, op. cit., parte 1, pp. 251-3.

24. V. I. Kokosov, op. cit., pp. 107-12.

25. Ibid., p. 193.

26. F. Dostoiévski, *The House of the Dead*, op. cit., pp. 248, 250-1.

27. Ibid., pp. 81, 227.

28. I. V. Efimov, op. cit., pp. 35-7.

29. V. M. Dorochevitch, *Sakhalin*, op. cit., parte 2, p. 57; parte 1, p. 271.

30. N. M. Iadrintsev, *Russkaia obschina v tiurme i ssilke*, op. cit., p. 371; L. Deich, *Sixteen Years in Siberia*. Trad. de H. Chisholm, Londres, 1903, pp. 177-8; V. M. Dorochevitch, *Sakhalin*, op. cit., parte 1, p. 275.

31. V. Moskvitch, op. cit., p. 53; N. M. Iadrintsev, *Russkaia obschina v tiurme i ssilke*, op. cit., p. 440; D. A. Dril, op. cit., pp. 237-8; A. Tchékhov, *Sakhalin Island*, op. cit., p. 289.

32. *Ob otmene tiajkikh telesnikh nakazanii za prestupleniia soverchaemie ssilnimi*, São Petersburgo, 1867, p. 8.

33. A. Schrader, *Languages of the Lash*, op. cit., p. 156.

34. C. Tokarjevskii, "Semlet katorgui". In: *Sibirskoe likholetie*, op. cit., p. 172; A. Schrader, *Languages of the Lash*, op. cit., p. 157.

35. L. Melchin (P. F. Iakubovitch), "Russkaia katorga pered sudom kafedralnoi nauki". *Russkoe bogatstvo*, n. 7, parte 2, pp. 1-19, 1900; I. I. Foinitskii, "Ssilka ili tiurma?". *Iuriditcheskii vestnik*, n. 4, pp. 386-98, 1881; I. I. Foinitskii, *Utchenie o nakazanii v sviazi s tiur movedeniem*, São Petersburgo, 1889, pp. 155-62; D. Beer, *Renovating Russia*, op. cit., cap. 3; B. F. Adams, op. cit.

36. N. Lobas, "K voprosu o telesnikh nakazaniiakh". *Vratch*, n. 26, pp. 760-3, 27 jun. 1898; Dr. Lobas, "Flogging in Siberia". *Current Literature*, v. 24, n. 6, pp. 553-4, dez. 1898; "The Knout at Sakhalin". *New York Times*, p. 23, 29 maio 1898.

37. V. N. Garteveld, *Katorga i brodiagi Sibiri*, Moscou, 1912, p. 56.

38. V. I. Kokosov, op. cit., pp. 18-9.

39. Ibid., pp. 24-9.

40. RGIA, f. 1286, op. 8, d. 1086 (1843), l. 19 ob; RGIA, f. 1286, op. 10, d. 1154 (1847), ll. 3-3 ob, 6-6 ob.

41. S. V. Maksimov, op. cit., pp. 90-2; RGIA, f. 1265, op. 1, d. 206 (1852), l. 122 ob.

42. I. V. Efimov, op. cit., p. 29; S. V. Maksimov, op. cit., p. 91; N. M. Iadrintsev, *Russkaia obschina v tiurme i ssilke*, op. cit., pp. 40-4.

43. A. Tchékhov, *Sakhalin Island*, op. cit., p. 124; G. Kennan, *Siberia and the Exile System*, op. cit., v. 2, p. 207.

44. N. I. Novombergskii, op. cit., p. 247.

45. V. Vlasov, op. cit., p. 54; I. P. Belokonskii, op. cit., pp. 66-7; N. M. Iadrintsev, *Russkaia obschina v tiurme i ssilke*, op. cit., pp. 172-3; D. A. Dril, op. cit., p. 28; A. N. Krasnov, op. cit, p. 161.

46. V. M. Dorochevitch, *Sakhalin*, op. cit., parte 2, p. 56; M. Finnov, "'Mratchnoe Onorskoe delo': Po stranitsam knigi A. P. Tchékhova 'Ostrov Sakhalin'". In: *Ostrov Tchékhova: Ot Melikhova do Sakhalina: Liudi, sudbi, vstretchi*, Moscou, 1990, pp. 227-55.

47. N. S. Lobas, "K istorii russkoi chtrafnoi kolonii. 1. Sudebnaia ekspertiza na ostrove (Iz pamiatnoi knijki bivshego sakhalinskogo vratcha)", *Vratchebnaia gazeta*, 1904, n. 42, pp. 1199-202.

48. Ibid., pp. 1238-42; Id., *Katorga i poselenie*, pp. 54-63.

49. V. M. Dorochevitch, *Sakhalin*, op. cit., parte 2, pp. 54-67.

50. V. M. Latichev, "Sakhalin posle A. P. Tchékhova (Reviziia Sakhalinskoi katorgui generalom N. I. Grodekovim v 1894)", op. cit., pp. 157-62; S. M. Corrado, op. cit., p. 116; A. N. Krasnov, op. cit., p. 161; *Vladivostok*, p. 7, 15 ago. 1893; p. 10, 21 nov. 1893; A. Tchékhov, *Sakhalin Island*, op. cit., p. 281; *Evening Standard*, 10 fev. 1894.

51. *New York Times*, p. 5, 10 fev. 1894 (grafia modificada).

12. "AI DOS VENCIDOS!" [pp. 310-41]

1. V. N. Chaganov, *Nikolai Tchernichevskii na katorgue i v ssilke*, São Petersburgo, 1907, pp. 1-3; M. Gernet, *Istoriia tsarskoi tiurmi*, 5 v., Moscou, 1951-6, v. 2, pp. 277-81; A. D. Margolis, "N. G. Tchernichevskii v doroge na katorgu". In: *Tiurma i ssilka v Imperatorskoi Rossii: Issledovaniia i arkhivnie nakhodki*, Moscou, 1995, p. 95.

2. N. Tchernichevskii, *What Is to Be Done?* Trad. de M. R. Katz, Ithaca, 1989; O. Figes, *A People's Tragedy*, op. cit., p. 127.

3. GARF, f. 109, 3 eksp., op. 154, d. 115 (1869), ll. 21-3; RGIA, f. 1405, op. 521, d. 410 (1882), ll. 11--2, 22-32, 405-6; RGIA, f. 1405, op. 521, d. 430 (1888), ll. 1-8, 248-50.

4. J. A. Rogers, "Darwinism, Scientism, and Nihilism". *The Russian Review*, v. 19, n. 1, pp. 10--23, 1960; P. Pomper, *The Russian Revolutionary Intelligentsia*, Arlington Heights, IL, 1970; J. H. Billington, *Fire in the Minds of Men: Origins of the Revolutionary Faith*, Nova York, 1980, cap. 14.

5. F. Venturi, op. cit., cap. 18; D. Field, "Peasants and Propagandists in the Russian Movement to the People of 1874". *The Journal of Modern History*, v. 59, n. 3, pp. 415-38, 1987.

6. K. P. Pobedonostsev, "Bolezni nachego vremeni". In: *Moskovskii sbornik*, Moscou, 1896, p. 125; D. Beer, *Renovating Russia*, op. cit., pp. 12-3.

7. A. D. Margolis, "N. G. Tchernichevskii v doroge na katorgu". In: *Tiurma i ssilka v Imperatorskoi Rossii*, op. cit., p. 98; GAIO, f. 24, op. 3, k. 45, d. 160 (1866), ll. 1-3; L. M. Goriúchkin (Org.), *Polititcheskaia ssilka v Sibiri: Nertchinskaia katorga*, op. cit., p. 176; E. A. Skripilev, "N. G. Tchernichevskii na Nertchinskoi katorgue". In: L. M. Goriúchkin (Org.), *Polititcheskie ssilnie v Sibiri (XVIII-natchalo XX v.)*, Novosibirsk, 1983, pp. 80-2.

8. GARF, f. 102, 3 dp., op. 77, d. 1143 (1881), l. 6.

9. J. W. Daly, *Autocracy Under Siege: Security Police and Opposition in Russia, 1866-1905*, DeKalb, IL, 1998, p. 23; J. Bergman, *Vera Zasulich: A Biography*, Stanford, 1983; J. W. Daly, "On the Significance of Emergency Legislation in Late Imperial Russia". *Slavic Review*, v. 54, n. 3, p. 608, outono 1995.

10. Id., *Autocracy Under Siege*, op. cit., cap. 3; J. D. Klier, *Russians, Jews and the Pogroms of 1881--1882*, Cambridge, 2011.

11. V. I. Lênin, "Tri zaprosa" (dez. 1911). In: *Polnoe sobranie sotchinenii*, 5. ed, 55 v., Moscou, 1958-65, v. 21, p. 114.

12. G. Kennan, *Siberia and the Exile System*, op. cit., v. 1, pp. 242-3.

13. J. W. Daly, *Autocracy Under Siege*, op. cit., cap. 3.

14. Id., "On the Significance of Emergency Legislation in Late Imperial Russia", op. cit., p. 615; *Ssilka v Sibir*, op. cit., apêndice 4, p. 18; RGIA, f. 1405, op. 521, d. 410 (1882), ll. 11-2, 22-32, 405-6; M. Borodin, "Mertvaia petlia". *Otetchestvennie zapiski*, n. 7, parte 2, pp. 40-63, 1880; G. Kennan, *Siberia and the Exile System*, op. cit., v. 1, p. 246; L. Deitch, *Sixteen Years in Siberia*. Trad. de H. Chisholm, Londres, 1903, p. 188.

15. N. Gekker, "Polititcheskaia katorga na Kare". *Byloe*, n. 9, p. 72, 1906; D. M. Netchiporuk, "Zagranitchnaia agitatsiia russkikh revoliutsionerov v organizatsii pobegov iz Sibiri v Ameriku v natchale 1890-kh godov". *Istoritcheskii ejegodnik*, pp. 57-72, 2009; GAIO, f. 24, op. 3, k. 2643, d. 82 (1881), ll. 21-21 ob.

16. RGIA, f. 1284, op. 241, d. 42 (1879), ll. 163-163 ob; GAIO, f. 24, op. 3, k. 2244, d. 810 (1880), ll. 36-7, 43; GARF, f. 102, 3 dp., op. 77, d. 1038 (1881), ll. 1-3, 11-7; GATOvgт, f. 152, op. 12, d. 95 (1888), ll. 3-9; GAIO, f. 32, op. 1, d. 417 (1887), ll. 1-1 ob.

17. A. Levandovskii, *Elizaveta Nikolaievna Kovalskaia*, Moscou, 1928.

18. GAIO, f. 32, op. 1, d. 753 (1879), ll. 7-7 ob; E. Kovalskaia, "Jenskaia katorga". In: *Kariiskaia tragediia (1889): Vospominaniia i materiali*, Petrogrado, 1920, pp. 5-6; GAIO, f. 32, op. 1, d. 1394 (1882), ll. 25-8, 60-1; GAIO, f. 32, op. 2, d. 142 (1882), ll. 1-30; E. Kovalskaia, "Pobeg". *Katorga i ssilka*, n. 5, pp. 130-1, 1929.

19. RGIA, f. 1405, op. 535, d. 158 (1884), ll. 1-9; E. Kovalskaia, "Jenskaia katorga". In: *Kariiskaia tragediia* (1889), op. cit., pp. 18-9; E. Kovalskaia, "Pobeg". *Katorga i ssilka*, n. 10, pp. 110-28, 1932.

20. GARF, f. 102, 3 dp., d. 5, cap. 1 (1884), ll. 56-56 ob; GAIO, f. 32, op. 1, d. 171 (1884), ll. 89-90, 121.

21. V. G. Korolenko, "Istoriia moego sovremmenika". In: *Sobranie sotchinenii*, 10 v., Moscou, 1953-6, v. 7, pp. 197-205; RGIA, f. 1286, op. 40, d. 321 (1879), ll. 1-8; GAIO, f. 24, op. 3, k. 2643, d. 65 (1880), ll. 9-11, 30-3.

22. G. Kennan, *Siberia and the Exile System*, op. cit., v. 2, pp. 24-7.

23. GARF, f. 102, 5 dp., d. 7765 (1888), l. 257; E. Kovalskaia, "Jenskaia katorga". In: *Kariiskaia tragediia* (1889), op. cit., pp. 15-6.

24. GARF, f. 102, 3 dp., d. 1012 (1892), ll. 37-41.

25. A. Tchékhov, *A Life in Letters*, op. cit., p. 241.

26. L. M. Goriúchkin (Org.), *Polititcheskaia ssilka v Sibiri: Nertchinskaia katorga*, op. cit., pp. 223-5; V. I. Zorkin, *Vklad polititcheskikh ssilnikh v izutchenie folklora Sibiri (vtoraia polovina XIX-nachalo XX v.)*, Novosibirsk, 1985; A. I. Arkhipov, "Uchastie polititcheskikh ssilnikh v podgotovke proekta zemelnoi reformi gubernatora V. N. Skripitsina v Iakutskoi oblasti". *Sibirskaia ssilka: Sbornik statei*, v. 6, n. 18, pp. 307-12, 2011.

27. B. Grant, "Empire and Savagery: The Politics of Primitivism in Late Imperial Russia". In: D. R. Brower e E. J. Lazzerini (Orgs.), *Russia's Orient: Imperial Borderlands and Peoples, 1700-1917*, Bloomington, IN, 1997, pp. 292-310; V. M. Andreev, "O jurnalistskoi deiatelnosti predchestvennikov sotsial-demokratii (ssilnikh narodnikov) v Sibiri v 70-80-kh gg. XIX v.". In: P. V. Zabelin (Org.), *Jurnalistika v Sibiri*, Irkutsk, 1972, pp. 75-85.

28. L. S. Tchudnovskii, "Shkoli v Sibiri". *Jurnal Ministerstva narodnogo prosvescheniia*, n. 1, pp. 1-45, 107-40, 1892; S. P. Chevtsov, "Kulturnoe znachenie polititcheskoi ssilki v Zapadnoi Sibiri". *Katorga i ssilka*, n. 3, pp. 57-87, 1928; A. I. Blek, "Biblioteka i muzei v Semipalatinske". *Sibirskaia gazeta*, n. 24, p. 1, 1884.

29. G. Kennan, *Siberia and the Exile System*, op. cit., v. 2, pp. 45-51; *The Times*, 11 jan. 1884.

30. GAIO, f. 32, op. 1, d. 1299 (1883), ll. 1-4; GAIO, f. 32, op. 1, d. 753 (1880), ll. 2-2 ob.

31. GARF, f. 102, 2 dp., d. 186 (1883), l. 7; GARF, f. 102, 5 dp., d. 7765 (1888), ll. 261-261 ob; RGIA, f. 1405, op. 86, d. 8716 (1885), ll. 1-14.

32. RGIA, f. 1405, op. 535, d. 235 (1888), l. 11.

33. RGIA, f. 1405, op. 535, d. 235 (1888), ll. 10-25.

34. GARF, f. 102, 5 dp., d. 7765 (1888), ll. 258-258 ob. Para exemplos da cobertura pela imprensa, ver V. I. Fiodorova, *Narodnitcheskaia ssilka Sibiri v obschestvenno-polititcheskoi i ideinoi borbe v Rossii v poslednei tchetverti XIX veka* (Krasnoiarsk, 1996), cap. 1.

35. GARF, f. 102, 5 dp., d. 7765 (1888), l. 259 ob.

36. RGIA, f. 1263, op. 1, d. 4236 (1882), l. 466; GARF, f. 102, 2 dp., d. 186 (1883), l. 26.

37. L. M. Goriúchkin (Org.), *Polititcheskaia ssilka v Sibiri: Nertchinskaia katorga*, op. cit., p. 266.

38. GARF, f. 102, 2 dp., d. 436 (1883), ll. 12-3; L. M. Goriúchkin (Org.), *Polititcheskaia ssilka v Sibiri: Nertchinskaia katorga*, op. cit., pp. 256-61; J. Mannherz, *Modern Occultism in Late Imperial Russia*, DeKalb, IL, 2013.

39. L. M. Goriúchkin (Org.), *Polititcheskaia ssilka v Sibiri: Nertchinskaia katorga*, op. cit., pp. 239-40; GARF, f. 102, 5 dp., d. 2835 (1882), l. 25; M. R. Popov, "K biografii Ippolita Nikititcha Michkina". *Biloe*, n. 2, pp. 252-71, 1906.

40. GARF, f. 102, 5 dp., d. 2835 (1882), l. 26; GARF, f. 102, 5 dp., d. 2378 (1881), ll. 29-30; GATOVGT, f. 1686, op. 1, d. 114 (1882), ll. 1-3; N. Levtchenko, "Pobeg s Kari". In: A. Dikovskaia-Iakimova et al. (Orgs.), *Kara i drugie tiurmi Nertchinskoi katorgui*, Moscou, 1927, pp. 55-72.

41. L. M. Goriúchkin (Org.), *Polititcheskaia ssilka v Sibiri: Nertchinskaia katorga*, op. cit., pp. 245- -7, 253-64.

42. GARF, f. 102, 3 dp., op. 77, d. 1288 (1881), ll. 6-8; M. I. Drei, "Kariets I. N. Tsiplov". *Katorga i ssilka*, n. 1, pp. 218-26, 1926; L. M. Goriúchkin (Org.), *Polititcheskaia ssilka v Sibiri: Nertchinskaia katorga*, op. cit., pp. 241-2.

43. L. M. Goriúchkin (Org.), *Polititcheskaia ssilka v Sibiri: Nertchinskaia katorga*, op. cit., pp. 262-3.

44. M. R. Popov, op. cit., pp. 270-1.

45. F. Bogdanovitch, "Posle pobega". In: A. Dikovskaia-Iakimova et al. (Orgs.), *Kara i drugie tiurmi Nertchinskoi katorgui*, Moscou, 1927, pp. 82-4; GARF, f. 102, 5 dp., d. 2835 (1882), ll. 46-7.

46. N. N. Evreinov, op. cit., pp. 133-55; A. Tchékhov, *Sakhalin Island*, op. cit., p. 293; V. I. Kokosov, op. cit., pp. 107-12; A. Fomin, "Kariiskaia tragediia". In: A. Dikovskaia-Iakimovaia et al. (Orgs.), *Kara i drugie tiurmi Nertchinskoi katorgui*, Moscou, 1927, p. 134.

47. I. P. Belokonskii, op. cit., pp. 167-80.

48. RGIA, f. 1286, op. 28, d. 917 (1867), ll. 16-8; I. P. Belokonskii, op. cit., p. 86.

49. *Ssilka v Sibir*, op. cit., apêndice 1; RGIA, f. 1286, op. 38, d. 380 (1877), ll. 3-4; RGIA, f. 1286, op. 28, d. 917 (1867), ll. 48-9; RGIA, f. 1286, op. 37, d. 609 (1876), ll. 41. Para uma descrição das barcaças, ver G. Kennan, *Siberia and the Exile System*, op. cit., v. 1, cap. 5.

50. RGIA, f. 1286, op. 36, d. 686 (1875), ll. 13-4, 45 ob; GAIO, f. 32, op. 1, d. 199 (1877), l. 1; RGIA, f. 1286, op. 38, d. 467 (1876), l. 49 ob.

51. RGIA, f. 1286, op. 29, d. 836 (1868), ll. 8-8 ob; V. L. Serochevskii, "Ssilka i katorga v Sibiri". In: I. S. Melnik (Org.), *Sibir*, op. cit., pp. 210-1.

52. RGIA, f. 1286, op. 36, d. 686 (1875), l. 20; GARF, f. 122, op. 5, d. 619 (1880), ll. 1-2; GATOVGT, f. 330, op. 2, d. 1 (1888); GATOVGT, f. 330, op. 2, d. 629 (1890); GATOVGT, f. 333, op. 3, d. 1110 (1894); GAIO, f. 32, op. 1, d. 199 (1877), l. 1; GARF, f. 122, 3 dp., op. 5, d. 1328 (1887), ll. 2-4; D. A. Dril, op. cit., p. 24; RGIA, f. 1024, op. 1, d. 100 (1893), ll. 2-3.

53. I. Stefanovitch, "Po etapam: Iz zapisok semidesiatnika (s Kari do Irkutska)". *Vestnik Evropi*, n. 7, pp. 79-131, 1916; A. V. Pribilev, *Ot Peterburga do Kari v 80-kh gg.*, Moscou, 1923; L. Melchin, *V mire otverjennikh*, op. cit., p. 10; RGIA, f. 1405, op. 535, d. 135 (1883), ll. 11-2.

54. RGIA, f. 1405, op. 535, d. 239 (1888), ll. 1-44.

55. RGIA, f. 1405, op. 535, d. 239 (1888), ll. 47, 55; GAIO, f. 32, op. 1, d. 2412 (1888), ll. 28-9.

56. P. L. Kazarian, *Iakutiia v sisteme polititcheskoi ssilki Rossii, 1826-1917 gg.*, Iakutsk, 1998, pp. 252-4.

57. "Doklad Ostachkina Depart. Pol. o dele 22 marta 1889 g.". In: M. A. Braguinskii et al. (Orgs.), *Iakutskaia tragediia 22 marta (3 aprelia) 1889 goda: Sbornik vospominanii i materialov*, Moscou, 1925, pp. 210-23.

58. GARF, f. 102, o. o. 5 dp., d. 7732 (1889), l. 13.

59. GARF, f. 102, o. o. 5 dp., d. 7732 (1889), ll. 13-5; "Dokumenti po iakutskomu delu 22 marta 1889 goda". In: M. A. Braguinskii et al. (Orgs.), *Iakutskaia tragediia 22 marta (3 aprelia) 1889 goda: Sbornik vospominanii i materialov*, Moscou, 1925, pp. 188-203.

60. GARF, f. 102, o. o. 5 dp., d. 7732 (1889), l. 49; M. Bramson, "Iakutskaia tragediia". In: M. A. Braguinskii et al. (Orgs.), *Iakutskaia tragediia 22 marta (3 aprelia) 1889 goda: Sbornik vospominanii i materialov*, Moscou, 1925, pp. 26-7.

61. "Pisma osujdennikh iakutian". In: M. A. Braguinskii et al. (Orgs.), *Iakutskaia tragediia 22 marta (3 aprelia) 1889 goda: Sbornik vospominanii i materialov*, Moscou, 1925, pp. 78-9.

62. Ibid., p. 79.

63. GARF, f. 102, 3 dp., op. 87, d. 373 (1889), ll. 2-4, 11; V. I. Fiodorova, op. cit., pp. 58-74.

64. "Izbienie polititcheskikh ssilnikh v Iakutske". In: M. A. Braguinskii et al. (Orgs.), *Iakutskaia tragediia 22 marta (3 aprelia) 1889 goda: Sbornik vospominanii i materialov*, Moscou, 1925, p. 34; *The Times*, p. 7, 26 dez. 1889; *New York Times*, 8 fev. 1890; The Society of Friends of Russian Freedom, *The Slaughter of Political Prisoners in Siberia*, Gateshead, 1890, pp. 14-6.

65. E. Kovalskaia, "Jenskaia katorga". In: *Kariiskaia tragediia (1889)*, op. cit., p. 26 (grifos no original); V. Pleskov, "Iz nedra arkhiva". In: A. Dikovskaia-Iakimova et al. (Orgs.), *Kara i drugie tiurmi Nertchinskoi katorgui*, Moscou, 1927, p. 192.

66. "Kariiskie sobitiia po ofitsialnim dannim V. Petrovskogo". In: *Kariiskaia tragediia (1889): Vospominaniia i materiali*, São Petersburgo, 1920, p. 73; A. Fomin, "Kariiskaia tragediia". In: A. Dikovskaia-Iakimovaia et al. (Orgs.), *Kara i drugie tiurmi Nertchinskoi katorgui*, op. cit., pp. 122-7.

67. G. Kennan, *Siberia and the Exile System*, op. cit., v. 2, p. 269; A. Fomin, "Kariiskaia tragediia". In: A. Dikovskaia-Iakimovaia et al. (Orgs.), *Kara i drugie tiurmi Nertchinskoi katorgui*, op. cit., p. 128.

68. A. Fomin, "Kariiskaia tragediia". In: A. Dikovskaia-Iakimovaia et al. (Orgs.), *Kara i drugie tiurmi Nertchinskoi katorgui*, op. cit., p. 131.

69. Ibid., pp. 130-1; GARF, f. 102, 5dp., op. 107, d. 7961 (1889), ll. 63-63 ob.

70. A. Fomin, "Kariiskaia tragediia". In: A. Dikovskaia-Iakimovaia et al. (Orgs.), *Kara i drugie tiurmi Nertchinskoi katorgui*, op. cit., p. 132.

71. Ibid., pp. 134-7.

72. GARF, f. 102, 5 dp., op. 127, d. 7961 (1889), ll. 20-1.

73. G. Kennan, *Siberia and the Exile System*, op. cit., v. 2, p. 272.

74. *The Times*, p. 13, 28 fev. 1890 (grafia modificada).

75. *New York Times*, 16 fev. 1890; 23 fev. 1890.

76. *The Times*, p. 6, 10 mar. 1890.

77. J. E. Good, op. cit., p. 274.

78. H. Shpayer-Makov, "The Reception of Peter Kropotkin in Britain, 1886-1917". *Albion*, v. 19, n. 3, pp. 373-90, outono 1987; B. Hollingsworth, "The Society of Friends of Russian Freedom". *Oxford Slavonic Papers*, v. 3, pp. 45-64, 1970; J. E. Good, op. cit., p. 276; J. Slatter, "Bears in the Lion's Den: The Figure of the Russian Revolutionary Emigrant in English Fiction, 1880-1914". *Slavonic and East European Review*, v. 77, n. 1, pp. 30-55, jan. 1999.

79. R. Service, *Lenin: A Biography*, Londres, 2000, cap. 8-10.

80. G. F. Oslomovskii, "Kariiskaia tragediia". *Biloe*, n. 6, pp. 59-80, 1906; Viliuts, "Iakutskaia tragediia 1889 g. (Po vospominaniiam ssilnogo). *Russkaia misl*, n. 3, pp. 55-77, 1906; L. Melchin (P. F. Iakubovitch), "Vae Victis! (Dve tragedii v Sibiri)". *Sovremennie zapiski*, n. 1, pp. 1-18, 1906; Minor, "Iakutskaia drama 22-ogo marta 1889 goda". *Biloe*, n. 9, pp. 129-57, 1906; N. Gekker, op. cit.

81. GARF, f. 102, 5 dp., d. 7765 (1888), ll. 261-2.

82. N. Gekker, op. cit., pp. 69-70; RGIA, f. 1263, op. 1, d. 4236 (1882), ll. 468 ob-469.

83. G. Kennan, *Siberia and the Exile System*, op. cit., v. 1, p. 258.

84. V. M. Gessen, *Iskliutchitelnoe polojenie*, São Petersburgo, 1908, pp. 170-1; E. Lohr, "The Ideal Citizen and Real Subject in Late Imperial Russia". *Kritika: Explorations in Russian and Eurasian History*, v. 7, n. 2, pp. 173-94, primavera 2006.

85. "Izbienie polititcheskikh ssilnikh v Iakutske". In: M. A. Braguinskii et al. (Orgs.), *Iakutskaia tragediia 22 marta (3 aprelia) 1889 goda*, op. cit., p. 34.

13. O CONTINENTE ENCOLHE [pp. 342-65]

1. *Sankt-Peterburgskie vedomosti*, n. 322, p. 2, 21 nov. 1877; n. 325, p. 3, 24 nov. 1877.

2. M. Bassin, "Inventing Siberia: Visions of the Russian East in the Early Nineteenth Century". *American Historical Review*, v. 96, n. 3, pp. 767, 770, jun. 1991; A. Martin, *Enlightened Metropolis: Constructing Imperial Moscow, 1762-1855*, Oxford, 2013.

3. M. V. Lomonosov, "Kratkoe opisanie raznikh putechestvii po severnim moriam i pokazanie vozmojnogo prokhoda sibirskim okeanom v Vostotchnuiu Indiiu" (1762-3). In: *Polnoe sobranie sotchinenii*, 11 v., Moscou-Leningrado, 1950-83, v. 6, p. 498 (citado em M. Bassin, "Inventing Siberia", op. cit., p. 770).

4. R. H. Fisher, op. cit.; W. B. Lincoln, *The Conquest of a Continent*, op. cit., pp. 54-6; M. Bassin, "Inventing Siberia", op. cit., p. 771; M. M. Gedenshtrom, op. cit., p. 4.

5. N. B. Guersevanov, "Zametchaniia o torgovikh otnocheniiakh Sibiri k Rossii". *Otetchestvennie zapiski*, v. 14, parte 4, pp. 26, 33-4, 30, 1841; M. Bassin, *Imperial Visions: Nationalist Imagination and Geographical Expansion in the Russian Far East, 1840-1865*, Cambridge, 1999, cap. 5.

6. A. V. Remnev, *Samoderjavie i Sibir: Administrativnaia politika v pervoi polovine XIX v.*, Omsk, 1995, pp. 161-97.

7. RGIA, f. 1264, op. 1, d. 71 (1835), ll. 164 ob-165.

8. A. A. Vlasenko, op. cit., pp. 163-210; A. A. Gentes, *Exile, Murder and Madness in Siberia, 1823-61*, op. cit., pp. 68-71; L. M. Damechek e A. V. Remnev (Orgs.), *Sibir v sostave Rossiiskoi Imperii*, op. cit., p. 286.

9. N. M. Iadrintsev, *Sibir kak koloniia v geografitcheskom, etnografitcheskom i istoritcheskom otnochenii*, op. cit., p. 165.

10. I. Barsukov, *Graf Nikolai Nikolaievitch Muraviev-Amurskii po ego pismam, ofitsialnim dokumentam, rasskazam sovremennikov i pechatnim istotchnikam*, 2 v., Moscou, 1891, v. 1, p. 671.

11. M. Bassin, *Imperial Visions*, op. cit.

12. N. Knight, "Science, Empire and Nationality: Ethnography in the Russian Geographical Society, 1845-1855". In: J. Burbank e D. L. Ransel (Orgs.), *Imperial Russia: New Histories for the Empire*, Bloomington, IN, 1998, pp. 108-41; C. Weiss, *Wie Sibirien "unser" wurde: Die Russische Geographische Gesellschaft und ihr Einfluß auf die Bilder und Vorstellungen von Sibirien im 19. Jahrhundert*, Göttingen, 2007, cap. 1-2; J. Bradley, *Voluntary Associations in Tsarist Russia: Science, Patriotism and Civil Society*, Cambridge, MA, 2009, cap. 3; M. Bassin, "The Russian Geographical Society, the 'Amur Epoch', and the Great Siberian Expedition 1855-1863". *Annals of the Association of American Geographers*, v. 73, n. 2, pp. 240-56, 1983.

13. *Otchet Imperatorskogo Russkogo Geografitcheskogo Obschestva za 1850 g.*, São Petersburgo, 1851, p. 43.

14. Citado em I. Semionov, *The Conquest of Siberia: An Epic of Human Passions*, trad. de E. W. Dickes (Londres, 1947), p. 303.

15. S. G. Marks, *Road to Power: The Trans-Siberian Railroad and the Colonization of Asian Russia, 1850-1917*, Londres, 1991, pp. 13-57; D. S. van der Oye, *Russian Orientalism: Asia in the Russian Mind from Peter the Great to the Emigration*, New Haven, pp. 59, 69-70, 2010; K. N. Poset, "Prekraschenie ssilki v Sibir". *Russkaia starina*, n. 7, p. 54, 1899.

16. M. K. Sidorov, *Sever Rossii*, São Petersburgo, 1870; M. K. Sidorov, *O bogatstvakh severnikh okrain Sibiri i narodov tam kotchuiuschikh*, São Petersburgo, 1873; M. K. Sidorov, *Proekt o vozmozhnosti zaseleniia severa Sibiri putem promyshlennosti i torgovli i o razvitii vneshnei torgovli Sibiri*, Tobolsk, 1864. Sobre Sidorov, ver edição especial dedicada a suas atividades, *Izvestiia obschestva dlia sodeistviia russkomu torgovomu morekhodstvu*, n. 21, pp. 1-95, 1889; V. Korolev, *Rossii bespokoinii grajdanin*, Moscou, 1987.

17. K. Staritskii, "Otcherk istorii plavaniia po Karskomu moriu i ustiam Eniseiia i Obi". *Izvestiia Imperatorskogo Russkogo Geografitcheskogo Obschestva*, v. 13, n. 6, p. 435, 1877. Sobre a história da navegação ártica, ver W. B. Lincoln, *The Conquest of a Continent*, op. cit., cap. 14.

18. AAN SPb, f. 270, op. 1, d. 421, 1877-8, ll. 9-26; AAN SPb, f. 270, op. 1, d. 409, ll. 1-4; D. I. Chvanenberg, "O plavanii iakhti 'Utrenniaia zaria' iz Ienisei tcherez Karskoe more i Severnii okean do Varde". In: *Trudy S-Peterburgskogo otdeleniia Imperatorskogo obschestva dlia sodeistviia russkomu torgovomu morekhodstvu za 1877 god*, São Petersburgo, 1877, p. 439; D. I. Chvanenberg, "V poliarnikh ldakh". *Sbornik morskikh statei i rasskazov. Ejemesiatchnoe pribavlenie morskoi gazety "Iakhta"*, pp. 507-18, dez. 1877; D. I. Chvanenberg, "Rasskaz kapitana D. I. Chvanenberga o plavanii skhun 'Severnoe Siianie' i 'Utrenniaia zaria' v nizoviakh Ieniseia, v Karskom more v Severnom Ledovitom Okeane". *Izvestiia Imperatorskogo Russkogo Geografitcheskogo Obschestva*, v. 13, n. 6, pp. 439-48, 1877.

19. D. I. Chvanenberg, "O plavanii iakhti 'Utrenniaia zaria' iz Ienisei tcherez Karskoe more i Severnii okean do Varde". In: *Trudy S-Peterburgskogo otdeleniia Imperatorskogo obschestva dlia sodeistviia russkomu torgovomu morekhodstvu za 1877 god*, op. cit., pp. 248-9.

20. RGIA, f. 1286, op. 38, d. 465 (1877), ll. 25, 35; D. I. Chvanenberg, "O plavanii iakhti 'Utrenniaia zaria' iz Ienisei tcherez Karskoe more i Severnii okean do Varde". In: *Trudy S-Peterburgskogo otdeleniia Imperatorskogo obschestva dlia sodeistviia russkomu torgovomu morekhodstvu za 1877 god*, op. cit., p. 251.

21. M. K. Sidorov, "O plavanii russkikh moriakov na iakhte 'Utrenniaia zaria' ot Varde do Peterburga". In: *Trudi S-Peterburgskogo otdeleniia Imperatorskogo obschestva dlia sodeistviia russkomu torgovomu morekhodstvu za 1877 god*, São Petersburgo, 1877, pp. 229-33; *The Times*, p. 8, 29 out. 1877; RGIA, f. 1286, op. 38, d. 465 (1877), ll. 2-4.

22. H. Yavuz e P. Sluglett (Orgs.), *War and Diplomacy: The Russo-Turkish War of 1877-1878 and the Treaty of Berlin*, Salt Lake City, 2012.

23. O. Figes, *Crimea*, op. cit.; D. S. van der Oye, *Russian Orientalism*, op. cit., pp. 229-40; A. Masoero, "'Territorial Colonization in Late Imperial Russia: Stages in the Development of a Concept". *Kritika: Explorations in Russian and Eurasian History*, v. 14, n. 1, pp. 64-5, inverno 2013; D. S. van der Oye, *Toward the Rising Sun*, op. cit., cap. 2.

24. A. V. Remnev, *Rossiia Dalnego Vostoka: Imperskaia geografiia vlasti XIX-natchala XX vekov*, Omsk, 2004, pp. 399-410; I. Vinkovetski, *Russian America: An Overseas Colony of a Continental Empire*, Nova York, 2011, pp. 65-6.

25. W. Sunderland, "The 'Colonization Question': Visions of Colonization in Late Imperial Russia". *Jahrbücher für Geschichte Osteuropas*, v. 48, n. 2, pp. 210-32, 2000; A. V. Remnev, "Colonization and 'Russification' in the Imperial Geography of Asiatic Russia: From the Nineteenth to the Early Twentieth Centuries". In: U. Tomohiko (Org.), *Asiatic Russia: Imperial Power in Regional and International Contexts*, Londres, 2012, pp. 108-9.

26. A. R. Ekirch, *Bound for America: The Transportation of British Convicts to the Colonies, 1718--1775*, Oxford, 1987, pp. 207-12; R. Hughes, op. cit., cap. 14; K. McKenzie, *Scandal in the Colonies: Sydney and Cape Town, 1820-1850*, Carlton, 2004; H. Maxwell-Stewart, *Closing Hell's Gates: The Death of a Convict Station*, Sydney, 2008; D. Meredith e D. Oxley, "Condemned to the Colonies: Penal Transportation as the Solution to Britain's Law and Order Problem". *Leidschrift*, v. 22, n. 1, pp. 36-9, abr. 2007.

27. A. A. Vlasenko, op. cit., p. 212.

28. RGIA, f. 1652, op. 1, d. 197 (1877), l. 10; RGIA, f. 1149, op. 9, d. 3 (1877), l. 775; RGIA, f. 1586, op. 1, d. 1 (1885), l. 62.

29. N. M. Iadrintsev, "Statistitcheskie materiali k istorii ssilki v Sibiri". In: *Zapiski Irkutskogo otdela geografitcheskogo obschestva*, São Petersburgo, 1889, v. 6, p. 330; A. D. Margolis, "Tchislennost i razmeschenie ssilnikh v Sibiri v kontse XIX veka". In: *Tiurma i ssilka v imperatorskoi Rossii*, op. cit., pp. 33-4.

30. RGIA, f. 1149, op. 9, d. 3 (1877), ll. 337-777; *Ssilka v Sibir*, op. cit., pp. 78-80; B. F. Adams, op. cit., pp. 97-120.

31. E. Frish, *Prilojenie k predstavleniiu v Gosurdarstvennii sovet o sokraschenii ssilki v Sibir*, São Petersburgo, 1887, p. 4.

32. RGIA, f. 1286, op. 28, d. 920 (1869), l. 122; RGIA, f. 1286, op. 38, d. 380 (1877), l. 5; N. M. Iadrintsev, *Russkaia obschina v tiurme i ssilke*, op. cit., pp. 541-2.

33. RGIA, f. 1405, op. 88, d. 10215 (1879), ll. 447-53; A. D. Margolis, "Tchislennost i razmeschenie ssilnikh v Sibiri v kontse XIX veka". In: *Tiurma i ssilka v imperatorskoi Rossii*, op. cit., p. 31; GARF, f. 122, 3 dp., op. 5, d. 2786a (1895), l. 15 ob.

34. "Arestanti v Sibiri", op. cit., pp. 133-75; S. V. Maksimov, op. cit.; G. Feldchtein, *Ssilka. Otcherki ee genezisa, znatcheniia, istorii i sovremennogo sostoianiia*, Moscou, 1893, pp. 185-91; N. M. Iadrintsev, *Russkaia obschina v tiurme i ssilke*, op. cit., p. 582; N. M. Iadrintsev, "Polojenie ssilnikh v Sibiri". *Vestnik Evropy*, n. 10, pp. 283-312, nov. 1875; n. 12, pp. 529-56, nov. 1875; N. M. Iadrintsev, *Sibir kak koloniia v geografitcheskom, etnografitcheskom i istoritcheskom otnochenii*, op. cit., pp. 220-1.

35. RGIA, f. 1652, op. 1, d. 197 (1877), l. 7 ob; RGIA, f. 1287, op. 38, d. 2104 (1881), l. 6.

36. *Sibir*, n. 15, p. 5, 5 out. 1875; n. 40, p. 3, 2 out. 1877; n. 37, p. 1, 11 set. 1877.

37. *Vostotchnoe obozrenie*, n. 38, p. 2, 15 set. 1891; *Sibirskaia jizn*, n. 262, p. 2, 12 dez. 1897; N. M. Iadrintsev, *Sibir kak koloniia v geografitcheskom, etnografitcheskom i istoritcheskom otnochenii*, op. cit.; G. N. Potanin, "Proekt otmeni ssilki v Sibiri". In: *Izbrannie sotchineniia v trekh tomakh*, 3 v., Pavlodar, 2005, v. 2, pp. 170-6; A. A. Ivanov, "Samii nasuschnii vopros Sibiri". Disponível em: <www.penpolit. ru>. Acesso em: 19 jul. 2015; A. Wood, "Tchernichevskii, Siberian Exile and *Oblastnitchestvo*". In: R. Bartlett (Org.), *Russian Thought and Society, 1800-1917*, Keele, 1984, pp. 42-66; S. Watrous, "The Regionalist Conception of Siberia, 1860 to 1920". In: G. Diment e I. Slezkine (Orgs.), op. cit., pp. 113--32; I. Slezkine, *Arctic Mirrors: Russia and the Small Peoples of the North*, Ithaca, 1994, cap. 4.

38. S. Tchudnovskii, "Kolonizatsionnoe znachenie sibirskoi ssilki", op. cit., pp. 51, 58; N. M. Iadrintsev, "Polojenie ssilnikh v Sibiri", op. cit.; V. Moskvitch, op. cit., pp. 46-81; A. N. Rodigina,

"Drugaia Rossiia": *Obraz Sibiri v russkoi jurnalnoi presse vtoroipolovini XIX-natchala XX v.*, Novosibirsk, 2006, p. 204.

39. S. Dijur, "Russkaia ssilka: Ee istoriia i ojidaemaia reforma". *Russkoe bogatstvo*, n. 4, pp. 45-6, 1900.

40. D. I. Chvanenberg, "V poliarnikh ldakh", op. cit., p. 517.

41. RGIA, f. 1286, op. 38, d. 465 (1877), ll. 6-8.

42. *Golos*, n. 280, p. 3, 18 nov. 1877; n. 281, p. 3, nov. 1877; *Birjevie vedomosti*, n. 298, pp. 1-2, 21 nov. 1877; *Sankt-Peterburgskie vedomosti*, n. 322, p. 2, 21 nov. 1877.

43. *Sankt-Peterburgskie vedomosti*, n. 325, p. 3, 24 nov. 1877.

44. Ibid., n. 328, p. 3, 27 nov. 1877; *Severnii vestnik*, n. 210, p. 2, 27 nov. 1877; *Peterburgskaia gazeta*, n. 216, p. 2, 25 nov. 1877; "Privetstvie F. D. Studitskogo moriakam, pribivchim iz Ienisseia na Nevu na iakhte 'Utrenniaia zaria' v zasedanii 22 noiabria". In: *Trudi S-Peterburgskogo otdeleniia Imperatorskogo obschestva dlia sodeistviia russkomu torgovomu morekhodstvu za 1877 god*, São Petersburgo, 1877, p. 222; "Jurnal obschego sobraniia Imperatorskogo Russkogo Geografitcheskogo Obschestva 7-ogo dekabria 1877 goda". *Izvestiia Imperatorskogo Russkogo Geografitcheskogo Obschestva*, n. 1, pp. 32--4, 1878; K. Staritskii, op. cit., p. 437; Glenn M. Stein e Lydia I. Iarukova, "Polar Honours of the Russian Geographical Society 1845-1995". *Journal of the Hakluyt Society*, p. 34, dez. 2008; F. D. Studitskii (Org.), *Istoriia otkritiia morskogo puti iz Evropy v sibirskie reki I do Beringova proliva*, 2 v., São Petersburgo, 1883, v. 1, pp. 198-9.

45. RGIA, f. 1286, op. 38, d. 465 (1877), l. 33; F. D. Studitskii (Org.), op. cit., v. 1, p. 200; TSGIA SPb, f. 254, op. 1, d. 10688 (1877-8), l. 1; AAN SPb, f. 270, op. 1, d. 417 (1878), l. 21; AAN SPb, f. 270, op. 1, d. 417 (1878), l. 9.

46. L. M. Damechek e A. V. Remnev (Orgs.), op. cit., pp. 40-72; F. B. Schenk, *Russlands Fahrt in die Moderne: Mobilität und sozialer Raum im Eisenbahnzeitalter*, Stuttgart, 2014, pp. 92-6; W. Sunderland, op. cit., pp. 217-26; A. V. Remnev, "Colonization and 'Russification' in the Imperial Geography of Asiatic Russia". In: U. Tomohiko (Org.), *Asiatic Russia: Imperial Power in Regional and International Contexts*, op. cit., pp. 102-8.

47. W. B. Lincoln, *The Conquest of a Continent*, op. cit., p. 259; L. M. Goriúchkin, "Migration, Settlement and the Rural Economy of Siberia, 1861-1914". In: A. Wood (Org.), *The History of Siberia from Russian Conquest to Revolution*, Londres, 1991, pp. 140-57; D. W. Treadgold, op. cit.; W. Sunderland, op. cit., pp. 211-3.

48. C. Steinwedel, "Resettling People, Unsettling the Empire: Migration and the Challenge of Governance, 1861-1917". In: N. B. Breyfogle, A. Schrader e W. Sunderland (Orgs.), op. cit., pp. 129--31; *Sankt-Peterburgskie Vedomosti*, 13 jan. 1904 (citado em A. Remnev, "Siberia and the Russian Far East in the Imperial Geography of Power", em J. Burbank, M. von Hagen e A. Remnev [Orgs.], *Russian Empire: Space, People, Power, 1700-1930* [Bloomington, 2007], p. 445).

49. "Po povodu predstoiaschego preobrazovaniia katorgui i ssilki", *Tiuremnii Vestnik*, n. 6, p. 249, 1899.

50. *Ssilka v Sibir*, op. cit., pp. 134-5, 333-4, 337.

51. A. P. Tchékhov, "V ssilke". In: *Polnoe sobranie sotchinenii i pisem*, op. cit., pp. 79-87; F. Kriukov, "V rodni kh mestakh". *Russkoe bogatstvo*, n. 9, pp. 5-34, 1903; V. Krylov, "V glushi Sibiri". *Vestnik Evropy*, n. 5, pp. 65-95, 1893; L. Melchin (P. F. Iakubovitch), "Kobilka v puti". *Russkoe Bogatstvo*, n. 8, pp. 5-37, 1896; M. Paskevitch, "Katorjnaia". *Jenskoe delo*, n. 2, pp. 46-63, 1900; P. Khotymskii, "Na

novom meste". *Vestnik Evropy*, n. 5, pp. 156-80, 1903; n. 6, pp. 562-83, 1903; L. Leighton, "Korolenko's Stories of Siberia". *Slavonic and East European Review*, v. 49, n. 115, pp. 200-13, abr. 1971; H. Murav, "'Vo Glubine Sibirskikh Rud': Siberia and the Myth of Exile". In: G. Diment e I. Slezkine (Orgs.), op. cit., pp. 95-111.

52. *Vostotchnoe obozrenie*, n. 4, p. 9, 1 out. 1889.

53. L. Tolstói, *Resurrection*. Trad. de A. Briggs, Londres, 2009, p. 472 (tradução modificada).

54. A. D. Margolis, "Sistema sibirskoi ssilki i zakon ot 12 iiunia 1900 goda". In: *Tiurma i ssilka v imperatorskoi Rossii: Issledovaniia i arkhivnie nakhodki*, Moscou, 1995, p. 21; "Otzivi petchati po voprosu ob otmene ssilki". *Tiuremnii Vestnik*, n. 8, p. 358, 1899.

55. A. D. Margolis, "Sistema sibirskoi ssilki i zakon ot 12 iiunia 1900 goda". In: *Tiurma i ssilka v imperatorskoi Rossii*, op. cit., p. 23; GARF, f. 122, 3 dp., op. 5, d. 2786a (1895), l. 17; *Polnoe sobranie zakonov Rossiiskoi Imperii*, 3ª compêndio (1881-1913), n. 18777, p. 633, 10 jun. 1900; n. 18839, p. 757, 12 jun. 1900; A. D. Margolis, "Tchislennost' i razmeschenie ssil'nikh v Sibiri v kontse xix veka". In: *Tiurma i ssilka v imperatorskoi Rossii*, op. cit., pp. 31-2.

56. A. D. Margolis, "Sistema sibirskoi ssilki i zakon ot 12 iiunia 1900 goda". In: *Tiurma i ssilka v imperatorskoi Rossii*, op. cit., pp. 27, 19.

57. B. F. Adams, op. cit., pp. 130-3; S. G. Wheatcroft, "The Crisis of the Late Tsarist Penal System". In: S. G. Wheatcroft (Org.), *Challenging Traditional Views of Russian History*, Basingstoke, 2002, pp. 33-9; A. D. Margolis, "Sistema sibirskoi ssilki i zakon ot 12 iiunia 1900 goda". In: *Tiurma i ssilka v imperatorskoi Rossii*, op. cit., p. 26; A. A. Vlasenko, op. cit., pp. 178-210; B. Mironov, "Prestupnost v Rossii v xix-natchale xx veka". *Otetchestvennaia istoriia*, n. 1, p. 35, 1998.

14. O CRISOL [pp. 366-95]

1. I. Steklov, "Vospominaniia o iakutskoi ssilke". *Katorga i ssilka*, n. 6, p. 72, 1923; V. Rabe, *Der Widerspruch von Rechtsstaatlichkeit und strafender Verwaltung in Russland, 1881-1917: Motive, Handhabung und Auswirkungen der administrativen Verbannung von Revolutionären*, Karlsruhe, 1985, pp. 342-3; J. Daly, "Political Crime in Late Imperial Russia". *The Journal of Modern History*, v. 74, n. 1, p. 93, mar. 2002.

2. S. K. Morrissey, *Heralds of Revolution: Russian Students and the Mythologies of Radicalism*, Oxford, 1998, cap. 2; O. Figes, *A People's Tragedy*, op. cit., pp. 166-8.

3. T. R. Weeks, *Nation and State in Late Imperial Russia: Nationalism and Russification on the Western Frontier, 1863-1914*, DeKalb, IL, 1996, pp. 112-21; J. D. Klier e S. Lambroza (Orgs.), *Pogroms: Anti-Jewish Violence in Modern Russian History*, Cambridge, 1992; O. Figes, *A People's Tragedy*, op. cit., pp. 79-83, 139-54.

4. RGIA, f. 1405, op. 535, d. 235 (1888), ll. 10-25; M. Poliakov, "Vospominaniia o kolimskoi ssilke". *Katorga i ssilka*, n. 8-9, pp. 158, 160, 1928.

5. M. Poliakov, op. cit., p. 169 (grifos no original).

6. V. I. Lênin, "Pisma". In: *Polnoe sobranie sotchinenii*, 5. ed, 55 v., Moscou, 1958-65, v. 55, p. 35.

7. R. Service, *Lenin*, op. cit., cap. 7; W. B. Lincoln, *The Conquest of a Continent*, op. cit., cap. 27; V. N. Dvorianov, op. cit., cap. 4.

8. W. B. Lincoln, *The Conquest of a Continent*, op. cit., p. 219; V. I. Lênin, "Pisma", op. cit., p. 55.

9. W. B. Lincoln, *The Conquest of a Continent*, op. cit., p. 221; R. Service, *Trotsky: A Biography*, Londres, 2009, cap. 6; I. Deutscher, *The Prophet Armed: Trotsky, 1879-1921*, Oxford, 1970, pp. 42-56.

10. R. Service, *Lenin*, op. cit., cap. 7.

11. M. Poliakov, op. cit., p. 171.

12. G. Tsiperovitch, *Za poliarnim krugom: Desiat let ssilki v Kolimske*, São Petersburgo, 1907, p. 110.

13. Ibid., p. 92; V. I. Lênin, "Pisma", op. cit., p. 98; V. N. Dvorianov, op. cit., pp. 127-32.

14. G. Tsiperovitch, op. cit., pp. 50, 146; M. A. Braguinskii et al. (Orgs.), *Iakutskaia tragediia 22 marta (3 aprelia) 1889 goda: Sbornik vospominanii i materialov*, Moscou, 1925, pp. 108-16.

15. J. Daly, op. cit., p. 82; A. D. Margolis, "Tchislennost i razmeschanie ssilnikh v Sibiri v kontse XIX veka". In: *Tiurma i ssilka v imperatorskoi Rossii*, op. cit., pp. 38-40; V. N. Dvorianov, op. cit., p. 155.

16. P. Teplov, *Istoriia iakutskogo protesta*, São Petersburgo, 1906, p. 453; GARF, f. 102, o. o., d. 9, cap. 8 (1904), ll. 14-14 ob.

17. P. I. Rozental, *"Romanovka" (Iakutskii protest 1904 goda: Iz vospominaniia utchastnika)*, Moscou, 1924, pp. 14-5.

18. GARF, f. 102, o. o., d. 9, cap. 8 (1904), ll. 14-14 ob.

19. GARF, f. 124, op. 13, d. 1762 (1904), l. 3; P. I. Rozental, op. cit., p. 23.

20. GARF, f. 102, op. o. o., d. 9, cap. 8 (1904), l. 12; GARF, f. 124, op. 13, d. 1762 (1904), l. 3.

21. "Romanovskii protest v proklamatsiiakh iakutskikh polititcheskikh ssilnikh". *Katorga i ssilka*, n. 5, pp. 169-70, 1924.

22. P. I. Rozental, op. cit., pp. 63-9.

23. Ibid., pp. 74-5, 78-9.

24. V. M. Tchernov, "Terroristitcheskii element v nachei programme". *Revoliutsionnaia Rossiia*, n. 7, pp. 3-4, jun. 1902; R. A. Gorodnitskii, *Boevaia organizatsiia partii sotsialistov-revoliutsionerov v 1901-1911 gg.*, Moscou, 1998; K. Morozov, *Partiia sotsialistov-revoliutsionerov v 1907-1911*, Moscou, 1998.

25. Susan K. Morrissey, "The 'Apparel of Innocence': Toward a Moral Economy of Terrorism in Late Imperial Russia". *The Journal of Modern History*, v. 84, pp. 607, 613-4, 628-36, set. 2012; A. Geifman, *Thou Shalt Kill: Revolutionary Terrorism in Russia, 1894-1917*, Princeton, 1993, p. 74; A. Ascher, P. A. Stolypin: *The Search for Stability in Late Imperial Russia*, Stanford, 2001, pp. 138-9.

26. D. N. Jbankov, "Travmatitcheskaia epidemiia v Rossii (aprel-mai 1905 g.). *Praktitcheskii vratch*, v. 4, n. 32/5, pp. 633-7, 1907; M. O. Gerchenzon, "Tvortcheskoe samosoznanie". In: *Vekhi. Intelligentsiia v Rossii: Sbornik statei, 1909-1910*, 2. ed, Moscou, 1909, p. 89; C. Wynn, *Workers, Strikes, and Pogroms: The Donbass-Dnepr Bend in Late Imperial Russia*, Princeton, 1992; J. Neuberger, *Hooliganism: Crime, Culture and Power in São Petersburgo, 1900-1914*, Berkeley, 1993.

27. A. Ascher, *The Revolution of 1905: Russia in Disarray*, Stanford, 1988, cap. 2.

28. L. Martov, L. Maslov e A. Potresov (Orgs.), *Obschestvennoe dvijenie v Rossii v natchale XX veka*, 4 v., São Petersburgo, 1909-14, v. 2, parte 1, pp. 166-74; A. Ascher, *The Revolution of 1905*, op. cit., pp. 291-2.

29. J. W. Daly, "On the Significance of Emergency Legislation in Late Imperial Russia", op. cit., pp. 622-5; E. Nikitina, "Matrosi-revoliutsioneri na katorgue". In: *Tsarskii flot pod krasnim flagom*, Moscou, 1931, p. 186; A. P. Mikheev, "Voennoslujaschie v sostave uznikov tobolskoi katorgui". *Vestnik Omskogo Gosurdarstvennogo Universiteta*, 2006, p. 1; W. C. Fuller Jr., *Civil-Military Conflict in*

Imperial Russia, 1881-1914, Princeton, 1985, p. 171; M. P. Tchubinskii, "Smertnaia kazni voennie sudi". In: M. N. Gernet, O. B. Goldovskii e I. N. Sakharov (Orgs.), *Protiv smertnoi kazni*, 2. ed., Moscou, 1907, p. 112.

30. S. G. Wheatcroft, "The Crisis of the Late Tsarist Penal System", op. cit., pp. 46-8; J. Daly, op. cit., pp. 84-6; I. Sverdlov, "Massovaia ssilka" (1916). In: *Izbrannie proizvedeniia, 3* v., Moscou, 1957--60, v. 1, pp. 66-7.

31. E. Nikitina, "Tornaia doroga (tiurma i katorga 1905-1913 godov)". In: V. Vilenskii (Org.), *Deviatii val: K desiatiletiiu osvobojdeniia iz tsarskoi katorgui i ssilki*, Moscou, 1927, p. 38; GAIO, f. 25, op. 6, k. 502, d. 2960 (1906), ll. 5 ob-6 ob; V. Miakotin, "O sovremennoi tiurme i ssilke". *Russkoe Bogatstvo*, n. 9, parte 2, p. 129, 1910; GAIO, f. 226, op. 1, d. 279 (1915), ll. 5, 8, 39; A. P. Mikheev, *Tobolskaia katorga*, op. cit., p. 80.

32. A. Ascher, *The Revolution of 1905*, op. cit., pp. 247-8; S. Kallistov, "Iz jizni tobolskoi katorgui (Vospominaniia 1908-1910 gg.)". *Katorga i ssilka*, n. 6, p. 230, 1923; A. Fomin, "Nertchinskaia katorga poslednikh desiatiletii (1888-1917 gg.)". In: A. Dikovskaia-Iakimova (Org.), *Kara i drugie tiurmi Nertchinskoi katorgui*, Moscou, 1927, p. 25; A. P. Mikheev, *Tobolskaia katorga*, op. cit., pp. 88, 92, 162.

33. GAIO, f. 25, op. 6, k. 502, d. 2962 (1906), ll. 1-2.

34. A. P. Mikheev, *Tobolskaia katorga*, op. cit., p. 163.

35. GAIO, f. 25, op. 6, k. 501, d. 2950 (1906), ll. 3-4.

36. A. Fomin, "Nertchinskaia katorga poslednikh desiatiletii (1888-1917 gg.)". In: A. Dikovskaia-Iakimova (Org.), *Kara i drugie tiurmi Nertchinskoi katorgui*, op. cit., pp. 25-6; V. Miakotin, op. cit., pp. 128-9; "Khronika". *Sibirskie voprosi*, n. 19, p. 33, 1909.

37. J. H. Billington, op. cit., cap. 14; GAIO, f. 25, op. 6, k. 502, d. 2960 (1906), l. 17; M. K., "Polititcheskaia katorga". *Sibirskie voprosi*, n. 26, pp. 14-5, 1912; A. P. Mikheev, *Tobolskaia katorga*, op. cit., pp. 94, 96-7.

38. GARF, f. 100, o. o., d. 100, t. 3 (1907), ll. 301-301 ob.

39. A. P. Mikheev, *Tobolskaia katorga*, op. cit., p. 122; "Bunt v tobolskoi katorjnoi tiurme". *Katorga i ssilka*, n. 6, pp. 199-203, 1923.

40. GAIO, f. 226, op. 2, d. 108 (1912), ll. 5, 11, 15-15 ob.

41. Esses casos de flagelamento de prisioneiros políticos contradizem a afirmação peremptória de Daly segundo a qual "o castigo físico quase nunca era usado contra presos políticos". J. Daly, op. cit., p. 91.

42. "Bunt v tobolskoi katorjnoi tiurme", op. cit., pp. 209-10.

43. Ibid., p. 209.

44. GATOvgt, f. 151, op. 1, d. 10 (1907), ll. 1-2; A. P. Mikheev, *Tobolskaia katorga*, op. cit., p. 165.

45. "Bunt v tobolskoi katorjnoi tiurme", op. cit., pp. 213-5.

46. F. Savitskii, "Aleksandrovskaia Tsentralnaia Katorjnaia Tiurma". *Tiuremnii Vestnik*, n. 1, p. 62, 1908; F. Kudriavtsev, *Aleksandrovskii tsentral (iz istorii sibirskoi katorgui)*, Irkutsk, 1936, pp. 19-33.

47. GAIO, f. 25, op. 6, k. 538, d. 3754 (1908), ll. 30-1.

48. GAIO, f. 25, op. 6, k. 538, d. 3754 (1908), ll. 4-6, 28-30; RGIA, f. 1405, op. 539, d. 499 (1908), ll. 1-1 ob; F. Savitskii, "Pobeg arestantov iz aleksandrovskoi katorjnoi tiurmi". *Tiuremnii Vestnik*, n. 5, pp. 608-31, 1909; P. Fabritchnii, "Voorujennyi pobeg iz aleksandrovskogo tsentrala". *Katorga i ssilka*, n. 4, pp. 122-3, 1922.

49. GAIO, f. 25, op. 6, k. 538, d. 3754 (1908), ll. 82, 87, 103-9; F. Kudriavtsev, op. cit., pp. 54-8.

50. GAIO, f. 25, op. 6, k. 488, d. 2665 (1906), ll. 32-32 ob, 46-8. Para outra fuga violenta na província de Tobolsk ver GATOvgT, f. i151, op. 1, d. 7 (1907), ll. 1-9.

51. GATOvgT, f. 171, op. 1, d. 137 (1909), ll. 5, 9-13, 18; I. P. Serebrennikov, "Terroristitcheskaia deiatelnost ssilnikh revoliutsionerov v Vostotchnoi Sibiri v mejrevoliutsionnii period (1907-1916 gg.)". *Sibirskaia ssilka: Sbornik statei*, v. 6, n. 18, pp. 340-1, 2011; D. I. Ermakovskii, *Turukhanskii bunt*, Moscou, 1930; D. A. Batsht, "Podavlenie 'Turukhanskogo bunta': Karatelnii apparat tsarskoi Rossii za poliarnim krugom". *Sibirskaia ssilka: Sbornik statei*, v. 6, n. 18, pp. 137-44, 2011.

52. "Bunt v tobolskoi katorjnoi tiurme", op. cit., p. 212; S. Anisimov, *Kak eto bilo: Zapiski polititcheskogo zaschitnika o sudakh Stolipina*, Moscou, 1931, p. 73.

53. A. P. Tolotchko, "O roli terrora v deiatelnosti eserovskogo podpolia v Sibiri (1905-fevral 1917 gg.)". In: *Istoritcheskii ejegodnik*, Omsk, 1997, pp. 14-24; A. A. Tsindik, "Zapadnosibirskie eseri i anarkhisti v period reaktsii 1907-1910 gg. (voennaia rabota)". *Omskii Nautchnii Vestnik*, n. 5, pp. 23-6, 2009; S. V. Desiatov, "Polititcheskii ekstremizm v tobolskoi gubernii na primere boevoi deiatelnosti partii sotsialistov-revoliutsionerov (1906-1913 gg.)". *Omskii Nautchnii Vestnik*, n. 3, pp. 33-5, 2013.

54. GAIO, f. 25, op. 6, k. 512, d. 3227 (1907), ll. 8-10.

55. GAIO, f. 25, op. 6, k. 512, d. 3227 (1907), l. 19.

56. GAIO, f. 25, op. 6, k. 507, d. 3115 (1907), ll. 18-21, 34-5, 52-4.

57. GATOvgT, f. 151, op. 1, d. 15 (1907), l. 2.

58. A. P. Mikheev, *Tobolskaia katorga*, op. cit., pp. 73-4; GATOvgT, f. 151, op. 1, d. 15 (1907), l. 4.

59. GATOvgT, f. 151, op. 1, d. 15 (1907), l. 3; I. Genkin, "Tobolskii tsentral", *Katorga i ssilka*, n. 3, pp. 167-73, 1924; V. N. Garteveld, op. cit., p. 56; L. Kleinbort, "Ravenstvo v bezpravii". *Obrazovanie*, n. 3, p. 28, 1909; GATOvgT, f. 151, op. 1, d. 20 (1908), l. 1 ob; A. P. Mikheev, *Tobolskaia katorga*, op. cit., p. 167.

60. GATOvgT, f. 15, op. 1, d. 49 (1908), l. 2; S. Kallistov, op. cit., p. 230; GATOvgT, f. 151, op. 1, d. 15 (1907), l. 4.

61. GATOvgT, f. 151, op. 1, d. 15 (1907), ll. 3 ob-5; GARF, f. 102, o. o., d. 9, cap. 64 (1908), ll. 11-11ob.

62. A. A. Tsindik, *Voennaia i boevaia rabota revoliutsionnogo podpolia v Zapadnoi Sibiri v 1907-1914 gg.*. Omsk, Universidade de Omsk, 2002, pp. 77-8. Dissertação de mestrado.

63. Genkin, "Tobolskii tsentral", pp. 176-7; P. Vitiazev, "Pamiati N. D. Chichmareva. Iz vospominanii". *Katorga i ssilka*, n. 6, pp. 249-59, 1923; A. P. Mikheev, "Demoni revoliutsii: Iz istorii revoliutsionnogo ekstremizma v Zapadnoi Sibiri". *Izvestiia Omskogo Gosudarstvennogo Istoriko-kraeve-dicheskogo muzeia*, n. 5, pp. 205-6, 1977; "Nekorolog. I. S. Mogiliev". *Tiuremnii Vestnik*, n. 5, pp. 576-7, 1909.

64. "Bunt v tobolskoi katorjnoi tiurme", op. cit., p. 218.

65. V. Miakotin, op. cit., p. 133; GARF, f. 102, op. 265, d. 881 (1913), ll. 150-2; GAIO, f. 226, op. 1, d. 86 (1911), ll. 3-5; GAIO, f. 266, op. 1, d. 33 (1909), ll. 146, 149; GATOvgT, f. 331, op. 16, d. 20 (1909), ll. 30-1.

66. GAIO, f. 25, op. 6, k. 584, d. 4678 (1912), ll. 12-3; I. Brilon, *Na katorge: Vospominaniia revoliutsionera*, Petrogrado, 1917, pp. 127-36; A. P. Mikheev, *Tobolskaia katorga*, op. cit., p. 81.

67. GATOvgT, f. 1, op. 1, d. 1074 (1910), ll. 1 ob-2. Sobre a influência do suicídio de Catão na Rússia, ver S. K. Morrissey, *Suicide and the Body Politic in Imperial Russia*, op. cit., pp. 53-60.

68. A. N. Muraviev, op. cit., p. 263; Vladimir Korolenko registra outros casos de suicídio de revolucionários para desdenhar a indulgência do Estado: V. G. Korolenko, "Bytovoe iavlenie" (1910), em *Sobranie sotchinenii*, 10 v. (Moscou, 1953), v. 9, pp. 487-8; S. K. Morrissey, *Suicide and the Body Politic in Imperial Russia*, op. cit., pp. 306-7; GATOvgt, f. 1, op. 1, d. 1074 (1910), l. 3.

69. Ver também C. Verhoeven, *The Odd Man Karakozov: Imperial Russia, Modernity, and the Birth of Terrorism* (Ithaca, 2009), p. 179; GATOvgt, f. 1, op. 1, d. 1074 (1910), l. 4 ob.

70. R. Pipes, *The Russian Revolution, 1899-1919*, Nova York, 1990, cap. 17; O. Figes, *A People's Tragedy*, op. cit., pp. 635-42; H. Rappaport, *Ekaterinburg: The Last Days of the Romanovs*, Londres, 2009.

EPÍLOGO: SIBÉRIA VERMELHA [pp. 396-9]

1. GARF, f. 122, op. 5, d. 3307 (1917), ll. 38-40; M. G. Detkov, *Soderjanie penitentsiarnoi politiki Rossiiskogo gosudarstva i ee realizatsiia v sisteme ispolneniia ugolovnogo nakazaniia v vide licheniia svobodi v period 1917-1930 godov*, Moscou, 1992, pp. 5-12; V. N. Dvorianov, op. cit., pp. 243-4; G. Ivanova, *Labour Camp Socialism: The Gulag in the Soviet Totalitarian System*. Trad. de C. Faith, Armonk, NY, 2000, pp. 9-11; O. Figes, *A People's Tragedy*, op. cit., cap. 9.

2. I. I. Serebrennikov, "Moi vospominaniia: 1917-1922". Hoover Institution Archives, I. I. Serebrennikov Papers, caixa 10, p. 8 (agradeço ao professor Robert Service por esta referência); L. V. Shapova, "Amnistii i natchalo reorganizatsii penitentsiarnoi sistemi v Irkutskoi gubernii v 1917 g.". *Sibirskaia ssilka: Sbornik statei*, v. 6, n. 18, pp. 170-80, 2011.

3. P. Klimichkin, "K amnistii". *Katorga i ssilka*, n. 1, pp. 8-20, 1921; G. Sandomirskii, "Na poslednei stupeni". *Katorga i ssilka*, n. 1, pp. 41-4, 1921; P. Fabritchnii, "Tak bilo". *Katorga i ssilka*, n. 1, pp. 45-9, 1921; J. D. Smele, *Civil War in Siberia: The Anti-Bolshevik Government of Admiral Kolchak, 1918--1920*, Cambridge, 2006.

4. A. Applebaum, op. cit.; S. A. Barnes, op. cit.; M. Gorkii, L. Averbakh e S. Firin (Orgs.), *Belomorsko-Baltiiskii Kanal imeni Stalina: Istoriia stroitelstva 1931-1934 gg.*, Moscou 1934; reimpr. 1998, pp. 593-5; A. Soljenitsin, op. cit., p. 175; G. Alexopoulos, "Destructive-Labor Camps: Rethinking Solzhenitsyn's Play on Words". *Kritika: Explorations in Russian and Eurasian History*, v. 16, n. 3, pp. 499-526, 2015.

5. L. A. Trigos, *The Decembrist Myth in Russian Culture*, op. cit., cap. 4-5. A revista *Katorga i ssilka* foi publicada de 1921 a 1935.

6. J. Daly, op. cit., p. 93.

7. I. Teodorovitch, "Avtobiografiia". *Entsiklopeditcheskii slovar Granat*, v. 41, parte 3, apêndice, pp. 141-5; M. Junge, *Die Gesellschaft ehemahliger politischer Zwangsarbeiter und Verbannter in der Sowjetunion: Gründung, Entwicklung und Liquidierung (1921-1935)*, Berlim, 2009, p. 442; L. Doljanskaia, "Repressii 1937-1938 gg. v moskovskikh arteliakh OPK". In: I. Leontev e M. Iunge (Orgs.), *Vsesoiuznoe obschestvo politkatorjan i ssilmnoposelentsev: Obrazovanie, razvitie, likvidatsiia, 1921-1935*, Moscou, 2004, pp. 278-308.

Agradecimentos

A realização deste livro levou bastante tempo, ao longo do qual acumulei muitas dívidas que reconheço com o maior prazer. Bolsas do Royal Holloway College, da Universidade de Londres e do Leverhulme Trust apoiaram com generosidade um ano e meio de pesquisas em arquivos da Federação Russa. O trabalho pioneiro de A. D. Margolis, Anatoli Remnev, Abby Schrader, Alan Wood e sobretudo Andrew Gentes sobre o exílio siberiano foi inestimável para determinar minha abordagem do tema e para que eu navegasse pelas fontes primárias.

Sou grato ao pessoal dos arquivos que visitei em São Petersburgo, Moscou, Tobolsk e Irkutsk, e em especial a Marina Pavlovna Podvigina e seus colegas da Biblioteca da Academia de Ciências de São Petersburgo. Ilia Magin proporcionou-me um auxílio inestimável na localização e decifração do material de arquivo em São Petersburgo, e me deu saudáveis conselhos críticos à medida que minhas ideias tomavam forma. Foi também de imensa ajuda na identificação de algumas das pessoas mais obscuras que aparecem neste livro. Ivan Babitski contribuiu com a coleta de informações do Arquivo Estatal da Federação Russa em Moscou. Durante o verão de 2012, Iulia Popova assessorou-me na transcrição de arquivos em Tobolsk e Irkutsk. Passou também longas horas me explicando expressões russas coloquiais ou obsoletas. De volta ao Reino Unido, tirei grande proveito da discussão de lembranças revolucionárias com Anatoli Mikhailovitch Artamonov.

Parte do material e das discussões deste livro foi apresentada em seminários e conferências nas universidades de Londres, Oxford, Munique, Georgetown e Illinois em Urbana-Champaign, e na Universidade Europeia de São Petersburgo, e em forma de artigos na *Slavic Review* e na *Kritika: Explorations in Russian and Eurasian History*. Sou muito grato aos participantes desses colóquios e aos editores e leitores anônimos dessas publicações por suas perguntas e críticas incisivas. Amigos, parentes e colegas leram as primeiras versões de alguns capítulos e às vezes de todo o manuscrito. Por seus comentários e sugestões, agradeço a Tobin Auber, Alex Barber, Richard Beer, Robert Beer, Alexandra Chirmiciu, Orlando Figes, James Grosvenor, Peter Kremmer, Gavin Jacobson, Stephen Lovell, Rudolf Muhs, Alexandra Oberländer, Amanda Vickery e Jonathan Waterlow. Além de tudo o mais que me deu, Rebecca Reich pôs sua formidável capacidade crítica a serviço do manuscrito, salvou-me de muitas infelicidades e melhorou muito a clareza de minha prosa e de meus argumentos.

Meu agente Peter Robinson conduziu com competência este projeto, desde sua concepção diante de uma xícara de café, em 2010, até a conclusão, seis anos depois. Na Penguin, Simon Winder viu o potencial na proposta do livro e desde então foi um editor compreensivo e tolerante. George Andreou, da Knopf, deu excelentes conselhos, retrabalhando partes do manuscrito. Minha maravilhosa editora de texto, Bela Cunha, acatou com serenidade minhas emendas de último minuto.

Por fim, agradeço a meu falecido amigo e colega David Cesarani por me incentivar a pesquisar este tema. Dedico este livro a meu filho, Gusztáv Milotay.

Cambridge, janeiro de 2016.

Fontes

Alguns capítulos são versões ampliadas de material que apresentei como artigos acadêmicos: "The Exile, the Patron and the Pardon: The Voyage of the *Dawn* and the Politics of Punishment in an Age of Nationalism and Empire". *Kritika: Explorations in Russian and Eurasian History*, v. 14, n. 1, pp. 5-30, inverno 2013; "Decembrists, Rebels and Martyrs in Siberian Exile: The 'Zerentui Conspiracy' of 1828 and the Fashioning of a Revolutionary Genealogy". *Slavic Review*, v. 72, n. 3, pp. 528-51, outono 2013; "Penal Deportation to Siberia and the Limits of State Power, 1801-1881". *Kritika: Explorations in Russian and Eurasian History*, v. 16, n. 3, pp. 621-50, verão 2015.

Índice remissivo

13º Batalhão da Sibéria Oriental, 168

72º Regimento de Infantaria de Tula, 351

Academia de Belas-Artes de Varsóvia, 232

acorrentados a paredes, 303; *ver também* grilhões

Aden, 259, 268

África, 353

Agostinho, santo, 150

agricultura, 38, 43-4, 47, 146-7, 171, 214, 268, 281, 320-1, 370; trabalho agrícola, 203, 216-7

Akatui, assentamento minerador de, 149-50, 165, 171, 312, 381, 389

Aksakov, Ivan, 203

Alasca, 34-5, 353

álcool, uso e comércio de, 112, 143, 193, 195, 198, 200

Aleksandra Fiódorovna, imperatriz, 164

Aleksandrovsk (província de Irkutsk): destilaria penal de, 50, 164, 190, 192, 227, 298; Prisão Central de Trabalho Penal, 328, 380; Prisão Central de Trabalho Penal, fuga em massa da, 386-7

Aleksandrovsk, enfermaria de (Sacalina), 276

Aleksandrovskaia, Varvara, 311

alemães na Polônia, 210

Alemanha, 352

Alexandre I, tsar: coroação, 31; e a Vigilância Interna, 59; e Medoks, 115; e o Congresso Polonês, 155; e o sistema de exílio, 51, 57, 262; e Speranski, 49; morte, 78; na visão da Europa, 177; supostos complôs para assassinar, 114

Alexandre II, tsar: Andreoli e, 233; anistias, 116, 152, 173-4, 214, 216, 224, 233; assassinato, 313, 316-7, 319, 364; comuta sentenças de rebeldes poloneses, 214; e a Polônia, 179, 209, 223; e a venda do Alasca aos EUA, 353; e Krasowski, 225; e Medoks, 116; e o desenvolvimento do leste, 352; e o movimento revolucionário, 311; e Tsibulenko, 343, 359-60; Grandes Reformas, 29, 209, 230, 260, 301, 356; liberalização da censura, 65; sistema penal em seu reinado, 185, 260

Alexandre III, tsar: anistias, 320; despotismo de, 331, 334, 366-7; e a viagem do *Utrennaia zaria*, 352; e o sino de Uglitch, 25, 30; e os exilados políticos, 331; e Pobedonostsev, 312; juramento de lealdade a, 319; legislação de emergência sobre detenções, 314; morte, 366

Algatchi (prisão), 389, 393

Ali-Mechadi-Akhmet, 307

"alimentação", prática da, 37

Altaico, maciço, 34

Altukhov (exílio em Sacalina), 242

América do Norte, 353, 358; *ver também* Estados Unidos

Amur, região de, 145

Amur, rio, 271-2; bacia do, 35, 213, 284, 346-8

Ana, imperatriz, 45, 89

anarquismo, 311-2, 367, 387

Ancelot, conde Jacques-François, 85

Andreoli, Émile, 224, 233

Angara, rio, 254, 257

Anisimov, Serguei, 385

anistias: com Alexandre II, 116, 152, 173-4, 214, 216, 224, 233; com Alexandre III, 320; com Nicolau I, 97, 144; com Nicolau II, 380; com o Governo Provisório, 396; imperiais, 233

Annenkov, Ivan, 132

Annenkov, Nikolai, 345

Annenkova, Pauline (nascida Guèble), 131-3

Anutchin, Dmitri, 341

Ardatov, 219-1

Armênia, fronteira com a Turquia, 352

arteli (associações de prisioneiros), 69-72, 140, 144, 199-200

ártico, círculo polar, 34, 332, 373-4

assassinatos, 36, 39, 72, 80-1, 111-2, 117, 122, 158, 190, 192, 198, 214, 231, 236, 251-2, 254-7, 287-8, 294-5, 303, 305, 308, 311-7, 319, 338, 357, 364, 376-8, 382, 387-9, 391-2, 394; de Alexandre II, 313, 316-7, 319, 364; de Nicolau II, 399

assembleias municipais, 54, 363-4

Associação para Petições sobre o Asilo Siberiano, 339

Atchinsk, 55, 237, 317, 356

Austrália: deportação de condenados britânicos para a, 28, 53, 344, 353; desenvolvimento econômico da, 353; Ocidental, 358

Áustria, 79, 155

Azov, mar de, 41

Baideratskaia, baía de, 351

Baikal, lago, 34-5, 95, 97, 103, 166, 169, 231-2, 237, 249, 253, 319; levante polonês no, 231-2

Baixo Kara, presídio do, 326-7, 341

Bakunin, Mikhail, 311, 347

Balagansk, 215, 252, 323

Bálcãs, 352

Baldauf, Ivan, 112

Báltico, 91, 94, 146; costa báltica, 41

bancos, assaltos a, 382, 384

bandidos, 205, 251, 293-4

banditismo, 45, 59, 238

Bantich-Kamenski, Dmitri, 94

Barents, mar de, 342, 349

Bariatinski, Aleksandr, 147

Barzuguin, 317

Bassarguin, Nikolai, 126, 130, 132, 134, 139-40, 144; projetos para a Sibéria, 145

Beaupré, Josef Antoni, 160-1

bebedores de leite, seita dos, 46

bebês *ver* crianças

Bélgica: independência, 156; parlamento, 177; Revolução Belga (1830), 156, 176

Beli, Averian, 307

Beliaiev, Nikolai, 142

Bell, The (revista), 222, 232

Belokonski, Ivan, 329

Belotsvetov, Gavriil, 326

Benckendorff, conde Aleksandr von, 94, 114-5, 135, 146, 148-9

Berg, Fiódor, 219

Bérgamo, 224

Bering, estreito de, 34

Bessarábia, 119, 161

Bestujev, Aleksandr, 144

Bestujev, família, 81

Bestujev, Mikhail, 77, 84, 92, 134, 139, 147, 151

Bestujev, Nikolai, 77, 92, 124-6, 129, 141-2, 144,-5
Bestujev-Riumin, família, 81
Bestujev-Riumin, Pavel, 85
Białystok, 55, 161
Bielorrússia, 158
bielorrussos, 210
Birjevie vedomosti (jornal), 359
Bitkov (caçador de recompensas), 257
Blagodatsk, mina de, 95, 104-7, 116, 125-6, 137
Blagoveschensk, 271
Bla ewicz, Michał, 218
Bobrischev-Púchkin, Pavel, 141
Bogoiavlenski (diretor da prisão de Tobolsk), 383-5, 388, 390, 392
Bogomolets, Sofia, 318
bolcheviques, 372, 375, 395, 397-8; campos de trabalhos forçados com os, 398-9
Boltichka, 89
Bonaparte, Napoleão, 77-8, 155, 176-7
Boris Godunov, tsar, 25, 392
Borisov, Piotr e Andrei, 145, 147
Borodin, Mikhail, 316
Botcharov, Vassíli, 118, 120-3
Brigadas Internacionais, 223
Briggen, Aleksandr, 145
Brilon, Izrael, 393
brodiagi ver vagabundos
Bronevski, Semion, 165
Bruxelas, 156, 178, 301
budismo, 36
Bukhar, 255
Bulavina, Revolta (1707-8), 45
bundistas (movimento socialista judaico), 367, 375
Burdukov (oficial de Tobolsk), 252
Burghardt, Viktor, 161
buriatas, 35-8, 126, 144-5, 166, 254, 256-7
Burnachev, Timofei, 104-6

caçadores, 35-8, 236, 252, 350
caçadores de recompensas, 257, 317
camponeses, 47-9, 69; atitude ante crime e justiça, 190; e falsários, 194; e o movimento revolucionário, 366-7; eslavófilos e, 203; migra-

ção em massa, 361; no exílio, 215; rebelião de, 44, 382; relações com exilados fugitivos, 239, 250-8; ucranianos, 225-6
canibalismo, 306-8
Carcóvia, 322
Caroli, Luigi, 224-5, 232-3
carrascos, 39-40, 76, 149, 177, 246, 289, 309, 338
carrinhos de mão, acorrentados a, 165
casamento e o sistema de exílio, 89, 97, 131, 166, 261-3, 274-5
castigos físicos, 39-40, 49, 165, 201, 282, 288, 290, 292-3, 301, 309, 319, 328, 336-7, 390; como parte de investigação criminal, 292-4; de presos políticos, 328-9; mulheres e, 319, 336; na Prisão Central de Trabalho Penal de Tobolsk, 390
Catão, o Moço, 394
Catarina, a Grande (Catarina II), imperatriz, 42, 44, 46, 49, 177, 343, 358
catolicismo / católicos, 163, 171, 178, 210, 228, 230
Cáucaso, 115, 139, 144, 155, 161, 219, 243, 250, 398
Cavaignac, Godofredo, 157
Celiński, Narcyz, 231
censo (1897), 51
censura, 125, 129, 133, 141, 147-8, 169-70, 185, 312, 322-3, 340; relaxada no reinado de Alexandre II, 65
Chaplin, Nikolai, 375-6
Chelachnikov, Konstantin, 228
Cheragul, 251
Cherebkov (trabalhador forçado), 307
Chichmariov, Nikolai, 392
China, 38, 44, 103, 113, 144, 224, 228; Ferrovia Oriental Chinesa, 284; fronteira com a Sibéria, 113, 231
chineses, 35
Chirokolobov, Fiódor, 305
Chkolnik, Iankel, 239
Chkroiev (mercador), 248
Chopin, Frédéric, 176
Christiania (Oslo), 342-3, 352
Chuch, rio, 370

Chuchenskoie, 369-70

Chvanenberg, Davyd, 349-51, 358-60

Chvoren, Lavrenti, 272

Cícero, 150

Cingapura, 268

circassianos, 251

cnute, 39-40, 114, 122, 165, 247, 256, 289-90, 298, 300, 303; abolição do, 290

Cochrane, capitão John Dundas, 43-4, 108

Código Penal Russo: (1649), 53; (1845), 246, 290

Colombo (localidade asiática), 268

colonização penal, política de, 28, 30, 54, 250, 258, 300, 345, 355, 358, 361; fracasso da, 345; Grã-Bretanha e, 53, 357; história global da, 358

comércio: de álcool, 112, 195, 200; de peles, 36-8, 116, 344; exilados e o, 50; poloneses como comerciantes, 215

Comuna de Paris (1871), 222

Comunidade do Povo Polonês, 160-1

Comunidade Lituano-Polonesa, 155

Condorcet, Nicolas, marquês de, 77

confiscos, 37

Conselho de Estado Russo Imperial, 81, 148, 246, 363

Constantino Pavlovitch, grão-duque, 78, 156

Constantinopla, 268

constitucionalismo, 78, 125, 155

contrabando, 194-5, 246

Coreia, 284

coriacos, 36

Corpo do Exército da Sibéria, 203

"corredor polonês" (forma de castigo), 165, 241, 253, 290, 293, 297-9

correntes ver grilhões

corrupção, 46, 66-8, 74, 147, 233, 276, 281, 284, 286, 295, 308, 357, 362-3; de crianças, 270-2, 281-2; de mulheres, 270

cossacos, 33, 37-8, 44, 59-60, 68, 107, 113, 116, 154, 252, 387; como guardas, 59, 113, 116, 167, 332; emigrados, 33, 36, 236; na cavalaria, 231, 253, 367, 387; na infantaria, 231, 327; rebelião de, 45

Coxe, William, 39, 41

Cracóvia, 160

crianças: corrupção de, 270-2, 281-2; morte de, 68, 167, 169-70, 173, 271, 320; nascidas no exílio, 133-5, 167, 271

Crimeia, Guerra da, 179, 223, 225-6, 346

criminais, teorias, 301

criminosos comuns, 31, 162, 182, 232, 293, 323, 328, 331, 336-7, 364; castigo de, 39-40; consequências do castigo físicos em, 288, 300-5; Dostoiévski e, 184, 298; exilados para a Sibéria, 30, 41, 45, 53, 96, 354; misturados com presos políticos, 76, 96, 327, 383; misturados com rebeldes poloneses, 162; mulheres como, 270, 319; ódio à aristocracia, 205; petrachevtsi e, 182; recompensa pela captura de, 317; rejeição de condenados que retornavam, 48

"criminosos de Estado", 105, 116, 320, 326, 335

cristianismo ortodoxo, 36, 43, 46, 157, 171, 203, 207, 225, 230

Custine, Astolphe, marquês de, 178-9, 233; Empire of the Czar: A Journey through Eternal Russia, 178

Czasak, Franciszka, 263

Czasak, Iwan, 263

Dąbrowska, Pelagia (nascida Zgliczyńska), 219-20

Dąbrowska, Wincentyna, 217

Dąbrowski, Batalhão, 223

Dąbrowski, Iwan, 216-7

Dąbrowski, Jarosław, 219-23, 228

Dąbrowski, Kamila, Yumen, Iwan e Honorata (irmãos), 217

Dąbrowski, Teofil, 223

Dal, Vladímir, 169

darwinismo, 311

Davidov, Vassíli, 93

Davidova, Aleksandra, 134-5

De Castri, baía de, 285

De La Ferronays, Auguste, conde, 83

Debaser, 119

Debogori-Mokrievitch, Ivan, 317

Deikh, Lev, 299

dekabristki (esposas de dezembristas), 76, 86-7, 89, 97-100, 130, 136, 138, 184, 264, 312; acesso aos maridos, 126, 133-8; admiradas como heroínas, 137-9, 312; e Leparski, 130; em Tchita, 129-3; encontro com Dostoiévski, 184; filhos de, 134-6

De-Karrer, Serguei, 320, 323, 325, 340

Delavigne, Casimir François: "La Varsovienne", 177

Demidov (capataz de minas), 294

denúncias e calúnias, 114-6, 216, 340, 357, 372

Derbin, Anton, 294-5

desertores do Exército, 45, 236

Despot-Zenovitch, Aleksandr, 218, 229

detenções secretas, 46

devedores, 45

dezembristas, 75-101, 224, 321, 337; acompanhados pelas esposas no exílio, 86-90, 263; *ver também dekabristki*; ajuda financeira e suprimentos das famílias, 131, 146; atividades agrícolas, 144; atividades práticas, 142-3; bibliotecas de, 141; casas particulares em Petrovsk Zavod, 143; cerimônia em Varsóvia em homenagem a, 156; como família, 139; como funcionários do governo na Sibéria, 145; como modelo de democracia e ativismo social, 125, 150, 158; comutação de sentenças, 144, 395; consequências da pobreza e do isolamento, 146; continuidade nos bolcheviques, 398; contribuição para a sociedade siberiana, 146; correspondências de, 128-9; decadência do estilo de vida, 144; destituídos de direitos e privilégios de classe, 76, 94, 130; e a Revolução de Julho em Paris (1830), 176; em Nertchinsk, 104-23; em Tchita, 97, 116-8, 122-3, 125-46, 150, 176; enforcamentos de, 84-5; execuções de civis, 75-6; exilados, 75-6, 83-7, 399; fundação de escolas, 144-5; greve de fome de, 106; influência dos, 31-2; julgamento dos, 81; palestras e ensino de camaradas, 141-2, 151;

publicações dos, 151; publicações enviadas para os, 141; reação da sociedade russa aos, 80; rebeldes poloneses e, 156, 159; rebeliões de, 78-80, 180, 291; relações com a família na Rússia, 138-9; "república" dezembrista, 140; restrições à mobilidade e às atividades em assentos depois de libertados em, 146; sentenças de, 83-4; serviçais dos dezembristas no exílio, 106, 121, 126-7, 143; serviços médicos organizados por, 145; trabalhos forçados de, 104, 127-8, 137; transferidos para Petrovsk Zavod, 133-5; viagem à Sibéria, 90-7

Diderot, Denis, 46

Dikovski, Serguei, 337

Direito (semanário jurídico), 283

direitos humanos, 80, 229

dissidentes religiosos, 38, 45-6, 49

Diugamel, Aleksandr, 213

Djanteirov (bandido), 251-2

Dmitri Ivanovitch, tsarevitch, 25

Dnieper, rio, 33

Dolgopolov, Nifont, 322-3

Dolgorukaia, Natalia, 89

Dolgoruki, Ivan, 89

Dolgorukov, Vassíli, 173

Dombrovski (apelido) *ver* Dąbrowski, Jarosław

Don, rio, 33

Dorochevitch, Vlas, 197, 270, 276, 278, 282, 285-6, 296, 299, 306-7; *Sacalina*, 362

Dostoiévski, Fiódor, 182-7, 221; *Crime e castigo*, 203, 206; *Diário de um escritor*, 206; e as esposas dos dezembristas, 184; *Gente pobre*, 182; libertado da fortaleza penal de Omsk, 203; *Memórias do subsolo*, 198; na fortaleza penal de Omsk, 184-8, 205-7; *O idiota*, 182, 203; *Os demônios*, 198, 203; *Os irmãos Karamazov*, 203, 206; *Recordações da casa dos mortos*, 29, 72, 184-5, 187-9, 194, 204, 244, 298; sobre pessoas comuns, 204-7; Tolstói sobre, 185

Dostoiévski, Mikhail, 183, 185, 204, 221

Dril, Dmitri, 271, 279-80

Drogomirecki, Karol, 217

Dudinka, 350

Durnovo, Ivan, 337

Elisabete, imperatriz, 40, 45, 291

endividados, 45

Entomologia da pesca com mosca (manual), 131

Epokha (revista), 221

Escandinávia, 342, 349, 359

eslavófilos, 203-4, 207

espiritualismo, 326

Estados Unidos: Alasca vendido aos, 353; desenvolvimento econômico, 353; história colonial, 353; simpatia pelos presos políticos, 338; simpatia pelos rebeldes poloneses, 157

Estatuto de Medidas pela Preservação da Ordem Política e da Tranquilidade Social, 314, 364

Estatutos de Exilados, 60, 247, 263

estepes, 35, 44, 56, 236

Estocolmo, 221-2, 342, 352

estradas, abertura de, 41

estupros *ver* violência sexual e estupro

étapes (estações de parada), 60-4, 69-71, 73, 272

Evening Standard (jornal de Londres), 308

execução civil, 40, 75, 83-6, 88, 119, 226, 310

"exército do general Cuco" (fugitivos), 235

exilados políticos, 28-31, 49, 289, 315-41; atos de desafio dos, 316, 320, 322-3, 331; castigo físico de, 329; como intelectuais, educadores e escritores, 322; condenados a trabalhos forçados, 187-8, 213, 324-8; fuga em massa da prisão de Aleksandrovsk, 386; fugas de, 317-8, 326, 386; greves de fome, 318-9, 327-8, 335, 383; liberdade de expressão e contribuição para a sociedade siberiana no exílio, 321; libertados durante o Governo Provisório, 397; literatura memorialista de, 334; meios de transporte para a Sibéria, 54-65, 329-31; número de, 315; rebeliões de, 387; solidariedade entre, 323-5, 368; vistos como mártires, 30, 313, 315, 334, 366

exílio: abolição pelo Governo Provisório, 397; como instrumento elementar de castigo, 50;

exílio administrativo, 46-9, 59, 263, 315-6, 319-21, 340-1, 356, 366, 368, 373-4; para assentamentos, 49

exploração de territórios, 321, 349, 353, 365

Extremo Oriente, 38, 145, 344, 347, 353

Fabrikant (barcaça), 329

Falconet, Étienne Maurice, 79

falsificação / falsários, 193-4, 203

família: como estímulo à estabilidade, 50, 259-61; "família presidiária", 69, 139

fascismo, 223

federação livre de nações eslavas, proposta de, 159

Fedoseiev, Nikolai, 372

Felińska, Ewa: *Revelações da Sibéria: De uma moça banida*, 161

ferrovias, 212, 250, 329, 378; Transiberiana, 347, 349, 354, 360-1, 365

Figner, Vera, 138

Filippov, Timofei, 114

Filomatas, 155

finlandeses, 349, 351, 383

Finlândia, Grão-Ducado da, 342

flagelamento, 238, 247, 287, 289, 298, 319, 329, 336-7, 341, 384-5, 393; *ver também* castigos físicos; cnute; látegos e varas, 247

flagelantes, seita dos, 46

Fomin, Pavel, 274

Fon Frish, Fiódor, 112, 120-1

Fonvizin, Mikhail, 77, 94, 131

França, 77, 99, 156-7, 159-60, 176-7, 233, 347, 352, 369; apoio a rebeldes poloneses, 222; colônias de além-mar, 28, 353; invasão da Rússia (1812), 77; simpatia por presos políticos, 340; *ver também* Paris

Franklin, Benjamin, 141

Frolov, Piotr, 239

Fronteira Ocidental, 211, 219, 367

fuga: como ato político de resistência, 316, 326; de Karatsupenko, 298-9; de Kovalskaia, 318; de Migurski, 164-70; de poloneses, 164; de Prokhorov, 287; e saudade de casa, 243; em

Aleksandrovsk, 386-7; em Onor, 306; nas minas, 110

fugitivos da Sibéria, 235-58; castigo em caso de captura, 238; crimes cometidos por, 236, 250-8, 267; número de, 235, 250

Galícia (Polônia), 159, 164, 166-7

Galkin-Vraskoi, Mikhail, 281

Garibaldi, Giuseppe, 210, 225, 227

Garibaldi, Regimento, 223

Gasford, Gustav, 173

Gausman, Albert, 333

Gekker, Naum, 337, 341

Genebra, 334, 371, 398

Gêngis Khan, 126

Geórgia, 55

Gessen, Vladimir, 341

Gibbon, Edward, 141

giliaks (agricultores e pescadores), 35, 257

Gógol, Nikolai, 114; *Almas mortas*, 240; *O inspetor geral*, 244

Golikov, Ivan, 117-22

Golos (jornal), 359

Gorbatchevski, Ivan, 91, 224

Gortchakov, Mikhail, 173-4

Gotchikha, 351

Gotenburgo, 352

Governo Provisório, 396

Grã-Bretanha: apoio da imprensa britânica aos poloneses rebeldes, 222; colônias americanas da, 353; colônias penais na Austrália, 28, 53, 344, 353, 358; exploradores ingleses, 349; Lei da Reforma (1832), 176; parlamento, 177; simpatia pelos presos políticos russos, 338-40

Grande Estrada Postal Siberiana, 42, 55, 58, 60, 64, 237, 239, 253; *ver também étapes*

Grande Guerra do Norte (1700-21), 26

Grande Terror (União Soviética), 399

greves de fome, 106, 318-9, 327-8, 335-6, 383, 393

Grigoriev, Nikolai, 182

grilhões, uso de, 56, 58, 60, 70, 90-2, 111, 122, 124-5, 148, 192, 200, 224, 303, 383, 385, 390, 393; como "joias", 124; correntes ligadas a, 303; em Tchita, 126, 132-3

Grottger, Artur, 225

Guèble, Pauline *ver* Annenkova, Pauline

Guerra Civil Espanhola, 223

Guerra Civil Russa (1918-20), 397

Guerra de Independência Americana, 157

Guerra dos Sete Anos, 103

Guerra Russo-Japonesa, 284, 378

Guerra Russo-Turca, 225

Guerras Napoleônicas, 59, 77, 119, 125

guildas de mercadores, 48, 54, 80, 363-4

gulag, 27, 368, 397, 399

Gumbarski, Nikolai, 158

Gurevitch (médico do presídio de Kara), 335-6

Habsburgo, Império dos, 170, 180

Hawes, Charles Henry, 197, 280

Helsingfors (Helsinque), 342

Heródoto, 150

Herzen, Aleksandr, 83, 85, 101, 137, 153, 190, 203, 205, 222, 225, 230, 232, 347

Homero, 150

homossexualidade, 276

Horda Dourada, 33

Hungria, 177; Revolução Húngara (1848-9), 177, 179-80, 216

Iablonovi, montes, 237

Iacútia, 374

iacutos, 35-6, 322

Iadrintsev, Nikolai: crítica ao sistema de exílio, 355-6; e a morte de crianças a caminho do exílio, 272; e o movimento regionalista, 357; sobre a Sibéria como "campo de batalha", 258; sobre as saudades de casa dos exilados, 243; sobre castigos físicos, 300; sobre crimes de forçados, 254; sobre exilados fugitivos, 236; sobre o barulho na fortaleza de Omsk, 187; sobre o castigo nas fortalezas penais, 201; sobre o verdugo de Ienisseisk, 296;

sobre os "Don Juans" dos presídios, 276; sobre os nomes falsos dos vagabundos, 245; sobre Tomsk como lugar de descanso de exilados, 248

Iakovenko, Valentin, 316

Iakubovitch, Aleksandr, 115

Iakubovitch, Piotr, 189, 198; *No mundo dos excluídos*, 362

Iakuchkin, Ivan, 77, 97-8, 115, 128-9, 133-4, 136, 144

Iakuchkina, Anastasia, 97

Iakutsk (cidade): alfândega, 37; como porta para o círculo polar ártico, 374; como posto de deportação de exilados, 332; e o comércio, 38; massacre de exilados em (Tragédia de Iakutsk), 332-3, 338, 373, 375; Teodorowicz em, 398

Iakutsk (província), 34, 216-7, 240, 322, 324, 355, 366

Ialutorovsk, 51, 144-5, 323

Iarochenko, Nikolai: *A vida está em toda parte* (pintura), 212

Iaroslavl, 48, 90, 97-8, 192, 238, 243

Ichim, 71, 248, 256, 323

Iebelov, Mikhail, 381

Iefimov, Ivan, 190, 192, 298-9, 304

Iefremenkov, Vassíli, 388-9

Iekaterinoslav, 383

Ienissei (província), 111, 214, 216, 230, 236, 252-3, 261-2, 320-1, 331, 343, 348, 351, 389; insurreição em, 387

Ienissei, rio, 34, 44, 61, 252, 342, 349, 351

Ienisseisk (cidade), 34, 38, 50, 252, 255, 296, 349, 358, 387

Ieremeiev (assassino), 262

Ierin, Vassíli, 252

Iermak Timofeievitch, 33

Igelstrom, Konstantin, 147

Iglinsk, destilaria penal de, 304

Ignatiev, Aleksei, 321

Ignatiev, Nikolai, 319

Igreja católica *ver* catolicismo / católicos

Igreja ortodoxa *ver* cristianismo ortodoxo

Iliachevitch, Leopold, 232

Ilimsk, 46

Iliutina, Vassilisa, 279-80

Iluminismo, 77

Império Russo: Administração Prisional Central, 275; campanhas de contrainsurreição, 380; caos administrativo, 57, 71, 218, 244, 263; Código Penal (1649), 53; Código Penal (1845), 246, 290; Comissão de Inquérito, 81; Comitê de Reforma Prisional, 249; Conselho de Estado, 81, 148, 246, 363; Conselho Médico Imperial, 247; e a Polônia, 155, 221; Exército Imperial, 54, 77, 96, 117, 139, 144, 157, 160, 210, 216, 225; Grandes Reformas, 29, 170, 209, 230, 260, 301, 356; invasão francesa do (1812), 77; limite com a Sibéria, 52; Ministério da Guerra, 60; Ministério do Comércio, 343; Ministério do Interior, 30, 197, 247, 262-3, 267-8, 271, 320, 325, 340, 352; Okhrana (polícia secreta), 314; papel da monarquia, 81; paternalismo autocrático, 82; Províncias Ocidentais, 161, 170, 209; repressão aos dissidentes, 180, 314; restabelecimento da pena de morte, 83; Senado do Estado, 40, 47, 271; Suprema Corte, 81, 83, 153; Terceiro Departamento (polícia secreta), 114, 125, 135, 147, 160-1, 173, 312, 314; Vigilância Interna, 59, 60; *ver também* Polônia; República Russa; Sibéria; União Soviética

incêndio criminoso, 257

independência nacional (de países europeus), 28, 156, 210-1

indígenas da Sibéria, 35-7, 39, 322

industrialização, 283-4, 329, 366, 397

Inglaterra *ver* Grã-Bretanha

Ioann Maksimovitch, bispo de Tobolsk e da Sibéria, 39

Irbei, 216

Irkutsk (cidade): dezembristas em, 95, 98; distância de Nertchinsk, 103; ferrovias, 361; fuga de exilados, 239; fugas da prisão central, 317-8, 386; Medoks em, 115; poloneses em, 165, 231; prisão central, 27, 189, 236, 318; prisão de encaminhamento, 320; revolucionários em, 373; sociedade refinada em, 44, 124; suicídios na prisão central, 386; superpopulação em, 213

Irkutsk (província): comitê militar de greve em, 378; como centro de comércio, 38, 44; criminalidade em, 254, 256; empresas privadas de mineração em, 110; libertação de presos, 397; museu dos dezembristas, 145; número de assentados em, 215; salinas, 164, 199, 239, 299; tribunal militar de, 386

Irtich, rio, 26, 34-5, 184

Itália, 101, 156, 159, 224; apoio a rebeldes poloneses, 223

Iuchkova, Lidia, 388-9

Iudin, Gennadi, 370

Ivan, o Terrível (Ivan IV), tsar, 25, 33

Ivanov (exilado em Surgut), 324

Ivanov, Ivan, 112

Ivanov, Timofei, 112

"Ivans", 299

Izbuchkin (exilado em assentamento), 251

Janowicz, Ludwig, 373

Japão, 267, 284, 361, 378; ataque a Port Arthur, 284; Guerra Russo-Japonesa, 284, 378; ocupação de Sacalina, 267, 284

Jeliabov, Andrei, 312

jigani (perdedores no jogo), 197

Jitomir, 162, 219

jogos de cartas e dados, 196-8

Jovem Europa (movimento republicano), 159

Jovem Itália (movimento republicano), 101, 159

Jovem Polônia (movimento republicano), 159-60

judeus, 187, 190, 193, 210, 314, 367, 383

Judy (revista satírica britânica), 30

"Julgamento dos 193" (1877), 312

Juravliov, Nikita, 307

Kadai, mina de, 112, 224-5, 233

Kainatski, Anton, 307

Kainsk, 51, 94, 242, 248

Kakhovski, Piotr, 84

Kalujskaia, Maria, 335, 337

Kama, rio, 329

Kamchatka, 348

Kamenets-Podolsk, 55

Kansk, 215, 230

Kara (revista), 326

Kara, estreito de, 349, 351

Kara, mar de, 342, 349

Kara: minas de ouro, 50, 109, 242, 294, 302, 306; prisão de, 297, 317-8, 325-8, 335-8; Tragédia de Kara, 338, 385

Karamzin, Nikolai, 81

Karatsupenko, Ivan, 298-9

Karelin, Andrei, 238-9

Kars, fortaleza de, 352

Katchalov, Nikolai, 358

Katkov, Mikhail, 221-2

Katorga i ssilka (revista), 398-9

Kazakov, Aleksei, 117-8, 121-2

Kazan (província), 46

Kazan, prisão de encaminhamento de, 272

Kaznakov, Nikolai, 249, 251, 255, 257, 340

Kennan, George, 30, 52, 64, 72, 186, 196, 199-200, 242, 272, 315, 319-20, 334, 338-9, 341, 362

Khabarovsk, 287

Khaldeieva (camponesa vítima de assassinato), 262

khami ("cadelas"), 276

Khanov, Alimpi, 306-8

Kharkiv, 317-8

Kherson (cidade), 55

Kherson (província), 119, 383

Khomiakov, Aleksei, 203

Khruschev, Aleksandr, 354

Kiev, 75, 79, 89, 119, 162, 216, 225, 272, 316, 318, 371; cidadela de, 226; Universidade, 329

Kiev (província), 131, 217

Klitchkin, mina de, 112

Kliuchi, estação de parada de, 317

Knoblokh, Adolf, 230

Kogan-Bernshtein, Lev, 333

Kojenetskaia, Akulina, 278

Kojevnikov (falsário), 194

Kokosov, Vladímir, 245, 297, 302-3

Kolesnikov, Vassíli, 96-7

Kolimá, 332, 368, 371-4

Kolokosov, Pavel, 307-8

Komlev (verdugo), 296-7

Konarski, Szymon, 160-2

Konovitch, Vladímir, 326-7

Korenets, Kalina, 238

Korenev (bandido), 253

Korf, Andrei, barão, 282, 335-7

Korniuchka (caldeireiro), 193

Korolenko, Vladímir, 281, 319, 362

Korotkov (marinheiro), 349-50

Korsakov, Mikhail, 213, 216

Korsakov, Posto, 278, 285-6

Kossuth, Lajos, 177

Kovalevskaia, Maria, 316-7, 335, 337

Kovalskaia, Ielizaveta, 317-9, 334-5

Kozodavlev, Osip, 57

Krasnoiarsk: cerco aos revolucionários em, 381; dezembristas em, 95; escola secundária para meninas, 254; exilados políticos em, 318, 320, 331, 373; ferrovias, 361; fortaleza penal de, 195, 253, 389; fugitivos em, 244; fundada como posto avançado, 34; Lênin em, 369-71; poloneses em, 213; "República" de, 379

Krasnoiarsk rabochii (jornal), 379

Krasnoschenkova (vítima de assassinato), 262

Krasnov, Andrei, 276, 305, 308

Krasowski, Afanasy, 225

Krasowski, Andrei, 225-8

Kravchinski, Serguei, 339; *The Career of a Nihilist*, 339; *The Russian Storm Cloud*, 339

Krements, 160-1

Kremlin, 25

Krijanovskaia, Ielena, 278

Krivtsov, major (diretor da fortaleza penal de Omsk), 292-3

Krivtsov, Serguei (dezembrista), 93

Kronstadt, 343, 358

Kropotkin, Peter, 52, 339

Kuchum Khan, 33

Kudriachev, Ivan, 294-5

Kumatorsk, prisão de, 393

Kurgan, tribunal distrital de, 145

Kurpi ski, Karol, 177

Kutaisov, Pavel, 373-6

Kutchevski, Aleksandr, 144

Kuzik (marinheiro), 351, 360

ladrões/roubos: exilados atuando como ladrões, 27, 202, 382; exílio de ladrões, 45, 48; fugitivos como ladrões, 236; roubo de pertences de exilados, 66, 202, 382

Lafayette, Gilbert du Motier, marquês de, 157

Lambert, Karl, 209

Lanskoi, Serguei, 260-1

látegos e varas, 287, 289-90, 292, 297-8, 302, 309, 329

Lavinski, Aleksandr, 105, 110-1

Lavrov, Piotr, 311

Lebedev, Aleksei, 48

Ledyard, John, 42

lei marcial, 209, 258, 379

Lena, rio, 34-5, 343-4, 371, 374; campos auríferos do, 273

Lênin, Vladímir (Ulianov), 29, 310, 314, 340, 369-72; *O desenvolvimento do capitalismo na Rússia*, 370

Leparski, Stanislav, 106, 111, 113, 115-6, 120, 122-3, 126-33; e livros enviados para dezembristas, 141; e Mozalevski, 144; e Wysocki e seus camaradas, 165; em Akatui, 149

Lerkhe, German, 213

Leskov, Nikolai: *Lady Macbeth de Mtsensk*, 65

Levitan, Isaak: *Vladimirka* (quadro), 55

liberalismo, 124-5, 178, 180

Linevaia, Natalia, 274

Lituânia, 158, 160-1; Grão-Ducado da, 155

Livingstone, David, 353

Livros da Semana (revista), 308

Lobas, Nikolai, 274-6, 291, 301, 306-8

Lomonosov, Mikhail, 343

Londres, 43, 54, 101, 137, 161, 222, 225, 301, 308, 323, 334, 338-9, 371; manifestação em apoio a presos políticos em Hyde Park, 338; Parlamento, 222

Lorer, Nikolai, 93, 142

Luís Filipe I, rei da França, 157

Lunin, Mikhail, 141-2, 147-50, 165, 172

Lvov, 170

maçonaria, 114

Maddox, Michael, 114

maidan (comércio/jogo de presos), 194-6, 381

Makov, Lev, 317

Maksimov, Serguei, 171, 199; sobre a fuga de Tumanov, 241; sobre as minas de Nertchinsk, 109; sobre condenados acorrentados a paredes, 304; sobre exilados poloneses, 171, 215; sobre filhos de exilados, 272; sobre o *artel* (comunidade de prisioneiros), 69; sobre os Migurskis, 170; sobre vagabundos, 253

Maltsev, prisão de, 388

Manchúria, 284

Mangazeia, 34, 37

manifestações políticas, 209, 229, 322, 338-9, 367

Manifesto de Outubro (1905), 379-80, 383

marcação de condenados, 246-7

Marei (servo camponês), 206-7

Marinsk, 51, 256, 285

Martov, Iúri, 340

Marx, Karl: *O capital*, 371

marxismo, 311, 340, 367, 370, 398

Masiukov (comandante de presídio), 335-6

materialismo, 203, 311

maximalistas, 378

Mazzini, Giuseppe, 101, 159-60, 227

Mediantsev, Ivan, 192

Médico, O (periódico de medicina), 302

Medoks, Roman, 114-6

Meivaldt, Eduard, 350

mencheviques, 398

mendicância, 45, 236, 250, 255

metais preciosos, 36, 110; *ver também* mineração; Nertchinsk, Região Mineradora de

Metus, Iúli, 381, 388-9

Mezentsev, Nikolai, 339

Miakotin, Venedikt, 393

Michelet, Jules: *Lendas democráticas do norte*, 177

Michikhi, 231

Míchkin, Ippolit, 326

Mickiewicz, Adam, 83, 156, 159, 175-6, 178; *Dziady*, 175; *Livros da nação e da peregrinação polonesa*, 175

migração forçada, 62, 365

Migurska, Albina (nascida Winiowska), 155, 159, 162-4, 166-70

Migurska, Michalina, 163-4

Migurski, Konrad, 169

Migurski, Wincenty, 155, 158-60, 162-4, 166-70

Mikhailovski, Nikolai, 311

Miliutin, Dmitri, 220

mineração, 103, 110, 113, 118, 348-9; *ver também* metais preciosos; Nertchinsk, Região Mineradora de

Ministério das Finanças, 115, 352

Minusinsk, 253

Mirecki, Alojzy, 293

Moguiliev, Ivan, 390-2

mongóis, 33, 36, 126, 232, 301

Mongólia, 34, 369

Montesquieu, Charles-Louis de Secondat, barão de, 46, 141

Morchakov, Fiódor, 118, 120

Morozov, Aleksei, 297

Moscou, 25, 31, 33-4, 48, 99, 101, 106-7, 114-6, 119, 131-2, 151-2, 155, 212, 219-20, 264-5, 269-70, 319, 330, 365, 371, 377, 398; bibliotecas, 370; Galeria Tretiakov, 55; Kremlin, 25; Teatro Petrovsk (posterior Bolshoi), 115

Moscóvia, Principado de: conquista da Sibéria, 33-4, 36-8

Moskovskiie Vedomosti (jornal), 221

motins, 382

Mozalevski, Aleksandr, 118-20, 123, 144

muçulmanos, 187, 243

mulheres: acompanhando maridos e homens da família ao exílio, 50, 86, 262, 276, 330; como criminosas comuns, 270, 319; como "domadoras das lonjuras", 260; e castigo físico, 319, 336; na ilha Sacalina, 268-81; número de exiladas na Sibéria, 261; obrigadas à prostituição e à coabitação, 271-81; perda do direito de voltar da Sibéria, 263; tratamento nas caravanas, 65, 331; violência sexual contra *ver* violência sexual e estupro

Munique, 233

Muraviov, Aleksandr, 76, 85, 115

Muraviov, Artamon, 93, 107

Muraviov, capitão Nikolai, 78, 86, 91, 131, 135, 141, 151

Muraviov, família, 81, 143, 147

Muraviov, Nikolai (depois Muraviov-Amurski, governador-geral da Sibéria Oriental), 68, 174, 347

Muraviov, Nikolai (ministro da Justiça), 283, 363-4

Muraviova, Aleksandra, 86-7, 97, 99-100, 134-6

Muraviova, Nonuchka, 136

Muraviov-Apostol, família, 81

Muraviov-Apostol, Matvei, 145

Muraviov-Apostol, Serguei, 78, 84, 119

Museu Nacional da Independência da Polônia, 211

Nacionalidade Oficial, ideologia da, 125

nacionalismo, 80, 125, 155-6, 176-7, 180, 207, 367; liberal, 176-7; polonês, 156, 158, 175, 209, 211

Nadarov, Ivan, 391

Nagasaki, 268

Naumova (exilada), sepultura de, 286

navegação, 174, 349, 351, 359-60

Negro, mar, 268

Nekrasov, Nikolai: "Mulheres russas", 87, 137, 312

Nepomniaschi, Ivan, 252

Nepomniaschi, Timofei, 118

Nertchinsk (cidade), 103, 121

Nertchinsk, Região Mineradora de, 103-23; assassinatos e outros crimes na, 111, 113; Blagodatsk, mina de, 95, 104-7, 116, 125-6, 137; carcereiros, 381; condições na, 108-11, 233, 266; desequilíbrio de gêneros na, 262; dezembristas na, 95, 97, 116; exílio na, 40, 47, 50, 57, 192; família Migurski na, 168; fugas da, 110, 191, 243; Kadai, mina de, 112, 224-5, 233; Kara, jazidas de ouro de, 109; Klitchkin, mina de, 112; Kumatorsk, prisão de, 393; pena de morte na, 291; pessoas desaparecidas na, 263; poloneses na, 162, 173, 211, 213, 229; republicanos europeus na, 223-5; Sukhinov na, 337; superpopulação na, 380; trabalhadores forçados na, 108, 324; uso de álcool na, 112; Zerentui, mina de, 108, 116-23, 144

Nertchinsk Zavod (cidade), 103-4, 118

Nesbit, Edith: *Os meninos e o trem de ferro*, 340

Nesselrode, Karl, 346

Neva, rio, 75, 85, 342, 352, 399

Nevelskoi, estreito de, 267, 287

New York Times, The (jornal), 308, 334, 338

Nicolau I, tsar: anistias, 97, 144; comuta sentenças de dezembristas, 144; coroação de, 83, 85; Custine sobre, 179, 233; e a conspiração de Zerentui, 119, 121; e a Polônia, 155, 209; e a Revolução Húngara (1848-9), 179; e cônjuges de exilados, 262; e Medoks, 116; e os dezembristas, 75, 91, 94, 97-8, 101, 105, 116, 124, 132, 135-6, 150, 172, 177, 395; e os Migurski, 167-8; e os *petrachevtsi*, 182; e os rebeldes poloneses, 101, 157, 161, 169, 172, 176; e os vagabundos, 237; morte de, 137, 152; redução do número de soldados, 165; reforma penal e política no reinado de, 261, 290-1, 338, 346; tribunais militares no reinado de, 121

Nicolau II, tsar: abdicação, 31, 396; anistias, 380; ascensão ao trono, 373; assassinato de, 399; e a ferrovia Transiberiana, 360; e a Revolução de 1905, 368; e o relatório de Poddubski sobre Sacalina, 283; e Pobedonostsev, 312;

sistema de exílio no reinado de, 367; tratamento de presos políticos, 386

niilismo, 206, 312

Nijegorodsk (província), 219-20

Níjni-Novgorod (cidade), 212, 329; prisão de encaminhamento de, 272

Níjni-Novgorod (navio), 268

Nikolaiev (diretor do assentamento de Dué), 294

Nikolaievna (presidiária), 271

Nilo, rio, 343

Noble, Edmund, 250

nômades, tribos, 33, 236

nomes: adoção de nomes falsos, 245; troca de, 72-3

Noruega, 342, 352; exploradores noruegueses, 349

Nosovitch, Serguei, 319

Nova Caledônia, colônia penal francesa da, 223

Nova Gales do Sul, 67, 358

Nova York, 313

Novgorod (província), 264

Novitski, Iusef, 71

Novoie vremia (jornal), 363

Nullo, Francesco, 223

Numelin, Gustav, 349-51

O que fazer? (Tchernichevski), 310

Obdorsk, 351

Obi, rio, 34-5, 344, 349, 351; batalha pelo, 33

Obidenkov (trabalhador forçado), 307

Obolenski, Ievguêni, 82, 92, 94, 104-5, 108, 128, 138-9, 141-2, 144, 146, 152

Obolenski, Piotr, 82

obschina (comunidade), 199

Odessa, 121, 268, 272

Odintsov, Aleksei, 220

Odoievski, Aleksandr, 82, 151

Odoievski, Ivan, 82

Ojczyzna (revista polonesa), 222

Okhotsk, mar de, 192, 348

Okhotsk: porto de, 34; salinas de, 192

Okhrana (polícia secreta russa), 314

Olgui-Aga-Mamed-Khilil, 307

Olgui-Gussein-Kizakh, 307

Omsk, 165, 168, 170, 182, 184, 187-8, 191, 195, 200, 205, 207, 242-8, 293, 331, 361, 381, 397; criminalidade em, 258; enfermaria de, 298; fortaleza penal de, 185, 200, 203-4, 206, 292; região, 391; Tribunal Militar de, 394

Onon, lago, 126

Onor, assentamento de, 306-8; "Caso Onor", 305, 307-8

Oremburgo, 168

Osipov (exilado em assentamento), 262

Ostachkin, Pavel, 332-4

ostiaks, 35-6

Ostrog, 119

Otetchestvennie zapiski (jornal), 301, 344, 357

Ozerov, Vladímir, 221

Pacífico, oceano, 34, 43, 52, 223, 267, 346-8

Países Baixos, Reino dos, 156

Palermo, 218

Panin, Viktor, 245

Paris: Comitê Nacional Polonês em, 159; Comuna de (1871), 222; Revolução de Julho (1830), 134, 156-7, 176; *ver também* França

Partido Social-Democrata dos Trabalhadores Russos, 383, 398

Partido Socialista Revolucionário, 367, 377, 389, 392

Partilha da África, 353

paternalismo autocrático, 82

Paulo I, tsar, 46, 83

Pavlova, Maria, 264-5

Pavlúchin, tenente, 278

Pedro, o Grande (Pedro I), tsar, 26, 40-1, 203, 246, 344, 361; estátua feita por Falconet, 79

peles, comércio de, 36-8, 116, 344

Pelino, Iúri, 354

pena de morte, 291, 345; abolição na Rússia, 83

Penza, 217

Perevalovo: Comando da Segunda *Étape*, 61

Perevosti, Ludovico, 218

Perm, 52, 55, 68, 72, 212, 218, 243, 272, 329

Perovskaia, Sofia, 312

pesca, 35-6

Pestel, Ivan, 57, 256

Pestel, Pavel, 78, 84

Petersburg (navio), 268

Petöfi, Sándor, 177

Petrachevski, Mikhail, 180-2

petrachevtsi (seguidores de Petrachevski), 180, 182-3

Petrovsk Zavod: Bestujev, paisagens de, 142; dezembristas em viagem para, 133-4, 176; dezembristas presos em, 116, 124, 139, 146, 303; Krasowski em, 226; Obolenski em, 138; republicanos europeus em, 223

piratas, 253

Platão, 150

Plekhanov, Georgi, 340

Pleven, 352

Plotnikov (colono de Sacalina), 280

Pobedonostsev, Konstantin, 312

Podbelski, Pappi, 373

Poddubski, Leonid, 273-4, 283

Podólia, 161

Poggio, Aleksandr, 142, 144

pogroms, 314, 327, 367, 378, 382

Pokrovsk, 240

Polar Star, The (revista), 101

Poliakov, Mikhail, 368-9, 371

polícia russa, 48

poloneses, rebeldes, 154-79, 316; apoio britânico aos, 222; como trabalhadores forçados, 158, 211-2, 214-5, 229-32; comuna no exílio, 170; deportação para a Sibéria, 158, 161-2, 210-7, 266; deslocamento cultural, 171; distúrbios provocados por, 229-32; e a mina de Akatui, 312; fuga de colônias penais, 164-70; na prisão de Tobolsk, 383; ocupações no exílio, 214; petições a autoridades tsaristas, 215-7; restrições no exílio, 214; retorno à Polônia, 170-1; trabalho nas minas, 170, 230

Polônia, 55, 141, 155, 158-61, 170, 173-5, 179-80, 209-11, 219, 222; Congresso Polonês, 155;

Grande Emigração Polonesa (1831), 159; Insurreição de Novembro (1830), 141, 157, 159, 171, 175-6, 209, 225, 398; Levante de Janeiro (1863), 209; Museu Nacional da Independência da, 211; nacionalismo, 156, 158, 175, 209, 211; partições da, 177; polonofobia na Rússia, 221; radicalização na, 367; reino dissolvido (1863), 211; russificação da, 171, 367; soldados poloneses, 387; *ver também* Fronteira Ocidental; Varsóvia

populistas, 153, 204-5

Port Arthur, base naval russa de, 284

Port Said, 268

Poset, Konstantin, 347-8, 358; "Fim do Exílio para a Sibéria", 348

posto fronteiriço (Rússia-Sibéria), 52, 212

Potanin, Grigori, 357

presos políticos *ver* exilados políticos

Priamursk (governo-geral), 282, 286, 335

Primeira Guerra Mundial, 368, 382, 393

Primorsk (província), 236

Príncipe de Gales, cabo (Alasca), 34

Prisão Central de Encaminhamento em Moscou de, 55, 272

Prisão Central de Trabalho Penal de Tobolsk, 26-7, 145, 380, 384, 391, 393; *ver também* Tobolsk (cidade)

prisões e fortalezas penais, 184-208, 211, 346; amizades nas, 189; comunidade (*obschina*) nas, 199; condições nas, 185; falsários nas, 193; fugitivos das, 235-58; jogos nas, 196-8; *maidan* nas, 194-7; prisões de encaminhamento, 27, 218, 272, 330; roubo e ladrões nas *ver* ladrões/roubos; uso e comércio de álcool nas, 195, 200; violência e assassinato nas, 190, 200-2, 248

proizvol (poder arbitrário), 289

Prokhorov (condenado foragido), 287-8

promichlenniki (comerciantes de peles), 36-7

prostituição: de exiladas, 65, 144, 270, 273-82; exílio de prostitutas, 41, 45; masculina, 276; *ver também* violência sexual e estupro

Prússia, 155

publicações: de dezembristas, 151, 312; enviadas para os dezembristas, 141; pós-revolução, 398

Púchkin, Aleksandr, 185; *A filha do capitão*, 163; *Eugênio Oneguin*, 80; "Mensagem à Sibéria", 100, 151; "O tsar Nikita e suas quarenta filhas", 104

Pugatchev, Iemelian, 45-6

purgui (tempestades de neve), 249

Puschin, Ivan, 139

Quinto Batalhão Mineiro, 123

quirguizes, 35

Radischev, Aleksandr: *Viagem de São Petersburgo a Moscou*, 46

Raievskaia, Sofia, 138

Raievski, família, 89, 138

Raievski, Nikolai, 88

Razgildeiev, tenente, 226

"reassentamento" (como termo preferido a "colonização"), 361

reforma penal, 49, 260, 290

registros oficiais, caos nos, 57, 71, 218, 244, 263

religião, 38, 46, 171, 228, 301; *ver também* catolicismo; cristianismo ortodoxo

renas, criação de, 35

Repin, Ilia: *Retorno inesperado* (pintura), 29

Repnin-Volkonski, Nikolai, 82

"retorno ao solo", movimento do, 207

Revolta Bulavina (1707-8), 45

Revolução Americana, 80

Revolução de Julho (Paris, 1830), 134, 156-7, 176

Revolução Francesa, 46, 80, 155, 176

Revolução Russa: (1905), 29, 51, 170, 340-1, 365, 368, 380, 383, 386, 392, 394; (1917), 366, 396-8

revolucionário, movimento, 29, 76, 159, 230, 311-4, 318, 332, 338, 388

Revue Moderne (revista republicana), 233

Riazan, tribunal militar de, 351

Rikovsk (Sacalina), 275

Rileiev, Kondrati, 78, 84, 89, 101; "Natalia Dolgorukaia" (poema), 89

rios, transporte por, 329

Rochebrune, François, 223

Rojkov, Iegor, 302-3

Rokicki, Alan, 164

Románov (exilado em Iakutsk), 375

Románov, dinastia dos, 97

romanovtsi (amotinados), 376-7

Romanowski, Leon, 164

Romantismo, 77, 88, 98, 155-6, 162

Rosialkov, Piotr, 389

Rousseau, Jean-Jacques, 77, 141

Rozen, Andrei, 91, 94, 114, 126, 129-30, 141, 144, 146

Rozental, Pinkhus, 374

Ruciński, Justynian, 65, 161-2, 171, 175

Rupert, Vilgelm, 67

Rússia *ver* Império Russo; República Russa; União Soviética

Russian-American Company, 353

russificação da Polônia, 171, 367

Russkaia misl (jornal), 287, 301, 357

Russki invalid (jornal), 219-20

Russkoe bogatstvo (jornal), 301, 357-8

Sacalina, ilha, 266-86; abolição da colônia penal (1906), 285; agricultura na, 268, 282; Aleksandrovsk, posto de, 275, 280-1; baixa natalidade na, 281; castigo físico na, 296; colapso da colônia penal, 380; crianças na, 270-2, 280; distância e inacessibilidade, 361; enfermaria da prisão, 197; fugas da colônia penal, 287, 306; Korsakov, cemitério de, 285; localização e clima, 267; minas, 267; mortes de presos na, 306-7; mulheres na, 268-81; número de exilados na, 268; ocupação japonesa da, 284; Porechenskoie, assentamento de, 274; soberania da, 267; Timovsk, prisão de, 294, 306; vagabundos anônimos mandados para, 246

Saian, montes, 369-70

Salomon, Aleksandr, 275-8, 284

Sandomierz, 155

Sankt Peterburg vedomosti (jornal), 361, 363

Santa Aliança, 156, 346

Santa Catarina, ordem de, 85

Santo Sínodo, 312

São Petersburgo: Academia Nicolaiana do Estado-Maior, 219; alfândega, 342, 358; bibliotecas de, 370; Casa dos Forçados Políticos, 399; Chlisselburg, presídio de, 138, 328; classe trabalhadora de, 318; distância de Nertchinsk, 67; embaixada da Áustria, 79; fortaleza de São Pedro e São Paulo, 75-6, 79, 85, 87, 102, 106, 115-6, 125, 180, 183, 310, 367; Iekaterinski, canal, 313; mercado central de, 39; Mitnaia, praça, 310-1; Nevski Prospect, avenida, 181; palácio de Inverno, 43, 85, 313, 377; partida de exilados de, 54; projetos de construção em, 41; Putilov, obras de, 384; Revolução, praça da (depois praça da Trindade), 399; Semionovski, praça, 181-2; Senado, praça do, 75, 77-9, 81-2, 88, 114; Sociedade do Norte (organização dezembrista) em, 78, 81; Stolipin, datcha de, 378; Universidade Imperial de, 383; Vassilevski, ilha, 342, 359

Sarapulets (barcaça), 329

Saratov, 167

Savitski, Faddei, 386

Selenga, rio, 253

Selenginsk, 146

Selifontov, Ivan, 59

Semionov, Ivan, 384-5

Semiovski, Vassíli, 273

Semipalatinsk, 203

Serebrennikov, Ivan, 396

Serguei Aleksandrovitch, grão-duque, 377

Serno-Soloviovitch, Nikolai, 230

servos / servidão: emancipação dos servos, 225, 266; servos fugitivos, 38, 45, 236

Severnii vestnik (jornal), 357

Severnoie siianiie (navio, rebatizado *Utrennaia zaria*), 349-50

Shekhter, Sofia, 320

Shelley, Percy Bysshe: "Ozymandias", 234

Shilov (chefe da Região Mineradora de Nertchinsk), 213

Sibéria: assentamento na, 38, 43; Associação para Petições sobre o Asilo Siberiano, 339; caos administrativo na, 57, 218; caravanas em marcha para a, 54-73, 161, 212, 220, 235, 238; castigos físicos na *ver* castigos físicos; clima hostil, 35, 249, 344, 369; colonização, 27; como colônia do Império Russo, 343; conquista da, 33-8; Corpo do Exército da, 203; criminalidade na, 112-3, 189-90; desenvolvimento econômico, 345; desequilíbrio de gênero entre exilados na, 261; divisão em Oriental e Ocidental (1775), 34, 44; educação na, 141, 144, 189, 321; fuga de presos da, 104, 235-58; migração para a, 38; movimento regionalista, 357; nome russo (Сибирь/ "Sibir"), 27; polícia da, 252; população, 38, 44, 51; povos indígenas da, 35-7, 39, 322; repressão renovada nas prisões (1906-14), 381-95; sistema de exílio *ver* exilados; exílio; tamanho da, 27; viagens pela, 42

Sibir (semanário de Irkutsk), 252, 357

sibiriaki (velhos siberianos), 39

Sibirskaia gazeta (jornal), 257, 322, 325

Sidorov, Mikhail, 348-50, 359-60; "A possibilidade de colonizar o norte da Sibéria por meio da indústria e do comércio e sobre o desenvolvimento do comércio exterior da Sibéria", 348

Sieroszewski, Wacław, 330

Sigida, Natalia, 335-8, 341

Sinev, Iegor, 320-1

Sipiagin, Dmitri, 377

Skalozubov, Nikolai, 391

Skripitsin, Vladímir, 322

Smirnitskaia, Nadejda, 335, 337

Smirnov (diretor da prisão de Krasnoiarsk), 389

Smith, Adam, 77

Smolensk, 351

Sobolev (guarda cossaco), 113

Sochaczewski, Aleksander: *Adeus à Europa* (pintura), 212, 233

Social Democrat (jornal), 334, 341

socialismo, 207, 311-2, 367, 396; agrário, 367

"Sociedade da Grande Causa", 115

Sociedade de Amigos da Liberdade Russa, 339

Sociedade de Assistência às Famílias de Forçados, 283

Sociedade de Ex-Forçados Políticos, 398-9

Sociedade do Norte (organização dezembrista), 78, 81

Sociedade do Sul (organização dezembrista), 119

Sociedade dos Direitos do Homem, 157

Sociedade Geográfica Russa Imperial, 347, 360

Sociedade Imperial para o Progresso da Marinha Mercante da Rússia, 343, 352, 359, 360

Sociedade Patriótica Polonesa, 78, 157

sociedades secretas, 78

Sokhati (capitão pirata), 253

Soljenítsin, Aleksandr, 27

Sologub, Vladímir, conde, 249

Soloviov, Veniamin, 118-20, 123

Sovremennik (revista), 310

Spassky, Grigori, 104

Speranski, Mikhail, 49-50, 59-63, 66, 70, 110, 344; "Estatutos da Transferência de Exilados para as Províncias Siberianas", 70

Spottiswoode, William, 55

Sredne-Kolimsk, 369, 373, 397

Sretensk, 335

Stálin, Ióssif, 340, 368

Stanley, Henry Morton, 353

starojili (velhos siberianos), 39

starosta (prefeito), 199, 202

Steklov, Iúri, 366

Stepanov (governador de Kainsk), 94

Stolipin, Piotr, 378, 391

Strakhov, Nikolai, 221

Studitski, Fiódor, 360

subornos, 37, 67, 70, 94-5, 171, 216, 295, 297

Suécia, 35, 342

suecos, 26, 41, 359

Suez, canal de, 268

Suíça, 340

suicídio, 122, 162, 167, 228, 285, 337-8, 341, 391, 393-4; por envenenamento, 338; simulado, 166; tentativas de, 264

suíços, 223

Sukhinov, Ivan, 116-23, 144, 147, 291, 337

Sulistrowski, Maurycy, 215

Surgut, 324

Suvorin, Aleksei, 269

Sverdlov, Iakov, 380

Svetlov (bandido), 253

Svistunov, Aleksei, 128, 144

Svistunov, Piotr, 128, 140, 142, 144

sybiracy (poloneses exilados na Sibéria), 154, 158

Szaramowicz, Gustaw, 231

Taburin (marinheiro), 349-50

Tácito, 150

Taganrog, 335

taiga, 35, 44, 111, 235-7, 242, 249, 267, 282, 285, 320, 360, 397

Takhtchoglo, Dmitri, 383-5, 390-1, 393

Tara, 42; duma, 357; fortaleza penal, 201

tártaros, 35, 42

Taskin, Aleksandr, 112

Tasmânia, 358

Tbilisi, 55

Tchékhov, Aleksandr, 269

Tchékhov, Anton, 29, 55, 163, 190, 269-71, 274, 277, 279, 282-3, 292-3, 308, 335, 362; *A ilha Sacalina*, 270, 284, 308, 362; "O exílio", 29; sobre a liberdade de expressão na Sibéria, 321; sobre o flagelamento de Prokhorov, 287; visita a Sacalina, 242, 269-70, 272-4, 276-8, 280-3, 291-3

Tcherepanov, Semion, 142

Tcherniavski, Ivan e Aleksandra, 319-20

Tchernichev, Aleksandr (ministro da Guerra), 165

Tchernichevski, Nikolai, 203, 230, 233, 310-3; *O que fazer?* (romance), 310

Tchernigov, Regimento, 79, 91, 119; rebelião do, 75, 119

Tchernigovtsev (capataz de minas), 117-8, 120

Tchertovkinsk, feira anual de, 253

Tchesnokov (marinheiro), 349-50

Tchetchênia, 255

Tchita: ato revolucionário em (1905), 378; dezembristas em, 97, 116-8, 122-3, 125-46, 150, 176; duma de, 357; ferrovia entre Vladivostok e, 284; Novo Hotel Central, 388; poloneses em, 213, 229; Rojkov em, 303; voluntários franceses em, 223

Tchubinski, Mikhail, 379

Tchukotka, 37

tchuktchis, 36

Tchumak, Osip, 272

Temístocles, 148

Teodorowicz, Iwan, 398-9

Terra e Liberdade (partido revolucionário russo), 230

terrorismo, 341, 368, 388

Terski (verdugo), 296-7

Tiguloie: Comando da Primeira *Étape*, 61-2

Timachev, Aleksandr, 68, 343, 359-60

Times (jornal de Londres), 157, 222, 323, 334, 338

Tiukalinsk, 322

Tiumen, 34, 55, 61, 71, 212, 239, 308, 330-1, 361; Comando Inválido de, 61

Tiuremnii vestnik (jornal), 283, 392

Tkatchev, Piotr, 311

Tobolsk (cidade): catedral de Santa Sofia, 26, 391; como capital regional, 44; Departamento de Exílio, 27, 62, 66-7, 183, 218, 248; duma, 391; fortaleza penal, 241; fundação de, 34; habitantes, 43; Iermak, parque, 388; Kremlin de, 26, 41; população de, 358; prisão de encaminhamento, 184, 196; sino de Uglitch em, 25, 184; tribunal militar, 388, 394; *ver também* Prisão Central de Trabalho Penal de Tobolsk

Tobolsk (província): criminalidade em, 59, 251; doença e morte nas prisões, 380; exilados políticos dispersos em, 323; fugitivos em, 59, 239; instalações prisionais, 63; número de camponeses em, 38; número de exilados mandados para, 354; pedidos de suspender o envio de exilados, 354, 356; posto fronteiriço, 212

Tokarzewski, Szymon, 188, 195, 293

Tolstói, Dmitri, 321

Tolstói, Liev: "Depois do baile", 165; *Guerra e paz*, 153; Para quê?", 170; *Ressurreição*, 271, 362; sobre Dostoiévski, 185

Tomsk (cidade): como centro regional, 38; como lugar de descanso para exilados, 248; criminalidade em, 251; exílio em, 46; fortaleza penal, 242; fugitivos em, 244; fundação de, 34; população, 44

Tomsk (província): criminalidade em, 59, 251; fugitivos em, 59, 248; número de exilados em, 57; pedidos de suspensão da deportação, 354, 356; poloneses em, 218

trabalhos forçados / trabalhadores forçados: casamento, 261; crianças e, 281; dezembristas e, 104, 127-8, 137; Dorochevitch sobre, 282; Dostoiévski e, 206; em Nertchinsk, 108; em Okhotsk, 192; execução, 291; fugas, 104, 235-58; introduzido na Sibéria, 40; libertados para assentamentos, 172-4, 185, 203, 214, 260, 282; marcação, 246; migração compulsória, 365; mortes e, 306, 380; números de, 62, 103, 379-80, 382; pagamento da subsistência para, 295; poloneses e, 158, 211-2, 214-5, 229-32; presos políticos, 187-8, 213, 324-8; punições, 73, 238-42, 291-5, 303; sentença de, 58

Transbaikal: comércio de peles no, 38; e ferrovias, 365; exilados de Sacalina dispersados no, 285; exílio para, 265; exploração por exilados, 321; fugitivos do, 237, 249; isolamento do, 146; prisões no, 388; rebanhos no, 35; rebeldes poloneses no, 231; *ver também* Nertchinsk, Região Mineradora de

Transiberiana, Ferrovia, 347, 349, 354, 360-1, 365

transporte de exilados, 329-31; *ver também*
  Sibéria, caravanas em marcha para a
Traugutt, Romauld, 210
Trepov, Fiódor, 313-4
tribos nômades, 33, 236
tribunais militares, 121, 211, 291, 314-5, 379
Trofim, Mizin, 307
Troinitski, Vladímir, 324
Trotskaia, Aleksandra, 371
Trótski, Liev (Liev Bronshtein), 371
Trubetskaia, Iekaterina (Katia), 86-7, 97, 106-7,
  127, 134-7
Trubetskoi, Serguei, 78-9, 82, 87, 91, 104, 107,
  125, 131, 141, 143, 147, 152
Tseidler, Ivan, 115
Tsezik (presidiário), 193
Tsibulenko, Andrei, 342-3, 350-2, 358-60
Tsiperovitch, Grigori, 372
Tsiplov (preso em Kara), 327
Tsuchima, batalha de, 284
Tumanov (preso foragido), 241
tundra, 35, 44, 236, 267, 397
tungus, 145, 166
turcomanos, 35
Turguêniev, Ivan: *Punin e Baburin*, 47
Turquia, 352; boato de tomada da Sibéria pela,
  239
Turukhansk (distrito), 387
Twain, Mark, 339

Ucrânia, 55, 78, 158, 170, 317
ucranianos, 210
Ufa, prisão de, 238
Uglitch: catedral, 25; insurreição, 25, 30, 41, 45,
  392; sino de, 25-6, 184
União Soviética, 399
universidades, 366-7
Urais, montes: atravessados pelos cossacos, 33,
  36; atravessados pelos dezembristas, 93;
  atravessados por fugitivos, 38, 238; posto
  fronteiriço, 52; viagem de Dostoiévski através dos, 183
Ural, rio, 154, 166

Uralsk, 154, 160, 162-4, 166-8, 170
Urik, 145, 147, 149, 151, 169, 172
Uspenskaia, Aleksandra, 264
Ust-Kara, prisão de, 325, 328, 335
Ust-Kut, 371
utilitarismo, 206, 311
Utrennaia zaria (navio, antigo *Severnoe siianie*),
  350-3, 358-60, 365
Uvarova, Iekaterina, 147

vagabundos (brodiagi) / vagabundagem, 236-
  58; criminalização da vadiagem (1823), 45
Valuiev, Piotr, 214, 218, 220, 300
Vardø, 342, 352
Varsóvia: Academia de Belas-Artes de Varsóvia,
  232; Belweder, palácio, 156; Castelo Real,
  157; cerimônia em homenagem aos dezem-
  bristas, 156; Cidadela, 159, 209, 219; Igreja
  ortodoxa, 157; Insurreição de Novembro
  (1830), 141, 157, 159, 171, 175-6, 209, 225,
  398
Vassiliev, Ipati, 279
velhos crentes (cristãos ortodoxos), 46
velhos siberianos (*starojili*), 39
Verkhneudinsk, prisão de, 335
Verkhoiansk, 332, 373-4
Verkholensk, 257
Vestnik Europi (jornal), 301
Viatka, 115, 316, 319
Viazemski, Piotr, 99-100
Viborg (província), 158
Viena: Congresso de, 176; Tratado de, 155
Viliusk, 313, 332
Vilkov, Serguei, 394,-5
Vilnius, 156, 160, 170, 374; escola secundária,
  156; mosteiro dominicano, 156; presídio,
  266; Universidade de, 155
violência sexual e estupro, 65, 112, 198, 236,
  251, 254, 272, 314, 378
Vístula, rio, 157, 209
Vitebsk, 218
Vladímir (cidade), 55, 212; presídio de encami-
  nhamento, 240

Vladimirka (estrada), 55

Vladivostok, 268, 275, 284, 327

Vladivostok (jornal), 308

Vlasov, Vassíli, 197, 272-3, 278, 280, 294

Volf, Ferdinand, 141, 145

Volga, rio, 25, 161, 329

Volínia, 160-1

Volkonskaia, Aleksandra, 85

Volkonskaia, Maria: acompanha o marido ao exílio, 86, 89, 98-9, 101; casamento com Serguei, 88; e o poema de Nekrasov, 87, 137; e o poema de Púchkin, 100, 151; e os Migurskis, 169; e os pais, 89, 138; em Tchita, 125; filhos nascidos no exílio, 134; Lunin e, 150; morte de, 153; morte do filho Nikolai, 132; na mina de Blagodatsk, 104; na sociedade de Irkutsk, 145; nascimento do filho Nikita, 88; reparo do piano por Bestujev, 142; retorno do exílio, 152; reúne-se a Serguei em Nertchinsk, 106

Volkonskaia, Sofia, 139

Volkonski, família (na Rússia), 88, 138

Volkonski, família (no exílio), 147; assentamento em Irkutsk, 145; Lunin e, 150

Volkonski, Serguei: admirado por seus contemporâneos, 153; ajuda financeira recebida por, 131; Alexandre I e, 78; biblioteca de, 141; chegada a Nertchinsk, 104; como jardineiro, 142; como líder dezembrista, 77; e a decisão de Maria quanto a unir-se a ele no exílio, 98; e as condições em Nertchinsk, 107; e os grilhões, 92; e os Migurskis, 169; e seu irmão Nikolai, 82; em Tchita, 125; família de, 81, 85; memórias, 153; morte de, 153; Nicolau I e, 81-2; relações com a família na Rússia, 138; retorno do exílio, 152; serviçais no exílio, 143; sobre a morte

de Muraviov, 151; sobre a pobreza dos camaradas, 147

Voltaire (François-Marie Arouet), 46, 77

Von Pleve, Viatcheslav, 377

Vontade do Povo (partido revolucionário), 313-4, 335, 373

Vorontsov, G., 230

Vörösmarty, Mihály, 177

Vostochnoe obozrenie (jornal), 325, 371

Weber, Hilariusz, 173

Wysocki, Piotr, 156-8, 164-5, 171, 175

Wyzykowski, Mieczysław, 173

xamãs, 36

Zakharov, Anton, 112

Zarudni, Aleksandr, 377

Zasulitch, Vera, 313-4

Zavalichin, Dmitri: biblioteca e talento para línguas, 141; como conselheiro político, 145; funda escola para moradores de Tchita, 144; influências sobre, 77; retratado por Bassarguin, 134; sobre a falta de liberdade de movimento, 146; sobre as relações com a população da Sibéria, 143; sobre caçadores de recompensas, 257; sobre grilhões nas pernas, 91; sobre o nervosismo das autoridades, 114; sobre o respeito devotado aos dezembristas, 94; sobre o sigilo imposto em viagem, 90; sobre os trabalhos forçados em Tchita, 127

Zavalichin, Ippolit, 26

Zerentui, mina de, 108, 116-23, 144; "Conspiração de Zerentui", 117

Zotov, Nikolai, 333-4

Zuavos da Morte, 223

ESTA OBRA FOI COMPOSTA PELA SPRESS EM DANTE E IMPRESSA EM OFSETE
PELA LIS GRÁFICA SOBRE PAPEL PÓLEN SOFT DA SUZANO PAPEL E CELULOSE
PARA A EDITORA SCHWARCZ EM ABRIL DE 2018

A marca FSC® é a garantia de que a madeira utilizada na fabricação do papel deste livro provém de florestas que foram gerenciadas de maneira ambientalmente correta, socialmente justa e economicamente viável, além de outras fontes de origem controlada.